# Languedoc Roussillon

W0211210

Klaus Simon

DUMONT
Reise-Handbuch

# Inhalt

## Wissenswertes über das Languedoc-Roussillon

# Wissenswertes für die Reise

# Unterwegs im Languedoc-Roussillon

## Kapitel 1 Im Norden des Languedoc

# Inhalt

## Kapitel 3 Die Mitte des Languedoc

# Inhalt

# Themen

## Alle Karten auf einen Blick

▶ Dieses Symbol im Buch verweist auf die Extra-Reisekarte Languedoc-Roussillon

**Westlich von Perpignan thront auf einem Felssporn die Abtei St-Martin-du-Canigou**

Deftiges gibt's in der Wohnstube in Roquefort, woher der gleichnamige Käse stammt

# Wissenswertes über das Languedoc-Roussillon

# Frankreichs ›anderer Süden‹

**Languedoc-Roussillon – der Bindestrich steht für die doppelte Identität: Okzitanisch ist das Languedoc, katalanisch das Roussillon. Beide eint das mediterrane Klima. Rekordverdächtig ist die Anzahl der Sonnenstunden sowohl in Montpellier als auch in Perpignan. Und das römische Erbe schafft weitere Gemeinsamkeiten, nicht zu vergessen der jahrhundertelange Kampf um das Recht auf die kulturelle Eigenart. Die Hauptstadt Paris, und damit der Norden, ist fern – und dies nicht nur in geografischer Hinsicht ...**

Abseits der großen Verkehrsschneise durch das Rhône-Tal beginnt Frankreichs ›anderer Süden‹ in wilder Schönheit. Die Weite der Causses, der hier typischen Hochebenen, scheint europäische Dimensionen zu sprengen. In den Cevennen stellen haarnadelenge Straßenkehren und Pässe die Geduld immer wieder auf die Probe. Auf langen Kilometern begegnet man vielleicht keiner Menschenseele – und ist umso verblüffter über unberührte Landschaften, und das, so weit das Auge reicht. Die Dörfer sind ›unverbastelt‹, die Kirche ist im Zweifelsfall romanisch, die Terrassen werden von Platanen in Dämmerlicht getaucht. Natürlich hat die Moderne auch das Hinterland erreicht. Geblieben ist jedoch die Einsamkeit von anheimelnden Kastanienwäldern und großartigen Hochplateaus, von dramatischen Schluchten und verschwiegenen Tälern, die Wanderer, Biker und Gleitschirmsegler so sehr in den Bann zieht.

Im Klacken der Boulekugeln und Klirren der Pastisgläser vergehen die Tage. Darin gleichen sich die Bilder des Südens, einerlei, ob man in den einsamen Cevennen, den sonnendurchglühten Corbières weiter südlich oder im Conflent am Fuß der Pyrenäen unterwegs ist. Anders als in der Provence aber sind Bilderbuchdörfer mit großem Busparkplatz davor selten. Auch von prominenten Zweitwohnsitzlern aus Politik oder Showgeschäft hört man eher selten. Dafür umso häufiger von netten Bistros, gastfreundlichen Chambres d'hôte, stolzen Winzern oder umtriebigen Austernzüchtern. Zu sehr sind die Menschen mit ihrer Heimat, dem Grün der Wälder, dem Zinnoberrot der Felsen, dem Goldgelb der Strände verbunden, als dass das Herz nicht dabei wäre.

Eine Ausnahme machen selbst die futuristischen Pyramiden von La Grande-Motte nicht. Die aus dem Nichts der nahen Camargue-Sümpfe und der Unendlichkeit des Strandes entstandene Urlaubsstadt erfreut sich 40 Jahre nach ihrer Gründung steigender Bewohnerzahlen. Auch auf den postmodernen Monumentalismus von Montpelliers Neustadt Antigone ist man stolz. Montpellier steht auf der Beliebtheitsskala französischer Städte ohnehin ganz oben. Nicht ganz unschuldig an dieser Positionierung ist das nahe Meer – und wer verstünde das nicht ...

Alle Sommer wieder strömt ein Millionenheer sonnenhungriger Urlauber an die Strände. Eng wird es am Wasser dank einer gut 220 km langen Küstenlinie nicht. Außerhalb der mit großem Pariser Wurf hochgezogenen Bettenstädte bleibt an Lagunen, Lidos und Stränden Platz für Flamingos, FKK-Anhänger und die, die schlicht einen Platz an der

Sonne und doch fernab des Trubels suchen. Denn im Gegensatz zur Côte d'Azur kennt die Küste des Languedoc-Roussillon keine lückenlose Bebauung. Das ist kein Zufall: Unberührte Strandkilometer waren Teil des staatlichen Programms, nach dessen Vorgaben der Strand in den 1960er-Jahren touristisch urbar gemacht wurde. Das Ergebnis wurde als »französisches Florida« gefeiert. Dass Sand und Meer allein nicht selig machen, ging bei aller Euphorie nicht unter. Früh bemühte man sich um die Ansiedlung zukunftsweisender Hightech-Branchen. Der Coup gelang: Um Montpellier erwuchs dank der Ansiedlung internationaler Computerfirmen ein »französisches Kalifornien«.

Zur hohen Lebensqualität, mit der das Languedoc-Roussillon bei Zuzüglern und Urlaubern punktet, gehört die Küche. Auf den Restaurantkarten verbinden sich die Aromen des Meeres und diejenigen aus den Bergen aufs Schmackhafteste. Die Grundnote ist mediterran, schließlich sprießen Thymian, Rosmarin und Salbei immer irgendwo um die Ecke. Üppig bestückt sind die Märkte, und das Frühjahr beschert bereits Gemüse und Obst, wenn es im Norden noch friert. Für den Rest sorgen die Rinderzüchter des Aubrac und der Camargue, die Schäfer der Lozère, die Fischer von Sète und eine junge Generation qualitätsversessener Winzer. Aus dem Rebenmeer von Frankreichs größtem Weinbaugebiet tauchen viele renommierte Güter auf – Anklingeln und Probieren erwünscht! Jede Landpartie lässt sich so zur vergnüglichen Kellertour umgestalten.

Blieben die Städte. Jede für sich ist einzigartig. Vom römischen Erbe geprägt und stierkampfbesessener als manche spanische Stadt ist Nîmes. Modern, jung, umtriebig schwingt Montpellier. Als Weinkapitale empfiehlt sich Narbonne, als Inbegriff des Mittelalters lockt Carcassonne. Katalanische *movidà* belebt Perpignan. Apropos *movidà:* Ungefähr auf Höhe von Salses kommen einem Land und Leute spanisch vor. Wie die antike Fernstraße Via Domitia hält die Autobahn La Catalane Kurs auf die Pyrenäen, deren Felsgipfel majestätisch die Iberische Halbinsel ankündigen.

Die Pyrenäen aber markieren erst seit 350 Jahren eine Grenze. Dank der Verwandschaft der Mentalitäten beiderseits der französisch-spanischen Staatsgrenze ist sie bis heute allerdings durchlässig. Alle Katalonen verehren den Canigou, den höchsten Berg des Roussillon, als Symbol ihrer Zusammengehörigkeit. Barcelona liegt von Perpignan nicht viel weiter als Montpellier entfernt, und vor allem um so vieles näher als Paris.

Ab und zu kommt im Sommer über das tintenblaue Mittelmeer ein Hauch Afrika ins Land. Heiße Winde bestäuben die Uferboulevards mit ockerfarbenem Saharasand. Dauerhafter sind jedoch andere Einflüsse vom Nachbarkontinent. Von den Arabern lernte man im Frühmittelalter, Zitrusfrüchte zu pflanzen. Hunderttausende von 1962 aus Algerien vertriebener Franzosen brachten in der Kolonie erworbene Sitten und Gebräuche mit – übrigens machten sie das Boulespiel erst richtig populär. Muslimische Einwanderer aus dem Maghreb wandelten ihre Viertel in Perpignan oder in Narbonne in einen orientalisch anmutenden Souk – was einigen französischen Nachbarn nicht passt, wie die Wahlerfolge der rechtsextremen Partei Front National erschreckend zeigen. Wie vor zehn Jahren angekündigt, gelang es ihr freilich nicht, einen Bürgermeister in Perpignan oder Béziers zu stellen. Man wählt traditionell eher links, und Toleranz bleibt eine Kardinaltugend im Südwesten Frankreichs. Denn was es bedeutet, ein Andersgläubiger zu sein und dafür gejagt zu werden, weiß man seit den Katharerverfolgungen des 12. und 13. Jh.

Unterkriegen lassen hat sich das Languedoc-Roussillon trotz der oft nicht sehr glücklich verlaufenen Geschichte nie. Dafür bürgt die dem Midi eigene Lebensfreude. *La vie est belle* in Frankreichs ›anderem‹ Süden. Das Leben ist schön, einerlei, ob am Quai in Collioure, in den Gassen von Montpellier oder auf dem Rücken eines Camargue-Pferdes.

# Steckbrief Languedoc-Roussillon

## Daten und Fakten

**Name**: Languedoc-Roussillon
**Fläche:** 27 276 km$^2$
**Einwohnerzahl:** 2 548 000
(3,9 % der französischen Bevölkerung)
**Hauptstadt:** Montpellier
(288 000 Einw. inkl. Randgebiete)
**Sprache:** Amtssprache Französisch, Umgangssprachen Okzitanisch und Katalanisch
**Währung:** Euro
**Zeitzone:** MEZ mit Sommerzeitregelung wie in Deutschland
**Landesvorwahl:** 00 33
**Internetkennung:** .fr

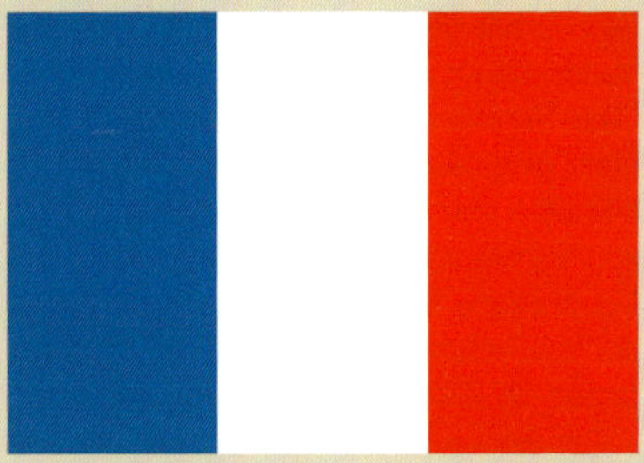

**Landesflagge:** Trikolore aus einem marineblauen, einem weißen und einem roten Längsstreifen

## Geografie

Die Grenzen der Verwaltungsregion Languedoc-Roussillon hat Paris im Rahmen der regionalen Neugliederung Frankreichs in den 1960er-/1970er-Jahren festgelegt. Von den fünf Departements entspricht das der Pyrénées-Orientales dem Roussillon, und damit dem französischen Katalonien. Die benachbarte Aude war bis ins 17. Jh. Grenzgebiet zu Spanien. Die Lozère im Norden umfasst die Cevennen, der Gard im Osten geht über die tischtuchflache Camargue landschaftlich in die Provence über, das Hérault ist das Departement mit dem größten Küstenabschnitt an der insgesamt 220 km langen Küstenlinie.

Vom Mont Canigou in den Ostpyrenäen über die Mittelgebirge und Plateaus von Quercorb, Montagne Noire, Monts de l'Espinouse bis zum Mont Lozère in den Nord-Cevennen wird die Region von Gebirgszügen abgeschirmt. Sie fällt dabei wie ein Amphitheater im großen Bogen zum Mittelmeer ab, von fast 3000 m Höhe (Pic de Carlit, 2921 m) bis auf Meeresspiegelhöhe. Berge und Ebenen teilen sich das Gebiet des Languedoc-Roussillon jeweils zur Hälfte. Mit den Höhenzügen kontrastiert die ca. 60 km breite, von zahlreichen Flüssen wie Aude, Hérault, Rhône durchflossene, parallel zum Meer verlaufende Ebene des Languedoc. Wo diese nicht vom fruchtbaren Schwemmland der Flüsse angereichert ist, erstreckt sich die karstige Garrigue mit kaum mannshoher Vegetation.

## Geschichte

Die Kultur der Griechen und Römer prägt das Languedoc-Roussillon bis in die Gegenwart: Sie brachten Olivenbaum und Weinrebe mit. Mit dem Ende des Römischen Reichs erlebte die Region einen Niedergang, aus dem sie erst ab dem 9. Jh. durch die Grafen von Toulouse und Barcelona wiedererstand. Die französische Krone leibte sich das blühende, reiche Languedoc im 13. Jh. ein. Erst 1659 gelangte das Roussillon durch den Pyrenäenvertrag zwischen Frankreich und Spanien an die französische Krone.

17. und 18. Jh. bilden ein Zeitalter großer wirtschaftlicher Umbrüche. Mit dem Canal du Midi und dem Ausbau der Häfen wird

das Languedoc-Roussillon wirtschaftlich vernetzt. Im 19. Jh. übernimmt die Eisenbahn diese Rolle. Von der Entdeckung des Meeres als Urlaubsform ist im Languedoc lange nichts zu spüren. Erst in den 1960er-Jahren werden die Sümpfe und Salzseen im Küstenhinterland malariafrei gesprüht. Gleichzeitig lässt Paris die endlosen Sandstrände durch aus dem Boden gestampfte Ferienstädte erschließen – was den Karrierebeginn des Languedocs als Sommerreiseziel markiert.

## Staat und Politik

Frankreich ist eine Präsidialdemokratie, dessen Staatsoberhaupt in allgemeiner Wahl auf fünf Jahre gewählt wird. Der Staatspräsident ernennt den an der Spitze der Regierung stehenden Premierminister. Das Parlament setzt sich aus Nationalversammlung und Senat zusammen. Fünf Departements bilden die Verwaltungsregion Languedoc-Roussillon. In der Region liegt die Entscheidungsgewalt bei den gewählten Mitgliedern des Conseil Régional. Über die Politik jedes Departements entscheidet hingegen ein auf sechs Jahre gewählter Conseil Général.

## Wirtschaft und Tourismus

Ungefähr 300 000 ha Weinberge bedecken das Land. Im damit nicht nur flächenmäßig größten Weinanbaugebiet Frankreichs spielt der Weinbau jedoch, wie die gesamte Agrarwirtschaft, in ökonomischer Hinsicht eine immer kleinere Rolle. Das Languedoc-Roussillon setzt umso entschlossener auf Tourismus und Hightech. Im Jahresmittel kommen 15 Mio. Urlauber, von denen ein Drittel aus dem Ausland stammt. Im Aufwind ist der ›grüne Tourismus‹ in den Bergen und der Kongresstourismus. Auch der Wellness-Urlaub boomt. Noch immer schafft der Tourismus Arbeitsplätze. Allein in den 1990er-Jahren waren es an die 100 000.

Die industrielle Revolution des 19. Jh. hat die Region fast übergangen, die wenigen Mienen und Betriebe der Schwerindustrie haben längst geschlossen: Als Industriestandort ist die Region das Schlusslicht auf dem französischen Kontinent. Umso mehr achtet man darauf, bei der Hightech- und Informatikrevolution ganz vorn mitzuspielen. Montpellier spielt dabei seit den 1960er-Jahren das Zugpferd. Nicht zu vergessen die Forschung, deren Konzentration und Erfolge die Universitäten von Montpellier und Perpignan an die internationale Spitze katapultiert haben. Trotz der Erfolge im Tertiärsektor pendelt sich die Arbeitslosenrate bei 13 % ein und liegt damit in Frankreich an erster Stelle.

## Bevölkerung und Religion

Das Languedoc-Roussillon ist mit 2,5 Mio. Einwohnern eine dünn besiedelte Region. Im Mittel teilen sich 84 Bewohner 1 $km^2$, doch die demografischen Unterschiede sind massiv. In der menschenleeren Lozère sind es nur 14/$km^2$, im Zuzugsmagneten Hérault hingegen 146 (Aude: 50, Gard: 106, Pyrénées-Orientales 95). Dreiviertel aller Bewohner aber konzentrieren sich auf die Städte-Achse Nîmes–Montpellier–Béziers–Narbonne–Perpignan.

Das Languedoc-Roussillon war immer ein Zuwanderungsgebiet. Nach den Italienern im 19. Jh. kamen in der ersten Hälfte des 20. Jh. Portugiesen und verstärkt Spanier und nach der Selbstständigkeit Algeriens die Pieds noirs und Harkis aus den ehemaligen Kolonien in Nordafrika. Mit Letzteren hielt der Islam in der Region Einzug. Die Konflikte zwischen laizistischem Staat und muslimischer Religionsausübung prägen seither die öffentliche Diskussion.

# Natur und Umwelt

**Das Languedoc-Roussillon ist eine Region gewaltiger geografischer und klimatischer Kontraste. Im Norden werden die zwischen 1000 und 1700 m hohen Causses und Cevennen von atlantischen Winden gepeitscht. Im Südwesten formen die Pyrenäen einen alpin anmutenden Gipfelriegel, und zur Küste breitet sich eine weite Ebene aus, über der die Sonne des Midi brennt.**

## Naturräume

### Garrigue

Die immergrüne, an Trockenheit, Hitze und an nährstoffarme Kalkböden angepasste Strauch- und Krüppelbaumvegetation der Garrigue bestimmt weite Teile im Osten und der Mitte der Region. Der Name Garrigue leitet sich aus dem okzitanischen Wort *garric* ab. Gemeint ist ein **stacheliges, undurchdringliches Buschwerk** aus Ginster, Lavendel, Stechwacholder, Hasenrohr, Zistrosen, Kermes- und Steineichen sowie den Kräutern Thymian, Rosmarin, Oregano, Salbei mit ihrem würzigen, mittelmeertypischen Duft. Ein Geruch, der eigentlich abschrecken soll: z. B. Tiere, die den Duft der als Verdunstungsschutz wirkenden ätherischen Öle verabscheuen, aber auch Pflanzen, die ihr Wachstum im Dunstkreis der Kräuter verlangsamen und so den Duftpflanzen genügend Freiräume lassen, um sich auszubreiten. Ihr hartes Wurzelwerk dringt tief in die spärlich mit Erde angefüllten Felsspalten und hält auf diese Weise das bisschen Nährboden fest, von dem noch andere Pflanzen profitieren müssen.

Sträucher und Bäume wie der leicht an seiner schuppigen Rinde erkennbare Erdbeerbaum, die schirmförmige Pinie, der Wacholder- und Pistazienbaum oder die kurzstämmige Kermeseiche sind ebenfalls Überlebenskünstler. Sie alle geben sich mit einer dünnen Krume zufrieden und bleiben das ganze Jahr über grün, um Energie und Feuchtigkeit zu sparen, die ein jährlicher Neuaustrieb des Blattwerks erfordern würde. Bewohnt wird die Garrigue von der bis zu 60 cm großen Perleidechse, von spanischem Sandläufer (ebenfalls eine Eidechse), Eidechsennatter, Gottesanbeterin, Heuschrecke und Spitzmaus. Unter den Vögeln dominieren das Rothuhn, die braunbrüstige Weißbartgrasmücke, die graue Samtkopfgrasmücke und die schwarz-weiß-graue Orpheusgrasmücke.

### Causses

Roquefort heißt der Käse, dessen Erfolg die Schafherden in der unwirklichen, beinahe baumlosen Weite der Grands Causses wieder anwächsen lässt. Die **Kalksteinplateaus** auf mittleren Höhen um die 1000 m bieten **200 Vogelarten** Raum: Über den Hochebenen von Larzac, Causse Méjean und Causse Noir segeln Mönchs- und Lämmergeier, die natürliche Gesundheitspolizei der Schäfer. Die Weite widersetzt sich hingegen dem Menschen, der den Causses längst den Rücken gekehrt zu haben scheint. Nur in geschützten Talfurchen kann Getreide und etwas Gemüse angepflanzt werden. Im Sommer versengt die Sonne alles Grün – das rare Wasser versickert in unterirdischen Grotten. Im Winter verwandelt sich der Larzac in eine Eiswüste. Im Frühjahr stehen Duftwolken von Wildorchideen und Hyazinthen über dem kniehohen Steppengras. Dazu blühen Ginster, Heide und Wacholder.

## Camargue

Wasser links, Schilfrohr rechts, und ab und zu schaut ein Flamingo herüber: Wie die zur Provence zählende ›große Camargue‹ weiter östlich ist die Petite Camargue ein **amphibisches Land** aus Teichen, Sümpfen, Reisfeldern, Salinen, Weiden und Dünen. Erbarmungslos brennt die Sonne über der schutzlosen Weite. Die Hitze verschweißt Himmel und Steppe zu einem flimmernden Zerrbild. Einsam liegen die Mas, die weiß getünchten stattlichen Höfe der Rinder- und Pferdezüchter. Kaum ein Baum oder Strauch brechen den Wind über den **ausgemergelten Böden.** Teiche und Schilf bieten Flamingos und Zugvögeln ein ideales Brutrevier. **Über 365 Vogelarten** können in der Camargue beobachtet werden: Dünnschnabelmöwe, Lachseeschwalbe, Brachschwalbe, Purpur-, Kuh-, Grau-, Silber-, Seidenreiher, Rohrdommel, Ralle und Enten, denen Queller, Tamariske und Riesenknabenkraut Deckung bieten. Seit Jahren nutzt der Mensch das flache Salzwassergebiet, um durch natürliche Verdunstung **Salz zu gewinnen.** Wo der Boden fester wird, geben Rinderbarone und Gardians, die Cowboys der Camargue, den Ton an. Auf dem Rücken eines Pferdes lässt sich die Camargue vielleicht am schönsten erkunden. Etliche Mas bieten Reiturlaub an.

## Wälder

Die majestätischen Kastanienwälder der Cevennen, die kräftestrotzenden Buchenwälder der Montagne Noire oder des oberen Aude-Tals, die dunklen Nadelwälder des Capcir oder der Cerdagne, auch der mediterrane Oleander-, Korkeichen- und Pinienwald der Albères vermitteln eine Vorstellung davon,

**›Indian summer‹ in einem Buchenwald des Aigoual-Massivs**

**Als hätte ein Riese ›gewürfelt‹: das Chaos de Montpellier-le-Vieux in den Pyrenäen**

wie **flächendeckend bewaldet** das Languedoc-Roussillon ohne den Eingriff des Menschen noch heute wäre. Nach dem großen Roden von der Antike bis in die Neuzeit gewinnt der Wald erneut an Terrain. Seit Anfang des 20. Jh. hat sich seine Fläche verdoppelt, um heute über einem Drittel der Region Schatten zu spenden. Im Schutz der Wälder fühlen sich Wildschwein, Fuchs, Marder, Reh und seit Kurzem auch wieder der Braunbär wohl.

## Mittelmeer ...

Kein anderer Naturraum des Midi ist stärker gefährdet als das Mittelmeer. Überfischung, Abwasserbelastung, illegale Altölentsorgung von Frachtschiffen und Wilderei sind die Ursachen. Viel wurde in den vergangenen 20 Jahren zur **Rettung des Ökosystems** unternommen, etwa in moderne Kläranlagen in den Städten investiert. Schon seit Anfang der 1980er-Jahre steht der Zackenbarsch unter Schutz – der für das Mittelmeer typische Fisch drohte wegen Überfischung auszusterben.

Vor allem die felsigen Abschnitte der Côte Vermeille sind **beliebte Tauchreviere:** In den Felsspalten verstecken sich die *poissons de roche,* Rotbarbe und Drachenkopf etwa. Seeanemone, Muräne, Meeraal, Tintenfisch und Qualle bevölkern ebenfalls das unterseeische Felsenreich. Das wogende Neptungras der Posidonienwiesen bevorzugen Streifenlippfisch, Sägebarsch und Goldstrieme.

Seestern und Languste sind Einzelgänger, Seehecht, Thunfisch, Gabelmakrele tauchen in Schwärmen auf.

Immerhin 60 % der Küste sind unverbaut, immer mehr von diesen Abschnitten stehen unter **Naturschutz.** So wacht die Küstenschutzbehörde Le Conservatoire du Littoral bereits über 36 von ihnen. Nicht zu vergessen: Dank modernster Kläranlagen weht an fast allen Stränden von der Camargue bis zur Côte Vermeille die blaue Flagge als Zeichen **guter (Bade-)Wasserqualität.**

## ... und Etangs

Etangs heißen die knapp ein Dutzend **Sumpf-** und **Salzwasserseen** hinter der Sandküste des Languedoc. **Lidos,** schmale Dünengürtel, trennen die ehemaligen Buchten vom offenen Meer ab. Das Phänomen ist relativ jung. Noch in der Antike waren die Lagunen offene Buchten, doch von den Flüssen angeschwemmte Sedimente verriegelten sie allmählich. Die größeren Lagunen wie der Etang de Thau werden zur **Zucht von Austern** und Muscheln genutzt, in den kleineren wie dem Etang de Bages werden Aal, Doraden oder Meeräsche gefischt. Wie in der Camargue gründeln **Flamingos** in einigen Seen, und das Uferschilf bietet Reihern, Haubentauchern und Enten Schutz.

## Cevennen

1985 erhielten die Cevennen von der Unesco den Status eines **Biosphärenreservats.** Grund dafür ist die von Industrieansiedlungen und Chemiedüngern unbehelligte Fauna, Flora und Luft dieses Südausläufers des Zentralmassivs. Grund dafür ist auch der **rigorose Naturschutz,** unter dem die 1970 zum Nationalpark erklärten Cevennen stehen. Mufflons, Biber, Auerhahn, Geier und Adler sind in den Bergen zu Hause, deren höchste Gipfel der Mont Lozère (1699 m) im Norden und der Mont Aigoual (1567 m) im Süden sind. Zwischen beiden Bergen wechseln kahle Bergkuppen mit dichten Wäldern. Entsprechend unterschiedlich richteten sich die Menschen ein. Jahrhundertelang war in den Süd-Cevennen die in Lagen von 600 bis 900 m verbreitete **Esskastanie** der Brotbaum der Cevennen: Aus den Früchten gewann man Mehl, aus dem Holz baute man Häuser und Möbel. Ebenfalls jahrhundertelang trieben **Schäfer** ihre Herden in den Nord-Cevennen über die *drailles,* die alten Auf- und Abtriebsschneisen, auf die Hochebenen hoch.

## Pyrenäen

In den Hochtälern von Cerdagne und Capcir begreift man angsichts der bedrohlich steil aufgeworfenen Granitmassen schnell: *Bienvenue* im **Hochgebirge!** Bäche donnern vor **alpiner Kulisse** talwärts, und erst im Frühsommer sind die Matten rund um den Pic de Carlit (2921 m) oder das Campardos-Massiv von Schnee und Eis befreit. **2800 Pflanzenarten** sind im Departement Pyrénées-Orientales (Ost-Pyrenäen) gezählt worden, darunter Hochgebirgsthymian, wilde Iris und wilde Azaleen. 5 % davon sind endemisch, kommen also nur hier vor. Weitere Zahlen gefällig? **170 Brutvögel** sind vertreten, was 64 % aller in Frankreich vorkommenden Arten bedeutet. Königsadler, Luchs und Pyrenäenbär führen die Liste der Raubvögel und -tiere an. Mufflons und Murmeltiere konnten erfolgreich wieder eingeführt werden.

## Wind und Wasser

Selbst im Sommer und bei flirrender Hitze ist das Mittelmeer mit Temperaturen um die 18 bis 20 °C bisweilen überraschend frisch: Schuld daran sind der Tramontane, ein mächtiger Nordwind, und der nicht weniger zimperliche Mistral. Beide trocknen die Böden aus, die dann bei starken Regenfällen die **gewaltigen Wassermassen** nicht absorbieren können. Legen sich die Nordwinde, können die nun ungehemmt pustenden **Seewinde** katastrophale Folgen zeitigen. 2002 hieß es im Departement Gard infolge kräftiger Herbstgüsse: Land unter! Wieder hatten starke Südwinde zum Ende des Sommers Wolken über das Mittelmeer gegen die kühleren Hänge der Cevennen getrieben. Dort entlud sich die bleigraue Fracht. Das Ergebnis waren **sintflutartige Regenfälle** mit Überschwemmungen, die kein Kanal mehr in

Bahnen lenken konnte. Abhalten kann das Unglück nur der aus dem Norden gegen die Regenwolken anpustende Mistral – der pfeift zwar oft, aber nur, wann er will. Vermutlich entsteht der **Mistral** aus einem Ungleichgewicht zwischen einem Tiefdruckgebiet über dem Golfe de Lion und einem Hochdruckgebiet nördlich vom Zentralmassiv. Zwischen 150 und 180 Tage im Jahr bläst er mit bis zu 200 km/h schnellen Böen über das östliche Languedoc. Sein bevorzugter Windkanal ist das Rhône-Tal, wo der Mistral auf der Höhe von Valence in Fahrt kommt. Bei **Waldbränden** wirkt sich seine Kraft verheerend aus: wie ein gewaltiger Blasebalg schürt er die Feuerherde. Noch häufiger dreht der **Tramontane** über der Mitte und dem Westen des Languedoc-Roussillon auf – um Perpignan an durchschnittlich 192 Tagen im Jahr. Genauso oft strahlt der Himmel in wolkenlosem Knallblau, das ist seine gute Seite. Der Tramontane kommt über Pyrenäen und Zentralmassiv herangepfiffen, daher der Name, der übersetzt ›über den Berg‹ bedeutet.

## Naturparks

Ein Nationalpark und zwei Regionalparks schützen die **landschaftliche Vielfalt** im Languedoc-Roussillon. Der Clou: Die drei Parks grenzen aneinander! Zusammen ergibt ihre Fläche das größte unter Naturschutz stehende Gebiet Frankreichs. Die Kernzone eines **Parc National** ist in der Regel unbewohnt und unterliegt strengen Auflagen. Anders im **Parc Naturel Régional:** Der Schutz der Umwelt umfasst hier nicht nur Fauna und Flora, sondern schließt auch Mensch und Kultur ein.

Der **Parc National des Cévennes** (www.pnc.fr) umfasst in der Kernzone 91 279 ha, inklusive der Randzonen sogar 229 726 ha Fläche. Ganze 600 Menschen leben in der Kernzone, doch auch in seiner Gesamtausdehnung zählt der Nationalpark nur gut 40 000 Bewohner. Geschützt wird ein einzigartiges Kaleidoskop von Klimazonen und Landschaften, die sich über die Südflanken des Zentralmassivs vom Mont Lozère bis zum Mont Aigoual und von den Grands Causses bis in die unteren Cevennen-Täler erstrecken. Eine Reihe von **Ecomusées** ist den diversen Aspekten gewidmet, so etwa das Ecomusée du Causse et des Gorges für die Schluchten des Tarn und der Jonte und den Causse Noir oder das Ecomusée de la Cévenne für die Kastanienwälder im Süden des Parks. Königsadler, Mönchsgeier, Auerhahn, Biber, Mufflon und europäischer Hirsch führen die Liste der geschützten oder wieder eingeführten Tierarten an, die 89 Säugetiere, 208 Vogel- und 24 Fischarten umfasst. Der Reichtum der Flora reicht von Esskastanie, Buche und Tanne über seltene fleischfressende Pflanzen bis zu Orchideen und Moorgräsern.

Der **Parc Naturel Régional du Haut-Languedoc** (260 588 ha, 84 268 Bewohner, www.parc-haut-languedoc.fr) hängt wie ein mondsichelförmiger Balkon am Zentralmassiv, mit Blick aufs nur 50 km entfernte Mittelmeer. Der Park umfasst die Monts de l'Espinouse, die Montagne Noire und die bereits zur Nachbarregion Midi-Pyrénées zählenden Monts de Lacaune und den Sidobre. Es ist ein Gebiet, in dem sich atlantische Klimaeinflüsse mit denen des Mittelmeers vermischen: Weinreben im Minervois und um Faugères, an die Bretagne erinnernde Granitformationen im Sidobre, dunkle Eichen- und Tannenwälder in der Montagne Noire, wilde Schluchten, über 1000 m hohe Gipfel, bleiche Felsen in den Monts de l'Espinouse. Von 30 in Frankreich brütenden Raubvogelarten sind mehr als 20 im Park vertreten, darunter der Königsadler. Ansonsten sagen sich im Park Wildschwein, Reh und Fuchs Gute Nacht.

Der **Parc Naturel Régional des Grands Causses** (315 640 ha, 65 000 Bewohner, www.parc-grands-causses.fr) schützt die Mondlandschaften der Grands Causses. Die auf ungefähr 1000 m liegenden Hochebenen sind die Heimat riesiger Schafherden, deren Milch zu Roquefort-Käse verarbeitet wird.

**Die Corniche des Cévennes am Mont Lozère im Parc National des Cévennes**

# Wirtschaft, Soziales und aktuelle Politik

**Im Languedoc-Roussillon gibt es kaum Großindustrie, dafür eine boomende Hightech-Branche mit einer wachsenden Zahl gut verdienender Städter. Vom Wohlstand abgeschnitten sind jedoch viele Bewohner in den Vorstadtvierteln. Die daraus resultierenden Probleme sorgen seit Jahren für Schlagzeilen. Es überwiegen jedoch die Erfolgsmeldungen. Eine davon lautet: Seit den 1990er-Jahren zieht das Languedoc-Roussillon jährlich 20 000 neue Bewohner an.**

## Tourismus im steten Aufwind

Über 100 Mio. Übernachtungen im Jahr, davon 90 % an der Küste, haben seit den 1990er-Jahren zur **Schaffung von 100 000 neuen Arbeitsplätzen** geführt. Längst stellt folglich der Dienstleistungssektor die meisten Arbeitsplätze in der Region.

**Nachhaltiger Tourismus** heißt die Parole, mit der die Region den Erfolg auf Dauer sichern möchte. Tourismus soll sich demnach den ökologischen und gesellschaftlichen Gegebenheiten anpassen, Landschaften sollen behutsam erschlossen, statt etwa durch Baumaßnahmen zerstört werden.

In den Cevennen haben sich Touristiker, Hoteliers und Umweltexperten zum Verband Association Cévennes Ecotourisme zusammengeschlossen und die Europäische Charta für nachhaltigen Tourismus unterzeichnet. Doch auch in den Städten tut sich etwas. So wirbt Narbonne bei Besuchern mit dem Ziel, Frankreichs Stadt mit dem ersten ausgeglichenen $CO_2$-Haushalt zu werden. Das Hérault hingegen wirbt mit der Rückbesinnung auf schützenswerte Lebensmittel wie der schwarzen Pardailhan-Rübe und behauptet sich als Hochburg der Slow-Food-Bewegung. Mag auch die Masse nach wie vor an den Strand eilen – die Klasse tritt in Gegenrichtung an.

## Demografisches Ungleichgewicht

Demografen prophezeien der Region bis zum Jahr 2015 **400 000 neue Bewohner** – die meisten von ihnen wird es an die Küste drängen. Dorthin, wo das Trinkwasser ohnehin am knappsten ist, die Preise für Bauland und Immobilien inflationär ansteigen. Schon heute leben 80 % aller Menschen des Languedoc-Roussillon an der Küste und im Umfeld küstennaher Städte von Nîmes bis Perpignan. Als großer demografischer Gewinner gilt das Hérault, als Verlierer die Lozère. Im 6101 km² großen Departement Hérault leben gut 1 001 000 Menschen, in der 5166 km² großen Lozère verlieren sich ganze 77 000 Menschen. Ein erster Gegentrend macht sich zaghaft bemerkbar: Bei der letzten großen Volkszählung stand die Lozère plötzlich mit einem Zugewinn von 3500 Seelen da. Autobahn, TGV und Internet binden auch das tiefste Cevennen-Tal an die wirtschaftlichen Zentren an, lautet eine Erklärung. Eine andere, dass immer mehr Menschen – junge zudem – den Luxus von Raum und unzerstörter Umwelt schätzen. Ältere Neubürger, allen voran Ruheständler aus nordeuropäischen Ländern, zieht es fast ausschließlich an die Küste, wo der Anteil der über 60-Jährigen mit 25 % mittlerweile über dem französischen Landesdurchschnitt liegt.

## Integrationsprobleme

Frühsommer 2005: In Perpignan werden binnen weniger Wochen auf offener Straße zwei junge Männer maghrebinischer Herkunft ermordet. Die Täter sind in beiden Fällen junge Zigeuner. Der Fall macht national Schlagzeilen, Nicolas Sarkozy, damals noch Innenminister, besucht das Viertel und findet markige Worte. Warum ausgerechnet Mitglieder zweier gesellschaftlicher Randgruppen aufeinander losgingen, versuchen Soziologen zu erklären – Drogen, Arbeitslosigkeit und Perspektivlosigkeit lauten die Antworten.

Schätzungsweise 205 000 Bewohner des Languedoc-Roussillon stammen aus dem Ausland. Davon entfallen 116 000 auf europäische und 77 000 auf nordafrikanische Herkunftsländer. Für Letztere steht es schlecht in puncto Integration. Ob Narbonne, Lodève oder Nîmes: Kaum eine Stadt des Midi hat nicht mit der gescheiterten Integration von Mitbürgern (nord-)afrikanischer Herkunft ihre Probleme. Noch heikler sieht die Situation für die Zigeuner in der Region aus: Ihre Integration ist quasi inexistent.

Die Szenarien am Rand der Städte gleichen sich: seelenlose Hochhausviertel, Drogenkonsum und -handel, islamistische Rattenfänger. Nicht zu vergessen: fehlende berufliche Perspektiven. Im Alter von 16 bis 25 Jahren liegt die **Arbeitslosigkeit** bei Personen maghrebinischer Herkunft landesweit bei 40 %, bei Gleichaltrigen französischer Herkunft bei der Hälfte. Die Reaktion sind **kriminelle Bandenbildungen** und **religiöse Radikalisierung.**

Fazit: Das republikanische Integrationsmodell ist gescheitert. Ein neues ist – vorerst – nicht in Sicht, doch die Lage so ernst, dass die Überlegungen auf allen Ebenen auf Hochtouren laufen. Anfang des Jahres 2006 machte die Regierung einen ersten Schritt mit einem Gesetz, das es ermöglicht, Eltern bei Vernachlässigung ihrer Aufsichtspflicht Sozialleistungen zu streichen und – wichtiger noch – freiwillige berufliche Förderungen für Jugendliche aus sozialen Brennpunkten vorsieht.

## Druck von rechts

Jean-Marie Le Pens **Front National** (FN) feiert seit den 1980er-Jahren bei Kommunal- und Regionalwahlen Siege: 1989 gewann die rechtsextreme Partei in Perpignan 25 % aller Stimmen. Die Munition für den Wahlkampf lieferten vor allem fremdenfeindliche Töne, die mit dem ungelösten Integrationsproblem der aus dem Maghreb stammenden Zuwanderer punkteten. 1999 verstrickten sich die **Rechtsextremen** in innerparteiliche Konflikte, an deren Ende Le Pen außen vor stand und der neue FN-Chef Mégret hieß. Der Trend scheint sich zu ändern. 2004 gewann der FN-Kandidat bei den Regionalwahlen noch 17,2 %, 2008 rutschte die Partei jedoch auf 12,7 % ab. Wie es weitergeht, wird sich 2012 zeigen.

## Protestanten mit Gewicht

2,2 % der französischen Bevölkerung, anders gesagt 1,3 Mio. Menschen, sind protestantischen Glaubens. Die Mehrheit hat ihre **Wurzeln im Languedoc,** wo die reformierten Kirchen wie überall im Land *temple* heißen. Deren Seelsorger übernehmen wie bei den Katholiken heute auch auf dem Land oft mehrere Gemeinden – die Zahl der bekennenden Gläubigen schwindet.

Auch das Gewicht, das die Abstammung aus einer protestantischen Familie einmal hatte, nimmt ab. Noch Ende der 1990er-Jahre, und damit immerhin 400 Jahre nach dem Toleranzedikt von Nantes, galt es in führenden französischen Zeitungen als bemerkenswert, dass mit Michel Rocard und Lionel Jospin zwei Protestanten die höchsten politischen Ämter der Republik bekleideten.

Eine **einflussreiche Minderheit** bilden Protestanten wohl auch heute noch, zumal man sich aus familiären Gründen oder von der gemeinsamen Schule kennt. Für das Languedoc-Roussillon wichtiger ist das **traditionelle Wahlverhalten** der Protestanten: Man wählt links, was bis zu einem gewissen Grad den Erfolg der Sozialisten im Regionalparlament erklärt.

Der Pont Zuccarelli, eine von vielen Baumaßnahmen
im Rahmen des Renommierprojektes Montpellier-Antigone

# Geschichte

**Die Antike hinterließ den monumentalen Pont du Gard und bleibt auf dem Pflaster der Fernstraße Via Domitia erlebbar. Von der Blüte des Mittelalters künden die romanischen Kirchen des Roussillon oder die Katharerburgen in der Aude. Aus der Renaissance und dem Barock sind Palais in Montpellier oder Pézenas geblieben. Die Moderne feiert sich in der Boomtown Montpellier mit neuen Vierteln und in Nîmes mit futuristischen Bauten. Geschichte ist in der Region Languedoc-Roussillon immer auch Geschichte zum Anfassen.**

## Vorgeschichte

Die Präsenz des **homo erectus** ist im Languedoc-Roussillon ab 700 000 v. Chr. bewiesen. Ungefähr so alt sind die **ersten Siedlungsfunde** im östlichen Languedoc, etwa in der Grotte Mas des Caves bei Lunel. Spektakulärer sind freilich die Funde in der Caune d'Arago bei Tautavel, weil erstmals Schädelfunde das Aussehen eines unserer Vorfahren bestimmen lassen. Der **Tautavel-Mensch,** der hier um 450 000 v. Chr. siedelte, hatte wulstige Augenbrauen, maß um die 1,60 m, war Jäger und starb mit 20 Jahren. Etwa um 50 000 v. Chr. siedelte ein anderer Jäger in der Grotte de l'Hortus bei Ganges: der Neanderthaler, ein **homo sapiens** mit deutlich höher entwickeltem Gehirn als beim *homo erectus*. Um 25 000 v. Chr. wird der nächste Evolutionssprung genommen. Der **homo sapiens sapiens** siedelte in einer Grotte bei Remoulins. Er wusste bereits mit Pfeil und Bogen umzugehen. Funde von Linsen und Erbsen beweisen zudem, dass er auch Ackerbau betrieb. Ab 6000 v. Chr. wurde der *homo sapiens sapiens* sesshaft. **Erste befestigte Siedlungen** entstanden: Ruscino im Roussillon, Pech Maho in der Aude, Ambrussum im Hérault. Die ersten Haustiere tauchten auf: Schafe und Ziegen steigerten die Unabhängigkeit von der Jagd.

## Antike und frühes Mittelalter

Im ersten vorchristlichen Jahrtausend wanderten indoeuropäische **Kelten** aus dem Norden ein, die in größeren Stämmen siedelten. Etwa zur selben Zeit gründeten **Griechen** aus dem kleinasiatischen Phokäa erste Handelskontore im westlichen Mittelmeerraum, darunter im 6. Jh. v. Chr. Massalia (Marseille) und Agathe (Agde). Die Griechen hatten Weinreben und Olivenstöcke im Gepäck und formten mit beiden nachhaltig die Kulturlandschaft des Midi.

Im 3. Jh. v. Chr. stellte sich Massalia während der Punischen Kriege zwischen Rom und Karthago auf Seiten der Römer. Diese Bündnistreue belohnte Rom, als Massalia 125 v. Chr. um Hilfe gegen einen keltischen Einfall bat. Die Großzügigkeit erwies sich als Berechnung – denn als die Kelten abgewehrt waren, blieben die Römer. 118 v. Chr. gründeten sie Narbo Martius (Narbonne). 27 v. Chr. wurde Narbonne die Hauptstadt der neuen römischen **Provincia Gallia Narbonensis.** Unter Kaiser Augustus und seinen Nachfolgern wurde die Region durchgreifend romanisiert. In Nîmes und Narbonne entstanden Theater und Arenen. Der Ackerbau florierte dank grandioser Bauwerke wie dem Aquädukt **Pont du Gard** und 1500 Großgrunddomänen. Fernstraßen, allen voran die **Via Domitia,** erleichterten den Handel. Unter den Römern gewann das **Christentum** im späten 2. Jh. n. Chr. an Einfluss und wurde wie überall im Imperium Romanum Staatsreligion.

Zugleich begann der Niedergang des Römischen Reichs. 413 nahmen die **Westgoten** das Languedoc ein und machten Narbonne zu ihrer Hauptstadt. 719 fielen die **Araber** von der Iberischen Halbinsel ins Land ein. Mitte des 8. Jh. unterwarfen die **Franken** das Languedoc. Auf ihre Initiative hin wurden die ersten Klöster gegründet, mit dem Ziel, den christlichen Glauben zu festigen.

Die Zeiten blieben unruhig. **Normannen** und **Ungarn** verwüsteten im 9. und 10. Jh. das Land. Die Städte verarmten und viele Dörfer längs der einst florierenden Via Domitia wurden aufgegeben.

## Mittelalter und frühe Neuzeit

Mit der Festigung des Christentums ging die Neubesiedlung verlassener Landstriche einher. Der Handel kam in Schwung, ebenfalls das Pilgerwesen – St-Gilles wurde eine wichtige Station auf dem **Jakobsweg** nach Santiago de Compostela. Militärisch organisierte **Orden** wie die Templer befriedeten die Weiten der Causses und der Cevennen. In den Ebenen wurde zusehends Getreide angebaut. Durch die **Kreuzzüge** des 10. Jh. begünstigt, entwickelte sich der Handel mit dem Vorderen Orient und Italien. Reiche Händler wurden zu Städtegründern – sie gründeten um das Jahr 1000 Montpellier.

Als die beiden tonangebenden politischen Kräfte setzten sich die **Grafen von Barcelona** in Katalonien und die **von Toulouse** im Languedoc durch. Unter ihrer Herrschaft blühte Okzitanien wirtschaftlich und kulturell auf, was den Neid der französischen Krone erweckte. Als mit den Katharern der Widerstand gegen den mit dem französischen König verbündeten Papst und die römisch-katholische Kirche wuchs, war der Konflikt vorprogrammiert. Er eskalierte, als die **Katharer** den okzitanischen Adel für sich gewannen. 1209 rief Papst Innozenz III. zum Kreuzzug gegen die als Ketzer verteufelten Katharer auf. Mit im Visier waren der zwei Jahre zuvor exkommunizierte Graf von Toulouse sowie weitere Territorialfürsten. Mit Hilfe des französischen Königs wurde das Languedoc unterworfen. 1229 musste sich der Graf von Toulouse unter die **Lehnshoheit der französischen Krone** begeben.

Das Languedoc verlor schrittweise seine kulturelle und politische Eigenständigkeit und wurde zur verarmten Provinz des französischen Königreichs. Im 16. Jh. wurde Französisch alleinige Amtssprache. Das Roussillon blieb vorerst Teil des **Königreichs Aragón,** dessen Krone seit 1137 die Grafen von Barcelona trugen. 1258 besiegelte der **Vertrag von Corbeil** die Grenze mit Frankreich. Auch als Aragón und Kastilien im 15. Jh. vereinigt wurden, demonstrierten die spanischen Könige ihren Anspruch auf das Roussillon und ließen die Grenzfeste Château de Salses errichten. Erst im Jahr 1659 trat Spanien das Roussillon im **Pyrenäenfrieden** an Ludwig XIV. ab.

## Religionskriege und Ancien Régime

Um 1530 gelangten die Schriften des Genfer Reformtheologen Calvin ins Languedoc. Häufig brachten Schäfer und Handwerksgesellen sie mit. Die neue Lehre verbreitete sich rasch: 1533 gab es die **ersten Protestanten** in Alès, in Mialet hatten 1545 von 361 Familien 360 den protestantischen Glauben angenommen, und 1559 fand unweit von Mialet die erste Synode der reformierten Kirche des Languedoc statt. Die von Calvin geforderte Einfachheit und Strenggläubigkeit stand in eklatantem Widerspruch zur höfischen Pracht des sich im 17. Jh. ausbildenden Absolutismus. Politisch gefährlich wurden die in Frankreich **Hugenotten** genannten Protestanten jedoch erst, als der Adel sich dem Protestantismus zuwandte. Ihren ersten Höhepunkt erreichte die Verfolgung der Pro-

Die Festungsstadt Carcassonne geht auf den ehemals keltischen Siedlungsplatz Carcasso zurück

testanten in der **Bartholomäusnacht** 1572, bei der der protestantische Adel niedergemetzelt wurde. Zimperlich waren die Hugenotten allerdings ebenfalls nicht. Die königliche Repression griff hart durch. In den Cevennen-Dörfern forderten königliche Entsandte die Bewohner zur **Konversion** auf – wer nicht folgte, wurde gefoltert. 1598 befriedete Heinrich IV. mit dem **Toleranzedikt von Nantes** die als **Religionskriege** in die Geschichte eingegangenen Auseinandersetzungen. 1685 wurde der Frieden durch Ludwig XIV. gebrochen. Der Sonnenkönig ließ das Edikt aufheben, was die Protestanten scharenweise ins Ausland trieb. Wer blieb, wurde verfolgt. Mit besonderer Härte geschah dies in den Cevennen, wo 1702 in Le Pont-de-Montvert der **Kamisardenkrieg** ausbrach. Die Bezeichnung geht auf das okzitanische Wort *camiso* (Hemd) zurück, denn die Aufständischen trugen statt Uniformen nur einfache Hemden. Im Juli 1702 marschierte eine Kamisardentruppe auf Le Pont-de-Montvert zu, um dort inhaftierte Protestanten zu befreien. Das Militär besetzte St-Jean-du-Gard, konnte jedoch zunächst gegen die von der Bevölkerung in ihrem Guerillakrieg unterstützten Kamisarden wenig ausrichten. Schließlich bot der König 25 000 Soldaten auf, 1704 brach der Aufstand zusammen. Die protestantischen Restgemeinden zogen in die ›Wüste‹: *Désert* nannten sie ihre geheimen Versammlungsorte in den Wäldern der Cevennen. Erst 1787, zwei Jahre vor der Revolution, führte ein königliches Edikt erneut die **Glaubensfreiheit** ein. Die **Französische Revolution** spiegelt die zwischen den beiden christlichen Bekenntnissen zerrissene Lage der Region wider: Die Protestanten sind für den Umbruch, die Katholiken unterstützen das Ancien Régime.

## Neuzeit und Gegenwart

Um den wirtschaftlich gebeutelten Cevennen auf die Beine zu helfen, beförderte die französische Krone seit Mitte des 18. Jh. das Anpflanzen von Maulbeerbäumen. Deren Blätter sind die Nahrung der Seidenraupe. Bis ins 20. Jh. blieb die **Erzeugung von Seide** ein wichtiger Erwerbszweig. Erst 1965 wurde die letzte Seidenspinnerei im Gard geschlossen.

In wesentlich größerem Stil wurden im 19. Jh. Reben gepflanzt. Die wirtschaftliche Anfälligkeit der Monokultur machte sich während der Reblauskrise ab 1875 dramatisch bemerkbar: Fast alle Weinberge wurden vernichtet, die Bevölkerung in tiefe Armut gestürzt. Eine **Erholung des Weinbaus** scheiterte an Billigexporten aus den nordfranzösischen Kolonien – die Not führt 1907 zur **Winzerrevolte.**

Bis auf die Erzgruben und die Eisenhütten in den Süd-Cevennen geht die Industrialisierung fast spurlos am Languedoc-Roussillon vorbei. Die Region führt bis in die 1960er-Jahre ein Schattendasein, touristisch kaum erschlossen, wirtschaftlich nicht entwickelt, kulturell im Abseits. Erst die von Paris im großen Stil vorangetriebene Erschließung der Küsten durch **touristische Großprojekte,** die Ansiedlung zukunftsweisender **Hightech-Firmen** und der Ausbau der medizinisch-pharmazeutischen **Forschung** in Montpellier katapultieren die Region nach vorn.

Die **Rückbesinnung auf die okzitanischen Wurzeln** tat ein Übriges – die Parolen zur Verhinderung einer Militärbasis auf dem Larzac gingen in den 1970er-Jahren auf Okzitanisch über die französischen Fernsehsender.

Aus der bei ihrer Schaffung etwas künstlich wirkenden ›Bindestrichregion‹ Languedoc-Roussillon ist im Rahmen der Dezentralisierung binnen 20 Jahren eine **selbstbewusste Region** geworden. Der Ausbau von TGV-Linien und Autobahnnetz verknüpft seit den 1980er-Jahren das Languedoc-Roussillon mit den Schaltstellen der Macht im Pariser Becken. Dort träumen heute Millionen Franzosen von einem Leben unter der Sonne des Languedoc-Roussillon – jährlich setzen Zigtausende ihren Traum zudem um.

**Ludwig XIV., König von Frankreich, in einer Karikatur: »Der Sonnenkönig im Negligé poliert seine Sonne«**

UDRE
ALLIQUE
pour
s Cuivres
TRIPOLI
ROYAL

# Zeittafel

| | |
|---|---|
| **um 450 000 v. Chr.** | Der Tautavel-Mensch, einer der ersten Vertreter des *homo erectus* in Europa, lebt als Jäger in den küstennahen Tälern der Corbières. |
| **um 2000 v. Chr.** | Der Wandel von Nomaden zu Ackerbauern vollzieht sich während des Neolithikums schrittweise. Als Folge entstehen in den Cevennen Großhüttendörfer. In der Lozère zeugen Menhire und Dolmen (Steingräber) von den Steinzeitmenschen. |
| **ab 700 v. Chr.** | Die Kelten fallen in die Region ein. Es entstehen erste *oppida*. |
| **600 v. Chr.** | Griechen aus Marseille gründen Agathe, das heutige Agde. Sie bringen den Olivenbaum und die Weinrebe mit. |
| **122 v. Chr.** | Auf Hilferuf der griechischen Kolonie von Marseille marschieren die Römer an die westliche Mittelmeerküste. |
| **59–52 v. Chr.** | Cäsar unterwirft ganz Gallien. Mit seinen Truppen überquert er die Cevennen, um den Avernerfürst Vercingetorix zu schlagen. |
| **27 v. Chr.** | Die mit Stadtneugründungen, Fernstraßen und Garnisonen romanisierte Provinz erhält den Namen Gallia Narbonensis. |
| **Ende des 3. Jh.** | Christliche Missionare wandern in die römischen Provinz ein. |
| **413** | Nach den Vandalen und Alemannen verwüsten die Westgoten die römische Provinz und gründen ein Reich mit Hauptstadt Toulouse. |
| **507** | Nach dem Vordringen der Franken bleibt den Westgoten nur das Septimania genannte Gebiet aus Roussillon und Küstenebene. |
| **719** | Nach der Eroberung Spaniens nehmen die Araber Narbonne ein. |
| **759** | Die Franken erobern unter Pippin I. Narbonne und gliedern die Septimania in ihr Reich ein. |
| **778** | Die Karolinger bauen Katalonien als Schutzschild gegen die islamische Welt aus. |
| **803** | Der Markgraf von Toulouse, ein Vetter Karls des Großen, dringt bis Barcelona vor. Es ist der Beginn der bis ins 13. Jh. währenden Herrschaft der Grafen von Toulouse über das Languedoc. |

| | |
|---|---|
| Katalonien bildet sich als identitätsstiftendes Territorium beiderseits der Pyrenäen heraus. 1137 erhalten die Grafen von Barcelona durch Heirat die Krone des Königreichs Aragón. 1172 wird das Roussillon der Grafschaft Barcelona einverleibt. Durch Erbteilung des Königreichs Aragón wird Perpignan von 1272 bis 1344 Hauptstadt des neuen Königreichs Mallorca, zu dem auch das Roussillon gehört. Danach fällt es wieder ans Königreich Aragón. | **11.–13. Jh.** |
| Der Adel des Languedoc lehnt sich gegen den Papst auf und unterstützt die sich rapide verbreitende Gemeinschaft der Katharer. | **12. Jh.** |
| Papst Innozenz III. ruft den Katharerkreuzzug aus. Mit der Ausführung beauftragt er die französische Krone. | **1209** |
| Mit Quéribus fällt die letzte Katharerfestung. Nach Ausrottung der Katharer und der Entmachtung des okzitanischen Adels annektiert Frankreich das Languedoc. | **1255** |
| Die Schwarze Pest bricht aus. Bis ins 15. Jh. fällt den Epidemiewellen fast die Hälfte der Bevölkerung zum Opfer. | **1348** |
| Phillippe von Valois, König von Frankreich, kauft dem König von Mallorca Montpellier ab. | **1349** |
| In Beaucaire wird die erste Handelsmesse abgehalten. Die Rhône-Stadt wird zu einem der wichtigsten Handelsplätze Europas. | **1464** |
| Die Reformation erreicht 1532 den Midi. Das östliche Languedoc wird weitgehend calvinistisch. Nach blutigen Auseinandersetzungen mit der katholischen Krone garantiert 1598 das Edikt von Nantes den Protestanten Glaubensfreiheit. | **16. Jh.** |
| Franz I. führt Französisch als alleinige Amtssprache ein. | **1539** |
| Montpellier wird Hauptstadt des Niederen Languedoc. | **1622** |
| Das Roussillon fällt im Pyrenäenvertrag an Frankreich. Der Pyrenäenkamm bildet fortan die Grenze zu Spanien. | **1659** |
| Der Hafen von Sète wird angelegt. Gleichzeitig beginnen die Arbeiten für den Canal du Midi, der 1681 fertiggestellt wird. | **1666** |

# Zeittafel

| | |
|---|---|
| **1685–1704** | Nach der Aufhebung des Edikts von Nantes kommt es erneut zu Protestantenverfolgungen. |
| **1750–1752** | Mit dem Ende der letzten staatlich organisierten Protestantenverfolgungen kehrt Frieden in der Region ein. |
| **1789** | Die Französische Revolution erschüttert das Land. Die Protestanten verhalten sich prorevolutionär, die Katholiken sind königstreu. |
| **1790** | Wie ganz Frankreich, werden Languedoc und Roussillon in Departements aufgeteilt. |
| **1839–1864** | Als erste Eisenbahnstrecke im Languedoc wird 1839 der Abschnitt Montpellier–Sète gebaut. 1857 folgt die Linie Bordeaux–Tarascon, 1864 die für den Abtransport der Kohle aus den Cevennen bedeutsame Linie Paris–Toulon. Auch die Weinmonokultur wird durch den Ausbau des Netzes begünstigt, das den Weinexport vereinfacht. |
| **1872–1890** | Die Reblausplage vernichtet große Teile der Weinberge und stürzt die ländliche Bevölkerung in Armut. |
| **1882** | Frankreich führt die allgemeine Schulpflicht ein. Französisch wird landesweit Unterrichtssprache, Okzitanisch ist untersagt. |
| **1907** | Billigimporte aus den französischen Nordafrikakolonien schüren den Winzeraufstand gegen die Regierung Clemenceau. Der Protest wird militärisch niedergeschlagen. |
| **1930er-Jahre** | Die Pyrenäenpässe werden zum Schlupfloch spanischer Franco-Gegner. Die meisten Emigranten siedeln sich im Roussillon an. |
| **1942–1944** | Der zunächst unbesetzte Süden wird von der deutschen Wehrmacht okkupiert. Vor allen in den Cevennen bilden sich zahlreiche *maquis*, Widerstandsgruppen. Im August 1944 wird die Region befreit. |
| **1951** | Okzitanisch und Katalanisch sind nun auch Unterrichtssprachen. |
| **1959** | In den Cevennen werden die ersten Kohleminen geschlossen. |
| **1962** | Nach dem Algerienkrieg strömen Hunderttausende von Französischstämmigen aus der ehemaligen Kolonie in den Midi. |

| | |
|---|---|
| Montpellier wird Verwaltungskapitale der Verwaltungs- und Wirtschaftsregion Languedoc-Roussillon, die bis 1972 entsteht. | **1964–1972** |
| Mit der Ansiedlung von IBM in Montpellier beginnt im Languedoc das Hightech-Zeitalter. | **1965** |
| In La Grande-Motte wird der Grundstein gelegt: Es ist der Startschuss für die Bauvorhaben der »interministeriellen Mission« mit dem Ziel, 650 000 Hotelbetten aus dem Sand zu stampfen. – Der Nationalpark Cevennen wird gegründet. | **1970** |
| Eine breite Bürgerbewegung formiert sich gegen die Erweiterung des Militärcamps im Larzac. Sie fördert ein neues Occitania-Bewusstsein – gegen die Pariser Zentralregierung. | **1971–1981** |
| Der spanische Teil Kataloniens wird autonome Region. Perpignan unterhält eine ständige Vertretung in Barcelona. | **1980** |
| Das neue Dezentralisierungsgesetz erlaubt der Region, sich weitgehend selbst zu verwalten. | **1982** |
| Der Pont du Gard wird Welterbe der UNESCO. Elf Jahre später folgt der Canal du Midi, im Jahr darauf Carcassonne. | **1985–1997** |
| In Montpellier wird die erste zweisprachige Schule der Region mit den Unterrichtssprachen Okzitanisch und Französisch gegründet. | **1997** |
| Sintflutartige Regenfälle verursachen im September schwere Überschwemmungen in den Departements Gard und Hérault. | **2002** |
| Bei Straßenbauarbeiten wird in Nîmes ein 6500 $m^2$ großes Areal der antiken Stadt freigelegt. Die sensationellen Funde umfassen römische Mosaiken, griechische Vasen und Weinberge. | **2007** |
| Georges Frêche, Ex-Bürgermeister von Montpellier, wegen politisch inkorrekter Statements aus der Parti Socialiste geworfen, gewinnt im März haushoch die Wahlen zum Präsident der Region. Ein halbes Jahr später stirbt er an einem Herzinfarkt. | **2010** |
| Die Causses, die Karstebenen am Südrand der Cevennen, werden von der UNESCO zum Weltnaturerbe erklärt. | **2011** |

# Gesellschaft und Alltagskultur

**Brauchtum ist im Languedoc-Roussillon mehr als bunt inszenierte Folklore, es ist ein Bekenntnis zur eigenen Identität. Dazu zählen neben traditionellen Tänzen der Gebrauch des Katalanischen und Okzitanischen. Neben den beiden großen kulturellen Gruppen formt das Land selbst Unterschiede. In den Cevennen sind die Menschen verschwiegen, in Montpellier weltoffen, in Sète so verspielt, wie man es von den Kindern italienischer Vorfahren erwarten kann.**

## Katalanisch

Wie das Französische, Spanische oder Okzitanische ging das Katalanische aus dem Latein hervor. Bereits im 10. Jh. war die **eigenständige romanische Sprache** von Perpignan bis Barcelona tonangebend. Bis 1479 blieb Katalanisch im Roussillon Amtssprache. Mit der Vereinigung der beiden Königreiche Aragón und Kastilien übernahm das Kastilische diese offizielle Rolle. Nach der Eingliederung Nordkataloniens (Roussillon) ins französische Königreich im Jahr 1659 wurde Französisch Amtssprache. Ab 1672 verbot man das Katalanische sogar in den Schulen – es blieb jedoch im Privaten verbreitet.

Im 19. Jh. erlebte das Katalanische eine literarische Renaissance. Zugleich kam es zu einer **Rückbesinnung auf die katalanische Identität** beiderseits der Pyrenäen.

Heute sind Straßen- und Ortsschilder im Roussillon in der Regel zweisprachig. In 125 Schulen werden Katalanisch-Kurse angeboten – die Nachfrage ist vorhanden –, und immerhin ein Drittel aller Bewohner des Roussillon behauptet, Katalanisch zu verstehen – doch nur 3 % aller Eltern sprechen es mit ihren Kindern.

Im spanischen Katalonien und in Andorra ist Katalanisch hingegen erneut die Amtssprache.

## Pétanque ...

Kein Dorf ohne Bouleplatz, keine Allee ohne *boulodrome*: Allein eine halbe Million Profispieler sind in Frankreichs Pétanque-Clubs eingetragen. Die Zahl der Amateure des wahlweise Boule oder Pétanque genannten Spieles, bei dem es darum geht, die 650 bis 800 g schwere Stahlkugel aus einer Entfernung von 6 bis 10 m einem Buchsbaumkügelchen (*le cochonnet*, das Schweinchen) möglichst treffsicher hinterherzuwerfen. Pétanque ist **Nationalsport,** für die Herren jedenfalls. Frauen sieht man allenfalls bei Familienfeiern die Kugel schleudern, auf Dorfplätzen fast nie. Zum ortsbildprägenden Phänomen wurde das Spiel erst in den 1960er-Jahren mit der Rückkehr Zigtausender Algerienfranzosen.

Um den **Ursprung** des in 28 Ländern praktizierten, ruhigen Kugelschmeißens streiten mehrere Orte. In Marseille sind im Musée Borély Steinkugeln ausgestellt, mit denen schon die Phokäer auf Schweinchenjagd gegangen sein sollen. In der Loire-Stadt Angers rollten die Kugeln lange bevor ihre Spieler zu den typischen Midi-Bildern zählten – das Herrschergeschlecht der Plantagenêts ließ die Kugeln schon im Mittelalter an den Ufern der Loire kullern. Einerlei: *Carreau* heißt der Treffer, bei dem die im Weg liegende Kugel der gegnerischen Mannschaft mit lautem Klacken weggeräumt wird – und nur das zählt.

## ... und andere Spiele

Die **Spiel- und Sportleidenschaft** der Südfranzosen ist legendär. Entweder man steigt am Sonntag aufs **Rennrad** – so wie es sich für ein Land gehört, das die Tour de France erfunden hat. Oder man ist eingefleischter Anhänger etwa des SC Montpellier-Hérault. Hinter dem Kürzel verbirgt sich der **Fußball**club der Regionalhauptstadt. Wenn die Spieler ins Stade La Mosson einziehen, bleibt keiner der 35 500 Plätze frei. Gleichzeitig bleibt kein Fernseher ausgeschaltet, weder daheim noch in der Bar. Das gilt auch für den zweiten, vor allen in der Aude und den Pyrénées-Orientales praktizierten Massensport: **Rugby.** Seine Hochburgen heißen Béziers und Perpignan. Der ASB, Béziers' Rugby-Club, stellte bereits die Mannschaft mit den meisten Titeln landesweit, was im rugbyverliebten Südwesten Frankreichs etwas zu heißen hat. Und 2003 schlug die Mannschaft von Perpignan sogar den Dauerchampion Toulouse! In Sète, Agde oder Palavas treiben hingegen die *joutes nautiques* die sportbegeisterten Massen auf die Kais: Beim **Fischerstechen** geht es darum, sich mit einer Lanze vom Mannschaftsboot zu schubsen.

## Stierkampf light

Es muss nicht immer mit einer *mise à mort* enden, wenn Toreros zum Kampf mit dem Stier in die antike Arena von Nîmes schreiten. Im Gegensatz zur blutigen, in Spanien praktizierten und erst seit 200 Jahren im Rhône-Delta bekannten *corrida*, die mit dem Tod des Stiers und manchmal mit dem des Matadors endet, kehrt der Stier bei der in der Camargue verbreiteten *course camarguaise* in die Sumpfwiesen des Rhône-Deltas zurück. Nahezu unversehrt zudem, von ein paar Kratzern einmal abgesehen. Ein weiterer Unterschied: Steht bei der Corrida der Torero in großen Lettern auf dem Plakat, so ist es bei der **Course camarguaise** der Stier. Die meist schwarzen Bullen sind dem lokalen Publikum von anderen Kämpfen bekannt. Zwischen ihren Hörnern prangt die *cocarde.* Die bunte, gefältelte Stoffrosette vom Stierkopf zu entreißen, ist das Ansinnen der *razeteurs* genannten mutigen Mannen. Als Hilfswerkzeug fungiert der *crochet,* eine eiserne Kralle, die eine gewisse Entfernung zum Stier bei der Ausübung des kühnen Unterfangens erlaubt.

Nîmes' erste wichtige **Feria** beginnt zu Pfingsten. Die Saison endet in den Arènes mit der Feria zur Weinlese im September. Ab Mai veranstalten viele Städte und Dörfer im Departement Gard ihre Feria. Überall verkünden Plakate Datum und Ort, oft eine kleine Betonarena am Dorfrand.

Auch eine andere, selten blutig endende Tradition hat überlebt: Die **Course de rue** ist eine nicht ganz ungefährliche Volksgaudi, bei der ein paar Stiere die übermütige männliche Dorfbevölkerung durch die Gassen jagen.

## Jagen

Ein warnendes Wort vorab: *La chasse* ist im Languedoc-Roussillon heilig und ein **Massenphänomen,** zudem verbrieftes Recht seit der Französischen Revolution. Motto: freier Schuss für freie Bürger. Zwischen Oktober und März wird es daher in den Wäldern für Wanderer gefährlich. Ganz ohne Witz raten Wandervereine für die Wintersaison zu auffällig leuchtender Kleidung und einem Lied auf den Lippen. So entgeht man am ehesten der **Gefahr,** für ein Wildschwein gehalten zu werden. Offiziell darf nur mittwochs (wenn nachmittags schulfrei ist) und am Wochenende (wenn wieder schulfrei ist) geballert werden – daran halten sich die Jäger aber nur bedingt.

## Anarchie im Alltag

Zwei Jahrtausende Fremdherrschaft, angefangen bei den Römern über Pariser Beamte bis hin zu Brüsseler Bürokraten, haben die Menschen im Languedoc-Roussillon souverän mit einer gehörigen Prise Anarchie überstanden. Private Verabredungen, berufliche

# Okzitanisch

**Über annähernd 450 000 Wörter verfügt die okzitanische Sprache – und überflügelt das Französische damit um stolze 200 000. Die vielen Synonyme geben den Ausschlag: Es gibt allein 62 Wörter, um einen Sumpf, und 75, um einen Blitz zu bezeichnen. Louis Combes, Übersetzer von Kipling und Hemingway ins Okzitanische, hat das vorläufig endgültige Wörterbuch erstellt.**

*Drollàs* = der Junge, *pichon* (ausgesprochen Pitschun) = das Kind, *destraleta* = kleine Axt, *bordilhas* = Abfall: Seit dem per königlichen Dekret besiegelten Sieg des Französischen über das Okzitanische im 16. Jh. sagen diese Vokabeln immer weniger Bewohnern des Midi etwas. Nicht, dass das Okzitanische trotz aller Verbote und Restriktionen nicht mit der Zeit gegangen wäre. Für das Mofa, frz. *mobylette,* wurde z. B. das lautmalerische Wort *pétarron* geschaffen. Als Amts-, Dichter- oder gar von allen Bewohnern des Languedoc beherrschte Sprache aber hat das Okzitanische ausgedient. Gesprochen wurde die *langue d'oc* einmal im gesamten Gebiet südlich der Linie Bordeaux–Lyon. Sie entwickelte sich im frühen Mittelalter aus gallischen Dialekten und einem in den Kirchen gepredigten Vulgärlatein. *Oc* bedeutete Ja im Süden Frankreichs, daher die Bezeichnung des Okzitanischen als *langue d'oc.*

Mit dem Sieg des französischen Königs über die Regionalfürsten des Languedoc im 13. Jh. begann im Midi der Siegeszug der Sprache des Nordens. Das Okzitanische sank in der Öffentlichkeit über die Jahrhunderte auf den Status eines als rückständig geltenden Dialekts. Ändern konnte daran weder das 1945 in Toulouse von einigen Résitants des Zweiten Weltkriegs gegründete Institut d'études occitanes (IOC) noch die Loi Deixonne, das nach seinem Initiator (und Abgeordneten des Departements Tarn) benannte Gesetz zur Gleichberechtigung des Okzitanischen im Unterricht. »Die Sprache der Republik ist das Französische«, heißt es in der Verfassung, woran auch die Europäische Charta zur Förderung von Regionalsprachen nichts ändert – zumal Frankreich die Charta nicht ratifiziert hat. Bis auf Weiteres bleibt das Okzitanische die einzige Regionalsprache Europas mit mehr als 1 Mio. Praktizierenden, die über kein eigenes Fernsehprogramm verfügt.

Immerhin liegt das »Dictionnaire Général Occitan« vor, verfasst von Louis Combes (1925–2006), genannt Abbé Combes und als Schriftsteller unter dem Künstlernamen Cantalousa bekannt. Der in Bédarieux geborene Geistliche war stolz darauf, alle 500 Troubadoure des 12. Jh. gelesen und analysiert zu haben. Die *langue d'oc,* mit der die Troubadoure in die Literaturgeschichte eingingen, habe ihm durch ihren Reichtum bei der Übersetzung von Kipling oder Hemingway geholfen, erklärte er. Wo in französischen Texten ganze Passagen des englischen Originals fehlen, hatte Combes keine Mühe, die passenden okzitanischen Worte zu finden. Gelernt hat Combes das Okzitanische erst, als er bereits neun Fremdsprachen beherrschte, im reifen Alter von 45 Jahren. Und dies von einem ehemaligen deutschen Kriegsgefangenen, der ein großer Verehrer des Okzitani-

## Thema

schen war – wie Generationen von deutschen Linguisten zuvor. Schließlich erhielt der Provenzale Frédéric Mistral 1904 den Nobel-Preis für sein auf Okzitanisch verfasstes Werk auf Anregung eines deutschen Komitees.

Der Weg zum Erlernen des Okzitanischen mit seinen regionalen Varianten wie dem Provenzalischen führte den Abbé von ersten privaten Nachhilfestunden schnurstracks zu den Troubadouren. In deren Texten entdeckte Combes auch das Wort *rèva* (Halluzination), das es über die britische Herrschaft in Aquitanien ins Englische schaffte und heute als *rave* in der internationalen Partyszene auftaucht. Über viele Jahre notierte er alles, was er fand. Überprüfte, trug zusammen, bis 2003 das 1056 Seiten dicke »Allgemeine Wörterbuch des Okzitanischen« vollendet war.

**Mit der ›langue d'oc‹ gingen die Troubadoure, hier Bernart de Ventadour, in die Literaturgeschichte ein**

Termine, Verkehrsvorschriften werden äußerst entspannt gehandhabt. Steuern sind gleichbedeutend mit Frohn, Beamte bleiben eine Geißel im ansonsten heiteren Alltag.

Das ist gewöhnungsbedürftig, etwa wenn die Wasserleitung im Ferienhaus tropft und der Klempner zum verabredeten Termin nicht erscheint. Oder die Autopanne zu einem weiteren Tag Warten führt, weil ... der Mechaniker vielleicht gerade zum Bademeister oder Gleitschirmlehrer umsattelt. *On se débrouille* – man wurschtelt sich durch. Dazu gehört auch, öfter mal den Job zu wechseln, abenteuerlustig etwas ganz Neues anzufangen. Notfalls wird in der Kirche eine Kerze für den zuständigen Schutzheiligen angezündet.

# Feste und Festivals

## Januar

**Carneval de Limoux:** Von Januar bis Ostern feiert **Limoux** Karneval, und dies seit dem Mittelalter. Sonntags ziehen Masken- und Musikgruppen *(fécos)* durch die Gassen.

## Februar

**Mardi Gras:** Am Karnevalsdienstag tobt ein bunter Umzug durch **Pézenas.** Im Mittelpunkt des Treibens steht ein Fohlen. In **Mèze** ist es hingegen ein Stier, in **Gignac** ein Esel, in **Béziers** ein Kamel.

**Fête de l'ours:** In den Dörfern des **Vallespir** (St-Laurens-de-Cerdans, Prats-de-Mollo) wird zwischen dem 2. Februar und Karneval der Bär verjagt – im Fell verstecken sich Männer aus dem Dorf, die den verkleideten Jägern Angst einzujagen versuchen.

## März

**Toques et Clochers:** Höhepunkt des Weinfestes in **Limoux** selbst oder einem Nachbarort ist die Versteigerung fassgereifter Chardonnay-Weine. An einem So Mitte/Ende des Monats (www.sieurdarques.com).

## April

**Procession de la Sanch:** Prozession der mit roten oder schwarzen Kapuzenkutten verhüllten Bußbruderschaft von **Perpignan** – archaisch und fremd (Karfreitag).

**Mondial du Vent:** Die Weltmeisterschaft der Surfer und Kiter verwandelt den Strand von **Leucate** zum internationalen Treffpunkt der Trendsportler (2. April-Hälfte, www.mondial-du-vent.com).

**Les Arts du Cirque:** Das Fest der Zirkuskünstler füllt in **Cap d'Agde** die Straßen – Zuschauer sind zum Mitjonglieren und -zaubern eingeladen (Ende April–Anfang Mai).

## Mai

**Caritas, Les Fêtes médiévales:** Ganz **Béziers** besinnt sich auf die glanzvolle mittel-

**Dem ›Schweinchen‹ gilt es beim Boulespiel möglichst nahezukommen**

alterliche Geschichte der Stadt: Reitturniere, Bankett, Mittelaltermarkt etc. (Wochenende um den 1. Mai).

**Rencontres de sculpture sur sable:** Wer baut die kühnste Sandskulptur? Antworten liefert der Sandkunstwerk-Wettbewerb am Strand von **Cap d'Agde** (Mitte Mai).

**Le Défi Windsurf:** Alles aufs Brett – heißt es beim Windsurfwettbewerb für über 700 Teilnehmer in **Gruissan** (Anfang Mai, www.defi wind.com).

**Fête de la Transhumance:** Beim Auftrieb der Kühe nach **Aubrac,** dem Hauptdorf des gleichnamigen Plateaus, sind vom Präfekt bis zum Bischof alle dabei.

**Festival des Vins:** Die Weine der Aude, von Corbières bis Fitou, stehen im Mittelpunkt des Weinfestes in der Cité von **Carcassonne** (Ende Mai–Anfang Juni).

**Festival de la Bande dessinée et de l'album de jeunesse:** Beim Comic- und Kinderalbumfestival in **Sérgnan** gibt es Neuerscheinungen zu bestaunen, eine Tauschbörse und einen Preis für das beste Werk (Pfingsten).

**Féria de Nîmes:** Während der Stierkämpfe (Féria de Pentecôte zu Pfingsten, Féria des Vendanges Mitte Sept.) herrscht um die Arenen von **Nîmes** der Ausnahmezustand (www.arenesdenimes.com).

## Gesetzliche Feiertage

**Neujahr –** Nouvel An
**Ostermontag –** Lundi de Pâques
**1. Mai –** Tag der Arbeit
**8. Mai –** deutsche Kapitulation 1945
**Pfingstmontag –** Pentecôte
**14. Juli –** Nationalfeiertag
**15. August –** Ascension/Mariä Himmelfahrt)
**1. November –** Toussaint/Allerheiligen
**11. November –** Armistice/Waffenstillstand von 1914)
**25. Dezember –** Noël/Weihnachten

## Juni

**Fête de la Transhumance:** Zum Herdenauftrieb ziehen die Schafe in Scharen durch **Florac** (Anfang Juni).

**Fête du Drac:** Beim dreitägigen Volksfest steht der Drache von **Beaucaire** im Vordergrund – einmal im Jahr kriecht das (Pappmaschee-)Monstrum aus der Rhône und zieht durch die Stadt (Anfang Juni).

**Printemps des Comédiens:** Das nach Avignon zweitgrößte Theaterfestival Frankreichs verwandelt ganz **Montpellier** in eine Bühne, den ganzen Monat über (www.printempsdescomediens.com).

**Les Ecluses en Fête: Béziers** feiert mit einer Bootsparade, Themenspaziergängen und viel Musik die Ecluses de Fontsérane – die kniffeligste Schleusenanlage des Canal du Midi!

**Montpellier Danse:** berühmtes Festival des modernen Tanzes von **Montpellier,** mit Spitzenensembles und -choreografen (Ende Juni–Anf. Juli, www.montpellierdanse.com).

**Festival Convivencia:** Entlang dem **Canal du Midi** werden vom Ende des Monats bis in den August Konzerte der Weltmusik gegeben (www.festivalconvivencia.com).

**Fête de St-Pierre:** Bei den traditionellen Fischerfesten von **Gruissan** oder **Le Grau-du-Roi** veranstalten die Fischer eine Bootsprozession zu Ehren ihres Schutzpatrons, des hl. Petrus. Mit Segnung des Meeres (29. Juni).

**Festa Major:** Beim einwöchigen Festreigen in **Perpignan** (mittelalterlicher Markt, Feuerwerk) strebt alles auf den 23. Juni zu (St-Jean) – an diesem Tag wird die gesegnete Flamme vom Berg Canigou in die Stadt gebracht.

**Grand Tournoi de Joutes:** Beim Fischerstechen auf dem Canal von **Palavas-les-Flots** bleibt kein Caféstuhl am Quai leer (14. Juli, 15. Aug. und Anfang Sept.).

## Juli

**Festival de Sardane:** Folklorefest – die Arena von **Céret** wird zum Tanzboden für den traditionellen katalanischen Reigentanz (Wochenende Mitte des Monats).

**Festival International de Musique Sacrée:** Das Festival sakraler Musik lädt Ensembles und Solisten aus allen Kulturkreisen ein – Konzerte und Chöre in der **Abtei Sylvanès** (Juli–Aug., www.sylvanes.com).

**Son & Lumière des Châteaux de Lastours:** Im Juli und August werden jeweils donnerstags und sonntags um 22 Uhr die vier Burgen von **Lastours** mit einem Licht- und Tonspektakel dramatisch in Szene gesetzt.

**Jazz à Sète: Sète**, and *the living is easy* – beim Jazzfestival gilt dies erst recht (Wochenende Mitte des Monats, www.jazzasete.com).

**Festival du Muscat:** Die Winzer von **Frontignan** öffnen zum Weinfest um den natursüßen Muscat ihre Keller (Wochenende Ende Juli).

**Festa d'oc:** Zum Fest zu Ehren Okzitaniens lädt **Béziers** okzitanische Sänger und Gruppen, Wissenschaftler, Winzer und Vertreter aller okzitanischen Regionen ein (Mitte des Monats).

**Festival de Feu d'Artifice:** Der Himmel schillert, funkelt, blitzt beim Festival des Feuerwerks in **La Grande-Motte**. Über 40 Feuerwerke (Ende Juli).

**Fête de l'Olivier:** Olivenöl und -seife, Schnitzereien aus Olivenholz stehen zum Verkauf beim Fest zu Ehren des Olivenbaums in **Bize-Minervois** (So in der 2. Monatshälfte).

**Festival de Carcassonne:** Das fast den ganzen Monat dauernde Fest in der Cité von

**Carcassonne** lockt alle zwei Jahre mit hochkarätigen Konzerten, Theater- und Ballettaufführungen – sowie einem spektakulären Feuerwerk (jährlich) zum Nationalfeiertag am 14. Juli (www.festivaldecarcassonne.com).
**Fugue en Aude Romane:** Die romanischen Kirchen und Abteien der **Aude** dienen den ganzen Monat über als Konzertsaal für klassische Musik (www.addmd11.fr).
**Grand Festival médiéval du Château de Peyrepertuse:** Die Katharerfestung **Peyrepertuse** ist Schauplatz des größten Mittelalterfestes Südwestfrankreichs. Höhepunkt sind die Vorführungen der Falkner (Beginn im April, Hauptphase Juli–Aug., www.chateau-peyrepertuse.com).
**Les Estivales:** Beim sommerlichen Konzertfestival von **Perpignan** treten Stars wie Paolo Conte oder Cesaria Evora auf (www.estiva les.com).
**Festival Pablo-Casals:** hochkarätige Konzerte internationaler Orchester in der Pfarrkirche von **Prades, St-Michel-de-Cuxa** und weiteren Kirchen der Umgebung (letzte Juli-Woche–Mitte Aug., Tel. 04 68 96 33 07, Fax 04 68 96 50 95, www.prades-festival-casals.com).

## August

**Fête du Commerce et du Vin: Narbonne** feiert die umliegenden Weingebiete mit Verkostungen und einem Straßenfest. Dazu wird ein riesiger Markt abgehalten (Wochenende Anfang Aug.).
**Banquet du Livre:** Lesungen, Neuerscheinungen, eine Buchbörse bietet das Buchfest in der Abtei von **Lagrasse** (1. Aug.-Woche).
**Fête de l'huître:** Ein Glas Picpoul, Butter und schalenweise Austern sind die Garanten für das Gelingen des Austernfestes von **Bouzigues** (Wochenende Anfang Aug.).
**Feria de Béziers:** 1 Mio. Besucher, eine Fiesta mit *bodegas* und *casitas*, Stierkämpfe in den Arenen – kurz: ein Mega-Event für alle *aficionados* (Mitte Aug., www.arenes-de-beziers.com).
**Marché des Potiers:** Das Töpferdorf **Sallèles d'Aude** lädt Töpfer aus ganz Frankreich und Besucher zum großen Handwerksmarkt ein (2 Tage um Mariä Himmelfahrt, 14.,15. Aug.).
**Fête de la St-Louis:** Beim traditionellen Fischerstechen auf den Kanälen von **Sète** heißt es entweder, Lanze nach vorn oder ins Wasser plumpsen (Woche um das vorletzte Aug.-Wochenende).
**Fête du Cassoulet:** Ob mit Confit de Canard oder Würsten – in **Castelnaudary** kann man den Eintopf zum Fest des Cassoulet in allen Variationen probieren. Mit Tanz und Musik (Ende Aug., www.fete-du-cassoulet.com).
**Visa pour l'Image, Festival International du Photojournalisme:** Renommiertes Fotofestival, zu dem die besten Fotografen der Welt reisen. Die Ausstellungen in den Klöstern, Palais und öffentlichen Gebäuden von **Perpignan** sind eintrittsfrei (Ende Aug.–Anfang Sept., www.visapourlimage.com).

## September

**Fêtes médiévales:** Beim Mittelalterfest von **Olargues** werden alte Handwerkskünste und Waffen vorgeführt – geschmaust nach Ritters Art wird natürlich auch (3. So des Monats).
**Festival de Musique en Catalogne romane:** Klassische Konzerte in der Kathedrale von **Elne** und in anderen romanischen Kirchen des Roussillon (an den ersten 3 Wochenenden des Monats).

## Oktober

**Les Grands Chemins de Minerve:** Kunst und Wein bilden die Leitfäden bei den Spaziergängen durch die Keller und Galerien von **Minerve** (Ende Okt.–Anfang Nov., www.les-grands-chemins.com).
**Fête de la Ville:** Zum mehrtägigen Stadtfest von **Aigues-Mortes** werden auch Courses camarguaises veranstaltet (um die Monatsmitte).

## November

**Fête des Châtaignes, du Vin primeur et de l'Agneau du pays cathare:** Esskastanien, junger Wein und Lamm aus dem Katharerland – dafür reist man gerne nach **Villardonnel** (Wochenende Anfang des Monats).

Farbenfroher Carneval de Limoux: An den Sonntagen ziehen Masken- und Musikgruppen durch die Gassen der Stadt

# Architektur und Kunst

**Dank keltischer Oppida und griechischer Siedlungen beginnt die Kunstgeschichte des Languedoc-Roussillon um 600 v. Chr. Prägender als die frühantiken Einflüsse ist allerdings das römische Erbe: Sowohl romanische Kirchen als auch barocke Palais zitieren die klassische Antike. Die Moderne schließlich verfiel dem Zauber des Lichts: Picasso malte in Céret, Matisse in Collioure. Im 21. Jh. gibt die architektonische Avantgarde den Ton an. Sir Norman Foster baute in Millau, Philippe Starck in Nîmes, Ricardo Bofill in Montpellier.**

## Architektur

### Augustäische Klassik

Unter der Herrschaft von Kaiser Augustus entstanden in der römischen Provinz öffentliche Großbauten wie Aquädukte, Theater, Tempel und Arenen. Einige erwiesen sich als unverwüstlich: Der **Pont du Gard** trotzt seit fast 2000 Jahren den Hochwasserfluten des Gardon. Die insgesamt etwa 50 m hohen Etagen mit Bogen verschiedener Höhe und Breite, die bis auf die obere, wasserführende Arkadenreihe überwiegend mörtellos aus jeweils 6 t schweren Blöcken zusammengesetzt sind, überspannen auf einer Länge von 275 m die beiden Flussufer.

Als Paradebau der Augustäischen Klassik aber gilt in Nîmes die **Maison Carrée,** ein mit Säulenportikus und korinthischen Kapitellen wohlproportionierter Tempel. Hinzu kommen in Nîmes antike Arenen, Stadttor und Diana-Tempel. Weitere architektonische Zeugnisse der antiken Provincia Gallia Narbonensis sind rar: Zu oft haben fremde Heerscharen das Land überrannt und zerstört, was die Römer hinterließen. Die spärlichen Ruinen dienten oft als Basis für mittelalterliche Bauwerke, so etwa bei den Stadtmauern von Narbonne oder Carcassonne. Ausgrabungen förderten immerhin wie in Narbonne die Reste der antiken Fernstraße **Via Domitia** zutage.

### Die Romanik des Languedoc-Roussillon

Um das Jahr 1000 erwiesen sich die Hochtäler des Roussillon als Laboratorium einer eigenen Architektursprache auf dem Weg der Ablösung von antiken Vorgaben. Westgotische und lombardische Einflüsse prägten den neuen Stil der Romanik, wie etwa das Deckengewölbe von **St-Martin-du-Canigou** im Roussillon erkennen lässt.

Laut Überlieferungen riefen die Grafen von Barcelona lombardische Maurer ins Land, die die heimatlichen Bauformen wie beispielsweise die eckigen, festungsartigen Kirchtürme und Schmuckfriese zunächst im Roussillon, dann auch im Languedoc einführten.

Zum lombardischen Modelbau wurde 1040 die dreischiffige **Abteikirche von Gellone,** ein wehrhafter Bau aus massivem Haustein. Doch auch die frühen Kathedralen des Languedoc, allen voran die von **Maguelone,** verbreiten mit ihrer archaisch schlichten Bauweise eine Idee von der Aufbruchstimmung, die um das Jahr 1000 in der Romanik mündete.

Eine Ausnahmestellung nimmt die **Abteikirche in St-Gilles** ein. Der zu Beginn des 12. Jh. begonnene Bau beeindruckt durch ein kolossales Westwerk, in dessen üppig gestalteter Portalanlage die Architektur römischer Triumphbögen weiterlebt – ganz so wie in der nahen Provence.

### Von der Gotik zum Barock

Mit der Einverleibung des Languedoc-Roussillon durch die französische Krone setzte sich die im Norden des Landes entwickelte Gotik auch im Midi durch – wenn auch mit einiger Verspätung. Für die Militärarchitektur des neuen Stils bedeutend sind die in den Corbières errichteten Festungen wie **Quéribus** oder **Peyrepertuse,** aber auch die Stadtmauern und Türme von **Aigues-Mortes** oder **Carcassonne.**

In den Städten hinterließen die neuen Herren ihre Machtinsignien in Form himmelstürmender gotischer Kathedralbauten, die allerdings wie in **Narbonne** oder **Perpignan** nicht zu Ende gebaut wurden und eine nur bedingt originäre Architektursprache entwickelt haben.

Die Wirren der Religionskriege des 16. Jh. verhinderten, dass sich die Renaissance in gleicher Pracht wie etwa im Loire-Tal entwickeln konnte. Nach dem Ende der blutigen Kämpfe erblühten die eingeäscherten Städte dagegen in **barocker Prachtentfaltung.** *Classique* wird das Zeitalter des Barock in Frankreich genannt. Mit ›klassisch‹ ist der Rückgriff auf griechisch-römische Stilelemente in der Architektur des 17. und 18. Jh. gemeint. Tonangebend für den Baustil des Feudalismus war die Ile de France, wo sich der Barock mit den Schlossbauten von Vaux-le-Vicomte bis Versailles und dem Pariser Marais-Viertel behauptete.

In dem vom Pariser Machtzentrum ins Abseits gedrängten Languedoc-Roussillon setzte sich der neue Stil nur zögerlich durch. In **Montpellier** erlebte der Barock dafür eine wahre Hochblüte. Die Stadt schmückte sich im 17. Jh. mit nüchtern-eleganten *hôtels particuliers* und großartigen Paradeachsen à la Paris.

**Spanischer Prägung** ist hingegen der prunkvolle Barock im Roussillon, wo noch die kleinste Dorfkirche mit überbordendem Camaril und Altar vom einstigen Reichtum der Conquistadoren-Nation kündet.

### Avantgarde und Gegenwart

Mit den in den 1960er- und 1970er-Jahren hochgezogenen Pyramiden von **La Grande-Motte** hielt die Moderne mit einem Paukenschlag Einzug im Languedoc. Vorgehängte Wabenfassaden und kühn geschnittene Dachformen erinnern an die damalige Haute-Couture-Mode des Spaniers Paco Rabanne. 15 Jahre später feierte die Postmoderne in **Montpellier** mit dem von **Bofill** kreierten Quartier Antigone Triumphe – und brachte altbekannte antike Bauformen zurück ins Land.

Fast zeitgleich setzte **Nîmes** zum Sprung in die städtebauliche Gegenwart an. 1993 baute der britische Architekt **Sir Norman Foster** am wichtigsten Platz der Stadt das Kunstmuseum Carré d'Art, und zwar in direkter Nachbarschaft zur 2000 Jahre alten Maison Carrée. **Jean Nouvel** ließ die Wohnriegel Le Nemausus folgen, deren metallisch glänzende Körper wie Ozeanriesen an der Altstadt andocken. **Vittorio Gregotti** entwarf das neue Sportstadion, **Jean-Michel Wilmotte** entstaubte die Oper, das Rathaus, die Markthallen, das Office de Tourisme.

Als jüngster unter den kühnen architektonischen Würfen wurde 2004 der **Viaduc de Millau** eröffnet – die Hightech-Brücke über die Tarn-Schlucht ist erneut ein Werk von Sir Norman Foster.

## Literatur

### Troubadour-Lyrik – spätere Heirat ausgeschlossen

Die Suche nach vollendeter Liebe – der Begriff des Troubadour leitet sich vom provenzalischen *trobar,* zu Deutsch ›finden‹, ab – entwickelte im späten 12. Jh. eine formal festgeschriebene Form: die okzitanische Troubadour-Lyrik. *Per armor es om cortes* lautete die Maxime der Troubadoure des 12. und 13. Jh. – die Liebe formt den höfischen Mann. Ihre ›Werkzeuge‹ waren die Regionalsprachen des südlich der Loire gesprochenen **Okzitanischen.** Um die 500 Troubadoure hat die Literaturwissenschaft bis heute na-

mentlich identifiziert. Darunter finden sich auch knapp zwei Dutzend *trobairitz,* weibliche Troubadoure.

Narbonne, wo Vicomtesse Ermengarde ab 1134 an ihrer Cour d'Amour Troubadoure wie Guilhem Fabre oder Guiret Riquier empfing, zählte zu den **Zentren der mittelalterlichen höfischen Reimkunst.** Politischer als die Liebesgesänge seiner Dichtergenossen klingen die Verse von **Bernat Sicart.** Der vermutlich aus Marjevols stammende Troubadour protestierte um 1230 mit seiner Kunst gegen die neuen Herren aus Nordfrankreich. **Peire Vidal** war der Sohn eines Kürschners aus dem südwestfranzösischen Toulouse: Als echter sozialer Aufsteiger konnte er sich mit seiner Minnedichtung von den Zügeln der Lehnsherrschaft freimachen.

Die Adressatin der in **Versform gefassten Minnegesänge** war in der Regel eine verheiratete Dame von höherem Stand, als der des Verehrers es war. Kein Wunder ist angesichts der strengen Ständehierarchie des Hochmittelalters, dass die Liebe unerfüllt blieb, jedenfalls im körperlichen Sinne, von einer Heirat unter Stand ganz zu schweigen. Ihre Funktion hatte die Minnelyrik weniger in der Förderung des individuellen Lebensglücks als darin, den Mann aus niederem Stand höfisch und damit hoffähig zu machen. Aus Rabauken und Kriegern wurden so wohlerzogene Kavaliere, die in ihre Zeit passten – das Languedoc durchlebte im ausgehenden 12. Jh. eine relativ ruhige Epoche mit festen Machtverhältnissen. Durch die Anstrengungen des Troubadours sahen sich höhergestellte Lehnsherren gezwungen, die eigenen, ungehobelten Umgangsformen dem in des Wortes wahrsten Sinne tonangebenden Minnegesang anzupassen.

## Neuzeit und Gegenwart

Eine eigene literarische Schule hat das Languedoc-Roussillon nach dem Niedergang der Troubadour-Lyrik nicht wieder entwickeln

**Bedeutendes Zeichen der Postmoderne: das Quartier Port Marianne in Montpellier**

können. Es blieb bei inspirierenden Stippvisiten.

Im Jahr 1530 ging **François Rabelais** (ca. 1494–1553) zum Medizinstudium nach Montpellier. Die feuchtfröhlichen Erfahrungen des Studentenlebens fanden in seinen Werken »Gargantua« und »Pantagruel« ihren Wiederhall.

Von 1645 bis 1658 gastierte **Molière** (eigentlich Jean-Baptiste Poquelin, 1622–1673) etliche Male in Pézenas, der prosperierenden Residenz des Fürsten von Conti. Als Molière in Ungnade fiel, rächte sich der ehemalige Protegé des Fürsten mit ein paar bitterbösen Provinzcharakterstudien.

Politik und Antikensehnsucht verbindet ein Jahrhundert später das Werk von **André Chénier** (1762–1794), der einen Teil seiner Kindheit in Carcassonne verlebte.

Der 1840 in Nîmes geborene **Alphonse Daudet** († 1897) hat dem Languedoc in mehreren Werken ein literarisches Denkmal gesetzt. Mit dem »Schwur des Priesters von Cucugnan« schuf er eine dörfliche Posse in den Corbières, mit dem Roman »Numa Roumestan« lässt er Jugendjahre in Nîmes aufleben.

**Paul Valéry** (1871–1945) kam in Sète zu Welt, dessen Hafen sein Werk maßgeblich prägte. Auch ein leeres Grab im botanischen Garten von Montpellier wurde ihm ein Ort literarischer Inspiration. Valéry verfasste Verse am Grab von Narcissa, der 1736 mit 18 Jahren verstorbenen Schwiegertochter des englischen Poeten Edward Young. Die junge Dame starb zwar auf dem Weg gen Süden in Lyon, aber romantische Geister ließen das letzte Stündchen der Tuberkulosekranken in Montpellier schlagen – wo für Narcissa ein Grab errichtet wurde.

Nobelpreisträger und Nouveau-Roman-Pionier **Claude Simon** (1913–2005) stammt aus dem Roussillon und zog sich im Alter nach Salses zurück. Das Festungsstädtchen spielt in seinen Romanen »Le Vent« und »Les Géorgiques« eine bedeutende Rolle.

**André Gide** (* 1869) besuchte jedes Jahr für ein paar Wochen die väterliche Heimat Uzés, das der im Jahr 1951 Verstorbene als

»südlich protestantischen Pol« seiner Empfindungen bezeichnete.

## Malerei

### Die Porträtmaler von Montpellier

Im 17. Jh. avancierte Montpellier zum Zentrum einer Künstlerschule, die mit dem aus den hugenottischen Kreisen der Stadt stammenden **Sébastien Bourdon** (1616–1671) ihren ersten großen Vertreter hervorbrachte. Rom, Paris und Stockholm zählten zu Zwischenstationen Bourdons, der in Montpelliers Kathedrale sein Meisterwerk »Der Fall Simon des Zauberers« hinterließ. Bourdons Stärke lag im Porträt, dessen kraftvolle Ausführung die Maler der Region lange beeinflussen sollte. Ebenfalls ein begabter Porträtist war **Antoine Ranc** (1634–1716), der Montpellier nie verließ, da er mit Aufträgen für die Neuausstattung der katholischen Kirchen ein Auskommen fand. Sein Schüler **Jean Troy** (1638–1691) stammte aus Toulouse, reüssierte jedoch in Montpellier als Porträtist.

Mit dem 18. Jh. erlebte die Porträtschule von Montpellier ihren Höhepunkt. **Jean Ranc** (1674–1735), Sohn von Antoine Ranc, avancierte zum Hofporträtisten des spanischen Königs. **Jean Raoux** (1674–1734) ließ sich in Rom weiterschulen, um in Paris als Maler galanter Szenen und Damenporträts zu reüssieren. Im Gefolge von Nicolas Poussin malte **Joseph-Marie Vien** (1716–1809) im neoklassischen Stil. Vor dem Erfolg in Paris verdingte er sich als Porträtist des Verwaltungsadels von Montpellier. Aus Perpignan stammte **Hyacinthe Rigaud** (1659–1743), wurde freilich von Antoine Ranc unterrichtet, bevor er als Porträtist Ludwigs XIV. in Versailles zu Rang und Ehren kam.

Mit **François-Xavier Fabre** (1766–1837) brachte die Stadt Montpellier den bedeutendsten Maler des Languedoc im frühen 19. Jh. hervor. Der David-Schüler – und manchmal zu kühlem Akademismus neigende Porträtist – lebte lange Jahre in Italien, bevor er 1824 nach Montpellier zurückkehrte, um dort das erste Kunstmuseum zu gründen. Das 19. Jh. wies mit **Alexandre Cabanel** (1823–1889) und **Frédéric Bazille** (1841–1870) zwei weitere Malergrößen auf. Cabanel wurde als begehrter Porträtist in Paris lanciert. Bazille, der jung im deutsch-französischen Krieg fiel, kündigte mit seiner Thematisierung des Lichts den Impressionismus an.

### Fauvisten und Kubisten im Roussillon

Anfang des 20. Jh. lockte das seidig-transparente Licht der Côte Vermeille **Henri Ma-**

**Im Musée Fabre in Montpellier, einem der bedeutendsten Kunstmuseen Frankreichs, sind Werke aller großen Kunstströmungen des 16. bis 21. Jh. zu sehen**

**tisse** (1869–1954) nach Collioure. Die dort entstandenen und 1905 auf dem Pariser Herbstsalon gezeigten Bilder lösten den ›scandale fauve‹ aus: Von den kraftvollen Farben brüskiert rief der Pariser Kritiker Louis Vaucelles »C'est la cage aux fauves« (Das ist ein Raubtierkäfig) aus – und gab damit der neuen Stilrichtung, dem **Fauvismus,** ihren Namen.

**Raoul Dufy** (1877–1953) und **Pablo Picasso** (1881–1973) folgten Henri Matisse nach Collioure und zündelten weiter am Farbfeuerwerk.

Zur Hochburg des **Kubismus** stieg hingegen das nahe Céret auf, wo **Picasso, Juan Gris** (1887–1927), **Georges Braque** (1882–1963), **Max Jacob** (1867–1944) und erneut **Matisse** ab 1906 an neuen künstlerischen Ausdrucksformen experimentierten. Wie Collagen setzen sie ihre Landschaften auf der Leinwand in Blöcken und geometrischen Formen zusammen. Bis 1914 avancierte der Kubismus zur tonangebenden Malerei, aus dem später Surrealismus und Dadaismus und damit die Malerei des Katalonen **Salvador Dalí** (1904–1984) hervorgingen.

# Essen und Trinken

**Ein schmackhaftes Mahl, ein guter Wein zählen zu den Alltagswonnen des Languedoc-Roussillon. Der Tisch ist reich gedeckt, denn jede Region pflegt ihre kulinarische Tradition. Das Zauberwort lautet Cuisine du terroir – gekocht wird, was die Gegend hervorbringt und was den Fischern ins Netz geht. Mit Blick hinter die Grenzen, etwa in Spaniens Molekularküche oder nach Fernost, haben sich die Spitzenköche der Region zudem in die internationale Gastronomie-Elite emporgekocht.**

## La Cuisine du terroir

Die Herkunft zählt: Lamm aus dem Vivarais, Rind vom Aubrac, Anchovis aus Collioure (auch wenn die Fische im Nachbarhafen Port-Vendres angelandet und in Collioure nur noch gesalzen werden), Austern aus dem Etang de Thau, Ziegenkäse, Wurst und Schinken aus den Cevennen, Olivenöl aus Nîmes, Kräuter aus der Garrigue, Zwiebeln aus dem Hérault, Frühgemüse aus dem Gard, Kirschen aus dem Roussillon – so kennt es der Verbraucher und auf deren Geschmack darf er im Languedoc-Roussillon blind vertrauen.

Eine Vielzahl von **Appellations d'Origine Contrôlée** (AOC, gesetzlich verbriefte Garantie zur Herkunft eines Produkts) sorgt für ein **hohes Qualitätsniveau** und bildet zugleich das Rückgrat für die Gastronomie. Vom Gebirge bis an die Küste, von den Obstgärten des Roussillon über die Schafweiden der Cevennen bis zu den Austernzuchten hinter dem Strand ist die Palette landwirtschaftlicher Erzeugnisse so reich, dass man anfangs seine liebe Not hat, sich zu orientieren.

Am besten, man besucht einen **Markt** in einer der größeren Städte. An den aus allen Teilen der Region bestückten Ständen kann man sich immer der Nase nach von sonnenreifen Aprikosen zu cremigem Pélardon-Ziegenkäse vorarbeiten. *En passant* kommt man vielleicht mit einem Händler ins Gespräch, noch besser mit einem Bauern selbst, dessen ganzer Stolz die *navets de Pardailhan* (schwarze Rübchen) mit ihrem umvergleichlich zarten Aroma sind, vielleicht auch die auf einem Tuch ausgebreiteten Steinpilze, die er frühmorgens persönlich in den Wäldern der Lozère gesammelt hat.

Stolz ist man im Languedoc-Roussillon nicht nur auf die Herkunft der Produkte, stolz ist man ebenfalls auf die **Rezepte,** die sie erst zur Geltung bringen. Eher bäuerlich-deftig ist die **Küche in den Cevennen,** wo das Leben schon immer etwas härter war, wo Eintopf und ein gutes Stück Fleisch umso mehr geschätzt werden. Mediterran-leicht wird längs der **Languedoc-Küste** gekocht, mit Olivenöl, knackigem Gemüse und natürlich Fisch. Dazu kommen lokale Besonderheiten, wie etwa die **Küche von Sète:** Generationen von italienischen Auswanderern haben ihre Rezepte mitgebracht und zur berühmten *cuisine de Sète* weiterentwickelt. Katalanisch ist die **Küche im Roussillon.** Sie verbindet Herzhaftes und Süßes, etwa Ente mit Feigen und Pfirsichen, ganz so wie jenseits der Pyrenäen.

### Spezialitäten der Cevennen

**Aligot** heißt das kulinarische Aushängeschild des Departements Lozère. Gemeint ist damit ein Kartoffelpüree, unter das frischer Rahm oder eine junge Tomme (Käse), ausgelassener Speck, Butter und Knoblauch gemischt werden. Bäuerlich? Sicher, doch Drei-Sterne-Koch Michel Bras hat den Klassiker in seinem Restaurant auf dem Aubrac auf Haute-Cuisine-Niveau verfeinert. Apropos Aubrac: **Bœuf d'Aubrac,** das fettarme, im Sommer auf Hochwiesen grasende, milchkaffeefarbene Rind der Hochebene, gilt als Delikatesse. Die trockene Gebirgsluft der Cevennen ist ideal für die Schinkenherstellung: Ein **Jambon des Cevennes** ist mild und würzig zugleich, die **Charcuterie** (Wurstwaren) stammt oft auch vom Wildschwein. Die Cevennen und angrenzenden Causses sind ebenfalls die Heimat des Blauschimmel-Schafskäses **Roquefort,** des Blauschimmel-Kuhkäses **Bleu de Causses,** der würzigen **Tomme** (fester Kuhkäse) und des cremigen Ziegenkäses **Pélardon.** Mit etwas Glück ist gerade Blaubeerzeit – dann steht die **Tarte aux myrtilles** zum Dessert auf der Karte. Oder die Pilze sind reif, und eine **Cassolette aux Cèpes** (Steinpilzpfanne) und mit etwas Glück eine **Omelette aux truffes** (Trüffelomelette) erfreuen den Gaumen.

### Spezialitäten des Languedoc

Die Spezialität im Departement Aude heißt **Cassoulet,** ein deftiger Eintopf mit weißen Bohnen, wahlweise **Confit de Canard** (in Entenschmalz eingelegtes Entenfleisch), Würsten, Schweinefleisch. In die **Gardiane,** den Rindertopf der Camargue, kommt neben Karotten, Fenchel, Zitronenschalen, Sardellen und Pastis nur Fleisch von echten Camargue-Stieren – dafür bürgt die AOC Toro de Camargue. Eher in der Hochküche hat das heute rare **Blanc-manger** überlebt, ein Gelee aus weißem Hühnerfleisch mit Mandelmilch. Wo Fischfang betrieben wird, ändert sich der Speisezettel: Die **Bourride** aus Sète gilt dank der Verwendung von Seewolf als feiner als die Bouillabaisse der Côte d'Azur. Zu beiden Fischsuppen aber gehören Brot-Croûtons und ein Klecks **Aïoli** (Knoblauchmayonnaise). **Seiches farcies** oder **Moules farcies** (mit Gemüse und Fleischhack gefüllte Tintenfische oder Muscheln) und **Rouille de Seiche** (Tintenfisch in Knoblauchmayonnaise mit Chilischote) sind weitere Spezialitäten. Die **Muscheln** stammen ebenso wie die **Austern** aus den Zuchten des Etang de Thau oder des Etang de Leucate und werden in Uferdörfern wie Bouzigues am liebsten roh gegessen, im schönsten Fall mit gekochten Seeschnecken zum **Plateau de fruit de mer** aufgetürmt. Aus Nîmes, und damit dem Inland, stammt die **Brandade de morue**: Der zerstoßene Stockfisch vom Kabeljau wird mit Olivenöl und Garrigue-Kräutern verrührt.

### Spezialitäten des Roussillon

**Anchois** aus Collioure (Sardellen) reifen drei Monate im Salz und munden zu gegrilltem, mit Knoblauch eingeriebenem Brot. Das gilt auch für die **Anchoïade** (Creme aus verrührten Anchovis, Olivenöl, Knoblauch), die man als leichte Vorspeise mit Brot oder zum Aperitif anbietet. Eine echte **Cargolade** (Schneckenfrikassee) wird traditionell über einem Rebstockfeuer zubereitet, über dem man auch direkt die auf Spießchen gezogenen Schnecken grillen kann. Was dem Languedoc die *bourride* ist, ist dem Roussillon die **Zarzuela:** In das katalanische Fischragout kommen jedoch ebenfalls Meeresfrüchte. **Gambas,** aber auch Thunfisch oder Dorade werden gern **à la planxa/plancha,** vom Grill, serviert. Im Hinterland greift die Küche auf Wild, Geflügel, Schwein und Rind zurück. Typisch katalanisch ist dabei die Kombination von Süßem und Herzhaftem, etwa Hase mit dunkler Schokolade oder Schweinebraten mit Kirschen. Weniger exotisch munden **Boles de Picolet,** Fleischbällchen in schwerer Sauce. Eine **Crème Catalane** (mit Anis oder Zimt verfeinerte Creme unter karamelisiertem Zuckerpanzer) oder **Touron**, weicher Nougat, sind beliebte Desserts.

## Weine des Languedoc-Roussillon

Rustikal – auf diesen Nenner lässt sich das Bild bringen, das der Urlauber von den *petits vins du Languedoc-Roussillon* lange Zeit mit nach Hause nahm. Etwas wenig, bedenkt

## Weinanbaugebiete im Languedoc-Roussillon

man die **lange Weinbautradition** in der Region: Das Languedoc-Roussillon gilt immerhin als **Wiege des französischen Weinbaus.** Als phokäische Griechen um 600 v. Chr. in Agde landeten, standen bald darauf die ersten Rebstöcke im Hang. Erst die Römer aber organisierten einen schwunghaften Handel mit den von den Griechen eingeführten Reben – und pflanzten wegen der guten Erträge kräftig nach. Zu einer landschaftsprägenden Monokultur wuchs der Weinbau jedoch erst in der zweiten Hälfte des 19. Jh. heran. Der Ruf der Weine aus dem Südwesten Frankreichs ging indes über die Massenproduktion verloren. Zu sehr hatte man auf Masse statt Klasse gesetzt.

Dabei bieten mit Ausnahme der Lozère Böden und Klima in den vier übrigen Departements sehr günstige Voraussetzungen für den Weinbau im großen Stil. Nicht von ungefähr ist das Languedoc-Roussillon **Frankreichs größte Weinbauregion.** Die Produktion beträgt jährlich 16 Mio. hl, wovon nur 2,7 Mio. hl aus Gebieten mit AOC-Label kommen. Tendenz steigend, denn seit ein paar Jahren versuchen ehrgeizige Winzer erfolgreich, mit **qualitativ hochwertigen Tropfen** das Image rustikaler Weine zu widerlegen.

Gleichzeitig geht der Anbau minderwertiger Reben wie etwa des Aramon zurück, der allenfalls Tafelweine zulässt.

Bei den **Rotweinen,** die 80 % aller Tropfen ausmachen, dominieren Carignan (verleiht Struktur und Farbe), Grenache rouge (verleiht Tiefe), Syrah (verleiht Tannine und sich lang entwickelnde Aromen), Mourvèdre (altert gut, sorgt für Eleganz), Cinsault (bringt Fruchtigkeit). Bei den **Weißen** führen die Rebsorten Grenache blanc, Picpoul, Bouboulenc, Macabeu und Clairette.

Heute zählt die Region 15 **Appellations d'Origine Contrôlée** – als erstes Gebiet erhielt das Fitou bereits 1948 eine AOC. Das Label ist Garant für Herkunft und Erzeugermethode. Als geografische Zuordnung dient entweder ein Ort (St-Chinian, Fitou) oder das *terroir,* wie z. B. bei den Coteaux du Languedoc. *Coteau* bedeutet übrigens Hang und damit meist eine bessere Lage als im Flachland.

Zudem nehmen vier Appellationen für **natursüße Weißweine** (Muscat de Linel, de Mireval, de St-Jean-de-Minervois, de Frontignan) eine Sonderstellung ein. Macht zusammen eine Palette von Spitzenweinen, die gehaltvolle Rotweine mit viel Lagerpotenzial, frische Weißweine, süffige Rosés, spritzige

**Mittelaltermarkt in Perpignan – ›bon appétit‹!**

Schaum- und tiefgründige Dessertweine umfasst. Seit 2007 neu ist die regionale **Groß-Appellation Languedoc** (www.languedoc-wines.com): Sie umfasst sämtliche Terroir- sowie die ortsgebundenen Appellationen. 2010 folgte eine Neuordnung aller Languedoc-Weine in einer pyramidenartigen Hierarchie. Die breite Basis bilden die Weine der **AOC Languedoc** mit ca. 30 % der Produktion. Es folgen die **Grands Vins du Languedoc**, besonders strukturierte und aromatische Weine aus den 22 AOC, die 60 % der Produktion stellen und typisch für ihr Terroir sind: z. B. Minervois, Faugères, Picpoul de Pinet ... An der Spitze folgen mit 10 % die **Grands Crus du Languedoc**. Dabei handelt es sich um ausdrucksstarke Terroirweine, die bei den Weißen mindestens sechs, bei den Roten mindestens zwölf Monate ausgebaut werden.

Unter den **Rotweinen im Aufwind** machen besonders die mit 14 000 ha gewichtigen Corbières, die mit 5000 ha respektable Appellation Minervois, die 3200 ha große Appellation St-Chinian, aber auch die mit 480 ha eher winzige Appellation Collioure von sich reden. Es sind fruchtbetonte Weine, mit dem würzigen Geschmack der Garrigue, mit Lakritznoten oder Aromen von Pflaume, Feige, Pfeffer, Weine mit seidigen Tanninen, die im Holzfass gereift sind, mit hohem Alterungspotenzial, denen bei aller Verschiedenheit aber eines gemein bleibt: Man schmeckt ihnen die Sonne des Midi an.

## Restaurants und Lokale

Das französische Frühstuck ist eher karg: ein Stück Baguette, vielleicht ein Croissant oder ein *pain au chocolat,* dazu Butter, Konfitüre sowie Kaffee und Tee. Wenn es nicht im Hotelpreis inbegriffen ist, weicht man zu Café au lait samt Croissant ins Café um die Ecke aus. Apropos **Café:** Café oder Bar bedeutet so viel wie Kneipe. Für den Hunger zwischendurch gibt es ein Sandwich, einen Croque-Monsieur, eine Quiche. Für *petits fours* und Kuchen geht man hingegen in einen **Salon de thé.** Mittags bieten viele Bars und Cafés ein preiswertes Menü oder Tagesgericht *(plat du jour)* an. Nach dem Aperitif für die heimkehrende werktätige Bevölkerung schließen etliche Salons meist gegen 20 Uhr. Jetzt schlägt die Stunde des **Restaurants,** wo ab etwa 19.30 Uhr die ersten Bestellungen fürs *dîner* (Abendessen) eingehen. Man wählt zwischen den vom Haus zusammengestellten Menüs oder man speist teurer *à la carte*.

Als Faustregel gilt: Je weiter südlich, desto später geht der Betrieb los. Im katalanischen Roussillon etwa herrscht vor 20 Uhr gähnende

Leere im Saal, dafür kann bis 23 Uhr bestellt werden. Im Sommer speist man an der Küste gerne bis spät in die Nacht. Viele Restaurants nutzen die Hochsaison und legen gegen 22 Uhr einen zweiten Service ein. Im Winter macht die Küche gegen 21.30 Uhr dicht.

Weniger streng an Mittags- und Abendzeiten halten sich **Brasserien:** Nachtschwärmer in Montpellier oder Perpignan können hier nach dem Kinobesuch noch einkehren. Das Rezept heißt ›durchgehend warme Küche‹, auch zu später Stunde. Unter **Bistro** verstand man früher einfache Restaurants, in denen man unkompliziert schnell etwas essen konnte. Der Begriff hat einen enormem Bedeutungswandel durchlaufen. Michelinstern und Bistro schließen sich schon lange nicht mehr aus. An die Herkunft des Bistros erinnert noch der im Gegensatz zum Restaurant weniger offizielle Rahmen – die Preise indes nicht mehr.

Immer verbreiteter wird die **Table d'hôte:** Man speist bei den Gastgebern der Chambre d'hôte. Serviert wird ein auf Absprache mit dem Gast komponiertes Menü. Ähnlich ist es bei der **Ferme-Auberge:** Man geht nach vorheriger Reservierung auf einem Bauernhof zu Tisch. Aufgetragen werden nur Speisen vom eigenen oder benachbarten Höfen.

Samstagabend und Sonntagmittag sind in Frankreich die für ein Essen außer Haus beliebtesten Zeiten – entsprechend groß ist der Andrang, besonders an der Küste. Viele Restaurants legen nach diesem Ansturm ihren **Ruhetag** ein. Den Tisch zu **reservieren,** empfiehlt sich fast immer. Wo ein Michelinstern prangt, sollte man nie auf gut Glück vorbeischauen: Je renommierter der *chef de cuisine*, desto schneller heißt es *complet*.

## Kleiner Preis, großes Essen

Generell gilt: Zum *déjeuner* (Mittagessen, 12–14.30 Uhr) speist man im Restaurant günstiger. Auch noble Adressen locken dann mit einem Menü zu kleinem Preis *(menu de la semaine),* wobei sich das Angebot auf die Zeit von Montag bis Freitag beschränkt. Fast jedes Restaurant lockt dann zusätzlich mit einer *formule* (Vorspeise plus Hauptgang oder Hauptgang plus Dessert zum günstigen Preis). Eine Tendenz bei hochkarätigen Restaurants sind Ableger in Form eines Bistros: Auch hier speist man günstiger und bekommt doch einen Geschmack vom Können eines ›großen‹ Chef de cuisine. Bei den Restaurants der Vereinigung **Logis de France** steht ein im Preis-Leistungs-Verhältnis attraktives *menu du terroir* auf der Karte: Es umfasst drei Gänge, serviert wird nur Regionaltypisches.

## Restaurant-Knigge

Man setzt sich nicht sofort und schon gar nicht zu anderen Gästen an den Tisch, sondern überlässt es dem Kellner, einen Tisch vorzuschlagen. Nachdem die Speisekarten verteilt sind, fragt der Kellner, ob man einen Aperitif wünsche *(Désirez-vous prendre un apéritif?).* Die Getränkekarte erhält bei gemischten Paaren immer der Mann, dem später auch die Probe des Weins vom Kellner angetragen wird. Hat man gewählt, signalisiert man dies durch das Zuschlagen der Karte. Die Bedienung wird mit *Monsieur!* oder *Madame!* angeredet. Abends allein einen Salat oder eine Vorspeise zu bestellen, ist ein Unding. Mittags nur einen Hauptgang zu bestellen, ist hingegen üblich.

Die rituelle Abfolge von Vorspeise, Hauptgang, Dessert und Kaffee erfordert Zeit. Nicht wundern, wenn in größeren Tafelrunden diejenigen, die ihr Essen bereits vor sich stehen haben, sofort beherzt zugreifen.

Die Rechnung wird am Schluss nur auf Aufforderung gebracht. Dazu reicht ein Zeichen – lautes Zurufen ist verpönt. Die *addition* umfasst immer den Gesamtbetrag und sollte von einer Person beglichen werden. Trinkgeld ist auf der Rechnung ausgewiesen, doch den Betrag je nach Höhe der Rechnung mit 5 bis 10 % aufzurunden, ist nach wie vor üblich. Man legt das Trinkgeld nach Herausgabe des Restgeldes dezent auf den Tisch.

Obwohl strenge Kleiderordnungen passé sind, gehören Shorts auf die Caféterrassen, nicht an eine *grande table.* Die Krawatte hingegen ist nirgendwo Pflicht. In guten Restaurants wird *tenue correcte* erwartet, was heute jedoch nicht viel mehr als lange Hosen bedeutet.

# Kulinarisches Lexikon

## Im Restaurant

| | |
|---|---|
| Appetithappen | amuse bouche |
| Vorspeise | hors d'œuvre |
| Suppe | soupe |
| Hauptgericht | plat principal |
| Nachspeise | dessert |
| Beilagen | garniture |
| Tagesgericht | plat du jour |
| (Trink-)Glas | verre |

## Zubereitung/Spezialitäten

| | |
|---|---|
| à la nage de ... | in einem Sud von ... |
| à la plancha/planxa | vom Grill |
| à l'huile d'olive | in Olivenöl |
| à point | medium gebraten |
| bien cuit/-e | gut durchgebraten |
| braisé/-e | geschmort |
| brochette | Spießchen |
| cassolette | Pfannengericht |
| chaud/-e | heiß |
| civet de ... | Ragout von ... |
| confit de ... | Eingelegtes/ Eingekochtes von ... |
| cru/-e | roh |
| en croûte (de sel) | im (Salz-)Mantel |
| escabèche | saurer Sud |
| farci/-e | gefüllt |
| glacé/-e | gefroren, geeist |
| grillé/-e | gegrillt |
| nature | in Salzwasser gekocht, ohne Gewürze |
| poêlé/-e | aus der Pfanne |
| rouille | scharfe Knoblauchmayonnaise mit Peperoni und Chili |
| saignant | blutig/roh |
| taboulé | nordafrikanisches Grießgericht, oft als Salat mit Minze |
| tielle | deftige Küchlein mit unterschiedl. Füllung, z. B. Tintenfisch |
| vinaigrette | Essig-Öl-Salatdressing |

## Fisch und Meeresfrüchte

| | |
|---|---|
| anchois | Sardellen |
| calamar | Tintenfisch |
| coquillage | Schalentier |
| daurade | Dorade, Goldbrasse |
| espadon | Schwertfisch |
| gambas | Garnelen |
| homard | Hummer |
| huître | Auster |
| langouste | Languste |
| langoustine | Langustine |
| lotte de mer | Seeteufel |
| moule | Miesmuschel |
| rascasse | Drachenkopf |
| rouget | Rotbarbe |
| Saint-Pierre | Petersfisch |
| sardine | Sardine |
| seiche | Sepia |
| thon | Thunfisch |

## Fleisch

| | |
|---|---|
| agneau | Lamm |
| bœuf | Rind |
| cabri | Zicklein |
| chorizo | scharf gewürzte Hartwurst |
| côte de ... | Rippenstück vom ... |
| entrecôte | Zwischenrippenstück |
| escargot | Schnecke |
| escalope | Schnitzel/Schnitte |
| gigot (d'agneau) | (Lamm-)Keule |
| porc | Schwein |
| veau | Kalb |

## Geflügel und Wild

| | |
|---|---|
| chevreuil | Reh |
| foie gras | Stopfleber |
| gésier | Geflügelmagen |
| lapin | Kaninchen |
| lapereau | Wildkaninchen |
| lièvre | Hase |
| magret de canard | Entenbrust |
| poule | Huhn |
| poulet | Hähnchen |
| sanglier | Wildschwein |

## Gemüse und Kräuter

| | |
|---|---|
| ail | Knoblauch |
| assiette de crudités | Rohkostteller |
| basilic | Basilikum |
| blette | Mangold |
| câpre | Kaper |
| caviar d'aubergine | Paste aus zerstoßenen Auberginen und schwarzen Oliven |
| cèpe | Steinpilz |
| fenouil | Fenchel |
| fèves | dicke Bohnen |
| marjolaine | Majoran |
| menthe | Minze |
| oignon | Zwiebel |
| poivron | große Paprika |
| sariette | Bohnenkraut |
| sauge | Salbei |
| thym | Thymian |
| truffe | Trüffel |

## Obst

| | |
|---|---|
| abricot | Aprikose |
| cerise | Kirsche |
| figue | Feige |
| fraise (de forêt) | (Wald-)Erdbeere |
| framboise | Himbeere |
| griotte | Sauerkirsche |
| groseille noire/rouge | schwarze/rote Johannisbeere |
| marron | Esskastanie |
| raisin (sec) | Traube (Rosine) |

## Käse

| | |
|---|---|
| Bleu des Causses | trockener Blauschimmelkäse von der Kuh |
| Brebis | Schafskäse |
| chèvre | Ziege, Ziegenkäse |
| Fourme d'Aubrac | fester Kuhkäse aus dem Aubrac |
| fromage blanc | Quark, Frischkäse |
| Laguiole | fester Kuhkäse |
| Pélardon | Ziegenkäse der Cevennen |
| Pérail | weicher Schafskäse |
| Roquefort | weicher Blauschimmelkäse aus Schafsmilch |
| Tomme | fester, würziger Käse von Schaf und Ziege |
| Tomme noire des Pyrénées | fester, würziger Käse von der Kuh in schwarzer Schale |

## Süßes und Nachspeisen

| | |
|---|---|
| brioche | süßes Hefebrot |
| charlotte (aux fraises) | Dessert aus Löffelbiskuits mit Cremefüllung (u. Erdbeeren) |
| coupe de glace | Eisbecher |
| crème anglaise | Vanillecreme |
| crème Chantilly | Schlagsahne |
| crêpe | dünner Pfannkuchen |
| fruits confits | kandierte Früchte |
| fruits secs | Trockenobst |
| gâteau | Kuchen |
| île flottante | Dessert aus Eischnee in Vanillecreme |
| meringue | weiches Baiser |
| touron | weicher Nougat mit Pistazien und Mandeln (im Oblatenteig) |
| vacherin (aux abricots) | Desserttorte aus Eis Baiser und Sahne (mit Aprikosen) |

## Getränke

| | |
|---|---|
| bière (pression) | Bier (frisch gezapft) |
| café | Kaffee |
| eau de vie | Schnaps, Obstbrand |
| eau gazeuse/plate | Mineralwasser mit/ohne Kohlensäure |
| jus | Saft |
| lait | Milch |
| thé | Tee |
| vin blanc/rouge | Weiß-/Rotwein |
| vin en carafe/au pichet | offener Wein |

Am Abend, wenn Le Grau-du-Roi menschenleer ist, vermag man die Idylle nachzuempfinden, die Hemingway 1946 in »Der Garten Eden« beschrieb

# Wissenswertes für die Reise

## Infos im Internet

Es gibt kaum ein Office de Tourisme, Hotel, Restaurant, einen Tauchclub oder Naturpark, das/der nicht eine Homepage und Internetadresse hat. Buchungen über das Internet sind somit üblich. In den meisten Fällen stehen die Informationen wahlweise in Englisch oder Französisch, seltener auch in Deutsch im Netz. Beim Suchen nach Begriffen fallen die Akzente weg! Die Web-Adressen stehen jeweils bei den Ortsbeschreibungen.
**Landeskennung:** .fr

### Frankreich allgemein

**www.franceguide.com:** Homepage der Maison de la France (dt.), mit über 600 Reiseveranstaltern, die ihre Programme vorstellen.
**www.frankreich-info.de:** gut sortiertes Portal zu Frankreich mit viel Material über das Languedoc-Roussillon (dt.).
**www.frankreich-sued.de:** Frankreich-Portal, auch zum Languedoc-Roussillon, mit umfangreicher Info-Datei.

### Languedoc-Roussillon

**http://languedocroussillon.free.fr:** Fotos und Luftaufnahmen aus allen Departements und von den wichtigsten Städten, mit Veranstaltungskalender.

### Einzelne Departements

**www.123lozere.com:** Gastronomie, Handwerk, Produkte der Lozère, mit Bezugsquellen und Direktbestellung.
**www.little-france.org:** Portal zum Departement Pyrénées-Orientales, mit Tipps und Annoncen, etwa aus der Immobilienbranche.

### Spezielle Themen

**www.cathares.org:** Portal der Zeitschrift Cathares. Infos zu Stätten, Literatur, Onlineshop.
**www.canalmidi.com:** Portal zum Canal du Midi, mit vielen Fotos.
**www.tautavel.culture.gouv.fr:** Portal des französischen Kulturministeriums zur prähistorischen Geschichte der Region.
**www.languedoc-wines.com:** Portal zu den AOC-Weingebieten des Languedoc, auch auf Deutsch.
**www.vins-du-roussillon.com:** Portal zu den Weinen des Roussillon.

### Medien

**www.midilibre.com:** Portal der Tageszeitung Le Midi Libre, mit Veranstaltungshinweisen.
**www.ladepeche.com:** Portal der Tageszeitung La Dépêche.

## Auskunft

### ... in Deutschland

**Atout France – Französische Zentrale für Tourismus**
Postfach 100 128
60001 Frankfurt am Main
info.de@franceguide.com
www.franceguide.com

### ... in Österreich

**Atout France – Französische Zentrale für Tourismus**
Tel. 01 503 28 92
info.at@franceguide.com
www.franceguide.com

### ... in der Schweiz

**Atout France – Französische Zentrale für Tourismus**
Tel. 044 217 46 00
info.ch@franceguide.com
www.franceguide.com

### ... im Languedoc-Roussillon

**Comité Régional du Tourisme Languedoc-Roussillon**
L'Acropole 954, av. Jean Mermoz, CS 79507
34960 Montpellier Cedex 2

Tel. 04 67 20 02 20
contact.crtlr@sunfrance.com
www.sunfrance.com

### ... in der Ardèche

**Comité Départemental du tourisme de l'Ardèche**
4, cours du Palais
07000 Privas
Tel. 04 75 64 04 66
cdt07@ardeche-guide.com
www.ardeche-guide.com

### ... in der Aude

**Comité Départemental du tourisme de l'Aude**
Allée Raymond Courrière
11855 Carcassonne Cedex 9
Tel. 04 68 11 66 00
documentation@audetourisme.com
www.audetourisme.com

### ... im Gard

**Comité Départemental du tourisme du Gard**
3, rue Cité Foulc, BP 122
30014 Nîmes Cedex 4, Tel. 04 66 36 96 30
contact@tourismegard.com
www.tourismegard.com

### ... im Hérault

**Agence de Développement Touristique de l'Hérault**
Avenue des Moulins
34184 Montpellier Cedex 4
Tel. 08 25 34 00 34
contact@herault-tourisme.com
www.herault-tourisme.com
www.languedoc.com (deutsches Portal)

### ... in der Lozère

**Comité Départemental du tourisme de la Lozère**
14, bd. Henri Bourrillon, BP 4
48001 Mende Cedex
Tel. 04 66 65 60 00
cdt.lozere@france48.com
cdt.lozere@wanadoo.com
www.lozere-tourisme.com

### ... in den Pyrénées-Orientales (Roussillon)

**Comité Départemental du tourisme des Pyrénées-Orientales**
16, av. des Palmiers, CS 80540
66005 Perpignan Cedex
Tel. 04 68 51 52 53
info@cdt-66.com, www.cdt-66.com

## Diplomatische Vertretungen

### ... in Deutschland

**Französische Botschaft**
Pariser Platz 5
10117 Berlin
Tel. 030 590 03 90 00
www.botschaft-frankreich.de

### ... in Österreich

**Französische Botschaft**
Technikerstraße 2
1040 Wien
Tel. 01 50 27 50
www.ambafrance-at.org/spip.php?rubrique7

### ... in der Schweiz

**Französische Botschaft**
Schosshaldenstrasse 46
3006 Berne
Tel. 031 359 21 11
www.ambafrance-ch.org

### ... in Frankreich

**Botschaft der Bundesrepublik Deutschland**
13/15, av. Franklin D. Roosevelt
75008 Paris
Tel. 01 53 83 45 00, www.paris.diplo.de

**Deutsches Generalkonsulat**
338, av. du Prado
13295 Marseille Cedex 08
Tel. 04 91 16 75 20

**Botschaft der Republik Österreich**
6, rue Fabert
75007 Paris
Tel. 01 45 55 95 66
www.amb-autriche.fr

**Österreichisches Konsulat**
Georges Consales, Honorarkonsul
13, rue André Villet Immeuble Périsud II,
BP 34171
31031 Toulouse Cedex 4
Tel. 05 61 20 82 50
toulouse-hk@wanadoo.fr

**Botschaft der Schweiz**
142, rue de Grenelle
75007 Paris
Tel. 01 25 55 67 00
www.amb-suisse.fr

## Karten

Das Institut Géographique National gibt flächendeckend für die gesamte Provence (Rad-)Wanderkarten im Maßstab 1:25 000 (blaue Reihe) und Freizeitkarten mit Besichtigungshinweisen (Reihe Carte touristique, 1:60 000, grün) heraus (www.ign.fr). Alle Karten auf Bestellung im deutschen Buchhandel, in Frankreich im Zeitschriftenhandel (Presse-Tabac oder Maison de la Presse) sowie in Buchhandlungen.

## Lesetipps

**Berling, Peter:** Die Kinder des Gral. Bergisch Gladbach 2007. 1244: Der König von Frankreich lässt seine Truppen gegen die Katharerhochburg Montségur marschieren. Mitten im blutigen Geschehen: der Franziskaner William von Roebruck, aus dessen Perspektive die Ereignisse geschildert werden (Hörbuch).

**Carrière, Jean:** Der Sperber von Maheux. Heidelberg 1980. Dem ehemaligen Privatsekretär des Provence-Schriftstellers Jean Giono gelang mit dem Cevennenroman der große Durchbruch. Für die Geschichte des Niedergangs einer Familie in den Nord-Cevennen erhielt er den Prix Goncourt, Frankreichs wichtigsten Literaturpreis.

**Daudet, Alphonse:** Briefe aus meiner Mühle. Frankfurt a. M. 2005. »Pater Martin war der Pfarrer von Cucugnan. Gut wie das Brot, frei heraus wie Gold ...« Die vielleicht skurrilste Geschichte des Bandes voller tolldreister Südfranzosen spielt im Aude-Winzerdorf.

**Fittko, Lisa:** Mein Weg über die Pyrenäen. Erinnerungen 1940/41. München 1985. Spannend beschreibt die Autorin, wie sie in den 1940er-Jahren von Cerbère aus Flüchtlinge über die französisch-spanische Grenze schmuggelt, um sie vor der Bedrohung durch die Nationalsozialisten zu retten. Mit den Weinbauern des Ortes kraxeln sie frühmorgens bergauf, hinter dem Friedhof von Cerbère biegt links ein Weg ab, und nach mehreren Stunden bergauf erreichen sie schließlich die Grenzstation – wo die spanischen Zöllner sich mit Zigaretten bestechen lassen.

**Gazier, Michèle:** Die Blaumerle. Weitra/Österreich 2006. In Uzès lebt das Ornithologenpaar Clôthilde und René Pernet. Mit ihrem Schützling Alain Rachet erkunden sie die Cèze-Schlucht, St-Martin-de-Londres, die Garrigue – herausgekommen sind eindrucksvolle Ortsporträts und Landschaftsbeschreibungen.

**Hemingway, Ernest:** Der Garten Eden. Reinbek 1999. Der junge Mann und das Meer und eine junge Frau: macht einen Hemingway à la française. Sein Roman beginnt mit eindrucksvollen Szenen vom Fischeralltag in Le Grau-du-Roi.

**Imhasly, Pierre:** Die Rhône Saga. Frankfurt a. M. 2010. Durch das 470 Seiten starke Gesamtkunstwerk des Ingeborg-Bachmann-Preisträgers mit Wohnsitz in Nîmes schlängelt sich leitmotivisch die Rhône. Texte, Bilder und Fotos setzen den Fluss in Szene.

**Köppel, Helene Luise:** Das Gold von Carcassonne. Berlin 2007. Die junge Rixende ist in Lebensgefahr: Sie hütet den Schatz der Katharer, als ausgerechnet der päpstliche Großinquisitor ein Auge auf sie wirft ... Spannendes Geschichts- und Liebesdrama.

**Kuhn, Wolfgang** und **Olschowy, Michael:** Mit Jeans in die Steinzeit. München 2007. Ein spannendes Jugendbuch mit Lerneffekt: Isabelle, 13 Jahre jung, wird von ihren Eltern in den Zug nach Südfrankreich gesetzt. Dort angekommen, entdeckt sie mit ihren Cousins und Cousinen eine prähistorische Höhle mit Skeletten, Werkzeugen, Malereien des Cromagnon-Menschen. Aber erst ein Erdrutsch bringt das eigentliche Abenteuer ins Rollen. Wobei man ganz en passant erfährt, wie unsere Vorfahren Bisons jagten.

**McEwan, Ian:** Schwarze Hunde. Zürich 1994. Bernard und June sind auf Hochzeitsreise in Südfrankreich. Der Zweite Weltkrieg ist vorbei, *la vie est belle.* Doch in der wildromantischen Landschaft Südfrankreichs wird June von zwei schwarzen Hunden bedroht. Sie nimmt die Begegnung mit dem Bösen als Anstoß, ihr Leben zu ändern. Die Entfremdung des jungen Paares beginnt: June zieht sich mehr und mehr nach Frankreich zurück. 40 Jahre später hakt der Schwiegersohn nach. Eine Suche nach der Vergangenheit beginnt.

**Moss, Kate:** Das verlorene Labyrinth. München 2005. Die englische Kunstkritikerin und Redakteurin greift den Begriff Labyrinth auf und webt einen Roman rund um das geheimnisvolle Symbol. Ereignisse des 13. und des 21. Jh. sind in Form der Hauptpersonen miteinander verflochten – die Katharer bilden den Hintergrund.

**Simon, Claude:** Die Trambahn. Köln 2002. Die Straßenbahn, die früher die Strände des Mittelmeers mit Perpignan verband, fährt längst nicht mehr. Sie bleibt ein Vehikel der Erinnerung für den Nobelpreisträger Simon, mit dem er vergessene Empfindungen, Bilder und Gerüche, die seine Kindheitstage in Südfrankreich begleiteten, lebendig macht: »Die Trambahn« erzählt von einer wiedergefundenen Zeit, inklusive seltsamer Tanten und strenger Patriarchen.

**Stevenson, Robert Louis:** Reise mit dem Esel durch die Cevennen. Bergisch Gladbach 2000. Am 22. September 1878 brach der Schotte Robert Louis Stevenson zu einem längeren Fußmarsch durch die Cevennen auf – aus Liebeskummer. Um das Gepäck zu transportieren, kaufte er sich die Eselin Modestine. »Von einem Touristen meiner Sorte hatte man in dieser Gegend noch nie etwas gehört. Man betrachtete mich mit geringschätzigem Mitleid wie einen, der sich eine Mondreise vorgenommen hat, und zugleich mit respektvollem Interesse wie einen, der im Begriff ist, zum unwirtlichen Nordpol aufzubrechen.«

**Tucholsky, Kurt:** Ein Pyrenäenbuch. Reinbek 1962. Die Wahrheit über Lourdes sowie Hochamüsantes über Eselritte im Cirque de Gavarnie – ein bleibendes Porträt der Pyrenäen, auch über 70 Jahre nach Erscheinen.

**Vanderbeke, Birgit:** Gebrauchsanweisung für Südfrankreich. München 2002. Was man schon immer über Südfrankreich wissen wollte – hier stehen die Antworten, heiter und kundig formuliert von der schriftstellernden Wahlfranzösin Birgit Vanderbeke.

**Vanderbeke, Birgit:** Die sonderbare Karriere der Frau Choi. Frankfurt a. M. 2007. Frau Choi macht in einem Dorf bei Uzès ein koreanisches Restaurant auf und mischt den trägen Ort damit kräftig auf. Erst recht, als eine Reihe von Todesfällen auf die Koreanerin verweisen ... Ein Krimi um das Aufeinanderstoßen zweier Kulturen.

## Languedoc und Roussillon als Reiseland

So unterschiedlich Landschaften und Städte im Languedoc-Roussillon sind, so vielfältig ist das Angebot für das ganz eigene Urlaubsglück. Mit den **Cevennen** und Hochebenen der **Causses** im Norden und den **Pyrenäen** im Südwesten locken winters Wintersportvergnügen inklusive Skipisten und Langlaufloipen. Im Sommer bieten dieselben Berggebiete eine Vielzahl von Hochgebirgswanderwegen, Mountainbikerouten und Kletterfelsen für sportlich Anspruchsvolle. Hinzu kommen Beobachtungsposten für Naturfreunde, die Geiern, Bonelli-Adlern, Pyrenäenbären oder Wölfen auf das geschützte Gefieder beziehungsweise Fell rücken möchten. Flamingos und eine Vielzahl von Zugvögeln lassen sich zudem in der **Petite Camargue** beobachten. Das tischtuchflache Feuchtland bietet neben Birdwatching zudem einsame Naturstrände und die Möglichkeit zu einem echten Reiterurlaub – noch immer ist das Pferd der beste Freund der Rinderbarone aus dem Delta der Rhône.

Die **Städte** begeistern Kultur- und Geschichtsinteressierte mit den architektonischen Hinterlassenschaft der Antike: römisch sind die Arenen in Nîmes, der Pont du Gard bei Uzès, die freigelegten Straßenpflaster vor der Kathedrale von Narbonne, die Ruinen von Ensérune. Béziers und Narbonne locken mit prachtvollen Kathedralen, Carcassonne mit einer grandiosen mittelalterlichen Stadtsilhouette, Pézenas oder Uzès mit zauberhaften Barockpalais, Perpignan mit dem Palast der Könige von Mallorca. **Montpellier** schließlich behauptet sich als ausgehfreudigste und innovativste Stadt von ganz Südfrankreich. Reich an Kulturschätzen ist auch das Land. In den Dörfern ist die Kirche im Zweifelsfall romanisch und mit an Sicherheit grenzender Wahrscheinlichkeit ein kunsthistorisches Kleinod, dies vor allen im Roussillon.

An der **Küste** laden Sète und Agde mit Hafenkais und Terrassen zum Verweilen an. Der futuristischen Architektur von La Grande-Motte und den quirligen Badeurlaubsmetropolen wie Le Cap d'Agde oder Le Barcarès stehen sympathische **Fischerdörfer** wie Collioure oder charmante **Sommerfrischen** wie La Franqui gegenüber. Hinzu kommen familienfreundliche, mit langem Sandstrand und Ferienappartements gesegnete Küstenziele wie Argelès und Leucate. Kunstinteressierte freuen sich an den **Museen für moderne Kunst** in Céret oder Nîmes oder an den großartigen Sammlungen, die etwa das Musée Fabre in Montpellier bereithält. Wer sich für Geschichte begeistert, folgt mit Spannung den **Spuren der Katharer** durchs Departement Aude, wo sich eine Burg der einst als Ketzer Verteufelten an die andere reiht. Literaturfreunde gehen hingegen mit dem Louis-Stevenson-Klassiker »Reise mit einem Esel durch die Cevennen« auf Wanderung – in Begleitung eines Grautiers selbstverständlich.

Als **sportliche Herausforderung** kommen die Schluchten von Ardèche, Aude, Hérault oder Vis daher: An jedem dieser Canyons kann man am Abgrund staunen oder zum Wandern, oft auch zum Kanufahren, in die Talsohle absteigen. Viel gemächlicher im Vergleich zu den ›wilden‹ Wasserläufen macht sich der **Canal du Midi** aus. Sein weithin sichtbares Doppelband aus uralten Platanen und Pinien an beiden Ufern steht für stille Tage in der südlichen Provinz. Hausbootkapitäne, Wanderer und Radler auf den Treidelpfaden verfallen den trägen Wonnen des Kanals umso lieber. Stiller noch, wenn auch landschaftlich dramatischer, ist es in der **Montagne Noire** oder auf dem **Aubrac:** Gebirgszug und Plateau sind dünn besiedelt und von Touristen vergleichweise unentdeckt.

Nicht zu vergessen, Languedoc und Roussillon bilden eine **Genussregion,** und dies bereits seit den Tagen, als Griechen und Römer Weinreben und Olivenbäume pflanzten. Weinfreunde und Gourmets bereisen ein wahres Schlaraffenland mit echter **Cuisine du terroir** und charaktervollen Tropfen. Und egal, für welchen Landstrich der Region man sich auch immer entscheidet: Das ganze Jahr über lädt ein **Reigen von Festen** dazu ein, mitzufeiern.

## Tipps für die Reiseorganisation

Languedoc und Roussillon lassen sich ohne Probleme individuell bereisen. Vor der Reise informieren die regionalen, departementalen, städtischen Verkehrsämter und die Maison-de-France-Repräsentanz im Heimatland. Vor Ort findet man ein dichtes Netz lokaler oder regionaler Offices de Tourisme und Syndicats d'Initiative. Hinzu kommen Spezialveranstalter für sportliche Aktivitäten, Kulturprogramme oder Genussaufenthalte. Bei der Hotelbuchung kann es günstiger sein, das ausgesuchte Haus über Internet oder aus dem Katalog eines Reiseveranstalters zu buchen. Frühzeitige Reservierungen bei Hotels, vergünstigten TGV-Tickets (Hochgeschwindigkeitszug), Linien- und Low-Cost-Flügen empfehlen sich besonders für die Monate Juni bis August, die französischen Ferien und die sogenannten Brückenwochenenden (Ostern, Pfingsten, Mariä Himmelfahrt).

Fast alle großen Reiseveranstalter wie Neckermann, TUI, Airtours, Thomas Cook, Ameropa, Dertour, ITS, ADAC Reisen haben Languedoc- und/oder Roussillon-Reisen im Angebot. Die Kataloge gibt es im Reisebüro. Daneben helfen Spezialanbieter etwa bei der Organisation eines Kochkurses oder einer Flusskreuzfahrt weiter.

### Spezialveranstalter in alphabetischer Reihenfolge

**Crown Blue Line:** Theodor Heuss-Str. 53–63, 61118 Bad Vilbel, Tel. 06101 557 91 13, www.crownblueline.de. Hausboot-Urlaub in der Camargue.

**France Bike:** Theodor Heuss-Ring 1, 47623 Kevelaer, Tel. 02832 97 78 55, www.francebike.com. Individuelle und geführte Radtouren am Canal du Midi oder in den Pyrenäen.

**Peter Deilmann Reederei:** Am Holm 9, 23730 Neustadt in Holstein, Tel. 04 61 39 60, Fax -82 07, www.deilmann-kreuzfahrten.de. Rhône-Kreuzfahrten von Lyon nach Arles.

**Imbach Reisen:** Zürichstr. 11, 6000 Luzern 6, Tel. 00 41 418 00 00, www.imbach.ch, Wanderreisen von sportlich (Pyrenäen-Trekking) bis kommod.

**Le Boat:** Theodor Heuss-Str. 53–63, 61118 Bad Vilbel, Tel. 06101 557 91 12, www.leboat.de. Urlaub im Hausboot, auf dem Canal du Midi, in der Camargue.

**Natours:** Untere Eschstr. 15, 49170 Ostercappeln, Tel. 05473 922 90, www.natours.de. Rad-, Wander-, und Kanutouren, auch im Languedoc-Roussillon.

**ReNatour:** Brunner Hauptstr. 2a, 90475 Nürnberg, Tel. 0911 89 07 04, www.renatour.de. Programme für Familien und Wanderer (mit und ohne Esel), für Zelt- und Wohnwagenurlaube etc., Ferienhäuser bei Aigues Mortes.

**Schimmel-Reisen:** Daimlerstr. 4, 67141 Neuhofen, Tel. 06236 555 55, www.schimmel-reisen.de. Begleitete Gruppenradtouren von den Cevennen und der Ardèche bis in die Camargue.

**stb-reisen:** Chattenpfad 8, 65232 Taunusstein, Tel. 06128 98 25 13, www.stbreisen.com, Radwander- und Autotouren, Kochkurse, Wanderungen, Sprachaufenthalte. Der Frankreichexperte vertritt die Hotelvereinigung Châteaux & Hôtels de France – Schlösser und Landsitze mit Atmosphäre.

**Vamos Eltern-Kind-Reisen:** Eichstr. 57a, 30161 Hannover, Tel. 0511 400 79 90, www.vamos-reisen.de. Der auf Reisen mit Kindern spezialisierte Veranstalter hat die Ardèche im Programm, sei es zum Wandern mit einem

Esel oder zum Radwandern. Auch auf Familien mit Kindern bestens eingestellte Hotels, etwa in den Pyrenäen.

**Waldi Werle Gruppenreisen in Frankreich:** Ettlinger-Tor-Platz 3, 76137 Karlsruhe, Tel. 0721 961 41 20, www.gruppenreisen-frankreich.de. Die Frankreichexpertin ist auf Gruppenreisen u. a. für Schulen spezialisiert.

**Wikinger Reisen:** Kölner Str. 20, 58135 Hagen, Tel. 02331 90 46, www.wikinger.de. Bietet Wanderungen oder Radreisen, individuell oder in der Gruppe mit Führung, u. a.

## Vorschläge für Rundreisen

### Kürzere Rundreise (14 Tage)

Als erster Halt bei der Anfahrt aus dem Norden bieten sich die **Gorges de l'Ardèche** an. Einerlei, ob man ins Kanu steigt oder einfach baden geht, ein Tag am Ufer stimmt auf den sonnenverwöhnten Midi ein. Tag zwei und drei gehören den Nord-Cevennen. Ein Muss sind der kahle **Mont Lozère** und die waldreiche **Corniche des Cévennes.** An Tag vier folgt der **Causse du Larzac** mit unwirklicher Mondlandschaft und einsamen Schafherden. Der umtriebigen Metropole **Montpellier** gehören Tag fünf und sechs, dem römischen **Nîmes** Tag sieben, dem schmucken **Uzès** und dem majestätischen **Pont du Gard** Tag acht. Zeit, sich nach all den Besichtigungen im Meer abzukühlen! Vorbei an den Salinen von **Aigues Mortes** und der futuristischen Skyline von **La Grande-Motte** geht es an Tag neun nach **Sète,** wo man den nächsten Tag zwischen Caféterrassen und Strand verbummelt. Tag elf stehen die lavaschwarze Stadt **Agde** und der Platanencorso von **Béziers** auf dem Programm. An Tag zwölf wird die Kathedrale von **Narbonne** besichtigt, später die **Abtei von Fontfroide** und anschließend in **Bages** am Strand ausgeruht. Tag 13 steht im Zeichen der Katharerburgen **Quéribus** und **Peyrepertuse.** Ein Tag bietet sich noch zum Baden in **Collioure** an – und zwei prall gefüllte Wochen gehen zu Ende.

### Erweiterte Rundreise (3–4 Wochen)

Es geht zunächst zur spanischen Grenze: nach **Banyuls** und ans **Cap Béar** mit Blick auf die Costa Brava, dann durch die grünen Hügel der Albères ins katalanische **Perpignan.** Tag 16 vergeht mit einer Fahrt ins **Vallespir,** mit Ziel auf das Gebirgsstädtchen Prats-de-Mollo. Die Reiseroute bleibt den Pyrenäen treu: Tag 17 ist dem **Canigou,** Tag 18 dem **Conflent** mit den romanischen Klöstern von St-Martin du Canigou und St-Michel-de-Cuxa gewidmet. Am nächsten Tag bleibt der Wagen stehen: Ein Ausflug mit dem Petit train jaune ab **Villefranche** entführt in die alpine Welt des Hochtals der **Cerdagne.** Tag 20 vergeht mit der Passage des oberen Aude-Tals: Ziel ist das Schaumweinstädtchen **Limoux.** Es folgt ein geschichtsträchtiger Halt: Tag 21 steht im Zeichen des mittelalterlichen **Carcassonne.** Tag 22 verbummelt man in der Cassoulet-Stadt Castelnaudary und damit an den Ufern des **Canal du Midi,** dem man über Homps bis Paraza in Richtung Küste folgt. Einen Tag geht es noch durch die Weindörfer der Corbières mit dem schmucken Winzerstädtchen **Lagrasse** als Zielpunkt, und es wird an Tag 24 wieder Zeit für den Strand, am besten zwischen **Leucate** und **La Franqui.** Tag 25 geht es zunächst ins dramatisch schön gelegene Dorf **Minerve,** anschließend weiter in die Monts de l'Espinouse und ins charmant gestrige Bäderstädtchen **Lamalou-les-Bains.** Die **Gorges de l'Hérault** bilden an Tag 26 die wildromantische Passage zur Abtei von **St-Guilhem-le-Désert. Millau** und der spektakuläre **Viaduc de Millau** von Sir Norman Foster leiten an Tag 27 die Rückreise ein. Bevor es so weit ist, warten an Tag 28 noch das Felschaos von **Montpellier-le-Vieux** auf dem dem Causse

**Eine Mordsgaudi für die Kleinen: Vielerorts in Frankreich werden im Sommer Jahrmärkte abgehalten**

Noir und das atemberaubende Nadelöhr der **Gorges du Tarn,** durch das man die Region verlässt.

## Reisen mit Kindern

Kinder werden in Frankreich weder in Restaurant noch Hotel als störend empfunden. **Ermäßigter Eintritt** bei Sehenswürdigkeiten, **kindergerechte Museumsaktivitäten,** ein preisgünstiges **Kindermenü** *(menu enfant)* und ein **Zustellbett** im Hotelzimmer sind selbstverständlich. Spielzeug oder Spielecken etwa im Restaurant gibt es hingegen nicht – in Frankreich werden bei Tisch Erwachsene und Kinder nicht getrennt. **Pizzerien** oder **Cafés** mit bei Kindern beliebten Speisen finden sich in Urlaubsorten leicht. Informeller als im Restaurant geht es ohnehin am Strand oder auf der Terrasse eines Dorfgasthofs zu – aufstehen und spielen in Sichtweite kein Problem!

Am **Strand** wird speziell für die Jüngeren einiges geboten. Unter dem Label **Station Kid** gruppieren sich Strandorte, die Angebote für Kinder zwischen vier und zwölf Jahren bereithalten. Etwa Kurse in Segeln und Schwimmen, Radwege, Spielgeräte oder Betreuer, die die Kleinen ins Sandburgenbauen einführen (Liste der Strandorte unter www.stationskid.com). **Kinderfreundliche Angebote** – etwa in Form von Segel- und Paddelkursen oder Animationsveranstaltungen – sind ebenfalls Aushängeschild des Ferienimmobilienspezialisten Pierre & Vacances (s. S. 75).

Im Notfall ist der nächste **Kinderarzt** *(pédiatre)* nicht weit. An eine Kopfbedeckung, langes T-Shirt, Hosen, Sonnencreme mit hohem Schutzfaktor und ein Mückenschutzmittel sollte man schon vor der Abreise denken.

# Anreise und Verkehr

## Einreisebestimmungen

Für EU-Bürger und Schweizer reichen Personalausweis oder Identitätskarte. Kinder unter 16 Jahren ohne eigenen Ausweis müssen im Reisedokument der Eltern eingetragen sein. Frankreich führt infolge der Terrorismusdebatte *(Plan Vigipirate)* gründliche Kontrollen an den Grenzen durch. Auch EU-Bürger benötigen für einen Aufenthalt über drei Monate eine Aufenthaltsgenehmigung.

**Zollfrei** mitgenommen werden dürfen 10 l Spirituosen, 20 l andere alkoholische Getränke mit max. 22 %, 90 l Wein, davon max. 60 l Schaumwein, 110 l Bier. Bei Tabak liegen die Grenzen bei 800 Zigaretten, 400 Zigarillos, 200 Zigarren und 1 kg Tabak.

## Anreise

### ... mit dem Flugzeug

Die internationalen Flughäfen **Montpellier, Lyon** und **Toulouse** werden direkt angeflogen. **Linie:** Air France fliegt von einem Dutzend deutscher Städte via Paris oder Lyon nach Montpellier, ab Düsseldorf und Hamburg direkt nach Toulouse (Tel. 018 05 83 08 30, www.airfrance.com), Lufthansa ab Frankfurt, München, Düsseldorf nach Toulouse (Tel. 018 05 83 84 26, www.lufthansa.com). Auf Sonderaktionen achten! **Billigflieger:** German Wings fliegt von Hamburg nach Toulouse (Tel. 09 00 191 91 00, www.germanwings.de), EasyJet von Berlin-Schönefeld nach Lyon (Tel. 09 00 110 01 59, www.easyjet.com), Ryanair von Hamburg-Lübeck nach Girona (Spanien), von Frankfurt-Hahn nach Montpellier (Tel. 0190 66 99 00, www.ryanair.com). **Billigflieger im Internet:** www.billig-flieger-vergleich.de.

### ... mit der Bahn

Fast immer führt der Weg über Paris. Für Reisende aus Westdeutschland geht es in die französische Hauptstadt am schnellsten mit den Hochgeschwindigkeitszügen **Thalys** von Köln via Brüssel nach Paris-Nord (www.thalys.de), dem **ICE** ab Frankfurt, Mannheim, Kaiserslautern, Saarbrücken und Köln (www.bahn.de) oder dem französischen Hochgeschwindigkeitszug TGV von München, Augsburg, Stuttgart, Karlsruhe, (www.tgv-europe.de) nach Paris. Bei der Weiterfahrt muss der Bahnhof gewechselt werden – die Züge in den Süden fahren von der Gare de Lyon ab. Landesweite Auskunft innerhalb Frankreichs: Tel. 36 35, www.voyagessncf.com.

Im Zeitalter des TGV ist Montpellier auf 3 Std. 20 Min. an Paris herangerückt. Weitere TGV-Bahnhöfe sind Nîmes, Béziers, Narbonne, Perpignan, Carcassonne, Agde, Sète. Reservierung und Zuschlag erforderlich, beides bekommt man auch am Automaten im Bahnhof. In Deutschland erteilt das **Rail-Europe-Büro** der französischen Eisenbahngesellschaft SNCF Auskunft (Tel. 01 80 521 82 38). Direktverkauf von Fahrscheinen im Kölner Rail Europe Shop (Bahnhofsvorplatz 1, www.raileurope.de). Außerdem verbindet ein TGV Genf mit Avignon, Auskunft über die Schweizer Eisenbahngesellschaft (Tel. 0900 30 03 00, www.cff.com).

An vielen Bahnhöfen verleiht die SNCF Fahrräder im **train + vélo-Service.** Von Mai bis Oktober verkehrt ein **Autoreisezug** von verschiedenen deutschen Städten nach Avignon (Buchung 8–22 Uhr, Tel. 01805 24 12 24, 0,12 €/Min., www.dbautozug.de).

### ... mit dem Auto

**Von Paris** führen A 6 und A 7 via Lyon bis Orange, von wo es über die A 9 via Nîmes, Montpellier, Béziers, Narbonne, Perpignan bis zur spanischen Grenze geht. Eine Alternative ist die A 10 ab Paris bis Orléans, weiter über die A 71 bis Vierzon. Dort nimmt man entweder die A 20 via Limoges, Toulouse nach Carcassonne oder die A 75 via Clermont-Ferrand in die Lozère. **Reisende aus**

**Süddeutschland, der Schweiz und Österreich** stoßen über die A 36 via Belfort, Besançon und ab Dole über die A 39 und A 42 in Lyon auf die A 7.

Über die **aktuelle Lage** auf den Autobahnen und **Mautgebühren** informieren **Autoroutes Sud de la France:** Tel. 08 36 68 10 77, www.trafic.asf.fr, www.asf.fr. **Bison Futé:** Tel. 04 91 78 78 78, www.bison-fute.equipement.gouv.fr.

**Strecke und Fahrtzeit** lassen sich über folgende Portale berechnen: www.viamichelin.com, www.mappy.com, www.iti.com.

Ein **Auslandsschutzbrief** (Unfall, Diebstahl, Krankheit) und die **grüne Versicherungskarte** sind empfehlenswert.

## Verkehrsmittel im Land

### Bahn

Größere Orte sind von der SNCF mit dem Zug verbunden.

**Auskunft landesweit:** Tel. 36 35 (tgl. 7–22 Uhr, 0,34 €/Min.), www.voyages-sncf.com.

Für **Nahverbindungen** (Transports Express Régionaux, TER) gibt es in Bahnhöfen Gratishefte. Im Internet stehen die Verbindungen unter www.ter-sncf.com.

### Bus

Einen **Busbahnhof** *(gare routière)* findet man in allen größeren Orten. Von Stadt zu Stadt ist die Verbindung gut. Ins Umland ist der Fahrplan dagegen mager. Busse bringen Reisende zwar in abgelegene Dörfer, verkehren jedoch oft nur morgens und abends. Auf **Hauptstrecken** sind auch werktags mehrere Verbindungen üblich, am Wochenende dagegen nicht.

### Taxi

Neben der Grundgebühr von 2 € berechnet sich der Preis pro Kilometer. Die **Kilometerpauschale** von 7 bis 19 Uhr beträgt etwa 0,90 €, sonst 1,30 €. An Sonn- und Feiertagen wird der höhere Tarif berechnet. Für **Gepäckstücke** ab 5 kg ist ein Aufpreis von 1 € fällig.

### Leihwagen

Leihautos können über **TUI Cars** (Tel. 0511 567 89 17, www.tuicars.com) gebucht werden. An den Flughäfen von Montpellier oder Lyon sind alle großen Autoverleiher vertreten. Günstige Angebote hält **Holiday Cars** (Tel. 0180 517 91 91, www.holidayautos.de) bereit.

### Verkehrsregeln

In Ortschaften gilt 50 km/h, auf Landstraßen 90 km/h, auf Schnellstraßen 110 km/h, auf Autobahnen 130 km/h **Höchstgeschwindigkeit.** Im Kreisverkehr hat man Vorfahrt. Anschnallen ist Pflicht. Die **Alkoholgrenze** liegt bei 0,5 Promille. Kontrollen sind häufig und die Geldbußen drastisch! Der Führerschein ist bei extremem Rasen und Alkoholkonsum sofort weg. Das Schild »Toutes directions« weist die Streckenführung für Durchreisende aus. **Parkverbot** herrscht vor Postämtern, Polizeistationen, Krankenhäusern, vielen Schulen und Kindergärten sowie an gelb markierten Bordsteinen.

### Autofahren

Das **Straßennetz** ist dicht, die Straßen sind gut ausgebaut. Vorsicht im Winter, vor allem in Cevennen und Pyrenäen – es drohen Schnee, Glatteis und Raureif, am Meer zudem kräftige Sturmböen. **Staus** sind im Sommer auf Küstenstraßen wie der N 9 von Béziers nach Perpignan oder der N 112 von Montpellier nach Le Cap d'Agde vorprogrammiert. Tipp: Wer den allsommerlichen Staus auf Routes Nationales und Routes Départementales entgehen möchte, nutze die geheiligte Mittagszeit. *Toute la France* sitzt *à table*, man selbst (leider) hinter dem Steuer und hat dafür von Schlag 12 bis ungefähr 14.30 Uhr

**Wer in den Schafauftrieb in den Cevennen gerät, muss Geduld mitbringen**

Ortsdurchfahrten und Landstraßen für sich. Gilt bedingt auch für die Autobahn, wo dann allerdings auf den Rastplätzen der Teufel los ist – mit langen Schlangen am Buffet.

**Verkehrsfunk:** Frequenz FM 107,7

**Autobahnen:** Französische Autobahnen sind bis auf wenige Abschnitte **kostenpflichtig:** Man zieht bei der Auffahrt ein Ticket oder wird per Schild auf den Beginn des gebührenpflichtigen Teils hingewiesen. Bezahlt wird entweder bei der Abfahrt oder an einer Mautstelle **(péage)** unterwegs. Tipp: Kleingeld hilft an vielen Autobahnmautstellen weiter, vor allem, wenn man nur ein kurzes Stück fährt. Wer die Gebühr in Münzen parat hält, wirft das Geld in einen Plastiktrichter (Quittung – *reçu* – gibt's auf Knopfdruck) und die Schranke hebt sich. Das spart Zeit, und die Schlange ist zudem meist kürzer als an den Spuren für Kreditkartenzahler oder denen mit Kassierer. Das **Autobahnetz** ist **gut gewartet.** Die Autoroute du Soleil (A 7) folgt von Lyon bis Orange der Rhône. Weiter geht es über die A 9, La Languedocienne, immer längs der Küste bis zur spanischen Grenze. Wer in die Cevennen oder die Causses möchte: Südlich zweigt zudem die A 47 in Richtung St-Etienne ab, von wo es über die A 72 bis Clermont-Ferrand geht. Dort stößt man auf die A 75, die von Nord nach Süd durch das Zentralmassiv zur Küste des Languedoc verläuft. Die A 61 schließlich folgt von Narbonne über Carcassonne bis Toulouse dem Canal du Midi.

Informationen über Tankstellen, Radarposten, Rastplätze, Wetter unter **www.franceautoroutes.com.**

**Tanken:** Das Tankstellennetz ist dicht, fast überall kann man mit Karte zahlen. Tanken ist in Frankreich etwas günstiger als in Deutschland. Man tankt *sans plomb* (Bleifrei), *Essence* (89 Oktan), *Super* (95 Oktan), Super plus (98 Oktan) oder Gazole (Diesel), das günstiger als Benzin ist. Am billigsten sind die Zapfsäulen der großen Supermärkte.

**Pannenhilfe:** Auf Autobahnen kann Hilfe über die Notrufsäulen angefordert werden, sonst über den Polizeinotruf 17. Der **ADAC** unterhält einen deutschsprachigen Notdienst in Lyon, Tel. 08 25 80 08 22.

## Hotels

Hotels werden nach Sternen (* bis *****) eingeteilt. Die Sterne sagen in der Regel wenig über den Charme eines Hauses aus, sondern spiegeln Komfortstandards wider – so verfügen 3-Sterne-Hotels über einen Aufzug und ein Telefon im Zimmer. Üblich sind Doppelbetten, seltener das klassische *grand lit* mit durchgehender Matratze. In der Regel gilt der Preis für das Zimmer, Alleinreisende zahlen so viel wie Paare. Zu den meisten Hotels gehört ein Restaurant. Einige Hotels verpflichten ihre Gäste während der Hauptsaison, Halbpension zu buchen.

Viele Hotels bieten spezielle Wochenend- oder Saisontarife an. Auch aktuelle Tagespreise können interessant sein – unbedingt nachfragen! Teuer wird es zur Hauptsaison (Juli–Aug.), in Ferienzeiten oder an langen Wochenenden. Es empfiehlt sich, zu solchen Stoßzeiten rechtzeitig zu reservieren. Als Faustregel gilt: Je näher das Bett am Meer steht, desto teurer die Unterkunft. In der Nebensaison sinken die Preise um etwa ein Drittel, im Winter bis auf die Hälfte.

Das Frühstück ist im Zimmerpreis in der Regel nicht inbegriffen und kostet je nach Hotelkategorie 8 bis 30 €. Als Gast hat man die Freiheit, ein Café in der Nähe aufzusuchen, um dort den ersten Milchkaffee des Tages mit Croissant zu genießen, was wesentlich günstiger kommt als das Frühstück im Hotel.

Die Fremdenverkehrsämter und Offices de Tourisme geben Übernachtungsverzeichnisse heraus, die im Internet nach Kategorien, Lage und Preisen durchforstet werden können. Alle einschlägigen Hotelführer bieten zudem im Internet ihre Dienste an, genannt seien z. B. **www.viamichelin.com** oder **www.gaultmillau.com**. Ein empfehlenswerter Hotelreservierungsdienst in Deutschland ist **Hôtels Indépendents Français** (H.I.F., Beethovenstr. 60, Tel. 069 72 76 33, www.frankreichhotel.de).

**Logis de France:** gepflegte Traditionshotels, die man am gelbgrünen Kaminsymbol der Vereinigung erkennt. Es handelt sich um Familienbetriebe mit soliden Preisen. Ein Jahreskatalog ist im Reisebuchhandel oder direkt über Logis de France erhältlich (83, av. d'Italie, 75013 Paris, Tel. 01 45 84 70 00, www.logis-de-france.fr).

**Relais du Silence:** Häuser, die in diesen Verband exklusiver Hotels aufgenommen werden, garantieren himmlische Ruhe und hohe gastronomische Leistungen (Relais du Silence, 17, Rue d'Ouessant, 75015 Paris, Tel. 01 44 49 79 00 , www.silencehotel.com).

**Formule 1:** Bei diesen Kettenhotels überzeugt in erster Linie der Preis. Die mit einem Doppel- und einem Einzelbett, Waschbecken und Fernseher ausgestatteten Zimmer liegen an Autobahnen, Durchgangsstraßen oder in Industriegebieten (www.hotelformule1.com). Weitere Low-Cost-Ketten sind z. B. **B&B** (www.hotel-bb.com) und **Etap Hotels** (www.etaphotel.com).

## Chambres d'hôte

**Chambre d'hôte** heißt die französische Variante von Bed & Breakfast. Etliche Chambres d'hôte erinnern an Luxusunterkünfte aus internationalen Inneneinrichtungsmagazinen. Sie heißen dann **Chambres d'hôte de charme** – und entsprechend hoch sind die Preise. Im schönsten Fall kommt bei der Chambre d'hôte eine **Table d'hôte** hinzu – die Möglichkeit, gemeinsam mit den Besitzern und anderen Gästen zu speisen.

**Ferme-auberges:** Bauernhöfe, auf denen man speisen kann, sind vor allem im Hinterland zu finden. Manche bieten Gästezimmer und Ferienwohnungen an. Letztere heißen *gîtes.* Staatlich geprüft und je nach Ausstattung mit ein bis zu vier Ähren klassifiziert sind die **Gîtes de France.** Das Logo, ein roter Hahn im offenen Fenster, darunter die Um-

**Stilvoll: das Hôtel de Moulceaux in Pézenas**

risse Frankreichs in Gelb, das Ganze auf einem grünen Kreis, taugt als Wegweiser zum Glück in der Wiese.

Achtung: Bei vielen Chambres d'hôte und Tables d'hôte kann man nicht mit der Kreditkarte bezahlen! Chambres d'hôte und gîtes (Ferienwohnungen oder -häuser) vermitteln u. a. die nachfolgend aufgeführten Organisationen:

**Gîtes de France:** Die Besitzer sind in der Regel Leute aus der Gegend. Je nach Lage und Ausstattung werden die Ferienhäuser mit ein bis drei Kornähren klassifiziert oder in der Edelkategorie »de Charme« gehandelt. Die Auswahl ist nach den 95 Departements oder nach Themen unterteilt. Gîtes Panda (Ferienwohnungen im Naturpark mit WWF-Label), Gîtes en Vignoble (Ferienwohnungen und -häuser im Weinberg), Séjours Equestres (Reiterhöfe), Séjours Pêche (für Angler), Gîtes d'enfants (kinderfreundliche Ferienunterkünfte) ... alles direkt buchbar. Die Kataloge gibt es über die französische Reservierungszentrale (Gîtes de France, 56, rue Saint-Lazare, 75009 Paris, Tel. 01 49 70 75 75, www.gîtes-de-france.fr).

**Clévacances:** halbstaatliche Organisation mit 1800 Chambres d'hôte und 20 000 Locations (Wohnungen/Häuser) – je nach Komfort mit ein bis fünf Schlüsseln und direkt buchbar. Der Süden ist komplett vertreten (www.clevacances.com).

**Fleurs-Soleil:** vornehmlich Chambres d'hôte. Die Besitzer wohnen immer mit im Haus, es gibt maximal fünf Gästezimmer. Garantiert werden gehobener Komfort und landestypischer Stil (www.fleurs-soleil.tm.fr).

## Ferienhäuser

Die Kataloge der Großveranstalter **Terramar, Airtours, Dertour, TUI, ADAC Reisen, Thomas Cook Reisen** erhält man im Reisebüro. Bei **Pierre & Vacances**, dem größten französischen Freizeitimmobilienanbieter, hat man die Wahl zwischen Feriendörfern, Residenzen, Hotels und Villen – je nach Bedürfnis mit Selbstversorgung oder Hotelservice. Die Objekte befinden sich immer in bevorzugter Lage (Reservierungszentrale 018 05 34 44 44, www.pv-holidays.de).

**Weitere Anbieter in alphabetischer Reihenfolge:**

**Cuendet,** Gotenring 11, 20937 Hamburg
Tel. 018 04 00 03 30 (0,24 €/Min.)
www.cuendet.de

**E-Domizil,** Eschborner Landstr. 41–51
60489 Frankfurt/M., Tel. 08 00 33 66 49 45
(aus Deutschland kostenfrei, tgl. 9–20 Uhr)
oder Tel. 01 80 33 66 49 45
www.e-domizil.de

**France Vacances & Vins,** Hirschbergweg 4, 82140 Olching, Tel. 081 42 48 70 91,
www.france-vacances.de

**Inter Chalet,** Postfach 5420
79021 Freiburg, Tel. 07 61 21 00 77,
www.interchalet.com

**Interhome,** Hoeschplatz 5, 52349 Düren
Tel. 024 21 12 20,
www.interhome.de

**Lagrange Ferienwohnungen,** Schwabstr. 47, 70197 Stuttgart, Tel. 07 11 61 11 18
www.lagrange-holidays.de

**Novasol,** Gotenstr. 11, 20097 Hamburg
Tel. 040 23 88 59 82, 030 30 87 810
www.novasol.de

**SPS Feriendomizile,** Rosenstr. 34
73054 Eislingen, Tel. 071 61 98 95 55
www.feriendomizil.com

**Wolters Reisen,** Bremer Str. 61
28816 Stuhr/Bremen, Tel. 04 21 899 99-0
www.wolters-reisen.de

## Campingplätze

Vom luxuriösen Platz mit Pool,Tennisplatz, Showprogramm bis zum *camping à la ferme* (Zelten auf dem Bauernhof) mit Gartenschlauchdusche findet jeder einen Platz nach seinem Geschmack. Oft werden neben den Zelt- und Stellplätzen auch **Chalets** und **Mobilhomes** angeboten.

Für die Hauptsaison muss lange im Voraus reserviert werden. Ein Verzeichnis kann man beim regionalen Fremdenverkehrsamt anfordern. Im Internet erhält man ausführliche Informationen unter **www.campingfrance.com** oder unter **www.bienvenue-a-laferme.com** für Adressen von Campingplätzen auf dem Bauernhof.

## Jugendherbergen

Preiswerter als in einer *auberge de jeunesse* lässt es sich nicht übernachten. Der Komfort erreicht vor allem in den Zweibettzimmern oft den Standard günstiger Hotels. Die Öffnungszeiten variieren stark – besser, man erkundigt sich vor der Anreise. Mit dem **internationalen Jugendherbergsausweis** kann man im Internet unter www.hihostels.com Übernachtungen reservieren. Ein Verzeichnis französischer Herbergen bestellt man über die Fédération Unie des Auberges de Jeunesse (FUAJ, 27, rue Pajol, 75018 Paris, Tel. 01 44 89 87 27, www.fuaj.org).

## Baden

Rund **200 km Sandstrände** locken von La Grande-Motte im Osten bis Banyuls im Westen an die Küsten des Languedoc-Roussillon. Fast überall weht die **Blaue Flagge** (Pavillon bleu) als Zeichen sauberer Badegewässer, fast überall ist der Sand fein und breit.

An der Küste des Languedoc geben die unbebauten Naturstrände der Camargue wie etwa der von L'Espiguette bei Port Camargue den Auftakt. Es folgen etwas schmalere Strände, so der von Le Grau-du-Roi. Im Wechsel von bebauten, damit auch bewachten Stränden (grüne Flagge = Baden erlaubt, gelb = gefährlich, rot = verboten), die in Abschnitten bewirtschaftet sind (etwa in La Grande-Motte), und langen Dünenstränden, die man nur zu Fuß erreicht, wie der von Maguelone, geht es weiter nach Südwesten. Am Cap d'Agde wechselt der Sand vorübergehend die Farbe: Er ist nun lavaschwarz. Es folgen die im Sommer und an den Wochenenden von Touristenscharen und Einheimischen bevölkerten Strände bei Narbonne-Plage, Leucate, Le Barcarès: Campings, Clubs und Lunaparks säumen während der Saison die Küste. In Argelès-Plage ändert sich das Bild. Pinien schützen hinter dem Strand vor der Sonne. Im Hinterland bauen sich die Ausläufer der Pyrenäen auf – Collioure liegt bereits an der Felsküste der Côte Vermeille.

Insgesamt sind die Strände des Languedoc mit ihrem breiten Sandband und dem flachen Uferbereich **kinderfreundlicher** als die kleinen, zwischen Felsen eingekeilten, teilweise abrupt abfallenden Badebuchten des Roussillon – wo es oft nur Kieselsteine gibt. Dafür ist die Côte Vermeille weniger rummelig und erinnert mit ihren schmucken Badeörtchen an die Côte d'Azur.

Für **FFK-Urlauber** sind etliche Strände reserviert, darunter L'Espiguette, Cap Leucate, Cap d'Agde, Maguelone, Cap Béar. Mehr als 20 offizielle Zentren empfangen die *naturistes,* wie FKK-Anhänger in Frankreich genannt werden. Hinzu kommen fünf *villages naturistes*. Informationen erteilt das Comité Régional du Tourisme und die Association Régionale de Naturisme en Languedoc-Roussillon, i-06 Les Jardins de Vénus, 1, rue de la Nature, F-11370 Port Leucate, Tel. 09 75 68 98 22, www.languedoc-naturisme.com.

## Bootsurlaub

Castelnaudary, Carcassonne, Beaucaire, St-Gilles, Agde oder Sète: Bei diesen Orten kann man mit dem Boot vorfahren, sei es über die Gewässer der Camargue oder über die vielen Kanäle wie den Canal de la Robine oder den Canal d'Agde à Sète.

Frankreichs beliebtester Wasserweg aber bleibt der **Canal du Midi** – entsprechend stark ist der Andrang vor Schleusen und an den Ankerplätzen. Mehrere Spezialisten für Bootsurlaub haben die Camargue und den Canal du Midi im Programm (s. Tipps für die Reiseorganisation, S. 67).

## Drachen- und Gleitschirmfliegen, Kitesurfen, Snowkiten

Die Cevennen sind ein Paradies für das **motorlose Gleiten durch die Lüfte.** Zu den beliebtesten Revieren gehören der Cirque de Navacelles und der Cirque de Mourèze. Weitere Reviere kommen in den Hochtälern des Roussillon, wie etwa dem Vallespir, und im Katharerland, so um Peyrepertuse, hinzu.

**Kitesurfen** ist Trendsport an der Küste des Languedoc, etwa am Cap Leucate, in Frontignan, Barcarès, Port-Camargue und auf den küstennahen Seen Etang de Lapalme, de l'Or oder de Mauguio.

**Snowkiten** wird in Font-Romeu und La Llagonne in der Cerdagne praktiziert.

Auskunft für Events, Schulen und Basislager erteilt die Ligue de Vol Libre du Languedoc-Roussillon (c/o Yves Gilles, Mas d'Allègre, 34380 Mas de Londres,Tel. 04 67 55 75 74, Handy 06 03 04 51 35, www.lvllr.net). Bei der Orientierung hilft die ign-Karte »Vol libre en France« (im Buchhandel).

## Golf

Die Liste **schön gelegener Golfplätze** umfasst 18 Terrains, die vom strandnahen Golf in La Grande Motte bis zum Hochgebirgsplatz in Font-Romeu reichen (davon 13 mit 18-Loch-Parcours). Ein **Golf-Pass** für fünf Green Fees auf einem oder mehreren Plätzen nach freier Wahl wird über die Ligue du golfe en Languedoc-Roussillon vertrieben (Tel. 04 66 68 22 62, www.liguegolflanguedocroussillon.org). Dort erfährt man auch die Adressen der departementalen Vertretungen der Liga. Auf der Internetseite der Fédération Française du golf werden ebenfalls die Golfplätze der Region vorgestellt (www.ffgolf.org).

## Kanufahren und Rafting

Eher gemächlich sind **Kanufahrten** auf dem Hérault oder dem Lac de Salagou. **Wildwassertouren** bieten sich hingegen im oberen Aude-Tal und in der nahen Ardèche an – wobei man die Monate Juli und August meiden sollte. Der Wasserstand ist relativ niedrig, der Andrang umso höher.

Die Alternative lautet **Kayak de mer:** Mit dem Kajak die Küste erkunden kann man beispielsweise in Palavas-les-Flots.

Informationen erhält man über die Fédération française de Canoë-Kayak (87, quai de la Marne, 94340 Joinville-le-Port, www.ffck.org).

## Klettern

Die an Bergzügen und Küstenfelsen reiche Topografie der Region garantiert unzählige Möglichkeiten für **Kletterer jeden Niveaus.** Allein das Massif de la Clape vor den Toren von Narbonne besitzt 280 Kletterwege im Kalkfels! Beliebte Reviere sind zudem das Obere Aude-Tal. Geübte Kletterer dürfen sich auf die zahlreichen Via Ferrata am Cirque de Navacelles oder unterhalb des Caroux-Gipfels freuen, Anfänger auf die in den Schluchten des Hérault und der Cesse. Wohlige Schauer garantieren auch die Kletterfelsen in den Gorges de la Jonte.

**Für Kinder** sind spezielle Via Ferrata etwa in Font-Romeu eingerichtet worden.

Informationen zu Revieren, Clubs und ihren departementalen Vertretungen erteilt die Fédération Française de la montagne et de l'escalade (8–10, quai de la Marne, F-75019 Paris, Tel. 01 40 18 75 50, www.ffme.fr).

## Radfahren

Das Languedoc-Roussillon hat das Rad entdeckt: Montpellier mausert sich zur (autofreien) Vélo-Metropole Frankreichs, Räder kann man in fast jedem Urlaubsort leihen, und von Beaucaire im Osten bis nach Cerbère im Westen lässt sich auf 332 km nur Radfahrern vorbehaltenen Pisten der Küstenverlauf erkunden.

In den Cevennen, der Montagne Noire und den Hochtälern der Pyrenäen kommen für die Waden anspruchsvollere Touren für **Tour-de-France-Ambitionierte** und **Mountainbike-Pisten** (Piste de vélo tout terrain, VTT) für Sportskanonen hinzu.

Auskunft erteilt die Fédération française de cyclotourisme (www.ffct.org), auf deren Portal man auch die Kontakte zu den departementalen Antennen im Languedoc-Roussillon findet.

## Reiten

Ausritte am Strand, in den Cevennen, auf den Causses, durch die Weinberge der Corbières, Reiten wie ein Camargue-Cowboy, Reitwanderungen von Katharerburg zu Katharerburg, Kurzausritte für Kinder mit dem Pony – das Angebot ist reich und vielschichtig. In jedem Departement gibt es zudem ein **weites Netz von ausgewiesenen Reitwegen.** Hinzu kommen Reitschulen und Clubs mit umfangreichen Kursprogrammen.

Informationen dazu und zu den departementalen Vertretungen erteilt das Comité régional de tourisme équestre du Languedoc-Roussillon, Tel. 04 67 41 78 53, www.telr.net/tourisme-equestre.asp.

## Segeln

Segeln ist an den Küsten von Languedoc und Roussillon Volkssport. Kurse werden auf **Katamaran** und **Jacht** angeboten. Segelschulen und Bootsverleiher gibt es darüber hinaus in fast jedem Küstenort.

Einen Überblick im Internet vermittelt die regionale Antenne der Fédération Française de Voile (www.ffvoilelr.net).

## Tauchen

Die ergiebigsten Reviere liegen an der **Felsküste des Roussillon,** deren Topografie für eine reiche Unterseeflora- und fauna sorgt.

**Tauchschulen** gibt es u. a. in Collioure, Leucate und Banyuls.

Informationen über die Fédération Française d'Etudes et de Sports Sous-marins (24, quai de Rive-Neuve, 13284 Marseille Cedex 07, Tel. 04 91 33 99 31, www.ffessm.fr), auf deren Internetseite tagesaktuell über das **Wetter** und die **Gezeiten** informiert wird.

## Thalassotherapie

*Thalassa* nennen die Griechen das Meer – Thalassotherapie bedeutet die moderne Umsetzung einer uralten Erkenntnis: Das Meer heilt. Der Erfolg liegt in der gesunden Mischung. Warme Schlammwickel, Fitness am Strand und ein raffiniertes Mahl – *Wellness à la française* verheißt ein sinnliches Vergnügen. An der Küste taucht das Wort immer öfter auf: Ein **Centre de Thalassothérapie** gibt es etwa in Port Camargue, La Grande-Motte, Cap d'Agde, Port-Barcarès oder Banyuls. Jedes Centre de Thalassothérapie ist eine Einladung, sich von Stress, Tabaksucht, Rückenschmerzen, Schlafstörungen oder einfach dem Alltag zu verabschieden. Zum

**Segeln im traditionellen katalanischen Fischerboot vor Banyuls-sur-Mer**

Programm gehören Massage mit Meerwasserberieselung, heiße Algenschlammpackungen und Joggen am Strand, um die Lunge ordentlich mit Jod vollzupumpen, Sprudelbäder in der Multi-Strahl-Massagewanne, Gymnastik im Meereswasserschwimmbad ... Trotz des reichhaltigen Pensums wird den Wellnessprogrammen am Mittelmeer eine sedative Wirkung bescheinigt.

Unter der Federführung des französischen Fremdenverkehrsamtes, Maison de la France, haben sich die meisten Thalassotherapie-Zentren zum **Club Gesundheit und Fitness** zusammengeschlossen (s. Auskunft, S. 62). Im Internet verschafft das Portal von Allô Thalasso (www.allo-thalasso.com) einen Überblick über die verschiedenen Zentren.

## Wandern

Im Languedoc-Roussillon gibt es ein Netz von etwa **4000 km Fernwanderwegen** (Sentiers de Grande Randonnée, **GR**). Die rotweiß markierten und nummerierten, meist linearen Wege führen in Tagesetappen an Ortschaften mit Hotels oder (z. T. unbewirtschafteten) Wanderhütten *(gîte d'etape)* vorbei. Die Streckenverläufe und Wandererunterkünfte der meisten GR stehen im Internet: www.gr-infos.com.

Das Netz der GR komplettieren die gelbrot markierten Sentiers de Grande Randonnée de pays, **GRP,** die (teils mehrtägige) **Rundwanderungen** am Verlauf der großen Fernwanderwege ermöglichen. Hinzu kommen unzählige **Petites Randonnées** (gelbe Markierung, **PR**), die max. 6 Std. Wanderzeit beanspruchen.und meist als Rundwege angelegt sind.

Zu den **Wanderstrecken mit Anspruch** zählen die Wege hoch zum Gipfel des Canigou (2784 m), des Pic Carlitt (2921 m), des Mont Aigoual (1567 m) oder des Pic de Nore (1211 m). Vor dem Aufbruch unbedingt über das Wetter informieren! Einige Wege in den Hochlagen der Pyrenäen sind nur von Ende Mai bis Oktober begehbar, andere werden im Hochsommer bei Waldbrandgefahr gesperrt.

Ein Klassiker unter den GR ist der **Chemin Stevenson** durch die Cevennen (GR 70, 220 km), unter den GRP die **Tour de Cerdagne** mit alpinem Niveau (72 km, 4 Tage), unter den Themenwegen der **Sentier cathare** durch die Aude (200 km, 12 Etappen).

Solides Schuhwerk, Regen- und Sonnenschutz, Pullover, Pflaster und ausreichender Trinkvorrat sind unabdinglich. Für die unbewirtschafteten Unterkünfte muss man Proviant und Schlafsack einpacken. Und auf gutes **Kartenmaterial** sollte man nie verzichten. Empfehlenswert sind die im Buch- und Zeitschriftenhandel erhältlichen Topo-Guides der Fédération Nationale de Randonnée pédestre (www.ffrandonnee.fr). In den Wanderführern werden die Fernwanderwege genau beschrieben, außerdem sind detaillierte Kartenausschnitte und Tipps zu Unterkünften und Restaurants in den Heftchen hinzugefügt.

Über Wandermöglichkeiten informieren ebenfalls die Fremdenverkehrsämter vor Ort.

## Wellness

Seit der Barockzeit wird in den Pyrenäen gekurt. Der Grund liegt in den vielen heißen, schwefel- und sodareichen **Quellen** (von Vernet-les-Bains oder Amélie-les-Bains). Viele Kurorte verströmen den gestrigen Charme der Belle Epoque. In den Cevennen kommen die an Magnesium reichen, leicht radioaktiven Quellen etwa von La Chaldette hinzu, im Hérault das ›zauberberghafte‹ Lamalou-les-Bains. Im Internet verschafft das Portal von **France thermale** (www.france-thermale.org) einen Überblick.

## Windsurfen

Die **Salzseen** hinter der Küste sind dank des verlässlich wehenden Tramontane-Windes ein relativ ungefährliches, dabei nicht langweiliges Übungsfeld. Geübtere Surfer zieht es zudem aufs **offene Meer:** In Leucate sind Wellen und Wind so günstig, dass der Strandort als *hot spot* gilt, in dem im April sogar die Surfmeisterschaft Mondial du Vent ausgetragen wird. Im Hinterland bieten sich die **Seen** Lac de Salagou oder Lac de Matemale an. Über Aktuelles aus der Surferszene, Materialverleih und Schulen informiert im Internet die Fédération Française de Voile (www.ffvoile.com). Wer einen **Kurs** belegt, sollte auf das von der Fédération erteilte Qualitätslabel Ecole française de voile achten.

## Wintersport

Der bekannteste Skiort ist **Font-Romeu** in den schneesicheren Pyrenäen: Hier trainierte schon die französische Olympiamannschaft. Für **Skilangläufer** sind hingegen eher das Vallespir und Capcir, die Causses der Lozère und die Cevennen attraktiv. Informationen erteilen die Fédération française de ski (Tel. 04 50 51 40 34, www.ffs.fr) und die regionalen Antennen Cévennes-Languedoc (Maison régionale des sports, Parc Public du Millénaire, Bat 31,1025, av. Henri Becquerel, 34000 Montpellier, Tel. 04 67 82 16 77, www.skicevenneslanguedoc.fr) sowie Pyrénées Est (1, bd. Bonrepos, 31000 Toulouse, Tel. 05 61 63 10 11, www.ffs-pyrenees.com).

## Vente directe

So heißt das Zauberwort. Wo solch ein Schild am Wegesrand auftaucht, macht der Winzer, Käseproduzent oder Ölmühlenbesitzer auf die Möglichkeit aufmerksam, **direkt beim Erzeuger** zu kaufen – mit Probe *(dégustation)* selbstverständlich. Apropos **Öl** und **Wein:** Beide stehen seit der Antike mit an vorderster Stelle unter den Souvenirs. Beide schmecken so verschieden, wie die Böden, klimatischen Bedingungen, Reben, Ölbaumsorten zwischen Rhône-Tal und Pyrenäen ausfallen.

Eine ganze Reihe kleiner und feiner Läden verlockt seit Generationen mit Produkten aus eigener Herstellung. **De père en fils,** vom Vater auf den Sohn, steht nicht selten über der Ladenschwelle. Viele Orte verdanken ihr Renommee einem bestimmten Produkt. So denkt ganz Frankeich bei Collioure an *anchois* (Sardellen), bei Roquefort an den gleichnamigen Blauschimmelkäse, bei Rivesaltes an den Süßwein gleichen Namens. Pardailhan rühmt sich seiner Rübchen, Castelnaudary seines Cassoulet, das man in der Dose bequem mit auf die Reise nehmen kann, Quézac seines Mineralwassers, erkenntlich an der blauen Flasche, Aigues-Mortes seines Salzes. Daneben gibt es **traditionelle kunsthandwerkliche Produkte.** Die bunt gestreiften Stoffe der Maison Quinta in Perpignan erleben ein Comeback in Hochglanzeinrichtungsmagazinen. Laguiole-Messer vom Aubrac liegen in Spitzenrestaurants rund um den Globus aus. Lederwaren aus Millau oder Getöpfertes aus Sallèles-d'Aude sind weniger bekannt, jedoch ebenso typisch.

## Märkte

Märkte bleiben der Ort, an dem alles, was die Region zu bieten hat, zusammengetragen wird. Zu einem ordentlichen ›**marché**‹ gehören eben nicht nur die zu Pyramiden aufgeschaufelten Austern aus dem Bassin de Thau, Zöpfe von Zwiebeln aus dem Hérault-Tal, ein Miniaturgebirge rubinroter Kirschen aus Céret oder die über den Köpfen baumelnden Hartwürste und Schinken der Cevennen. Neben den Viktualienständen breiten sich die Händler für Haushaltswaren, Stoffe, Sommerfähnchen, Trödel und Antiquitäten aus – damit sich der Besuch in jedem Sinne lohnt.

Einer der bedeutendsten Bauern- und Biomärkte ist der **Marché des Arceaux** in Montpellier (Sa vormittags). Der **Markt von Uzès** (Sa vormittags) bietet eine enorme Auswahl der besten Produkte des Languedoc und der nahen Provence. Der **Markt in Sète** (tgl. in den Hallen) steht für ein besonders reichhaltiges Angebot an Fisch, Meeresfrüchten und frischen Teigwaren, der von **Perpignan** (tgl.) entführt an die orientalisch anmutende Place Cassaynes – die Produkte stammen jedoch überwiegend aus dem Roussillon.

Ein sicherer Tipp für **Antiquitätenliebhaber** ist **Pézenas:** In keiner anderen Stadt der Region ist die Dichte der Händler so enorm.

## Öffnungszeiten

**Kernöffnungszeiten** sind 9–12/14–19 Uhr – Verschiebungen nach Belieben. Im Sommer ist abends länger geöffnet, im Winter früher geschlossen. Supermärkte in Städten haben über Mittag geöffnet, ihre großen Filialen vor den Stadttoren an einigen Abenden *(nocturnes)* bis 21 oder 22 Uhr. Samstags bleiben alle Geschäfte nachmittags geöffnet. Sonntagvormittags wird in vielen Städten Markt gehalten, viele Lebensmittelläden haben dann ebenfalls auf, Bäckereien immer. Montags ist zumindest in kleinen Orten Ruhetag.

Beim Winzer, Käse- oder Olivenbauern ruft man am besten vorher an, um sicherzustellen, dass jemand daheim ist – **tabu für den Besuch ist die Mittagszeit** – die im Süden lang ist ...

## Auf einen Aperitif

In nordeuropäischen Ländern trifft man sich, um ein Glas zu trinken – in Frankreich, um **essen zu gehen.** Oder aber man trifft sich vor dem Essen zum **Aperitif:** Am späten Nachmittag sind alle Terrassen rappelvoll. Auf dem Land bleibt danach oft nur die Alternative Restaurant.

Auch in den Städten ist das Nachtleben nicht so ausgeprägt wie etwa in Deutschland. Abgesehen von **Montpellier** beschränkt es sich auf die **Caféterrassen** von Plätzen und Boulevards, wo man zu vorgerückter Stunde einen Absacker, Kaffee oder eine *infusion* (Tee) trinkt.

Je heißer es im Sommer wird, desto länger währt das nächtliche Treiben. In Montpellier geht es umtriebiger zu, da eine ganze Reihe von **hippen Bars** mit trendigem Publikum die Nacht zum Tag werden lässt. Aber auch in den **kleineren Städten** und **an der Küste** (hier nur im Sommer) mehren sich neben den klassischen Cafés seit ein paar Jahren coole Locations, etwa in Perpignan, Torreilles-Plages oder Sète.

## Diskotheken und Clubs

Für Nachtschwärmer bleiben ansonsten Diskotheken (frz. *boîte),* die jedoch gänzlich anders als die daheim funktionieren. Je angesagter der Laden ist, desto stärker **Gesichts- und Dresskontrolle.**

Das **Eintrittsgeld ist hoch,** ein Drink sündhaft teuer. Billig wird es selbst auf dem Lande nicht. Wenn Franzosen tanzen gehen, dann richtig. Soll heißen: Sie donnern sich auf und achten nicht auf den Euro.

An bewirtschafteten Stränden veranstalten viele Barbetreiber tagsüber **Chill-Out-** oder **Lounge-Events.**

**Aperitif vor historischer Kulisse: in Collioure**

## Gesundheit

**Apotheken** *(pharmacie)* erkennt man am grün blinkenden Neonkreuz. Die ärztliche Versorgung durch Praxen und Krankenhäuser ist sowohl gut als auch flächendeckend.

Wichtig für EU-Bürger: Die **Europäische Krankenversicherungskarte** hat den Auslandskrankenschein abgelöst. Eine **Reisekrankenversicherung** empfiehlt sich trotzdem, um sich gegen nicht gedeckte Kosten abzusichern.

## Kommunikation

### Post

Briefmarken *(timbres)* und Telefonkarten *(télécartes)* gibt es auf dem Postamt *(bureau de poste)* und im Tabakladen *(bureau de tabac*, erkennbar an der roten Rombe). Bei Karten in Länder der EU beträgt das Porto 0,50 €.

### Radio/TV

Der Fernsehsender FR 3 strahlt kurz vor 19 Uhr das Regionalprogramm Languedoc-Roussillon aus (http://languedoc-roussillon.france3.fr). Als Küstensender hat sich Radio Narbonne Méditerranée etabliert (Frequenz FM 92,5). France Bleu Gard Lozère (Frequenz FM 90.2) und Radio Escapade (Frequenz FM 104.1 und 103.3) sind die führenden Radiosender im Norden und Osten der Region.

### Telefonieren

Innerhalb Frankreichs gibt es keine Vorwahl. **Billigtarife** gelten von 21.30 bis 8 Uhr, Sa ab 14 Uhr sowie So. Bei Gesprächen aus dem Ausland entfällt die erste Null der stets zehnstelligen Nummer.

Das **Handy** funktioniert problemlos dank entsprechender Partnergesellschaften des heimischen Anbieters – nur in abgelegenen Winkeln von Pyrenäen und Cevennen gibt es manchmal kein Netz. Bei längeren Aufenthalten lohnt vor Ort der Kauf einer **Prepaid-Karte.** Mit der Karte erhält man eine Nummer, unter der man erreichbar ist, ohne für die ankommenden Anrufe zahlen zu müssen.
**Auslandsvorwahlen:** F 00 33, D 00 49, A 00 43, CH 00 41.

### Zeitungen

Die Tageszeitung Midi libre kommt in 26 Regionalausgaben heraus. Die Dépêche du Midi (sonntags mit Magazinbeilage) ist vorrangig im Departement Aude verbreitet, L'Indépendant in der Aude und den Pyrénées-Orientales.

Als regionales Wochenmagazin informieren La Semaine de Nîmes über den gesamten Gard, La Semaine du Roussillon über die Pyrénées-Orientales und La Lozère Nouvelle über die Lozère und die Cevennen.

**Deutsche Presse** gibt es in den Städten am Bahnhof und in der *maison de la presse* (Zeitschriftenhandel), im Sommer auch im *bureau de tabac* (erkennbar an der roten Rombe) und in vielen Strandboutiquen an der Küste.

## Rauchen

Seit 2008 gilt in allen öffentlichen Bereichen, von der Behörde über das Café bis zur Métrostation **Rauchverbot.** Entsprechend oft sind Aschenbecher draußen, vor den Türen der Bars und Restaurants platziert.

## Reisen mit Handicap

Spezielle Einrichtungen sind selten und wenn, dann meist in den Städten zu finden. Die Association des Paralysés de France (APF, Délégation Paris, 22, rue du Père-Guérin, 75013 Paris, Tel. 01 40 78 69 00, www.apf.asso.fr) verschickt gegen Gebühr einen **Hotel- und Restaurantführer.** Einzelne Departements unterhalten eigene Büros, wie das AFP Hérault (Parc Euromédecine 1620, rue de Saint-Priest, BP 14235, 34097 Montpellier Cedex 5, Tel. 04 67 10 03 25), das AFP Aude (ZI La Bouriette, Allée Gutemberg,11000 Carcassonne, Tel. 04 68 25 62 25) oder das AFP Lozère (35, rue du Collège Immeuble, Le Mazel, 48000 Mende, Tel. 04 66 65 06 13).

Knapp **100 französische Städte** werden vom französischen Verband für die Rehabilitation von Behinderten in der gebührenpflichtigen Broschüre »Tourisme quand même« bewertet (CNRH, 236bis, Rue de Tolbiac, 75013 Paris, Tel. 01 53 80 66 66, Fax 01 53 80 66 67).

Auf der Internetseite des französischen Fremdenverkehrsamtes, Maison de la France (www.franceguide.com), findet man die Rubrik ›Tourismus und Handicap‹. Eine Suchmaschine informiert über alle **Veranstalter,** die die Kriterien für **behindertengerechtes Reisen** erfüllen.

## Sicherheit

An vielen Parkplätzen warnen Schilder davor, nichts, wirklich nichts im Wagen zurückzulassen. Dies gilt auch für abgeschiedene Flecken, etwa in den Cevennen. Halten Sie sich daran – **Autoknacker** sind zum Fluch des Midi geworden. Es kommt nicht selten vor, dass Touristen vom Flughafen oder Hotel gefolgt wird, um die auserkorenen Opfer an abgelegener Stelle zu überfallen. Wenn's passiert: Den Helden zu spielen, sollte man anderen überlassen. Es ist ratsamer, Gepäck oder Kamera dem Gangster zu überlassen, als eins auf die Nase zu bekommen. Auch Ferienhäuser sind bei Einbrechern beliebt – am besten, man lässt keine Wertsachen rumliegen, vor allem keine Autoschlüssel, denn sonst ist der Wagen auch noch futsch ...

### Notruf

**Polizei:** 17 **Feuerwehr:** 18
**Krankenwagen und Notarzt:** (S.A.M.U.) 15 oder im Telefonbuch nachschlagen
**Handynotruf:** 112
**Pannenhilfe:** ADAC Lyon (deutschsprachig), Tel. 08 25 80 08 22
**Vergiftungen:** Tel. 04 91 75 25 25 (Marseille), Tel. 04 72 11 69 11 (Lyon)

## Trinkgeld

Trinkgeld *(pourboire)* ist mit 15 % in der Rechnung inbegriffen *(service inclus).* Die Rechnung aufzurunden ist in Café und Restaurant jedoch üblich. Der Taxifahrer erhält ca. 5 % Trinkgeld. Im Hotel hinterlässt man je nach Kategorie zwei und mehr Euro pro Nacht.

**Wanderer sollten stets gut ausgerüstet sein**

## Verhalten

Es gibt ein paar wichtige Faustregeln. Die erste Faustregel lautet: **Mittagszeit** = geheiligte Zeit, weil Essenszeit. Im Hotel-Restaurant wird es jetzt bisweilen schwierig, das reservierte Zimmer zu beziehen. Die Rezeption ist verwaist, weil die gesamte Equipe im Restaurantservice gebraucht wird. Oder, weil alle gerade selbst zu Tisch sind und nur das ungläubige Lächeln einer Putzfrau durch die Flure schwebt. Besser, man geht ebenfalls zu Tisch. Der sollte sowohl in der Haupt- als auch in der Nebensaison vorbestellt sein.

Faustregel zwei lässt sich auf ein Wort beschränken: *tranquille!* Was so viel bedeutet wie: ruhig! Soll heißen, **schalten Sie einen Gang runter,** denn die Uhren ticken im Süden bedächtiger als daheim. Dies gilt vor allem im tiefen Hinterland, wo es bisweilen dauern kann, bis das Getränk oder die Rechnung kommt, oder wo ein Schwatz im Laden zum Alltag gehört und nervöses Drängeln schlecht ankommt. Ganz ruhig also – und bloß nicht das durchorganisierte Nordlicht geben, das alles besser weiß ... *Tout s'arrange,* alles kommt ins Lot, heißt es in Frankreich. Das allerdings nimmt im Languedoc-Roussillon mehr noch als im übrigen Land etwas Zeit in Anspruch.

Die dritte Faustregel betrifft die Völkerverständigung: **Fremdsprachenkenntnisse** darf man in Frankreichs Südwesten nicht voraussetzen – Deutsch schon gar nicht. Umgekehrt erleichtern ein paar **höfliche Floskeln** den Alltag: Ein vorangestelltes *S'il-vous-plaît* oder *Excusez-moi* erhöht die Auskunftswilligkeit enorm. Sich für Auskunft und Service zu bedanken, ist allemal üblich. *Merci!*

# Reisekasse und Reisebudget

## Währung und Bankwesen

Landeswährung ist der Euro. **Kreditkarten** haben sich überall durchgesetzt (gängig sind Visa-, Master- und Eurocard). Mit der EC/Maestro-Karte kann an vielen Bankautomaten Geld abgehoben werden. **Banken** haben nur bis 16 Uhr geöffnet.

1 € = 1,13 CHF bzw. 1 CHF = 0,88 € (Stand August 2011).

## Reisebudget

Bei den **Übernachtungen** sind die Preise mit denen in Deutschland vergleichbar, im Hinterland sogar günstiger. Die Ausnahme bilden die Küstenorte wähend der Hochsaison Juli bis August: Dann zahlt man Spitzenpreise. Die **Chambre d'hôtes** kann man ab 60 € für zwei Personen bekommen, das Doppelzimmer im einfachen Hotel ab 50 €, im **Mittelklassehotel** ab 90 €. Die Preise schwanken vor allem bei Letzterem stark nach Saison, was auch für Ferienhäuser gilt. Kostet das **Ferienhaus** in der Nebensaison rund 350 € für vier Personen, muss man im Hochsommer das Doppelte und mehr bezahlen.

**Bus-** und **Bahnfahren** kostet pro 100 km ca. 15 bzw. 17 €.

Der **Leihwagen** kostet in der kleinsten Kategorie etwa 350 €/Woche. Benzin, vor allem Diesel, ist etwas günstiger als hierzulande.

Der **kleine Kaffee** *(café express)* kostet 1,20–2 €, ein Milchkaffee 2,50–4 € – entscheidend ist, wo man sitzt, ob auf der Place de la Comédie in Montpellier oder in einem Dorfcafé in der Lozère etwa.

Desgleichen bei den **Restaurantpreisen:** Ein einfaches Menü ist mittags ab ca. 17 € zu bekommen, das Tagesgericht schon für etwa die Hälfte. In Spitzenrestaurants können die Menüpreise hingegen 100 € überschreiten.

Zu den hohen Nebenkosten zählen **Museumseintritte:** 6–10 € sind keine Seltenheit.

**Sperrung von EC-und Kreditkarten bei Verlust oder Diebstahl*:**

**Zentrale Sperr-Telefonnummer**

**+49 116 116**

oder +49 30 4050 4050
(* Gilt nur, wenn das ausstellende Geldinstitut angeschlossen ist, Übersicht: www.sperr-notruf.de)

**Weitere Sperrnummern:**

- MasterCard: +49 69 79 33 19 10
- VISA: +49 69 79 33 19 10
- American Express: +49 69 97 97 2000
- Diners Club: +49 69 66 16 61 23

Bitte halten Sie Ihre Kreditkartennummer, Kontonummer und Bankleitzahl bereit!

### Spartipps und Ermäßigungen

Bei der Anreise kann man dank der **Billigflieger** und **Sondertarife** der Liniengesellschaften sowie **Aktionspreisen** von Thalys, deutscher Bahn und der SNCF sparen – sofern man rechtzeitig bucht.

Auch wer die **Frühbucherrabatte** großer Reiseunternehmen nutzt, spart bei der Unterkunft. Das gilt ebenfalls für **Pauschalarrangements,** vor allem in der Nebensaison.

Bei hochkarätigen Restaurants lohnt es sich, die in der Regel von Montag bis Freitag **günstigen Mittagsmenüs** zu nutzen! Viele Spitzenrestaurants betreiben zudem unter demselben Dach und Küchenchef ein **preisgünstiges Bistro.**

Einige Städte wie etwa Montpellier oder Narbonne bieten einen Museumspass an, der für einen Pauschalbetrag freien Eintritt zu allen Sehenswürdigkeiten ermöglicht.

## Reisezeit und Klima

### Winter

Dank 325 (!) Sonnentagen im Jahresmittel lässt sich das Languedoc-Rousssillon fast **ganzjährig bereisen.** Die Durchschnittstemperatur liegt im Jahresmittel bei 16 °C (Paris: 12,1 °C). Dennoch bleiben vor allem an der Küste und in entlegenen Bergregionen viele Restaurants, Hotels und Boutiquen von **Allerheiligen bis März geschlossen** (mit Ausnahme von Weihnachten, der Jahreswende und den französischen Februarferien). Umso eher ist es angeraten, sich über Öffnungszeiten kundig zu machen.

In den Hotels, die geöffnet haben, müssen Attrappen mit dem Namen *radiateur* den Dienst einer Heizung erfüllen. Die zweite dünne Bettdecke aus dem Schrank weckt allenfalls Sehnsüchte nach einem ordentlichen Federbett.

**Vorsicht auf den Straßen:** In den Cevennen und erst recht in den Pyrenäen kann es kräftig schneien, worüber sich Snowboarder, Skifahrer und Liftbesitzer natürlich freuen. Denn es bedeutet eine einträgliche Winterhochsaison. Auch abseits der Skigebiete wird es in den Höhenlagen **eisig kalt:** Die frostige Einsamkeit auf dem Plateau des Aubrac oder dem Causse de Larzac hat für hart gesottene Naturfreunde allerdings auch ihre Reize.

### Frühjahr und Herbst

Am **angenehmsten ist eine Reise** im Frühjahr oder im Herbst. Ab April kann nicht mehr viel schiefgehen: Die Kirsch- und Aprikosenblüten setzen weiße Tupfen in die blühenden Wiesen des Roussillon. Auf den Terrassen von Montpellier oder Béziers sind die zurückgestutzten Platanen erst verhalten grün, unter den dicken Ästen sitzt man jedoch bereits wieder **in der wärmenden Sonne. Nachts** kann es freilich noch empfindlich kalt werden.

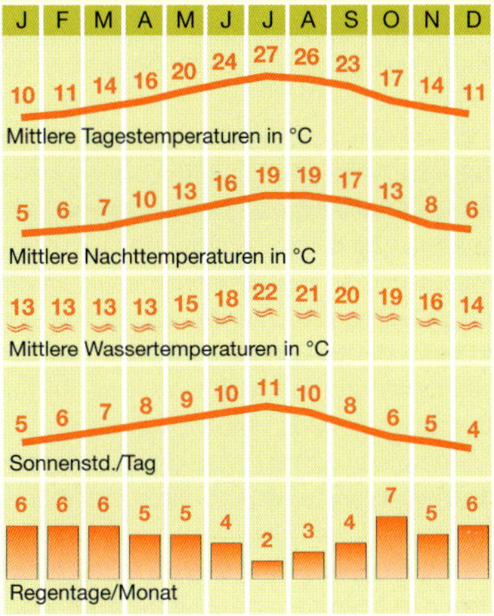


**Klimadaten Sète**

### Hochsommer

Dann kommt die **große Hitze.** Im Sommer scheint das Languedoc-Roussillon zu glühen, und nur Tramontane, Mistral und Cerses bringen mit steten Böen Linderung. Im Juli liegen die durchschnittlichen Temperaturen in Sète bei 27 °C, in Perpignan, der in meteorologischer Hinsicht heißesten Stadt Frankreichs, sogar noch darüber. Die Küstenebenen werden zum Backofen und alles strebt **ans Wasser,** wo auf der Uferstraße, auf den Parkplätzen, im Restaurant, an der Supermarkttheke, abgesehen vom Rattern der Kassen, nichts mehr geht.

Man **meide bei der An- und Abreise** insbesondere die Tage um den 14. Juli (franz. Nationalfeiertag) und den 15. August (Mariä Himmelfahrt), wenn die Reiseströme von *Juilletistes* und *Aoûtiens* (denen, die im Juli, und denen, die im August Urlaub machen) ihren Höchstpegel erreichen. In den Städten kocht der Asphalt – alle Einheimischen scheinen vor der Hitze geflohen zu sein, Diskotheken und Clubs sind geschlossen. Umso länger wird dafür am Strand gefeiert.

In den **Cevennen** oder der **Montagne Noire** sind jedoch auch jetzt Regenschauer möglich.

### Spätsommer

Ab Mitte September weicht die Sommerhitze **laueren Lüftchen,** nur dass dann alles goldgelb glänzt. In den Cevennen schalten die rot-gelb-braun leuchtenden Laubwälder auf *indian summer.* Das **Mittelmeer** ist nun am wärmsten und lädt noch bis weit in den Oktober zum Baden ein.

Das ändert sich schlagartig, wenn der **Mistral,** ein eisiger Nordwind, durch das Rhône-Tal tost oder der nicht weniger kraftvolle **Tramontane** aufdreht. Nur die Winzer freuen sich über die Landwinde, die die Trauben trocknen und Schädlinge verscheuchen. Die übrigen Einheimischen verschanzen sich hinter zugeschlagenen Fensterläden und warten ab. Ein, zwei Tage, vielleicht sogar eine Woche. Wenn der Mistal im Herbst ausbleibt, drohen vor allem im Gard und im Hérault **schwere Wolkenbrüche,** weil die vom Meer aufziehenden Wolken ungehindert landeinwärts ziehen und ihre geballte Regenladung an den Südflanken der Cevennen ablassen.

## Wettervorhersage

**www.meteofrance.com**
Wettervorhersagen für ganz Frankreich, mit Eingabemöglichkeit des gewünschten Departements.

## Kleidung und Ausrüstung

Immer mit im Gepäck sollten eine Kopfbedeckung, lange Hosen und ein langes Hemd sein: Selbst in der kalten Jahreszeit ist die **Sonneneinstrahlung** nicht zu unterschätzen. Eine windfeste, leichte Jacke schützt in Frühjahr und Herbst zudem vor dem an über 190 Tagen pro Jahr pfeifenden **Tramontane**-Wind, der Pulli darunter wärmt.

Im Hochsommer kann die Kleidung in den glühenden Ebenen von Aude, Hérault, Gard und am Meer in jeder Hinsicht leger sein. Eine Jacke wird man im Juli und August kaum brauchen, und selbst in Städten ist der **Kleidungsstil** den Temperaturen entsprechend locker – wobei der Franzose immer auf Stil achtet.

Apropos Stil: Die richtige Kleidung zum richtigen Anlass wird gern gesehen. Wer also eine Gourmettour durch Sternerestaurants plant oder im Grand Hotel absteigt, sollte eine **noble Grundausstattung** dabeihaben. Wer auf dem Campingplatz Ferien macht, darf sich den Luxus von Espadrilles-Schlappen und Shorts gönnen ...

In den Cevennen und in den Hochtälern des Roussillon kann es selbst im Sommer **nachts kühl** werden und ein wärmeres Kleidungsstück tut gute Dienste. Zwar gibt es kaum noch Hotels ohne Heizung, aber im Winter freut man sich gerade in den Bergen über den Flanellschlafanzug im Koffer.

**Aktivurlauber** können sich zwar vor Ort komplett eindecken, aber einfacher und oft kostengünstiger ist es, schon bei der Abfahrt zur Wander- oder Radtour festes Schuhwerk und atmungsaktive Kleidung einzupacken.

**Medikamente** bekommt man vor Ort problemlos, viele davon sogar ohne Rezept und zudem preiswerter. Auch **(Wander-)Karten**material kann man bequem vor Ort kaufen, nicht hingegen deutschsprachige Bücher. Wer einen Leseurlaub plant, sollte sich daher zu Hause eindecken. Oder muss auf die deutschsprachige Presse ausweichen, die in allen von Touristen besuchten Orten erhältlich ist.

**Ab April setzt die Kirschblüte weiße Tupfen in die Landschaft**

# Sprachführer

## Allgemeines

| | |
|---|---|
| guten Morgen/Tag | bonjour |
| guten Abend | bonsoir |
| gute Nacht | bonne nuit |
| auf Wiedersehen | au revoir |
| entschuldigung | pardon |
| hallo/grüß dich | salut |
| gern geschehen/ | de rien/ |
| bitte | s'il vous plaît |
| danke | merci |
| ja/nein | oui/non |
| einverstanden | d'accord |
| bis später | à plus tard |
| wie bitte? | pardon? |
| wann? | quand? |

## Unterwegs

| | |
|---|---|
| Haltestelle | arrêt |
| Bus | bus/car |
| Auto | voiture |
| Ausfahrt/-gang | sortie |
| Tankstelle | station-service |
| Benzin | essence |
| rechts | à droite |
| links | à gauche |
| geradeaus | tout droit |
| Auskunft | information |
| Telefon | téléphone |
| Postamt | poste |
| Bahnhof | gare |
| Flughafen | aéroport |
| Stadtplan | plan de ville |
| alle Richtungen | toutes les directions |
| Einbahnstraße | rue à sens unique |
| Eingang | entrée |
| geöffnet | ouvert/-e |
| geschlossen | fermé/-e |
| Kirche | église |
| Museum | musée |
| Strand | plage |
| Brücke | pont |
| Platz | place |
| Hafen | port |
| hier | ici |
| dort | là |

## Zeit

| | |
|---|---|
| Minute | minute |
| Stunde | heure |
| Tag | jour |
| Woche | semaine |
| Monat | mois |
| Jahr | année |
| heute | aujourd'hui |
| gestern | hier |
| morgen | demain |
| morgens | le matin |
| mittags | le midi |
| nachmittags | l'après-midi |
| abends | le soir |
| früh | tôt |
| spät | tard |
| vor | avant |
| nach | après |
| Montag | lundi |
| Dienstag | mardi |
| Mittwoch | mercredi |
| Donnerstag | jeudi |
| Freitag | vendredi |
| Samstag | samedi |
| Sonntag | dimanche |
| Feiertag | jour de fête |

## Notfall

| | |
|---|---|
| Hilfe! | Au secours! |
| Polizei | police |
| Arzt | médecin |
| Zahnarzt | dentiste |
| Apotheke | pharmacie |
| Krankenhaus | hôpital |
| Unfall | accident |
| Schmerzen | douleur |
| Zahnschmerzen | mal aux dents |
| Panne | panne |

## Übernachten

| | |
|---|---|
| Hotel | hôtel |
| Pension | pension |
| Einzelzimmer | chambre individuelle |
| Doppelzimmer | chambre double |
| Doppelbett | grand lit |

| | | | |
|---|---|---|---|
| Einzelbetten | deux lits | Größe | taille |
| mit/ohne Bad | avec/sans salle de bains | bezahlen | payer |
| Toilette | cabinet | | |
| Dusche | douche | | |
| mit Frühstück | avec petit-déjeuner | | |
| Halbpension | demi-pension | | |
| Gepäck | bagages | | |
| Rechnung | note | | |
| Preis | prix | | |

## Einkaufen

| | |
|---|---|
| Geschäft | magasin |
| Markt | marché |
| Kreditkarte | carte de crédit |
| Geld | argent |
| Geldautomat | guichet automatique |
| Bäckerei | boulangerie |
| Lebensmittel | aliments |
| teuer | cher/chère |
| billig | bon marché |

## Zahlen

| | | | |
|---|---|---|---|
| 1 | un | 17 | dix-sept |
| 2 | deux | 18 | dix-huit |
| 3 | trois | 19 | dix-neuf |
| 4 | quatre | 20 | vingt |
| 5 | cinq | 21 | vingt et un |
| 6 | six | 30 | trente |
| 7 | sept | 40 | quarante |
| 8 | huit | 50 | cinquante |
| 9 | neuf | 60 | soixante |
| 10 | dix | 70 | soixante-dix |
| 11 | onze | 80 | quatre-vingt |
| 12 | douze | 90 | quatre-vingt-dix |
| 13 | treize | 100 | cent |
| 14 | quatorze | 200 | deux cent(s) |
| 15 | quinze | 1000 | mille |
| 16 | seize | | |

## Die wichtigsten Sätze

**Allgemeines**

| | |
|---|---|
| Sprechen Sie Deutsch/Englisch? | Parlez-vous allemand/anglais? |
| Ich verstehe nicht. | Je ne comprends pas. |
| Ich spreche kein Französisch. | Je ne parle pas français. |
| Ich heiße … | Je m'appelle … |
| Wie heißt Du/ heißen Sie? | Comment t'appelles toi/vous appellez-vous? |
| Wie geht's? | Ça va? |
| Danke, gut. | Merci, bien. |
| Wie viel Uhr ist es? | Il est quelle heure? |

**Unterwegs**

| | |
|---|---|
| Wie komme ich zu/nach …? | Comment est-ce que j'arrive à …? |
| Wo ist bitte …? | Pardon, où est …? |
| Könnten Sie mir bitte … zeigen? | Pourriez-vous faire voir … à moi? |

**Notfall**

| | |
|---|---|
| Können Sie mir bitte helfen? | Pourriez-vous m'aider? |
| Ich brauche einen Arzt. | J'ai besoin d'un médecin. |
| Hier tut es weh. | Ça me fait mal ici. |

**Übernachten**

| | |
|---|---|
| Haben Sie ein freies Zimmer? | Avez-vous une chambre de libre? |
| Wie viel kostet das Zimmer pro Nacht? | Quel est le prix de la chambre par nuit? |
| Ich habe ein Zimmer bestellt. | Je réservai une chambre. |

**Einkaufen**

| | |
|---|---|
| Wie viel kostet das? | Ça coûte combien? |
| Ich brauche … | J'ai besoin de … |
| Wann öffnet/ schließt …? | Quand ouvre/ ferme …? |

Viaduc de Millau: Die weltweit höchste Brücke spannt sich seit dem Sommer 2004 bei Millau über das Tal des Tarn

# Unterwegs im Languedoc-Roussillon

Handarbeit: Käseherstellung in Roquefort-sur-Soulzon

Kapitel 1

# Im Norden des Languedoc

So viel Weite wie in den Cevennen ist selten in Europa. Vom Wind zerzauste Hochplateaus, unzugängliche Berge und menschenleere Täler vermitteln ein Gefühl von endlosem Raum. Hugenotten und Protestanten fanden hier Zuflucht vor königlicher Verfolgung. Später waren es Aussteiger jeglicher Couleur. Heute schützt der Nationalpark Cevennen die heidekrautbewachsenen Hügel im Norden und die dichten Kastanienwälder im Süden. Wolf, Bison und Geier sagen sich in der Einöde Gute Nacht. Die beiden höchsten Cevennen-Gipfel, der kahle Mont Lozère (1699 m) und der bewaldete Mont Aigoual (1567 m), versorgen große Teile Zentralfrankreichs mit Wasser. An ihren Flanken entspringen unzählige Bäche, von denen einige zu Flüssen anschwellen. Am Mont Aigoual erreichen die Regenmengen 2000 mm im Jahresmittel. Der Wind kann am Berggipfel Rekordgeschwindigkeiten von bis zu 360 km/h erreichen. Kein Wunder, dass den Mont Aigoual seit fast 120 Jahren eine Wetterbeobachtungsstation krönt.

Der Teil der Cevennen, der in diesem Kapitel vorgestellt wird, umfasst in größten Teilen das Departement Lozère und in geringerem Maß den Aveyron. Mit 12 000 Einwohnern ist Mende die größte Stadt der Lozère, die mit 77 000 Menschen das am dünnsten besiedelte Departement Frankreichs ist. Auf den Grands Causses, den kahlen, über weite Flächen baum- und strauchlosen Hochebenen, dürfte die Bevölkerungsdichte jedoch deutlich unter dem Durchschnittswert liegen.

Die atemberaubend wilden Cevennen stehen bei Freeclimbern, Moutainbikern und Naturfreunden hoch im Kurs. Ihrer Seele auf die Spur kommt man am ehesten als Wanderer.

Auf einen Blick

# Im Norden des Languedoc

## Sehenswert

1 **Mont Lozère:** Die karge Landschaft um den 1699 m hohen kahlen Gipfel wurde zum Nationalpark erklärt (s. S. 110).

2 **Viaduc de Millau:** Der Blick von der 360 m hohen Autobahnbrücke auf die Tarn-Schlucht ist grandios (s. S. 134).

3 **Causse du Larzac:** Seit dem Mittelalter wird die über 1000 km² große Hochebene militärisch genutzt. Die Militärbasis sollte in den 1970er-Jahren vergrößert werden. In der Einöde entstand prompt eine der größten Bürgerprotestbewegungen der französischen Geschichte (s. S. 138).

4 **Cirque de Navacelles:** Der Gebirgsfluss Vis hat den 400 m tiefen, eiförmigen Talkessel aus dem Kalk gefräst. Aus der Tiefe dieses *cirque* rauscht deutlich vernehmbar das Wasser, an dessen Ufer das Dorf Navacelles liegt (s. S. 154).

## Schöne Routen

**Gorges du Tarn:** Zwischen Millau und Florac (D 907) wirft sich der Tarn zunächst malerisch in sein Bett. Dann, weiter nördlich, bildet der Fluss ein dramatisch tiefes Felstal zwischen Causse de Sauveterre und Causse de Méjean (s. S. 120).

**Corniche des Cévennes:** Zwischen Florac und St-Jean-du-Gard verwandelt sich die D 9 (später D 260), in eine Panoramastraße mit Blick auf die dichten Wälder im Vallée Française und im Vallée Borgne (s. S. 146).

# Meine Tipps

**Chambres d'hôte im Château d'Uzer:** Elegant und luxuriös sind die Zimmer des Hideaways, freundlich die Besitzer, köstlich die Rezepte an der Table d'hôte (s. S. 107).

**Eselwanderungen:** Die Grautiere dienten jahrhundertelang als Transporter und Taxi für die Menschen aus den entlegenen Bergdörfern. Heute sind sie ideale Wanderbegleiter (s. S. 133).

**Aussteigen und abheben – Gîte de Cabrières:** Drachenfliegen und Kochen, das Gästehaus verbindet himmlische Freuden mit irdischen Genüssen (s. S. 134).

# aktiv unterwegs

**Kanufahren auf der Ardèche:** Die wilde Ardèche-Schlucht ist ein international bekanntes Mekka für Paddler (s. S. 104).

**Wanderung im Quellgebiet des Tarn:** Im Schatten des Mont Lozère lädt der Tarn zum kühlen Bad ein (s. S. 116).

**Viehauftrieb auf den Aubrac:** Der Viehauftrieb ist einer der letzten authentischen seiner Art (s. S. 125).

**Wandern auf dem Mont Aigoual:** Eine 16 km lange Rundtour führt um die von Wäldern flankierte Spitze des regenreichen, 1565 m hohen Berges (s. S. 140).

**Vom Cirque de Navacelles in die Gorges de la Vis:** Die Halbtageswanderung folgt der Vis, die sich tief in ein karges Plateau eingefräst hat (s. S. 155).

# An den Ufern von Ardèche und Cèze

**Ardèche und Cèze: Beide fließen sie in die Rhône, sind jedoch trotz aller geografischer Nähe sehr unterschiedlich. Die eine ist wild und ein internationaler Star bei Kanu- und Kajakfreunden, die andere ist still und lockt Familien zum Zelturlaub. Besiedelt waren beide Flusstäler schon zu grauer Vorzeit, wovon die zahlreichen prähistorischen Funde in den Grotten längs ihrer Ufer künden.**

## An den Ufern der Ardèche

### Pont St-Esprit ► R 5

**Pont St-Esprit** liegt etwas unterhalb der Mündung der Ardèche in die Rhône. Le Saint Esprit, der Heilige Geist persönlich, so die Legende, habe als 13. Arbeiter an der Rhône-Brücke mitgebaut und dem kleinen Städtchen zu seinem bis heute markantestem Bauwerk verholfen. Die ab 1265 in über 40-jähriger Bauzeit vollendete Brücke war ein bei den Flussschiffern gefürchtetes Hindernis. Eng stehen die Pfeiler des 919 m langen Bauwerks in der Rhône, so eng, dass das Steinspalier der ursprünglich 25 ungleichmäßigen Bogen bei starker Strömung vielen Schiffen zum Verhängnis wurde. Pfiff nämlich der Mistral kräftig, war eine Havarie fast unausweichlich. 1855 ersetzte man die beiden letzten, der Stadt nächstgelegenen Bogen durch ein weitgespanntes Rund, um den Schiffen die Durchfahrt zu erleichtern. Damit war zumindest ein Manko der Brücke beseitigt, die als einzige intakte Rhône-Brücke aus dem Mittelalter erhalten blieb. Den schönsten Blick auf das bis heute für den Verkehr freigegebene Bauwerk und die gedrungene Stadtsilhouette hat man von der neuen Rhône-Brücke (D 994) etwas weiter südlich. Weithin sichtbar thronen die ufernahen Kirchen **St-Pierre-de-Prieuré** (im 18. Jh. rekonstruiert), **St-Saturnin** (im 14./15. Jh. auf den Fundamenten eines gallorömischen Tempels errichtet) und die **Chapelle des Pénitents** (18. Jh.) über der Altstadt. Sie rahmen die Place St-Pierre, deren Terrasse einen schönen Ausblick auf Brücke und Rhône-Tal bietet.

Das **Musée Paul Raymond** im ehemaligen Rathaus zeigt Werke des russischstämmigen Malers Benn (1905–1989) – das Untergeschoss verfügt zudem über einen Eiskeller von 1779, in dem verderbliche Waren gelagert wurden (Pl. de l'Ancienne Mairie, Tel. 04 66 39 09 98, Okt.–Mai nur Mi, Do und So 10–12, 14–18, sonst Di–So 10–12, 15–19 Uhr). Kostbar ist die Sammlung des **Musée d'Art Sacré** in der Maison des Chevaliers aus dem 12. bis 15. Jh. (2, rue Saint-Jacques, Tel. 04 66 39 17 61, Di–So 10–12, 14–18, Juli/Aug. 10–19 Uhr). Allein die spätmittelalterlichen Wandmalereien und Holzdecken lohnen den Besuch. Krippenfiguren, liturgische Gewänder und Gemälde sind auf einem interaktiven Rundgang in Szene gesetzt. Die strategische Lage der Stadt am Fluss rief im 17. Jh. Vauban, Frankreichs berühmtesten Festungsarchitekten, auf den Plan. Er erweiterte die 1585 gebaute Zitadelle, in deren Mauern sich die Ruine der gotischen Kollegiatskirche versteckt: Im Gegensatz zum arg ramponierten restlichen Gotteshaus blieb das hochgotische Portal von 1477 von den Bombenschäden des Zweiten Weltkriegs verschont.

## Infos

**Office de Tourisme:** Résidence Welcome, 1, av. Kennedy, 30130 Pont-St-Esprit, Tel. 04 66 39 44 45, www.ot-pont-saint-esprit.fr.

## Übernachten

Design-Schloss ▶ **Château de Barrenques:** Lamotte du Rhône, 4 km östl. über die D 994, Tel. 04 90 40 37 57. Im Landschloss aus dem 15. Jh. gibt es 3 Zimmer, 2 Suiten und 2 Ferienwohnungen. Elegante Zimmer mit Antiquitäten und Designermöbeln. Sportsaal in der ehemaligen Mühle, Pool, Pergolaterrasse, 6 ha großer Park, 2 x pro Woche Table d'hôte. DZ/F ab 120 €, Suite 160 €, Wohnung 1850 €/4–5 Pers./Woche, 1950 €/7–8 Pers./Woche.

## Gorges de l'Ardèche ▶ Q 4/5,

**Karte:** S. 100

Aussteiger haben das Tal der Ardèche früh entdeckt. Um 1968 trafen sie in Scharen ein, zogen in die verlassenen Hausteingemäuer am Fluss, probten sich als Hersteller von Ziegenkäse oder als Schäfer. In den 1970er-Jahren folgte der Aufstieg der Gorges de l'Ar-dèche zum Eldorado für Kanuten, Kajakfahrer, Freeclimber, Mountainbiker und Wanderer. Aus den Aussteigern wurden Kanuverleiher oder Wildwasserführer. Die Fremden brachten nicht nur Geld in das von Landflucht gebeutelte Tal, sondern sorgten auch für die Rettung des Naturwunders: An der Ardèche entdeckte Frankreich quasi den Umweltschutz. Kaum zu glauben angesichts des glasklaren Wassers, dass bis 1980 Kommunen wie Aubenas, Ruoms oder Vallon-Pont-d'Arc ihre Abwässer im Fluss entsorgten. *Fini*, denn im selben Jahr wurde die **Réserve Naturelle des Gorges de l'Ardèche** ausgewiesen. Heute zählt der Wildwasserfluss dank Kläranlagen zu den saubersten Gewässern Europas. Damit das so bleibt, sind zwischen den Dörfern Chames und Sauze, dem Herzstück der Gorges de l'Ardèche, Schlauchboote für mehr als drei Personen und Motorboote verboten. Der Fluss darf nur bis 18 Uhr befahren werden, und Müll muss mitgenommen werden.

**St-Martin-d'Ardèche** 1 hat zur Ferienzeit den gesamten Autoverkehr zu bewältigen, der sich von Pont-St-Esprit über die einspurig befahrbare Hängebrücke oder weniger zähflüssig auf der D 290 ab St-Just in das Ardèche-Tal ergießt. Der schöne Blick von der Uferpromenade auf das gegenüberliegende Aiguèze lohnt eine Fahrtunterbrechung. Etwa 1,5 km nordwestlich, an der Anlegestelle Sauze-Plage, stauen sich abends die Transportwagen, um die Boote und Kanuten wieder zum Ausgangsort Vallon-Pont-d'Arc zurückzubringen. Bis Vallon-Pont-d'Arc hat sich die Ardèche tief ins weiche Kalkgestein gefressen, manchmal bis zu 300 m tief. Parallel zu den weit ausholenden Mäandern der Ardèche verläuft auf der Klippenkante die **Route de la Corniche** 2 (D 290), eine Aussichtsstraße mit einem Dutzend Aussichtspunkten. Besonders vom **Belvédère de la Cathédrale** 3 und vom **Belvédère de la Madeleine** 4 nordwestlich von Sauze stürzt der Blick ins Bodenlose. Tief unten windet sich die Ardèche, schaufelt Kiesstrände an und lässt die zu stecknadelkopfgroßen Punkten geschrumpften Boote auf dem Wasser tänzeln.

Ebenso spektakulär wie die Belvédères sind die zahlreichen Grotten. In der **Grotte de la Madeleine** 5 auf halber Strecke zwischen Chames und Sauze zeigt die Maison de la Réserve Naturelle eine Dauerausstellung zum Naturschutzgebiet. Ein Schäfer hat die Tropfsteinhöhle 1887 entdeckt. Die orangefarbene und graue Tönung der Wände verweist auf das Eisen und Magnesium im Gestein. Ein Son-et-Lumière-Spektakel setzt die bizarren Formationen aus Stalaktiten und Stalagmiten mit Licht- und Toneffekten in Szene (in St-Remèze, April/Juni, Sept. 10–18, Juli/Aug. 9–19, Okt. 10–17 Uhr, www.grottemadeleine.com, 7,50 €). Als berühmteste Grotte gilt die **Grotte Chauvet** 6 unweit des natürlichen Felsbogens **Le Pont d'Arc** 7, der den Fluss überspannt. 1994 hat eine Hand voll Höhlenforscher die mit prähistorischen Tierzeichnungen übersäte Grotte entdeckt. Aus konservatorischen Gründen ist sie nicht zu besichtigen. Dafür ist die Grotte als Kandidat für

# Gorges de l'Ardèche

das Weltkulturerbe der UNESCO vorgeschlagen. Um das Besucherinteresse zu befriedigen, ist Anfang 2014 die Eröffnung eines originalgetreuen Nachbaus geplant. Zur wissenschaftlich anspruchsvollen Nachbildung mit 3500 m² Fläche sollen ein Entdeckerzentrum und pädagogische Bereiche gehören (www.grotte-chauvet.org). Die **Grotte des Tunnels** 8 (2 km außerhalb von Vallon-Pont-d'Arc an der D 290 Richtung Pont d'Arc, Tel. 04 75 88 03 73, April–Ende Sept.) ist eine Tropfsteinhöhle, die im Eingangsbereich als Bar dient. Das gleichnamige Restaurant auf der anderen Straßenseite serviert Deftiges vom Holzkohlengrill.

**Vallon-Pont-d'Arc** 9 ist die nicht sonderlich reizvolle Hauptbasis der Kanu- und Kajakanbieter. Hier knickt die Ardèche in Richtung Südosten ab. Das Wasser legt auf seinem Weg bis zur Mündung in die Rhône erheblich an Fließgeschwindigkeit zu, ideal also für eine Bootstour. Im Sommer vervierzigfacht sich die Zahl der gut 2000 Einwohner. Bis zu 3000 Boote starten dann täglich in

die Gorges de l'Ardèche. Als einzige Sehenswürdigkeit unter all den Zeltdächern und Kanutransportern tritt die **Exposition Grotte Chauvet** hervor (Rue du Miarou, Tel. 04 75 37 17 68, Mitte März–Mai, Sept.–Mitte Nov. 10–12, 14–17.30, Juni–Aug. 10–13, 15–19 Uhr, Nov.–März nur nach Vereinbarung, 5 €). Der originalgetreue Nachbau der weiter flussabwärts liegenden Grotte zeigt die berühmten, in Schwarz und Ocker gehaltenen urzeitlichen Bilder von Bären, Pferden, Raubkatzen und Mammuts.

## Infos

**Office du Tourisme des Gorges de l'Ardèche:** 1, pl. de l'Ancienne Gare, 07150 Vallon-Pont-d'Arc, Tel. 04 75 88 04 01, www.vallon-pont-darc.com. Zuständig für die gesamte Ardèche-Schlucht.

## Übernachten, Essen

Herrenhaus aus dem 16. Jh. ▶ **Le Manoir du Raveyron:** Rue Henri Barbusse, Vallon-Pont-d'Arc, Tel. 04 75 88 03 59, www.manoir-du-raveyron.com, Ende Okt.–Anfang März geschl. Mit schlichten Antiquitäten eingerichtete, wohnliche Zimmer, nur mit Halbpension. DZ/HP 68–80 €/p. P.

Landhaus ▶ **La Bastide d'Iris:** Vagnas (zwischen Vallon-Pont-d'Arc und Barjac), Tel. 04 75 88 44 77,www.labastidediris.com. Neu gebaute Bastide mit farbfreudigem Interieur, angenehmen Zimmern und schönem Garten. Pool. DZ ab 70 €.

Für Nomaden ▶ **Campement 1000 Etoiles:** Le Mas de Serret, Labastide-de-Virac (zwischen Vallon-Pont-d'Arc und Orgnac-L'Aven), Tel. 04 75 38 42 77, April–Nov., www.campingmilleetoiles.com. Einsam gelegener Platz am Fernwanderweg GR 4. Der Clou sind ein Dutzend zentralasiatische Jurten. Ab 16 €/2 Pers.

## Aktiv

Kanu-, Kajaktouren ▶ **Base Nautique du Pont d'Arc:** Vallon-Pont-d'Arc, Tel. 04 75 37 17 79, www.canoe-ardeche.com. Organisierte Kanu-/Kajakabfahrten bis ins 32 km flussabwärts gelegene St-Martin-d'Ardèche. Dasselbe Programm auch bei Escapade Loisirs (s. u.).

Klettern, Mountainbiking, Rafting, Canyoning, (Schneeschuh-)Wandern ▶ **Escapade Loisirs:** Vallon-Pont-d'Arc, Tel. 04 75 88 07 87, www.escapade-loisirs.com. ›Canyoning‹ ist eine Art Flussschwimmen, -rutschen, -klettern und -plumpsen im Neoprenanzug (als Schutz gegen Abschürfungen und Unterkühlung).

Reiten ▶ **Centre Equestre La Loubière:** Ruoms, Tel. 04 75 39 62 65. Reitausflüge in wilder Natur, mit oder ohne Begleiter.

**Wandern ▶** Ca. 25 km langer Weg durch die **Schlucht von Sauze-Plage** nach **Chames,** ca. 10 Std. Achtung: Bei Hochwasser nicht passierbar!

## Balazuc und Vogüé ▶ P/Q 3

Eine echte Schönheit an der Ardèche ist **Balazuc,** das zum Kreis der »schönsten Dörfer Frankreichs« zählt. Mit seinen steilen Gassen, der romanischen Kirche, Treppen und Torbögen auf der Felskante zwängt sich der Ort an das linke Ufer. Ein kleiner Strand lädt zum Baden ein. Auf der anderen Flussseite führt ein Uferweg flussabwärts in einer halben Stunde unter Maulbeerbäumen in den Weiler Le Vieil Audon, der nur zu Fuß zu erreichen ist.

**Le Vieil Audon** ist einer der letzten Orte an der Ardèche, in der der Aussteigergeist noch lebendig ist (www.vieilaudon.free.fr). Keine Straße verbindet den Weiler mit der Außenwelt. Unverzagt renovieren die Individualisten des Vereins Le Mat die brüchigen Gemäuer. Zur Finanzierung der Arbeiten verkaufen sie Ziegenkäse, selbstverständlich aus eigener Herstellung und mit Biolabel.

8 km flussabwärts folgt **Vogüé,** wiederum »eines der schönsten Dörfer Frankreichs«. In einer sanften Biegung der Ardèche scharen sich die Häuser um ein Schloss, das mit vier runden Ecktürmen ein Paradebeispiel für ein provenzalisches Château liefert (www.chateaudevogue.net, Ostern–Ende Juni, Mitte Sept.–1. Nov. Mi–So 10.30–12.30, 14–18, Juli–Mitte Sept. tgl. 10–19 Uhr, 4 €).

Kanuten paddeln vor der Felskulisse über die Ardèche, die in gemütlichen Schleifen dahinfließt. Anfänger können hier üben: Die Abfahrt bis nach Balazuc beträgt 8 km und ist ein Kinderspiel (Kanu-/Kajakverleih s. u.).

## Aktiv

**Kanu-, Kajakverleih ▶ Les Argonautes:** am Strand unterhalb des Dorfes, Mai–Sept. tgl. 9–16 Uhr, Tel. 04 75 37 77 80, www.descente-ardeche-canoe.fr

**Einstieg vor Traumkulisse: am Pont d'Arc**

aktiv unterwegs

## Kanufahren auf der Ardèche

### Tour-Infos

**Kanuverleih:** Mehr als zwei Dutzend Kanu- und Kajakverleiher bieten an der Ardèche ihre Dienste an. Die meisten konzentrieren sich an der **Base Nautique** in **Vallon-Pont-d'Arc,** Tel. 04 75 37 17 79, darunter **Alpha Bateaux,** Tel. 04 75 88 08 29, www.canoeardeche.com.
**Länge/Dauer:** 32 km, 1–3 Tage. Sportliche Kanuten schaffen die Komplettstrecke in 7 Std. (ohne Pause).
**Preise:** Durchschnittlich 27 €/Pers./Tag inkl. Verleih von Kanu, Schwimmweste, Paddel, wasserdichtem Behälter und Shuttle zwischen Ankunfts- und Abfahrtsort.
**Wichtige Hinweise:** Ab 18 Uhr darf man mit dem Kanu nicht mehr in das Naturreservat der Schlucht fahren. Wildcampen ist strikt verboten. Hauptreisezeit (Juli/Aug.) meiden – es kommt zu Kanustaus auf der Ardèche! Kinder unter sieben Jahren dürfen nicht mitfahren, ältere Kinder müssen schwimmen können.

25 Stromschnellen auf 32 Flusskilometern stehen für den Erfolg der Gorges de l'Ardèche bei Kanadiern und Kajakfahrern. Zur Einführung erklärt der Animateur des Kanuausleihers ein paar Faustregeln. Die wichtigste lautet: Das Tragen einer **Schwimmweste** ist obligatorisch, auch wenn die Ardèche im Hochsommer oft Niedrigwasser führt.

Sportlich Ehrgeizige ›flutschen‹ die Strecke von **Vallon-Pont-d'Arc** bis zum Ziel am Strand von **Sauze** (2 km nordwestl. von St-Martin-d'Ardèche) an einem Tag ab, sinnvoll sind allerdings zwei bis drei Tage, um die Abfahrt vorbei an himmelstürmenden Felswänden und an einsamen Kieselstränden wirklich genießen zu können – ab und zu ein Bad im Fluss erhöht das Vergnugen ungemein. Mit etwas Glück kreist unterwegs sogar ein Bonelli-Adler über der Schlucht.

Dann wieder erfordern Stromschnellen den ganzen Kanuten und dies nicht allein wegen des rasenden Wassers, sondern auch wegen des regen Kanuverkehrs. Gerade im Hochsommer sind regelrechte Staus auf dem Wasser an der Tagesordnung. Im Herbst hingegen können Regenfälle im Gebirge die Wasserstände des Flusses ansteigen lassen. Steigt der Pegel an der Brücke von Salavas über 80 cm, heißt es *zone orange.* Ein Führer muss nun jede Abfahrt begleiten. Bei *zone rouge* heißt es endgültig *rien ne va plus* – nichts geht mehr, die Boote bleiben auf dem Trockenen.

Unterwegs stehen in **Gaud** (12 km ab Vallon-Pont-d'Arc) und Gournier (ca. 22 km ab Vallon-Pont-d'Arc) zwei Biwaklager mit Toiletten, Dusche und Grillplatz zur Verfügung (eigenes Zelt 7 €, im vorhandenen Gemeinschaftszelt 8 €/Pers.). Reserviert wird über den Bootsverleiher oder beim Point-Info de la Réserve Naturelle in Vallon-Pont-d'Arc (Rue de la Mairie, Tel. 04 75 88 00 41, www.gorgesdelardeche.fr). Zwischen beiden Basislagern ragen auf ungefähr halber Strecke die majestätischen Felsen der **Cathédrale** auf, vor denen sich alle Kanutenhälse in die Luft recken. Ziel aller Kanutouren ist der Strand von **Sauze,** auf den man das Kanu leicht ziehen kann und wo der Shuttle für die Rückkehr nach Vallon-Pont-d'Arc wartet.

A propos Vallon-Pont-d'Arc: Ein Hauch Aussteigerromantik hängt in der Luft, wenn auf den Zeltplätzen zur Gitarre gegriffen wird und das Leben plötzlich eine Nummer freier als gewohnt daherkommt. Wem der Trubel zu viel ist, kann von der klassischen Ardèche-Kanustrecke auf den oberen Abschnitt des Flusses ausweichen. Auch in Balazuc tänzeln Kanus auf dem Wasser, doch vor dem Dorf gluckert der Fluss beinah gemächlich vor sich und ein Stau auf dem Wasser ist wesentlich unwahrscheinlicher als weiter flussabwärts.

# Im Tal der Cèze

Die gemächlich dahinfließende Cèze hat unter Kanuten den Ruf, die ruhige Schwester der Ardèche zu sein. Die **Gorges de la Cèze** – nur 4 km lang – sind vergleichsweise unspektakulär: Die Wasserstände sind selten hoch und die Strömung ist zahm. Entsprechend stiller geht es auf dem Wasser und der Uferstraße zu. Der am Mont Lozère entspringende Fluss ist bei Campern und FKK-Anhängern beliebt, die allerdings nur im Hochsommer und dann vor allem um den aus der Retorte entstandenen Urlaubsort **Méjannes-le-Clap** (▶ P 5) für Andrang sorgen.

## Bagnols-sur-Cèze ▶ R 6

**Bagnols-sur-Cèze** ist ein guter Ausgangspunkt für eine Tour durch das Tal, auch wenn die modernen Viertel um das historische Zentrum nicht gerade einladend wirken. Jahrhundertelang lebte das heute 30 000 Einwohner zählende Städtchen von seiner verkehrsgünstigen Lage an der Schnittstelle zwischen dem Languedoc und der Provence. Hinzu kam der Weinbau. Reben umgeben Bagnols-sur-Cèze zwar immer noch, doch den Ton gibt seit einigen Jahrzehnten das Atomkraftwerk von Marcoule im Südosten der Stadt an. Im Jahr 1955 wurde mit dem Bau des Atommeilers am Rhône-Ufer begonnen. Die Einwohnerzahl hat sich seither fast verfünffacht – was die Hochhauswüsten in den Außenbezirken erklärt.

Das Herz der hingegen schmucken Altstadt ist die von Arkaden und noblen Palais des 17. und 18. Jh. gesäumte **Place Mallet,** die von der Tour de l'Horloge überragt wird. Der Uhrenturm ist der Belfried einer bis auf einen Mauerrest zerstörten Burg aus dem 14. Jh. Im Hôtel de Ville zeigt das **Musée Albert André** französische Malerei des 19. und 20. Jh., darunter Werke von Matisse und Van Dongen (19, pl. Mallet, März–Jan. Di–So 10–12 und 14–18 Uhr, gratis). Auf das Alter der Stadt verweist das **Musée Léon-Alègre.** Die Fundstücke aus lokalen Grabungen reichen von der Eisenzeit bis in die gallorömische Epoche (24, rue Paul-Langevin, März–Jan. Di, Do, Fr 10–12, 14–18 Uhr, gratis).

### Infos

**Office de Tourisme:** Espace St-Gilles, av. Léon Blum, 30200 Bagnols-sur-Cèze, Tel. 04 66 89 54 61, www.tourisme-bagnolssurceze.com.

### Übernachten, Essen

Bio-Schloss ▶ **Château de Montcaud:** Hameau de Combe, Combe-Sabran (5 km westl. von Bagnols-sur-Cèze), Tel. 04 66 89 60 60, www.chateau-de-montcaud.com. Das Schloss aus dem 19. Jh. liegt in einem gepflegten Park mit botanischen Lehrpfaden und beherbergt komfortable Zimmer in warmen Tönen. Swimmingpool, Fitnessraum, Tennisplatz und 2 Restaurants, in denen wie beim Frühstück auch Bio-Küche angeboten wird (Les Jardins, außer So nur abends, Menü ab 46 €; Le Bistrot, nur mittags, geschl. Sa, So, Menü ab 22 €; im Sommer So Jazz-Brunch). DZ ab 180 €.

Provenzalischer Charme ▶ **Château du Val de Cèze:** an der Route d'Avignon (1 km außerhalb von Bagnols-sur-Cèze), Tel. 04 66 89 61 26, www.sud-provence.com. Im Barockschlösschen sind Rezeption und Salons untergebracht. Die Zimmer im provenzalischen Stil verteilen sich auf mehrere im 8 ha großen Park liegende Häuschen. DZ ab 100 €.

### Essen & Trinken

Kulinarische Weltreise ▶ **La Grignotte des 5 Continents:** 18, pl. Mallet, Bagnols-sur-Ceze, Tel. 04 66 89 14 53, Juli/Aug. Mi, Sa mittag, sonst auch So u. abends geschl. Nettes Lokal mit Terrasse zum Platz. Crossover-Kitchen ohne großen Anspruch. Mittags-Formule 10 €, à la carte um 20 €.

## Abstecher zur Chartreuse de Valbonne ▶ R 5

Etwa 5 km nördlich der Cèze verbirgt sich die **Chartreuse de Valbonne** in einem malerischen Seitental bei St-Paulet-de-Caisson (stdl. Führungen, Juli/Aug. 10–13, 13.30–19, sonst 10–12.30, 13.30–17.30 Uhr, 5 €, www.chartreusedevalbonne.com). Das **Kartäuserkloster** wurde 1203 gegründet. Noch älter als die wehrhaft wirkende Anlage mit den im Rautenmuster gelegten gelb-roten Dachziegeln soll der 1500 ha große Buchen- und Eichenwald rund ums Kloster sein. Seit 1901 leben keine Kartäuser mehr in den typischen Häuschen, in denen jeweils ein Mönch in freiwilliger Isolation wohnte. Zwischenzeitlich wurde die Anlage als Sanatorium für Tropenkranke genutzt. Heute wird hier ein Côtes-du-Rhône gekeltert, der neben der Besichtigung den Abstecher lohnt (auch Verkostung und Verkauf). In den ehemaligen Mönchshäusern sind einfache, klare Gästezimmer eingerichtet, die von einer gemeinnützigen protestantischen Organisation verwaltet werden (Tel. 04 66 90 41 24, www.hostellerie-chartreuse-valbonne.com, DZ ab 45 €).

## La Roque-sur-Cèze ▶ Q 6

**La Roque-sur-Cèze** kann bei Besuchern mit der **Cascade du Sautadet** punkten. Gemeint ist eine Felsmauer, durch die sich die Cèze ihren Weg sucht, wobei sie Bassins aus dem Gestein gewaschen hat und in Kaskaden in die Tiefe stürzt. Schwimmen ist hier wegen der gefährlichen Strudel verboten. Zum Baden geeignete Strände – mit Blick auf die Cascade – findet man flussabwärts.

La Roque-sur-Cèze thront samt Burg (in Privatbesitz), romanischer Kapelle und Brücke oberhalb des Flusses. Ins zauberhafte Dorf führt eine Brücke aus dem 13. Jh. Der Ort mit seinen gepflasterten Gassen ist nahezu autofrei. Vom alten Waschbecken schaut man über das Cèze-Tal.

### Übernachten

Geräumige Ferienhäuser ▶ **Le Moulin de Cors:** Tel./Fax 04 66 82 76 40, www.avignon-et-provence.com/location-vacances-gard/moulin-de-cors. Vier 120 bis 200 m² große geschmackvoll eingerichtete Ferienhäuser gruppieren sich um eine ehemalige Mühle. Luxuriöse Ausstattung. Je nach Saison 1000–1800 €/Woche. Auch Chambres d'hôte, DZ 100 €.

## Rund um Goudargues

▶ **P/Q 5/6**

**Goudargues** wird etwas hochtrabend als Venedig im Gard gerühmt, weil der in Stein gefasste Wasserlauf einer Quelle das Dorf durchfließt – und dies bei Unwetter unter Wasser setzen kann, wie zuletzt 2002 geschehen. Mehrhundertjährige riesige Platanen spenden im Dorfkern Schatten. Die romanische Pfarrkirche war einmal das Zentrum einer Benediktinerabtei, von der noch weitere Spuren wie etwa das Refektorium der Mönche zu finden sind.

Goudargues gegenüber liegt in gebührendem Abstand zur Cèze **Cornillon.** Das winzige Dorf wirkt wie auf den 80 m hohen Felskamm gepfropft. Die Dorfkirche, vor der zwei antike Säulen als Sitzbänke dienen, gehörte einst zur Burg. Um die Burgruine scharen sich heute die Häuser.

Ein verbummeltes Landsträßchen führt von Goudargues über das Burgdorf Verfeuil zu den **Concluses de Lussan.** Das Wasser des Aiguillon hat in bukolischer Abgeschiedenheit eine kleine, gleichwohl dramatische, von schroffen Felskanten überragte Schlucht geformt, deren Flussbett im Sommer fast ausgetrocknet ist. Ein Wanderweg in Richtung des Portail genannten natürlichen Torbogens führt in die Talsohle. Das wenige Kilometer entfernte Dorf **Lussan,** dem das verwunschene Naturwunder seinen Namen verdankt, ist ein wunderschönes, winziges Bergdorf, dessen Château heute als Rathaus dient. Ein Gang durch die Gassen scheint in eine andere Zeit zu entführen, so unaufgetakelt wirkt alles.

### Übernachten

Mit den Füßen im Wasser ▶ **Camping La Grenouille:** Bord de la Cèze, Goudargues, Tel. 04 66 82 21 36, www.camping-la-grenouille.com, April–Sept. Campingplatz am Fluss, mit Pool. Ab 15 € für 2 Pers.

### Übernachten, Essen

Dorfidylle ▶ **La Vieille Fontaine:** Cornillon, Tel. 04 66 82 20 56, www.lavieillefontaine.net. Zauberhaftes Dorfhotel innerhalb der Burg-

## Tipp: Chambres d'hôte im Château d'Uzer

Der Turm des Château überragt die Gassen von **Uzer** (▶ P 3). Im Dorf selbst verliert man das Ziel zwischen den eng stehenden Mauern schnell aus den Augen. Aber egal auf welche Gasse die Wahl fällt, schon bald steht man vor dem Portal: Alle Wege führen in Uzer über kurz oder lang zum Château. Von hohen Mauern umringt gibt das Schloss zunächst nichts von seinem Charme preis. Dieser offenbart sich jedoch, sowie sich das Portal öffnet. An den Turm aus dem 13. Jh. lehnt sich der 200 Jahre jüngere Haupttrakt. Ein Flügel mit einer Glasfront kommt hinzu – eindeutig Belle Epoque ist die aus mundgeblasenen Scheiben in einen Eisenrahmen gesetzte Gartenfront.

Für Muriel und Eric Chevalier war das Ensemble Liebe auf den ersten Blick. Von heute auf morgen kehrten sie Lyon den Rücken, um das zauberhafte Château von zentimeterdicken Farbschichten und wild wucherndem Grün zu befreien. Beim Umbau sind klare, bis ins letzte Detail durchdachte **Chambres d'hôte** (3 Zimmer, 3 Suiten) entstanden, luxuriös und schlicht zugleich. Antiquitäten werden stilsicher mit Baddesign von Philippe Starck und einer Liege von Le Corbusier gepaart. Nichts wirkt gewollt, alles wie füreinander geschaffen. Hinzu kommt die beeindruckende Geschichte des Anwesens: Das Château wird 1012 erstmals als Sitz derer von Uzer erwähnt und bleibt bis zur Revolution in Familienbesitz. 1925 erwirbt General Mangin das Anwesen, woran die Chambre du Général erinnert. Diverse Umbauten vom 13. bis zum 21. Jh. belegen die wechselvolle Geschichte. Im Wintergarten überrascht ein deckenhohes, naives Jagdfresko aus dem 19. Jh.

Eine Palme vor der Frühstücksterrasse lockt in den 6000 $m^2$ großen Park. Der Weg führt zum Bambushain. An der Seite öffnet sich das Grün zum **Pool** (8 x 4,5 m). Dahinter fließt die Landes, ein ungezähmtes Gebirgsflüsschen, an dem Angler ihr Glück versuchen können. Still und verwunschen ist es beim Château, dabei liegt Uzer nur 5 km von der belebten Ardèche entfernt.

Muriel und Eric Chevalier sind charmante Gastgeber, die **Table d'hôte,** das gemeinsame Essen mit den beiden und anderen Gästen, ein Vergnügen für Gaumen und Seele. Denn Muriel ist zudem eine exzellente Köchin und Eric ein Kenner der Ardèche-Weine. Man speist unter dem fliederblassen Gewölbe im Esszimmer oder in kleiner Runde am Tisch in der geräumigen Küche.

**Château d'Uzer:** Le Chateau, 07110 Uzer, ca. 22 km nordwestl. von Vallon Pont d'Arc, Tel. 04 75 36 89 21, www.chateau-uzer.com, DZ/F ab 110 €, Suite für 4 Pers. 170 €, Table d'hôte inkl. Getränke 34 €.

ruine. Die 8 geräumigen Zimmer verteilen sich über mehrere Etagen. Die beiden im obersten Stock haben Balkone. DZ ab 105 €. Sehr gutes Restaurant (außer So nur abends), Menü ab 35 €.

Charme des Südens ▶ **Les Buis de Lussan:** Rue de la Ritournelle, Lussan, Tel. 04 66 72 88 93, http://buisdelussan.free.fr. Provenzalisch gehaltene Chambre d'hôte in einem charmanten alten Haus. Garten mit Jacuzzi, Frühstück in einer Laube. DZ/F ab 80 €. Sehr gute Table d'hôte (empfehlenswert ist das Wildkaninchen mit Rosmarin), 30 € inkl. Getränke.

Hideaway ▶ **La Petite Auberge de Lussan:** Pl. des Marroniers, Lussan, Tel. 04 66 72 95 53, www.aubergelussan.com. Einfache, freundliche Zimmer in einem Dorfgasthof, DZ ab 53 €. Gutes Restaurant mit Gewölbesaal und Terrasse (Mi–So, April–Okt.), à la carte um 30 €.

## Zurück an der Cèze ▶ Q 5

Zurück an die Cèze geht es über das für Touristen aus dem Boden gestampfte Méjannes-le-Clap. Ziel sind die **Gorges de la Cèze** zwischen den beiden ansehnlichen Dörfern **Monclus** und **St-André-de-Roquepertuis.**

Über dem ersten Dorf thront eine Burgruine, über dem zweiten der wuchtige Turm einer Wehrkirche. Die Cèze gibt sich vor der Kulisse beider Orte ausnahmsweise wild. Ungehalten windet sich der Fluss in einer tiefen Felsschlucht.

## Barjac ▶ P 5

Kunstkennern ist das Dorf dank Anselm Kiefer bekannt. Der Beuys-Schüler lebte lange in Barjac, bevor er 2007 nach Paris umsiedelte. **La Ribaute,** sein 35 ha großer Wohnsitz, wird wohl von der Fondation Guggenheim übernommen und zum Museum umgestaltet werden. Barjac ist zudem seit dem Kinofilm »Nos enfants nous accuseront« (»Unsere Kinder werden uns anklagen«) landesweit als Dorf der Öko-Verfechter ein Begriff. Von Barjac ist es ein Katzensprung an die Ufer von Ardèche und Cèze und in die Cevennen.

Das Leben im Schatten des imposanten **Barockschlosses** geht abgesehen von den Hochsommermonaten seinen gemächlichen südlichen Gang. Ebenso wie das Château stammen auch die Kirche und einige Häuser aus dem 17. Jh. Hinzu kommen ein paar Renaissancebauten.

Die Gegend ist ansonsten für ihre frühzeitlichen Monumente bekannt. Folgt man der Landstraße nach Orgnac, stößt man auf einige Dolmen. Am bekanntesten ist jedoch die in der Frühzeit besiedelte **Grotte Aven d'Orgnac** (▶ Q 5) mit herrlichen Stalagmiten- und Stalaktitenformationen. Während der Besichtigung geht es 120 m tief unter die Erde – wieder ans Tageslicht wird man per Aufzug befördert. Zur Grotte gehört ein Museum, das die frühzeitliche Besiedlung im Gebiet der Ardèche von den Anfängen um 300 000 bis 700 v. Chr. anschaulich beleuchtet (Febr.–Mitte Nov., Führungen Juli/Aug. 10–17.30 Uhr alle 20 Min., sonst variabel, www.orgnac.com).

### Infos

**Office de Tourisme:** Place Charles Guynet, BP 15, 30430 Barjac, Tel. 04 66 24 53 44, www.tourisme-barjac-st-privat.com.

### Übernachten

Kostbar möbliert ▶ **Domaine de la Sérénité:** Pl. de la Mairie, Barjac, Tel./Fax 04 66 24 54 63, www.la-serenite.fr, Ostern–Mitte Nov. Chambre d'hôte in einem prächtigen Dorfhaus des 18. Jh. Die Besitzerin ist Antiquitätenhändlerin – wen wundert es, das Haus ist entsprechend möbliert. Der Garten geht zum ehemaligen Stadtgraben von Barjac hinaus. DZ/F 85 €, Suite/F 135 €.

Hüllenlos ▶ **Camping Domaine de la Sablière:** St-Privat-de-Champclos (6 km süd-

**Betörend südländisch präsentiert sich das gemütliche Barjac**

östl. von Barjac), Tel. 04 66 24 51 16, www.villagesabliere.com, April–Ende Okt. Der FKK-Platz befindet sich auf einem 62 ha großen Gelände, das zur Cèze hin verläuft (Bäume). 2 Pools, einer davon ist beheizt. Vermietung von Mobilheimen. Zeltplatz ab 23 €/2 Pers., Chalets ab 165 €/Woche.

## Übernachten, Essen

**Auf dem Land ▶ Le Mas du Terme:** Route de Bagnols-s-Cèze (D 901, 4 km südöstl. von Barjac), Tel. 04 66 24 56 31, www.masduterme.com. Sehr ruhige Unterkunft in einem provenzalischen Landhaus inmitten von Weinbergen. Pool, Patio und Restaurant (mittags geschl. außer So und Juli/Aug.). Menü 34 €. DZ ab 80 €.

**Radfahrer gern gesehen ▶ Mas de Rivet:** Route de Bessas (D 202, 3 km nordwestl. von Barjac), Tel. 04 66 24 56 11, www.lerivet.com. Gemütliche (Nichtraucher-)Zimmer in einem Mas (Bauernhaus) aus dem 16. Jh. mit Pool, Restaurant. Juli/Aug. nur mit Halbpension. Menü ab 20 €. DZ 76 €.

# Mont Lozère und Nord-Cevennen

**Nichts scheint im rauen Land auf der Klimaschwelle vom Massif Central zum Languedoc den Klischees des Südens zu entsprechen. Weder die eisigen, schneereichen Winter noch die Granit- und Schieferhäuser. Viele Bewohner haben dem Druck der Stille nachgegeben – die Landflucht entvölkert die Nord-Cevennen. Unter den Gipfeln, deren mittlere Höhen die 1000-Meter-Marke selten überschreiten, ragt der Mont Lozère (1699 m) souverän heraus.**

## 1 Mont Lozère ▶ L–N 4

**Karte:** S. 114

Dank des 1699 m hohen **Sommet de Finiels** behauptet sich der kolossale Granitbuckel des Mont Lozère als höchster Punkt der Cevennen. Bei klarer Sicht reicht das Panorama von den Alpen bis zu den Pyrenäen. Dies gilt vor allem für den Winter, wenn die Luft glasklar ist und Schnee die am Berg weitverstreuten Granitgehöfte hervorstechen lässt. Skilangläufer kommen nun zum Zug. Vorsicht: Die Sicht kann im Nu verschwinden. Mit plötzlichen Wetterumbrüchen ist nicht zu spaßen. Mehr als einmal, und dies durchaus in jüngerer Zeit, sind Wanderer in der Kälte umgekommen.

In Frühjahr und Sommer erinnern die ginstergelben und erikavioletten Hänge an die Bretagne, wozu auch die vielen Menhire beitragen – der Mont Lozère ist eine Hochburg der Megalithkultur. Im August sind die Blaubeeren reif, die am **Col de Finiels** besonders üppig wachsen.

An den grasbewachsenen Flanken haben Wind und Wetter den Fels mitunter zu gigantischen Kugeln und bizarren Formationen glattgescheuert. Auf den ersten Blick weiß man nicht recht, ob es sich um die Werke prähistorischer Künstler oder zeitgenössische *land art* handelt. An unzähligen Stellen sprudelt Wasser aus dem Fels. In Niederungen und Talkerben haben sich Moore gebildet. »Die Wasser des Mont Lozère verteilen sich über ganz Frankreich«, behaupten die Einwohner der ruppigen Einöde und meinen damit Flüsse wie den Tarn oder die Cèze, die beide am Berg entspringen. Wanderer stoßen regelmäßig auf ein in Granit gehauenes Malteserkreuz. Das Symbol verweist auf den Malteserorden, dessen Rittern der Mont Lozère bis ins 18. Jh. unterstand.

Apropos Wanderer: Die schönste Art, sich dem Mont Lozère zu nähern, bleibt eine Wanderung. Etliche Fernwanderwege erschließen die spektakuläre Landschaft. Der 115 km lange **GR 68** (rot-weißer Doppelbalken) umrundet den Berg von **Villefort** via **Le Bleymard** und **La Fage,** um in Florac zu enden. Viele Wanderwege orientieren sich an den historischen *drailles*, den Auftriebschneisen für die Schafherden, die den Mont Lozère überwinden. Besonders im Juni, wenn die Herden noch immer auf die Hochweiden getrieben werden, begleiten Schafsgeblök und Glockengebimmel die Wanderer. Wer bequemer auf den Berg will: Für Autofahrer bleibt die 23 km lange D 20, die den Mont Lozère von **Le Bleymard** im Norden nach **Le Pont-de-Montvert** im Süden überquert.

### Übernachten

Höhenrausch ▶ **Le Chalet du Mont Lozère:** Cubières (ca. 4 km südöstl. von Le

Bleymard), Tel. 04 66 48 62 84, Mitte März–1. Mai, außer Juli/Aug. Do geschl. Das Wanderer- und Skifahrerhotel liegt auf 1420 m Höhe am Stevenson-Weg. Einfache Zimmer z. T. mit toller Aussicht, deftige Küche. Menü ab 15 €. DZ ab 50 €.

## Le Pont-de-Montvert und das obere Tarn-Tal ► L/M 4

**Karte:** S. 114
Von seiner Quelle am Mont Lozère braucht der Tarn nur wenige Kilometer, um von einem Gebirgsbach zu einem kleinen Fluss anzuschwellen. Der Tarn zieht eine Klimagrenze zwischen atlantischem und mediterranem Klima. An den Ufern des Flusses mutet die Vegetation bereits südlich an, während die Landschaft oben auf dem Mont Lozère nordisch wirkt. Wildromantisch ist das Tal zwischen Le Pont-de-Montvert und Vialas. Die kahlen Mondlandschaften des Mont Lozère weichen dort dichten Kastanienwäldern.

### Le Pont-de-Montvert 1

Der Schriftsteller Robert Louis Stevenson war seinerzeit entzückt vom »südlichen Charme« in **Le Pont-de-Montvert,** dem 300 Einwohner zählenden Hauptort des oberen Tarn-Tals.

### Tipp: Feiner Schliff

Messer so schön wie kleine Kunstwerke sind die Spezialität des außergewöhnlichen Handwerkers Yves Pellequer. In dem einsamen Weiler **La Vialasse** 2 wird jedes Stück nach den persönlichen Wünschen des Kunden gearbeitet (etwa 15 km östl. von Le Pont-de-Montvert, über Masméjan zu erreichen, am GR 68, Tel. 04 66 45 83 23, www.oeufs-damas.com, auf Ankündigung).

Im Sommer herrscht Trubel in den Gassen des am Tarn liegenden Dorfes; Scharen von Wanderern schlagen hier ihr Basislager auf. Dann bevölkern sich die sonst leeren Granithäuser, und in den Restaurants am Fluss ist nur auf Vorbestellung ein Platz zu haben. Kein Zweifel, der schöne Ort lädt zum Verweilen ein und der hindurchfließende Tarn kühlt des Wanderers müde Füße vorzüglich. Die alte Steinbrücke über den Fluss läuft auf einen Uhrturm zu, der einst als Gefängnis diente. Am 24. Juli 1702 war das Dorf Schauplatz einer blutigen Racheaktion. 52 untergetauchte Hugenotten um den legendären Anführer Pierre Esprit Séguier stürmten das Haus des Abbé du Chayla. Der für seinen tatkräftigen Protestantenhass bekannte Geistliche wurde

**Auf Schusters Rappen am Mont Lozère**

# Auf den Spuren von Stevenson

**Modestine war ein Biest. Unzuverlässig, halsstarrig, nur auf ihren Vorteil bedacht. Robert Louis Stevenson hat seine Eselin trotzdem geliebt. Allerdings erst, als er die Wanderabschnittsgefährtin wieder los war. Man kennt das: heulendes Elend dann, wenn's vorbei ist, und der schniefende Blick zurück.**

»12 Tage lang waren wir intime Gefährten: wir hatten über 120 Meilen zurückgelegt ... Ich hatte Modestine verloren ... Ihre Fehler waren die ihrer Rasse und ihres Geschlechts. Adieu, und sei's für immer ...«, notierte der britische Schriftsteller nach der gemeinsamen Cevennen-Wanderung. Die Wahrheit: Die Reise mit Modestine vom 22. September bis zum 3. Oktober 1878 war die Hölle. Wenn Stevenson weiterwollte, brauchte Modestine ein Schläfchen. Wo es Stevenson gefiel, weigerte sich Modestine, auch nur eine Sekunde länger zu verweilen. Wollte er nach rechts, ging sie nach links. Soweit nichts Neues im Hü und Hott der Geschlechter. Ein unschönes Detail: Er schlug sie, und nicht zu knapp. Arme Modestine.

Begonnen hatte alles im Suff. Nachdem sich der 28-jährige Schotte in Le Puy-en-Velay mit allem Notwendigen für die bevorstehende Expedition eingedeckt hatte, stieß er in Le Monastier-sur-Gazeille, einem Kaff weiter südlich, auf Modestine. Für Stevenson war es Liebe auf den ersten Blick: »Die nüchtern vornehme Art, die Eleganz dieser Schwerenöterin fingen mich auf der Stelle ein.« Modestine war allerdings in festen Händen. Dank ein paar Gläsern Schnaps sowie gegen eine Ablösesumme von 65 Francs wurde der Schriftsteller jedoch mit Gevatter Adam handelseinig. Die mausgraue Eselin, die bislang einen Karren gezogen hatte, wechselte am 21. September 1878 den Besitzer.

Der Schotte und die Eselin wanderten über den 1699 m hohen Sommet de Finiels, den höchsten Punkt des Mont Lozère, passierten Le Pont-de-Montvert und zogen weiter nach St-Jean-du-Gard. Der Rest ist Literaturgeschichte. Stevenson verfasste über die gemeinsame Bezwingung der Cevennen einen Reisebuchklassiker, der noch 130 Jahre später die Route für Wanderer samt Esel auf den Spuren des Schriftstellers festlegt: »Travels with a Donkey in the Cevennes« heißt das Frühwerk. Weltberühmt wurde Stevenson später mit der »Schatzinsel« und »Dr. Jekyll and Mr. Hyde«.

Wer mit Stevensons Buch im Rucksack auf den Spuren des Schotten reisen möchte, kann auf Christian Brochiers Hof in Castagnol unter drei Dutzend Eseln den passenden Wegbegleiter für sich mieten. Bevor es losgeht, lernt man bei dem Aussteiger aus Lyon, dass ein Kuss auf die Nüstern dem Esel die Angst vor der Überquerung eines Bachs nimmt, oder wie man abends die Hufe des Grautiers mit einer Bürste ordentlich reinigt. Und natürlich was ein Esel am liebsten frisst: Gerste!

**Gentiâne:** 48220 Vialas, Castagnol, Tel./Fax 04 66 41 04 16, http://anegenti.free.fr. Eselwanderungen im Parc National des Cévennes.

Weitere Anbieter für Eselwanderungen über die **Fédération Nationale Ânes et Randonnées** (FNAR), Tel. 06 33 97 91 54, www.ane-et-rando.com.

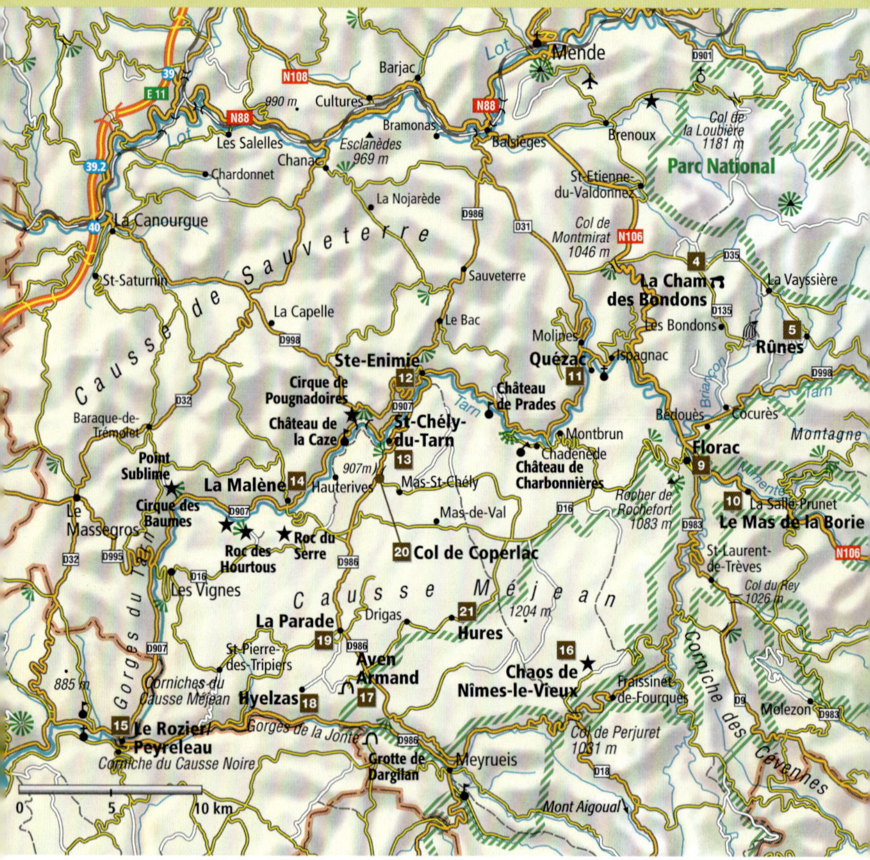


mit exakt 52 Messerstichen niedergestreckt. Der Mord war der Beginn eines zwei Jahre währenden Kamisardenkrieges zwischen königlichen Soldaten und protestantischen Hugenotten – *camisards* nannte man die Hugenotten wegen der einfachen Hemden *(chemise),* die sie trugen.

Das **Ecomusée du Mont Lozère** am nördlichen Ortsausgang stellt Fauna, Flora, Architektur und Traditionen der Nord-Cevennen vor, und natürlich kommt auch Stevenson nicht zu kurz, der Mann, auf dessen Spuren viele Urlauber wandeln (s. S. 112). Auch Wanderkarten sind hier erhältlich (April/Mai, Okt. 15–18, Juni–Sept. 10.30–12.30, 14.30–18.30, sonst Sa 15–18 Uhr, Tel. 04 66 45 80 73, www.mescevennes.com/visiter/ecomusee_mont_lozere.php, 3,50 €) .

## Infos

**Office de Tourisme:** Le Quai, 48220 Le Pont-de-Montvert, Tel. 04 66 45 81 94, www.cevennes-lozere.com.

**Association Sur les chemins de Stevenson**: Le Pont-de-Montvert, Tel. 04 66 45 86 31, www.chemin-stevenson.org. Unterkünfte, Wanderrouten, Verleiher von Eseln auf dem Stevenson-Wanderweg (s. Thema S. 112).

## Übernachten, Essen

**Frisch aus dem Bach ▶ La Truite Enchantée:** Rue du Quai, Le Pont-de-Montvert, Tel.

04 66 45 80 03, Mitte März–Mitte Dez. Ausgesprochen nette Adresse mit einfachen Zimmern. DZ ab 39 €. Spezialität im Restaurant sind – natürlich – Forellen. Menü ab 14–28 €, Restaurant außerhalb der Saison Mo–Fr.

Am Ende der Welt ▶ **Le Merlet:** 8 km östl. von Le Pont-de-Montvert (Richtung Vialas, zunächst D 998, nach ca. 5 km der Beschilderung nach links folgen), Tel. 04 66 45 82 92, www.lemerlet.com. Uriger, typischer Bauernhof am Fuß des Mont Lozère in atemberaubend einsamer Lage direkt an mehreren Wanderwegen. Die Besitzer sind sehr freundlich. 6 Chambres d'hôte, 3 Ferienwohnungen und Table d'hôte. Verkauf von Hausprodukten: Honig, Konfitüre, Saft, Sirup und Wurst. DZ/F mit HP 106 €, Ferienwohnungen 4–6 Pers. 340–650 €/Woche.

## Einkaufen

Markt ▶ Mi morgens.

## Aktiv

Bergführer ▶ **Bureau des Moniteurs du haut Chassezac et du Mont Lozère:** Maurel Gabriel, 48800 Prévenchères (30 km nördl.), Tel. 06 71 08 29 17, www.moniteurs-chassezac-montlozere.com. Vereinigung von Bergführern, die thematische Wanderungen, Reiterwanderungen, Canyoning und im Winter Schlittenexkursionen anbieten.

## Oberes Tarn-Tal

Hinter dem Ecomusée von Le Pont-de-Montvert führt die D 20 auf eine überwiegend von Wanderern genutzte Piste. Nach wenigen Kilometern stößt man auf die liebevoll restaurierten Häuser der Weiler **Villeneuve** und **L'Hôpital,** einer ehemaligen Kommende der Malteserritter. Die Buckelpiste führt an einem Hochmoor vorbei, erreicht dann den **Mas Camargues 3,** eine Außenstelle des Ecomusée (Ostern–Sept.). Granitblöcke nehmen die Gebäude des vorbildlich restaurierten Gehöfts in die Zange. Zwei Rundgänge (2,7 und 3,8 km) um das Museum erläutern das Ökosystem an der Südflanke des Mont Lozère.

Folgt man der D 998 von Le Pont-de-Montvert den Tarn flussabwärts, zweigt nach ca. 15 km in **Cocurès** die D 135 nach Les Bondons ab. Unweit des Weilers ragen zwei *puechs* (Hügel) aus der Weite des gewellten, 1200 m hoch gelegenen baumlosen Plateaus hervor, deren Form an Brüste erinnert – *les bonnes mamelles* heißen die Hügel daher im Volksmund. Die *puechs* markieren den frühzeitlichen Fundort **La Cham des Bondons 4.** Mit ca. 150 Menhiren und 30 Tumuli (*tumulus* – Hügelgrab) ist der rätselhafte Ort nach dem bretonischen Carnac die in Frankreich wichtigste Stätte der Megalithkultur. Der größte Stein misst 3 m Höhe und ist weithin sichtbar. Zwei vom Parkplatz an der Kreuzung D 135/D 35 ausgehende Rundwege (1 bzw.

aktiv unterwegs

## Wanderung im Quellgebiet des Tarn

### Tour-Infos

**Start:** Villeneuve
**Länge/Dauer:** 13 km, 4 Std.
**Wanderkarte:** IGN-Karte 2739 OT Mont Lozère, 1:25 000
**Anfahrt:** von Florac (s. S. 118) oder Génolhac auf der D 998 bis Le-Pont-de-Montvert, von dort auf der D 20 Richtung Norden, kurz darauf nach rechts Richtung L'Hôpital abbiegen. Nach etwa 4 km führt die schmale Straße durch den Weiler Villeneuve. Einen guten Kilometer darauf führt sie auf einer Steinbrücke über einen Zufluss des Tarn. Parkmöglichkeit kurz vor der Brücke.
**Wichtige Hinweise:** leichte Wanderung, aber keine Einkehrmöglichkeiten

Im Mittelalter besaß der Johanniterorden im Languedoc große Besitzungen, zu denen auch **L'Hôpital** (s. S. 115) gehörte, ein herrlich gelegenes, eindruckvolles Ruinendorf aus Granit. Die 13 km lange, leichte Rundwanderung zum Weiler erfordert keine größeren An- und Abstiege (einfache Orientierung) und dauert ca. 4 Std. Allerdings besteht kein Schutz vor Wind und Sonne!

Gleich hinter der Steinbrücke, die etwa 1 km hinter **Villeneuve** (s. S. 115) über einen zum Tarn fließenden Bach führt, zweigt ein Weg von der Straße nach rechts ab und läuft zwischen Wiesen auf das Tal des Tarn zu. Nach wenigen Minuten senkt sich der Weg ganz zum Flussufer, das bei einer Furt erreicht ist. Ein kleines Schild, »Gué«, bezeichnet die Stelle, wo auf großen Trittsteinen im Rechtsbogen mehrere Arme des Flusses trockenen Fußes überquert werden können. Auf der anderen Seite folgt man dem nach links durch lichten Wald aufwärts führenden alten Weg mit Pflasterresten. Bei einem Wege-T links halten, dann den Markierungen des Fernwanderwegs **GR 72** nachgehen. Der Weg verläuft parallel zum Tarn und passiert einen Steindamm, der den Fluss zu einem kleinen See aufstaut. Auf einem schönen Uferpfad geht es weiter. Nach Norden fällt der Blick auf das weite, baumlos-steinige Bergland des **Mont Lozère**. Hier fühlt man sich geradewegs ins schottische Hochland versetzt. Schließlich ist die alte Steinbrücke über den Tarn (**Pont du Tarn**, 1,25 Std.) erreicht.

Der Pfad verläuft südlich des Tarn weiter. Als breiter Waldweg folgt er nun mit etwas Abstand dem Flusslauf. Etwa 1,5 km nach der Brücke mündet in einer scharfen Linkskurve des Hauptwegs von rechts ein anderer Weg ein. An dieser Stelle muss man mit dem GR nach links auf einen abzweigenden Pfad einbiegen! Nach einem Wegstück am Waldrand überquert man den Tarn, der hier nur noch ein Bach ist. Der Weg steigt leicht an. Bei den wenigen Häusern des alten Weilers **Bellecoste** trifft man auf einen Fahrweg (2 Std.).

3 Std.) erschließen die Steinmonumente, deren Bedeutung bislang nicht geklärt ist.

Über die D 35 gelangt man in südöstlicher Richtung zurück nach Le Pont-de-Montvert. In **La Vayssière** erinnert ein Mahnmal an zwei Dorfschullehrerinnen, die sich auf dem Weg zur Schule im Schneesturm verirrten und erfroren. Ein Halt lohnt sich im Granitweiler **Rûnes** **5**. Der Ortsname soll auf Runen zurückgehen, und tatsächlich wurden hier 1996 Runeninschriften gefunden. Etwas außerhalb von Rûnes führt ein 1 km langer Wanderweg zur **Cascade de Rûnes,** einem Wasserfall, der aus 60 m Höhe die Felsen herabstürzt.

## Übernachten, Essen

Exquisite Regionalküche ▸ **La Lozerette:** Cocurès (15 km westl. von Le Pont-de-

Hier verlässt die Wanderroute den GR und folgt dem breiten Weg nach links. Er führt am **Mas Camargues** (s. S. 115) vorbei. Danach geht es über eine schöne Steinbrücke. Nach einer zweiten Linkskehre gelangt man auf der Höhe zu einer Kreuzung. Hier dem schmaleren Weg rechts nach **L'Hôpital** folgen (3 Std.). Zwischen den wenigen Häusern des Dorfes geht es abwärts zur Naturstraße nach Le Pont-de-Montvert, die gekreuzt wird. Dahinter den aus dem Weiler herausführenden, eingesunkenen grasigen Weg nehmen, der vereinzelt durch grüne Striche markiert ist (bei der Abzweigung von der Straße kleines Schild »Le Pont-de-Montvert 8 km«). Der alte Weg verläuft anfangs zwischen Schichtmauern und Viehzäunen mit weiten Ausblicken.

Später passiert er ein Gatter, dann ein Waldstück. Danach steigt der Pfad nach rechts biegend kurz steiler ab. Durch ein weiteres Holzgatter gelangt man auf eine Wiese mit einer Ruine, diese in westlicher Richtung durchqueren. Ein steinerner Steg führt über einen Seitenbach des Tarn, dort nach links wenden. Nach 100 m gelangt man wieder zur Tarnfurt und trifft hier auf den Hinweg. Auf diesem geht es zurück zur Steinbrücke am Start.

*Hans-Georg Deggau*

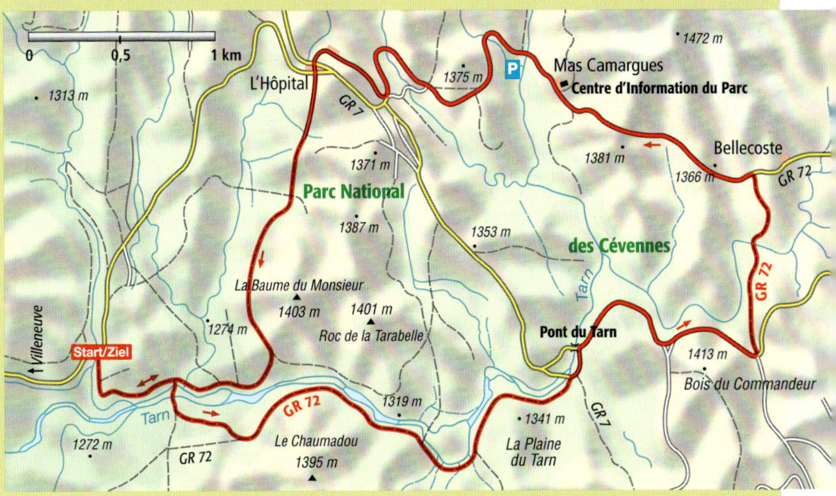


Montvert), Tel. 04 66 45 06 04, www.laloze rette.com, Ostern–Allerheiligen. Angenehme Zimmer mit Parkett und klaren Farben. Restaurant (außer Juli/Aug. immer Di, Mi mittags geschl.) mit freiliegenden Balken. Im Haus wird eine anspruchsvolle regionale Küche gepflegt: Forelle mit Speck, Kastanienterrine, Kalbsbacke in Banyuls-Wein. Menü 18–50 €. DZ ab 60 €.

## La Garde-Guérin und die Gorges du Chassezac

**▶ N 3**

**Karte:** S. 114

**La Garde-Guérin** 6 (400 Einw.) verdankt seine Existenz einer antiken Römertrasse, deren Verlauf dem der heutigen D 906 entspricht: La Régordane. Im Mittelalter nutzten Pilger die Trasse, verband sie doch die Pilgerorte Le Puy-en-Velay in der Auvergne mit St-Gilles-du-Gard im Gard. Die wildromantische Lage und die herausgeputzten Gassen rechtfertigen den Titel »eines der schönsten Dörfer Frankreichs«. Der winzige Ort steht zudem seit 1928 unter Denkmalschutz. Vom 22 m hohen Donjon, der als einziger Teil der Burg übrig geblieben ist, kann man Dorf und Umgebung gut überblicken. Die romanische Kapelle beim Turm hütet einige reich gearbeitete Kapitelle. Spektakulär ist der Blick vom **Belvédère du Chassezac** im Norden des Dorfes. Vom Aussichtspunkt schaut man auf die **Gorges du Chassezac 7,** die dramatisch schöne Schlucht des Chassezac.

Zum Abkühlen lädt weiter südlich der **Lac de Villefort** ein. Ein Strand und eine Wassersportbasis für Surfer und Wasserskifreunde sind am Stauseeufer eingerichtet. Das Straßendorf **Villefort 8** selbst hat außer den längs der Hauptstraße aufgereihten Cafés und Geschäften nicht viel zu bieten.

## Übernachten, Essen

**Ohne Verkehrslärm ▶ Auberge Régordane:** La Garde-Guérin, Tel. 04 66 46 82 88, www.regordane.com, Mitte April–Mitte Okt. Charmante Unterkunft in einem prachtvollen Gebäude im mittelalterlichen, verkehrsfreien Ortskern. Zu den nüchtern gestalteten Zimmern geht es über eine 800 Jahre alte Treppe. DZ ab 62 €. Im Restaurant Regionalküche mit innovativer Note. Menü 22–50 €.

**Entspannte Atmosphäre ▶ Au Portaou:** Valcrouzès, St-André-Capcèze (ca. 4 km südöstl. von Villefort, D 51), Tel. 04 66 46 20 10, www.au-portaou.com. Das zauberhafte Gehöft liegt tief in einem verwunschenen Tal. 4 Chambres d'hôte, die vom belgisch-deutschen Besitzerpaar liebevoll restauriert wurden. Terrassengarten, Quelle und Laube, Table d'hôte (19 €). DZ/F ab 52 €.

## Aktiv

**Canyoning, Wandertouren, Höhlenexkursionen, Surfen ▶ Grandeur Nature:** Base nautique, Rte. de Langogne, Lac de Villefort, Tel. 04 66 46 80 62, www.grandeurnature48.com. Umfangreiches Angebot.

## Verkehr

**Zug:** Der Bahnhof von Villefort – 500 m außerhalb des Zentrums – liegt an der Linie Paris–Nîmes–Montpellier, Tel. 36 35, www.voyages-sncf.com.

**Bus:** Les Cars Hugon, Tel. 04 66 49 03 81. Von Villefort fahren Mi, Fr Busse nach Mende.

# Florac 9

**Karte:** S. 114

Das einladende Städtchen am Fuße des Causse Méjean gefiel bereits Stevenson: »An einem Arm des Tarn liegt Florac, Sitz einer Sous préfecture, mit einem alten Schloss, einer Platanenallee, vielen originellen Straßenecken und einer munteren Quelle, die aus dem Berg sprudelt«, notierte er ins Reisetagebuch. Stevenson gefielen an Florac zudem die lokalen Dorfschönheiten und die Bedeutung des Ortes als ein Schauplatz der Kamisardenkriege (s. S. 114).

**Florac** wirkt hübsch herausgeputzt. Es lässt sich hier bequem vom florierenden Wandertourismus leben. Die Maison de la Presse an der Place Jean Monestier ist entsprechend gut mit Karten und Führern bestückt. Ein Hauch von Süden liegt über Florac, wozu auch die im Sommer belebten Caféterrassen am Hauptplatz beitragen. Der aus der **Source du Pêcher** sprudelnde Vibron gluckert munter durch den Ort. Das Schloss aus dem 17. Jh. dient nicht mehr als Gefängnis, sondern ist heute Hauptverwaltungssitz des **Parc National des Cévennes** (Mai–Ende Sept. tgl. 9.30–12.30, 13.30–17.30 Uhr, Juli/Aug. 9.30–18.30 Uhr, Okt.–Ostern nur Mo–Fr). Gegenüber unterhält der Nationalpark ein **Informationszentrum** mit einer naturkundlichen Ausstellung (Tel. 04 66 49 53 01, www.cevennes-parcnational.fr, Öffnungszeiten wie Schloss). Hier gibt es Führer und Karten u. a. zu den Fernwanderwegen Chemin Stevenson (GR 70), Tour des Cévennes (GR 67) und Tour du Mont Aigoual (GR 66).

## Infos

**Office de Tourisme:** 33, av. Jean-Monestier, 48400 Florac, Tel. 04 66 45 01 14, www.mescevennes.com.

## Übernachten

Am Flussufer ▶ **Camping Chantemerle:** Bédouès (4 km nördl. von Florac), Tel. 04 66 45 19 66, http://campingchantemerle.monsite.wanadoo, Ostern–Mitte Sept. Ruhiger, kleiner Platz, gut gelegen für Tarn- und Cevennen-Touren. Ab 12 €/2 Pers.

Gute Ausstattung ▶ **Camping Le Pont du Tarn:** 1 km nördl. von Florac, Tel. 04 66 45 18 26, www.camping-florac.com, April–Mitte Okt. Familiäre, halbschattig gelegene Anlage am Tarn. Minigolf, Pool und Vermietung von Mobile Homes. Ab 14 €/2 Pers., Bungalows 185–820 €/Woche.

## Übernachten, Essen

Pompös ▶ **Grand Hôtel du Parc:** 47, av. Jean-Monestier, Tel. 04 66 45 03 05, www.grandhotelduparc.fr. Gediegener Hoteldinosaurier in einem alten Park vor einer beeindruckenden Bergkulisse. Pool, sehr empfehlenswertes Restaurant. Menü ab 20–30 €. DZ ab 62 €.

Erster Tisch am Platze ▶ **Hôtel Des Gorges du Tarn/Restaurant L'Adonis:** 48, rue du Pêcher, Tel. 04 66 45 00 63, www.hotel-gorgesdutarn.com, Ostern–Allerheiligen. DZ ab 50 €. Das Hotel-Restaurant ist der beste Tisch der Stadt. Innovative Küche mit regionaler Note. Menü 17–55 €.

Im Zentrum ▶ **Les Tables de la Fontaine:** 31, rue du Théorond, Tel. 06 81 44 89 56, www.tables-de-la-fontaine.com. 4 charmante Zimmer, im Restaurant (außer Juli/Aug. Mi, So abends geschl.) regionale, frische Gerichte, netter Service. DZ/F ab 50 €, Menü ab 18 €, Formule Juni–Sept. 13 €.

## Einkaufen

Märkte ▶ **Wochenmarkt:** Do morgens, Pl. de la Mairie. **Bauernmarkt:** Mai–Sept. So morgens, neben dem Office de Tourisme.

Für Süßmäuler ▶ **Atelier du Sucre et de la Châtaigne:** 64, av. Jean-Monestier. Leckereien aus Kastanienmehl, Nougat, Honig der Cevennen.

### Tipp: Essen beim Biokäsebauern

Jean-Christophes Pelardon (Ziegenkäse) ist zu 100 % Bio – mit AOC-Label. Auf seiner Ferme-Auberge **Le Mas de la Borie** 10 lässt es sich zudem wunderbar schmausen (Menü 14 €). Beim Melken am späten Nachmittag darf zugeschaut werden. Ein paar **Zimmer** gibt es übrigens auch (La Salle-Prunet ▶ L 5, 6 km südöstl. von Florac, Abzweig von der N 106, ausgeschildert, Tel. 04 66 45 10 90, www.encevennes.com, DZ/F ab 38 €).

Regionalprodukte ▶ **Maison du Pays Cévenol:** 3, rue du Pêcher, www.maisonpayscevenol.com. Spezialitäten (Sirup, Essig, Konfitüren, Wurstkonserven) und (kunst-)handwerkliche Produkte der Region.

## Aktiv

Höhlen-, Kajak-, Wandertouren etc. ▶ **Cévennes Evasion:** 5, pl. Boyer, Tel. 04 66 45 18 31, www.cevennes-evasion.com. Auch Vermietung von Material.

## Termine

**Fête de la Transhumance:** Anfang/Mitte Juni, Information Tel. 04 67 82 25 10. Fest zum Schafherdenauftrieb.

# Parc National des Cévennes ▶ L–N 4–7

**Karte:** S. 114

Der 1970 gegründete Nationalpark umfasst mit 3210 km$^2$ das kahle Kalkplateau des **Causse Méjean,** das Granitmassiv des **Mont Lozère,** das auf der Nordseite bewaldete Granit- und Schiefermassiv der **Montagne du Bougès,** die verschiedenen **Gardon-Täler** (Vallée longue, Vallée française, Vallée borgne) und das dicht bewaldete Granit- und Schiefermassiv des **Mont Aigoual.**

In der unter besonders striktem Naturschutz stehenden Kernzone (91 279 ha) leben nur knapp 600 Menschen, dafür umso mehr erfolgreich wieder angesiedelte Hirsche, Mufflonschafe, Biber, Mönchsgeier und Auerhähne. 208 Vogel-, 17 Reptilien-, 89 Säugetier-, 18 Amphibien- und 24 Fischarten machen den Reichtum des Parks aus, der von der UNESCO zum Biospährenreservat erklärt wurde. Ein Dutzend Info-Antennen (u. a. Le Vigan, La Malène, Génolhac, St-Jean-du-Gard) informieren neben der Zentrale in Florac (s. S. 119) im Sommer über Fauna, Flora, Wanderaktivitäten (300 markierte Touren), Museumsaußenstellen, Unterkünfte *(gîte d'étape)* und Schutzhütten *(abri).* Eine der wichtigsten Faustregeln für Wanderer lautet: Nach der Passage unbedingt das Gatter wieder schließen – der Park ist ein wichtiges Weidegebiet für Schafe.

## Gorges du Tarn ▸ K 4/5

**Karte:** S. 114

### Ispagnac und Quézac

Grand Site National darf sich die Schlucht des Tarn auf höchstministeriellen Beschluss hin seit 2000 nennen. Schon wenige Kilometer hinter Florac versteht man den Grund: So unberührt fließt selten ein Fluss in Europa, so uneuropäisch wild sind nur wenige Schluchten auf dem alten Kontinent. Es fängt zahm an: **Ispagnac** hieß einmal »der Garten der Lozère«, weil das lebendige Uferdorf mit fruchtbaren Böden reich gesegnet ist und für seine Erdbeeren, Kirschen und sogar Weine gerühmt wurde. Das Nachbardorf **Quézac** **11** darf die schönste aller Tarn-Brücken sein Eigen nennen. Die fünfbogige gotische Brücke überspannt den Fluss in einem lauschigen Wiesengrund. Das gleichnamige Mineralwasser aus einer Quelle beim Ort gibt es in jedem Supermarkt des Departements. Die Abfüllanlagen können besichtigt werden (an der D 907 bis, Tel. 04 66 45 47 15, Jan.–April Mo–Fr, Mai–Dez. Mo–Do, Reservierung notwendig, 3 €).

### Einkaufen

**Markt ▸** in Ispagnac, Di, Sa. Exzellentes Obst und Gemüse.

**Metzgerei ▸ Charcuterie Molines:** Grand' Rue, Ispagnac, Tel. 04 66 44 20 54. Köstliche Wurstwaren: Mangoldwürste!

### Die Tarn-Schlucht

Am Fuß des Schlosses Rocheblave bei **Molines** wird das Tal plötzlich eng: Hier beginnen die Gorges. Jedes Jahr schabt sich der Fluss 0,2 mm tiefer in den Fels. Über dem linken Ufer erhebt sich bald das **Château de Charbonnières**, eine stolze Ruine mit Blick auf den Fluss und den Causse Méjean dahinter. Die Route départementale schraubt sich weiter durchs Tal nach **Ste-Enimie** **12**. Der mit 400 Einwohnern größte Ort in den Gorges ist dank seiner romanischen Kirche, einer etwas außerhalb gelegenen bescheidenen Klosterruine und der zauberhaften Uferlage auch der schönste. Die meisten Stein-

**In den einsamen Cevennen sind Schafe häufiger anzutreffen als Menschen**

fassaden sind geschmackvoll restauriert. Schwungvoll überquert die Brücke im Ort den Tarn und schafft so eine Querverbindung zwischen den beiden Hochebenen des Causse de Sauveterre und des Causse Méjean. Zu beiden Plateaus schrauben sich abenteuerlich kurvenreiche Straßen hoch.

Im nochmals sich verengenden Tal besticht **St-Chély-du-Tarn** 13 durch seine Kessellage in einer engen Flussschleife. Der **Cirque de St-Chély-du-Tarn** zählt zu den spektakulärsten in den Gorges, das Dorf selbst besticht mit romanischem Kirchlein und hübschen Steinfassaden. Einen ausgesprochen einladenden Badestrand gibt es zudem (Eintritt 1 €). Hinterm Ort springt das **Château de la Caze** ins Auge. Die im 15. Jh. errichtete Pracht ist heute Hotel – schöner kann man am Fluss kaum logieren.

Der Weiler **Haute-Rive** am linken Ufer ist samt seiner Burgruine nur mit einem Boot zu erreichen.

Beim malerischen Burgdorf **La Malène** 14 folgt die nächste Brücke, über die man erneut auf beide Causses gelangt. Vom Dorf steigt ein Wanderweg zum **Belvédère Le Roc des Hourtous** an (3 Std.), von dem man einen unvergesslichen Blick auf die Gorges du Tarn hat – der jedoch Eintritt kostet (50 Cents), da man die oben eingerichtete Bar durchqueren muss.

Gratis und ebenso grandios ist hingegen der Blick vom 1 km entfernten **Roc du Serre.** Wer den Aufstieg scheut, kann mit dem Wagen über die D 16 zu den Aussichtspunkten hochfahren.

Ein absoluter Höhepunkt der Tour durchs Tal ist der **Cirque des Baumes:** Das 5 km weite, rötlich leuchtende Fels-Amphitheater baut sich über dem rechten Ufer des Tarn auf und wird regelmäßig von Kanuten angesteuert. Ab **Les Vignes** geht es in endlosen Haarnadelkurven an der Kante des Cirque des Baumes entlang zum Aussichtspunkt am

**Point Sublime.** Der Panoramablick über die Tarn-Schlucht ist erneut spektakulär.

## Infos

**Office de Tourisme des Gorges du Tarn:** Le Village, 48210 Ste-Enimie, Tel. 04 66 48 53 44, www.gorgesdutarn.net.

## Übernachten

Mit Strand ▶ **Camping Les Fayards:** etwas außerhalb von Ste-Enimie, Richtung La Malène, Tel. 04 66 48 57 36, http://camping-les-fayards.com, April–Okt. Schöne Uferanlage mit eigenem Strand und schattigen Plätzen. Mountainbikes, Kanus, Kajaks, Swimmingpool. Ab 13 €/2 Pers., Bungalows 195–685 €/Woche.

## Übernachten, Essen

Fürstlich ▶ **Château de la Caze:** 2 km nördl. von La Malène am Tarn-Ufer, Tel. 04 66 48 51 01, www.chateaudelacaze.com, Ende März–Allerheiligen. Albert de Monaco und Jackie Onassis stehen im Gästebuch des splendiden Château aus dem 15. Jh. Geboten wird Luxus der Extraklasse. Die Zimmer sind mit kostbaren Antiquitäten möbliert. DZ ab 115 €. Im Park versteckt sich der Pool in einer Tarn-Schleife. Das nicht minder exquisite Restaurant befindet sich in der ehemaligen Kapelle (außer Aug. Do mittags, Mi geschl.). Menü ab 39 €.

Dornröschen-Bleibe ▶ **Le Manoir de Montesquiou:** La Malène, Tel. 04 66 48 51 12, www.manoir-montesquiou.com, März–Okt. Adelssitz aus dem 15. Jh. in toller Lage vor Felskulisse. Komfortable Zimmer, z. T. mit Himmelbetten – ein Tipp für Verliebte und Honeymooner. DZ ab 70 €. Mit Restaurant. Menü ab 28 €.

Zimmer zum Fluss ▶ **Auberge du Moulin,** Ste-Enimie, Tel. 04 66 48 53 08, www.aubergedumoulin.free.fr, Ende März–Mitte Nov. Die meisten Zimmer des schmucken Natursteinbaus gehen auf den Tarn. DZ ab 57 €. Im großen Restaurantsaal kommen Flusskrebse, Forellen und Lammkeule auf den Tisch (außer Juli/Aug. So abends, Mo mittags geschl.) Menü ab 20 €, Formule 14 €.

**Grand Site National – dieser Titel schmückt die Gorges du Tarn**

## Einkaufen

Alles Handwerk ▶ **Les Confidences du Terroir:** Le Village, Ste-Enimie, Tel. 04 66 48 51 18, im Sommer 10.30–19 Uhr. Handwerkliche Erzeugnisse der Lozère.

Markt ▶ **La Malène:** Mo.

## Aktiv

Baden ▶ Die **Plage de la Gravière** in Ste-Enimie ist ein schöner Badestrand.

Bootfahren ▶ **Les Bateliers de la Malène:** La Malène, Tel. 04 66 48 51 10, April–Okt. Bootsfahrten auf kleinen Nachen vorbei an der Flussenge Les Détroits zum Cirque des Baumes.

Kanu, Kajak ▶ **Canoë Paradan:** Ste-Enimie, Tel. 04 66 48 56 90, www.canoeparadan.com. Kanu- und Kajakverleih für unterschiedlich lange Teilstücke des Tarn samt Rückführung. Mai und Juni gelten wegen mäßiger Fließgeschwindigkeit und Wassertiefe als beste Zeit für Anfänger und Fortgeschrittene. **Canoë 2000:** La Malène, Tel. 04 66 48 57 71, www.canoe2000.fr. Kanuverleih, begleitete Touren. 36 Flusskilometer von Montbrun bis Le Rozier sind mit Kanu oder Kajak machbar. Der reizvollste Abschnitt ist der von Ste-Enimie nach La Malène – dort herrscht am meisten Trubel auf dem Wasser.

Mountainbiking, Klettern ▶ **ADN La Cazelle:** Rue basse, Ste-Enimie, Tel. 04 66 48 46 05, www.facilearetenir.com/ADN. Verleih von Mountainbikes, Organisation von Höhlen- und Klettertouren.

Wandern ▶ Entlang der verkehrsfreien Südseite der Tarn-Schlucht auf dem gelb-grün markierten Wanderweg zwischen **St-Chély-du-Tarn** und **La Malène.** Ca. 15 km, einfache Strecke, etwa 3,5 Std.

## Termine

**Festival de la Vallée du Tarn:** Ste-Enimie, Mitte Juli–Mitte Sept., Informationen über das Office de Tourisme. Theater, Tanz, Konzerte. www.festivallee-gorgesdutarn.com.

**Wallfahrt:** zur Eremitage in Ste-Enimie am 6. Okt.

## Von Les Vignes nach Le Rozier/Peyreleau

**Karte:** S. 114

Das Spektakel hat bald ein Ende. Südlich von Les Vignes weitet sich die dramatische Schlucht zum gemütlichen Tal und lässt Raum für Zeltplätze und Feriendörfer, die sich einen kleinen Teil des grünen, weitläufigen Tarn-Ufers Richtung Millau erobert haben. Hinzu kommen die ersten Reben der Côtes-de-Millau-Weine – daher übrigens der Name des Weilers Les Vignes (Reben). Die Uferstraße verläuft nun unaufgeregt nach **Le Rozier/Peyreleau 15**, wo die Gorges du Tarn enden. Der Doppelort am Zusammenfluss von Tarn und Jonte ist zugleich Schnittpunkt der drei Causses Méjean, Noir und Sauveterre.

Wer aus dem Tal hinaus die Höhen erklimmen möchte: Hinter der Kirche von Le Rozier steigt der Fernwanderweg **GR 6A** zur Corniche du Causse Méjean hoch (rot-weiße Markierung, Dauer der Rundwanderung über den Ruinenweiler Capluc, den Col de Cassagnes und die Corniche de la Jonte 5 Std.).

### Übernachten

Zum Entspannen ▶ **Hôtel Doussière:** Le Rozier, Tel. 05 65 62 60 25, www.hotel-doussiere.com. Der moderne Bau an der Jonte wird von einem Antiquitätenhändler betrieben. Die Zimmer haben Blick auf den Fluss. Garten mit Hängematte, Pool. DZ ab 45 €.

Am Zusammenfluss ▶ **Camping Municipal de Brouillet:** Le Rozier, Tel. 05 65 62 63 98, http://camping-lerozier.com, April–Okt. Städtischer Platz mit Swimmingpool in fantastischer Lage am Fluss. Hier fließen Jonte und Tarn zusammen. Zelt/2 Pers. ab 15 €.

### Übernachten, Essen

Traditionshaus ▶ **Grand Hôtel de la Muse et du Rozier:** Route des Gorges du Tarn, Peyreleau, Tel. 05 65 62 60 01, www.hoteldelamuse.fr, Ostern–Allerheiligen, um Weihnachten. Am Ufer des Tarn gelegenes, romantisches Hideaway mit elegant-nüchternen Zimmern. DZ ab 88 €. Swimmingpool, Tennisplatz, Gartenanlage und Restaurant mit Crosskitchen-Gerichten (Mo–Do mittags geschl.). Schöner Wintergarten. Menü ab 34 €.

### Aktiv

Wandern, Kletterpartien, Höhlengänge ▶ **Maison des moniteurs sportifs des Gorges du Tarn et de la Jonte:** am Ortsende von Le Rozier in Richtung Meyrueis, Tel. 05 65 62 63 54, www.guidestarnjonte.com.

## Causse Méjean ▶ J–L 4–6

**Karte:** S. 114

Causses heißen die unwirklichen Kalksteinplateaus in Südwestfrankreich. Die von Siedlungen kaum beeinträchtigte Weite des Causse Méjean bietet 200 Vogelarten Raum. So wie über den anderen Causses auch segeln Mönchs- und Lämmergeier, die natürliche Gesundheitspolizei der Schäfer, über der Méjean-Hochebene. Menschen trifft man hingegen kaum. Der 33 000 ha weite Causse de Méjean liegt auf 900 bis 1250 m und ist damit die höchste aller Hochebenen des französischen Südwestens. Die tiefen Schluchten des Tarn im Norden und der Jonte im Süden bieten einen natürlichen Schutz und machen das Plateau zur Festung, in die nur wenige Wege Einlass gewähren. Das Klima ist rüde. Eisige Winde verwandeln die Weiden im Winter in eine Schneetundra. Im Sommer bietet über weite Strecken weder Baum noch Strauch Schutz vor der glühenden Sonne. Umso überraschender ist der Reichtum an Grotten. Niederschläge haben den Kalkfels porös gemacht und mit ihren Wassermassen den unterirdischen Flüssen enorme Kraft verliehen. Das Resultat sind gigantische Tropfsteinhöhlen: 37 haben Höhlenforscher bislang auf der Causse de Méjean ausgemacht.

Der Col de Perjuret bildet das Nadelöhr zum **Felschaos von Nîmes-le-Vieux 16.** Steinblöcke und Felsformationen gruppieren sich zu surreal wirkenden Bildern. Ein kleiner

aktiv unterwegs

## Viehauftrieb auf den Aubrac

▶ H/J 2/3

### Tour-Infos

**Start:** Mehrere, jährlich wechselnde Orte im Lot-Tal, etwa St-Côme-d'Olt (▶ westl. H 4)
**Länge/Dauer:** ca. 20 km, ein Tag
**Wichtige Hinweise:** Über Höfe, auf denen Zuschauer willkommen sind, das genaue Datum des Festes Ende Mai, die Route sowie das Rahmenprogramm informiert das Office de Tourisme von Laguiole, Place de la Mairie, Tel. 05 65 44 35 94, www.laguiole-online.com.

Patriotisches Blau-Weiß-Rot ist unerlässlich für das wichtigste Ereignis im Jahreskalender der Aubrac-Bauern – der **Tag des hl. Urbain**, seines Zeichens Beschützer aller Rinder. Der Sonntag, der dem Tag am nächsten liegt, ist das Datum, an dem die Aubrac-Kühe (laut Zuchtbuch »mütterlich, leichtkalbig und genügsam«) ihren großen Auftritt bei der **Fête de la Transhumance,** dem Fest des Viehauftriebs, haben. Mit Kokarden und Schleifchen in den Farben der französischen Flagge geschmückt, geht es 20 km immer steil bergan aus dem Lot-Tal hinaus auf ein baum- und strauchloses Basaltplateau, den Aubrac. Bis in den Mai hinein verwandeln Schneestürme die Einöde in ein Eisfeld. In den kurzen Sommermonaten gehört die 1200 bis 1400 m hohe Ebene den Kühen.

Bis zu 20 000 Zuschauer und genauso viele Kühe sind am Tag des hl. Urbain zum Viehauftrieb mit dabei – jeder Mitwanderer ist willkommen. Pausenlos muhen die Kühe ihre Kälber zusammen. In die durch Mark und Bein gehende Kakophonie besorgter Muttertiere mischt sich im Morgengrauen höllisch lautes Glockengebimmel. Für die Armada von Wohnmobilen, die seit dem Vorabend ihre Parabolantennen längs der D 987 von St-Côme-d'Olt nach Aubrac ausgefahren haben, ist die Nachtruhe entsprechend kurz. ›Milchstraße‹ nennen die Bauern die kurvenreiche Landstraße, über die die meisten Viehherden zur Alm ziehen.

Für Wegzehrung ist gesorgt. Im Weiler **Salgues** (▶ westl. H 3) dampfen ab 7 Uhr früh die Kessel mit *soupe aux tripoux*, einer Suppe aus Pansen und Innereien. Wer sich zum Frühstück etwas anderes vorstellt – Schnecken sind ebenfalls zu haben. Das Dorf **Aubrac** (▶ westl. H 3) mitten auf dem Plateau ist Ziel und Bühne der Fête de la Transhumance. An den Theken rund um den Dorfplatz ist mit dem Eintreffen der ersten Herde die Hölle los. Zielstrebig stieben die Kühe zum Dorfbrunnen vor. Die Lücken nutzen **Folkloregruppen** zum Tanzbeinschwingen, die Herren mit *moustache* und Baskenmütze, die Damen mit Rüschen und gestärkten Häubchen. Bei der Ankunft loben Festredner die schöne braune Robe der Aubrac-Kuh und die wie in diesem Jahr gelungene *toilettage* (das Schmücken) der Rindviecher. Bis zum 13. Oktober, dem Tag des hl. Géraud, an dem traditionell die Viehherden zum Abtrieb zusammengetrieben werden, wird die Tiere hier niemand stören.

Weg führt durch die von Wind und Wetter geformten Felsen, die sich in der Steppe nördlich des Weilers Le Veygalier verstreuen.

Über die weltabgewandten Weiler Aures und Costeguison geht es zum **Aven Armand 17**, der bekanntesten Tropfsteinhöhle der Causse Méjean (Juli/Aug. Führungen alle 20 Min. 9.30–18, sonst mittags geschl. und nur bis 17 Uhr, 9,40 €, Juli/Aug. Konzerte, www.aven-armand.com). Bereits 1897 haben der Höhlenforscher Edouard-Alfred Martel und sein Freund Louis Armand das Naturwunder entdeckt. Die über 400 Stalagmiten werden heute von Lichtspielen dramatisch in Szene gesetzt. In die Höhle geht es mit einer Drahtseilbahn, die durch einen knapp 208 m langen Tunnel in 75 m Tiefe rauscht. *Aven* bezeichnet einen unterirdischen Hohlraum, der mit der Außenwelt über eine natürliche Öffnung verbunden ist. Wasser kann durch diese Verbindung eindringen und im Laufe von Jahrtausenden Tropfen für Tropfen Tropfsteine entstehen lassen. Im Aven Armand, in dem man spielend die Pariser Kathedrale Notre-Dame unterbringen könnte, ragt der höchste Stalagmit 30 m empor – ein absoluter Weltrekord. Rekordverdächtig sind auch die Besuchermassen: 200 000 Eintrittskarten werden pro Jahr verkauft. Besonders in der Hauptsaison bedeutet das nicht selten: Schlange stehen.

Die **Ferme caussenarde** im Weiler **Hyelzas** 18 veranschaulicht anhand von Kleiderpuppen, Bauernmöbeln und Landmaschinen das einst schwere Leben auf einem Causses-Gehöft bis zur Mitte des 19. Jh. (Ostern–Allerheiligen 10–12, 14–18, Juli/Aug. 10–19 Uhr, www.ferme-caussenarde.com, 5,50 €). Ein weiterer Anreiz nach Hyelzas zu fahren sind die Bäckerei Pacaud, in der es würzige Brote aus dem Holzkohleofen gibt, und die Fromagerie Fédou, deren Schafskäse man am besten direkt auf dem dazugehörigen Picknickplatz verputzt.

Während der deutschen Besatzung war der Causse Méjean ein Rückzugsgebiet für Widerstandskämpfer, allerdings trotz der Unzugänglichkeit kein sicheres. Im Dorf **La Parade** 19 erinnert unweit der romanischen Kirche ein Denkmal an die 32 hier im Mai 1944 getöteten Widerstandskämpfer des *maquis* (Widerstandskreises) Bir-Hakeim.

Ein Abstecher zum 907 m hohen **Col de Coperlac** 20 (über die D 986 in nördl. Richtung) bietet einen fantastischen Talblick, diesmal freilich auf die Gorges du Tarn. Über die spröden Causse-Weiler Mas-St-Chély und Mas-de-Val erreicht man anschließend die D 16, und damit die Ost-West-Magistrale des Causse Méjean. Ein Hauch Mongolei liegt links und rechts des Weges über der im Wind zitternden Graslandschaft.

Nach ca. 4 km in östlicher Richtung zweigt eine Straße (D 63) in Richtung **Hures** 21 ab. Im Weiler werden Przewalski-Pferde gezüchtet. Die Vorfahren des stämmigen ›Urpferdes‹ stammen aus der Mongolei. Die 50-köpfige Herde lebt auf einer Fläche von 450 ha in völliger Freiheit (Association Takh, Le Vilaret, Tel. 04 66 45 64 43, www.takh.org, Juli/Aug. So–Fr 10.30–13.30, 15.30–19.30 Uhr, sonst auf Vereinbarung, Ferngläser werden gestellt, gratis).

## Übernachten, Essen

Typisch Causse ▶ **Auberge du Chanet:** Nivoliers, Hures-la-Parade (an der D 986), Tel. 04 66 45 65 12, www.aubergeduchanet.com, Ende März–Nov. Wuchtiges Gehöft in einem menschenleeren Weiler, mit einfachen Zimmern und einer Wandererunterkunft *(gîte d'étape)*. DZ 58 €, Schlafsaal 12 €/Pers. Im Gewölbesaal typische Causse-Küche mit Blauschimmelkäse, Lammragout und Kalbsschnitzel. Menü ab 16 €.

## Essen & Trinken

Deftig ▶ **Ferme-auberge Chez Rémi:** Les Hérans (nahe des Aven Armand, Tel. 04 66 45 64 42, April–Okt. nur mittags und auf Reservierung, Juli/Aug. Mo, Sa geschl. Herzerfrischend rustikale Einkehr beim Bauern. Roquefort-Tourte (Pastete), Geflügel vom Hof, Gemüsesuppe – alles aus eigenem Anbau oder eigener Zucht. Menü 11–24 €.

# Mende ▶ L 3

Am schönsten ist der Blick auf die Stadt im hier noch weiten Tal des Lot am Abend, wenn die tiefe Sonne die neuen Siedlungen rund um den alten Kern ausspart und die Westfassade der Kathedrale Notre-Dame-et-St-Privat golden ausleuchtet. Mende, mit rund 12 000 Einwohnern Hauptstadt des Departements Lozère, gewinnt den Besucher mit dem Charme vergangener Tage. Hoch her geht es hier nur, wenn die Tour de France mal wieder durchkommt, wie zuletzt 2005 geschehen.

Am **Ringboulevard,** auf dem abends zur Aperitifzeit *tout Mende* unterwegs ist, reihen sich mit dem klassizistischen Palais de Jus-

**Saftige Weiden – ein Kennzeichen der Aubrac**

tice, der Post, dem modernen Office de Tourisme und dem barocken Hôtel de Ville all die Verwaltungsbauten aneinander, ohne die eine Präfektur in Frankreich nicht auskommt.

Unweit des Palais de Justice zeigt das **Forum des Terroirs** in der **Chambre d'Agriculture** eine Ausstellung zu den Landschaften der Lozère und ihrer landwirtschaftlichen Nutzung (25, av. Foch, Juli/Aug. Mo–Fr, sonst Di–Do 9–12, 13–16 Uhr, 4 €). Auch die typischen Erzeugnisse des Departements kommen nicht zu kurz. Die Chambre d'Agriculture vermittelt zudem im Rahmen der »Fenêtres sur Fermes« Besichtigungen von Höfen, durch die der Besitzer führt (Kastanienbauern, Lammzüchter, Obstbauern ...; Anmeldung und Information: Tel. 04 66 65 62 00, www.lozere-chambagri.fr).

## Altstadt

Die Altstadt hinter dem von Platanen gesäumten Ringboulevard wirkt verbummelt. In der gusseisernen Markthalle wird mittwochs und samstags ein Bauernmarkt abgehalten, in der Rue Montrels versteckt sich die ehemalige **Synagoge** hinter einem gotischen Portal, die **Tour des Pénitents** ist der Rest der einst 24 Türme zählenden Stadtmauer. Das alles strahlt die trägen Wonnen der Provinz aus – bis man auf die Place Urbain V tritt, und der Hals sich unweigerlich zur gigantischen Westfassade der **Kathedrale St-Privat** hochreckt (im Sommer 9–19, sonst 9–18 Uhr). Kein Geringerer als der 1362 zum Papst gewählte Urban V. hat den gewaltigen Bau errichten lassen, denn der Kirchenfürst stammt aus dem nahen Le Pont-de-Montvert. Sein Standbild beherrschte lange den nach ihm benannten Platz vor der Kathedrale. Erst als der Platz vor ein paar Jahren neu gestaltet wurde, rückte man das Denkmal etwas ins Abseits. Nach Urbans Tod stockten die Arbeiten an der Kathedrale, kamen jedoch im 15. Jh. wieder in Gang. Die unterschiedlichen

Bauphasen erklären somit die beiden ungleichen Türme und das Portal im Stil der Flamboyant-Gotik. Die Krypta, in der der hl. Privat, ein Märtyrer, beigesetzt worden sein soll, ist hingegen romanisch. Das schönste Stück in der Kathedrale ist eine schwarze Madonna aus Olivenholz (12. Jh.), die angeblich von Kreuzfahrern aus dem Heiligen Land mitgebracht worden ist. Der byzantinische Einfluss der streng dreinblickenden Plastik ist in jedem Fall unverkennbar.

Der Lot berührt die Altstadt kaum. An seinem Ufer stößt man auf den mittelalterlichen **Pont Notre-Dame,** der den Fluss im Norden der Stadt mit drei eleganten gotischen Bögen überquert (der Zugang erfolgt über die Rue du Faubourg Montbel). Typisch für das alte Mende sind die wenigen am Ufer noch erhaltenen Häuser mit ihren fast halbrunden Schieferdächern.

## Infos

**Office de Tourisme:** Pl. du Forail, Tel. 04 66 94 00 23, www.ot-mende.fr.

## Übernachten

Neuer Glanz ▶ **Hôtel de France:** 9, bd. L. Arnault, Tel. 04 66 00 04, www.hoteldefrance-mende.com. Ehemalige Postkutschenstation, heute charmantes Provinzhotel. Renovierte, klare Zimmer mit Designnote. DZ ab 80 €.

## Übernachten, Essen

Am Ufer des Lot ▶ **Auberge du Pont Roupt:** 2, av. du 11 Novembre, Tel. 04 66 65 01 43, www.hotel-pontroupt.com. Modernes Hotel, seit 4 Generationen in Familienbesitz. 5 Gehmin. zum Zentrum. Schwimmbad, Fitnessraum, Sauna. Restaurant mit gehobener Landküche (Juli/Aug. Sa mittags, So geschl.), Menü ab 25 €. DZ ab 80 €.

## Essen & Trinken

Moderne Landküche ▶ **La Safranière:** Chabrits (5 km westl von Mende), Tel. 04 66 49 31 54, So abends, Mo, außer Juli/Aug. auch Mi mittags geschl. Der beste Tisch weit und breit. Schmucker Bauernhof mit moderner Einrichtung. Küche der Cevennen in zeitgemäßer Art zubereitet. Menü ab 22 € (Di–Fr), sonst 30–50 €.

Institution ▶ **Le Sanglier:** 5, av. Foch, Tel. 04 66 65 12 62, nur Mo–Sa mittags geöffnet. Die ›Kantine‹ der Stadt. Ordentliche Küche, Aubrac-Rind, Gemüsesuppe, deftig und günstig. Tagesgericht 7 €, à la carte 15 €. Menü ab 15 €.

## Einkaufen

Markt ▶ Mi vormittags (viel Kleidung) und Sa ganztags in der Altstadt. Bauernkäse, Gemüse aus dem Garten, Konfitüren, Hartwürste ...

Süße Knabbereien ▶ **Pâtisserie Morel:** 2, rue de la République, Tel. 04 66 65 17 85, Di–So. Feinbäckerei. Croquants, Mandel-Nussplätzchen. **Pâtisserie Eric Kermès:** 3, rue Soubeyran, Tel. 04 66 49 09 51, Sa nachmittags, So geschl. Mandel-Croquants, Sablés (Sandgebäck) mit Mandeln und Honig.

## Aktiv

Kanu, Kajak ▶ **Base de Canoë-Kayak:** 2, impasse Petite Roubeyrolle, Tel. 04 66 49 25 97. Einführungs- und Fortgeschrittenenkurse.

Reiten ▶ **Centre Equestre Mende Lozère:** an der N 88 Richtung Le Puy-en-Velay (3 km in östl. Richtung), Tel. 04 66 49 29 15. Ponyclub für Kinder, Reitkurse für jedes Niveau.

## Verkehr

**Zug:** Bahnhof in der Av. de la Gare, (500 m außerhalb), Tel. 36 35, www.voyages-sncf.com. Züge nach Millau, Marvejols.

**Bus:** Gare Routère neben dem Bahnhof. Tgl. Verbindungen nach Alès, Ste-Enimie, Florac.

# Marjevols und Umgebung

▶ J/K 1–3

Über das schmucke Dorf **Grèzes,** das sich um eine Hügelkuppe ringelt, geht es durch das Tal der Jordane nach **Marvejols** (5500 Einw.). Bei dem umtriebigen Städtchen mit seinen drei wuchtigen Stadttoren und einigen prachtvollen *hôtels particuliers* fällt jedem

Franzosen zunächst »La Bête du Gévaudan« ein. Das wolfsartige Wesen wütete in den späten Jahren des Ancien Régime rund um Marvejols. Allein 1764/65 fielen dem Untier 92 Menschen zum Opfer. Wie, konnte nie geklärt werden. Aufgrund der wüst verstümmelten Leichen vermutete man hinter den Taten einen besonders blutrünstigen Wolf. 1767 schließlich wurde ein Wolf erlegt, dem man die Verantwortung für die Untaten zuschrieb. Die Statue der Bête du Gévaudan auf der Place des Cordeliers erinnert 250 Jahre später an die Ereignisse.

Lebendig wird es jeden ersten und dritten Montag des Monats im Städtchen, wenn auf der Place de l'Esplanade **Viehmarkt** abgehalten wird. Viele Rinder stammen vom Aubrac und das Fleisch von Färsen wird bei den ortsansässigen Metzgern als *fleur d'Aubrac* angeboten. Der Aubrac, das Reich der Rinder, beginnt westlich. Das von saftigen Weiden überzogene, fast menschenleere Hochplateau ist ein Zentrum des tief in seinen Traditionen verwurzelten ländlichen Frankreich.

In **Ste-Lucie,** einem Dorf 8 km nördlich von Marvejols, wirbt der 7 ha große Wolfspark **Les Loups du Gévaudan** für die Wiederansiedlung von Meister Isegrim. Hier leben die Wolfsrudel aus Osteuropa, der Mongolei und Kanada in sicheren Gehegen und nicht in freier Wildbahn. Gleich 100 Exemplare mongolischer Wölfe, die als Pelzkappenmäntel enden sollten, hat Brigitte Bardot 1991 gestiftet. Auch wer sich nur mäßig für Wölfe interessiert: Der Blick vom Hügel des Parks ist schlicht grandios. Der Rundblick schweift über Mont Lozère, Lot-Tal, Causse de Sauveterre und Aubrac (Tel. 04 66 32 09 22, www.loupsdugevaudan.com, im Sommer 10–19, sonst 10–17 bzw. 18 Uhr, Jan. geschl., Tipp: die Fütterungen morgens und abends, 7 €).

Vom Park ist es nur ein Katzensprung zum Barockschloss **Château de la Baume** in der Nähe von Le Buisson. Das »Versailles des Gévaudan« ist mit einer Führung zu besichtigen (Tel. 04 66 32 51 59, www.aurelle-verlac.com/labaume/labaume.htm, im Sommer tgl. 10–12, 14–18 Uhr, ansonsten auf Ankündigung).

Ganz im Norden des Departements überrascht die Lozère mit einer weiteren Attraktion für Wildtierfreunde. Die **Réserve de Bisons d'Europe** bei Ste-Eulalie schützt auf 200 ha eine der letzten Herden des europäischen Bisons. Auf einem 3 ha großen Gelände darf man den seltenen Tieren näherkommen – am einfachsten gelingt dies mit der Kutsche oder im Winter dem Pferdeschlitten (Tel. 04 66 31 40 40, www.bisoneurope.com, Sommer 10–18, sonst 10–17 Uhr, Museum 4 €, Museum plus Rundgang 6 €, plus Kutschfahrt 12,50 €, plus Schlittenfahrt 14,50 €).

## Infos

**Maison du Tourisme:** Porte de Soubeyran, 48100 Marvejols, Tel. 04 66 32 02 14, www.ville-marvejols.fr.

## Übernachten, Essen

**Alt und neu ▶ Le Château de Carriere:** am Ortsausgang an der D 42, Tel. 04 66 32 28 14, www.domainedecarriere.com. Das Barockschlösschen liegt in einem Park mit modern eingerichteten und komfotablen Chambres d'hôte. DZ ab 100 €. Auch das Restaurant in den ehemaligen Pferdeställen ist modern gehalten (Tel. 04 66 32 47 05, Mi und So abends, Mo geschl., Juli/Aug. nur Mo geschl.). Gute Weinauswahl! Menü ab 20 €.

**Für eine Nacht ▶ Hôtel de la Gare et des Rochers:** 27, av. Pierre Semard, Tel. 04 66 32 10 58. Etwas außerhalb gegenüber vom Bahnhof, auf einer Anhöhe über dem Colagne-Tal. Gut für eine Zwischenetappe. DZ ab 34 €. Honettes Restaurant (Sommer tgl., sonst Sa mittags, So abends, Mo mittags geschl.). Menü ab 15 €.

## Verkehr

**Zug:** Bahnhof 1,5 km südl. in der Av. Pierre Semard, Tel. 36 35, www.voyages-sncf.com. Tgl. Verbindungen nach Mende, Alès und Paris.

**Bus:** Cars Boulet, Tel. 04 66 65 19 88, www.voyages-boulet.com. Buslinien nach Mende und Rodez.

Auf keinen Fall versäumen sollte man einen Abstecher über die D 986 hinauf zur Causse de Sauveterre

# Süd-Cevennen

**Buchen- und Nadelwälder sind das Wahrzeichen des Mont Aigoual, dem mit 1567 m zweithöchsten Berg der Cevennen. Im Süden rücken Kastanienwälder nach. Die Nähe zum Mittelmeer ist spürbar: Wo früher Seidenraupen gezüchtet wurden, sprießt mit der Bambouseraie de Prafrance Europas bedeutendster Bambuswald. Im Westen wechselt das Landschaftsbild nochmals. Bis an den Horizont erstrecken sich die kahlen Hochplateaus der Causses. Schafherden grasen in der Weite.**

## Meyrueis, Gorges de la Jonte und Causse Noir

### Meyrueis ►K 6

Fast ein wenig bedrohlich rücken die Felsmassen des Causse Méjean und des Causse Noir an das 850 Einwohner zählende Meyrueis heran. Angesichts der besonderen Lage ist es kein Wunder, dass im charmanten Städtchen 1888 die ›Société touristique des Gorges et des Cévennes‹ gegründet wurde. Es war der erste Schritt zur touristischen Erschließung der Cevennen.

Hotels gibt es noch immer viele in Meyrueis. Der Ort ist ein beliebter Ausgangspunkt für Touren auf die Causses (Hochebenen) oder in die Gorges (Schluchten) der Region. Für Verweilqualität sorgen die Flussläufe von Jonte, Brèze und Bétuzon, dank derer selbst im heißen Sommer etwas Frische in den Gassen herrscht. Die mediterran anmutende **Place Sully** lädt mit Caféterrassen zum Verweilen ein, der Mittwochsmarkt ist bunt, und die protestantische **Kirche St-Pierre** überrascht mit einem ungewöhnlichen, achteckigen Grundriss.

### Infos

**Office de Tourisme:** Tour de l'Horloge, Tel. 04 66 45 60 33, 48150 Meyrueis, www.meyrueis-office-tourisme.com.

### Übernachten, Essen

Stilgerecht ► **Château d'Ayres:** Ayres (1,5 km nordöstl. von Meyrueis an der D 57), Tel. 04 66 45 60 10, www.chateau-d-ayres.com, Jan.–Anfang Febr. geschl. Herrschaftliches Anwesen aus dem 12. bis 18. Jh. in einem 6 ha großen Park mit altem Baumbestand und geräumigen Zimmern mit Möbeln von Louis XV bis Empire. DZ ab 102 €. Restaurant mit Gewölbe, Kamin, Terrasse und von den Cevennen inspirierter Küche (Menü 22–49 €).

Viel Verweilqualität ► **Hotel du Mont Aigoual**: 34, quai de la Barrière, Tel. 04 66 5 65 61, www.hotel-mont-aigoual.com, April–Okt. Stattlicher Bau mit Pool und Garten. DZ ab 56 €. Empfehlenswertes Restaurant (außer Juli/Aug. Di mittags geschl.): Foie gras mit Linsen! Menü ab 21 €.

Natursteinbau mit Charme ► **Grand Hôtel de France:** Pl. J. Sequier, Tel. 04 66 45 60 07, www.grandhotel2france.com. Die ehemalige Postkutschenstation von 1790 besticht mit netten, farbfrohen Zimmern. Garten, Pool. DZ ab 52 €.

Familiär ► **Family Hôtel:** 4, rue de la Barrière, Tel. 04 66 45 60 02, www.hotel-family.com, April–Okt. Weißer Neubau am Ufer des Jonte-Zuflusses Bétuzon mit funktionalen Zimmern. DZ ab 48 €. Garten, Pool und Restaurant mit herzhafter Lozère-Küche (Menü mittags 12 €, sonst 33 €).

Günstig ▶ **Chambres d'hôte Chez Rémy et Elise Martin:** 8, rue Claude-Nogues, Tel. 04 66 45 62 20. 3 schlichte Gästezimmer zu unschlagbar kleinem Preis. Reizende Hausherren. DZ ab 22 €.

Reizvolle Lage ▶ **Camping Le Pré de Charlet:** Rte. de Florac (1 km vom Zentrum), Tel. 04 66 45 63 65, www.camping-leprede charlet.com, Mai–Okt. Sauberer Platz am Ufer der Jonte, mit viel Schatten. Morgendlicher Croissant- und Brotlieferservice. Zelt, 2 Pers./13 € pro Nacht.

## Einkaufen

Markt ▶ im Winter Mi in der **Markthalle,** im Sommer Mi auf der **Place Chamson,** Fr in der **Markthalle.**

Ziegenkäse und mehr ▶ **La Ferme de Jontanels:** Gatuzières (ca. 7 km nordöstl., D 996 Richtung Florac, dann D 19), Tel. 04 66 45 63 71. Hof mit Ziegen und Kühen am Ende der Welt. Verkauf von Käse, Würsten, Pâtés. Gegen 11 Uhr Vorführung der Käseherstellung, gegen 17 Uhr Melken der Ziegen. Tipp: Ebenfalls 2 Chambres d'hôte, DZ/F 52 €.

## Aktiv

Mountainbiken ▶ mehrere markierte Pisten vom Gipfel des **Mont Aigoual** bis nach **Meyrueis.** Information über Office de Tourisme.

Outdoorsport ▶ **Fremyc:** Pl. Sully, Tel. 06 81 61 63 50 oder 06 19 43 50 39, www.nature-cevennes.com. Wander-, Klettertouren, Kanu, Canyoning, Mountainbike (VTT), Gleitschirmsegeln. Materialverleih und organisierte Touren.

## Verkehr

**Bus:** tgl. Verbindung nach Millau. Information über Office de Tourisme.

## Gorges de la Jonte ▶ K 6

Die 15 km langen **Gorges de la Jonte** sind nicht so spektakulär wie die Tarn-Schlucht, dafür aber umso beliebter bei Kanuten. Der **Belvédère des Vautours** bei Le Truel aber ist die Attraktion der Schlucht schlechthin. Gemeint ist ein Museum mit drei Leinwänden, auf denen dank in freier Natur versteckter Kameras Bilder live aus dem Geierhorst gezeigt werden (Tel. 05 65 62 69 69, www.vautours-lozere.com, Di–So Juli/Aug. 9.15–19.30, März–Juni, Sept.–Anfang Nov. bis 18 Uhr, letzter Einlass 1 Std. vor Schließung, 7 €).

Seit 1981 werden wieder Geier auf den Causses-Klippen angesiedelt. Ihre Population zähltmittlerweile auf 500 Exemplare. Der Anblick der über der Jonte-Schlucht kreisenden Vögel, deren Flügelspanne fast 3 m erreichen kann, ist überwältigend. Erklärt werden auch die Probleme mit der Wiederansiedlung der Geier auf den Causses. Man erfährt etwa, dass der Beutetrieb vielen der vor ein paar Jahren ausgesetzten Zoovögel abhandengekommen ist, sich daher die Futtersuche für die Selbstversorger unter ihnen schwierig gestaltet. Die Vogelbetreuer müssen regelmäßig mit Kadavern zufüttern. Mitarbeiter der französischen Vogelschutzliga Grands Causses nehmen Besucher auf Exkursionen zum Geier-Watching mit (reservieren!).

### Tipp: Eselwanderungen

Das Wandern mit einem Esel auf den **Spuren von Stevenson** (s. S. 112) ist in den Nord-Cevennen längst ein Klassiker. **Ânambule** bietet das etwas Geduld erfordernde Erlebnis auch in den südlichen Cevennen an (Ânambule, Antoine und Gabrielle Brumelot, Mas Corbières, Notre-Dame-de-la-Rouvière ▶ M 7, Tel. 04 67 82 48 10, www.mascorbieres.com). In Meyrueis bietet der Veranstalter **Anatole Rando'âne** verschiedene Möglichkeiten der Eselwanderung an – geführt, in einer Gruppe oder individuell und frei (Tel. 04 66 45 66 48, http://www.ane-et-rando.com/anatole).

## Causse Noir ▶ J/K 6

Zu den Attraktionen des Causse Noir gehört die rosafarbene **Grotte de Dargilan.** Die 1,2 km langen und 120 m unter der Oberfläche des Causse verlaufenden Galerien bezaubern mit steinernen Wasserfällen, Säulen, ›Kalkorgeln‹ und kristallklaren Seen (www.

## Tipp: Aussteigen und Abheben – Gîte de Cabrières

Ruth und Jürgen Dewess zogen vor gut 20 Jahren von Freiburg an den Westrand des Causse Noir. Am Anfang der Entscheidung, sich im tiefsten Südwestfrankreich niederzulassen, stand die Sehnsucht nach intakter Landschaft und Weite. Nach einigen Urlaubsaufenthalten im französischen Südwesten fiel die Wahl auf **Millau.** Wegen der optimalen Möglichkeiten für Drachenflieger hatte Jürgen dort bereits ein halbes Jahr verbracht. Für den Rest sorgte der Zufall. Französische Freunde erzählten vom leerstehenden Bauernhof unterhalb der Burg von Cabrières. Der Weiler ist ein einsamer Ort oberhalb des Tarn-Tals, mit einem Fernblick, den nur der Horizont einschränkt. An dieser Stelle wollte sich das Paar eine neue Existenz aufbauen – aus ihrem Hobby wurde das **Drachenflugzentrum Millau.**

Bis sie den Bauernhof in Eigenarbeit bewohnbar gemacht hatten, wohnten die beiden ein Vierteljahr in der Jugendherberge. Bei den weiteren Renovierungsarbeiten halfen die ersten Gäste tatkräftig mit. Acht Jahre lang lebten Gastgeber und Gäste unter einem Dach, bis der benachbarte Schafstall aufgrund von Familienzuwachs zum eigenen Heim umgebaut wurde. Neben dem Drachenflugzentrum betreiben die Dewess ein Gästehaus und bieten Wander- und Kochkurse an. Zu den besten Freunden zählen die Bauern einer Ferme Auberge in der Nähe – der Weiler Cabrières ist längst zur Heimat geworden.

**Gîte de Cabrières:** 12520 Aguessac (▶ H 6), Tel. 05 65 59 84 44, www.cabrieres.net. Übernachtung im Gästehaus mit Garten und Terrasse (Gîte de France, klassifiziert mit 3 Ähren) 2–5-Pers.-Zimmer. Erw. 15 €, HP 36 €, Kinder 12 €, HP 30 €.

Kurse: **Drachenfliegen,** einwöchige Anfängerkurse nach den Richtlinien des Deutschen Hängegleiterverbandes, tgl. ca. 5 Std. vormittags, Unterbringung in Mehrbettzimmern (4–5 Pers.), ab 330 €/Pers., gegen Aufpreis in einer Ferienwohnung. Mitzubringen sind: Schlafsack, knöchelhohe Schuhe mit rutschfester Sohle, bequeme, strapazierfähige Kleidung und Knieschützer.

**Französisch Kochen und Wandern,** 7 Nächte im DZ mit HP, 410 €/Pers. Der wilde Spinat für den Kräuterauflauf wird von der Wanderung mitgebracht. Zum Kursende erhält jeder Ruths Rezeptbuch – damit die Entenbrust in Wacholdersauce auch daheim gelingt.

grotte-dargilan.com, Juli/Aug. 10–18.30, April–Juni, Sept. 10-17.30, Okt. 10–12, 14–16 Uhr, 8,50 €). In den Dörfern des Causse Noir scheint die Zeit stehen geblieben zu sein.

**Lanuéjols** duckt sich in einer Senke mit Lavendelfeldern. Von hier geht es quer über die Hochebene zum Weiler **La Roujarie**, wo sich etwas außerhalb der eckige Turm der verfallenen romanischen Kirche St-Jean-de-Balmes erhebt. Bei der Kirche zweigt eine Rumpelpiste, die den schmeichelnden Namen **La Corniche du Causse Noir** trägt, zu zwei spektakulären Aussichtspunkten auf die Gorges de la Jonte ab. Von den Anhöhen fällt der Blick ins Bodenlose der Schlucht.

Etwas rummelig wird es beim **Chaos de Montpellier-le-Vieux.** Das grandiose Felschaos überrascht mit bizarren Formationen, einem natürlichen Felsbogen (Porte de Mycènes), vermeintlichen Straßenfluchten sowie Figuren wie ›Bärenkopf‹ oder ›Queen Victoria‹. Der Besucherstrom ist entsprechend gewaltig, und selbst ein **Touristenbähnchen** bimmelt durch die Felsen (Mitte März–Nov.).

## Millau ▶ H 6

### 2 Viaduc de Millau

Seit Dezember 2004 ist Millau aus den Staumeldungen verschwunden. Grund dafür ist der **Viadukt über die Tarn-Schlucht,** der den Durchgangsverkehr seither in schwindelerregender Höhe an der 22 000-Einwohner-Stadt vorbeiführt. Kein Geringerer als der britische Stararchitekt Lord Norman Foster zeichnet für das technische Wunderwerk verantwortlich. Die Durchführung der bis dato höchsten Autobahnbrücke der Welt übernahm die Firma Eiffage – deren Wurzeln auf Gustave Eiffel, den Vater des Pariser Eiffel-Turms, zurückgehen. Drei Jahre wurde am 2,4 km langen Viadukt gebaut. Der höchste von insgesamt sieben Pfeilern ragt stolze 324 m empor – ein weiterer Weltrekord. 154 Seile halten die 36 000 t schwere Fahrbahn.

Fast 400 Mio. € standen bei der Fertigstellung des Jahrhundertwerkes auf der Rechnung. Bis die Brückengebühr – je nach Saison 6,40 bis 8,20 € pro Pkw – die Summe eingefahren haben wird, werden mindestens zehn bis 15 Jahre ins Land gehen. Die Firma Eiffel hat zur Vorsicht eine Konzession über 75 Jahre für den Betrieb ausgehandelt.

Die Gebühr ist für den Reisenden gut angelegt. Erstens verkürzt sich der Weg in den Süden über die Autobahn A 75 um knapp 100 km. Zweitens ist der Blick vom Viadukt über das Tarn-Tal und die Causses schlichtweg umwerfend.

In Millau freut man sich nicht nur über die nun deutlich durchgangsverkehrsärmere Ortsmitte. Der Viadukt selbst ist zur Touristenattraktion geworden, ganz so wie die nahen Roquefort-Käsekeller (Informationsstelle Viaduc Espace nördl. von Millau an der D 992). Das Office de Tourisme bietet am Wochenende Führungen zum Viaduc an. Nach der Besichtigung bummeln viele Besucher noch durch das hübsche Städtchen, worüber Einzelhandel und Gaststätten sehr erfreut sind.

## Altstadt

Reich wurde Millau einst durch die Verarbeitung von Schafshäuten zu feinsten Lederhandschuhen. Die Schafe wiederum kamen vom nahen Larzac, mit dem die Stadt seit Menschengedenken eng verbunden ist. In der Altstadt wurde rund um die Markthallen in den vergangenen Jahren kräftig saniert. Viele der schulterschmalen Gassen sind nur noch Fußgängern vorbehalten. Den Überblick behält, wer in der geschäftigen **Rue Droite** den gotischen **Beffroi** mit achteckigem Aufbau aus dem 17. Jh. besteigt – vom Turm lässt sich die Altstadt gut überschauen. Mittwochs und freitags wird es in den *halles* lebendig, wenn sich ganz Millau auf dem Wochenmarkt eindeckt. Schwer zu tragen haben die aus dem 12. bis 16.Jh. stammenden Arkaden an der **Place du Maréchal Foch,** auf der ein Empire-Brunnen plätschert. Einige der Stützpfeiler gerieten anscheinend bereits kurz nach ihrer Aufstellung in Schieflage. Eine okzitanische Inschrift am Kapitell warnt den Passanten: »Gara qué faras«. – »Pass auf, was Du tust«. Angesprochen werden sollten damit ursprünglich Gauner, die im Mittelalter an dieser Säule aufgeknüpft wurden.

## Musée de Millau

Millaus Geschichte als Ledermetropole ist im in einer Ecke des zauberhaften Platzes gelegenen **Musée de Millau** dokumentiert, das in der Abteilung Peau et Gant (Leder und Handschuhe) eine vollständig erhaltene Produktionsstätte für Handschuhe zeigt. Das Museum ist im noblen Hôtel de Pégayrolles aus dem Jahr 1738 untergebracht (Tel. 05 65 59 01 08, www.museedemillau.fr, Juli/Aug. 10–18, sonst 10–12, 14–18 Uhr, Okt.–April So geschl., 5,20 €).

Die archäologische Sammlung zeigt **Ausgrabungsfunde aus Graufesenque,** doch besser fährt man direkt zum etwa 1 km südwestlich von Millau gelegenen Fundort (N 9, über den Tarn in Richtung Montpellier, Tel. 05 65 60 11 37, tgl. außer Mo Juli/Aug. 10–12.30, 14.30–19, Mai, Juni, Sept. 10–12, 14–18, Okt.–April 10–12, 14–17 Uhr, 4 €). Immerhin handelt es sich um eines der bedeutendsten Zentren Galliens für die Massenproduktion von Gebrauchskeramik. Das Geschirr wurde vornehmlich in die westlichen Gebiete des römischen Imperiums geliefert, nachgewiesen anhand des Herstellersiegels. Dem Missgeschick eines Töpfers, der um 40 n. Chr. seine Fehlbrände auf den Abfall geworfen hatte, verdankt das Museum gut

**400 Mio. € teures Wunderwerk: der Viaduc de Millau**

15 000 zerschepperte oder miteinander verschmolzene Töpferwaren.

## Infos

**Office de Tourisme:** 1, pl. du Beffroi, 12100 Millau, Tel. 05 65 60 02 42, www.ot-millau.fr.
**Maison du Parc:** 71, bd. de l'Ayrolle, Tel. 05 65 61 35 50, www.parc-grands-causses.fr. Informationsstelle des Naturparks Les Grands Causses.

## Übernachten

Praktisch ▶ **Cévenol Hôtel:** 115, rue Rajol, Tel. 05 65 60 74 44, www.cevenol-hotel.fr. Modernes Hotel, die Zimmer zur Uferstraße am Tarn sind ein bisschen laut. Schwimmbad. DZ ab 50 €.

Am Fluss ▶ **Camping Millau-Plage:** 2 km nördl., am linken Tarn-Ufer, Tel. 05 65 60 10 97, www.campingmillauplage.com, April–Sept. Schön gelegener, grüner und sehr familienfreundlicher Platz. Die schönsten Plätze liegen zum Tarn-Ufer hin. Zelt/2 Pers. ab 13 €.

## Übernachten, Essen

Mediterran ▶ **Domaine de St-Estève:** Route de Millau-Plage, Tel. 05 65 69 12 12, www.domaine-saint-esteve.fr. Neues Hotel mit Châlets, die in die mediterrane Umgebung eingefügt sind. Großzügige Zimmer. Pool. Gutes Restaurant (Nov.–April So abends, Mo geschl.), Menü 17–35, DZ ab 80 €.

Burghotel ▶ **Château de Creissels:** Rte. de St-Affrique, Creissels (2 km südl. von Millau), Tel. 05 65 60 16 59, www.chateau-de-creissels.com, März–Dez. Mittelalterliche Burg mit einem Turm aus dem 12. Jh. und modernem Anbau. Auf ein Zimmer im Hauptbau achten! Park, Restaurant mit gehobener südwestfranzösischer Küche (außer Juni–Sept So abends, Mo mittags geschl., Menü ab 24 €). DZ ab 66 €.

**Wohnen auf dem Bauernhof ▶ Ferme Auberge de Quiers:** Compeyre (12 km nördl. von Millau), Tel. 05 65 59 85 10, www.quiers.net, April–Allerheiligen. Von den 86 ha des Hofes eignen sich wegen der steilen Hänge nur 18 ha zur Bewirtschaftung. Zu wenig für Véronique und Jean Lombard-Pratmarty, um als Jungbauern zu überleben. So entstand die Ferme Auberge mit 6 charmanten Zimmern im Hauptgebäude und 4 weiteren in einer Dependenz. DZ ab 58 €. Hühner, Truthähne und Gänse laufen über die Wiese. Vom Tisch blickt man auf die 900 m hohe Klippe des Causse Noir. Table d'hôte Di–So, Menü ab 24 €, z. B. mit Crêpes au Roquefort und Lammragout, dazu ein roter Marcillac.

## Essen & Trinken

Mit Pfiff ▶ **Capion:** 3, rue Jean-François Alméras, Tel. 05 65 60 42 13, Di abends, Mi geschl. Gelungene Regionalküche mit Crosskitchen-Einflüssen. Menü 16–40 €.

Raststätte mit Niveau ▶ **Aire de Repos de Brojéculs:** an der A 75, Espace de Restauration, in der Nebensaison tgl. 10–17, im Frühling und Herbst 10–18, im Sommer 9–19 Uhr. Drei-Sterne-Koch Michel Bras ist von den kulinarischen Höhen seines Restaurants in Laguiole (Aubrac) niedergestiegen, um auf der Autobahnraststätte eine gastronomische Institution zu schaffen. Leichte raffinierte Gerichte des Aubrac. Hauptgerichte um 18 €. Tipp: Feinschmecker-Boutique mit lokalen Produkten.

## Einkaufen

Markt ▶ Sept.–Juni Mi und Fr, Juli/Aug. Mo abends. Wurst und Roquefortkäse aus dem Departement Aveyron.

## Abends & Nachts

Weinbar ▶ **Bar à vins Lo Veirat:** 43, rue de la Chapelle, 11–14, 17–1 Uhr, Mo–Sa. Viele offene Côtes-du-Roussillon-Weine, Käse- oder Wurstteller.

## Aktiv

Kanu-, Kajaktouren auf der Dourbie ▶ **Roc et Canyon:** 55, av. Jean-Jaurès, Tel. 05 65 61 17 77, www.roc-et-canyon.com. Verleih von **Mountainbikes.**

Wandern ▶ Rundwanderung südl. von Millau zum **Viaduc.** Start am Parkplatz Aire de Brunas (Gleitschirmabflugbasis), weiter nach Westen über den GR 71D (rot-weiße Markierung) Richtung Ferme de Bel-Air. Kurz danach unterquert der GR den Viadukt. Auf dem GR bleiben, bis der Kurzwanderweg PR (gelbe Markierung) zum Aire de Brunas zurückführt (10,5 km, 3 Std.).

## Verkehr

**Zug:** Bahnhof Av. Paul Sémard. Tgl. Verbindungen nach Béziers, Montpellier, Toulouse und Perpignan. Busse der Eisenbahngesellschaft SNCF nach Rodez, Marvejols und Montpellier, www.voyages-sncf.com.

**Bus:** Gare Routière am Bahnhofsplatz, Tel. 05 65 59 89 33. Tgl. Verbindungen nach Montpellier, Meyrueis, Ste-Enimie und Clermont-L'Hérault.

# Roquefort-sur-Soulzon und Causse du Larzac

## Roquefort-sur-Soulzon

**► westl. H 7**

20 km entfernt von Millau reift im Dunkel des 800 m hohen Felsmassivs Cambalou, an dem das nicht sehr ansehnliche Örtchen **Roquefort-sur-Soulzon** (www.roquefort.fr) klebt, ein Schimmelkäse heran, der in aller Welt zum Ruhm Frankreichs als Käseland beiträgt. Die Besichtigung eines 8 bis 10 °C kühlen Käsekellers gehört deshalb zu jedem Larzac-Ausflug, und sei's nur, um sich die verschiedenen Varianten des Roquefort unter die Nase halten zu lassen. Zur Auswahl stehen die Keller des Marktgiganten Société mit Video und *bar à fromages* (Av. Galtier, www.roquefort-societe.com, Ostern–Allerheiligen), die von Papillon (Rue de la Fontaine, www.roquefort-papillon.com), sowie etlicher kleinerer Produzenten wie Coulet, dessen Roquefort zart und oft prämiert ist (Pl. de l'Eglise, www.gabriel-coulet.fr).

## 3 Causse du Larzac ► J/K 7/8

Während sich in Roquefort Busladungen von Besichtigungswilligen tummeln, bleiben auf dem **Larzac** handbeschriebene Brettchen, die zum Schließen von Weidegattern ermahnen, über lange Strecken die einzigen Chiffren der Zivilisation. Über Fußspuren im silbrigen Gras legt der Wind im Nu ein Wellenmuster. Im Winter kann die Hochsteppe zum Eisfeld werden. Im Sommer versengt die Sonne alles Grün. Im Frühjahr aber stülpt ein üppiger Blumenteppich der ariden Weite ein berauschend schönes Kleid über. Der Herbst entfaltet einen nüchternen Zauber: Unter azurblauem Oktoberhimmel changiert der Larzac zwischen Blassgrau und Strohgelb.

So viel menschenleere Einöde ist selten. Der Larzac diente deshalb des Öfteren als Filmkulisse. Henri Decoin stellte 1956 Peter van Eyck und Françoise Fabian für »Le Feu aux poudres« in den mittelalterlichen Gemäuern von Ste-Eulalie vor die Kamera, Philippe de Broca holte fünf Jahre später Claudia Cardinale und Jean-Paul Belmondo zu den Dreharbeiten von »Cartouche« ins Festungsdorf La Couvertoirade. Zuletzt ließ Christian Chalonge 1980 Michel Serrault und Jean-Louis Trintignant in der unwirtlichen Mondlandschaft von Le Caylar die Opfer einer Nuklearkatastrophe mimen.

Dicht bevölkert war die karge, von mageren Steppen überzogene Hochebene nie. Die felsigen Böden ernähren nur wenige Mäuler. Pausenlos zurrt der Wind an den vereinzelten Wacholder- und Ginstersträuchern, entfacht durch den Zusammenprall von ozeanischem, kontinentalem und Mittelmeerklima. Weißdornsträucher kommen über Bonsaigröße nicht hinaus. Kräftiger Mischwald bedeckt hingegen die Flanken der schroff über den Schluchten von **Dourbie, Virenque** und **Vis** ansteigenden Hochebene. Oben angekommen überrascht der Larzac mit tiefen Furchen. Wieder geht es runter, wieder steigt man mühsam auf.

Der größte Einschnitt zieht sich von Ost nach West, vom wütend voranstiebenden **Cernon** aus dem Kalkgestein ausgewaschen. In den windgeschützten Lagen am Cernon ist das Klima plötzlich mediterran, es gedeihen Pfirsichbäume und Oleander. Der kleine Fluss führt immer reichlich Wasser, ein auf den ariden Causses rares Gut. Wo kein Bach fließt, haben die Schäfer eine *lavogne* angelegt. In den trichterförmigen, mit Steinpflaster ausgekleideten Mulden wird der Regen für die Herden aufgefangen.

## La Couvertoirade ► J 8

Der Touristenmagnet auf dem Causse du Larzac ist das mittelalterliche **La Couvertoirade** mit 160 Einwohnern, von Roquefort aus am schönsten querfeldein über die D 77, D 7 und D 185 oder direkter, der D 999 und N 9 folgend, zu erreichen. Rund um das von den Templern im 12. Jh. zur Festung ausgebaute Dorf ragen nackte Felsen wie frühzeitliche Stelen in den Himmel. 140 000 Touristen strömen pro Jahr durch die zinnengekrönten Tore, die meisten zu Busgruppen geballt in der heißen Phase des französischen Urlaubssommers von Mitte Juli bis Mitte Au-

# Hochburg der 1968er – der Larzac

Thema

**Gut 1500 Menschen leben auf dem Larzac, dem größten und südlichsten unter den Grands Causses Südwestfrankreichs. Das Kalkplateau ist ein weltentrücktes, von Klüften scharf umrissenes Niemandsland. Bis weit in die 1980er-Jahre stand die 1968er-Generation hier in erbittertem Kampf mit der staatlichen Ordnungsmacht.**

Seit dem Mittelalter wird die über 1000 km$^2$ große Kalksteintafel des Larzac militärisch genutzt. Grund dafür ist die strategische Bedeutung der natürlichen Felsfestung am Übergang zu den Mittelmeerhäfen des Languedoc. Im 12. Jh. richtete sich der Templerorden in Ste-Eulalie mit einer Komturei ein. 1312 folgten mit den Hospitalitern erneut Soldatenmönche. Sie bestimmten die Geschicke des Plateaus bis zum Ende des Ancien Régime. Nach den Soldatenmönchen kam kurz nach der Jahrhundertwende die französische Armee. Als deren 3000 ha große Militärbasis 1971 erheblich vergrößert werden sollte, erhob sich ein Proteststurm. Dabei hatte die Armee schon in den 1960er-Jahren angefangen, unrentables Weideland aufzukaufen, dies zudem auf ausdrückliche Bitte der Besitzer, die vom harten Leben auf wenig ertragreicher Scholle die Nase voll hatten.

Dann aber krempelte der Mai des Jahres 1968 das Land um. Nach dem Ausbleiben der Revolution stieg der Larzac zum Hoffnungsträger aller um den großen Umsturz Betrogenen auf. Was in Paris nicht gelingen konnte, sollte nun in der tiefsten Provinz des Departements Aveyron Wirklichkeit werden. Am Plan, die Hochweiden zum 14 000 ha großen Panzerübungsplatz umzufunktionieren, entlud sich der aufgestaute Groll gegen staatliche Willkür, zentralistisches Technokratentum und Arroganz des Militärs.

Anfang 1972 gründete sich in der Departementhauptstadt Rodez das erste Comité du Larzac, dem in Frankreich 70 weitere folgen sollten. Es kam zum großen Schulterschluss: Zu den Großdemonstrationen jener Jahre erschien selbst der Bischof von Millau. Zu 60 000 Menschen hatte man sich 1973 auf dem Larzac versammelt. Im Jahr darauf waren es über 100 000, die Wasserwerfern und Gummiknüppeln widerstanden. Das verband. Die Boykottmaschinerie lief auf Hochtouren, als Unterstützer aus ganz Frankreich Parzellen auf dem Larzac erstanden. Wie beabsichtigt legten die so auf Tausende angeschwollenen Enteignungsverfahren die Gerichte lahm.

Ins Herz der Nation aber traf die um einen kleinen Kreis zu allem entschlossener Bauern gescharte Bewegung mit spektakulären Unternehmungen wie ›Traktoren nach Paris‹, oder ›Schafe unter dem Arc de Triomphe‹: Angesichts über die Champs Elysées getriebener Schafherden schlugen sich die auf ihre bäuerlichen Traditionen eingeschworenen Franzosen in Scharen aufseiten der Demonstranten. Die Zeit der verwegenen Aktionen endete schlagartig 1981 mit der Wahl von François Mitterrand. Mit unfehlbarem Machtinstinkt hatte der Kandidat der Sozialisten die Annullierung des Larzac-Projekts in den Maßnahmenkatalog aufgenommen, der ihm schließlich auf den Präsidentensessel half. Mitterrand hielt Wort, ungeachtet der energischen Proteste des Generalstabs. Noch im Wahljahr fegte Frankreichs neuer starker Mann die Pläne vom Tisch.

aktiv unterwegs

## Wandern auf dem Mont Aigoual

### Tour-Infos

**Start:** Parkplatz am Observatorium
**Länge und Dauer:** 16 km, 5 Std.
**Wanderkarte:** IGN-Karte 2641 ET Mont Aigoual, 1:25 000
**Übernachten:** Gîte d'Etape de l'Observatoire, Wanderhütte am GR 66, beim Observatoire météorologique, Tel. 04 67 82 62 78, Mai–Mitte Okt. Schlichte 4- bis 6-Pers.-Zimmer in, 15 € pro Pers. Bettlaken und Kopfkissen mitbringen. Abendessen auf Reservierung 14 €.

Die Wanderung vermittelt ein gutes Bild von der scheinbar kahlen Gipfelregion des Mont Aigoual. Man läuft über den Parkplatz unterhalb des **Observatoriums** in Richtung der beiden Sendetürme (GR-60-Markierung, rotweißer Doppelbalken), an diesen vorbei und verlässt nach 200 m die Straße nach rechts (ohne Markierung), durchquert ein Gatter und folgt etwa fünf Minuten einer Wegspur über den kahlen grasigen Rücken nach Süden auf die flache Kuppe mit kleinem Sendemast zu. Man hält sich links von dieser Erhöhung und steigt den Wiesenhang in Richtung D 18 hinab, bis zu einem parallel zur Straße verlaufenden Pfad. Auf diesem geht es nach rechts; der GR 60 ist wieder erreicht. Der Pfad berührt fast die Straße (30 Min.). Anschließend führt die Tour wieder durch ein Gatter. Bei der kurz darauf kommenden GR-Gabelung hält man sich rechts Richtung Cabrillac (GR 60) und läuft noch immer auf der kahlen Höhe des Aigoual-Gipfels mit Blick auf die unterhalb liegenden Wälder. Der Pfad beschreibt einen Rechtsbogen hoch am Hang und senkt sich dann nach links zum Waldrand. Nach einer weiteren guten halben Stunde kommt der Weg nach einem Waldstück am **Plo du Four** dicht an die Straße, um dann gleich wieder im Wald anzusteigen. Weiterhin am Waldrand folgt man einer großen *draille*. Der Weg senkt sich und gibt den Blick auf den gegenüberliegenden **Causse Méjean** frei. Nach Verlassen des Waldes geht es bei einer Weggabelung rechts abwärts. Erika, Ginster und Wacholder säumen den Weg, der schmaler und steiler und dann etwas abschüssig wird. Der Abstieg erreicht bei **Cabrillac** die Straße (2 Std.). Auf der D 19 geht es 50 m nach rechts, dann nach links auf einen parallel zur Straße verlaufenden Pfad, der bald in einen Feldweg übergeht. Es geht an Himbeerbüschen vorbei, die Abzweigung zur Gite d'Etape von Cabrillac wird links liegen gelassen. Über einen Bach und durch ein weiteres Gatter führt die Tour über eine kleine Steinbrücke (2,5 Std.), hinter der es rechts weitergeht. Wenig später ist die Straße (D 19) erreicht, links liegt das Anwesen **Le Caumel.** Man überquert die Straße nach links, um nach 20 m rechts aufwärts durch ein Gatter zu gehen. Der steinige Weg steigt steil an. Schließlich ist die große Steigung bewältigt. Unten liegt das Tal. Rechts oberhalb sind die beiden Sendemasten zu sehen. Auf dem GR geht es an einem Zaun entlang durch Buchenwälder. Bei einem Zaundurchtritt biegt der GR links ab – die Tour folgt ihm in der nächsten halben Stunde jedoch nicht, sondern führt geradeaus auf dem ansteigenden Weg Richtung Süden (3,5 Std.).

Immer wieder bieten sich Blicke auf den Mont Aigoual und die Cevennen. Größtenteils aber verläuft der Weg durch die aufgeforsteten Buchenwälder, meist an einem Zaun entlang. Hin und wieder geht es über eine Lichtung. Bei einem weiteren Durchtritt durch den Zaun stößt man links wieder auf den GR, dem man jetzt aufwärts folgt. Ein Stückchen geht es auf breitem Weg hinauf. Dann führt ein kleiner Pfad rechts am Stacheldraht entlang. Nach Verlassen des Waldes bietet sich ein herrlicher Blick über das Hügelland der Cevennen. Wenig später folgt man einem breiten Fahrweg nach rechts. Nach einigen Minuten stößt dieser auf die Straße, die leicht nach rechts zu überqueren ist. Sogleich steigt der Weg links aufwärts zum Gipfel, auf dem das **Observatorium** schon zu sehen ist.

*Hans-Georg Deggau*

gust. Das makellos erhaltene, größtenteils mittelalterliche Gassengeflecht schützt ein imposanter Mauerring samt Wehrtürmen, die teilweise direkt aus dem Fels geschlagen wurden. Kurzum, La Couvertoirade ist Mitglied im werbewirksamen Zirkel der »schönsten Dörfer Frankreichs« und bleibt unterm Strich ein halbwegs normales Dorf, in dem die Burg bewohnt und folglich nicht zu besichtigen ist.

Zu besichtigen ist dafür das **Palais de la Scipione,** unter dessen restauriertem Gebälk ein Videofilm vorgeführt wird: Schafe ziehen zu Wiener Walzerklängen durchs Dorf. Das Palais ist zugleich Nordtor der Festungsmauern, auf die ein schmales Treppchen führt. Unterhalb der Mauern gackern derweil irgendwo ein paar Hühner. Wäsche flattert im Wind. Vor der halb verfallenen Templerburg tollen Kinder. Und wenn es Abend wird, quaken vor dem Südtor die Kröten an der *lavogne*, der für den Larzac typischen Schafstränke (März, Okt.–11. Nov. 10–12, 14–17, April–Juni, Sept. 10–12, 14–18, Juli/Aug. 10–19 Uhr, www.lacouvertoirade.com).

## Infos

**Office de Tourisme:** Maison de la Scipione, 12230 La Couvertoirade, Tel. 05 65 58 55 59, www.lacouvertoirade.com.

## Übernachten, Essen

Geheimtipp ▶ **Hôtel du Midi-Papillon:** St-Jean-du-Bruel (20 km nördl. von La Couvertoirade), Tel. 05 65 62 26 04, April–Allerheiligen. Charmantes, seit Generationen von derselben Familie gehegtes Dorfhotel am Ufer der Dourbie. Geschmackvolle Zimmer mit persönlicher Note. DZ ab 38 €. Im Restaurant wird schmackhafte Küche der Grands Causses und der Cevennen (Menü Mo–Fr 16 €, sonst 25–42 €) serviert.

## Aktiv

Radtour ▶ **Vélo-Rail du Larzac:** im Bahnhof des Templerdorfes Ste-Eulalie (an der D 77), Tel. 05 65 58 72 10, 06 81 66 63 49, www.veloraildularzac.com, Ostern–Allerheiligen, 15 €. 7 bis 8 km lange Ausflüge auf einem stillgelegten Bahngleis, über das man auf mit Pedalen versehenen ›Schienenrädern‹ strampelt.

Rundwanderung ▶ **Tour Pédestre du Larzac:** 85 km lange Rundwanderung über den Larzac, Infos s. Office de Tourisme.

# Vom Mont Aigoual nach St-Hippolyte-du-Fort

## Mont Aigoual ▶ L 6

Am **Mont Aigoual** regnen die von den Meereswinden an die Cevennen gepusteten Wolkenmassen ab (www.aigoual-cevennes.com). Entsprechend üppig sind die Wälder rund um den Berg, den seit knapp 120 Jahren eine Wetterstation krönt. Der Zusammenprall von atlantischen Luftmassen und Mittelmeerwinden entfacht auf dem von krautigen Wiesen überzogenen Gipfel in schöner Regelmäßigkeit Stürme. Bei klarer Sicht reicht der Blick bis zum ca. 65 km entfernten Mittelmeer, zum provenzalischen Mont Ventoux und zu den Alpen. Es mag an den Unwettern und der grandiosen Fernsicht liegen, dass der Mont Aigoual in den Cevennen als heiliger Berg gilt.

Unter Wanderern erfreut sich der Berg großer Beliebtheit. Über den Fernwanderweg **GR 66** (Tour de l'Aigoual) lassen sich Gipfel und das Massiv in vier bis fünf Tagen umrunden (ca. 80 km, Start in L'Espérou; Auskunft über die Fédération Francaise de la Randonnée Pédestre, 75011 Paris, 14, rue Riquet, Tel. 01 44 89 93 90, www.ffrp.asso.fr, die zuständig für den Unterhalt der Fernwanderwege ist und einen Topoguide – topologischen Wanderführer – vertreibt).

Weniger wanderfreudige Besucher nehmen die D 18 hoch zum Gipfel und vertreten sich auf einem markierten Rundgang (1 Std.) die Füße.

## Abstecher zum Abîme de Bramabiau ▶ K/L 6

15 km westlich vom Mont Aigoual liegt das Dorf **Camprieu.** Seine Bekanntheit verdankt es dem Verschwinden und überraschenden Wiederauftauchen des Gebirgsflüsschens

Bonheur, das beim Dorf über 700 m unterirdisch verläuft und etwas außerhalb in wunderschönen Kaskaden aus den Felsen stürzt. Bei hohem Wasserpegel erinnert das Geräusch des Wasserfalls an blökende Ochsen, weshalb er **Abîme de Bramabiau** genannt wird: Brame-Biâou – »*Le bœuf qui brame*« – »Der brüllende Ochse«. Bei der Führung durch den Abîme de Bramabiau geht es über Stege durch die Höhle, aus der der Bonheur als Karstquelle ins Freie stürzt. Bei der unterirdischen Tour weisen jahrmillionenalte Fußspuren darauf hin, dass die Höhle einst von Dinosauriern bewohnt war (Maison des Guides, Tel. 04 67 82 60 78, Führungen April–Juni 10–17.30, Juli/Aug. 9.30–18.30, Okt.–Allerheiligen. 10.30–16.30 Uhr, Jacke mitnehmen!, 8 €).

## Le Vigan ▶ L 6/7

Auf dem Weg nach Le Vigan kommt man durch **L'Espérou**. Die unscheinbare, von Almwiesen und Wäldern eingefasste Skistation erblüht Mitte Juni zu vollem Leben, wenn die Fête de la Transhumance, das Fest zum Schafauftrieb, veranstaltet wird.

Das mit Platanen, Pastis-Trinkern an der Place du Quai sowie Weinreben und Olivenbäumen im Umland eindeutig südlich geprägte **Le Vigan** profitiert von der wachsenden Zahl an Sommerurlaubern und Wintersportlern in den Süd-Cevennen – Montpellier ist nur 60, Nîmes 80 km entfernt. Zuzügler haben zudem für frischen Wind gesorgt: Es gibt ein Programmkino, einen gut geführten Buchladen und ein Festival klassischer Musik (Mitte Juli–Mitte Aug.).

Der touristische Magnet des 4500-Einwohner-Ortes ist das **Musée cévenol** an der romanischen Steinbrücke über die Arre. Die volkskundliche Sammlung ist in einer ehemaligen Seidenspinnerei untergebracht. Zu sehen sind Seidenstrümpfe, -hauben und -hochzeitskleider aus dem 18. bis 19. Jh. (1, rue des Calquières, Tel. 04 67 81 06 86, http://viganais.free.fr, April–Okt. 10–12, 14–18, sonst nur Mi, 4,50 €). Le Vigan war zu dieser Zeit ein Hauptort der Seidenspinnerei in den südlichen Cevennen.

## St-Hippolyte-du-Fort ▶ N 7/8

Gleiches gilt für **St-Hippolyte-du-Fort,** ein Garrigue-Dorf an den äußersten Südausläufern der Cevennen. Im **Ecomusée de la Soie** wird die Geschichte der Seidenraupenzucht und -spinnerei weitergesponnen (Pl. du 8 mai, Tel. 04 66 77 66 47, April–Nov. Di–So 10–12.30, 14–18, Juli/Aug. 10–18.30 Uhr, 5 €, Seidenfest Les Folles du Fil am 3. Sept.-Wochenende).

Ein paar Kilometer östlich klebt **Sauve** an einem Fels über der Vidourle. Das ausgesprochen hübsche Dorf ist die Wahlheimat des amerikanischen Comic-Zeichners Robert Crumb (s. Thema auf S. 144). Die schmucken Bauten, die vom einstigen Wohlstand zeugen, sind heute fast alle in der Hand von Aussteiger-Künstlern.

## Infos

**Office de Tourisme:** Pl. du Marché, Tel. 04 67 81 01 72, 30120 Le Vigan, www.cevennes-méridionales.com, www.cc-paysviganais.fr. Informationen zu den Süd-Cevennen.

## Übernachten

Zauberhaft ▶ **Château Massal:** Tel. 04 67 81 07 60, Bez-et-Esparon (wenige Kilometer westl. von Le Vigan), www.cevennes-massal.com. 3 Chambres d'hôte auf einem Schloss des 19. Jh., etwas außerhalb vom Dorf Bez. Zimmer im Stil der Vieille France – in der Chambre jaune steht ein Klavier. DZ/F ab 70 €.

Einfach und gut ▶ **Hôtel du Commerce:** 26, rue des Barris, Le Vigan, Tel. 04 67 81 03 28. Sehr einfaches Hotel mit schlichten, sauberen Zimmern. Entspannte Atmosphäre. DZ ab 36 €.

Gut ausgestattet ▶ **Camping Le Val de l'Arre:** Rte. du Pont-de-la-Croix (2 km außerhalb von Le Vigan), Tel. 04 67 81 02 77, www.valdelarre.com, April–Sept. Anlage am Flussufer unter Obst- und Laubbäumen, Pool, Spiele. Zelt/2 Pers. ab 14 €, Bungalows ab 320 €/Woche.

## Übernachten, Essen

Sonnige Lage ▶ **Auberge La Borie:** Mandagout (wenige Kilometer nördl. von Le Vi-

# Fritz the Cat will keinen Supermarkt

**Die Anarcho-Comicfigur Fritz the Cat hat Robert Crumb in den 1970er-Jahren international berühmt gemacht. Seit Anfang der 1990er-Jahre lebt der Amerikaner, den Kunstkritiker als »den Breughel der zweiten Hälfte des 20. Jh.« gefeiert haben, in Sauve. Und hat erfolgreich gegen einen Supermarkt am Dorfrand gezeichnet.**

Ein schattiger Dorfplatz, gerade mal groß genug für zwei mächtige Platanen und ein Dutzend Kleinwagen, so sieht das Sauve von Robert Crumb aus. So jedenfalls hat der Mittsechziger seine südfranzösische Wahlheimat 1994 gezeichnet. Die Realität steht Crumbs Idealbild in nichts nach. Malerisch klemmt sich das Dorf an eine Felswand über dem Vidourle. Die fast 1000 Jahre alte Steinbrücke über den Fluss, winzige Plätze, krumme Gassen und mittelalterliche Fassaden runden die Idylle ab.

Über die kleine, vor Jahren geschlossene Textilfabrik am Ortsrand sieht man gern hinweg. Deren Eigentümer hatte eines Tages die Idee, den Bau niederreißen und auf der freien Fläche einen Supermarkt bauen zu lassen. 4300 m² waren für die Filiale der frankreichweit vertretenen ›Ed‹-Kette geplant – *Mister Crumb was not amused,* die Hälfte der 1700 Einwohner ebenfalls nicht.

Die andere Hälfte hingegen schien auf nichts sehnsüchtiger zu warten als auf die Discounter-Halle und lag damit voll im Trend. Allein 2006 entstanden in Frankreich zusätzliche 3,7 Mio. m² Supermarktverkaufsflächen, die meisten davon in Südwestfrankreich. 2010 konnte der Marktführer Leclerc seinen Umsatz um 17 % steigern – und die Konkurrenten zogen geschlossen mit im Expansionsrausch. Um Nîmes oder Uzès verschlucken Supermarktfilialen nach und nach die Garrigue, ganz zu schweigen von der Großstadt Montpellier. Mittlerweile regt sich jedoch Widerstand gegen den Siegeszug von Carrefour, Leclerc, Auchan und Konkurrenten, etwa im nahen Anduze, in den Cevennen oder in der Ardèche.

Kein Protest aber war bislang erfolgreicher als die Bürgerinitiative in Sauve: 700 Unterschriften konnten gegen den Supermarkt am Ortsrand gesammelt werden. Maßgeblich beflügelte ein Plakat von Robert Crumb den Protest. Es zeigte den Eigentümer des Grundstücks als geldgierigen Totengräber von Sauve. Dieser klagte daraufhin gegen den Comiczeichner, der seinerseits das Plakat änderte und den Gegner aus dem Bild nahm. Es blieb aber beim eingängigen Protestslogan »Sauvons Sauve!« – Rettet Sauve! Die französischen Medien und auch die internationale Presse berichteten über die Auseinandersetzungen.

Befürworter des Supermarktes warfen Crumb vor, ihm sei nur an der privilegierten Aussicht von seiner Terrasse gelegen. Dass der durch seine Comics reich gewordene Zeichner genug Geld habe, um überall teuer einkaufen zu können. Dass Crumb wie viele andere Ausländer in der Gegend durch seine finanzielle Potenz die Immobilienpreise hochtreibe. Dass ein Supermarkt Arbeitsplätze für die weniger wohlhabenden Teile der Bevölkerung schaffe.

Die Gegner konterten mit dem Ausverkauf der Region, wetterten gegen die Globalisie-

Thema

rung, die Supermarktangestellte zu Hungerlöhnen arbeiten lasse. Man dürfe die historisch gewachsene Schönheit von Sauve nicht für einen Discounter opfern, in dessen Regalen Billigkonserven angeboten würden, und der damit den lokalen Erzeugern von Hartwürsten, Käse, Olivenöl und Wein die Existenzgrundlage nähme.

Angesichts des medienwirksamen Konflikts zog sich die ›Ed‹-Kette im Sommer des Jahres 2007 zurück. Als neuen Standort wählte man ein Dorf im Norden. Der Supermarkt wurde gebaut. Und auch sonst scheint der Siegeszug der Kettenläden nicht aufzuhalten zu sein – bis auf das Beispiel Sauve. Originale von Robert Crumbs Protestplakaten aus der ›Sauve-Edition‹ wurden derweil für viel Geld im New Yorker Kunsthandel angeboten – die Globalisierung macht eben nicht beim Supermarkt halt.

**Hehre Idylle im Südwesten Frankreichs – Robert Crumb und Frau in Sauve**

gan), Tel. 04 67 81 06 03, www.aubergelaborie.fr, März–Nov., Di abends und Mi außerhalb der Saison geschl. Schöner Cevennenhof in Südhanglage. Einfache Zimmer mit Blick auf Kastanienwälder und Feigenbäume. Pool! DZ ab 39 €. Foie gras mit Feigenkonfitüre! Formule 13 €, Menü ab 18 €.

### Einkaufen

Markt ▶ **Bauernmarkt:** Mitte Mai–Mitte Okt. Di. **Wochenmarkt:** Sa, beide finden in Le Vigan statt.

Ländliche Köstlichkeiten ▶ **La Maison du Pays Vigan:** Pl. Triaire, Le Vigan. Produkte aus den Süd-Cevennen: Zwiebeln, Honig, Äpfel, Maronen, Wein, Ziegenkäse …

Tante-Emma-Laden ▶ **Epicerie chez Fouzia:** 28, rue du Pont-Vieux, Sauve, Tel. 04 66 77 58 83. Esskastanien, Honig, Gewürze, Bauernbrote.

### Aktiv

Wandern ▶ **Sentier André-Chamson:** 10,5 km langer Aufstieg zum Mont Aigoual (4 Std.), auf dem Parcours des rot-weiß markierten GR 60. Faltblatt im Office de Tourisme.

Radfahren ▶ **Cyclos Scoot:** 18, bd. Plan d'Auvergne, Tel. 04 67 81 11 88. Mountainbike-Verleih, 16 €/Tag.

## Corniche des Cévennes

▶ L–N 6

Auf der Landkarte heißt die an Aussichten reiche **Corniche des Cévennes** ganz banal D 9. Gemeint ist die durch endlose Kastanienwälder führende Kammstraße vom Col du Rey bis St-Jean-du-Gard – eine Trasse, die ursprünglich ein Eselspfad war. Auf einer Länge von fast 40 km streift die Straße kein einziges Dorf. Bevor es auf den Kamm geht, lohnt ein Halt in **St-Laurent-de-Trèves** (▶ L 5). Vor ca. 190 Mio. Jahren hat hier ein 4 m großer Ceratosaurus 22 Fußabdrücke hinterlassen. Die Hinterlaufabdrücke des zweibeinigen Dinosauriers sind im tonhaltigen Schlamm einer Meereslagune erhalten und können besichtigt werden (frei zugänglich).

## St-Jean-du-Gard und Bambouseraie de Prafrance

▶ N 6/7

Die Corniche des Cévennes erreicht nach unzähligen Kurven und 40 km das 2000 Seelen zählende **St-Jean-du-Gard.** Hier, am Ufer des Gardon, fängt eindeutig der Süden an. Wahrzeichen des umtriebigen Städtchens ist der romanische Uhrturm, die Tour de l'Horloge. Die gut 250 Jahre alte sechsbogige Brücke über den Gardon wurde nach der zerstörerischen Flut von 1958 originalgetreu wieder aufgebaut. Warum St-Jean-du-Gard einmal recht wohlhabend war, erfährt man im **Musée des Vallées cévenoles** : Die Seidenraupenzucht warf damals viel Geld ab, und auch der Kastanienverkauf war einst ein lukratives Geschäft (95, Grand'Rue, www.museedescevennes.com, Juli/Aug. 10–19, April–Juni, Sept., Okt. 10.30–12, 14–19, Nov.–März Di–Do 9–12, 14–18, So 14–18 Uhr, 6 €). Die meisten Besucher zieht es jedoch zum **Train à Vapeur des Cévennes** (Tel. 04 66 60 59 00, www.trainavapeur.com, April–1. Nov. tgl. außer Mitte Sept.–1. Nov. Mo, hin und zurück 14 €). Die schmucke Dampfbahn zuckelt im Sommer fauchend und zischend durch das Tal des Gardon d'Anduze nach Anduze.

Wer will, steigt kurz vor Anduze bei Europas spektakulärstem Bambuswald aus, der **Bambouseraie de Prafrance** beim Dorf Générargues. Die ersten Bambussprösslinge wurden schon 1856 von einem reichen Seiden- und Samenhändler in Erinnerung an vergangene exotische Reisen gesetzt. Im lauen Mikroklima gedeihen auf 12 ha über 150 verschiedene Bambusarten. Riesenstauden und dichte Waldalleen vermitteln tropische Gefühle (Tel. 04 66 61 70 47, www.bambouseraie.fr, März–Mitte Nov. tgl. 9.30–17.30 bzw. 18.30 Uhr, 8 €).

Die Szenerie diente mehrmals als Drehort, u. a. für den Thriller »Lohn der Angst« mit Yves Montand. Exotische Themengärten und geo-

**Verwirklichung eines Traums: der Bambouseraie de Prafrance**

Einsame Corniche des Cévennes: Über eine Strecke von fast 40 km streift die Kammstraße keine größeren Orte

grafische Schwerpunkte kommen hinzu, so beispielsweise ein Wassergarten mit japanischen Koi-Karpfen, ein Bambuslabyrinth und ein fernöstliches Dorf mit Hütten aus Laos.

## Infos

**Office de Tourisme:** Pl. Rabaut St-Etienne, 30270 St-Jean-du-Gard, Tel. 04 66 85 32 11, http://otsi.st.jeandugard.free.fr. Wanderführer für die nähere Umgebung.

## Übernachten

Landidylle ▶ **Les Mas de Prades:** Thoiras (10 km südöstl. Richtung Anduze), Tel. 04 66 85 09 00, www.masdeprades.com. 5 südländisch geprägte Chambres d'hôte auf einem herrlichen Mas. Pool mit Blick auf die Corniche des Cévennes. Und abends Table d'hôte (28 € inkl. Getränke). DZ/F ab 80 €.
Still ▶ **Hôtel les Bellugues:** 13, rue Pelet-de-la-Lozère, St-Jean-du-Gard, Tel. 04 66 85 15 33, www.hotel-bellugues.com, Mitte März–Mitte Nov. Ehemalige Seidenspinnerei mit lichten Zimmern; Pool im Garten. DZ 56–66 €.
Etwas gestrig ▶ **Auberge du Peras:** Route d'Anduze, St-Jean-du-Gard, Tel. 04 66 85 35 94, www.aubergeduperas.com, Mitte März–Mitte Nov. Ehemalige Postkutschenstation mit ordentlichen Zimmern im aus der Mode gekommenen Neorustikal-Look. DZ ab 50 €.
Cevennen-Blick ▶ **Camping Le Mas de la Cam:** Rte. de St-André de Valborgne, 4 km außerhalb von St-Jean-du-Gard, Tel. 04 66 85 12 02, www.masdelacam.fr, April–Sept. Am Gardon-Ufer gelegener, schöner, grüner Platz mit Pool. 65 ha großes Gelände! Ebenfalls Ferienwohnungen in einem Gehöft (4 Pers. 375 €/Woche). Zelt/2 Pers. ab 18 €.

## Übernachten, Essen

Stevenson was here ▶ **L'Oronge:** 103, Grand'Rue, St-Jean-du-Gard, Tel. 04 66 85 30 34, www.loronge.com, Mi außerhalb der Saison geschl. In diesen Mauern endete Stevensons Reise mit dem Esel. Das Haus war seit dem 16. Jh. Postkutschenstation und ist noch heute Hotel (DZ 57 €), dessen Restaurant (außer Juli/Aug. Di abends, Mi geschl.) jedoch interessanter ist. Menü ab 18 €.

## Essen & Trinken

Ungezwungen ▶ **La Treille:** 10, rue Oilivier-de-Serres, St-Jean-du-Gard, Tel. 04 66 85 38 93, Juni–Sept. tgl. außer Mo und Do mittags, sonst nur am Wochenende; März–Nov. Unter der netten Laube werden Crèpes aus Kastanienmehl, Würste aus den Cevennen und Pelardon serviert. *Assiette cévenole* 13 €, Menü ab 18 €.

## Einkaufen

Märkte ▶ **Wochenmarkt:** Di. **Bauernmarkt:** Ostern–Allerheiligen Sa. **Trödelmarkt:** im Juli/Aug. Mo; alle drei in St-Jean-du-Gard.
Ziegenkäse ▶ **La Ferme de la Fage:** La Fage (8 km nördl. über die D 50 in Richtung Les Aigladines), Tel. 04 66 85 02 89, 9.30–11.30, 16–19 Uhr, Pelardon (Rohmilch-Ziegenkäse) von einem Hof am Ende der Welt.

## Aktiv

Outdooraktivitäten ▶ **Le Merlet:** Rte. de Nîmes, Tel. 04 66 85 18 19. Organisiert u. a. Höhlentouren, Klettern, Canyoning. Sehr professionell. **Le Brion:** Le Pont de Burgen, La Fregeyre Basse, St-Etienne-Vallée-Française (13 km nördl.), Tel. 04 66 45 75 30, www.gites-randos-cevennes.com. Wanderungen mit dem Esel, Canyoning, Klettern. Vermietet auch Ferienwohnungen.
Wanderung ▶ **Sur les Traces de Stevenson:** 3,5-stdg. Wanderung über den Col de St-Pierre, Start am Parkplatz beim Weiler Pied-de-Côte an der D 907 Richtung St-André-de-Valborgne (gelbe Markierung).

## Verkehr

**Bus:** Verbindungen nach Alès und Nîmes, Auskunft über Office de Tourisme.

# Anduze, Gardon de Mialet und Vallée Française

## Anduze ▶ N 7

**Anduze** (3000 Einw.) schmiegt sich eng an die Montagne St-Julien und den zu Füßen des Berges rauschenden Gardon d'Anduze. Die ›Pforte der Cevennen‹ war eine Hochburg der Hugenotten. Da die streng katholischen französischen Könige den Andersgläubigen nicht über den Weg trauten, zwang man die Einwohner 1629 dazu, die Stadtmauern einzureißen. Nur die 1320 errichtete **Tour d'Horloge** (Uhrturm) am Ortseingang blieb stehen. An die religiöse Standfestigkeit der Stadt, die wegen ihres Rufs als protestantische Hochburg respektvoll das ›Genf der Cevennen‹ genannt wurde, erinnert der **Temple.** Die 1823 in nüchternem Klassizismus erbaute protestantische Kirche, die sich in Frankreich nur Tempel nennen darf, dient bis heute dem *culte protestant*, dem evangelischen Gottesdienst. Das schmucke Herz der Altstadt ist die **Place couverte** mit einem mit farbenfroh lasierten Dachziegeln bedeckten Ziehbrunnen von 1649.

## Infos

**Office de Tourisme:** Pl. du Plan de Brie, 30140 Anduze, Tel. 04 66 61 98 17, www.ot-anduze.fr.

## Übernachten

In Weinreben ▶ **Le Mas du Mazelet:** Le Mazelet, St-Felix-de-Pallières (9 km südwestl. von Anduze), Tel. 04 66 77 53 50, April–Nov. 400 Jahre altes Pfarrhaus in der Abgeschiedenheit der Garrigue, mit 4 eleganten Chambres d'hôte. Ringsherum Oliven und Weinreben. Bibliothek, Kinozimmer, Salon, Pool. DZ/F ab 110 €.

Flussblick ▶ **Porte des Cevennes:** 2300, Rte. de St-Jean-du-Gard, 3 km nordwestl. von Anduze, Tel. 04 66 61 99 44, www.porte-cevennes.com. Ruhig gelegenes, modernes Logis-de-France-Haus. Die schönsten Zimmer haben Ausblick auf den Gardon. DZ ab 78 €.

Grandioser Ausblick ▶ **Auberge des Trois Barbus:** Rte. de Mialet, Générargues (5 km nordwestl. von Anduze), Tel. 04 66 61 72 12, www.aubergeles3barbus.com. Landhaus mit herrlichem Blick auf die Vallée des Camisards. Behagliche Zimmer, z. T. mit Loggia. Pool. DZ ab 62 €.

Familienfreundlich ▶ **Camping Cevennes-Provence:** Corbès-Thoiras (7 km nordwestl. von Anduze), Tel. 04 66 61 73 10, www.camping-cevennes-provence.fr, Mitte März–Okt. Kinderfreundliche und schönste Anlage am Gardon, in Terrassen mit 120 verschiedenen Baumarten über dem Fluss angelegt. Angeln, Minigolf, Tennis. Vermietung auch von Bungalows. Zelt/2 Pers. Hauptsaison 22,50 €.

## Übernachten, Essen

Luxus in der Stille ▶ **Les Demeures du Ranquet:** Route de St-Hippolyte-du-Fort (D 982), Tornac (6 km südl. von Anduze), Tel. 04 66 77 51 63, www.ranquet.com. Altes Gehöft in zauberhafter Lage. Geräumige, komfortable Zimmer in kleinen Pavillons mit eigener Terrasse. Pool. DZ ab 140 €. Den Michelinstern gab's für die hervorragende *brandade de morue* (pürierter Stockfisch), die Zucchini und den Tintenfisch *à la plancha* (Mai–Sept. mittags Mo–Mi, sonst Do–So, Menü 38–80 €).

Uferlage ▶ **Le Moulin de Corbès:** Corbès (7 km nordwestl. von Anduze), Tel. 04 66 61 61 83, www.moulin-corbes.com, außer Juli/Aug. So abends, Mo geschl. *Cuisine du marché* in ehemaliger Papiermühle am Gardon. Chic, modern. Menü 37–50 €. Auch Zimmer, DZ ab 80 €.

## Einkaufen

Märkte ▶ **Wochenmarkt:** Place Couverte, Do morgens. **Flohmarkt**: So.

Töpferware ▶ **La Poterie d'Anduze/Les Enfants de Boisset:** Rte. de St-Jean-du-Gard, Tel. 04 66 61 80 86, im Sommer 9–12, 14–19, sonst bis 18 Uhr. In der Töpferwerkstatt von Anduze darf bei der Herstellung zugesehen werden (Mo–Fr 9–12, 14–17 Uhr). Die Spezialität sind große Gartenvasen, die bereits Ludwig XIV. für die Orangerie von Versailles bestellte.

Esskastanien und mehr ▶ **Terroir Cévennes:** Route d'Anduze, La Châtaignerie, Thoiras, Di–So 9.30–13, 14.30–19 Uhr, Juli/Aug. ohne Pause. Kastanienhonig, Pasta aus Kastanienmehl, Wurst ...

## Verkehr

**Bus:** Verbindungen nach Alès, St-Jean-du-Gard, und Nîmes.

## Am Gardon de Mialet ▶ N 6

Immer am Gardon de Mialet entlang geht es zum **Musée du Désert** im Mas Soubeyran südlich von Mialet. Das bereits 1910 gegründete Museum ist der Geschichte der Hugenotten gewidmet und befindet sich im Geburtshaus des Kamisardenanführers Pierre Laporte, der 1704 getötet wurde (Tel. 04 66 85 02 72, www.museedudesert.com, März–Nov. 9.30–12, 14–18, Juli–1. Sept. So 9.30–18.30 Uhr, 5 €). *Désert*, zu Deutsch »die Wüste«, meint in diesem Fall das von 1685 (Aufhebung des Ediktes von Nantes) bis 1787 (Toleranzedikt durch Louis XVI.) währende Exil in der Einsamkeit, das vielen Protestanten als einziger Ausweg während der erbarmungslosen Verfolgung durch Ludwig XIV. und seine Nachfolger blieb. Am ersten Sonntag im September versammeln sich die Anhänger der Société d'histoire du protestantisme français vor dem Gemäuer zu einer Gedenkveranstaltung.

2 km nördlich des Mas diente die **Grotte de Trabuc** einst den Kamisarden als Unterschlupf und Munitionslager. Während der einstündigen Führung geht es jedoch weniger um Glaubensfragen als um das Farbenspiel der Wasserterrassen am grün schimmernden »Mitternachtssee« und das der weltweit einzigartigen Miniaturstalagmiten, die im Volksmund »die 100 000 Soldaten« genannt werden (Tel. 04 66 85 03 28, www.grottes-de-france.com, Juli/Aug. 10–18.30 Uhr, März–Nov. eingeschränkte Öffnungszeiten, 8,60 €).

## La Vallée Française ▶ M 6

**La Vallée Française** heißt das südöstlich ausgerichtete Tal des **Gardon de Ste-Croix.** Stille herrscht in dem menschenleeren Cevennen-Tal, durch das Stevenson im Oktober 1878 gezogen ist. Nur ein Sperber schreit. In den kurzen Sommern erholt sich die Natur des Hochtals hier schneller als anderswo in den Cevennen von den harten Wintern. Früher waren die Berghänge besiedelt. Heute sind die meisten der einst mühsam dem Hang abgetrotzten Oliven-, Wein- und Maulbeerbaumterrassen verschwunden. Ein paar wenige, zu Landhäusern umgebaute Gehöfte säumen die verwunschene Straße zur aus dunklem Granit erbauten **Notre-Dame-de-Valfrancesque** (10. Jh.), die heute als protestantischer *temple* dient. **Molezan** liegt in einem Seitental. Sehenswert sind das **Château du Mazel** (17. Jh.) und die 15 m hohe **Tour de la Canourgue,** die im 14. Jh. zur Abwehr englischer Invasoren errichtet wurde. In der **Magnanerie de la Roque** (Tel. 04 66 45 11 77, www.mescevennes.com/visiter/magnanerie.php, Juni Sa, So, Juli/Aug. tgl. 10.30–13, 14.30–18 Uhr, 3,50 €) erfährt man zudem, wie der Alltag in einer originalen Seidenraupenzucht aussah. Bei **Barre-des-Cévennes** endet die Vallée Française. In dem für den abgeschiedenen Landstrich typischen Straßendorf erinnern imposante Fassaden des 16. bis 17. Jh. an den einstigen Wohlstand der Bauern im Tal.

Von Barre-des-Cévennes lohnt ein Abstecher nach **St-Germain-de-Calberte.** Nirgendwo anders in den Süd-Cevennen sind die Kastanienbäume mächtiger gewachsen. Mauern halten die in Terrassen um das Dorf angelegten Gärten zusammen. St-Germain-de-Calberte wurde 1686 vom Abbé Chayla, der 1702 in Pont-de-Montvert gelyncht wurde, als Ort ausgewählt, von dem die katholische Reconquista der protestantischen Cevennen ausgehen sollte.

Ein Wanderweg führt ca. 1 km außerhalb des Dorfes zum **Château St-Pierre.** Die Burgruine wird seit 1964 von der Familie Darnas restauriert. Zu sehen sind der Donjon und die Kapelle aus Schiefer (tgl. 15–19 Uhr, 3,50 €).

# Ganges und oberes Tal des Hérault ▶ M 8

Bei **Ganges** (3600 Einw.) mündet die Vis in den **Hérault,** der immerhin so viel Wasser führt, dass Ganges bei Kanuten einen guten Ruf genießt. Apropos Hérault: Das Tal des oberen Hérault steht ganz im Zeichen der Zwiebel. *Oignon doux*, eine milde, leicht violette Sorte, wird auf den Terrassen von Valleraugue bis nach St-André-de-Majancoule angebaut.

Der eigentliche Besuchermagnet dieses Talabschnitts liegt flussabwärts, zwischen **Laroque,** dessen Häuser zum Teil romanisch sind, und **St-Bauzille-de-Putois,** das ganz und gar von der **Grotte des Demoiselles** lebt. Die beständig 14 °C kühlen Höhlen am linken Ufer des Hérault sind ungewöhnlich reich an Tropfsteingebilden. Eine Zahnradbahn entführt in die Welt von Stalagmiten und Stalaktiten (Tel. 04 67 73 70 03, www.demoiselles.com, Juli/Aug. Führungen durchgehend 10–18 Uhr, April–Juni, Sept. 10–17.30 stdl., März, Okt. nur So 10–16.30 stdl., Nov.–Febr. Mo–Fr 14–16 stdl., So 10–11, 14–16 Uhr stdl., 9,20 €).

Höhepunkt der Exkursion unter Tage ist die 120 m lange, 80 m breite und 50 m hohe **Cathédrale,** in der Mitternachtsmessen abgehalten werden. Entdeckt hat den Höhlenzauber 1889 der Höhlenforscher Edouard-Alfred Martel. Martel entdeckte auch den **Aven des Lauriers,** eine Felskluft über dem Hérault-Ufer 3 km nördlich von der Grotte des Demoiselles. Von Laroque fährt ein Touristenbähnchen zum Eingang. Wer nicht gern ins Dunkle abtaucht, kann in St-Bauzille-de-Putois als Alternative ins Kanu steigen und sich auf dem Hérault bis kurz hinter Brissac treiben lassen (Bootsbasis Le Moulin, Tel. 04 67 73 30 73, www.canoelemoulin.fr).

## Infos

**Office de Tourisme:** Pl. de l'Ormeau, 34190 Ganges, Tel. 04 67 73 00 56, www.ot-cevennes.com.

## Übernachten, Essen

**Zimmer auf der Burg ▶ Château du Rey:** Pont-d'Hérault (11 km nördl. von Ganges an der D 986, 1 km außerhalb Richtung Valleraugue), Tel. 04 67 82 40 06, www.chateau-du-rey.com, April–Sept. Herrliches Anwesen aus dem 13. Jh., im 19. Jh. von Viollet-le-Duc umgebaut. Geräumige Zimmer und Suiten mit hohen Decken und Familienantiquitäten im 1. Stock, schlichtere Zimmer im 2. Stock. Reizende Besitzer. DZ ab 77 €. Honettes Restaurant (außer Juli/Aug. So abends, Mo geschl. Menü 24–46 €).

**Einfach ▶ Auberge Les Norias:** 254, av. des Deux Ponts, Cazilhac (3 km südl. von Ganges), Tel. 04 67 73 55 90, www.les-norias.fr. Ehemalige Seidenspinnerei mit schlichten Zimmern. Charmant am Hérault gelegen. Garten, Pool. DZ ab 56 €. Restaurant (Mo abends, Di geschl.) mit regionalen Gerichten und Gartenterrasse. Menü ab 22 €.

**Mitten auf dem Land ▶ Auberge du Domaine de Blancardy:** Moulès-et-Baucels (7 km östl. von Ganges), Tel. 04 67 73 94 94,

**Bei St-Laurent-le-Minier stürzt die Vis als tosender Wasserfall ins Freie**

www.blancardy.com. Restaurierter Mas (Gehöft) in ländlicher Lage mit charmanten Zimmern (DZ ab 56 €) und deftiger Landküche (Mi und außerhalb der Saison auch Do geschl.). Menü mittags 13 €, sonst 25–45 €. Der Wein stammt von den hauseigenen 24 ha Reben (Direktverkauf).

Unter Bäumen ▶ **Camping Isis en Cévennes:** Domaine de St-Julien, St-Julien-de-la-Nef (6 km nördl. von Ganges), Tel. 04 67 73 80 28, www.isisencevennes.fr, März–Okt. Schön am Hérault gelegener, baumbestandener Campingplatz mit Restaurant (Menü 11–25 €), Bar, Pool und Verkauf hausgemachter Konfitüren. Ebenfalls Vermietung von Chalets, 4–10 Pers., 230–650 €/Woche. Zelt/2 Pers. 17 €.

### Aktiv

Klettern, Höhlenwandern, Flussbettwandern, Mountainbiking etc. ▶ **Bureau des Moniteurs de la Vallée de l'Hérault:** 15, pl. des Halles, Tel. 04 67 83 80 70, www.moniteurs-herault.fr. Tagesprogramme, Kurse, Führungen mit staatlich geprüften Begleitern.

Reiten ▶ **L'Etrier des Cévennes:** Le Fresquet, Cazilhac (2,5 km südl. von Ganges), Tel. 04 67 73 98 91, www.elevage-ghisalberti.com. Ein- bis mehrtägige Reitwanderungen. Ebenfalls Gruppenunterkunft 10–30 Pers., 13 € pro Pers./Tag.

Wandern ▶ **GR 60:** ab Ganges via Le Castanet nach Pont-d'Hérault, durch Kastanienwälder und Heide, ca. 16 km.

## 4 Cirque de Navacelles und Gorges de la Vis

▶ L 8

Vom Aussichtspunkt an der D 73 fällt der Blick ins Bodenlose des **Cirque de Navacelles.** Kaum zu glauben, aber tatsächlich hat die kleine Vis den 400 m tiefen, eiförmigen Talkessel aus dem Kalk des Plateaus gefräst, an dessen Kante man steht. Aus der Tiefe des Cirque rauscht deutlich vernehmbar das Flüsschen. In der Talsohle kauert das ehemals von Seidenraupenzüchtern bewohnte Dorf **Navacelles.** Eine abenteuerlich abschüssige Straße führt in den knapp 100 Einwohner zählenden Ort hinab. Einen ähnlich fantastischen Blick auf Dorf und Kessel hat man von der D 130, wenn die Straße beim Weiler La-Baume-Auriol die Klippenkante des Causse de Larzac abtastet.

Die Vis hat noch mehr Sehenswürdigkeiten zu bieten. Der **Cirque de Vissec** ca. 5 km westlich von Navacelles ist ebenfalls ein Werk der Vis. Der Trichter ist allerdings trocken, da sich die Vis ein unterirdisches Bett gegraben hat, um auf halber Strecke zwischen Vissec und Navacelles kraftvoll aus dem Boden zu sprudeln. Die **Source de la Foux** genannte Quelle fördert bis zu 2500 l Wasser pro Sekunde aus der Erde. Im 17. Jh. versuchte man, die ungeheure Kraft für eine Wassermühle zu nutzen, in deren lädierten Mauern das Phänomen erklärt wird.

Südöstlich von Navacelles thront das **Château von Madières** über dem Ufer. Die mittelalterliche Burg wurde in der Spätrenaissance umgebaut und dient heute als Luxushotel. Das Dorf **Madières** erhebt sich in gebührendem Abstand über dem Tal der Vis. Weiter westlich frisst sich der Fluss in 19 Mäandern durch das Kalkgestein. Die **Gorges de la Vis** genannte Schlucht zwischen Navacelles und Madières bekommt man nur als Wanderer auf dem ufernahen Fernwanderweg GR 7 zu Gesicht. Erst östlich von Madières legt sich die D 25 bis Ganges an den Fluss.

### Infos

**La Maison du Grand Site du Cirque de Navacelles:** Belvédère de la Baume Auriol, 34520 St-Maurice-de-Navacelles, Tel. 04 67 44 51 52, www.lodevoisetlarzac.fr, Ostern–Mitte Nov.

### Übernachten, Essen

Cosy ▶ **Château de Madières:** Madiéres, Tel. 04 67 73 84 03, www.chateau-madieres.fr, Ostern–Allerheiligen. Gepflegte Zimmer mit hohem Standard auf einer Burg (12.–14. Jh.). Panoramablick auf die Gorges de la Vis, mit Swimmingpool. DZ ab 150 €. Mediterrane Küche. Nur abends, à la carte 50–65 €.

aktiv unterwegs

## Vom Cirque de Navacelles in die Gorges de la Vis

### Tour-Infos

**Start:** Wanderparkplatz La Baume-Auriol
**Länge/Dauer:** 12 km, 4,5 Std.
**Ausschilderung:** gelber Balken
**Karte und Auskunft:** Randofiche Le Cirque de Navacelles, 1:25 000, erhältlich in der Maison du Grand Site du Cirque de Navacelles, s. links
**Wichtige Hinweise:** mittelschwere Wanderung, mit kräftigem Abstieg am Anfang und kräftigem Aufstieg am Schluss. Die Tour lässt sich auf 10 km verkürzen und wird dann deutlich leichter, Start dann im Talkessel in Navacelles. Einkehrmöglichkeit in La Baume-Auriol und Navacelles. Baden in Navacelles möglich.

Der Talkessel des **Cirque de Navacelles** zählt zu den »Grands Sites«, den großen Naturwundern Frankreichs. Vom **Aussichtspunkt in La Baume-Auriol** (an der D 130, 7,5 km nördl. von St-Maurice-Navacelles) fällt der Blick 300 m in die Tiefe des Talkessels. Neben der **Maison du Grand Site du Cirque de Navacelles**, in der man alles Wissenswerte zur Region von Lodève bis zum Larzac erfährt, wurde in einem ehemaligem Stallgebäude eine kleine Infoschau eingerichtet (Zugang frei). Hier kann man sich vor der Wanderung über Fauna, Flora, Geologie, Geschichte des Cirque de Navacelles unterrichten.

Hinter der Maison führt der Weg ca. 300 m an der Hangkante lang und dann von 623 Höhenmetern über einen Felssattel in den Talkessel. Der gut 1 km lange, steile Abstieg trifft in der Talsohle neben der Wandererunterkunft Oustal dell Passaijaire auf die Zugangsstraße ins **Dorf Navacelles.** Man überquert die Straße, um vorbei am Kirchlein zur alten Steinbrücke über die Vis zu wandern und diese zu überqueren. Rechts geht es zum Wasserfall und einigen Badestellen der Vis ab. Links führt der Weg am rechten Ufer der Vis bis zu einem Pumpengebäude, das man rechts umgeht. Nach ca. 1 km stößt der Weg auf die D 130E. Links abbiegen und 400 m auf der Landstraße bis zur Kreuzung mit der D 130 weitergehen, wo es rechts auf einen Weg geht, der zum Ufer der Vis führt. Achtung, die Felsen am Ufer können glitschig sein! Längs des Ufers (der Weg ist bei Hochwasser überschwemmt) geht es bis zur **Ruine von Poujols,** einem wuchtigen Bau in einer Flussschleife, der früher von den Müllern der **Moulins de la Foux** bewohnt wurde. Die Foux-Mühlen tauchen nach ca. 600 m in der wildromantischen Vis-Schlucht auf. Hinter den Mühlen bricht sich die Vis nach 14 km, die der Fluss unter Tage verlief, durch das Gestein, um krachend ins Tal zu platschen. Die Mühlen, die von der dabei entstehenden Wasserkraft betrieben wurden, sind seit 1907 geschlossen. Damals zerstörte ein Hochwasser die Anlagen. Dass dies nicht zum ersten Mal geschah, erfährt man in der Ausstellung im kleineren der beiden Bauten. Im größeren lädt ein Tisch mit Bänken zum Picknick ein.

Zwischen Felsen wird die Vis mühelos überquert. Am anderen Ufer steigt der Weg sanft zu einem **Blauzedernwald** an. Kurz darauf stößt der Weg in einer Kurve auf die D 713. Rechts halten. 400 m lang folgt man dem Sträßchen. Dann zweigt der Weg links in die **aufgegeben Weinberge** von Navacelles ab. In regelmäßigen Abständen säumen **Winzerhütten** aus mörtellos aufgeschichteten Steinen den Parcours. Nach ca. 500 m erreicht man einem Hügelkamm. Der Weg wird nun zum Balkon mit nacktem Fels unter den Füßen und Blick in den Abgrund. An der Kreuzung mit dem Fernwanderweg GR 7 hält man sich rechts, um in Zickzackkurven runter nach Navacelles zu gehen. Vom Dorf geht es auf dem selben Weg steil bergauf nach La Baume-Auriol, den man ganz am Anfang für den Abstieg ins Tal genutzt hat.

Lichte, gläserne Referenz der Moderne an die Antike: das Carré d'Art in Nîmes

Kapitel 2

# Im Osten des Languedoc

Provenzalisch getönt kommt das Languedoc ganz im Osten daher, wo die Rhône die Region eher mit der Provence verbindet, als sie von ihr zu trennen. Kathedralhohe Platanenalleen tauchen Landstraßen in dämmerigen Schatten. Man schaut auf Olivenbäume, Weinreben, Pfirsichhaine und Gemüsefelder. Nîmes, die Hauptstadt des Departement Gard, wirkt mit ihren antiken Arenen und ihrer Stierkampftradition wie eine Schwesterstadt des provenzalischen Arles. Die felsige, karstige Garrigue, ein undurchdringliches Buschwerk, das den Duft von Thymian, Rosmarin, Salbei und Ginster verströmt, breitet sich beiderseits der Rhône aus; der eisige Mistral pfeift auf die Grenzen der französischen Verwaltungsregionen und rüttelt zu beiden Seiten des Stroms an den Platanen.

In der Camargue verschweißt der Himmel das flache amphibische Land an der Rhône-Mündung zu einer einzigen hitzeflirrenden Weite. Regen fällt über dem Städtedreieck Avignon–Arles–Nîmes über lange Monate gar nicht, und wenn doch, dann in sintflutartigen Ausmaßen, die zur Katastrophe ausarten können, wie zuletzt im Herbst 2002, als ganze Landstriche überflutet und komplette Dörfer im Gard von den Wassermassen fortgerissen wurden. Kein Wunder, dass die Menschen seit der Antike versuchen, den Wechsel von Trockenheit und Überflutung zu beherrschen: Das Wahrzeichen des Departements ist der Pont du Gard, ein römischer Aquädukt, der einst Nîmes mit Wasser versorgte. Ebenfalls seit der Antike trotzen Stadt und Land den zyklisch wiederkehrenden Naturkatastrophen mit mediterraner Gelassenheit. »Tranquille«, nur keine Eile aufkommen lassen! – der nächste Sonnentag kommt, ganz bestimmt.

Auf einen Blick

# Im Osten des Languedoc

## Sehenswert

5 **Nîmes:** Antike und Avantgarde kongenial vereint – Nîmes geht seit 2000 Jahren selbstbewusst mit seinem kulturellen Erbe um (s. S. 160).

**Uzès:** Das urprovenzalische Städtchen punktet mit Platanenboulevard, großem Wochenmarkt und malerischer Altstadt. Gleich vier Türme dominieren die römische Gründung Ucetia, aus der sich im Mittelalter eine schmucke Bischofsstadt entwickelte (s. S. 170).

6 **Pont du Gard:** Der römische Aquädukt ist ein Monument der Superlative: 275 m lang, knapp 50 m hoch und bis auf die obere, wasserführende Arkadenreihe mörtellos aus jeweils 6 t schweren Blöcken zusammengesetzt (s. S. 173).

## Schöne Routen

**La Route du Thym:** Der Geruch von Thymian liegt in der Luft, der der landschaftlich sehr reizvollen D 979 von Nîmes nach Uzès den volkstümlichen Namen gab – La Route du Thym, die Thymianstraße (s. S. 170).

**La Route des Etangs:** Die D 179 von Montcalm nach Gallician führt durch die amphibische Landschaft der Kleinen Camargue. Ab Mas des Iscles trennt die Deichstraße die beiden Seen Etang du Charnier und Etang de Scamandre voneinander (s. S. 184).

**Abstecher zum Phare de l'Espiguette:** Ein kleines Sträßlein (D 255b) führt von Port-Camargue zum Leuchtturm – und von dort geht es zu Fuß etliche Kilometer durch die Dünen in die Einsamkeit (s. S. 188).

# Meine Tipps

**Musée du Bonbon Haribo:** Im Mai 1996 hat Haribo das Museum in Uzès eröffnet. Seither haben sich mehr als 100 000 große und kleine Besucher in dem kleinen Ort über die Geschichte der Lakritz-, Fruchtgummi- und Bonbonherstellung informiert (s. S. 172).

**Wohnen beim Reisbauern:** Die Besitzer der Domaine de la Fosse in St-Gilles bauen Reis an – und vermieten luxuriöse Chambres d'hôte. Ausflüge in die Reisfelder werden organisiert. Am schönsten ist es zur Reisernte Anfang September (s. S. 184).

# aktiv unterwegs

**Mit dem Kanu unter dem Pont du Gard:** Von Collias paddelt man bequem flussabwärts zum Pont du Gard, unter dessen Bögen es weiter bis zum Anleger des Kanuverleihers geht (s. S. 176).

**Reiten wie ein Camargue-Cowboy:** Auf vielen Höfen der Rinderzüchter in der Kleinen Camargue, kann man Reitkurse belegen und auf dem Rücken eines Camargue-Schimmels lernen, Rinder zusammenzutreiben, so auf dem Manade Salièrene in Saliers (s. S. 190).

# 5 Nîmes und Umland ►P/Q 8/9

**»Französisches Rom« wird Nîmes wegen der Vielzahl seiner antiken Bauwerke genannt, »Wiege der Avantgarde« wegen des urbanen Neustarts in den 1990er-Jahren. Der ganz große Coup gelang Nîmes dank Sir Norman Foster. 1993 baute der britische Architekt am wichtigsten Platz der Stadt das Kunstmuseum Carré d'Art, und zwar in direkter Nachbarschaft zur 2000 Jahre alten Maison Carrée.**

## Avantgardearchitektur

Sir Norman Foster ist nicht der einzige Stararchitekt, der Nîmes **ein modernes Gesicht** gab. Von Jean Nouvel stammen die Wohnriegel Le Nemausus an der Route d'Arles, deren metallisch glänzende Körper wie Ozeanriesen an der Altstadt andocken. Vittorio Gregotti entwarf das neue Sportstadion. Der Japaner Kisho Kurokawa baute am nördlichen Rand der Altstadt einen halbrunden Wohn- und Bürokomplex, der als Tor zur modernen Stadt **antike Bauvokabeln** zitiert. Jean-Michel Wilmotte entstaubte die Oper, das Rathaus, die Markthallen und das Office de Tourisme. Der Busbahnhof Abribus, den kein Geringerer als Stardesigner Philippe Starck entworfen hat, erfreut sich großer Beliebtheit, ganz zu schweigen von einem Fastfoodlokal, dessen Belle-Epoque-Interieur von Claude Viallat mit Popfarben überzuckert wurde.

Hinter dem Bekenntnis zur Moderne stand ein Name: Jean Bousquet. Der damalige Bürgermeister und ehemalige Chef des Modeunternehmens Cacharel, das in Kurokawas Stadtportal seinen Sitz hat, ist heute nicht mehr im Amt. Als Mitte der 1990er-Jahre alles vollbracht war, stand Nîmes zwar auf der Weltkarte der Avantgardearchitektur – war aber leider völlig pleite. Bousquet musste gehen. Seine Nachfolger sind keine ganz so vehementen Verfechter der Moderne.

Nîmes bleibt dennoch *branché,* zu deutsch trendy. Der Schuldenberg ist zudem mittlerweile abgetragen. Nîmes startet wieder durch. Fast die gesamte Altstadt wurde zum **denkmalgeschützten Sektor** erklärt. Plätze bekommen ihr ursprüngliches Gefüge zurück. So lädt hinter der Kathedrale die von parkenden Autos befreite Place du Chapitre erneut zum Verweilen ein. Die Boulevards um die antiken Arenen wurden zu **Flaniermeilen** umgestaltet, über die der Verkehr nur noch einspurig tröpfelt. 2007 wurde die Université eigenständig und zog in das ehemalige Vauban-Fort, bis dato war sie ein Ableger der Université de Montpellier. Überhaupt Montpellier. An der Boomtown des Languedoc 50 km weiter westlich will Nîmes sich künftig messen – und baut …

## Orientierung

Nîmes bleibt dabei eine **fußläufige Stadt.** Innerhalb des Ringsboulevards dehnt sich die Altstadt von Nord nach Süd knapp 1 km, von Ost nach West etwa 800 m aus. Zwei Drittel dieses Areals sind **autofrei.** Der Wagen bleibt also am besten in einem der **Parkhäuser** am Ringboulevard zurück, wie etwa dem Parking Place d'Assas oder Les Halles. Ist man einmal in den Gassen, fällt die Orientierung nicht immer leicht. Stichgassen und Plätze sind so miteinander verschachtelt, dass man sich schnell im Kreis dreht. Als Orientierungspunkte dienen die großen Plätze: die belebte **Place de la Maison Carrée** im Nordwesten und der wegen seiner Breite und der vielen Cafés wie ein Platz wirkende **Boulevard des Arènes** im Süden. Dazwischen hangelt man sich wegen der kurzen Wege gemütlich von einem der kleineren Plätze zum nächsten durch, wobei vor allen die **Place aux Herbes** mit Blick auf die Kathedrale und die **Place du Marché** mit Blick aufs Markttreiben für Verweilqualität bürgen.

## Das römische Nîmes

**Cityplan:** S. 163
Überall in der Fußgängerzone macht Stardesigner Philippe Starck mit kleinen Bronzemedaillons auf die Stadtgeschichte aufmerksam. Auf den in den Boden eingelassenen Medaillons ist ein Krokodil zu sehen, das an einer Palme angebunden ist. Starck hat mit seinen »Stolpersteinen« überall dort, wo die Baugeschichte von Nîmes sichtbar wird, ein antikes Signet in die Formensprache der Moderne umgewandelt. Nîmes, römisch Nemausus, war in der Antike eine Kolonie für verdiente Legionärsveteranen des Afrikafeldzuges. Deren Wappen war in Anspielung auf den erfolgreichen Feldzug ein angebundenes Krokodil. Das Großreptil taucht an der Place du Marché als lebensgroße naturalistische Skulptur auf, selbstverständlich neben einer Palme. Den so geschmückten **Krokodilbrunnen** (Fontaine au Crocodile) in der Altstadt hat Martial Raysse 1988 entworfen.

### Jardin de la Fontaine und Castellum Divisorium

Im 18. Jh. entstand rund um das antike Wasserbecken und an den Flanken des Mont Cavalier der **Jardin de la Fontaine** 1 (April-Sept. 7.30–22, sonst 7.30–18.30 Uhr, gratis). Der barocke Lustgarten eröffnete 1745 als erster öffentlicher Park Frankreichs seine Tore – und bleibt mit Wasserbecken, Terrassen, Statuen und Vasen bis heute die grüne Lunge von Nîmes. Verbürgt ist jedoch, dass die Quelle, die die Wasserbecken speist, schon von den Kelten verehrt wurde. Später haben die Römer das keltische Heiligtum quasi übernommen. Mit zum Gelände gehört der **Dianatempel** aus dem 1. Jh., der als Ruine die romantische Kulisse ergänzt. An der höchsten Stelle des Parks lugt die 32 m hohe **Tour Magne** aus dem Grün. Der knapp 33 m hohe Turm war einmal Teil der Stadtmauern (gemeinsame Öffnungszeiten der antiken Bauten Juni–Aug. 10–10.30, April/ Mai, Sept. bis 18.30, März, Okt. bis 18, Nov.–Febr. 10–13, 14–16.30 Uhr, Kombiticket mit Arenen und Maison Carrée 10 €).

Durch eine enge Innentreppe gelangt man nach oben und genießt einen Panoramablick auf Nîmes, bei schönem Wetter auch auf die Cevennen und Alpilles! Kaiser Augustus ließ die Veteranensiedlung zur Colonia Augusta Nemausus erheben. Von nun an ging's bergauf mit Nîmes. Ende des 1. Jh. zählte die Stadt bereits 40 000 bis 60 000 Einwohner. Mit dem Bau eines 50 km langen Aquädukts wurde der wachsende Wasserbedarf der florierenden Stadt gedeckt. Das Wasser sammelte sich im Becken des **Castellum Divisorium** 2. Vom Castellum an der Rue de la Lampèze blieb das kreisrunde Verteilerbecken erhalten; von hier aus floss das Wasser durch Bleirohre in alle Teile der antiken Stadt.

### Maison Carrée und Carré d'Art

Über die Place d'Assas, die Martial Raysse 1989 mit Säulen, Brunnen, Wasserlauf und zwei moumentalen Köpfen entschlossen postmodern gestaltet hat, gelangt man zur **Maison Carrée** 3. Der bestens erhaltene Tempel der Augusteischen Klassik entstand

## Tipp: Nîmes Romaine

Das attraktive Kombi-Ticket gibt es beim Office de Tourisme in der Rue Auguste oder in den Arenen, der Tour Magne und der Maison Carrée. Zum Preis von 10 € gewährt es Eintritt in die römischen Bauwerke der Stadt (www.arenes-nimes.com).

## Nîmes

**Sehenswert**
1 Jardin de la Fontaine
2 Castellum Divisorium
3 Maison Carrée
4 Carré d'Art/Ciel de Nîmes
5 Arènes
6 Musée des Cultures Taurines
7 Porte d'Auguste
8 Les Halles
9 Cathédrale Notre-Dame-et-St-Castor
10 Musée du Vieux Nîmes
11 Musée d'Histoire Naturelle
12 Rue Dorée
13 Hôtel de Ville

**Übernachten**
1 Jardins Secrets
2 New Hotel La Baume
3 Royal Hôtel
4 Hôtel Amphithéâtre
5 Jugendherberge
6 Les Mas d'Escattes

**Essen & Trinken**
1 Le Lisita
2 L'Exaequo
3 Aux Plaisirs des Halles
4 Le Darling
5 Le Bouchon et l'Assiette
6 Restaurant Nicolas
7 Le Quick

**Einkaufen**
1 Wochenmarkt
2 L'Huilerie
3 Maison Villaret
4 Vinaigrerie Nîmoise
5 Les Plaisirs de la Table
6 Château de la Tuilerie

**Abends & Nachts**
1 La Comédie
2 L'Olive

im 1. Jh. n. Chr. als ein mit Säulenportikus und korinthischen Kapitellen wohlproportionierter Bau, der Teil eines restlos verschwundenen Forums war. Laut antiker Inschrift hat Agrippa den Tempel Caius und Lucius, den Enkeln des Augustus, widmen lassen. Der französische Architekt Jean-Michel Wilmotte sanierte den Innenraum, der heute für Wechselausstellungen genutzt wird. Dass der Tempel relativ unbeschadet über die Jahrtausende kam, verdankt er seiner steten Umwidmung. Nacheinander diente der Bau als Amtssitz der Konsuln, als Wohnhaus, Pferdestall und Kirche (Öffnungszeiten s. S. 161, Tour Magne).

Teilen muss sich der Tempel den von Cafés gesäumten Platz des ehemaligen Forums mit dem **Carré d'Art** 4. Das 1993 eröffnete zeitgenössische Museum mit Mediathek und Dokumentationszentrum zitiert souverän die antike Formensprache. Als lichte, gläserne Referenz der Moderne an die Antike hat Fosters Bau auch 15 Jahre nach der Eröffnung nichts von seiner Strahlkraft verloren. Vom Café auf der Dachterrasse schweift der Blick über die lachsrote Dächerlandschaft der größtenteils verkehrsfreien Altstadt. Im Museum sind Sammlungen ab dem Jahr 1960 zu sehen, Schwerpunkte liegen u. a. auf der französischen sowie der mediterranen Kunst (Musée d'Art Contemporain, Tel. 04 66 76 35 70, Di–So 10–18 Uhr, 5 €).

### Am Amphitheater

Wenn man dem angenehm schattigen Boulevard Hugo nach Süden folgt, gelangt man zu den **Arènes** 5 (Öffnungszeiten s. S. 161, Tour Magne). Der 70 n. Chr. entstandene ovale Kolossalbau bot 25 000 Zuschauern Platz, die die Ränge bei regelmäßig veranstalteten Gladiatorenkämpfen füllten. Die Arènes von Nîmes gelten als die am besten erhaltenen ihrer Art. Damit das so bleibt, aber auch, damit heutige Zuschauer vor zu viel Sonne oder Regen geschützt werden, überspannt die ausfaltbare Regenhaut eines modernen Velumdachs sechs Monate des Jahres das 133 m x 101 m messende Oval. Im Mittelalter standen dort mehr als 200 Häuser, die erst im 19. Jh. weichen mussten – um Platz für die erste Corrida 1863 zu machen.

Den Alltag der Toreros illustriert das nahe **Musée des Cultures Taurines** 6 (6, rue Alexandre Ducros, Tel. 04 66 36 83 77, Ende Mai–Ende Okt. Di–So 10–18 Uhr, 5,50 €).

### Porte d'Auguste 7

Bliebe noch die **Porte d'Auguste** am Boulevard Colbert im nordöstlichen Eck der Altstadt. Das Stadttor mit dem antiken Namen

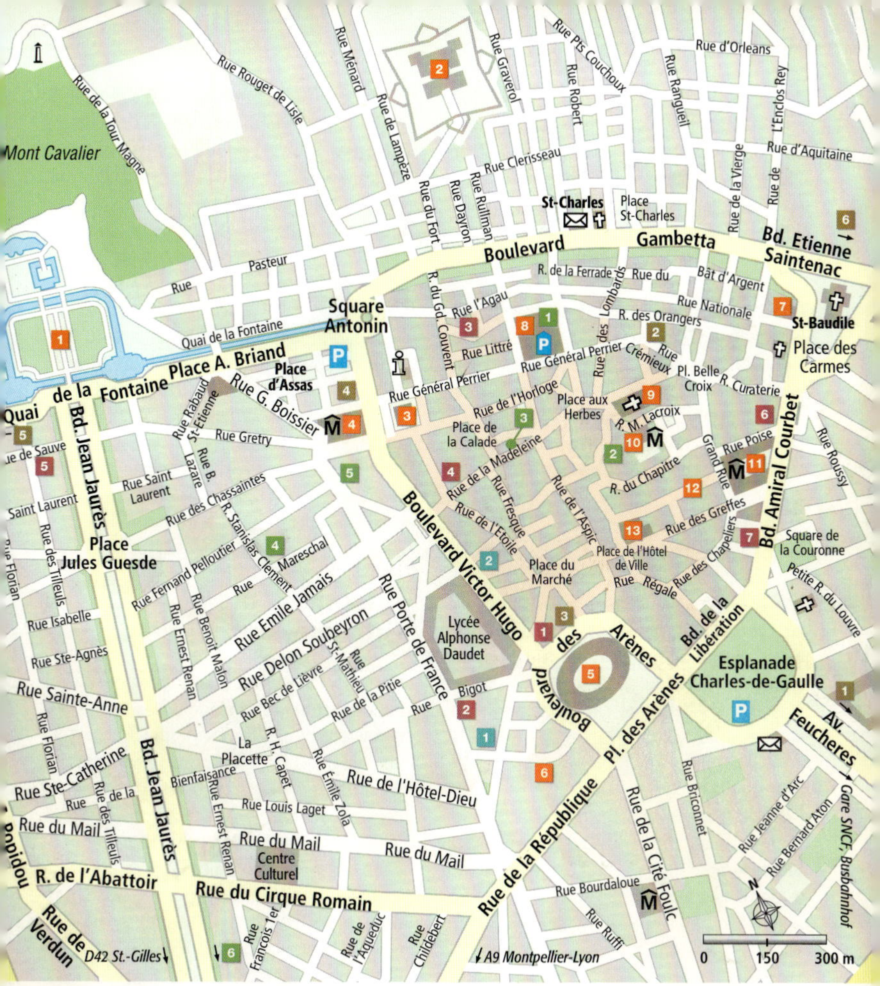


Porta Arelatensis entstand im Rahmen der Stadtbefestigungsarbeiten unter Kaiser Augustus, etwa 16 v. Chr. Die Bronzestatue des Augustus am Tor ist allerdings eine Kopie.

## Die Altstadt

**Cityplan:** oben

### Im Viertel der Färber

Mit der Porte d'Auguste ist die Altstadt bereits erreicht. Schattige Boulevards umgeben das Altstadtdreieck, dessen Gassen und Plätze im Mittelalter auf dem Trümmerfeld der antiken Metropole entstanden. Als erstes Viertel ließen die Stadtväter den **Ilot Littré** in den 1980er- und 1990er-Jahren vorbildlich sanieren. Innenhöfe und Gassen kennzeichnen das ehemalige Viertel der Färber, in dem sich heute ein Restaurant an das andere reiht.

Mittendrin liegt der brachiale ›Bauch von Nîmes‹: **Les Halles** 8**,** die von Wilmotte instand gesetzten, mit Aluminiumlamellen verkleideten Markthallen. Intimer wird es wieder südlich der Hallen. Über die Rue Guizot gelangt man zunächst auf die winzige dreieckige **Place de l'Horloge** mit dem Belfried der Tour de l'Horloge, dann über die Rue de L'Horloge auf die ebensfalls kleine **Place de la Calade,** an der das Opern- und Schauspielhaus besticht, und schließlich über die Rue Madeleine zur **Place aux Herbes.** Die Maison Romane auf der Ecke ist ein in Nîmes seltenes Beispiel romanischer Profanarchitektur.

### Notre-Dame-et-St-Castor 9

Blickfang am Platz ist jedoch die **Cathédrale Notre-Dame-et-St-Castor.** Ein langer, reich verzierter Fries weist das Gotteshaus unzweideutig als romanisch aus. Der Ursprungsbau aus dem 11. Jh. wurde allerdings in den Religionskriegen von Katholiken niedergebrannt und erst im 19. Jh. wiedererrichtet (außer zu Messen Mo–Fr 8.30–18, Sa 8.30–12, 14–18, So 8.30–12 Uhr, gratis). Die Kathedrale steht mitten im alten hugenottischen Tuchmacherviertel. Im 19. Jh. soll hier ein robuster blauer Baumwollstoff erfunden worden sein, der als **Bleu de Nîmes** in den Handel kam und auf den englischsprachigen Märkten als Blue denim Textilgeschichte schrieb.

### Museen

Der ehemalige Bischofspalast gegenüber der Kathedrale beherbergt heute das **Musée du Vieux Nîmes** 10, in dem u. a. die Geschichte der Blue Jeans erklärt wird (Heimatkundemuseum, Pl. aux Herbes, Tel. 04 66 76 73 70, Di–So 10–18 Uhr, Do bis 21 Uhr, gratis).

Über die verwinkelte Place du Chapitre geht es in die geschwungene Grand'Rue. Blickfang sind hier die von Wilmotte neudesignte **Ecole des Beaux-Arts** im spätbarocken Palais Rivet und das barocke Jesuitenkolleg mit dem **Musée Archéologique** (Tel. 04 66 76 74 80; zu Eisen- und Römerzeit, gratis) sowie dem **Musée d'Histoire Naturelle** 11 (Tel. 04 66 76 73 45; beide Museen, Di–So 10–18 Uhr, gratis).

### Rund ums Rathaus

Vornehme spätmittelalterliche und barocke Palais wie das Hôtel Démians (Nr. 4) oder das Hôtel de l'Académie (Nr. 16) prägen die **Rue Dorée** 12. Parallel dazu verläuft die Rue des Greffes, an deren Ende das **Hôtel de Ville** 13 steht. Von Wilmotte erneuert und von Starck ausgestattet, wirkt der Barockbau heute wie eine lustvolle Einladung in die Geschichte der Stadt. Unter der Decke des prachtvollen Treppenhauses (frei zugänglich) schweben die Wahrzeichen der Stadt – vier ausgestopfte Krokodile.

Von der eng ins Gassengeflecht eingeklemmten Place de l'Aspic hinter dem Rathaus ist es ein Katzensprung in die Rue de Bernis. Das gleichnamige **Hôtel de Bernis** (Nr. 3) verbirgt hinter spätgotischer Fassade im Innenhof Arkaden, die an die antiken Arenen erinnern, während die Frontons der Fensterlaibungen den Dianatempel im Jardin de la Fontaine zitieren.

## Ausflug in die Garrigue von Nîmes

In die über weite Strecken unbesiedelte Garrigue eingebettet ist **Nages.** Das Dorf ist eines wie viele andere auch. Im 3. Jh. n. Chr. aber stand hier eines der bedeutendsten keltisch-römischen *oppida* (befestigte Siedlung) des Languedoc, als dessen sichtbarster Rest ein Hügel aus der sonnenverbrannten, flachen Landschaft auftaucht.

Im Dorf beginnt die **Impasse de l'Oppidum,** ein Fußweg zum Ausgrabungsfeld im Norden (frei zugänglich). Erhalten sind die Reste eines doppelten Verteidigungsringes, eines Wasserspeichers sowie die von Häusern und Straßen. Im Dorf rekapituliert ein beschauliches **Museum** Alltag und Geschichte des Oppidums, das vom Neolithikum bis zur Römerzeit besiedelt war. Die ältesten Ruinen stammen aus dem 3. Jh. v. Chr. (Infos über das Rathaus, Tel. 04 66 35 05 26).

### Infos

**Office de Tourisme:** 6, rue Auguste, 30020 Nîmes, Tel. 04 66 58 38 00, www.ot-nimes.fr.

**Der erste öffentliche Park Frankreichs: der Jardin de la Fontaine in Nîmes**

# Stierkampf ohne ›mise à mort‹: Course camarguaise

Thema

**Vielen Tierfreunden ist es gleich, ob es sich um Corrida oder Course camaguaise handelt. In beiden Fällen werden Stiere durch die Arena gehetzt – was die Zuschauer begeistert, die Rindviecher hingegen in Todesangst versetzt. Apropos Todesangst: Bei der Course camarguaise überlebt der Stier das archaische Ritual, immerhin.**

Bei der *corrida* stirbt der Stier, bei der *course camarguaise* kehrt er, wenn auch mit Blessuren, auf die Sumpfweiden der Camargue zurück. *Mise à mort* (Todesstoß) oder eben nicht, das ist der – vor allem für den Stier entscheidende – Hauptunterschied zwischen den beiden Kampfarten, bei denen sich in über 40 Städten Frankreichs die Arenen füllen. Und dies nicht nur in Nîmes und der Camargue, sondern auch etwa im südwestfranzösischen Gers am Fuß der Pyrenäen. Und noch ein Unterschied: Bei der Corrida prangt der Torero auf dem Plakat, bei der Course camarguaise der Stier, weil er der eigentliche Star ist: Seinen Namen kennen die Massen, er sorgt für volle Ränge. Unvergessen bleibt über 20 Jahre nach seiner Verabschiedung in die Rente Goya, ein Stier von legendärer Intelligenz und unvergleichlichem Mut, dem in Beaucaire ein steinernes Denkmal gesetzt wurde. Vor den Arenen, die sich der Corrida verschrieben haben, findet man die Standbilder berühmter Stierkämpfer – so etwa in Nîmes. Doch Orte, die der unblutigeren Tradition der Course camarguaise huldigen, ehren besonders tapfere Stiere.

Unbestrittene Hauptstadt der Corrida ist Nîmes. Die Pfingst-Feria gehört mittlerweile zu den ›Großen Drei‹ in der Welt, neben Madrid und Sevilla. Eine kleinere Corrida wird im September zur Weinlese abgehalten. Seit 1951 findet in Nîmes die Corrida in großem Stil statt, 102 Jahre, nachdem Eugénie, die spanische Gattin des späteren Napoleon III., das blutige Vergnügen in Frankreich gesellschaftsfähig gemacht hat. Heute ist die Pfingst-Feria ein nationales Ereignis. Das Fernsehen überträgt live, alle landesweiten Tageszeitungen berichten auf Seite 1, auch die pariserisch-intellektuelle Le Monde. Nicht so beim ›Stierkampf ohne‹, wohl, weil der Kampf ohne Mise à mort ein viel regionaler geprägtes Ereignis ist als die über die französischen Grenzen hinaus praktizierte Corrida – schließlich heißt das Ganze Course camarguaise und verweist schon im Namen auf die nur in der Camargue bekannte Spielart tötungsfreier Stierkämpfe. Ungefährlich für die Stierkämpfer ist die Course camarguaise jedoch nicht. Zwischen den Hörnern des in der Arena freigelassenen Stiers prangt die mit bunten Wollfäden und Pompons verzierte *cocarde.* Sie zu entreißen ist das Ansinnen der *razeteurs* genannten Mannen. Kein einfaches Unterfangen: Die Hörner eines Camargue-Stiers sind ungefähr so lang wie der Arm des Razeteurs. Als Hilfswerkzeug dient daher der *crochet*, eine eiserne Kralle. Für jede Cocarde gibt's Punkte. Gesiegt wird am Ende nach Punkten – und nicht nach dem totalen Aus für den Stier. Auch wer sich weder für die eine noch die andere Stierkampfart interessiert: Das Treiben nach und vor der Feria, die *abrivado,* der prachtvolle Auftrieb der Stiere, und die in den Stierkampfstädten in allen Gassen eröffneten Bodegas, wo die Nacht zum Tag gemacht wird, verheißen ein rauschendes Fest.

## Übernachten

**Achtung:** Zur Feria (s. Termine S. 169) steigen die Preise kräftig!

Garten-Hideaway ▶ **Jardins Secrets 1:** 3, rue Gaston Maruejols, Tel. 04 66 84 82 64, www.jardinssecrets.net. Ein verschwiegener, hinter Mauern versteckter Garten, zwischen Bougainvillea und Olivenbäumen ein Pool. Im Bad eine frei stehende Wanne, im Zimmer ein ›rokokokett‹ inszeniertes Lotterbett. Jeder Winkel ist perfekt auf Ancien Régime gestylt – die französische Variante von Hip und High End wird von Modedesignerin Annabelle Valentin geführt. DZ ab 198 €.

Palais ▶ **New Hotel La Baume 2:** 21, rue Nationale, Tel. 04 66 76 28 42, www.newhotel.com. Barockpalais mit zum Frühstücks-Patio hin offenem Schautreppenhaus. Modern möblierte Zimmer, antike Balkendecken. DZ ab 142 €.

Arenenlegende ▶ **Hôtel Amphithéâtre 3:** 4, rue des Arènes, Tel. 04 66 67 28 51. 300 Jahre altes Haus gegenüber vom Amphitheater – hier steigen zur Feria die Toreros ab. Komfortable Zimmer, die schönsten gehen zur Place du Marché. DZ ab 70 €.

Unkonventionell ▶ **Royal Hôtel 4:** 3, bd. Alphonse Daudet, Tel. 04 66 58 28 27, www.royalhotel-nimes.com. Existiert seit mehr als 100 Jahren, ist aber erst seit der Neueröffnung *a place to be* in Nîmes. Bewusst nicht ›totsaniert‹, sondern mit Farbe und einer Prise Design aufgefrischt. Z. T. kleine Zimmer! Tipp: Nr. 18 und 21 sind riesig. DZ ab 65 €.

Mit Park ▶ **Jugendherberge 5:** Chemin-de-l'Auberge-de-Jeunesse (hinter Jardin de la Fontaine), Tel. 04 66 68 03 20, www.hinimes.com. Nicht gerade zentral, dafür idyllisch in großem Park gelegen. 2-, 4- und 6-Bettzimmer. Übernachtung 15 €/Pers., DZ 36 €. Rad- und Scooterverleih!

**... in Courbessac** (5 km nördl. von Nîmes, über die D 127 zu erreichen):

Ferienwohnungen ▶ **Le Mas d'Escattes 6:** 8, allée du Mas d'Escattes, Tel. 04 66 26 19 64, http://bed-and-breakfast-south-of-france.le-masdescattes.com. 2 Chambres d'hôte und 2 Ferienwohnungen (nur wochenweise) in Herrenhaus mitten auf dem Land, nur einen Katzensprung vom Zentrum. Geräumige, freundliche Zimmer. Garten. DZ/F 110 €.

## Essen & Trinken

Haute Cuisine ▶ **Le Lisita 1:** 2, bd. des Arènes, Tel. 04 66 67 29 15, Di–Sa. Die schönste Terrasse an den Arenen – und der beste Tisch von Nîmes: Chef de cuisine Olivier Douet hat dem Traditionshaus den Michelinstern verschafft. Den gab's für gegarten Seebarsch mit jungem Spinat und einer Pfifferlingsemulsion. Menü 24 € (mittags)–80 €.

Lounge-Stil ▶ **L'Exaequo 2:** 11, rue Bigot, Tel. 04 66 21 71 96, Sa mittags, So geschl. Im Saal sind die bordeauxroten Fauteuils *très design,* im Patio blüht der Oleander. Lammbraten in Tomatenkruste, in Jasmindampf gegarter Kabeljau. Menü 21 € (mittags)–75 €.

Im Trend ▶ **Aux Plaisirs des Halles 3:** 4, rue Littré, Tel. 04 66 36 01 02, Di–Sa. Die beste Adresse im Ilot Littré: Ravioli mit *brandade de morue* (Stockfischpüree) gefüllt, Petersfisch mit Risotto. Modernes Interieur, schöner Patio. Menü 20 € (mittags)–55 €.

Chic ▶ **Le Darling 4:** 40, rue Madeleine, Tel. 04 66 67 04 99, mittags außer Okt.–Mai So, Mi geschl. Neue, angesagte Adresse mit Designnote und kreativer Küche. Chef de Cuisine Vincent Croizard empfiehlt Seebarsch »blau« mit Tomaten-Erdnuss-Melisse-Sauce oder Perlhuhn in Crau-Heu gegart. Menü 44–50 €

Das Auge isst mit ▶ **Le Bouchon et l'Assiette 5:** 5 bis, rue de Sauve, Tel. 04 66 62 02 93, Do–Mo. Hübsch mit Antiquitäten und Kunstwerken dekorierter Saal, innovative Küche: Risotto von rotem Reis mit Meeresfrüchten. Menü 18 € (mittags)–47 €.

Authentisch ▶ **Restaurant Nicolas 6:** 1, rue Poise, Tel. 04 66 67 50 47, Sa mittags, Mo geschl. In jeder Hinsicht eine Institution. Madame Martin senior waltet im Saal, Sohn Pascal fotografiert Stierkämpfe und steht in der Küche. Unverwüstlich: *côte de bœuf, brandade de morue* (Stockfischpüree). Menü um 25 €.

**Grandioser Ausblick ▶ Ciel de Nîmes 4:** im Carré d'Art, Tel. 04 66 36 71 70, Di–So 10–18 Uhr, April–Sept. Sa, So auch abends. Café-Restaurant im 3. Stock des Museums. Von der Terrasse hat man den besten Panoramablick auf die Altstadt. *Plat du jour* ab 13 €.

**Fastfood ▶ Le Quick 7:** Bd. Amiral Courbet/Pl. de la Couronne. Von Claude Viallat designter Fastfoodtempel in einem Belle-Epoque-Bau. Burger, Pommes, Chicken Nuggets.

## Einkaufen

**Märkte ▶ Wochenmarkt 1:** in den von Wilmotte neu designten Hallen, Rue Général Perrier, tgl. 6.30–13 Uhr. Tipp: Maison des Tapenades mit mit der lokalen Spezialität Stockfisch *(brandade)*. Im Glas, als Paté oder als Tapenade von Raymond. **Les Jeudis de Nîmes:** im Sommer jeden So abend 18–22.30 Uhr buntes Markttreiben mit Viktualien, Kunsthandwerk, Trödel auf fast allen Altstadtplätzen.

**Öl und Hülsenfrüchte ▶ L'Huilerie 2:** 10/12, rue des Marchands, Tel. 04 66 67 37 24, Di–Sa. Walnuss-, Oliven-, Sesamöl, grüne Linsen und Camargue-Reis aus dem Jutesack, außerdem ein Dutzend Lakritzsorten.

**Süße Leckereien ▶ Maison Villaret 3:** 13, rue de la Madeleine, Tel. 04 66 67 41 79, Mo–Sa. 1775 gegründete Bäckerei. Ofenfrische *caladons* (Mandel-Honig-Gebäck) und *croquants* (Mandel-Zitronen-Gebäck).

**Essig und Senf ▶ Vinaigrerie Nîmoise 4:** 4, rue Stanislas-Clément, Essigfabrikation seit 1845. Ebenfalls Senf.

**Wein ▶ Les Plaisirs de la Table 5:** 1, rue Racine, Tel. 04 66 36 26 06, Di–Sa. Der Weinladen des Sommelierpaars Véronique und Alain Bosc zählt zu den bestsortierten im gesamten Languedoc. **Château de la Tuilerie 6:** Rte. de St-Gilles, südl. von Nîmes (über D 42 Richtung St-Gilles, rechts abbiegen Richtung La Tuilerie), Tel. 04 66 70 07 52, www.chateautuilerie.com, Di–Sa 10–12, 14–18, im Sommer 14–19 Uhr. Größtes Weingut im Gard, Verkauf der AOC-Weine Costièrs-de-Nîmes, Kellerbesichtigungen.

## Abends & Nachts

**Klassiker ▶ La Comédie 1:** 28, rue Jean Reboul, Tel. 04 66 76 13 66, Sept.–Juni Do–Sa ab 22 Uhr. Rechts geht es in das Restaurant mit Bar, links in den Club mit Discosound der 1970er- und 1980er-Jahre – wo die Nacht lang wird.

**Cool ▶ Café Olive 2:** 22, bd. Victor-Hugo, Tel. 04 66 67 89 10, Mo–Sa 9–1 Uhr. Trendige Bar mit Mittagstisch (11 €), guter Cocktailkarte und Konzerten (Mi, Do).

**Nîmes mit seiner imposanten Arena ist die unbestrittene Hauptstadt der Corrida**

## Termine

**Ferias de Nîmes:** Während der Stierkampfsaison (Feria de Pentecôte zu Pfingsten, Feria des Vendanges Mitte Sept.) herrscht um die Arenen der totale Ausnahmezustand: Die Hotels sind ausgebucht, die Gassen voller *aficionados* (Fans), an jeder Ecke steht eine Bodega. Kurzum, *das* Ereignis des Jahres ist mit voller Wucht angebrochen. Tickets: 4, rue de la Violette, Tel. 08 91 70 14 01, www.arenesdenimes.com.

## Verkehr

**Zug:** Gare SNCF, Bd. Talabot, www.voyages-sncf.com, Tel. 36 35. Tgl. (TGV-)Verbindungen nach Montpellier, Marseille und Paris sowie Regionalzüge nach Aigues-Mortes und zu anderen umliegenden Städten.

**Bus:** Gare Routière, Bd. Natoire, Busse nach Barcelona, Marokko etc. hinterm Bahnhof, Schalter für regionale Busse (Tel. 04 66 38 59 43) jedoch im Bahnhof! Tgl. Verbindungen nach Aigues-Mortes, Alès, Uzès, Montpellier.

# Über die Thymian-Route an die Rhône

**Der Osten des Departements Gard erinnert mit Obsthainen, honiggelben Gehöften, Mas genannt, und Marktflecken an die Provence. Nur die Rhône zieht eine Grenze, doch Mentalität und das alltägliche Leben sind auf beiden Flussufern dieselben. Das wichtigste Bauwerk, der Pont du Gard, gilt vielen ohnehin als ein Wahrzeichen der Provence.**

## La Route du Thym ▸ Q 8

Nördlich von Nîmes überzieht das dichte Buschwerk der Garrigue die felsigen Hügel. Der Geruch von Thymian liegt in der Luft, der der landschaftlich sehr reizvollen D 979 von Nîmes nach Uzès den volkstümlichen Namen gab: **La Route du Thym,** die Thymian-Straße. Archaisch anmutende Bauten aus mörtellos aufgeschichteten Natursteinen, mit einer Kuppel obendrauf, tauchen ab und zu in der Landschaft auf. Es sind die *capitelles* genannten Hütten der Schäfer.

Im Weiler **Pont St-Nicolas** führt auf halber Strecke eine Brücke über den Gardon, der sich eine tiefe Schlucht in den Fels gefressen hat, die **Gorges du Gardon.**

## Uzès ▸ Q 7

### St-Théodorit und die Duché

Uzès ist ein urprovenzalisches Städtchen mit 8000 Einwohnern, Platanenboulevard und malerischer Altstadt. Gleich vier Türme dominieren die ursprünglich römische Gründung Ucetia, aus der sich im Mittelalter ein schmuckes Bischofsstädtchen entwickelte. Glanzstück bleibt die 42 m hohe, wie ein italienischer Campanile frei stehend errichtete **Tour Fenestrelle** aus dem 12. Jh. am östlichen Rand der Altstadt (kann nicht besichtigt werden). Dieser runde, von romanischen Arkadenfenstern durchbrochene, sechsstöckige Glockenturm ist das einzige Überbleibsel der ersten **Kathedrale St-Théodorit.** Der heutige Bau stammt aus dem 17. Jh.

Besteigen darf man die eckige **Tour Bermonde,** die zur imposanten **Duché** mitten in der Altstadt gehört. Den ehemals herzoglichen Palast, dessen stilvolle Räume gegen ein fürstliches Entgelt besichtigt werden können, ziert eine Renaissancefassade, die Philippe Delorme entworfen hat (Pl. du Duché, www.duche-uzes.com, Sept.–Juni 10–12, 14–18, Juli/Aug. 10–13, 14–18.30 Uhr, Tour Bermonde 11 €, mit Palast, Keller, Weinprobe 16 €). Unter Louis XIII. stieg Uzès zum ersten Herzogtum des Landes auf. Entsprechend imposant ist der Bau. An der gotischen Kapelle des Palastkomplexes leuchtet das aus bunt lasierten Ziegeln zusammengelegte Wappen der Herzöge. Turm Nummer 3, die **Tour de l'Horloge,** stammt teils aus karolingischer Zeit. Ihm Paroli bietet Turm Nummer 4, die **Tour du Roi.**

### Quer durch die Altstadt

Zum Wochenmarkt am schattigen Boulevard Gambetta und unter den kühlen, breit ausladenden Arkaden der mittelalterlichen **Place aux Herbes** findet sich samstags ganz Uzès ein. Alles, was Provence und Languedoc an Köstlichkeiten zu bieten haben, wird vor einer Kulisse angeboten, die so einladend ist, dass hier einige Szenen mit Gérard Depar-

**In den mittelalterlichen Gassen von Uzès prügelte sich schon Gérard Depardieu als Cyrano de Bergerac**

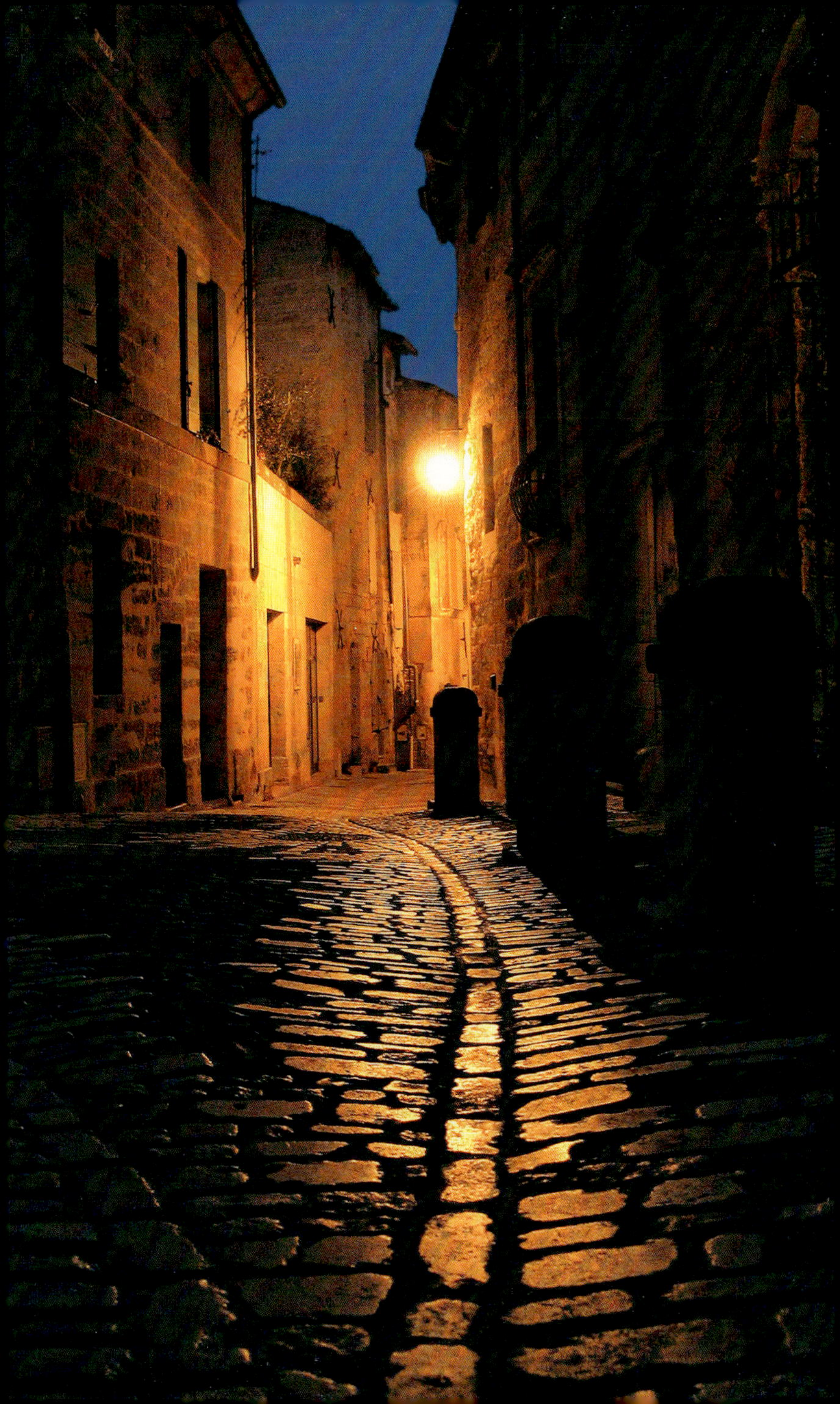

## Tipp: Musée du Bonbon Haribo

Das **Musée du Bonbon Haribo** macht nicht nur Kinder froh: Am Eingang gibt's auch für Erwachsene ein Tütchen, das man sich mit den **Süßigkeiten aus hauseigener Produktion** füllen darf. Dann wird es ernst. Auf drei Etagen dokumentieren Werbeplakate, Videos und eine kleine Schauproduktion die über 100-jährige Geschichte der Bonbonherstellung in Uzès – das Museum der Firma aus Bonn, die in Frankreich so beliebt wie in Deutschland ist, kam in den Hallen der ehemaligen Lakritzfabrik Zan unter. Der Besuch endet in der **Boutique.** Wieder darf man zum Tütchen greifen. Diesmal muss man jedoch bezahlen (Pont des Charrettes, südlich vom Stadtzentrum, Tel. 04 66 22 74 39, Juli–Sept. tgl. 10–19, Sept.–Juni Di–So 10–13, 14–18 Uhr, 6 €).

**Wie die bunten ›Früchtchen‹ entstehen, erfährt man bei der Schauproduktion**

dieu als Cyrano de Bergerac im gleichnamigen Mantel- und Degenepos gedreht wurden. Zahlreich sind die Hôtels particuliers auf dem Weg durch den Altstadtkern zur Promenade des Maronniers hinter dem Komplex von Ancien Evêché (Alter Bischofspalast) und Kathedrale. Im Schatten der Kastanien der **Promenade des Marroniers** schlendert es sich dann angenehm zum **Pavillon Racine,** wo der Dichter Jean Racine (1639–1699) mehrmals gewohnt haben soll. Die Aussicht von der wie eine Panoramaterrasse angelegten Promenade über das Tal der Eure und den **Parc du Duché** ist herrlich.

### Infos

**Office de Tourisme:** Pl. Albert 1er, 30700 Uzès, Tel. 04 66 22 68 88, www.uzes-tourisme.com.

### Übernachten

Außerhalb ▶ **Château d'Arpaillargues:** Tel. 04 66 22 14 48, Arpaillargues-et-Aureilac (4,5 km nordwestl., an der D 982), www.cha

teaudarpaillargues.com. Zimmer im Château oder der ehemaligen Seidenspinnerei. Am schönsten sind die Zimmer im Schloss aus dem 18. Jh. selbst. Pool und Park. DZ ab 105 €.
Mittendrin ▶ **Hôtel du Général d'Entraigues:** Place de l'Evêché, Tel. 04 66 22 32 68, www.hoteldentraigues.com. Häuserensemble aus dem 15. bis 18. Jh. Kleine, stille Zimmer z. T. mit Balkon oder Terrasse, mitten im historischen Stadtkern. DZ ab 80 €.
Klein und grün ▶ **Camping La Paillote:** Quartier de Grézac, Mas Fran Val, Tel. 04 66 22 38 55, April–Sept. Ortsnahe, familiäre Kleinanlage mit nur 28 Plätzen, Halbschatten. Pool. Zelt/2 Pers. 20 €.

### Übernachten, Essen

Einladend ▶ **Hostellerie Provençale:** 1–3, Grande Bourgade, Tel. 04 66 22 11 06, www.hostellerieprovencale.com. Charmanter Bau mit bordeauxroter Fassade zum Flanierboulevard. Dachterrasse! Renovierte, modern ausgestattete DZ ab 122 €. Im Restaurant (Mi–So) regionaltypisches Menü 36 €.

### Essen & Trinken

Brasserie mit Garten ▶ **Le 80 Jours:** 2, pl. Albert-Ier, Tel. 04 66 22 09 89, Mi, So geschl. Charmanter Gewölbesaal und netter Gartenpatio zur Rückseite. Auf der Karte einfache, schmackhafte Gerichte, auf der Schiefertafel offene Weine des Languedoc. Menü 20 (mittags unter der Woche)–48 €.

### Einkaufen

Märkte ▶ **Wochenmarkt:** im Zentrum, Sa morgens. **Bauernmarkt:** Place aux Herbes, Mi morgens. **Trüffelmarkt:** an der Av. de la Libération, Mitte Nov.–März Sa vormittags.

## Tipp: Boule in Uzès

Lauschiger als die von Kastanien beschirmte **Promenade des Marroniers** ist kaum ein Boulodrome der Provence. Wer sich zwischendurch die Füße vertreten möchte, steigt über den Cheminet Balte ins lauschige **Vallon de l'Alzon ab.** In der Talsohle ist das leise Klicken der Kugeln bald verhallt.

## 6 Pont du Gard ▶ Q 8

Auf dem Weg zum Pont du Gard lohnt das Burgdorf **St-Maximin** einen ersten Halt. Garrigue sprießt rund ums Dorf, die auf den kalkhaltigen Böden optimale Voraussetzungen findet. Ein Onkel des Dichters Jean Racine hat das herrliche Schloss im 17. Jh. auf den Fundamenten einer Templerburg errichten lassen. Beeindruckend vornehm beherrscht der Bau die Landschaft.

### Am Ufer des Gardon

Über die D 3 geht es nach **Collias,** das über dem linken Ufer des Gardon (auch Gard) liegt, der sich ungehalten durch eine Felsschlucht windet. Es ist wieder still geworden in dem kleinen Dorf, das in den 1970er-Jahren eine Hippie-Hochburg war und als ›Kathmandu am Gardon‹ belächelt wurde. Die Hippies sind inzwischen fort, doch Collias lohnt den Besuch immer noch wegen der Bademöglichkeiten im Gardon und der Kajakbasis. Vom Dorf kann man mit dem Kajak den Gardon gemütlich zum Pont du Gard hinunterfahren. Andere kommen wegen der Grotten, vor allem aber, um der **Ermitage Notre-Dame de Laval** mit römischer Brücke und Minerva-Brunnen einen Besuch abzustatten. Die Einsiedelei ist auch ein nettes Wanderziel vom rechten Gardon-Ufer aus (am Ufer entlang Richtung Moulin de Carrière gehen, vom Weg dann in die schmale Schlucht der Combe de l'Ermitage). Die Einsiedelei mit romanischer Kapelle basiert auf römischen Fundamenten. Dazu gehört auch ein Minerva-Brunnen: Wer den Finger eintaucht, wird weise, denn bekanntlich ist Minerva die Göttin der Weisheit.

Von **Castillon-du-Gard** führt ein Wanderweg zum Pont du Gard. Das Dorf empfängt mit einem netten Platz. Dem Luxushotel im Zentrum (s. S. 176) ist es zu verdanken, dass viele verfallende Gemäuer restauriert werden konnten.

## Besuch des Aquädukts

Der **Pont du Gard** ist genau genommen ein Aquädukt, das den Gardon überspannt – und ein Besuchermagnet ersten Ranges. Der Erfolg drohte dem Bau aus dem 1. Jh. n. Chr. zum Verhängnis zu werden. Was fast 2000 Jahre unverwüstlich den Hochwasserfluten des Gardon und dem Druck von täglich 20 000 $m^3$ Wasser in der Leitung standgehalten hatte, geriet durch die Besuchermassen auf der oberen Arkadenreihe und zu Füßen der Stützbogen ins Wanken. Als die Garrigue zunehmend weggetrampelt war, wuschen Wind und Wetter den Boden fort – das hieß höchste Alarmstufe für das antike Bauwunder.

Heute darf man nicht mehr bis direkt an den Pont du Gard fahren. Auch der Zugang zu Fuß ist ab dem Parkplatz (ca. 500–600 m entfernt, 7–1 Uhr, inkl. Eintritt März–Nov. 10 €, sonst 15 €) reglementiert; auf das Aquädukt zu klettern, ist ebenfalls nicht mehr erlaubt. Die Ramschbuden sind verschwunden. Im Gegenzug entstand ein vom Architekten Paul Viguier geschickt in eine Hügelflanke am linken Gardon-Ufer versenktes **Besucherzen-**

**Garantierte, dass Nîmes mit bestem Trinkwasser aus den Cevennen versorgt wurde: der Pont du Gard**

**trum** (Acceuil, Tel. 0920 30 03 30, 0,12 € aus dem französischen Festnetz, www.pontdugard.fr) mit **Museum,** Cinemascope-Film, Mediathek, Kinderanimation im **Espace Ludo** (Package 15 €, Familien bis 6 Pers. 25 €, Rive Gauche, linkes Ufer, tgl. außer Mo morgens 9.30–17.30 bzw. Mai–Sept. bis 19 Uhr, Nov., Jan. je 14 Tage geschl.) und Boutiquen. Zypressen und Olivenbäume kaschieren die Neubauten. Hinzugekommen sind ebenfalls der **botanische Lehrpfad Mémoire de Garrigue** und der **Lehrpfad zu den Steinbrüchen von Estal.**

## Architektur des Pont du Gard

Ein **Son-et-Lumière-Spektakel** setzt den von der UNESCO zum Weltkulturerbe erhobenen Pont du Gard in Sommernächten in Szene. Die Wasserrinne über den Gardon oder Gard entstand aus der Notwendigkeit, die 50 km lange Versorgungsleitung von der Eure-Quelle bei Uzès störungsfrei um die steilen Cevennen-Ausläufer herum nach Nîmes zu leiten. Drei insgesamt etwa 50 m hohe Etagen mit Bogen verschiedener Höhe und Breite, die bis auf die obere, wasserführende Arkadenreihe überwiegend mörtellos

aktiv unterwegs

## Mit dem Kanu unter dem Pont du Gard

### Tour-Infos

**Strecke:** Collias–Pont du Gard, 8 km
**Dauer:** halber Tag
**Schwierigkeitsgrad:** leicht
**Kajakverleih:** Kayak vert, Berges du Gardon, Collias, Tel. 04 66 22 80 76, www.canoe-france.com/gardon, März–Okt. Im Angebot sind 8 bis 30 km lange Kanutouren bis zum Pont du Gard mit Rückfahrt im Kleinbus. Nur für Schwimmer, Kinder erst ab 6 Jahren.

Die spektakulärste Annäherung an den von der UNESCO zum Weltkulturerbe erhobenen Pont du Gard führt über den Gardon. Von **Collias** lässt man sich mit dem Kanu durch die mal enge Rinne, mal breite Schlucht flussabwärts treiben, die der Gardon aus dem Fels geschabt hat. Am Ufer winken Badende, auf Ästen sitzen zu Salzsäulen erstarrte Reiher. Eisvögel blitzen blaumetallisch über das Wasser. Mit etwas Glück kreist ein Bonelli-Adler am Himmel. Nach einer letzten Flussbiegung schält sich das antike Steingebirge des **Pont du Gard** plötzlich aus dem Immergrün der Kermeseichen heraus. Der Anblick aus der Froschperspektive ist überwältigend. Kein anderer Bau, mit dem die Römer die Provence geprägt haben, kann es an Wirkung mit dem Solitär in grandioser Naturlage aufnehmen. Bojen markieren die Passage durch einen der Bögen. Ein paar Hundert Meter weiter ist die Stelle am Ufer erreicht, an der der Kajakverleiher wartet.

aus jeweils 6 t schweren Blöcken zusammengesetzt sind, überspannen auf einer Länge von 275 m die beiden Flussufer. Die Quader wurden aus einem Steinbruch bei Vers-Pont-Gard etwas weiter nördlich herbeigeschafft, in dem noch heute Baumaterial gewonnen wird.

### Infos

**Office de Tourisme du Pont du Gard:** Pl. des Grands Jours, 30210 Remoulins, Tel. 04 66 37 22 34, www.ot-pontdugard.com.

### Übernachten, Essen

Hoteldorf ▶ **Le Vieux Castillon:** Rue Turion Sabatier, Castillon-du-Gard, Tel. 04 66 37 61 61, www.vieuxcastillon.com. Das Hotel entstand aus den mittelalterlichen Ruinen des Dorfes Castillon. Der malerische Charme von Gassen und Burgzinnen trifft auf modernen Komfort. Versehen mit Patios und Pool ist hier ein Hideaway hoch über den Weinbergen entstanden (DZ ab 200 €). Die vom Süden geprägte Küche (Mo und Di mittags geschl.) ist jede Sünde wert. Menü 35 (mittags)–120 €.

Vieille France ▶ **Hostellerie Le Castellas:** Grand'Rue, Collias, Tel. 04 66 22 88 88, www.lecastellas.com. Nobles, leicht angestaubtes Hotel, das aus mehreren typischen Bauten der Garrigue besteht. Patio. Interieur von Art déco bis provenzalisch. Exzellentes Restaurant: Jakobsmuscheln mit Kokosnuss, Foie gras in 3 Variationen (Do–So, Menü unter der Woche mittags 45 €, sonst 60–160 €). DZ ab 102 €.

Abgelegen ▶ **Hôtel Le Gardon:** Lieu dit Campchestève, Collias, Tel. 04 66 22 80 54, www.hotel-le-gardon.com, Anfang/Mitte März–Okt. Lassen Sie sich nicht vom klotzigen Neubau abschrecken – die einsame Lage in der Garrigue bürgt für ruhige Nächte, die gemütlichen Zimmer sind mit eigens angefertigten Möbeln aus Marokko eingerichtet. Garten, Pool, netter Patron. DZ ab 70 €. Restaurant L'Oliveraie (Mo–Fr mittags geschl.) mit verfeinerter Landküche, Menü ab 22 €.

Über dem Fluss ▶ **Camping Le Barrelet:** vom Pont du Gard kommend vor Collias ausgeschildert, Tel. 04 66 22 84 52, www.camping-barrelet.com, April–Sept. Schön auf einer Anhöhe gelegener Platz über den Gorges du Gardon. Badefelsen am Fluss. Kajakverleih, Pool. 2 Pers/20 €, Bungalows 4–8 Pers. 270–720 €.

### Aktiv

Kanu ▶ **Canoë Collias:** 4, chemin ron de Fabre, rechtes Ufer, Tel. 04 66 22 87 20, www.canoe-collias.com. **Kayak vert:** s. links.

Wandern ▶ **Fernwanderweg GR 6/63:** von Collias durch die Garrigue nach Pont-St-Nicolas, am Ufer des Gardon entlang zum Pont du Gard. Markierung: rot-weißer Doppelbalken.

## Villeneuve-lez-Avignon

▶ S 7

### Geschichte

**Villeneuve-lez-Avignon** teilt das Schicksal vieler Städte und Orte in unmittelbarer Nähe eines Touristenmagneten: Die Massen wollen nur eines, die ›richtige‹ Attraktion – in diesem Fall Avignon – sehen, und vergessen den Rest. Der kann sich aber im Fall von Villeneuve-lez-Avignon durchaus sehen lassen. Im Mittelalter, als eine fehlende Kanalisation die feinen Nasen der städtischen Oberschicht von Avignon malträtierte, die Stadt der Päpste zudem übervölkert war, zog es den wohlhabenden Klerus auf die andere Seite der Rhône. Im Schutz des dicht begrünten Klosterhügels Puy Andaon gefiel es begüterten Kardinälen und anderen Würdenträgern der Kirche bestens: Villeneuve war dicht genug bei der Stadt, um jederzeit den kirchlichen Geschäften nachzugehen, und weit genug entfernt vom weltlichen Lärm und Dreck Avignons. Als Gründer der Stadt gilt der französische König Philipp der Schöne, der Villeneuve 1293 unterhalb des Klosters und des Forts St-André gründete. Noch im selben Jahr ließ er unweit der Rhône-Brücke eine weitere Verteidigungsanlage bauen, von der nur noch der imposante Turm, die Tour de Philippe-le-Bel, erhalten ist. Mit dem Bollwerk wollte die Krone der geballten Macht der Päpste am anderen Ufer Paroli bieten. Villeneuve-lez-Avignon florierte dank seiner illustren Gäste, Kardinäle und pensionierte Kirchenmänner aus der Papststadt.

### Stadtrundgang

Vom Parkplatz an der ufernahen Avenue Verdun führt ein Weg zum **Fort St-André** hinauf. Die Festung mit der wuchtigen, das Stadtbild dominierenden, von zwei Rundtürmen flankierten Torburg stammt aus dem Jahr 1362 (Tel. 04 90 25 45 35, April–Sept. 10–13, 14–18, Okt.–März 10–13, 14–17 Uhr, 5 €). Allein der Blick über den Strom auf Avignon lohnt den Besuch des Forts. Nach einem fünfminütigen Fußweg gelangt man zu einem Durchgang im Haus Rue de la République Nr. 10 und schließlich auf verschlungenem Zickzackkurs zur **Chartreuse du Val de Bénédiction** (April–Sept. Di–So 10–12.30, 14–18.30, Okt.–Jan., März 10–12, 14–17 Uhr, www.chartreuse.org, 7 €). Bescheidenheit zahlt sich aus: Das zum Papst gewählte Oberhaupt aller Kartäuser, Jean Birel, hatte demutsvoll auf das hohe Amt des Pontifex maximus verzichtet. Der glückliche Gewinner im zweiten Wahlgang, Etienne Aubert, nannte sich fortan Innozenz VI. und stiftete zum Dank für den unerwarteten Titel den Kartäusern 1356 seinen ehemaligen Kardinalswohnsitz. Sein Mausoleum ist übrigens in der Kirche zu bewundern. Aus dem Eremitenkloster entwickelte sich die größte und einflussreichste Kartause Frankreichs, in deren sehenswerten Räumlichkeiten heute ein internationales Kulturzentrum Künstlern Arbeits- und Wohnmöglichkeiten bietet.

Mit seinen anspruchsvollen Produktionen und dem etablierten Kulturfestival Rencontres d'Eté sowie dem Off-Festival macht es gar dem allsommerlichen Theaterfestival von Avignon Konkurrenz (Tel. 04 90 15 24 24, www.chartreuse.org, April–Sept. 9–18.30, Okt.–März 9.30–17.30 Uhr).

Im **Musée Pierre de Luxembourg** an der Rue de la République widmet man sich sakraler Kunst. Neben anderen Kostbarkeiten wie zwei Elfenbeinmadonnen hängt dort die 1453 für die Trinité-Kapelle der Chartreuse du Val angefertigte großformatige Marienkrönung, ein meisterlich komponiertes Gemälde von Enguerrand de Quarton (Tel. 04 90 27 49 66, April–Sept. Di–So 10–12.30, 14–18.30, Okt.–Jan., März 10–12, 14–17 Uhr, 3 €). Die um 1320 errichtete **Kollegiatskirche Notre-Dame** an der Place St-Marc wurde von Kardinal Arnaud de Via, einem Neffen von Papst Johannes XXII., errichtet. Das dazugehörige Kloster ist etwas jünger als Notre-Dame (Tel. 04 90 27 49 28, April–Sept. 10–12.30, 14–18.30, Okt.–März 10–12, 14–17 Uhr).

Über die Montée de la Tour gelangt man zur gut 700 Jahre alten **Tour Philippe-le-Bel,** von deren Spitze der Blick auf Avignons berühmten Pont St-Bénezet fällt (Tel. 04 32 70 08 57, April–Sept. Di–So 10–12.30, 14–18.30, Okt.–Nov., März Di–So 10–12, 14–17 Uhr, 2,20 €). Unten am Ufer lädt der **Sentier Botanique,** ein botanischer Lehrpfad, der Teil eines 8 km langen Rundwegs ist, zum Spaziergang entlang der Rhône ein (**Circuit de la Plaine de l'Abbaye,** blaue Markierung). Ein Faltblatt mit sechs weiteren Wanderungen rund um die Stadt ist beim Office de Tourisme erhältlich.

### Infos

**Office de Tourisme:** 1, pl. Charles David, 30400 Villeneuve-lez-Avignon, Tel. 04 90 25 61 33, www.villeneuvelezavignon.fr/tourisme.

### Übernachten

Kardinalspalais ▶ **Hôtel de l'Atelier:** 5, rue de la Foire, Tel. 04 90 25 01 84, www.hoteldelatelier.com, Jan.–Mitte Febr. geschl. 500 Jahre altes Palais eines Kardinals, Innenhof mit Garten. Von den Zimmern gleicht keines dem anderen. Nr. 21 überrascht durch seine stattliche Größe. Nr. 42 ist ein heimeliges Dachzimmer, aber mit Klimaanlage. DZ ab 60 €.

### Essen & Trinken

Sommertraum ▶ **Les Jardins d'été de la Chartreuse:** Rue de la République, Tel. 04 90 15 24 23, Mitte Mai–Anfang Okt. Bunte Girlanden beleuchten die drei Höfe, von denen einer zum St-Jean-Kloster geht. Unkomplizierte, schmackhafte Küche (Lammkeule, Seebarsch mit Melisse), traumhaftes Ambiente. Tagesgericht ab 9,50 €, Menü 16–28 €.

### Termine

**Rencontres d'Eté und Villeneuve en scène:** im Juli. Theateraufführungen in der Chartreuse. Parallel dazu: Villeneuve en scène – der Reigen aus (Musik-)Theater, Tanz, Gesang steht im Rahmen des Off-Festivals von Avignon. Ca. 20 Ensembles spielen zwei Wochen lang in der Chapelle des Pénitents Blancs und an Open-Air-Orten.

## Beaucaire ▶ R 9

Beaucaire wirkt auf den ersten Blick etwas verschlafen. Das ändert sich zur Stierkampfsaison, wenn im Norden der Stadt, in der **Arena,** der Stier bei den Hörnern genommen werden soll. Von Ostern bis Oktober grassiert in Beaucaire La Taureaumania, das Stierkampffieber. Die Stadt ist eine Hochburg der Course camarguaise. Zwei monumentale, in Stein gehauene Stiere ehren die eigentlichen Helden des Schauspiels. Goya und Clairon heißen die verblichenen Heroen der Arena. Der eine schaut im Nordosten der Stadt auf eine belebte Straßenkreuzung, der andere bewacht die Rhône-Brücke und das **Hafenbecken** am Quai du Général de Gaulle. Am Hafenbecken ankern die Freizeitkapitäne auf dem Canal du Rhône à Sète. Hier spielt die Musik, hier liegt ein Café neben dem anderen.

### Geschichte

Beaucaire hat wesentlich bewegtere Zeiten gesehen. In der Antike verband die Via Domitia den Ort mit dem auf dem gegenüberliegenden Rhône-Ufer gelegenen Tarascon. Die Stadt profitierte im Mittelalter von Zöllen und Mautgebühren für Waren, die in Nord-Süd-Richtung auf der Rhône und in Ost-West-Richtung auf der alten Römerstraße Beaucaire passierten. Der Aufstieg zu einem Handelsplatz erfolgte 1464 mit der Gründung

**In historischer Kleidung zeigt sich der Falkner auf der Burg von Beaucaire**

einer einwöchigen Handelsmesse. Sie wird seither jährlich am 21. Juli, dem Beginn der religiösen Feierlichkeiten zu Ehren der hl. Magdalena, der Stadtpatronin, eröffnet. Hunderttausende strömten bis zur Eröffnung neuer Eisenbahnlinien und der Erschließung anderer Absatzmärkte bis Mitte des 19. Jh. jährlich für ein paar Wochen in die damals wie heute rund 13 000 Einwohner zählende Stadt.

## Stadtrundgang

Der Hauptmesseplatz lag auf dem **Champ de Foire** am Rhône-Ufer. Ein Park umgibt den unversehrten Donjon der **Burgruine** aus dem 11. bis 13 Jh. (April–Okt. Mi–Mo 10–12, 14–17.30, sonst bis 17 Uhr, gratis). Auf der Burg führen Falkner ihre Künste mit frei fliegenden Geiern, Adlern, Milanen und natürlich Falken vor (Les Aigles de Beaucaire, Pfingsten–Allerheiligen tgl. außer Mi nachmittags, Juli/Aug. tgl.). Es braucht nicht viel Fantasie, sich vorzustellen, was in den Gassen, auf den Plätzen und hinter den Fassaden großer Kaufmannshäuser im heißen Monat Juli während der Messewoche für ein Gedränge geherrscht haben mag. Sogar die 1734 auf den Überresten eines romanischen Vorgängerbaus errichtete Barockkirche **Notre-Dame-des-Pommiers** wurde nur schwer dem Ansturm der Massen Herr. Die Priester arbeiteten, so die Überlieferung, zeitweilig im Akkord, um Beichten abzunehmen und die Geschäfte Schlange stehender Kaufleute und Kunden abzusegnen.

Barock und prachtvoll ist ebenfalls das **Hôtel de Ville** von 1679. Entlang der Rue de la République, in der früher Tuchwaren hergestellt und angeboten wurden, deuten prächtige Stadtpalais wie das **Hôtel de Clausonnette** von 1745 (Nr. 21) oder das **Hôtel de Margailler** von 1680 (Nr. 23) auf die einst guten Umsätze hin. Am wohl schönsten Platz der Stadt, der anheimelnden **Place de la République** mit ihren Schatten spendenden Platanen, wurden dann die Geschäftsabschlüsse begossen. Massige Arkaden umgeben den Platz und unter den Platanen reihen sich die Cafés.

## Infos

**Office de Tourisme:** 24, cours Gambetta, 30300 Beaucaire, Tel. 04 66 59 26 57, www.ot-beaucaire.fr.

## Übernachten, Essen

Am Kanal ▶ **Hôtel Les Doctrinaires:** Quai Général de Gaulle, Tel. 04 66 59 23 70, www.hoteldoctrinaires.com, Mitte Dez.–Mitte Jan. geschl. Der charmante Bau aus dem 17. Jh. liegt am Canal du Rhône. Innenhof mit Bäumen. Zimmer etwas altmodisch, aber teils mit Parksicht. Das dazugehörige Restaurant St-Romain hat ein schönes Gewölbe. Menü 20–44 €, DZ 55–90 €.

Historisches Anwesen ▶ **Domaine des Clos:** an der Route de Bellegarde (D 38; ca. 7 km südwestl.), Tel. 04 66 01 14 61, www.domaine-des-clos.com. Chambres d'hôtes und 50–200 $m^2$ große Wohnungen für 2–7 Pers. Geschmackvolle Einrichtung mit Trödel und Antiquitäten. Im Sommer abends Table d'hôte vom Grill (25 € inkl. Getränke). Garten mit Heil- und Aromapflanzen, Olivenhain, Grillplätze. Organisierte Ausflüge per Auto, mit dem Mountainbike oder zu Fuß. Kurse im Nähen, Aquarellieren, Möbelmalerei, provenzalischer Küche, Tanz, Schmiedekunst. DZ ab 95 €, Wohnungen 500–1600 €/Woche.

## Einkaufen

Märkte ▶ **Bauernmarkt:** Do, So auf dem Cours Gambetta und vor dem Rathaus. **Trödelmarkt:** 1., 3. Fr des Monats.

## Aktiv

Ausflüge, Kurse ▶ **Domaine des Clos:** s. o.

## Termine

**Fête du Drac:** Anfang Juni, 3-tägiges Volksfest rund um den Drachen von Beaucaire.
**Les Estivales:** ab 21. Juli, riesiges Volksfest mit Trödelmarkt, Winzerpräsentation, Handwerkermarkt und Stierkämpfen.

## Verkehr

**Zug:** vom Bahnhof, Rte. de St-Gilles, nach Nîmes und Avignon. Infos: Tel. 36 35, www.voyages-sncf.com.

# Bioprodukte aus dem Gard

Thema

**Der Erfolg in Zeiten zunehmenden Bewusstseins für gesunde Ernährung und zahlreicher Skandale um Pestizide oder andere schädliche Rückstände in Obst und Gemüse konnte nicht ausbleiben: Im mit Wasser und Sonne gesegneten Departement Gard hat man in der Landwirtschaft früh auf Bioprodukte gesetzt – und dies in großem Stil.**

Uni-Vert, Frankreichs größter Erzeuger von Biogemüse und Obst aus biologischem Anbau, hat seinen Sitz in Manduel, einem kleinen Dorf 20 km südlich von Nîmes. Hinter dem 1991 gegründeten Unternehmen verbirgt sich der Zusammenschluss von gut einem Dutzend hellsichtiger Ökobauern, die im klimatisch begünstigten Landstrich zwischen Cevennen, Rhône und Kleiner Camargue Auberginen, Salat, Zucchini, Möhren, Tomaten, Melonen, Fenchel und noch viel mehr Gemüse- und diverse Obstsorten anbauen – natürlich ohne chemische Keule. Auch Frankreich isst mehr und mehr *bio,* vor allem in den Städten. Montpelliers Biomarkt etwa zieht mittlerweile Käufer weit über die Stadtgrenzen hinaus an.

Die Bauern liefern ihre Erzeugnisse in Manduel ab, Uni-Vert kümmert sich um die Vermarktung. Allein 5 Mio. Kopf Salat werden jährlich verkauft. Der Jahresumsatz liegt bei 6,2 Mio. Euro, wobei fast gut 40 % der Summe im deutschen Nachbarland erzielt wird, wie der aus Deutschland stammende Verkaufsleiter des Biogiganten, Hans Ulrich Regtmeier, freudig feststellt. Qualität, schneller Transport, Frischegarantie und zuverlässige Lieferungen machen den Erfolg von Uni-Vert auch in England, der Schweiz und den Niederlanden aus. Immerhin 47 % der vielen, vielen Tonnen Obst und Gemüse werden allerdings in Frankreich selbst verkauft, wo das Bewusstsein für gesunde Ernährung beständig steigt.

Von Aussteiger-Mentalität und alternativer Unbeholfenheit findet sich im Unternehmen indes keine Spur. Die smarten Mitarbeiter von Uni-Vert wissen, wie man den Markt überzeugt: »Unsere Produkte sind teuer«, sagte Hans Ulrich Regtmeier der Frankfurter Allgemeinen Sonntagszeitung. »Aber deshalb müssen sie besser schmecken, als sie aussehen«, fügte er hinzu. Was sie selbstverständlich tun: Bon appétit!

**Uni-Vert:** Saint-Gilles, Petit Chemin d'Espeyran, Tel. 04 66 20 75 25, www.uni-vert.com.

Ebenfalls *tout bio* sind die Öle der Huilerie Emile Noël in Pont-St-Esprit im Nordosten des Departements Gard – und dies schon seit 1972. Gut 50 Jahre zuvor wurde das Familienunternehmen gegründet, das heute Pflanzenöle aus ausschließlich biologischem Anbau und erster Pressung vertreibt. Mit den kalt gepressten Sesam-, Oliven-, Walnuss-, Sonnenblumen-, Soja- und Haselnussölen erwirtschaftet der Familienbetrieb 12 Mio. € Umsatz im Jahr – und ist damit die Nummer eins unter seinen französischen Konkurrenten. Mit seinen 50 Angestellten stieg Emile Noël zudem zu einem der größten Arbeitgeber im Rhône-Städtchen auf. Wie Uni-Vert exportiert auch die Huilerie nach ganz Europa – und wie Uni-Vert übrigens hauptsächlich nach Deutschland.

**Huilerie Noël:** 30130 Pont-St-Esprit, Chemin des Oliviers, Tel. 04 66 90 54 54, www.emilenoel.com.

# Petite Camargue

**Le Petit Rhône, ein Nebenarm der Rhône, trennt die Kleine von der Großen Camargue im Osten. Über der amphibischen Landschaft verschweißt die Hitze Himmel und Steppe zu einem flimmernden Zerrbild. Kaum eine Straße zerlegt die tischtuchflache Weite. Für Dörfer bietet der schwankende Boden der Camargue selten Halt. Entsprechend einsam liegen die weiß getünchten Höfe der Rinder- und Pferdezüchter.**

## Von St-Gilles zur Source Perrier ► P/Q 9/10

**Karte:** S. 186

Feuchtwiesen, Sümpfe, Salinen, Reisfelder, Dünen, Teiche, Schilf und Weiden der Kleinen Camargue bieten Flamingos und Zugvögeln ein ideales Brutrevier. Wo der Boden fester wird, geben Rinderbarone und Gardians, die Cowboys der Camargue, den Ton an. Auf dem Rücken eines Pferdes lässt sich die Camargue vielleicht am schönsten erkunden. Etliche Mas, wie die stattlichen Höfe der Rinderbarone genannt werden, bieten Reiturlaub an. Die Skala reicht vom müden Trott auf einem Klappergaul bis zum anspruchsvollen Reitkurs, bei dem man lernt, wie ein Camargue-Cowboy im Sattel zu sitzen (s. S. 190). So oder so, in der Weite der Camargue bleibt man mit der Reitgruppe schnell allein und nur die Mücken können das Vergnügen stören. Wem's zu viel wird, bleibt der Strand ohne die lästigen Stecher.

### St-Gilles 1

Das verschlafene **St-Gilles** lebt vom Reis, der in der wasserreichen Ebene um die Stadt herum angebaut wird, und ein wenig vom Bootstourismus auf dem Canal du Rhône. Die Stadt war einst eine wichtige Zwischenstation an der Via Tolosana, der südlichen Pilgerroute zum Jakobsgrab im spanischen Santiago de Compostela. An diese Zeit erinnert die **Abteikirche St-Gilles.** Erhalten sind die romanische Krypta (Zutritt von rechts außen her), Teile des Chors mit der berühmten Vis de Saint-Gilles, einer ausladenden Steintreppe aus dem 12. Jh., und das kolossale

Westwerk, in dem die Architektur römischer Triumphbögen weiterlebt. Bildprogramm und Ausschmückung der Friese und Tympana gelten in ihrer Vielfalt und Detailgenauigkeit als einmalig in der romanischen Sakralbaukunst Südfrankreichs (im Sommer 9–12, 15–19, in der Nebensaison nur bis 18 bzw. 17 Uhr, Oberkirche gratis, Krypta nur mit Führung, 4 €).

Die **Maison romane** am kleinen Platz, der dem Kirchplatz vorgelagert ist, gilt als Geburtshaus von Papst Klemens IV. Der Bau wurde im 19. Jh. auf Initiative von Viollet-le-Duc, der sich insbesondere der Restaurierung mittelalterlicher Kirchen und Kathedralen verschrieben hatte, kunsthistorisch verfälschend restauriert. In seinen Mauern ist ein Museum mit Ausgrabungsfunden im Umfeld der Abteikirche und eine Natur- und Heimatkundesammlung zur Camargue untergebracht (Tel. 04 66 87 40 42, Juli/Aug. Mo–Sa 9–12, 15–19, Juni, Sept. 9–12, 14–18, sonst nur bis 17 Uhr, Jan. geschl., gratis).

## Infos

**Office de Tourisme:** 1, pl. Frédéric Mistral, 30800 St-Gilles, Tel. 04 66 87 33 75, www.ot-saint-gilles.fr.

## Übernachten, Essen

Einfach und gut ▶ **Le Cours:** 10, av. F. Griffeuille, Tel. 04 66 87 31 93, www.hotel-le-cours.com, Hotel Mitte Dez.–Febr., Restaurant bis März geschl. Einfache Zimmer, zum Essen gibt's sämtliche Klassiker der Camargue zu sehr anständigen Preisen. Die Terrasse versinkt im Schatten von Platanen. Bei Tisch viele Einheimische sowie die Kapitäne der Hausbootflotte, die in Saint-Gilles vor Anker liegt. DZ ab 58 €, Menü ab 16 €.

Camping ▶ **La Chicanette:** Rue de la Chicanette, Tel. 04 66 87 28 32, www.campingla

**Eines der imposantesten Zeugnisse der Kreuzzugszeit: Aigues Mortes**

## Tipp: Wohnen beim Reisbauern

Die Sonne verschweißt den bleichen Himmel mit der tischtuchflachen Camargue. Ein gewaltiges Mauerngeviert taucht an der Kreuzung zweier Landsträßchen auf: Bienvenue auf der **Domaine de la Fosse** **2**. Im Hof lädt die von Weinlaub berankte Terrasse zum Bleiben ein. Ihr schattiges Dach reicht über die gesamte Breite des Mitteltrakts. Über dem Portal schützt eine Statue des hl. Gilles das Anwesen. Monsieur und Madame Abecassis, seit 20 Jahren Besitzer desselben und Reisbauern, erklären: »Die *domaine* geht auf die Malteserritter zurück, die die ummauerte Anlage im 12. Jh. als *commanderie* in der unwirklichen Weite des Rhône-Deltas erbaut haben – der Jakobspilgerweg verlief über das nahe Städtchen St-Gilles.« Seit dem Umbau im 18. Jh. erstrahlt der Gutshof im gelassenen Charme des Ancien Régime. Und seit ein paar Jahren kann man sich bei den Abecassis in **luxuriösen Gästezimmern** einmieten.

Drinnen wie draußen verheißt der erste Eindruck vor allem Weite. Bemerkenswert großzügig sind die Zimmer im linken Seitenflügel. Im **Salicorne** bettet man sein Haupt in einem schmiedeeisernen Himmelbett. Die luftigen rosafarbenen Vorhänge harmonieren mit grau getünchten Deckenbalken, mauvefarbenen Wänden und fliederfarbenen Louis-XV-Fauteuils. Nackte Holzbohlen laden zum Barfußlaufen ein. Die Füße der Badewanne stehen auf einem spiegelglatt geschliffenen Zementboden. **Saladelle** sprengt mit 4 m hohem Gebälk und einer die Höhe noch betonenden Steinsäule alle Maße – Himmelbett, Chaiselongue und zwei Einzelbetten verlieren sich fast auf den 75 m$^2$. **Tamaris** spielt mit Rosa- und Grautönen: Alte Terracottafliesen liegen im Zimmer und im Bad patinierter Marmor, Beige für die Wand, Rot für den Boden. Durch **Canisse** weht ein Hauch Zigeunerbarock – im Bad steht die Wanne zwischen Säulen. Ein Stockwerk tiefer huldigt **Tadorne** mit warmen Gelbtönen und Kokosboden den Farben des Sommers.

Morgens trifft man sichzum Frühstück am langen zinkbeschlagenen Tisch. Im Hof werfen die Zypressen ihre spitzen Schatten auf das Bleu des Pools. Sauna und Hamam gibt es in einem Seitenflügel. Gut 20 km weiter südlich lockt das Meer. Eine **Kajaktour** auf der nahen Petit Rhône bietet sich an – die Lage am Rand des Naturschutzparks Camargue, verloren zwischen Salzsümpfen und Reisfeldern, bietet viele Möglichkeiten. Insbesondere zur Reisernte Anfang September lockt ein Ausflug in die 450 ha großen Reisfelder der Domaine. Und abends wartet die **Table d'hôte** mit echter Camargue-Küche, wozu Reis aus eigenem Anbau gehört.

**Domaine de la Fosse:** St-Gilles, Route de Sylvéréal (D 179), Tel. 04 66 87 05 05, www.domaine-de-la-fosse.com. Table d'hôte ab 25 €, DZ/ÜF ab 115 €.

chicanette.fr. Auch Vermietung von Appartements. Ab 18 €/2 Pers.

### Einkaufen

**Markt ▶** Do, So morgens, Av. Emile-Cazelles.

### Aktiv

**Hausbootvermietung ▶ Crown Blue Line:** lokaler Kontakt in St-Gilles, Tel. 04 66 87 22 66, www.leboat.com.

**Fahrradverleih ▶ Dominique Linsolas:** 32, Quai du Canal, Tel. 04 66 87 23 82.

### Verkehr

**Bus:** Gare Routière, 6–8, bd. Chanzy, Tel. 04 66 87 31 32. Verbindungen mit Les Rapides de Camargue bis zu 10 x tgl. nach Nîmes, mit Les Cars de Camargue Mo–Sa 1–2 x tgl. nach Arles und Do nach Vauvert.

## Über die Route des Etangs nach Gallician

Um die Tour durch die Kleine Camargue fortzusetzen, schwenkt man in Sylvéréal nach Westen auf die D 58 ab (Richtung Aigues-Mortes). Das **Château Montcalm** **3** ist ein

Weingut mit Anklängen an nordafrikanische Architektur, von dem nur noch die Keller genutzt werden. Beim Château gelangt man auf die D 179. Hier beginnt der für die Kleine Camargue wohl typischste Streckenabschnitt: Er führt vorbei an drei durch Kanäle verbundene Seen inmitten von Sumpf- und Weideland. Es fehlen nur noch die Flamingos. Diese bekommt man ab und zu bei niedrigem Wasserstand nördlich des **Mas des Iscles** 4 auf dem **Etang du Charnier** und dem **Etang de Grey** zu sehen, sofern das die Sicht verdeckende Schilfrohr längs der Meerwasserseen gekappt ist. Das ist im April und Mai der Fall und wird von Schnittern erledigt, deren Arbeitsplätze gesichert scheinen, seit für touristische Bedürfnisse wieder vermehrt reetgedeckte Häuser im traditionellen Camargue-Stil errichtet werden.

Einige dieser weiß getünchten, einstöckigen und kopfseitig gerundeten *cabanes* passiert man in nächster Nähe auf der von im Wind wippendem Schilf gesäumten **Route des Etangs** (D 179), die über das winzige Nest **Gallician** 5**,** das Dorf der Schilfschnitter, führt. Gallician bietet mit dem **Centre de découverte du Scamandre** einen unverfälschten Zugang zum Alltag in der Petite Camargue. Eingebettet in das 215 ha große Naturreservat zeigt das riedgedeckte Zentrum Wechselausstellungen zu Fauna und Flora, organisiert Exkursionen in die Natur (Rte. de Iscles, Tel. 04 66 73 52 05, www.camarguegardoise.com, Di–Sa 9.30–18 Uhr, gratis, Guide-Book zu den ausgeschilderten Lehrpfaden 3,50 €) .

Ein Grabmal am Kreisverkehr vor **Le Cailar** 6 ist die einzige Sehenswürdigkeit des Dorfes. Hier liegt der legendäre Stier Le Sanglier (das Wildschwein) begraben, bewacht von einem Stier-Standbild. Le Cailar ist eine Hochburg der Stierzüchter, und in diesem Flecken geht es vor allem um eins: Welcher Stier zeigt's den Toreros in der kommenden Saison?

## Source Perrier 7

Eine Sehenswürdigkeit ganz anderer Art sprudelt 7 km nördlich von Le Cailar aus dem Boden. Aus der **Source Perrier** im Weiler Bouillens wird das weltberühmte, natürlich sprudelnde Mineralwasser abgezapft. Die Abfüllanlagen können besichtigt werden, sind jedoch eher etwas für Technikfans. Ein Schloss nebst Park gehört ebenfalls zur Betriebsbesichtigung (Tel. 04 66 87 61 01, April–Aug. Mo–Fr, sonst Mo–Do 9.30–17 Uhr, 3 €).

# Aigues-Mortes und Umgebung ▶ P 10

**Karte:** S. 186

## Geschichte

Die ›Toten Wasser‹, wie **Aigues-Mortes** 8 wörtlich übersetzt heißt, entpuppen sich im Sommer wie im Winter als äußerst lebendiger Ort. Im Sommer fluten Touristen die wehrhafte Stadt, die auch im Winter nicht ausstirbt, weil die Listel-Großkellerei und die Salinen genug Arbeitsplätze schaffen. Aigues-Mortes ist eines der imposantesten Zeugnisse der Kreuzzugszeit. Von Aigues-Mortes schiffte sich Ludwig IX. 1248 zum sechsten Kreuzzug ein. 1270 folgte ein siebter, von dem der französische König mit dem Beinamen ›der Heilige‹ nicht mehr zurückkehrte. Damals hatte die Stadt noch direkten Zugang zum Meer. Eine lang andauernde Trockenperiode aber führte dazu, dass der Küstensaum austrocknete und sich zusätzlich große Mengen Flusssand, von der unbegradigten Rhône herbeigeschwemmt, rings um die mittelalterlichen Mauern ablagerten. Seit der Mitte des 14. Jh. liegt Aigues-Mortes auf dem Trockenen – oder besser, dem feuchten Grund der Camargue. Immerhin verbindet der Chenal maritime, ein Kanal, die Stadt seit dem 19. Jh. mit dem Canal du Rhône und dem Hafen von Le Grau-du-Roi, was viele Hausbooturlauber nach Aigues-Mortes lockt.

## Stadtrundgang

Die **Tour de Constance**, ein mächtiger Donjon und ältester Teil der 1634 m langen Stadtmauern, diente im 17. Jh. als Gefängnis für Protestanten und beherbergt heute ein klei-

## Petite Camargue

nes Museum und erlaubt den Zugang auf die Mauern (Mai–Aug. 10–18, sonst nur bis 17.30 Uhr, 7 €, unter 25 Jahren gratis). Durch das mit Nägeln gespickte Holztor geht es auf die **Stadtmauer** (190 Stufen!), die komplett begehbar ist und mehrere gut erhaltene Türme zählt. Von der 30 m hohen Aussichtsterrasse der Tour de Constance schweift der Blick auf das grüne Marschland der Camargue, die Etangs (Seen), den kleinen Hafen, den Stichkanal nach Le Grau-du-Roi und die Salzberge der Salins du Midi. Weitere ›Höhepunkte‹ des Mauergangs sind die **Tour de Sel** mit einem mannshohen Kamin und die **gotischen Gewölbe in der Porte des Cordeliers.**

Die quirlige **Place St-Louis** mit der Figur des Stadtgründers ist das Herz der Stadt. Am Platz steht die gotische Pfarrkirche **Notre-Dame-des-Sablons,** deren bunte Neuverglasung von Pop-Art-Künstler Claude Viallat stammt (9–12, 14–17 Uhr). Alle anderen Gotteshäuser der Stadt, die Kapelle der weißen und die der grauen Büßer sowie die Kapelle der Kapuziner sind nur während einer Führung durch das Office de Tourisme zugänglich.

### Tour Carbonnière 9

Aus der Mitte des 14. Jh. stammt vermutlich die **Tour Carbonnière,** ein Zoll- und Wachturm an der D 46, der bis zur Französischen

Revolution in Funktion war. Von der Plattform fällt der Blick auf die Stierherden der zahlreichen *manades,* Stier- und Pferdezuchtfarmen der Umgebung, und auf grünes Marschland. Die höchste Erhebung der Kleinen Camargue ist ein Berg aus Meersalz, das seit dem 12. Jh. aus den küstennahen Meerwasserteichen gewonnen wird und südlich Aigues-Mortes auf Halde liegt.

### Abstecher zu den Salins du Midi und den Caves de Listel

Die **Salins du Midi** 10 sind die ältesten Salzgärten des Mittelmeers und produzieren 90 % des französischen Meersalzes. Hierfür schöpft man jährlich 400 000 t Salz in eigens dafür konstruierten, flachen Verdunstungsbecken ab, deren feinen Rosaschimmer nicht Salzkristalle, sondern mikroskopisch kleine Algensprossen erzeugen (Route du Grau-du-Roi, April–Juni, Sept.–Okt. 1–2, Juli/Aug. 10 eineinhalbstündige Führungen oder Ausfahrten mit dem Touristenbähnchen ab Caves de Listel, Salins Patrimoine, Tel. 04 66 73 40 24, www.visitesalinaiguesmortes.fr, www.salins.com).

In enger Symbiose mit dem Salz lebt auch der rings um Aigues-Mortes angebaute Vin de sable, der ›Sandwein‹. Der leichte Wein wird in der Camargue u. a. von der großen, den Salins du Midi gehörenden Caves de Listel erzeugt. Die **Caves de Listel** 11 stehen mit Weinkellern, alten Fässern und Presse aus dem 16. Jh. ebenso wie die Saline Besuchern offen (Tel. 04 66 51 17 00, www.listel.fr, April–Sept. tgl. 10–18, Okt.–März Mo–Fr 10–12, 14–17 Uhr, 4 €). Zum Gut gehören stolze 2000 ha Reben. – Sowohl Saline als auch Weinkeller liegen an der D 979.

### Infos

**Office de Tourisme:** Place St-Louis, 30220 Aigues-Mortes, Tel. 04 66 53 73 00, www.ot-aiguesmortes.fr.

### Übernachten, Essen

Intim ▶ **Les Templiers:** 23, rue de la République, Tel. 04 66 53 66 56, www.hotellestempliers.fr. Stadtpalais aus dem 17. Jh., im mittelalterlichen Stadtzentrum. Freundlicher Empfang. Einladend: die Bar mit den Clubsesseln aus den Fifties. DZ ab 125 €.

Mittelalterlicher Charme ▶ **Les Arcades:** 23, bd. Gambetta, Tel. 04 66 53 81 13, www.les-arcades.fr. Hinter den gotischen Fensterkreuzen des 1. Stocks verbergen sich komfortable Zimmer. Heimeliges Restaurant (Di, Do mittags, außer Juli/Aug. abends auch Mo geschl.). Menü 20–45 € , DZ ab 96 €.

### Essen & Trinken

Cosy ▶ **Salicorne:** 9, rue Alsace-Lorraine, Tel. 04 66 53 62 67, nur abends, Mi–Mo. Kamin, offene Balken pochen auf noble Rustikalität. Die Küche ist provenzalisch. A la carte 40–70 €.

Zeitgemäß ▶ **La Source du Péché:** Place de la Viguerie, Tel. 04 66 35 25 98, Sommer Mo abends, sonst auch Di, Mi abends geschl. Modernes Bistro mit pfiffiger, frischer Küche. Terrasse zum Platz. Formule mittags unter der Woche ab 12, Menü 16–32 €.

### Einkaufen

Markt ▶ Mi und So.

Wein ▶ **Les Caves de Listel:** s. l. Weingut mit Direktverkauf des Vin de Sable und Besichtigung.

### Termine

**Fête de la Ville:** Mitte Okt. Mehrtägiges Stadtfest mit Courses camarguaises.

### Verkehr

**Zug:** tgl. Verbindungen nach le Grau-du-Roi, Nîmes, www.voyages-sncf.com, Tel. 36 35.

**Bus:** Verbindungen nach Arles, Lunel, Montpellier, Nîmes.

## Le Grau-du-Roi und Port-Camargue ▶ O 11

**Karte:** links

### Le Grau-du-Roi 12

»Sie lebten damals in Le Grau-du-Roi, ihr Hotel lag an einem Kanal, der sich von der befestigten Stadt Aigues-Mortes zum Meer hinzog. Sie konnten die Türme von Aigues-Mortes über die Tiefebene der Camargue sehen, und fast täglich fuhren sie mit ihren Fahrrädern über die weiße Straße am Kanal entlang dorthin.«

»Der Garten Eden«, Ernest Hemingways letzter, 1946 verfasster und erst 1986 erschienener Roman beschreibt **Le Grau-du-Roi,** wie es einmal war, als heitere und freundliche Stadt. Viel Wasser ist seitdem durch den Canal de Sète geflossen, der den Ort durchschneidet. Im Süden entstand mit Port-Camargue ein künstlicher Hafen, den eine Armada von knapp 5000 Jachten belagert. Viel Charme besitzt Le Grau-du-Roi jedoch noch immer, denn der Ort bleibt der zweitwichtigste Fischereihafen am französischen Mittelmeer, direkt nach Sète. König Heinrich IV. ließ im 16. Jh. die ›Kanalmündung des Königs‹ (so die Übersetzung von Le Grau-du-Roi) befestigen. Allabendlich fahren die Boote in den Hafen ein, dann öffnet sich die Drehbrücke über den Kanal und unterbricht den Stadtverkehr. Rive gauche heißt das Viertel am linken Kanalufer. Die Gassen hinter der Häuserfront sind Fußgängerzone und gehören ganz den Sommerurlaubern.

## Port-Camargue 13

Die meisten Gäste quartieren sich in **Port-Camargue** ein. Der bettenreichste Ferienort der Camargue ist eine Ferienmaschinerie, die von Juni bis September auf Hochtouren läuft. Dann wird es auch im **Seaquarium** voll (www.seaquarium.fr, Tel. 04 66 51 57 57, Okt.–März tgl. 10–18.30, April–Juni, Sept. 10–19.30, Juli/Aug. 9.30–23.30 Uhr, letzter Einlass 1 Std. vor Schließung, 11,50 €) . Vor den Becken und im Tunnel drängeln sich Groß und Klein, um einen Blick auf Muräne, Hai oder Rochen zu erhaschen.

## Zum Phare de l'Espiguette

Wer die Einsamkeit sucht, muss über Port-Camargue hinaus zum **Phare de l'Espiguette** (D 255b) weiterfahren. Am Ende einer nichtasphaltierten Piste bleibt der Wagen zu Füßen des Leuchtturms stehen (März–Okt. kostenpflichtiger Parkplatz). Danach folgen etliche Kilometer Dünenstrand, der umso leerer wird, je weiter man nach Osten geht – in der Hauptsaison kann es allerdings eine Weile dauern, bis man ein wirklich ungestörtes Plätzchen gefunden hat.

Ein besonderes Erlebnis verspricht die Erkundung von Dünen und Marschlandschaft hoch zu Ross. Reithöfe an der Straße zur **Pointe de l'Espiguette** 14 bieten Exkursionen an (s. Aktiv, S. 190). Höhepunkt ist das Bad mit dem Pferd im Meer.

## Infos

**Office de Tourisme:** 30, rue Michel Rédarès, B.P. 46, 30240 Le Grau-du-Roi-Port-Camargue, Tel. 04 66 51 67 70, www.legraudu roi.fr.

## Übernachten

Lokalkolorit ▶ **Relais de l'Oustau Camarguen:** Rte. des Marines, Port-Camargue, Tel. 04 66 51 51 65, www.oustaucamarguen.com, Ende März–Anfang Nov. Typischer Mas (Gehöft) der Camargue mit ruhigen, individuell möblierten Zimmern, die über Terrasse oder Gärtchen verfügen. DZ ab 82 €.

## Übernachten, Essen

Am Jachthafen ▶ **Le Spinaker:** Pointe de la Presqu'île, Port-Camargue, Tel. 04 66 53 36 37, www.spinaker.com. Das erste Haus am Platz, auf einer Halbinsel inmitten von Pinien und Palmen, zugleich mitten im Jachthafen. Elegante, modern eingerichtete Zimmer. Das Restaurant hat ein hohes Niveau (außer Juli/Aug. Mo, Di geschl., Menü 58 €). DZ ab 90 €.

## Essen & Trinken

Ungewöhnliche Lage ▶ **L'Amarette:** Centre Commercial Camargue 2000, Le Grau-du-Roi, Tel. 04 66 51 47 63. Die Lage im 1. Stock eines Einkaufszentrums mag überraschen, das gepflegte Interieur, der Blick aufs Wasser und die Plage Nord (Panoramaterrasse) so-

**Einzigartig im Süden Europas: die Camargue-Flamingos**

aktiv unterwegs

## Reiten wie ein Camargue-Cowboy

### Tour-Infos

**Anbieter:** Manade Salièrene, Mas de Capellane, 13123 Saliers, ca. 4 km östl. von St-Gilles, Tel. 04 66 87 45 57, 06 27 24 09 34, www.manadesalierene.com. Stage-Gardian-Kurs für geübte Reiter (3 Tage Training, dann Mitarbeit beim Viehtreiben, Brandmarken etc., 7 Tage inkl. Übernachtung und HP 700 €); Stage Initiation für Anfänger (7 Tage, tgl. 4–6 Std. Reiten, naturkundliche Ausflüge, Stallarbeit, Pferdepflege); Stage de Perfectionnement für Fortgeschrittene (7 Tage, tgl. 4–7 Std. Reiten, Dressurübungen, Einführung in den Alltag der *gardians*); Wanderritt für geübte Reiter (7 Tage, tgl. 5–7 Std. Reiten, Übernachtung auf Reiterhöfen und Fermes Auberges, Mindestteilnehmerzahl 8 Pers., Leitung durch staatlich diplomierten Reitlehrer). Adressen von weiteren Anbietern gibt es bei den Touristenbüros von Les Saintes-Maries-de-la-Mer, St-Gilles und Arles.

*Gardians* heißen die Cowboys der Camargue. Am liebsten würde André Peytavin, genannt Dédé, aus jedem Teilnehmer des einwöchigen Stage-Gardian-Kurses einen waschechten *gardian* machen. Den Kurs der Manade Salièrene leitet jedoch nicht das alte Raubein Dédé. Dafür hat der Herr über Hof, 100 Rinder und 40 Pferde keine Zeit. Schwiegertochter Ludivine und eine weitere Reitlehrerin kümmern sich um die Anfänger, die die Camargue im gemütlichen Trab erkunden wollen, und um erfahrene Reiter, die sich beim Stage Gardian als Cowboy üben. *Mesdames* sind staatlich geprüfte Reitlehrerinnen, wie das Schild der Ecole française d'équitation verbürgt. Genauso wichtig wie das Qualitätslabel ist, dass die Peytavins wirkliche Rinder- und Pferdezüchter sind. Bei Dédé und seiner Frau Françoise geht es entsprechend hemdsärmelig, aber herzlich zu.

Hoch auf dem robusten Rücken eines Camargue-Pferds wirkt die amphibische Landschaft des Rhône-Deltas noch endloser, als es die 86 300 ha Feuchtwiesen, Sümpfe, Salinen, Reisfelder, Dünen, Teiche und Weiden des Naturparks Camargue ohnehin sind. Verloren in der Weite trottet ein halbes Dutzend Reiter gen Süden: Die Kursteilnehmer, ein Häuflein Unerschrockener unter azurblauem Himmel. Geritten wird im Stil der *gardians*, der *monte camarguaise*, auf einem Sattel mit hohem Vorder- und Hinterzwiesel – dadurch wird der Sitz sehr sicher. Die Zügel werden locker mit der linken Hand geführt, die Beine gestreckt und bis zum Knie fest ans Pferd gedrückt. Richtungsänderungen deutet man durch Gewichtsverlagerung und Anlegen des Zügels an eine Halsseite an.

Am Etang de Vaccarès schauen die zu orangerosa Salzsäulen erstarrten Flamingos den Laien-Cowboys hinterher. Plötzlich erbebt der Boden unter den Hufen wild lebender Camargue-Pferde, die auf uns zu galoppieren. Die Pferde der Manade lassen sich vom Angeberwiehern des Leithengstes nicht beeindrucken. Man beschnuppert sich neugierig, knabbert an der Mähne. So unvermutet, wie sie aufgetaucht sind, trollt sich die Herde wieder davon. Es ist eine Begegnung von unwirklicher Schönheit.

Ganz wirklich ist hingegen die Staubwolke über dem Corral, in den Dédé und seine Männer ein Dutzend Kälber getrieben haben. Die Rindviecher sollen zur *ferrade*, dem Brandmarken, im kreisrunden Holzgatter vereinzelt werden – und wir sollen dabei helfen. »Ganz ruhig, c'est cool«, beschwichtigt Ludivine. »Ihr müsst nur ein weites Spalier bilden, damit die Viecher nicht auf dumme Gedanken kommen und jedes Kalb zum Einbrennen in der Holzbox landet.« Klingt eigentlich ganz einfach und ist es dann auch. Sogar die Schmerzen am Gesäß sind flott vergessen.

**Nach ein bisschen Marschieren menschenleer: der Espiguette-Strand**

wie die exzellente Fischküche lassen dann allerdings keinen Zweifel aufkommen: Hier sitzt man richtig! Menü 23 € (Mo–Fr mittags)–60 €.

## Abends & Nachts

Showlauf ▶ **La Marine:** 31, quai Colbert. Schick; zum Sehen-und-Gesehen-werden …

Umtriebig ▶ **Le Grand Café de Paris:** Quai Colbert, bis 2 Uhr. Tapas und Livemusik.

## Einkaufen

Wein, Wurst und mehr ▶ **Maison des Vins et des Produits du Gard:** Rte. de l'Espiguette, Juli/Aug. tgl. 9.30–13.30, 14.30–19.30, sonst bis 18.30 oder 19 Uhr, www.maisondesvins-lespiguette.com. 8000 (!) Agrarprodukte und Kunstgewerbeartikel aus dem Gard. Gute Auswahl an Weinen, Ölen, Tapenaden, Konfitüren etc.

## Aktiv

Reiten ▶ **L'Ecurie des Dunes:** 1745, rte. de l'Espiguette, Tel. 04 66 53 09 28. Organisierte Ausritte in die Camargue, Ponyclub für Kinder, Reitkurse in der Monte Camarguaise (Reitstil der Gardians). **Mas de L'Espiguette:** Rte. de l'Espiguette, Tel. 04 66 51 51 89. Ausritte von 1 Std. bis zu einem halben Tag, für alle Niveaus. Auch Kurse werden angeboten.

Surfen ▶ **Surf Loisirs:** Résidence Impérial, Tel. 04 66 53 40 01. Surfen und Kitesurfen. Materialverleih, Kurse.

Wellness ▶ **Thalassa Port-Camargue:** Rte. des Marines, Plage Sud, Tel. 04 66 73 60 60, www.thalasso.grau-duroi.thalasso-line.com, gehört zum Mercure-Hotel. Thalassotherapie (Meereswasserkur) mit Starkstrahldusche, Algenpackung, Salzinhalator und Massage. Entspannung mit Meerblick.

## Termine

**Fête de la St-Pierre:** Mitte Juni (Tag von Peter und Paul). Wasserprozession zu Ehren des Schutzheiligen der Fischer, dem hl. Pierre.

**Festival du Jazz:** Juli. Jazzfestival.

**Fête du Grau-du-Roi:** Mitte Sept. Jährliches Ortsfest mit Tanz, Musik, Fischerstechen und Course camarguaise.

Le Grau-du-Roi, die »Kanalmündung des Königs«, besitzt einen gemütlichen Hafen

ST 669 89

Ausgestorbene Straßen – eine Seltenheit im schmucken Dorf St-Guilhem-le-Désert

Kapitel 3

# Die Mitte des Languedoc

**Die Mitte des Languedoc ist ein buntes Kaleidoskop an Landschaften. Auf vergleichsweise überschaubarem Raum wechselt man flott vom Strand in die Wälder des oberen Hérault oder der Monts de l'Espinouse – oder entscheidet sich je nach Lust und Laune für einen Kulturtrip ins barocke Pézenas, ins romanische St-Guilhem-le-Désert oder in das weinselige Clermont-l'Hérault. So oder so ist das Freizeitangebot grandios: Kanufahren auf dem Orb, Mountainbiken durch die Garrigue, Klettern in den Gorges de l'Hérault, Wandern im Naturpark Haut-Languedoc. Ganz zu schweigen von dem, was Strand und Meer zu bieten haben.**

**Montpelliers Aufstieg zur Boomtown des französischen Südwestens tut ein Übriges, um die Attraktivität der Region zu steigern. Als Universitätsstadt bietet Montpellier optimale Foschungsbedingungen und Jobs in den Hightech-Branchen und als Reiseziel viel Kultur und noch mehr Leben. Hinzu kommen Standortfaktoren für Genießer. Die Weine aus St-Chinian und dem Minervois haben in den vergangenen Jahren einen deutlichen Qualitätssprung absolviert. Die Küche der Hafenstadt Sète ist dank der vielen Fisch- und Muschelrezepte legendär. Austern und Muscheln aus dem Bassin de Thau speist man entweder direkt am Stand des Erzeugers oder genießt die tagesfrischen Schalentiere daheim. Selbst der schlechte Ruf vieler aus der Retorte entstandener Badeorte ist passé. Vor allem La Grande-Motte trifft mit den futuristischen Bauten der 1970er-Jahre wieder den Nerv einer jungen, hippen Klientel. Dies nicht zuletzt auch deshalb, weil mit dem üppig zwischen die Bauten gepflanzten Grün buchstäblich Gras über die Betonexzesse gewachsen ist ...**

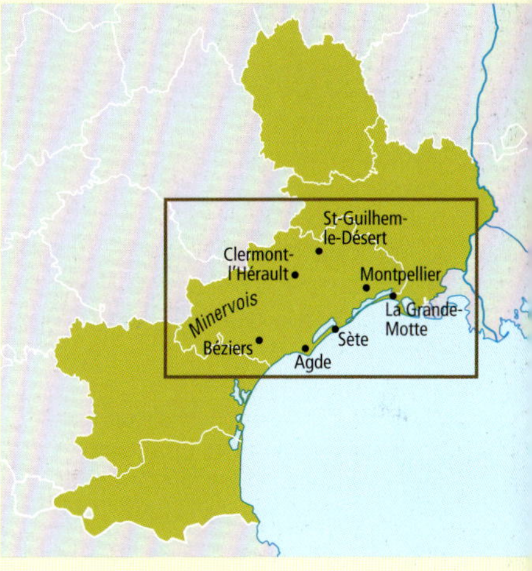

Auf einen Blick

# Die Mitte des Languedoc

## Sehenswert

7 **Montpellier:** Ihren großen Erfolg schuldet die Verwaltungshauptstadt des Languedoc-Roussillon dem attraktiven Mix aus einer nahezu autofreien Altstadt, architektonisch gewagten Neubauvierteln und der Nähe zum Meer (s. S. 198).

8 **St-Guilhem-le-Désert:** Das Dorf in einem dramatisch schönen Seitental der Gorges de l'Hérault zählt zu den »plus beaux villages de France« (s. S. 226).

9 **La Grande-Motte:** Die futuristischen Pyramidenhäuser waren in den 1970er-Jahren ein Schock. Heute sind sie das Symbol eines Erfolgs (s. S. 228).

10 **Sète:** In Frankreichs wichtigstem Mittelmeerhafen riecht es nach Diesel. Längs der Kanäle liegen Kutter und Trawler vor Anker. So viel echte Hafenatmosphäre ist an der Küste des Languedoc einmalig (s. S. 236).

## Schöne Routen

**Gorges de l'Hérault:** Kurz hinter dem Dorf Aniane legt sich die D 4 für 8 km eng an den Hérault. Der Fluss hat eine Talfurche gegraben – eben die Gorges de l'Hérault. Im Sommer locken Bademöglichkeiten im Felsbett unterhalb der Straße (s. S. 225).

**Gorges de l'Orb:** Betörend präsentiert sich die waldreiche Landschaft nördlich von Bédarieux – der Orb windet sich hier durch ein enges Flusstal und schmal und kurvenreich ist das ihn begleitende Sträßlein (s. S. 264).

**Durch die Monts de l'Espinouse:** St-Pons-de-Thomières ist Sitz des Parc Régional du Haut-Languedoc. Entsprechend unberührt sind Wälder und Berge, an denen die Route der Monts de l'Espinouse (D 180) vorbeiführt (s. S. 266).

# Meine Tipps

**Ohne Auto durch Montpellier:** Fast die gesamte Altstadt ist für Autos gesperrt. Was aber kein Problem darstellt, denn Montpellier besitzt ein 150 km langes Radwegenetz. Räder verleihen die Nahverkehrsbetriebe TaM. Als Alternative bleiben Straßenbahn und Minibusse (s. S. 213).

**Fischbörse in Sète:** Was sonst den Fischhändlern vorbehalten ist, kann man im Sommer selbst beobachten – das Schauspiel der Fischauktion in der Criée von Sète (s. S. 237).

**Singen lernen in der Abbaye de Sylvanès:** »Singen ist Befreiung«, so die Philosophie in der Ex-Zisterzienserabtei. Hier lernt man, den richtigen Ton zu treffen (s. S. 265).

# aktiv unterwegs

**Rundwanderung um den Pic St-Loup:** Die Tageswanderung um den Hausberg von Montpellier entführt in ein schroffes Felsmassiv (s. S. 222).

**Wanderung um den Etang du Prévost:** Zwischen Start und Ziel am Canal du Rhône à Sète scheint man 10 km lang über das Wasser zu gehen. Fester Ankerpunkt unterwegs ist die Kathedrale von Maguelone (s. S. 236).

**Mountainbiken am Lac du Salagou:** Die Pisten um den Stausee im Oberen Hérault sind keine allzu sportliche Herausforderung, das Bad im Lac du Salagou ein angenehmer Pausengrund (s. S. 260).

**Wandern auf dem Mont Caroux:** Die nicht ganz leichte Wanderung führt durch die Schlucht der Gorges de l'Héric auf fast 1100 Höhenmeter (s. S. 270).

# 7 Montpellier ►N 10

**Platz eins in puncto Lebensqualität: Montpellier. Größte wirtschaftliche Dynamik: Montpellier. Höchste Punktzahl beim Umweltbewusstsein: dito. »And the winner is: Montpellier!«, heißt es erneut beim jährlichen Städteranking des Magazins L'Express. Laut Umfragen sind die Einwohner in keiner anderen Stadt zufriedener, trotz – oder wegen? – der Umwandlung barocker Altstadtviertel in Fußgängerzonen. Und trotz der sündhaft teuren, im Flower-Power-Look designten Straßenbahnen.**

## Boomtown unter Palmen

Die Klassenbeste unter Frankreichs Städten schiebt sich Viertel um Viertel ans 10 km entfernte Mittelmeer vor. **Port Marianne,** das schicke Neubauviertel am Lez, so heißt der aktuelle Brückenkopf, der dem städtebaulichen Drang an die Küste momentan Rechnung trägt. Und: Fortsetzung folgt, neue Wohnungen werden dringend gebraucht. Knapp 1000 Menschen siedeln sich pro Monat in der Hauptstadt der Region Languedoc-Roussillon an. Zu zwei Dritteln sind es junge Zuzügler. 1960 zählte Montpellier kaum mehr als 100 000 Einwohner. »Viel Geschichte, kaum Bewegung«, schrieb damals die Tageszeitung Le Monde. Heute sind es knapp dreimal so viele Einwohner, mehr als 80 % sind nicht in Montpellier geboren. Stolz präsentiert man im Rathaus die Erfolgsbilanz einer Stadt, die alle Konkurrentinnen in der Gunst umsiedlungswilliger Franzosen weit überrundet hat.

## Stadtentwicklung

Auch Ortsfremde begreifen auf den ersten Blick: Hier tut sich etwas. Bonbonfarbene Straßenbahnen schwirren seit der letzten Jahrtausendwende durchs verkehrsberuhigte Stadtbild. 2007 eröffnete eine neue Linie, wieder mit Bahnen, die *très design* sind, wie man es im Languedoc vom Designerduo Garouste und Bonetti erwartet. Stillstand gibt es in Montpellier nicht, und dies auf allen Ebenen. Im Norden ist neben dem biomedizinischen Industriekomplex Euromédecine eine agrartechnologische Forschungseinrichtung von Weltruf entstanden. **Agropolis** nennt man nicht ganz unbescheiden diese Denk- und Pflanzenzuchtstätte und verweist selbstbewusst auf den Nutzen der Forschungsergebnisse für die ›Dritte Welt‹. So gelang es beispielsweise, Tropenfrüchte an widrige Klima- und Bodenverhältnisse anzupassen, ein Erfolg, der Montpellier in Spezialistenkreisen zur heimlichen ›Welthauptstadt der Banane‹ machte.

Ein Garant für die bleibende Dynamik der Stadt bleibt die **Universität.** 65 000 (!) Studenten bürgen für Kreativität in Forschung und Lehre sowie eine quicklebendige Ausgehkultur. Hinzu kommt ein gut verdienender Mittelstand, der das kulturelle und gastronomische Umfeld befeuert. Kein Wunder, dass Montpellier auch bei Touristen hoch im Kurs steht. Die Beliebtheit als **Reiseziel** quittiert der Billigflieger Ryanair mit Direktflügen aus Großbritannien und Deutschland. Flexibilität demonstriert Montpellier auch hier. Man staunt bei der Ankunft am Flughafen, wenn etwa der Angestellte der Leihwagenfirma auf Deutsch (!) erste Auskünfte erteilt. Und staunt umso mehr bei der Fahrt vom Aéroport Montpellier-Méditerranée in die Stadt. Neubauviertel, luftig und chic, reihen sich am Lez. In den Gewerbegebieten längs der Autobahn ist die Internationale der Hightech-Unternehmen nahezu ausnahmslos vertreten.

Schneller als alle anderen Kommunen des Languedoc-Roussillon hat sich die Stadt auf das neue Jahrtausend vorbereitet und sich früh im europäischen Wirtschaftsraum positioniert. Der Grund: Nach Ende des Algerienkrieges 1962 strömten 25 000 *Pieds-noirs,* Algerienfranzosen (wörtl. übersetzt: Schwarzfüßler), und *Harkis,* Algerier, die aufseiten der einstigen Kolonialherren im Algerienkrieg gekämpft hatten, nach Montpellier. Der Ehrgeiz und die Aufsteigermentalität dieser Neubürger ließen die verschlafene Midi-Metropole aus dem Dornröschenschlaf erwachen.

## Städtebau

Die Ankunft der *Pieds-noirs* fiel mit einem anderen wichtigen Ereignis zusammen. Im Rahmen der regionalen Neuordnung Frankreichs stieg Montpellier 1964 zur Hauptstadt der Verwaltungsregion Languedoc-Roussillon auf. Anders gesagt: Jetzt flossen reichlich staatliche Gelder für Großprojekte in die Stadt. Die ersten Schritte zur städtebaulichen Neuordnung fielen noch ganz im Geist der damals grassierenden Betonmoderne aus. Mit **La Paillade** entstand eine seelenlose Trabantenstadt mit Wohnungen für 30 000 Menschen. Als Trostpflaster gab es das **Stade de la Mosson** obendrauf – im Fußballstadion fand 1998 die WM statt. Mit dem Einkaufszentrum **Polygone** entstand eine weitere Bausünde am Rand der Altstadt. Auf dem Wirtschaftssektor hat sich Montpellier früh für die Ansiedlungen neuer Technologieunternehmen stark gemacht. 1985 entstand die **Technopole Cap Alpha** mit heute 1300 Firmen und 27 000 Arbeitsplätzen. 2004 folgte **Cap Omega,** kurz darauf **Cap Gamma** – während die Hightech-Branche andernorts regelmäßig kriselt, boomt sie in Montpellier.

Bei der städtebaulichen Entwicklung werden die Fehler der Aufbruchphase heute vermieden. Während das Trabantenviertel La Paillade zum sozialen Brennpunkt wurde, gilt **Antigone** als gelungener Gegenentwurf des sozialen Wohnungsbaus. In **Port Marianne,** dem jüngsten städtebaulichen Großprojekt, wurden Sozialwohnungen und Luxusappartements bewusst gemischt. Das Konzept des früheren Bürgermeisters Frêche scheint aufzugehen – Port Marianne gilt als *tendance,* zu Neudeutsch: trendy.

## Geschichte

Eine junge Stadt ist Montpellier auch in historischer Hinsicht – 1000 Jahre Geschichte zählen am von Griechen und Römern geprägten Mittelmeer nicht viel. 985 schenkte Bernard, Graf von Mauguio, seinem Vasallen Guilhem ein Landgut auf einem Hügel wenige Kilometer nördlich von Lattes. Das Landgut hieß **Monspestelarius,** woraus sich später Montpellier entwickelte. Guilhem teilte sich die Macht mit dem Bischof aus dem benachbarten Maguelone. Unter beider Entente gelang es der von Kaufleuten und Handwerkern geprägten und in Selbstverwaltung von Konsuln regierten Stadt, sich aus den Kämpfen zwischen den Grafenhäusern von Toulouse und Barcelona sowie den späteren Katharerkriegen herauszuhalten. Die **Gründung der Universität,** deren medizinische (1220), juristische und philosophische (beide 1250) Fakultäten rasch von sich reden machten, verlieh der Stadt der reichen Parfumeure, Tuchfärber und Händler einen enormen Auftrieb. Im 14. Jh. war der Ruf der Universität in ganz Europa so vorzüglich, dass fast zwei Drittel aller Studenten nicht aus Frankreich stammten. 1349 legte die **französische Krone** für den Erwerb der Stadt 120 000 Goldtaler auf den Tisch der Spanier, deren Macht damals bis in die Languedoc-Stadt reichte. Erst seither gehört Montpellier zu Frankreich.

Fernab der neuen Zentralmacht Paris ging es mit Montpellier zunächst bergab. Mitte des 15. Jh. aber verlegte Jacques Cœur, Schatzmeister Karls VII. und einer der reichsten und mächtigsten Kaufleute des französischen

## Montpellier-Antigone

**Sehenswert**

- 1 Hôtel de Région
- 2 Bibliothèque Municipale Centrale
- 3 Piscine Olympique
- 4 Jacques-Cœur-Markthalle
- 5 Polygone
- 6 – 28 s. Cityplan S. 206

**Essen & Trinken**

- 4 Prouhèze Saveurs

Alle weiteren Einträge zu Übernachten, Essen & Trinken, Einkaufen, Abends & Nachts s. Cityplan S. 206

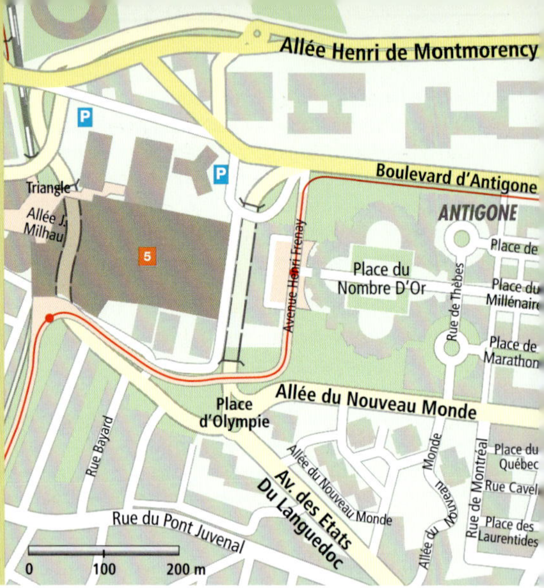


Mittelalters, seinen Sitz nach Montpellier. Der Umzug wirkte wie das Fanal für einen **wirtschaftlichen Boom.** Im 16. Jh. stieg die am Handel mit Textilien und Leder reich gewordene Stadt zum **Verwaltungssitz** des Languedoc auf. Nun verlegte auch der Bischof von Maguelone seinen Sitz nach Montpellier. Immer wieder erlebte die Stadt gewaltige Einbrüche. Doch ebenso schnell kam Montpellier wieder auf die Füße, wie die vielen Palais des 15. bis 18. Jh. im Stadtbild beweisen. Erst im 19. Jh. schien die Entwicklung rückläufig zu sein. Die **Industrialisierung** machte um Montpellier einen Bogen, die **Krise im Weinbau** führte zu blutigen Aufständen der Winzer. Montpellier dämmerte in **provinzieller Trägheit** dahin. Bis Georges Frêche kam, sah und baute.

## Von Antigone zur Place de la Comédie

**Citypläne:** oben und S. 206

### Hôtel de Région und Bibliothèque Centrale

1800 m, und damit exakt so lang wie die Champs-Elysées in Paris, ist die wie eine *via triumphalis* angelegte Hauptachse von Antigone. Am östlichen Rand eröffnet der verglaste Triumphbogen des **Hôtel de Région** 1 (Conseil Régional du Languedoc-Roussillon) die Achse. Der Sitz der Regionalregierung des Languedoc-Roussillon spiegelt sich im Ufer des Lez.

Zwei Brücken führen zur Esplanade de l'Europe hinüber, einem monumentalen Halbrund mit markanten Säulen. Weiter Richtung Westen baut sich rechts die moderne **Bibliothèque Municipale Centrale** 2 der international renommierten Architekten Paul Chemetov und Borja Huidobro auf: Die Verlagerung der zentralen Stadtbibliothek und anderer kultureller und sozialer Einrichtungen in das Neubauviertel ist Programm. Im von Ricardo Bofill entworfenen Antigone mit seinen Sozialbauwohnungen von der postmodernen Stange wird Bildung und Chancengleichheit großgeschrieben.

### Piscine Olympique und Jacques-Cœur-Markthalle

Lichter und schwungvoller als der an antiken Bauten orientierte Monumentalismus Antigones kommt die **Piscine Olympique** 3 daher. Der gläserne Bau stammt freilich wie fast das gesamte Viertel von Bofill. Sobald die Au-

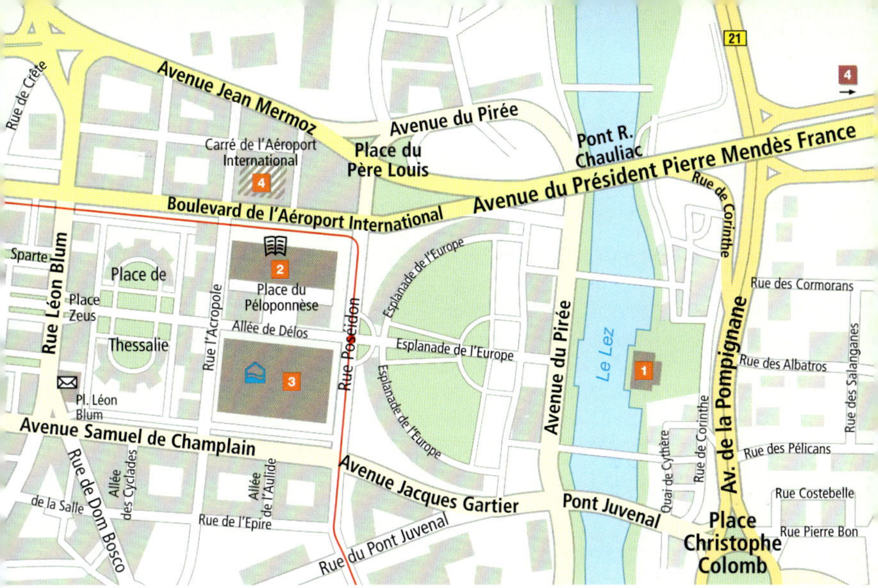


ßentemperatur 22 °C überschreitet, öffnet sich das Dach über Sprudelbädern, Riesenrutsche und 50-Meter-Bahnen.

Wer eine Kleinigkeit einkaufen möchte, kann kurz zum Carré de l'Aéroport und dort zur modernen **Jacques-Cœur-Markthalle** 4 am Boulevard de l'Aéroport International hinüberschlendern. Nebenbei entdeckt man ein weiteres lichtes Bauwerk einer Moderne, die in Montpellier großgeschrieben wird.

## Polygone 5

Baumreihen und Brunnenanlagen an der Place du Millénaire und der Place du Nombre d'Or laden am westlichen Ende Antigones zum Verweilen und Wasserplantschen ein. Dann schließt ein gewaltiger Riegel das Viertel ab: **Polygone** heißt das mit Passagen und Rolltreppen versehene Einkaufszentrum aus den frühen 1970er-Jahren, das ebenso wie das Hochhaus des benachbarten **Hôtel de Ville** nicht zu den architektonischen Ruhmestaten Montpelliers zählt.

## Am Jardin du Champ de Mars

Die **Esplanade Charles-de-Gaulle** 6 ist Montpelliers grüne Bühne. Seit dem 18. Jh. flanieren und plaudern die Bürger in den Platanenalleen. Im parallel dazu angelegten **Jardin du Champ de Mars** laden Bänke zum Verweilen ein. Für Kinder dreht sich ein Karussell. Seit 1990 begrenzt **Le Corum** 7 das grüne Ensemble im Norden. Der mit rosafarbenem finnischen Granit verkleidete Komplex beherbergt neben dem Kongresszentrum die **Opéra Berlioz.** 2000 Besucher finden im neuen Konzerthaus Platz, in dem jährlich an die 130 Vorstellungen gegeben werden und das damit auf Platz drei der französischen Opernhäuser liegt.

## An der Place de la Comédie

Die wichtigste ›Freilichtbühne‹ der Stadt bleibt die weite **Place de la Comédie** 8 im Süden der Grünanlagen. Ob seines eiförmigen Grundrisses wird der Platz auch gerne Place de l'Œuf genannt. Die seit 1985 autofreie Place de la Comédie ist ein Ort zum Sehen und Gesehen werden. Auf der südlichen Platzseite macht sich die **Opéra** mit allem Pomp der Belle Epoque wichtig. Das nach dem in Bordeaux zweitgrößte Opernhaus der französischen Provinz ist ein Entwurf des Pariser Architekten J.-M. Cassien-Bernard von 1888, der sich an der Pariser Opéra Garnier orientierte.

Freilufttheater und Straßenmusik werden rund um das 1776 geschaffene Brunnenensemble **La Fontaine des Trois Grâces** gegeben. Stets umkämpft sind die Caféterrassen auf der Westseite der Place. Radfahrer und Skater flitzen vor den Tischen her, über denen an heißen Tagen Wassernebelanlagen für Abkühlung sorgen.

P. S.: Das einstige Grand Café Rich in Hausnummer 8, früher *the place to be* an der Place de la Comédie, hat seine Rolle ausgespielt – Einheimische meiden es längst. *Tendance,* im Trend liegt hingegen das Viertel zwischen Bahnhof und Place de la Comédie, wo rund um die **Rue Boussairolles** 9 die *branchés,* die Szenegänger, unterwegs sind.

# Nördliche Altstadt

**Cityplan:** S. 206

## An der Rue Foch

L'Ecusson, das Wappen, wird die Altstadt wegen ihres Grundrisses in Form eines Wappens genannt. Das nahezu autofreie Gassengeflecht teilt sich in eine nördliche und eine südliche Altstadt. Als Trennungslinie dient die elegante **Rue Foch,** die ab 1878 wie ein Keil von Osten nach Westen in die Altstadt getrieben wurde. Wie um den quasi offiziellen Charakter der Parademeile zu betonen, markieren **Préfecture** 10 und **Palais de Justice** 11 Anfang und Ende der baumbestandenen und von Luxusgeschäften gesäumten Verkehrsachse.

Die neben der Präfektur gelegene **Place du Marché aux Fleurs** ist ganz von Cafégängern und Restaurantbesuchern in Beschlag genommen. Nach Westen riegelt der 1693 zu Ehren Ludwigs XIV. erbaute **Arc de Triomphe** 12 die Rue Foch ab.

## Unterwegs zur Kathedrale

Im Windschatten der Rue Foch versteckt sich das ehemalige jüdische Viertel. Bei Bauarbeiten entdeckte man in der Rue Barralerie die **Mikwe** 13, das rituelle Bad aus dem 12. Jh. (1, rue Foch, Besichtigung nur mit Stadtführer). Die **Rue de la Loge** 14, die von der Rue Foch nach Osten abknickt, ist Montpelliers wichtigste Einkaufsstraße. Im Mittelalter hieß sie Rue Dorée (Goldstraße), da hier die Goldschmiede und Juweliere angesiedelt waren – heute sind es Discounter, Fastfood- und Jeansketten.

Heimeligster Platz in der nördlichen Altstadt bleibt die **Place de la Canourgue** 15. Die barocke Platzanlage mit romantischem Rosengarten in der Mitte, Cafés und prachtvollen Palais ringsherum, ist ein idealer Ort, um den Tag zu vertrödeln. Am Platz fällt das **Hôtel Richer-de-Belleval** mit einem von Atlanten gestützten Balkon ins Auge. Der prachtvolle Bau beherbergte bis 1971 das Rathaus, heute ist es ein Gericht, dessen Hof frei zugänglich ist. Antiquitätenhändler und Designläden machen den Charme der umliegenden Gassen aus.

Vom Nordende der Place de la Canourgue schaut man auf die deutlich tiefer gelegene **Cathédrale St-Pierre** 16. Vor dem Portal wachsen zwei mächtige Säulen aus dem rumpeligen Pflaster, die den hohen, steinernen Vordachbaldachin des gotischen Gotteshauses tragen. St-Pierre war ursprünglich eine Benediktinerkirche. Papst Urban V., der vor seiner Erhebung zum Stellvertreter Gottes in Montpellier unterrichtet hatte, stiftete die Kirche und das benachbarte Kolleg 1364. Erst 1536 stieg die Kirche durch den Umzug des Bischofs von Maguelone nach Montpellier zur Kathedrale auf.

## Faculté de Médicine 17

Auf dem Pflaster vor der Kirche tummeln sich auffällig viele Studenten: Frankreichs älteste **Faculté de Médicine** (außer Vestibül und Hof nur bei Führungen des Office de Tourisme zu besichtigen) ist in den mittelalterlichen Mauern des einst zu St-Pierre gehörenden Benediktinerkollegs und im ehemaligen Bischofspalast untergebracht. Im frei zugänglichen Vestibül stehen die Büsten von 18 berühmten Ärzten. Im dahinterliegenden Hof fällt der

**Moderne großgeschrieben: der verglaste Triumphbogen des Hôtel de Région im Antigone-Viertel**

# Ein Bürgermeister und sein Architekt

Thema

**Über 30 Jahre regierte Georges Frêche im Rathaus über die traditionell konservative Stadt. Man ließ ihn gewähren, auch als er mit dem Katalanen Ricardo Bofill einen Wegbereiter der Postmoderne quasi zum Stadtbaumeister ernannte – sprach doch der Erfolg des linken Juraprofessors für sich.**

Bis zu seinem Tod 2010 stand Frêche als Präsident dem Conseil Régional des Languedoc-Roussillon vor und zog weiterhin an den Fäden der Kommunalpoltik von Montpellier. Kein Bürgermeister sei ins Amt gekommen, der nicht von ihm gutgeheißen worden wäre, heißt es. Frêche nutzte in seiner Amtszeit die neuen Freiheiten, die die Dezentralisierung Frankreichs den Bürgermeistern in den 1980ern und 1990ern bescherte. So ging die zuvor zentralstaatliche Verantwortung für den Wohnungs- und Bürobau in ihre Hände über, wovon der Sozialist Frêche reichlich Gebrauch machte. Er steckte viel Geld in die Altstadtsanierung, machte die Stadt durch ein neues Kongresszentrum zum drittgrößten Tagungsort Frankreichs und lockte durch zügige Baulandgewinnung neue Investoren in die Stadt. Den größten Coup landete der agile Bau- und Bürgermeister aber mit dem Viertel Antigone. In bester Innenstadtlage entstanden auf dem Boden einer alten Kaserne 2200 Wohnungen (darunter 700 Sozialwohnungen) in kostengünstiger Skelettbauweise. Die genormten Betonwaben verstecken sich hinter Fassaden mit Säulen, Kapitellen und Tympana aus terrakottafarbenen Betongussteilen. Antigone avancierte mit dem ersten Spatenstich 1979 zum programmatischen Projekt der Postmoderne und galt als Montpelliers Sprungbrett ins neue Jahrtausend. »Changer la ville pour changer la vie«, lautete dann auch das Wahlversprechen, mit dem Frêche 1977 zum ersten Mal ins Rathaus einzog. Als kongenialen Verwirklicher seiner Vision fand er den Katalanen Ricardo Bofill. Bofill war damals der Newcomer der spanischen Architektenavantgarde. Antigone machte schnell international Furore und setzte die Stadt auf die Weltkarte großer architektonischer Würfe. Das neue Viertel war als Gegenentwurf zum Brutalbeton des Einkaufszentrums Polygone gedacht, den Frêches konservative Amtsvorgänger über der Stadt ausgegossen hatten. Doch der Gigantismus polarisierte die Meinung der Architekturkritik. Bofill und sein visionäres Architektenteam hätten versäumt, die Sozialwohnungen und Verwaltungsgebäude in ein politisch zeitgemäßes und demokratisches Gewand zu kleiden, hieß es prompt. Die architektonischen Zitate absolutistischer Vorbilder degradierten die Bewohner zum Untertanen, lautete ein anderer Vorwurf. Kurzum, man äußerte sich mal jubelnd zum *classico-social* des Viertels und sprach auf der anderen Seite von einer »Einschüchterungsarchitektur«, die an Ceaucescus Bukarest erinnere.

›Gut‹ war letztendlich beides, denn seitdem hatte jeder ein Bild von Montpellier im Kopf: hier ein bisschen römisches Forum Romanum, dort ein wenig griechische Akropolis, macht zusammen ein Paradebeispiel der Postmoderne. Inzwischen wurde nachgebessert, die Achse mit Durchbrüchen aufgelockert, eine Markthalle errichtet, eine lichte Bibliothek eröffnet. Fazit: Antigone wächst sich allmählich zum lebhaften *quartier* aus, wenn auch mit ein paar Jahren Verspätung.

Blick auf die Kathedrale und ein anatomisches Theater des frühen 19. Jh.

In einem Flügel der medizinischen Fakultät wird die medizinhistorische Sammlung des **Musée d'Anatomie** verwahrt, wo u. a. präparierte Föten und Leichenteile oder Wachsmoulagen zur Veranschaulichung pathologischer Befunde zu sehen sind (Besichtigung der Faculté de Médicine und der anatomischen Sammlung auf max. 20 Pers. pro Gruppe beschränkt, Reservierung übers Office de Tourisme, s. S. 212, 13 €).

Ebenfalls in der Fakultät untergebracht ist das **Musée Atger** mit Zeichnungen flämischer, italienischer und französischer Meister des 17. bis 19. Jh. (2, rue Ecole de Médicine, www.biu-montpellier.fr, Sept.–Juni Mo, Mi, Fr 13.30–17.45 Uhr, Fei geschl., gratis).

## Centre Choréographique National 18

Ganz im Norden der Altstadt wurde der barocke Couvent des Ursulines von 1670 zum **Centre Choréographique National** umgebaut. In Frankreichs tonangebendem Tanzzentrum sind regelmäßig Ensembles aus aller Welt zu Gast. Hier bündeln sich zudem alle Kräfte, wenn im Sommer das internationale Tanzfestival **Montpellier Danse** die Stadt in eine einzige Bühne verwandelt (www.montpellierdanse.com oder www.mathildemonnier.com). Unterhalb des Ursulinenstifts und damit außerhalb der mittelalterlichen Stadtmauern erinnert der **Quai des Tanneurs** längs eines kanalisierten Bachlaufs daran, dass hier einmal das Viertel der Gerber lag.

## Unterwegs zum Musée Fabre

Fast in jeder Gasse fallen prachtvolle Palais ins Auge. Über die geschäftige Rue de l'Aiguillerie, die malerische Rue du Pila-St-Géry und die enge Rue de la Vieille Aiguillerie gelangt man in die **Rue de la Salle Evêque** 19 mit dem barocken Hôtel de Bocaud (Nr. 12) und dem splendiden Hôtel de Graves (Nr. 5), in dem die Bischöfe von Maguelone residierten. Der Prachtbau beherbergt heute eine Denkmalschutzbehörde und ist somit zugänglich (Mo–Fr 14–17 Uhr).

### Tipp: Kunst kostenlos

Gratis ist an jedem ersten Sonntag im Monat ein Besuch der Dauerausstellungen im grandiosen **Musée Fabre.** Bitte Zeit mitbringen!

Mit dem **Musée Fabre** 20 wurde 2007 eines der bedeutendsten Kunstmuseen Frankreichs wiedereröffnet. Das für sagenhafte 63 Mio. € sanierte Musée Fabre erstreckt sich über das Hôtel de Massillan, das Hôtel de Cabrières-Sabatier d'Espeyran, ein Palais im Prunk des Second Empire, und ein Jesuitenkolleg. Den in den Innenraum übergehenden Vorplatz hat der französische Künstler Daniel Buren aus Carrara-Marmor und chinesischem Granit gestaltet. Zu sehen sind auf 9000 (!) $m^2$ Werke aller großen Kunstströmungen und Maler des 16. bis 21. Jh. Das 1828 gegründete Musée Fabre zog ganze Künstlergenerationen in seinen Bann. In diesen Sälen habe er sich erstmals »Bilder genauer angeschaut«, erinnerte sich etwa der Maler Pierre Soulages (* 1919). Zuvor sind bereits Van Gogh und Gauguin in das Museum gepilgert. Höhepunkt des Rundgangs ist die grandiose Galérie des Colonnes mit monumentalen Gemälden des 19. Jh. In einem anderen Raum zeigt ein Courbet-Bild Alfred Bruyas, einen der großen Stifter des Museums, am Strand von Palavas-les-Flots einen Hut schwenkend (39, bd. Bonne Nouvelle, www.museefabre.fr, Di, Do, Fr, So 10–18, Mi 13–21, Sa 11–18 Uhr, 6, mit Führung 8 €, am 1. So im Monat gratis).

Dem Musée Fabre angegliedert ist das **Musée des Arts Déco** (Kunstgewerbemuseum) im Bürgerpalais Hôtel de Cabrières-Sabatier-d'Espeyran (1875), in dem Möbel, Keramik und Silberschmiedearbeiten aus dem Montpellier des 18. bis 19. Jh. gezeigt werden (6 bis, rue Montpellieret, Kasse/Öffnungszeiten wie Musée Fabre, 4 €, Kombiticket mit Musée Fabre 7 €).

Tipp: die Sterne-Köche Pourcel (s. S. 212) betreiben im Musée Fabre die ultramoderne **Brasserie Insensé** (Tel. 04 67 58 97 78, Di–So mittags, Mi, Fr, Sa abends, Menü 24–29 €).

# Montpellier

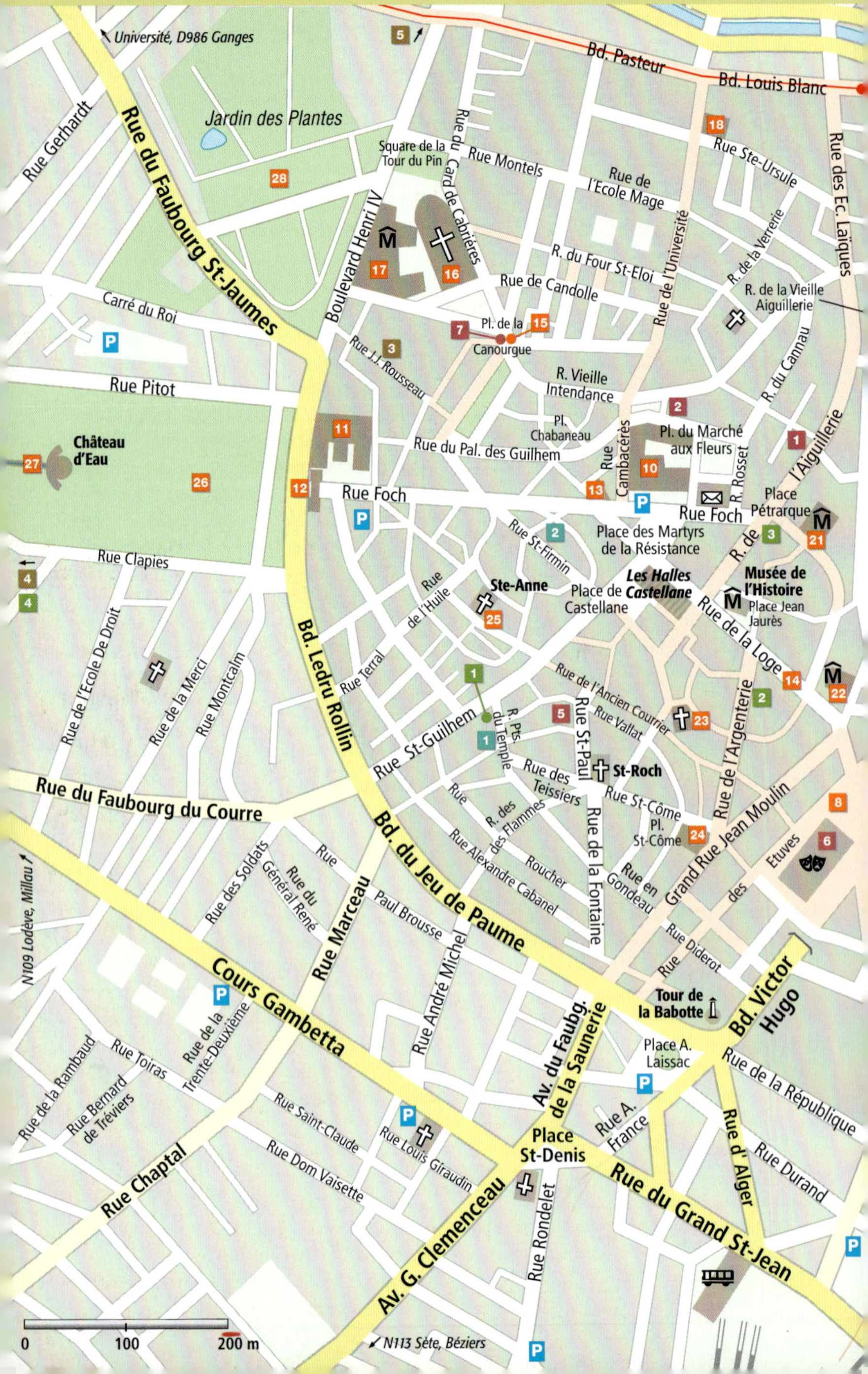

Quai des Tanneurs
N113 Nîmes, Alès
Bd. Charles Warnery
Rue Michel Vernière
Pl. du 11 Novembre
Rue du Prof. Vallois
Rue de la Pépinière
Av. Jean Mermoz
Verdanson
Rue du Pila-St-Gély
Le Corum
Rue d'Argencourt
Rue de la Salle l'Evêque
Bd. Bonne Nouvelle
Allée de la Citadelle
Av. Jean Mermoz
Lycée Mermoz
R. Girard
Lycée Général Joffre
Jardin du Champ de Mars
R. Montpelliéret
Esplanade Charles-de-Gaulle
Rue des Augustins
Bd. Sarrail
Details s. S. 200
Cityplan Antigone
Allée Henri de Montmorency
A9 Nîmes-Sète
Boulevard d'Antigone
Triangle
Allée Jules Milhau
Place de la Comédie
Fontaine des Trois Grâces
Rue de Baudin
Rue Michelet
Polygone
ANTIGONE
Avenue Henri Frenay
Place du Nombre D'Or
Place de Sparte
Place du Millénaire
Rue de Thèbes
Place de Marathon
Rue Vanneau
Rue de Verdun
Rue Boussairolles
Rue Mareschal
Rue Flaugergues
Rue Du Guesclin
Avenue Henri Frenay
Place d'Olympie
Allée du Nouveau Monde
Rue Bayard
Av. des Etats Du Languedoc
All. du Nouveau Monde
Allée du Nouveau Monde
Rue de Montréal
Rue Léon Blum
Rue Maguelone
Rue A. Olivier
Rue de Verdun
Av. du Pont Juvenal
Quai Sauvage
Rue Lamartine
Rue de l'Aire
Av. du Pont Juvenal
Rue Ferry
Pl. A. Gilbert
Gare SNCF
Rue Jules
Rue de la Méditerranée
Rue de Tarragone
Rue du Pont de Lattes
Rue des Deux Ponts
Rue du Général Riu
Rue Henri René
Rue de Fargès
Rue de Barcelone
Rue Marie Muller
Quai Laurens
Av. A. Dubout
Lattes, A9 Sète

## Montpellier

**Sehenswert**

1 – 5 s. Cityplan S. 200
6 Esplanade Charles-de-Gaulle
7 Le Corum
8 Place de la Comédie
9 Rue Boussairolles
10 Préfecture
11 Palais de Justice
12 Arc de Triomphe
13 Mikwe
14 Rue de la Loge
15 Place de la Canourgue
16 Cathédrale St-Pierre
17 Faculté de Médicine/Musée d'Anatomie/Musée Atger
18 Centre Choréographique National/Couvent des Ursulines
19 Rue de la Salle Evêque
20 Musée Fabre/des Arts Déco
21 Hôtel de Varennes/Musée du Vieux Montpellier/Musée du Fougau
22 Hôtel des Trésoriers de France/Musée du Languedocien
23 Place St-Ravy
24 Hôtel St-Côme
25 Place Ste-Anne
26 Promenade du Peyrou
27 Aqueduc des Arceaux
28 Jardin des Plantes
29 Port Marianne/Odysseum

**Übernachten**

1 Le Jardin des Sens
2 Hôtel d'Aragon
3 Le Guilhem
4 Les 4 Étoiles
5 Hôtel du Parc

**Essen & Trinken**

1 Cellier Morel
2 Tamarillos
3 Séquoia
4 s. Cityplan S. 200
5 Le Kinoa
6 Welcomedia
7 Latitude Café

**Einkaufen**

1 Fromagerie Puig
2 Pinto
3 Pomme de Reinette
4 Marché des Producteurs

**Abends & Nachts**

1 Le Comptoir
2 Le Rebuffy
3 La Ville Rouge

## Südliche Altstadt

**Cityplan:** S. 206

### Hôtel de Varennes 21

Mit wenigen Schritten ist die südliche Altstadt erreicht und mit ihr zwei weitere Museen: Das nach außen barocke, im Kern jedoch mittelalterliche **Hôtel de Varennes** an der Place Pétrarque beherbergt gleich zwei stadtgeschichtliche Museen. Das **Musée du Vieux Montpellier** erzählt die Stadtgeschichte anhand persönlicher Objekte wie dem Empire-Schreibtisch eines Ex-Bürgermeisters und Stadtplänen aus fast allen Zeitaltern der Stadt (Tel. 04 67 66 02 94, Di–Sa 10.30–12, 13.30–18 Uhr, gratis). Das **Musée du Fougau** ist ein von Freiwilligen liebevoll betreutes Heimatmuseum mit Trachten und altem Handwerk (Tel. 04 67 84 31 57, Mi, Do 15–18 Uhr, 4 €).

### Hôtel des Trésoriers de France

Montpelliers größtes Stadtpalais, das **Hôtel des Trésoriers de France** 22, das schnell über die Rue Jacques Cœur erreicht ist, hat eine wechselvolle Geschichte. Vermutlich bewohnte Jacques Cœur das spätmittelalterliche Palais ab 1470. Nach der Erhebung Montpelliers zur Verwaltungsstadt des Niederen Languedoc im 17. Jh. war der Bau Sitz des königlichen Schatzmeisters. Heute gehört das Hôtel der Société archéologique de Montpellier und dient als **Musée Languedocien.** Das wichtigste Heimatkundemuseum des Languedoc zeigt Kunstwerke aus der gesamten Region (Tel. 04 67 52 93 03, Sept.–Juni Mo–Sa 14.30–17.30, Juli/Aug. 15–18 Uhr, 6 €).

Einen zweiten Blick lohnt auch das etwas weiter westlich gelegene Hôtel de Jacquet de Bray an der winzigen **Place St-Ravy** 23: An der Seitenfassade sind spätgotische Bögen aus dem 14. Jh. erhalten.

### Hôtel St-Côme 24

Das barocke **Hôtel St-Côme** ist ein Palais der besonderen Art. Unter dem achteckigen Dom verbirgt sich ein in der Struktur erhaltenes anatomisches Theater von 1757. Dennbis 1794 diente der prachtvolle Bau als Anatomie für die chirurgische Abteilung der medizinischen Fakultät. Nach mehreren Zwischennutzungen übernahm die Industrie- und Handelskammer Anfang des 20. Jh. dieses Hôtel particulier samt seines Amphithéâtre d'Anatomie. Anders gesagt, wo früher Leichen seziert wurden, sind die bestimmenden Themen heute Geld und Geschäfte. Wie die meisten Palais ist auch das Hôtel St-Côme nur im Rahmen von Führungen des Office de Tourisme zu den Hôtels particuliers der Stadt zu besichtigen (s. Office de Tourisme, S. 212). Ein Trost: Die hübsche **Place St-Côme** direkt nebenan lädt dazu ein, sich gemütlich niederzulassen und die Blicke schweifen zu lassen.

### Rue de l'Ancien Courrier

Wie schon im Nordteil der Altstadt prägen die prächtigen Palais standesbewusster Adliger, königlicher Schatzmeister und steinreicher Händler auch dieses Viertel. Handel getrieben und viel Geld ausgegeben wird hier noch immer, wie ein Gang durch die kaum wagenbreite **Rue de l'Ancien Courrier** beweist. In der Gasse reihen sich Palais des 16. bis 18. Jh. (Hôtel Lecourt mit schmiedeeisernem Balkon, Nr. 13). In viele der prachtvollen Domizile sind Edelboutiquen eingezogen: Eine Einkaufstour gerät somit automatisch zur Sightseeingtour unter gotischen Gewölben und durch Renaissancehöfe. Durch die Gasse mit ihren Mode- und Designgeschäften zogen früher Packesel und Postpferde. An die alte Zeit erinnern einige verbliebene Eisenringe zum Festmachen der Tiere.

Wie eine Insel im Trubel der Gassen wirkt die heimelige **Place Ste-Anne** 25. Cafés und Bistros umgeben die Kirche, die heute als moderne Kunstgalerie dient.

## Promenade du Peyrou und Jardin des Plantes

**Cityplan:** S. 206

### Promenade du Peyrou

Die **Promenade du Peyrou** 26 ist die grüne Verlängerung der Rue Foch. Die spätbarocke Promenadenanlage wurde Anfang des 18. Jh. angelegt. In der Mitte thront ein Reiterstandbild des Sonnenkönigs – dessen Vorgänger Ludwig XIII. sich 1622 nicht scheute, vom selben Platz auf die rebellische Stadt schießen zu lassen. Monumentaler als das in den Revolutionsjahren entfernte und 1838 brav ersetzte Standbild ist das **Château d'Eau** (Wasserturm) im Westen der Anlage. Der barocke Wasserspeicher ist Endpunkt des **Aqueduc des Arceaux** 27, dessen Wasserrinne auf 22 hohen Arkadenbögen ruht, unter denen dienstags und samstags ein besuchenswerter Markt stattfindet (Di Wochenmarkt, Sa Biomarkt). Château d'Eau und Aquädukt versorgten Montpellier mit frischem Wasser aus den Cevennen. Heute dient das Château d'Eau als beliebter Aussichtspunkt. Von seiner Höhe schweift der Blick bei klarer Sicht bis zum Massif Central.

In der Straße unterhalb der Promenade de Peyrou, der **Rue Clapies,** haben sich einige herrschaftliche Anwesen erhalten, deren spätbarocker Glanz sich freilich nur auf einer thematischen Stadtführung erschließt.

### Jardin des Plantes 28

Der **Jardin des Plantes** gilt als erster botanischer Garten Frankreichs und wurde 1593 von Heinrich IV. angelegt. Die Anlage gehört heute zur Universität und dient Botanikern aus aller Welt als Studienobjekt. Auf gut 4,5 ha Fläche wachsen exotische Gewächse im Freiland und in Tropenhäusern. Der beschauliche Park ist eine Oase am Rand der Altstadt, die sich auf der anderen Seite des stark befahrenen Boulevard Henri IV mit der **Tour des Pins** einen der beiden letzten Reste mittelalterlicher Stadtbefestigungen erhalten konnte (www.jardindesplantes-univ-montp1.fr, Di–So 12–20, im Winter 12–18 Uhr, gratis).

## Port Marianne und Odysseum 29

**Cityplan:** S. 206

### Port Marianne

»Sans titre« heißt die Installation des Düsseldorfer Künstlers Ludger Gerdes an der **Place**

Der Neobarock lässt grüßen:
in Montpelliers Altstadt

**Ernest Garnier.** Mit den abwechselnd blau und rot gespritzten Stahltafeln nimmt Gerdes die Farben der Französischen Republik auf, mit den weißen Silhouetten von Kuttern verweist er auf den Standort **Port Marianne** – der Marianne-Hafen soll Zwischenstation eines Wasserwegs von Montpellier zur Küste werden (www.portmarianne.montpellier.fr). Durch das Neubauviertel weht schon heute ein Hauch von Hafenromantik. Am **Bassin Jacques Cœur** überraschen Palmen am Ufer des Wasserbeckens – die Tour ist am aktuellen Brückenkopf der Stadterweiterung Richtung Süden angelangt.

## Odysseum

**Odysseum** heißt die vorläufige Endstation der Straßenbahn drei Haltestellen weiter. Baukräne überragen auch Montpelliers neuestes Vergnügungsviertel. Bereits fertiggestellt sind die **Eissporthalle Végapolis** (Tel. 04 99 52 26 00, www.vegapolis.net, 12–0.30 Uhr), das **Planetarium Galilée** mit einer 15 m hohen Leinwandkuppel (Tel. 04 67 13 26 26, in den Schulferien Di–So, sonst Mi, Sa, So), das **Aquarium Mare Nostrum** mit 24 Wasserbecken, 3500 Seetieren und Fischen sowie Themenrestaurants (Mai–Juni, Sept. So–Do 10–19, Fr, Sa 10–20, Juli/Aug. tgl. 10–22, Okt.–April So–Do 10–19, Fr, Sa 10–20 Uhr, www.aquarium-mare-nostrum.com, 13 €) und ein Multiplex-Kino.

## Infos

**Office de Tourisme:** 30, allée Jean de Lattre de Tassigny, 34000 Montpellier, Tel. 04 67 60 60 60, www.ot-montpellier.fr. Vermittelt 2-stündige **Stadtführungen** (im Sommer tgl. um 10, 17, sonst Mi, Sa um 15 Uhr).

## Tipp: City Card

Die City Card gewährt z. T. **freien Eintritt** oder **Ermäßigungen** auf Eintrittsgelder, bei Führungen und im öffentlichen Nahverkehr der Stadt – und das für ein, zwei oder drei Tage (Erw. 12/23/31 €, Kinder 7/12/15 €; erhältlich im Office de Tourisme, s. o.).

## Übernachten

**Luxusdesign ▸ Le Jardin des Sens 1:** 11, av. St-Lazare, Tel. 04 99 58 38 38, www.jardindessens.com. Exklusives Designhotel der Gebrüder Pourcel nördl. der Altstadt. Von außen mit Holz verkleidet, innen punktet es mit kräftigen Farben – Rot, Braun, Blau. Luxuriös-nüchtern möbliert. Pool, Garten. Sehr zuvorkommender Service. DZ ab 180 €.

**Outsider ▸ Hôtel d'Aragon 2:** 10, rue Baudin, Tel. 04 67 10 70 00, www.hotel-aragon.fr. Designhotel in einer etwas schäbigen Seitenstraße der Place de la Comédie. Nichtraucher-Zimmer in Mauve, Pistazie oder Creme. DZ ab 110 €.

**Altstadtpanorama ▸ Le Guilhem 3:** 18, rue Jean-Jacques Rousseau, Tel. 04 67 52 90 90, www.leguilhem.com. 400 Jahre alter Bau, zentral in der Altstadt. Sehr unterschiedliche, eher gemütliche Zimmer, die meisten zum Garten. Frühstücksterrasse mit Blick über die Altstadt. DZ ab 98 €.

**Zauberhaft ▸ Les 4 Étoiles 4:** 3, rue Delmas, Tel. 04 67 02 47 69, www.les4etoiles.com. Luxus und Design auf der Höhe der Zeit inklusive WiFi, in einer alten Villa in Fußnähe zum Zentrum. DZ/F ab 95 €, Table d'hôte nach vorheriger Reservierung 25 €.

**Stiller Charme ▸ Hôtel du Parc 5:** 8, rue Achille-Bège, Tel. 04 67 41 16 49. Barockes Herrenhaus am Rand der Altstadt, in fast dörflicher Lage. Einfache, stille Zimmer. Schöne Frühstücksterrasse. DZ ab 78 €.

## Essen & Trinken

**Zwillinge am Herd ▸ Le Jardin des Sens 1:** Adresse s. o. unter Hotels, Mo mittags, Mi mittags, So geschl. Das Flaggschiff-Restaurant der mit 2 Michelinsternen ausgezeichneten Pourcel-Zwillinge, ein gläsernes Gesamtkunstwerk mit Blick auf einen fernöstlich-mediterranen Garten. Gegrillter bretonischer Hummer, dazu Maccaroni mit Steinpilzgratin und süß-saures Gemüse, zum Dessert Früchte mit Trüffel. Menü 50 (mittags unter der Woche, sonst 80–170 €).

**Raffinierte Gebirgsküche ▸ Cellier Morel 1:** 27, rue Aiguillerie, Tel. 04 67 66 46 36, Mi mittags, Sa mittags, So geschl. Elegantes

## Tipp: Ohne Auto durch Montpellier

Grüne Farbbänder auf dem Asphalt weisen auf die vielleicht einfachste Möglichkeit hin, die Altstadt zu erkunden – es handelt sich um **Radwege,** deren Netz mittlerweile **150 km** umspannt! Eine Piste führt sogar direkt an den Strand. Abgesehen von ein bisschen Auf und Ab in den Gassen – schließlich wurde die Stadt auf einem Hügel gegründet – werden die Waden selten überstrapaziert. Auch über die Radwege hinaus wird viel für Radler getan. Speziell für Radfahrer angelegte Parkplätze machen das Abstellen der Drahtesel einfach und sicher. Die städtische Gesellschaft für öffentlichen Nahverkehr (Transports de l'agglomération de Montpellier, kurz TaM) **verleiht Räder,** die an 50 Stationen abgegeben werden können (s. S. 215).

Tabu sollte in jedem Fall das Auto sein, mit dem man in den meisten Fällen sowieso nicht weit kommt. **Einbahnstraßen** erschweren das Vorankommen da, wo der Verkehr noch rollen darf. Warum also nicht gleich ins Parkhaus? Es gibt reichlich unterirdische **Parkplätze** und von hier kann man direkt auf andere Verkehrsmittel umsteigen.

Weiter geht es dann mit der **Straßenbahn** *(le tramway).* Es gibt zwei Linien, eine von Mosson im Nordwesten nach Odysseum im Südosten, eine von Jacou im Norden nach St-Jean-de-Vèdes im Süden. Folgen soll in Bälde Linie 3, diesmal direkt bis an den Strand nach Palavas-les-Flots. Einzeltickets kosten 1,40 € (Tagestickets 3,50 €), bleiben eine Stunde gültig und müssen wie beim Bus vor Fahrtantritt entwertet werden. **Haupthaltestelle** ist die Place de la Comédie. Die Straßenbahn fährt freilich nicht durch den Ecusson, die eigentliche Altstadt. Auch reguläre Busse haben in den engen Gassen der Altstadt keine Chance. Einfacher hat es der **Petibus,** ein Bus im Miniformat, der im verkehrsfreien Fußgängerbereich zirkuliert, dies obendrein im Fünf-Minuten-Takt und zum selben Preis wie die Straßenbahn.

Restaurant in der Maison de la Lozère. Gewölbekeller aus dem 13. Jh., Hofterrasse. Serviert werden Spezialitäten der Cevennen auf Haute-Cuisine-Niveau. Menü 32 € (unter der Woche mittags)–95 €.

Blütenküche ▶ **Tamarillos** **2**: 2, pl. du Marché aux Fleurs, Tel. 04 67 60 06 00, Sa mittags, So, Mo geschl. Philippe Chapon, zweifacher Champion bei den französischen Dessertmeisterschaften, experimentiert mit einer *cuisine des fruits et des fleurs,* einer Küche der Früchte und Blumen. Essbare Blumen auf dem Teller, als Extrakt im Glas, als Tee zum Dessert. Was einem manchmal zu bunt werden kann. Menü 27 € (Mo–Fr mittags)–88 €.

Fernost und Frankreich ▶ **Séquoia** **3**: 148, rue Galata, im Viertel Port Marianne, Tel. 04 67 65 07 07, Sa mittags, So geschl. Schwarze Böden, lilafarbene Wände, orangefarbene Fauteuils: Der Saal ist modern, aber nicht kühl eingerichtet. Auf der Karte leichte französische Küche und *cross kitchen* mit asiatischem Einschlag. Menü 22 € (Mo–Fr mittags)–44 €.

Auvergne-Küche ▶ **Prouhèze Saveurs** **4**: 728, av. de la Pompignane, Tel. 04 67 79 43 34, Sa mittags, So, Mo geschl. Unverfälschte Küche aus der Tiefe der Auvergne. Im Winter lodert der Kamin und im Sommer lockt die Terrasse. Menü 18 (Di–Fr mittags)–33 €.

Im Bistroglück ▶ **Le Kinoa** **5**: 6, rue des Sœurs Noires, Tel. 04 67 15 34 38, So, Mo geschl. Perlgrauer Saal mit blutrotem Lüster, heimelige Terrasse mit Kirchenruine: Jean-Marc Forest und Gilbert Furlan sind alte Gastronomiehasen, die wissen, was heute gefällt – und, was schmeckt. Terrine mit Flusskrebsen und Wildkaninchen, dazu eingelegte Paprika mit Zitronenthymian. Menü 17 € (Mo–Fr mittags)–38 €.

Im Musée Fabre ▶ **Brasserie Insensé** **20**: s. S. 205.

Cool und zentral ▶ **Welcomedia** **6**: Pl. de la Comédie, Tel. 04 67 02 82 65, Di–Sa 7.45–

Liste de Mariage
L'Art de la Table
Mobilier
Tissus
Confection

1 Uhr. Cooles Café-Restaurant in der Oper, mit Terrasse zum quirligsten Platz der Stadt.
Versteckt und heimelig ▶ **Latitude Café** 7: Pl. de la Canourgue, Mo–Sa 8.30–20 Uhr. Sympathisches Viertelcafé mit Terrasse unter Platanen und Blick auf die Rosenstöcke der Place de la Canourgue. Für einen unaufgeregten Start in den Tag.

## Einkaufen

Käseimperium ▶ **Fromagerie Puig** 1: 23, rue St-Guilhem, Di–Sa 8–13, 16–19 Uhr. Seit 3 Generationen der beste Käseladen der Stadt. Auf den Punkt verfeinert: Roquefort, Tomme du Larzac, Pélardon des Cévennes und viele andere Sorten.
Süße Feinkost ▶ **Pinto** 2: 14, rue de l'Argenterie, Mo 14.30–19, Di–Sa 9–12.30, 14.30–19 Uhr. Berühmt ist die mit Gewürzen verfeinerte Schokolade Délice des Trois Grâces. Alles andere mundet ebenfalls.
Spielzeug ▶ **Pomme de Reinette** 3: 33, rue de l'Aiguillerie, Mo–Sa. Altmodische Spiele, Blechspielzeug, Kuriosa, Zauberzubehör. Für Nostalgiker und große Kinder.
Bauernmarkt ▶ **Marché des Producteurs** 4: unter dem Aqueduc St-Clément, Sa 7–13 Uhr. Obst, Gemüse, Honig, Konfitüren, Öl, Essig, Brot etc.

## Abends & Nachts

Weinselig ▶ **Le Comptoir** 1: 5, rue du Puits-du-Temple, Di–Sa 17–1 Uhr. Kleine Weinbar mit guter Auswahl an Languedoc-Tropfen. Charcuterie-Teller, Käseauswahl.
Pub ▶ **Le Rebuffy** 2: 2, rue Rebuffy, Tel. 04 67 66 32 76, Mitte Juni–Aug. tgl. 9–2, sonst bis 1 Uhr. Herzerfrischend untrendiger Pub. Lockere Atmosphäre, netter Service.
DJ-Fever ▶ **La Villa Rouge** 3: Rte. de Palavas, Lattes (5 km südl.), Tel. 04 67 06 50 54, im Sommer Mi–So, im Winter Do–So 23–6 Uhr, Eintritt 8–15 €. 3 Dancefloors, bis zu 2000 Clubber, Buddhastatuen und DJs aus ganz Europa. Gemischt schwul-heterosexuelles Klientel.

**Ein Laden nur für Brautpaare – auch das gibt's in Montpellier**

## Aktiv

Schwimmen ▶ **Piscine Olympique d'Antigone** 3: 195, av. Jacques Cartier, Mo–Fr 9–20, 20.30–22, Sa 9–19, So 9–13, 15–19 Uhr. Futuristisches Hallenbad des Architekten Bofill. Der Clou: Bei schönem Wetter lässt sich das Dach öffnen.

## Termine

**Montpellier Danse:** Anfang Juni–Anfang Juli, im Centre Choréographique National, Reservierungen Tel. 0800-60 07 40, www.montpellierdanse.com. Internationales Tanzfestival mit den besten Choreografen und Ensembles der Welt.
**Printemps des Comédiens:** Ende Juni–Anfang Juli, im Park des Chateau d'O, Tel. 04 67 63 66 67, www.printempsdescomediens.com. Internationales Theaterfestival.

## Verkehr

**Flugzeug:** Ryanair fliegt von Frankfurt-Hahn nach Montpellier (www.ryanair.de), Air France von einem Dutzend deutscher Städte via Paris, allerdings mit Flughafenwechsel in Paris (www.airfrance.com). Flughafenshuttle (Bus) ab Gare Routière, Dauer 20 Min., Tel. 04 67 22 87 87, www.montpellier-agglo.com/tam, 5,50 €.
**Zug:** bis zu 12 TGV tgl. ab Paris-Gare de Lyon oder Flughafenbahnhof Charles de Gaulle, Mindestdauer 3 Std. 20 Min. Weitere direkte TGV ab Lille (4 Std. 50 Min.) und Lyon (1 Std. 25 Min.). Auskunft der frz. Eisenbahnen SNCF, Tel. 36 35, www.sncf-voyages.com.
**Bus und Bahn:** dichtes Netz von Bus, Straßenbahn, Minibussen in der Altstadt. Nachtbus l'Amigo zu Clubs und Discos (Do, Fr, Sa 24–5 Uhr). TaM, Tel. 04 67 22 87 87, www.tam-way.com.
**Rad:** Vélomagg' ist der Radverleih der TaM, der städtischen Gesellschaft für öffentlichen Nahverkehr – 50 Radstationen, www.velomagg.com, Mo–Sa 9–19, So 14–19 Uhr; Stunde 1,50 €, Tag 6 €, bei mehreren Tagen 5,30 €/Tag. Ein Ausweisdokument muss als Sicherheit hinterlegt werden! Im Angebot sind auch Elektroräder.

# Süßer Wahn – die Lustschlösser um Montpellier

**Folies – Verrücktheiten – heißen die Lustschlösser rund um Montpellier, mit denen Adel und reiches Bürgertum sich im 16. und 17. Jh. das Landleben versüßten. Auf den Anwesen vor den Toren der Stadt ließ es sich fernab vom Zwang der Etikette einfach leben – und kühler war's im Sommer auf dem Land sowieso.**

Viele der feudalen Anwesen, die im Ancien Régime so etwas wie eine steinerne Visitenkarte des erlangten Reichtums waren, sind nach wie vor in Privatbesitz und somit nicht zu besichtigen. Andere sind in den Besitz der Stadt oder des Departements übergegangen und stehen Besuchern offen. So oder so hat die ausufernde Stadt die meisten dieser zauberhaften Anwesen fast ›eingeholt‹, doch weite Parks und Gärten verleihen den *folies* weiterhin den Charme bukolischer Oasen.

Im Norden von Montpellier überrascht das **Château d'Assas** im Ort gleichen Namens (1, rte. de St-Vincent, Tel. 04 67 59 62 45, Mai–Sept. So und Fei 14.30–18 Uhr). Das Schloss ist ein Paradebeispiel des Régence-Stils, erbaut 1759/1760 für Jacques Mouton de la Clotte, Königlicher Rat beim Rechnungshof. Atlanten tragen die Balkone des Hauptbaus. Eine Balustrade kaschiert das Dach. Zur kostbaren Innenausstattung zählen Vertäfelungen und ein berühmtes Cembalo aus dem 18. Jh. – im Frühjahr und Herbst werden im Schloss Konzerte veranstaltet.

Das **Château d'O** im Nordwesten von Montpellier erreicht man über die D 127 Richtung Grabels. Park und Gärten dienen im Sommer Schauspieltruppen als Openair-Bühne – dann ist auch Gelegenheit, die bereits 1762 angelegten Grünanlagen des gut 20 Jahre älteren Schlosses zu besichtigen. 1821 kauften die Bischöfe von Montpellier das Anwesen, das im Jahr 1906 schließlich in den Besitz des Departements Hérault überging. Ins Schloss selbst gelangt man nur anlässlich der hier unregelmäßig veranstalteten Kunstausstellungen. Das Herz der Gärten ist ein Bassin mit Steintribünen: Fast sieht es so aus, als ob die spätere Bestimmung als Freilichtbühne vorweggenommen worden sei ... (857, av. de St-Priest, Straßenbahnhaltestelle Malbosc oder Buslinie 7 und 24, nur bei Sonderaustellungern zugänglich).

Im Westen von Montpellier folgt das **Château de la Mosson,** das kurz vor Juvignac auftaucht (Straßenbahn-Endhaltestelle Mosson, Park 9–17.45 Uhr, gratis). Der Erbauer war Joseph Bonnier, steinreicher Schatzmeister des Ständeparlaments und Bankier, der die Vollendung der 1723 begonnenen Rokoko-Folie nicht mehr erlebte. Sein Sohn setzte den Bau fort. Vom Originalzustand blieben der Hauptbau mit Fronton und säulengetragenem Balkon an der Schaufassade sowie die Wasserspiele des Gartens, bei denen leider die Statuen verloren gegangen sind.

Mehr noch als die anderen Schlösser, die immer auch landwirtschaftliche Nebenbetriebe hatten, ist das Château de la Mosson eine reine *folie,* und nur zum Vergnügen, also zum reinen *plaisir,* erbaut worden. Davon zeugt etwa der ovale Musiksalon im italienischen Stil mit mythologischen Darstellungen der Göttinnen Diana und Aurora. Die Schä-

Thema

den durch spätere Nutzungen als Seidenspinnereien und Seifensiederei konnten dank umfangreicher Restaurierungsarbeiten wettgemacht werden.

Nur 3 km weiter südlich erreicht man über die D 5E das um 1760 errichtete **Château de l'Engarran** (Rte. de Lavérune-Montpellier-Ouest, www.chateau-engarran.com, 10–19 Uhr, gratis). Die schmiedeeisernen Gitter stammen vom Château de la Mosson, mit dem das Schloss die elegante Allüre teilt. Im Jahr 1757 kaufte Jean Vassal, betuchter Rat am Rechnungshof zu Montpellier, das Anwesen, auf dem bereits ein Schloss stand. Selbiges ließ er abreißen und dafür ein Paradebeispiel einer *folie* errichten. Wie der Bau selbst, blieben die Gärten mit Wasserbecken, Seitenbeeten und Skulpturen im Stil des 18. Jh. erhalten.

Beim **Château de Lavérune** ist der Park frei zugänglich (D 5, am Wochenende 15–18 Uhr, sonst einen Termin unter Tel. 04 99 51 20 02 vereinbaren, 2 €). Das Wahrzeichen des Schlosses ist ein majestätisches Portal. Hinter dem wehrhaften Äußeren verbirgt sich ein nobler Musiksalon aus der Mitte des 18. Jh., der dem des Château de la Mosson nachempfunden ist.

Zugänglich ist auch das **Château de Flaugergues** am östlichen Stadtrand von Montpellier. Man erreicht es über die D 21 Richtung Carnon oder mit dem Bus Nummer 12 bis zur Haltestelle Montaubérou (1744, av. Albert Einstein, www.flaugergues.com, Schloss Juni, Juli, Sept. Di–So 14.30–19 Uhr, sonst auf Anfrage, Tel. 04 99 52 66 37, Park Mo–Sa 9.30–12.30, 14.30–19 Uhr, 8 €). Das Barockschloss mit Orangerie und 60 ha großem Park entstand Ende des 17. Jh. (1696) für den Ratsherrn des Parlaments von Toulouse, Etienne de Flaugergues. Zu bestaunen gibt es ein monumentales Treppenhaus, original eingerichtete Salons, flämische Tapisserien, eine Bibliothek mit 2000 Bänden, einen französischen Garten und einen englischen Park – sowie – nicht zu vergessen – den Weinkeller mit Tropfen der Coteaux de la Méjanelle. Orangerie und Kapelle sind erst im 19. Jh. entstanden. Damals gehörte das Schloss bereits den Besitzern des benachbarten Château de la Mogère.

Und dieses liegt Luftlinie nur wenige Kilometer weiter in Richtung Meer. Das **Château de la Mogère** lockt zu einer weiteren Besichtigung (2235, rte. de Vauguières, www.lamogere.fr, Schloss Juni–Sept. tgl. 14.30–18.30 Uhr, sonst Sa, So, Fei und n. V., Gärten tgl., 5 €). Man erreicht es über die D 189. Wie das Château de Flaugergues steht auch das 1706 erbaute Schloss von la Mogère unter Denkmalschutz.

Eine herrliche Platanenallee führt auf das Anwesen zu, dessen französischer Park mit Rokokobrunnen allein den Abstecher wert wäre. Architekt des Schlosses war Jean Giral, Spross einer berühmten Architektenfamilie, die in Montpellier die Peyrou-Anlage und das anatomische Theater im Hôtel St-Côme erbaut haben. Auftraggeber war der steinreiche königliche Berater Fulgrand Limozin – die elegante Innenausstattung mit Stuck und Mobiliar stammt größtenteils aus dieser Zeit.

Außen fällt der elegante Taubenturm des Wirtschaftshofs ins Auge. Der ursprünglich im italienisch-französischen Stil angelegte Park wurde im 19. Jh. in einen englischen Landschaftsgarten umgewandelt, später jedoch erneut in seinen Originalzustand versetzt. Um die mit Roncaillen verzierten Wasserspiele betreiben zu können, musste ein Aquädukt errichtet werden, der das Wasser aus einem Brunnen herüberleitet.

# Durch die Garrigue von Montpellier

**Die immergrüne, an Trockenheit, Hitze und nährstoffarme Kalkböden angepasste Strauch- und Krüppelbaumvegetation der Garrigue bestimmt das Hinterland von Montpellier. ›Garrigue‹ leitet sich vom okzitanischen ›garric‹ ab. Gemeint ist ein stacheliges, undurchdringliches Buschwerk von Ginster, Lavendel, Stechwacholder, Hasenrohr, Zistrosen, Kermes- und Steineichen sowie den Kräutern Thymian, Rosmarin, Oregano und Salbei mit ihrem würzigen, mittelmeertypischen Duft.**

## Von Montpellier nach Sommières

### Castelnau-le-Lez und Castries ▶ N 10

Die immergrüne Strauch- und Krüppelbaumvegetation der Garrigue bestimmt Montpelliers Umland. Vor 400 Jahren entdeckten reiche Bürger die Vorzüge der Sommerfrische vor den Toren ihrer Stadt und bauten sich prachtvolle Residenzen *à la campagne*. In **Castelnau-le-Lez,** das mittlerweile nahtlos ins nördliche Stadtgebiet von Montpellier übergeht, gibt es ausnahmsweise kein Schloss, dafür die **Reste des vorrömischen Substantio** zu besichtigen, aus dem das römische Sextantio wurde. Im Ort steht am Sportplatz eine *borne militaire*, ein **antiker Meilenstein.** Die Rue de la Monnaie entspricht der Trasse der römischen Via Domitia, die bis Le Crès als Schotterweg durch die Garrigue verläuft. Schautafeln sowie Nachbildungen und Originale hier gefundener Meilensteine zeigen u. a. die Entfernung nach Narbonne: 63 römische Meilen.

Folgt man der N 110 von Montpellier weiter nach Sommières, versteht man die einstige ›Landflucht‹ betuchter Montpelliérains besser als bei der Besichtigung einiger mittlerweile von der ausufernden Stadt umschlungener Lustschlösser. Über der stacheligen, undurchdringlichen Garrigue schwebt ein würziger Duft. Kein Zweifel, hier würde man gern den Sommer verbringen.

In **Castries** überragt ein feudales Barockschloss Dorf und Garrigue, das wegen dringender Renovierungsarbeiten noch auf Jahre geschlossen bleiben wird. Ein netter Spaziergang durch die Garrigue folgt dem von Paul Riquet 1670–1676 erbauten Aquädukt, das den Schlosspark mit Wasser versorgte.

### Sommières ▶ O 9

**Sommières** liegt an der Vidourle, deren Kais Platanen beschatten – genau diese malerische Lage geriet der hübschen Kleinstadt mehrmals zum Verhängnis. Sintflutartige Regenfälle verwandelten den in den Cevennen entspringenden Fluss in einen reißenden Strom – zuletzt im Herbst 2002. Die jüngste Jahrhundertflut mit einem Pegelstand von 7 m über Normalnull schreckte das Provinzstädtchen kräftig aus dem einlullenden Takt des Midi auf. Noch Monate nach der Katastrophe wurde aufgeräumt. Heute sonnt sich Sommières wieder im alten Glanz. Als erstes sticht die **Tour de l'Horloge** ins Auge, ein mittelalterlicher Turm, der auf dem sechsten Bogen des antiken Pont Romain fußt. Die rö-

**Auch am Pic St-Loup wird ein ausgezeichneter Coteaux du Languedoc AOC gewonnen**

mische Brücke ist die ältere der beiden Brücken über den Fluss und wurde 19–31 n. Chr. errichtet. Sie überspannt eine Distanz von 189 m und zählt noch sieben Originalbögen von insgesamt 17. Einen Blick über das Städtchen hat man von der **Tour Bermond,** die als letzter Rest einer Burg übrig geblieben ist (Juli/Aug., 4 €).

Zwischen schiefen Fassaden und tiefen Arkaden zwängen sich zwei kleine Plätze, der **Marché Bas** mit seinen Läden und Cafés und der **Marché Haut.** Samstagmorgens wird hier Markt gehalten. Der Platz duftet dann nach Thymian, Rosmarin, Oregano, Salbei, den Kräutern der Garrigue. Man folge einfach seiner Nase und ansonsten den Schildern des Parcours historique.

Ein bisschen Puste erfordert der Weg zum **Château de Villevieille.** Die Burg aus dem 11. Jh. thront 1,5 km weiter östlich, in hochwassersicherer Lage, auf einem Hügel. Vom wuchtigen Bau brach Ludwig IX., der Heilige, 1270 zum Kreuzzug auf. Zu Zeiten der Religionskriege war das Château Zufluchtsort der Hugenotten. Zu besichtigen sind der Renaissanceflügel, der barocke Ehrenhof, der aufwendig mit altflämischen Ledertapeten bespannte Speisesaal und der ›rokokokette‹ Grand Salon (Tel. 04 66 80 01 62, www.chateau-de-villevieille.fr, Juli–Sept. tgl. 14–20, April–Juni, Okt. Sa, So, 14–19 Uhr, 7 €).

Unter Literaten berühmt ist Sommières seit der Brite Lawrence Durrell hier von 1957 bis 1990 gelebt hat. Ein Dutzend Bücher, u. a. das »Alexandria-Quartett« und das »Avignon-Quintett«, hat er in Sommières verfasst. Daran erinnert der **Espace Lawrence Durrell** im ehemaligen Couvent des Ursulines, und ein Faltblatt, das auf die Spuren des Schriftstellers führt, gibt es im Office de Tourisme.

## Infos

**Office de Tourisme:** 5, quai Frédéric-Gaussorgues, 30250 Sommières, Tel. 04 66 80 99 30, www.ot-sommieres.fr.

## Übernachten

Charme des 17. Jh. ▶ **Hôtel de l'Orange:** 7, rue des Baumes, Montée du Château, Sommières, Tel. 04 66 77 79 94. 6 Chambres d'hôte in einem 400 Jahre alten Herrenhaus mit viel Patina und Charme. Vom Pool Blick über das Dorf. DZ/F ab 90 €, Table d'hôte auf Anfrage.

Ungewöhnlich ▶ **Le Relais de L'Estlelou:** Rte. d'Aubais, Sommières, Tel. 04 66 77 71 08, www.hoteldelestelou.free.fr. Der schmucke Bahnhof von 1870 ist heute ein Hotel mit einem Touch Design. Auf dem Schienenbett sprießt Lavendel, die Zimmer sind angenehm nüchtern-modern, der Service ist freundlich. Garten, Pool. DZ ab 57 €.

## Übernachten, Essen

Etwas hausbacken ▶ **Auberge du Pont Romain:** 2, rue Emile-Jamais, Sommières, Tel. 04 66 80 00 58, www.aubergedupontromain.com. Rustikal-elegantes Hotel in alter Tuchmanufaktur, etwas plüschige Zimmer, DZ ab 71 €. Gutes Restaurant, Mo mittags geschl., Menü 25–45 €.

## Essen & Trinken

Burgküche ▶ **La Rose Blanche:** 51, rue Maurice-Chavet, Boisseron (3 km südl. von Sommières), Tel. 04 67 86 60 76, Mo, Di mittags, im Winter auch So abends geschl. Elegantes Restaurant im Wachsaal einer 800 Jahre alten Burg. Progressive Languedoc-Küche. Menü 27–56 €.

## Einkaufen

Markt ▶ in **Sommières,** Sa morgens, im Sommer auch Mi abends.

Öl ▶ **Moulin de Villevieille:** 154, av. des Cévennes, Sommières, Tel. 04 66 80 03 69, Mo nachmittags–Sa morgens 9–12, 14–18 Uhr. Die Spezialität der Ölmühle ist das köstliche nach Mandeln schmeckende Huile de Négrette.

## Aktiv

Radfahren ▶ **Sechs Mountainbike-Routen:** Länge 10–30 km, rund um den Ort, Faltblatt beim Office de Tourisme.

## Termine

**Fête Médiévale:** letztes April-Wochenende. Mittelalterliches Kostümfest in Sommières mit Musik, Tanz, Buffet.

# Rund um den Pic St-Loup

**▶ L–N 9**

**Karte:** links

## Aufstieg zum Pic St-Loup

**St-Mathieu-de-Tréviers** 1 ist ein bei Wanderern beliebter Ausgangspunkt zur Besteigung des 658 m hohen Pic St-Loup. Vom Dorf an der Weinstraße **Route des Coteaux de Languedoc** führt ein Weg nach Westen, der auf den Fernwanderweg GR 60 (s. Wanderung S. 222) stößt und weiter zum Gipfel führt. Wer den Berg nicht besteigen möchte, kann ihm auf der malerischen D 1 Richtung St-Martin-de-Londres näherrücken und sich unterwegs die Beine vertreten. Eine kurze Wanderung führt von der D 1 E 8 (ein Abzweig der D 1) hoch zur weithin sichtbaren Ruine des **Château de Montferrand.** Immer im Blick bleibt der **Pic St-Loup,** der sich bei näherem Hinsehen als zwei über Garrigue und Reben aufragende Kalkzacken entpuppt. Die Aussicht vom Gipfel ist herrlich. Bei klarer Sicht reicht der Blick bis zum Mittelmeer, zu den Pyrenäen und den französischen Alpen. Die steile Nordflanke ist bei Kletterern beliebt. Der GR 60 verläuft vom Gipfel weiter nach Südwesten. In einer Stunde ist der Weiler **Cazevieille** 2 zu Fuß erreicht, in einer weiteren das romanische Kirchlein St-Gérard im beschaulichen **Mas-de-Londres** 3.

## St-Martin-de-Londres 4

**St-Martin-de-Londres** besticht durch einen historischen Kern mit Häusern aus dem 15. bis 18. Jh. Außergewöhnliche bauliche Details wie ein schattiger Arkadengang oder ein beid-

aktiv unterwegs

## Rundwanderung um den Pic St-Loup

### Tour-Infos

**Start:** Parkplatz bei Cazevieille an der D 113
**Anfahrt mit dem Auto:** von Montpellier auf der D 986 Richtung Ganges, hinter St-Gély-du-Fesc auf der D 113 nach Cazevieille. Durch den Ort hindurch, Auto auf dem Parkplatz rechts der Straße abstellen.
**Wanderkarte:** IGN-Karte 2742 ET Ganges, 1: 25 000
**Schwierigkeitsgrad und Dauer:** mittelschwer, Trittsicherheit erforderlich, 5 Std.
**Wichtiger Hinweis:** Auf der Wanderung besteht keine Möglichkeit einzukehren.

Der Rundweg um den Hausberg von Montpellier, so heißt es, muss ein echter Montpellerien wenigstens einmal in seinem Leben gegangen sein; die Liebhaber der Gegend werden ihn zu ihrer Erholung immer wieder laufen und den Pic umrunden. Die Wanderung führt über gute Wege.

An der westlichen Seite des **Parkplatzes von Cazevieille** folgt man den Markierungen des GR (rot-weiß), die links aufwärts führen. Nun geht es auf steinigem Weg (meist an einem Drahtzaun entlang) bergauf. Dem Hauptweg folgen. Rechts sieht man den Küstenstreifen, Montpellier und das Mittelmeer. In unregelmäßigem Auf und Ab geht es weiter. Der Weg weitet sich dann nach links (45 Min.). Zum Gipfel geht es geradeaus hoch. Ein großer weißer Pfeil und das Wort **Pic** zeigen den Weg an. Eine rot-gelbe Markierung begleitet nun die steinigen Windungen zum **Gipfelkreuz** und der Kapelle. Von hier oben bieten sich fantastische Blicke rundum, auf die Cevennen und das Mittelmeer, in Richtung der Alpen und der Pyrenäen.

Vom Gipfel geht es auf demselben Weg wie beim Aufstieg wieder hinab; unten angekommen (1,5 Std.), links halten. Ab hier findet sich eine gelbe Markierung. Der schmale Pfad senkt sich allmählich. Die Wanderung folgt immer der GR-Markierung (GR 60) und dem Hauptweg. Er wird breiter und flacht ab. Bei einem Wege-T (2 Std.) links halten (GR führt nach rechts) und ein Weilchen auf den Pass zusteigen. Dahinter geht es ein Stück sehr steil abwärts. Dann den Wald (es bietet sich ein schöner Blick) verlassen, nach 2,25 Stunden ist ein Querweg erreicht.

Diesem nach links folgen – ab hier gibt es wieder eine gelbe Markierung. Die Wanderung verläuft mehr oder weniger hangparallel und folgt immer dem Hauptweg. Hinter einem Holztor (2,5 Std.), über das man klettern muss, geht es nach links auf einem schmalen Waldweg abwärts, dann bis zu einem Bachbett, hier links aufwärts. Nach einigen Minu-

seitig verziertes Steinkreuz von 1642 weisen auf die einstige Bedeutung des Dorfes hin. Die **Eglise St-Martin** aus dem 11. Jh. gilt als Meisterstück der Frühromanik im Niederen Languedoc und geht auf die Abtei von St-Guilhem-le-Désert zurück (s. S. 226). Das kurze zweijochige Langhaus und die unverhältnismäßig große Vierung geben der Kirche eine ausgewogen-kompakte Form. Unverkennbar ist der lombardische Einfluss, sowohl beim Grundriss in Form eines Kleeblattes als auch bei der mit kleinen Arkaden verzierten Apsis.

## Ausflüge von St-Martin-de-Londres

**Ferrières-les-Verreries** 5 heißt ein Dorf nördlich von St-Martin-de-Londres. Der Namenszusatz *verreries* (Glasbläsereien) weist darauf hin, dass hier und in der Umgebung früher viele Glasbläser ansässig waren (Auskunft über Office de Tourisme in St-Martin-de-Londres, s. S. 225). Der **Chemin des Verriers** führt auf ihre Spuren, so auch nach Claret, wo Glasbläser die alte Kunst in der **Halle du Verre** wiederbelebt haben (12 km östl.

ten erreicht der Weg eine Art Lichtung; vor dem Wanderer liegt der steile Abhang des Felsmassivs des Pic St-Loup. Es geht nach rechts weiter. Ein Querweg wird gekreuzt, beim nächsten Querweg (nach 30 m) nach links. Der Weg ist manchmal etwas zugewachsen. Beim nächsten Wege-T geht es links aufwärts in den Wald hinein (3,25 Std.) Kurz darauf biegt ein markierter Weg links ab: hier geradeaus gehen! Der schmale, steinige Weg steigt allmählich an und erreicht eine Lichtung mit einem Aussichtspunkt rechts – hier links aufwärts gehen. Bei einer Gabelung nach links wieder geradeaus, um dann die nächste Gabelung (4 Std.) links aufwärts zu nehmen. Ab hier ist der Weg wieder rot-weiß markiert; er erklimmt allmählich den Berg, überquert den Pass, führt auf einem Querweg nach links, erreicht die ersten Häuser von **Cazevieille** und dann die Asphaltstraße. Auf dieser geht es links bis zum Parkplatz (5 Std.).

*Hans-Georg Deggau*

von Ferrières-les-Verreries, Vorführungen Juli/Aug. tgl. 10–12, 15–18.30, sonst Mi–So 14–18 Uhr, Nov–März geschl., 3 €, www.halleduverre.fr).

Wer erneut Lust verspürt, sich die Füße zu vertreten, kann noch einmal den GR 60 beschreiten. Nördlich von St-Martin-de-Londres führt der Fernwanderweg zum **Ravin des Arcs 6,** einem natürlichen Felsbogen, den das Flüsschen Lamalou geschaffen hat.

Die Gegend ist reich an prähistorischen Funden, wie man 6 km südlich von St-Martin-de-Londres im **Village préhistorique de Cambous 7** feststellen kann. Die Grabungsstelle unweit des Château de Cambous, dessen barocke Mauern für Familienfeiern und Events vermietet werden, lockt mit archaischen Steinhäusern, die anhand von 4000 bis 5000 Jahre alten Funden aus der Kupferzeit rekonstruiert werden konnten (Okt.–März So 14–18, April–Juni, Sept. Sa, So 14–18, Osterferien tgl. 14–18, Juli/Aug. Di, Mi, Fr–So 14–19 Uhr). Unter einem Grabhügel fand man 1967 vier Weiler, die aus bis zu

zwölf Hütten bestehen. Bei den Grabungen kamen Spuren von Viehhaltung und Getreideanbau zutage, die auf eine sesshafte Lebensform schließen lassen. Einfache, aber stark befestigte Bauten, für die überwiegend das Material dieser Gegend verwendet wurde, dienten als Unterkunft.

Mehr über die prähistorischen Siedler und ihre Methode der Brandrodung, mit der Wälder vernichtet und der Entstehung der Garrigue Vorschub geleistet wurde, erfährt man im **Musée de la Préhistoire** in **Les Matelles** **8**. Das Museum vereint mit Silexklingen und Tonscherben prähistorische Grabungsfunde aus der gesamten Umgebung, die im Übrigen reich an Dolmen und Menhiren ist (Juni–Sept. Mi–So, 14.30–18.30, sonst Mi, Sa, So 14.30–18 Uhr, 2 €).

### Infos

**Office de Tourisme:** Pl. Centrale, 34380 St-Martin-de-Londres, Tel. 04 67 55 09 59, www.tourismed.com.

### Übernachten

Historischer Landsitz ▶ **Domaine du Pous:** Notre-Dame-de-Londres (8 km nördl. von St-Martin-de-Londres), an der D 1 E 5 Richtung Ferrières-les-Verreries, Tel. 04 67 55 01 36. Zum Landgut, das seit dem 18. Jh. in Familienbesitz ist, gehören 1000 ha Garrigue. Die 6 Chambres d'hôte sind schlicht, aber heimelig, das Haus selbst ein elegantes Bauwerk mit vielen Familienerbstücken. Liebenswürdiger Empfang. DZ/F ab 55 €. Auch Ferienwohnungen 300–500 € pro Woche und Wanderergemeinschaftsunterkunft 18 € pro Pers. und Tag.

### Übernachten, Essen

Landidyll ▶ **Auberge du Saugras:** Domaine de Saugras, Argelliers (12 km südl. von St-Martin-de-Londres), Tel. 04 67 55 08 71, www.aubergedesaugras.fr, Restaurant Juli–Aug. Mo mittags, Di mittags, sonst Di, Mi geschl. Herrlicher Mas inmitten der Garrigue. Ordentliche Zimmer, gehobene Regionalküche nach Marktangebot. Pool. DZ ab 46, Menü 21 (mittags unter der Woche)–62 €.

Anspruchsvoll ▶ **Les Muscardins:** 19, rte. des Cévennes, St-Martin-de-Londres, Tel. 04 67 55 75 90, Mi–So. Eleganter Saal und kleiner Salon in den warmen Tönen des Midi, eine Küche – besser: *cuisine* –, die den Cevennen huldigt, aber Luxus nicht scheut: Foie-gras-Schnitzel in einem Gewürzbrot-Jus, zum Dessert Thymiansorbet auf einem Aprikosen-Olivenöl-Spiegel. Gute Weinauswahl bei den Pic St-Loup und den Faugères. Menü 27–73 €.

### Aktiv

Reiten ▶ **Centre Equestre Pégase:** in Mas-de-Londres, Tel. 06 64 31 30 98, www.terre-equestre.com/pegase. Reitstall für alle Niveaus.

Segelfliegen ▶ **Centre de Vol à Voile:** Aérodrome, Mas-de-Londres, Tel. 04 67 55 01 42. Kurse aller Niveaus.

**Der Hérault hat sich nördlich von Aniane tief ins Karstgestein gefräst**

## Im Tal des Hérault ▶ L 9

**Karte**: S. 220

### Gorges de l'Hérault

Etwa 1 km westlich vom Winzerdorf **Gignac** führt eine dreibogige Brücke über den Hérault, die 1776 errichtet wurde. Der 173 m lange, ausgesprochen elegante **Pont de Gignac** **9** gilt als die schönste französische Brücke des 18. Jh. Links von der Brücke führt eine Treppe zum Fluss hinab, aus dessen Tiefe sich das Bauwerk umso imposanter präsentiert. Eine zweite sehenswerte Brücke überspringt 4 km nördlich von **Aniane** den Fluss. Der wuchtige **Pont du Diable** **10** trotzt seit 1039 Hochfluten und Jakobspilgern auf dem Weg nach St-Guilhem-le-Désert. Der motorisierte Verkehr muss heute allerdings die moderne Brücke neben dem mittelalterlichen Bauwerk benutzen.

Nördlich von Aniane verengt sich das Tal des Hérault dramatisch. Der Fluss fräst sich tief ins poröse Karstgestein. Unzählige Höhlen säumen die steilen Ufer. Ein Besuchermagnet ist die **Grotte de Clamouse 11**. Durch die Tropfsteinhöhle verlaufen unterirdische Flussläufe – je nach Jahreszeit und Wasserstand ist der Besuch ein feuchtes Vergnügen, bei dem sich wasserfestes Schuhwerk und eine warme Jacke als nützlich erweisen können (www.clamouse.com, Führungen Juli/Aug. 10–19, Juni, Sept. bis 18, Febr.–Mai, Okt. bis 17 Uhr, 4 €).

## 8 St-Guilhem-le-Désert

**St-Guilhem-le-Désert** staucht sich eng ins Tal des Gebirgsbachs Verdus, der ein Zufluss des Hérault ist. In der Mitte des schmucken Dorfes prangt eine romanische Kirche, die **Abbaye de Gellone.** Der Legende nach wurde das Kloster um 804 gegründet. Als Erbauer gilt Herzog Wilhelm von Aquitanien und Toulouse, auch Wilhelm (Guilhem) ›Kurznase‹ genannt, ein Enkel Karl Martells und Feldherr Karls des Großen. Wilhelms wundersamer Wandelung vom Krieger zum Klosterbruder ging der Tod seiner Frau voraus. Aus Dank für geleistete Waffendienste schenkte Karl der Große dem Kloster einen Splitter vom Heiligen Kreuz. Dank der kostbaren Reliquie entwickelte sich St-Guilhem-le-Désert zu einem wichtigen Wallfahrtsort der Jakobspilger. Wilhelm starb 812 als Heiliger und wurde 1076 unter dem Chor in der teilweise noch aus präromanischer Zeit stammenden Krypta der Kirche beigesetzt. Zu den im Gotteshaus verwahrten Schätzen zählt auch der Altar byzantinischer Schule aus dem 12. Jh. (Juli/Aug. 8–18.30, sonst nur bis 18 Uhr. Kirche So und Fei wegen der Messe 11–12, Kloster 12–14 Uhr geschl., gratis). Das Kloster selbst wurde erst Anfang des 20. Jh. in Teilen an amerikanische Interessenten verkauft. 148 Skulpturen, dazu Arkaden und Säulen aus dem Kreuzgang, zählen heute zu den Prunkstücken des Museums The Cloisters in New York.

Was an Kunstschätzen vor Ort verblieb, zeigt das **Musée de l'Abbatiale.** Ein Besuch des Museums reicht allemal, um die Geschichte der Abtei zu illustrieren (Juli/Aug. tgl. Mo–Sa 11–12, 14.30–18, So 14.30–18, sonst Mi–Mo 14–17 Uhr, 2 €).

### Tipp: Wein – zum Kaufen und Kosten

Ein echter Geheimtipp: **Les Vins de l'Horloge – La Terrasse du Mimosa.** Géraldine und Jean-Marc Wormser betreiben in einem alten Dorflokal auf zwei Etagen **Weinbar, Restaurant** und **Weinladen** (23, pl. de l'Horloge, Montpeyroux ▶ L 10, 7 km südl. von St-Guilhem-le-Désert, Tel. 04 67 44 49 80, www.laterrassedumimosa.com, Do–So, Menü 18–35 €).

### Vallée de la Buèges

Einsam, wie der Namenszusatz ›le-Désert‹ glauben ließe, ist St-Guilhem heute nur noch, wenn im Winter Souvenirboutiquen und Kunsthandwerkerateliers geschlossen haben. Die einstige Abgeschiedenheit und Menschenleere der Hérault-Schlucht findet man jedoch noch immer im 6 bis 10 km weiter westlich und parallel zum Hérault verlaufenden **Vallée de la Buèges.** Wo das Flüsschen sich besonders tief und eng ins Gestein gräbt, verläuft nur ein Wanderweg am Ufer entlang. Ausgangspunkt für eine kurze Wanderung in die **Gorges de la Buèges** ist **St-Jean-de-Buèges 12,** ein Dorf unterhalb einer Burgruine. Etwas weiter südlich thront **Pégairolles-de-Buèges 13.** Wieder gibt es eine Burgruine, zu der die Dorfhäuser hinaufzuklettern scheinen. Im Westen schiebt sich bald ein Zipfel der Causse du Larzac ans Tal. Früher diente das Vallée de la Buèges als Verbindung zwischen den Hochebenen der Cevennen und der Küstenebene – aus diesem Grund entstanden auch die beiden Burgen, mit denen sich die Passage kontrollieren ließ.

### Infos

**Office de Tourisme:** 9, rue de la Front du Portal, 34150 St-Guilhem-le-Désert, Tel. 04 67 57 44 33, www.saintguilhem-vallee herault.fr.

St-Guilhem-le-Désert war im Mittelalter eine wichtige Station auf dem Jakobsweg

## Übernachten

**Stylish ▶ Le Mas de Bombequiols:** St-André-de-Buèges (5 km nordöstl. von St-Jean-de-Buèges, über die D 1), Tel. 04 67 73 72 67, http://masdebombequiols.free.fr. Mittelalterliche Bastide im Buèges-Tal mit 4 Chambres d'hôte und 2 Wohnungen mit kleiner Küche. Herrlicher Ausblick, viel Natur, puristische Zimmer mit schönen Bädern. Pool. Table d'hôte auf Anfrage möglich. DZ/F ab 100 €, Wohnung 140 €.

**Genau richtig ▶ Le Guilhaume d'Orange:** 2, av. Guilhaume d'Orange, St-Guilhem-le-Désert, Tel. 04 67 57 24 53, www.guilhaume dorange.com. Liebevoll restaurierter Bau über dem Hérault-Tal. Zeitgenössisch und in Harmonie mit dem alten Gemäuer eingerichtete Zimmer. DZ ab 69 €. Restaurant mit Platanenterrasse, Mi geschl., Menü 21–30 €.

**Mit Kursen ▶ Horizons:** St-Jean-de-Buèges, Tel. 04 67 73 11 19, www.seranne.de. Sympathische und schlichte Low-Budget-Adresse in einem Dorfhaus. Angeboten werden auch Kurse in Französisch und Naturführungen. Übernachtung ab 13 €/Pers. plus 3 € für Lakenverleih, HP ab 30 €/Pers.

## Aktiv

**Französischkurse und Naturführungen ▶** s. Übernachten, **Horizons.**

**Kanu ▶ Canoë St-Guilhem:** Tel. 04 67 57 44 99, oder **Rapido:** Tel. 04 67 55 75 75. Fahrten in den Gorges de l'Hérault.

**Wandern ▶** Dichtes Wanderwegnetz rund um St-Guilhem-le-Désert, z. B. die **Wanderung durch die Garrigue:** Der Fernwanderweg GR 74 (rot-weißer Doppelbalken) führt von St-Guilhem-le-Désert durch Garrigue und Wälder zur **Ermitage de Notre-Dame-de-Belle-Grâce** weiter nördlich. Es geht teilweise steil die bleichen Kalkfelsen hoch. Vom zerfallenen Kirchlein aus dem 14. Jh. führt der Weg zum **Col du Ginestet** weiter. Am Pass hält man sich links, um über Les Fenestrelles ins Dorf zurückzukehren (Tageswanderung; Wanderkarte im Office de Tourisme in St-Guilhem, s. links, besorgen; auch weitere Karten und Broschüren erhältlich).

## Termine

**Saison Musicale de St-Guilhem:** Mitte Juli–Ende Aug., jeweils Mi., Auskunft und Reservierung Tel. 04 67 60 69 92. Klassische Konzerte in der Abteikirche.

## Verkehr

**Bus:** Verbindungen über Gignac nach Montpellier, ins Vallée de la Buèges, nach St-Martin-de-Londres mit Hérault Transport, Tel. 08 25 34 01 34.

# Die Küste des Hérault mit Hinterland

**Bis auf wenige Hafenstädte wie etwa das im 17. Jh. ausgebaute Sète sind die Küstenorte des Hérault erst in den 1970er-Jahren aus dem Sand gestampft worden. Entsprechend modern – im Fall von La Grande-Motte sogar futuristisch – wirken die Uferzeilen. Landeinwärts wechselt das Bild. Agde geht auf die Griechen zurück, Béziers hat römische Wurzeln und durch das barocke Pézenas weht der Geist des Absolutismus.**

## 9 La Grande-Motte

► O 10/11

Wenn abends die Sonne von den Stränden am Grand-Travers aus die Skyline von La Grande-Motte mit Rotgold flutet, glaubt man, eine Vision zu haben. Wie gigantische, in Beton gegossene Kleider von Courrèges oder Paco Rabanne stehen die futuristischen Waben- und Pyramidenhäuser des Badeortes am Horizont. Als Vision kam La Grande-Motte zur Welt – der des großen Geldes im Mitte der 1960er-Jahre noch unschuldigen Zeitalter des Massentourismus. Unendlich viel Sand und Meer waren die Voraussetzung für das **grand projet Languedoc-Roussillon,** mit dem auch die Strände westlich der Kleinen Camargue touristisch urbar gemacht werden sollten. Paris hatte das Projekt mit höchstministerieller Macht beschlossen – Widerstand zwecklos, ging es doch darum, endlich den argwöhnisch beobachteten, seine Devisen nach Spanien verströmenden Reisetross aus Nordeuropa in Frankreich aufzuhalten.

Ein von der Regierung beauftragter Agent, Abel Thomas, hatte vom Sommer 1960 bis zum Frühjahr 1961 zuerst 1500 ha Küstenland zum läppischen Quadratmeterpreis von 40 Centimes bis 2 Francs zusammengekauft. Es verwundert daher nicht, dass sich die Verkäufer bei Verkündung des Plans im Jahr 1963 düpiert, die gesamte Region sich überrollt fühlte. Weitere 25 000 ha kaufte die Regierung hinzu – oder enteignete das Land einfach. Um ein **europäisches Florida** aufzubauen, setzte sie eine Mission interministérielle ein. Diese operierte zunächst im Geheimen, denn es sollte verhindert werden, dass die Einheimischen Wind von der Sache bekamen. Touristenzentren mit einer Kapazität von bis zu 1 Mio. Urlaubern entstanden in der ersten Bauphase. Zuvor wurden aber erst einmal die mückenverseuchten Sümpfe der Malariaküste mit der chemischen Keule neutralisiert.

### La Grande-Motte heute

Passend zu den hochtrabenden Projektnamen und hochfliegenden Plänen fielen die aus dem Sand gestampften **Retortenbadeorte** hochgeschossig aus. Für La Grande-Motte verpflichtete man als Architekten **Jean Balladur,** den Bruder des späteren Ministerpräsidenten Edouard Balladur. Dieser orientierte sich an mexikanischen Tempelanlagen und dem Futurismus der 1960er-Jahre. Balladurs Wohnpyramiden garantieren jedem Besitzer einer der unzähligen Wohnwaben gleich viel Sonnenschein.

Die Appartements gelten vier Jahrzehnte später als Beispiele einer gelungenen, weil **menschenfreundlichen Moderne.** Und so wächst die Zahl der Dauerbewohner in der als Ferienort geplanten 50 000-Einwohner-Stadt. 1966 fiel der erste Spatenstich. Zuerst buddelte man ein Riesenloch – den Baggersee Etang du Ponant –, um Kiesel und festen Bausand für das Fundament der schweren Betonklötze zu gewinnen.

Von den gigantischen Erdarbeiten sieht man heute nichts mehr. 30000 neu gepflanzte Bäume und 400000 Sträucher schmeicheln dem schicken Beton, der Appartements für mehr als 130000 Sommergäste bereithält.

La Grande-Motte ist zum **hippsten Badeort des Languedoc** aufgestiegen. Das belegen Strandclubs, ein vielfältiges Nachtleben, Jachthafen, Golf- und Tennisplätze. Und auf **6 km feinem Sandstrand** von der östlichen Plage de l'Epi über die Plage du Point-Zéro bis zur westlichen Plage de la Motte du Couchant gibt's zudem Sonne, Sand und Meer ohne Ende und Enge.

## Infos

**Office de Tourisme:** Allée des Parcs, 34280 La Grande-Motte, Tel. 04 67 56 42 00, www.lagrandemotte-tourisme.com.

## Übernachten

Retro-Design ▶ **Le Méditerranée:** 277, allée du Vaccarès, Tel. 04 67 56 53 38, www.hotellemediterranee.com. Ein Bau im Seventies-Futurismus von La Grande-Motte, unter Bezugnahme auf die Designtrends des 21. Jh. ›überarbeitet‹. Kurzum, *the place to be* an der Küste vor Montpellier. Schattiger Garten, Pool mit Loungemusik und -liegen. DZ ab 115 €.

Fühlen wie an Bord ▶ **Azur Bord de Mer:** Pl. Justin, Tel. 04 67 56 56 00, www.hotelazur.net. Hotel im Marinestil nahe Kasino und Hafen mit Garten. Klassische oder leicht ›andesignte‹ Zimmer mit Blick auf Meer und Hafen. DZ ab 80 €.

Camping ▶ Das halbe Dutzend Zeltplätze liegt zwischen der relativ lauten D-62-Ausfahrt und der Grande Pyramide, dem Wahrzeichen des Ortes. Die Faustregel heißt: Je näher der Platz an der ›großen Pyramide‹ liegt, umso leiser ist es und umso schneller erreicht man den 400 bis 900 m entfernten Strand.

Gehobene Ausstattung ▶ **Camping Lorraine Aquitaine:** Allée des Peupliers, Tel. 04 67 56 50 41, Ostern–Anfang Okt. Luxuriös ausgestatteter Platz in Fußnähe zum Strand. Ab 20 €/2 Pers.

Strandnähe ▶ **Camping Lou Gardian:** 603, av. de la Petite Motte, Tel. 04 67 56 14 14, Anfang April–Anfang Okt. 3-Sterne-Platz mit viel Grün, in Fußnähe zum Strand. Ab 17 €/2 Pers.

## Essen & Trinken

Institution ▶ **Alexandre:** Esplanade de la Capitanerie, Tel. 04 67 56 63 63, außer Juli/Aug. So abends, ansonsten auch Mo, Di geschl. *Der* Klassiker seit der Gründung von La Grande-Motte und als solcher noch immer eine Spur eleganter und teurer als der Rest. Sehr gute Fischkarte. Menü 28–82 €.

Cool sun ▶ **7 Beach:** Le Grand-Travers (wenige Kilometer westl. an der D 59), Tel. 04 67 12 13 69, www.sun7beach.com/bar-plage-privee-la-grande-motte.html, Juni–Sept. tgl. 9–1 Uhr. Strandrestaurant im Bali-Long-Island-St.-Tropez-Look, mit cooler Bar. Verleih von Liegen und Schirmen, Dusche. Modern zubereitete Mittelmeerküche mit asiatischem Einfluss, z. B. Salat mit Venusmuscheln, Tomaten-Ananas-Gazpacho und Fenchelkompott, im Saft grüner Zitronen gekochte Gambas mit rohen Thunfischwürfeln. Tellergericht ab 20 €.

Salate ▶ **La Paillotte Bambou:** D 59, Tel. 04 67 56 73 80, www.lapaillotebambou.com, April–Sept. Nettes Strandrestaurant mit Salaten (9–18 €), auf der Karte stehen Meeresfrüchte und Fisch.

## Abends & Nachts

Trendy ▶ **La Baie des Anges:** Esplanade Jean Baumel, Tel. 04 67 29 28 14, www.labaiedesanges.net, Mai–Sept. Ein trendiger Strandclub mit Liegen, Jacuzzi, Restaurant, Bar. Diverse Events.

Gayfriendly ▶ **La Dune:** Le Grand-Travers (westl. von La Grande-Motte), Tel. 04 67 56 43 43, www.la-dune-montpellier.com, April–

**Strandvergnügen vor futuristischen »Wohnwaben«: La Grande-Motte**

Sept. Do–Sa, Juli/Aug. tgl. 23–6 Uhr. Treffpunkt der *jeunesse dorée,* mit VIP-Bereich, Videos von Modedefilees.

## Aktiv

**Radfahren ▶ Holiday Bikes:** 486, av. de Melguil, Tel. 04 67 29 87 73. Rad- und Motorrollerverleih.

**Strände ▶** kilometerlange, einsame Dünenstrände am Grand Travers (Lido im Westen), in manchen Abschnitten bewirtschaftet und mit trendigen Bar-Restaurant-Clubs ausgestattet.

**Surfen, Segeln ▶ Centre Nautique Municipal:** Espace Jean Baumel (Plage de la Motte du Couchant), Tel. 04 67 56 62 64, Juli/Aug. 8.30–20, sonst 9–12, 13–18 Uhr. Segel-, Surf- und Katamaranschule und -verleih; tgl. wechselndes Kursangebot für alle Schwierigkeitsgrade.

**Wellenbad ▶ Espace Grand Bleu:** Parc Aquatique, 195, rue St-Louis, Tel. 04 67 56 28 23. Großer Wasserfreizeitpark mit Wellenbad, Riesenrutsche, Sauna etc.

**Wellness ▶ Institut de Thalasso-Thérapie:** Le Point-Zéro, Tel. 04 67 29 13 13, www.tha

lasso-grandemotte.com. Meerwasserkuren und Massagen, Beauty und Wellness – alles zum Wohlfühlen.

## Von Carnon-Plage nach Frontignan ▶ M–O 10/11

### Carnon-Plage und Mauguio

**Carnon-Plage** zieht sich auf dem Sand- und Dünenband, das der Lido zwischen dem Salzsee Etang de Mauguio und dem Meer bildet, 7 km in die Länge. Nur ein paar Häuserzeilen sind von dem in den 1930er-Jahren gegründeten Badeörtchen erhalten geblieben. Richtung Zentrum und Jachthafen verdrängen gesichtslose Appartementhäuser und Hotels, Ramsch-Boutiquen und kleine Restaurants die bescheidenen Häuschen der frühen Jahre.

Der **Etang de Mauguio** trennt Carnon-Plage von **Mauguio.** Die Umgebung des kreisrund angelegten Dorfes mit friedlich auf der Sumpfweide grasenden Schimmeln und Brutkolonien von Wasservögeln erinnert an die Kleine Camargue. Mauguio genießt bei Weinkennern einen guten Ruf – dank des Cru des Coteaux du Languedoc. Die Tropfen vom Terroir de la Méjanelle kann man in einigen Gütern probieren und kaufen.

### Palavas-les-Flots

**Palavas-les-Flots** ist Montpelliers beliebtester und ältester Badeplatz. Bis 1968 nahmen die Montpelliérains den *petit train,* um an den 9 km langen Strand zu dampfen. An die gute alte Bimmelbahn erinnert eine grün lackierte Lokomotive am Ortseingang und das **Musée du Train** am Nordrand des herrlichen **Parc du Levant** (Juli/Aug. 10–12, 16–21, Febr.–Juni, Sept.–Nov. Di–So 14–18/19, Dez.–Jan. Sa, So 14–18 Uhr, 5 €, Ticket auch im Musée Dubout gültig, s. u.).

Palavas-les-Flots erstreckt sich auf einem Lido hinter den Lagunen des **Etang de Pérols** und des **Etang de l'Arnel.** Der Aufstieg vom Fischerdorf zur Sommerfrische begann 1936, dem Jahr des ersten bezahlten Urlaubs. Ein Stichkanal trennt den immer noch sehr stimmigen Fischerhafen in die beiden Ortsteile Rive Gauche und Rive Droite. Über den Caféterrassen, die sich an den *quais* mit den festgemachten Kuttern reihen, ragt der 34 m hohe **Phare de la Méditerranée** in die Luft – der zu einem Aussichtsrestaurant umgebaute Wasserturm ist heute das Wahrzeichen von Palavas-les-Flots (Aufzug zur Aussichtsplattform 10–24 Uhr, 2 €).

Ein weiteres Wahrzeichen ist die in den Lac du Levant versetzte **Redoute de Ballestras.** Im Festungsbau (17.–18. Jh.), den man nur über einen Steg erreichen kann, ist ein **Museum** zu Ehren des Zeichners **Albert Dubout** untergebracht (1905–1976; Abfahrt mit dem Boot vom Quai Paul-Cunq, Zeiten wie Musée du Train, s. S. 321, Tickets sind in beiden Museen gültig).

## Cathédrale de Maguelone

Weinberge und ein Wäldchen legen sich wie ein grüner Kranz um die **Kathedrale von Maguelone** (4 km westl., 9–18.30, im Sommer bis 21 Uhr). Im Hintergrund schimmert der Etang du Prévost (s. Aktiv unterwegs, S. 236). Als Bollwerk gegen die Katharer, zudem in direktem Besitz Roms, wurde die Kathedrale wie eine Burg befestigt. Sparsam gesetzte Fensteröffnungen, Pechnasen und Schießscharten betonen den Festungscharakter. Mit der Verlagerung des Bischofssitzes nach Montpellier 1536 verfiel der Bau. Als Staatsbesitz kam die Kathedrale während der Revolution unter den Hammer. Erst im Jahr 1852 erbarmte sich der damalige Neubesitzer und setzte die Ruine instand.

## Weiter nach Frontignan

Weiter südwestlich Richtung Les Aresquiers fallen die Hüllen. Die einsamen Kilometer sind bei Nacktbadern, Surfern und Studenten sehr beliebt. Bis **Frontignan-Plage,** das nur aus ein paar Häusern am Wasser besteht, geht es locker zu. Grillen am Strand, Merguez-frites von der nächsten Bude & *la vie est belle.* **Frontignan** ist die Stadt des gleichnamigen Muscat. Der natursüße, goldgelbe Aperitifwein wurde bereits unter den Römern gekeltert und ist in etlichen Kellereien zu bekommen.

## Infos

**Office de Tourisme:** Phare de la Méditerranée, 34250 Palavas-les-Flots, Tel. 04 67 07 73 34, www.palavaslesflots.com.

## Übernachten

**... in Palavas-les-Flots:**

Seeblick ▶ **Brasilia:** 9, bd. Joffre, Tel. 04 67 68 00 68, www.brasilia-palavas.com. Modernes Haus mit hellen Zimmern, meist mit Balkon und Blick auf das 20 m entfernte Meer und den Leuchtturm. DZ ab 54 €.

American way ▶ **Amérique Hotel:** 7, av. F.-Fabrège, Tel. 04 67 68 04 39, www.hotelamerique.com. Im Haupthaus Hotel, im Nebenbau Motel kalifornischen Stils in einem Viertel hinter dem Strand. Gut ausgestattete, nüchterne Zimmer, Wintergarten, Swimmingpool. DZ ab 59 €.

Massenbetrieb ▶ **Les Roquilles:** 267, av. St-Maurice, Ostteil, Richtg. Carnon-Plage, Tel. 04 67 68 03 47, April–Sept. Durchschnittlich gut ausgestattete Camping-Großanlage mit Grasgelände unter Pappeln. Nur 50 m zum Strand, mit Pool. Zeltplatz 27 € für 2 Pers., Chalets oder Bungalows 235–1020 €/Woche.

## Essen & Trinken

Aus dem Meer ▶ **L'Escale:** 5, bd. Sarrail, Palavas-les-Flots, Tel. 04 67 68 24 17, Sept.–Juni Mi, Juli/Aug. Mi u. Do mittags geschl. Elegantes Fisch- und Meeresfrüchterestaurant mit Blick aufs Meer und schmackhaften Fischspezialitäten. Menü 22–65 €.

Höhenrausch ▶ **Le Phare:** Place de la Méditerranée, Palavas-les-Flots, Tel. 04 67 68 61 16, www.brasserieduphare.fr, tgl. Restaurant im ehemal. Leuchtturm auf 37 m Höhe. Korrekte Brasserieküche. Menü 28–33 €.

Surfertreff ▶ **Windsurf:** Parking de Maguelone, Tel. 04 67 68 01 57, Mai 9–19, Juni–Sept. 9–1 Uhr. Vergnügliches Strandrestaurant (Fisch und Steaks werden *a la plancha* serviert, also gegrillt). Verleih von Liegen, Sonnenschirmen. Tolle Cocktails. Menü 25–30 €.

## Einkaufen

Wein ▶ **Le Mas Noir:** Les Garrigues, Mauguio, Tel. 04 67 15 03 64, nach vorheriger Anmeldung. Kräftige Rotweine der Cuvée Château Ministre.

## Aktiv

Tauchen ▶ **Ecole et Club de Plongée:** Maison de la mer, Palavas-les-Flots, www.octopus-plongee.asso.fr. Im Angebot sind Kurse für alle Niveaus.

# Windkraft für mehr Sauerstoff im Wasser

Thema

**Mancher Wanderer oder Badegast staunte im Sommer 2006 nicht schlecht, wenn er den Strand von Palavas-les-Flots Richtung Westen hinunterging. Seit Juni standen vier Windräder im Salzwasser des Etang de Prévost. Der ungewöhnliche Anblick spaltete Urlauber und Einheimische in Befürworter und Gegner der Technik. Wegzudiskutieren war hingegen eines nicht: Die Windräder retteten das überhitzte, brackige Gewässer vor dem ökologischen Tod.**

Kurz zuvor hatte der Präfekt des Departements Hérault den durch die 40-tägige Hitzewelle verursachten Schaden in der Muschel- und Austernzucht bekannt gegeben: 100 % Verlust in den Austernbänken von Marseillan, 60 % in Mèze, 50 % in Bouzigues. Der lang ersehnte Wind, der das Wasser aufwühlt und dadurch mit Sauerstoff versorgt, kam zu spät. In weniger als 24 Stunden starben die Schalentiere im von Algen verseuchten Wasser ab – die Algen verbreiten sich bei Hitze im brackigen Wasser rapide. Wie drei Jahre zuvor, im Hitzesommer 2003, konnte man ihrem Wachstum fast zusehen. Das Problem wird durch die Versandung der natürlichen Zugänge zwischen Salzsee und offenem Meer noch verschärft. Früher waren die *etangs* Lagunen, deren Wasser regelmäßig mit dem des Meeres aufgefrischt wurde. Heute sind die Etangs vom offenen Meer nahezu abgetrennt. Hilfe kommt aus Kanada, wo schon seit Jahren vom Umkippen bedrohte Süßwasserseen mit Windkraft ›belüftet‹ werden. Mit den vier Windrädern im Etang de Prévost bewährt sich die Technik erstmals im Salzwasser.

Das System ist denkbar einfach. Ein Gestell mit rechteckigen Flügeln wird auf einer schwimmenden Plattform installiert. Bei Wind drehen sich die Flügel und bringen so eine Art Propeller, der unter Wasser an die Plattform montiert ist, in Fahrt. Die umweltfreundliche Technik reichert das Wasser allmählich mit Sauerstoff an, den die im Wasser vorhandenen Bakterien benötigen, um den Schlamm am Grund des Salzsees zu zersetzen. Im Etang de Prévost war die Schlammschicht bereits auf 45 cm angewachsen. Die Hälfte davon bestand aus einer übel riechenden schwarzen Masse – nicht gut für den Tourismus, wie der Bürgermeister des Badeörtchens aus den Beschwerden von Gästen über die Geruchsbelästigung wusste. Stolze 40 000 € war der Stadt jede der vier *éoliennes flottantes,* wie die schwimmenden Windräder auf Französisch heißen, wert. Zusätzlich wurden zwei Wasserpumpen installiert, die dem Wasseraustausch bei großer Hitze nachhelfen. Doch noch immer ging kein Lüftchen, und die Windräder standen folglich still. Als dann der ersehnte Wind endlich aufkam, war der Erfolg durchschlagend. Windgeschwindigkeiten von 10 km/h reichen aus, um die Räder in Betrieb zu setzen. Legt der Wind auf 45 km/h zu, bedeutet dies einen Sauerstoffzuwachs von 1900 kg pro Tag und Windrad. Sehr schnell gewann der 300 ha große See wieder an lebenswichtigem Sauerstoff.

Auch am Etang de Thau denkt man nun darüber nach, einige *éoliennes flottantes* zu installieren. Benötigt werden sie nur in den wirklich heißen Monaten. Vom Herbst bis in den Frühsommer bleiben die Geräte im Schuppen. Die Salzseen behalten so über weite Teile des Jahres ihr natürliches Aussehen.

»Venedig des Languedoc« – Sète an der
Mündung des Canal du Midi ins Mittelmeer

aktiv unterwegs

## Wanderung um den Etang du Prévost

### Tour-Infos

**Start:** Parkplatz am Canal du Rhône à Sète, am Ende der D 185E
**Länge und Dauer:** ca. 10 km, 2,5 Std.
**Wichtiger Hinweis:** Ausreichend Wasser mitnehmen. Kopfbedeckung nötig, es gibt keinen Schatten. Einkehr- und Bademöglichkeiten auf der Hälfte der Wanderung am Strand von Palavas-les-Flots.

Von **Villeneuve-lès-Maguelone** führt eine Deichstraße (D 185E) an den Canal du Rhône à Sète. Auf dem Parkplatz am Ufer des Kanals bleibt der Wagen stehen: Jenseits der Brücke, die über den Wasserweg führt, darf man nur zu Fuß oder mit dem Rad weiter. Hinter der Brücke (Achtung: Brücke nur von 9.30 bis 19 Uhr geöffnet) beginnt die alte, von Bäumen beschattete Zufahrt zur Kathedrale von Maguelone – die jedoch für Besucher gesperrt ist. So führt der Weg zunächst in einem Bogen um das Gotteshaus herum direkt an den Strand. Über dem Dünenkamm lugt der Turm der **Cathédrale de Maguelone** (s. S. 232) empor, zu der eine Staubpiste abzweigt. Als die romanische Kirche unter dem Schutz der Grafen von Mauguio um 1170 vollendet wurde, war der Boden, auf dem sie steht, noch eine Insel. Erst seit dem 18. Jh. verbindet ein Damm die einstige Insula Magalona mit dem Strand. Weinreben reichen vom Ufer der Lagune bis an das wehrhafte Gemäuer heran. In ihrer Schlichtheit ist die Kirche einzigartig unter den romanischen Bauten des Languedoc. Im vorderen Teil des Schiffes führt eine Treppe zur Empore hoch. Von hier oben lassen sich Schiff und Chor der Kathedrale am besten betrachten.

Nun zurück an den Strand, wo Surfer bunte Tupfen aufs Meer setzen. Für ein paar Kilometer heißt es nun Wasser links: das tintenblaue Mittelmeer, Wasser rechts: der silbriggraue Etang du Prévost mit Dünengürtel davor. Dann ist **Palavas-les-Flots** erreicht. Am Ortsrand des Badeortes folgt man der Avenue de l'Evêché de Maguelone bis zu einem Kreisverkehr, von dem man längs der Promenade Hélène immer am Ufer des Etang du Prévost entlang bis zum Rondpoint de l'Europe geht. Für ein paar Hundert Meter muss man nun den Krach der D 986 ertragen, an deren Seite der Weg verläuft. Dann geht es auf Höhe der Kanalbrücke über den Canal du Rhône à Sète auf einen Treidelpfad, der zum Parkplatz zurückführt.

### Termine

**Festival de Musique à Maguelone:** Anfang Juni, Festival klassischer Musik in der Kathedrale von Maguelone. Tel. 04 67 60 69 92.
**Grand Tournoi de Joutes:** 14. Juli, 15. Aug. und Anfang Sept., großes Fischerstechen auf dem Canal.
**Féria d'Automne:** vorletztes Sept.-Wochenende, Stierkämpfe in den Arenen von Palavas. Quai des Arènes, Tel. 04 67 50 39 56.

### Verkehr

**Bus Hérault Transport:** Tel. 08 25 34 01 34. Tgl. Verbindungen nach Montpellier mit Linie 131, Juli/Aug. auch nach Carnon-Plage und La Grande Motte.

## 10 Sète ► M 12

Der 6. September 2003 war ein großer Tag für **Sète.** Es goss an jenem schicksalshaften Samstag wie aus Kübeln. Herzzerreißend sang der Polizeichef aus Cetera an der italienischen Amalfi-Küste zur Gitarre, stundenlang. Der Bürgermeister von Sète hielt eine Rede. Die Sardinen auf dem Grill hinter der Criée wurden langsam kalt, die Plätze unter den Festzelten am Quai Maximin Licciardi hingegen knapp. Denn mit der an diesem Tag vollzogenen Städtepartnerschaft von Sète und Cetera fand die südfranzösische Hafenstadt zu ihren Wurzeln zurück: Ein Drittel der 40 000 Einwohner von Sète stammt aus dem Fischerdorf an der Amalfi-Küste. Die meisten ihrer Vorfahren kamen um 1860 an die Küste des Languedoc – arme süditalienische Fischer auf der Suche nach Fanggründen am französischen Mittelmeer. Fast jeder hat noch einen Cousin oder Großonkel in Cetera.

## An den Kais des Canal de Sète

›Venedig des Languedoc‹ haben Tourismusstrategen die umtriebige Hafenstadt an der Mündung des Canal du Midi ins Mittelmeer getauft. Sètes zauberhafte Insellage zwischen dem Binnensee Etang de Thau und dem Mittelmeer, die vielen Kanäle und Kais provozieren den Vergleich mit der Serenissima. Ludwig XIV. persönlich befahl 1666 den Ausbau von Séte zum wichtigsten Fischereihafen am französischen Mittelmeer. Als die Kassen der Reeder später dank des Fischfangs und der Fähren nach Nordafrika klingelten, füllten sich die Kais am **Canal de Sète (Canal Royal),** der die Stadt von Norden nach Süden durchquert, mit pompösen Belle-Epoque-Fassaden und dem eleganten Art-déco-**Palais der Seekonsuln (Palais Consulaire).**

Etwas versetzt wartet am Kai gegenüber mit dem **Musée International des Arts Modestes (MIAM)** ein Museum, das auch Kinder begeistert. Die in Sète lebenden Pop-Art-Künsler Hervé Di Rosa und Bernard Belluc präsentieren im MIAM verrückt-skurille Installationen, die einer bunten Welt von Mickey Mouse über Barbie bis Napoleon huldigen (23, quai Maréchal de Lattre de Tassigny, www.miam.org, Di–So 10–12, 14–18 Uhr, 5 €). Am gegenüberliegenden Quai Aspirant-Herber zeigt in Nr. 26 das **CRAC** einen Überblick zur quirligen regionalen Künstlerszene (Centre Régional d'Art Contemporain, Öffnungszeiten wie MIAM, gratis). Der Bau war früher eine Tiefkühllager für Fisch, dessen rauer Betoncharme sich ideal für zeitgenössische Kunst eignet.

## Tipp: Fischbörse

Bis heute riecht es im Hafenviertel **La Marine** mehr nach Diesel- als nach Sonnenöl. Hinter dem Betonungetüm der **Criée,** der Auktionshalle, am Quai Maximin Licciardi legen am späten Nachmittag gegen 16.30 Uhr die Trawler an. In Windeseile wird der Fang ausgeladen. Im ersten Stock der Auktionshalle flimmern rote Digitalzahlen nervös über das Anzeigeband für die eintreffenden Plastikwannen. 140 Sorten Fisch werden in der Criée zum Verkauf aufgerufen. Zugang nur für Händler! Doch im Sommer veranstaltet das Office de Tourisme **Führungen.** Bliebe zudem das Schauspiel der einlaufenden Trawler, s. o. (Sommerführungen 5 €, Infos beim Office de Tourisme, s. S. 240).

## La Pointe Courte und Le Quartier Haut

Die Familie zählt viel in Sète. Es gibt keinen McDonald's in der Stadt, kein Vier-Sterne-Hotel. Beides wissen die im Rathaus einflussreichen Clans zu verhindern: Schließlich hat jeder einen Restaurantbesitzer oder Hotelier in der Verwandtschaft. Die beiden größten Clans umfassen jeweils ein ganzes Viertel, La Pointe Courte und Le Quartier Haut. Ein kräftiger Schuss *italianità* bestimmt das Leben in den Gassen. In **La Pointe Courte** ganz im Norden, wo der Canal de Sète mit dem spiegelglatten Etang de Thau verschmilzt, stehen die Sessel zum Kartenspiel in der Gasse. Eine alte Frau putzt auf einer blank gescheuerten Bank den Fisch für eine *soupe de mer,* ein Fischtopf, der im Viertel der Etang-Fischer dunkel wie der See und sehr salzig auf den Tisch kommt. Im **Quartier Haut,** dem Viertel der ersten italienischen Zuwanderer, wird die *soupe de mer* nur mit Hochseefischen gekocht, denn die Fischer aus den Gassen mit Blick über den Hafen fahren zum Fang aufs Mittelmeer raus. Beide Viertel pochen darauf, die einzig wahre Fischsuppe zu kochen. Sie streiten sich selbstverständlich auch um die Ehre, das Rezept für die besten *tielles* (pikante Teig-

pastete mit Tintenfisch und Tomaten), *moules farcies* (mit Reis oder Fleisch etc. gefüllte Muscheln) und *rouille de seiches* (Tintenfischragout in Aioli mit roten Pfefferschoten) zu hüten.

Das Quartier Haut ist heute eine Bastion der Joutes-Mannschaft La Jeune Lance Sétoise (Fischerstecher). An der **Place de l'Hospitalet** betont die Skulptur einer üppigen ›Mamma‹ von Di Rosa den volkstümlichen Charakter des Viertels. In leichter Hanglange an der Flanke des Mont St-Clair liegt der **Cimetière Marin.** Vom Fischerfriedhof überblickt man die Altstadt und das Meer. Im oberen Teil liegt der Dichter Paul Valéry (1871–1945) begraben. Das **Musée Paul Valéry** hinter dem Friedhof zeigt neben Manuskripten von Sètes berühmtem Sohn lokale Maler und Schiffsmodelle (Rue François Desnoyer, Sept.–Juni Mi–Mo, Juli/Aug. tgl. 10–18 Uhr, 4 €).

## Espace Georges Brassens

Auch der Chansonnier Georges Brassens (1921–1981) stammt aus Sète. Ein Rundgang mit Chansons und Interviews (Audioguide an der Kasse) führt durch das Leben des Chansonniers, der für Sète die Hymne »Les copains d'abord« schrieb. Der Weg führt zum Brassens-Museum **L'Espace Georges Brassens** (67, bd. Camille Blanc, Di–So 10–12, 14–18, Juli/Aug. 10–18 Uhr, 5 €), wo man den Liedern des singenden Anarchisten mit dem Kopfhörer lauschen kann, und zum Grab des Chansonniers auf dem Friedhof Le Py gegenüber.

## Mont St-Clair

Der **Mont St-Clair** ist der Hausberg von Sète und überragt mit 182 m Stadt und Hafen. Vom Gipfel hat man einen herrlichen Ausblick über beides. Hinauf geht es mit der Buslinie 5 oder zu Fuß ab der Rue Paul Valéry vorbei am Hôtel de Ville und dann über steile Treppen.

**Trawler bringen neben Schalentieren vor allem Tintenfische, Doraden, Makrelen und Barsche an Land**

## Infos

**Office de Tourisme:** 60, Grand'Rue Mario Roustan, 34200 Sète, Tel. 04 67 74 71 71, www.ot-sete.fr.

## Übernachten

Gekonnter Stilmix ▶ **L'Orque Bleue:** 10, quai Aspirant Herber, Tel. 04 67 74 72 13, www.sete-hotel.com. Belle-Epoque-Bau am Kai, dessen Zimmer von der Besitzern nach und nach aufgefrischt werden. Wuchtige korinthische Säulen im Entree, Tulpenstühle aus den 70ties im Frühstücksraum, renovierte Zimmer in Pastelltönen. DZ 66–125 €.

Roofdeck ▶ **Port Marine:** Le Mole St-Louis, Tel. 04 67 74 92 34, www.hotel-port-marine.com. Banaler Neubaukomplex mit komfortablen Zimmern und Appartements im nüchternen Marinestil. Vorteilhafte Lage in Fußnähe zu Hafen und Altstadt. Ausblick auf die Hafenmole und die Fähren nach Mallorca. Weiteres Plus: der Pool auf dem Dach des Hauses, das Sonnendach. DZ 84–115 €, Appartement für 4 Pers. mit Wochenpauschalen!

Jugendherberge ▶ **Auberge de Jeunesse Villa Salis:** Rue Genéral Revest, Tel. 04 67 53 46 68, www.fuaj.fr. Erfreulicher als die einfachen 4-Bett-Zimmer der alten Villa in idyllischer Lage am Mont Saint-Clair ist der Blick hinaus über die Stadt. Internetzugang. Ü/F 17,50 €.

Camping ▶ **Les Tamaris:** Frontignan-Plage (wenige Kilometer nordöstl.), an der N 112, vor dem Ortseingang Richtung Meer, Tel. 04 67 43 44 77, www.lestamaris.fr. April–Sept. Durch Dünen vom Meer getrennte Anlage mit schönen, schattigen, Tamarisken-Stellplätzen, Pool, Reiten, Tauchen. Platz für 2 Pers., in der höheren Kategorie 36–50 €, Mobilhome 2–3 Pers. 160–470 €/Woche.

## Übernachten, Essen

Belle-Epoque-Palast ▶ **Le Grand Hôtel:** 17, quai de Tassigny, Tel. 04 67 74 71 77, www.legrandhotelsete.com. Hotelkoloss von 1882. Verschwenderisch großer Innenhof mit Glasdach und umlaufenden Galerien. Teilweise angestaubte, teilweise mit Witz und designerischem Können renovierte Zimmer: In Nr. 102 schwimmt ein Sardinenschwarm auf dem Vorhang, die Wände sind mit babyblauen Wellen bemalt, über dem Bett findet sich eine Strandszene. Restaurant Quai 17 (Sa mittags, So geschl., Menü 20–48 €) mit pompösem Saal und regionaler Küche. Garage! DZ 78–137 €.

## Essen & Trinken

Hafenbistro ▶ **Les Demoiselles Dupuy:** 4, quai Maximin Licciardi, Tel. 04 67 74 03 46, Do–Di. Bistro am Hafen mit weinberankter Terrasse. Austern und Muscheln aus Bouzigues, die Zutaten für die *rouille de seiches* gibt's von der Fischhalle gegenüber. Menü 18–40 €.

Place to be ▶ **The Marcel:** 5, rue Lazare-Carnot, Tel. 04 67 74 20 89, Sa mittags, So geschl. An den Natursteinwänden grüne Skai-Bänke, darüber moderne Kunst, vorn eine Art-déco-Theke. Auf der Karte gegrillter Tintenfisch, Thunfischtartar. Service bis 23 Uhr. Menü ab 15 € (mittags unter der Woche), *à la carte* 30–35 €.

Neo-Bistro ▶ **Paris-Méditerranée:** 47, rue Pierre-Semard, Tel. 04 67 74 97 73, Sa mittags, So, Mo geschl. Mittelmeerküche im Ambiente eines Pariser Bistros. Innovative Rezepte und sehr nette Atmoshäre. Menü 25–45 €.

## Einkaufen

Tielles ▶ **Josiane Cianni:** Halles Centrales, Stand 31, Rue Gambetta, Tel. 04 67 74 52 28, tgl. *Tielles* sind runde Teigtörtchen mit einer Füllung aus Tintenfisch und Tomaten. Bei Josiane in den Markthallen gibt's die besten, je nach Größe 2–8 €.

## Abends & Nachts

Sehen und gesehen werden ▶ **AmeriK-club:** Promenade Maréchal Leclerc, www.amerik.fr, Mitte Mai–Mitte Okt. 12–3 Uhr. *Der* Ort für den Sundowner – von den Gartenterrassen schaut man den letzten Sonnenstrahlen über dem Mittelmeer hinterher. Danach bleibt man zum Essen – die Pourcel-Zwillinge haben die Küche auf trendige Höchstform gebracht (Menü 22–37 €) – oder kommt zum

**Bevor die Austern auf den Tellern der Gourmets landen, bereiten sie den ›ostréiculteurs‹ viel (Hand-)Arbeit**

Tanzen zurück. In der dazugehörigen Disco legen ab 24 Uhr die besten DJs des Midi auf. Unverwüstlich ▶ **Le Bar du Vieux Port:** Quai Maximin-Licciardi (gegenüber der Criée), tgl. 9–2, Winter bis 1 Uhr. Einheimische sagen kurz BDVP: morgens stehen die Fischer an der Theke, abends folgt die Szene.

## Aktiv

Bötchentour ▶ **Sète Croisières:** Quai de la Résistance, Tel. 04 67 46 00 46, www.setecroisieres.com. Schiffstouren auf dem Etang de Thau.

Strände ▶ **Plage de la Corniche:** 3 km südwestl. Quirliger Hausstrand von Sète, mit Cafés und Restaurants. Tipp: Latino-Jazz-Abende in der Strandbar La Ola (Rtes. des Plages, Tel. 04 67 53 07 14, www.laola.fr, Febr.–Mitte Okt.). In Richtung Marseillan folgen weitere 10 km Naturstrände (kein Schatten). **Plage des Aresquiers:** 14 km nordöstl. Zuerst trifft man auf zwei Strandbars, dann folgen auf 12 km unberührte Dünenstrände und zur Landseite Salzseen. **Marseillan-Plage:** ca. 15 km südwestl. Breiter, familienfreundlicher Südabschnitt mit akzeptablem Abstand von der lauten Durchgangsstraße des Strand-Lidos zwischen Cap d'Agde und Sète. Dort auch **Surfbrett-** und **Radverleiher!**

## Termine

**Fête de la St-Pierre:** am Tag von Peter und Paul, Anfang/Mitte Juli. Fest zu Ehren des Schutzpatrons der Fischer, mit farbenprächtiger Prozession, Ball und Fischerstechen.

**Fête de la St-Louis:** am Tag des hl. Ludwig, des Schutzpatrons von Sète (25. Aug.). Höhepunkt der von Ende Juni–Ende Aug. an vielen Wochenenden ausgetragenen *joutes* (Fischerstechen). Riesenfest auf allen Kais.

# Am Etang de Thau

▶ L/M 11/12

Vom Mont St-Clair schweift der Blick auch auf den **Etang de Thau,** das ›Austernbecken‹ des Languedoc. Wichtigster Umschlagplatz

# Austern aus dem Bassin de Thau

Thema

**Austern sind reich an Proteinen, Vitaminen, Spurenelementen – und groß in Mode, denn dick machen sie auch nicht. Aber nicht ob dieser Vorzüge erfreuen sich die Schalentiere steigender Beliebtheit, sondern wegen ihres Geschmacks nach Meer und dem leichten Hauch von Luxus, der den Verzehr begleitet.**

Als besonders schmackhaft und fleischhaltig gelten die *huîtres* aus dem Etang de Thau, wo die Schalentiere prächtig zusammen mit ebenfalls vorzugsweise roh zu verzehrenden Muscheln *(coquillages)* und Seeigeln *(oursins)* gedeihen. Anders als am Atlantik, wo das Wachstum vom Rhythmus der Gezeiten gehemmt wird, wachsen Austern im Binnensee sehr kontinuierlich. Warme, unterirdische Quellen und Grundwasser, das von den Kalkhügeln des Festlandes zufließt, sorgen im Gemisch aus Salz- und Süßwasser für einen hohen Reichtum an Plankton, der die Meeresfrüchte obendrein schnell wachsen lässt.

In Zahlen liest sich die Erfolgsbilanz des nur 20 km langen und 8 km breiten Etang de Thau so: Stolze 10 % aller in Frankreich produzierten *huîtres* stammen aus Marseillan, Bouzigues und Mèze, den drei großen Austernzüchterorten am See.

Es ist jedoch auch am Etang de Thau ein langer Weg vom Ei der Auster bis auf den Teller. Für die robusten *huîtres creuses* beginnt er nicht selten in Japan. Von dort stammen die meisten der Larven der bauchigen Austernsorte mit der typischen, welligen Schale, die bevorzugt bei Mèze kultiviert wird. Die geschlüpften Jungaustern heißen *naissains* und werden in mühsamer Handarbeit mit Zement an Seile geklebt. *Huîtres plates* hingegen sind eine im Mittelmeer heimische, glattschalige Austernart, die vor allem von den Züchtern in Bouzigues zur Reife gebracht wird. Erst seit der Erfindung der ›Pyramide‹ 1925 lohnt sich die Arbeit der Austernzüchter, der *ostréiculteurs,* wirklich. Bei der von Antoine Louis Tudesq erdachten Methode wurden die Jungaustern mit Hilfe von Betonsäulen im Meer versenkt. Inzwischen haben jedoch grobmaschige Eisentische *(tables),* die im Grund des Sees verankert sind, die Pyramide ersetzt.

Nach wie vor gilt, dass die Austern vor allen eines nicht dürfen: aus dem Wasser ragen. Nach zwölf Monaten werden sie abgelöst und für weitere zwölf Monate an im Wasser gespannten Nylonfäden befestigt. In dieser Zeit verhärtet die Schale. Die Auster erhält ihren für den Etang de Thau typischen nussigen Geschmack und entwickelt ein festes Fleisch. Drei Tage nach der Ernte sind Austern am besten – das Erntedatum steht auf dem Holzkorb. Zwei Wochen kann man sie problemlos aufbewahren. Dazu muss man die Austern im Dunkeln, bei einer Temperatur zwischen 5 und 8 °C, flach lagern, damit sie ihr Wasser nicht verlieren.

Man isst sie am besten roh, sei es mit einem Tropfen Zitrone oder einer Essigsauce mit gehackten Zwiebeln. Oder probiert die Austern direkt am Stand des Züchters. Dazu wird ein Fläschchen trockener Picpoul aus Pinet, ein idealer Sommerwein, getrunken. So jedenfalls hält man es auf den Terrassen von Bouzigues oder Mèze – und so mag es fast ausnahmslos jeder Franzose.

für die Schalentiere sowie Muscheln und Seeigel ist **Bouzigues** am Nordufer des Sees. Zum Austernfest im August schlürfen an die 30 000 Besucher die vom Erzeuger sachkundig aufgehebelten Schalen leer. Im **Musée de l'Etang de Thau** am Hafen (10–12.30, 14.30–19, in der Nebensaison bis 17/18 Uhr, 4 €), dem einzigen Museum in Frankreich mit einer eigenen Anlegestelle für Haus- und Segelboote, erfährt man, dass das Angebot an Schalentieren bis 1908 unberechenbar war – erst danach begann man mit der Zucht von *huîtres* und *coquillages,* statt weiterhin auf den Wildbestand zu vertrauen.

Bei der Weiterfahrt nach **Mèze** schaut man von der N 113 über das Wasser, in dem schon die alten Griechen nach Austern gefischt haben sollen. Mèze ist ein hübscher kleiner Ort, **Marseillan** hingegen wird allmählich hip. Auf den Kais aus schwarzem Basalt sieht man Städter im Edel-Strandlook. An den Kais ankern Hausboote, die von der Tour über den Canal du Midi zurückkommen, der hier in den Etang de Thau sticht. Einen Besuch lohnen in Marseillan die **Chais de Noilly Prat.** In der Kellerei erhält man Einblick in die Wermutherstellung und kann den seit 1813 hergestellten Aperitif probieren und kaufen. Das Besondere: Ein Noilly Prat reift nicht im Keller, sondern in Fässern, die hier zu Tausenden der Sonne ausgesetzt sind (1, rue Noilly, März–Nov. tgl. 45-minütige Führungen 10–11, 14.30–16.30, Mai–Sept bis 18 Uhr, www.noillyprat.com, 3,50 €).

Mit dem Etang de Thau durch den Canal du Midi verbunden ist die **Réserve naturelle de Bagnas.** Das Naturschutzgebiet vor den Toren von Agde ist ein Hotspot für Birdwatcher, da das Schilfband des Sees Flamingos und Stelzen ideale Schutzbedingungen bietet. Die **Maison de la Réserve** bietet im Sommer Führungen an (Domaine du Grand Clavelet, Tel. 04 67 01 60 23, Di, Fr um 9, Do um 19 oder 20 Uhr).

### Übernachten

Siehe auch Sète, S. 240.

Camping ▶ **Nouvelle Floride:** Av. des Campings, Marseillan-Plage, Tel. 04 67 21 94 49, www.nouvelle-floride.com, April–Sept. 500 m vom Ort entfernt gelegene moderne Anlage mit großem Sportangebot und Pool. Je nach Saison 20–50 €.

### Essen & Trinken

Frischer geht's nicht ▶ **Chez la Tchèpe:** Av. Louis Tudescq, Bouzigues, Tel. 04 67 78 33 19, Do–Di. Austern und Muscheln direkt beim Erzeuger, vorweg eine warme *tielle* (eine Art Quiche mit Krebsfleisch und Tomatensauce) – unkomplizierter und frischer geht's nicht. Keine Kreditkarten! Meeresfrüchte-Menü 25 € inkl. Wein.

Très chic ▶ **Le Château du Port:** 9, quai de la Résistance, Marseillan-Plage, Tel. 04 67 77 31 67, tgl. Ein Ableger des Restaurants der Pourcel-Zwillinge aus Montpellier, in einem herrlichen Weinhändlerdomizil. Seeteufelragout, gefüllte Muscheln. Terrasse zum Hafen. Menü 20–33 €.

## Le Cap d'Agde und Agde

### Le Cap d'Agde ▶ L 13

**Le Cap d'Agde** entstand im Rahmen des ›grand projet Languedoc-Roussillon‹, soll heißen am Reißbrett. In diesem Badeort mit der höchsten Appartementdichte im Languedoc-Roussillon herrscht vom 14. Juli bis zum 15. August der Ausnahmezustand. *Rien ne va plus* – nichts geht mehr – auf den vierspurigen Zufahrtstraßen zum berühmten schwarzen Strand. An die 200 000 Menschen tummeln sich dann in der 600 ha großen Ferienstadt. Unter den FKK-Urlaubern aus Europas Norden gelten die Campingplätze mit ihren 2400 Stellplätzen als ein Nonplusultra. Die Nächte sind heiß und kurz, denn in den Diskotheken ist die Hölle los. Hektisch flackern die Neonlichter der Morgensonne entgegen. Sonnengelbe Schilder leiten durch den Ferienhaus-Jachtclub-Hotel-Komplex, in dem lavaschwarzer Stein zwischen den mediterran bunten Pastelltönen Lokalkolorit vorgaukelt. Mit Saisonende aber verfällt Le Cap d'Agde in die Tristesse einer Geisterstadt, über die auch die farbenfrohe Architektur nicht hinwegtrösten kann. Die 1963 beschlossene Vorgabe der Interministeriellen Kommission, die Architektur sowohl der Lage als auch traditionellen Bauformen anzupassen, wurde zwar größtenteils eingehalten. Doch gibt es im Winter viel zu viele Schilder mit der Aufschrift »Fermé«. Immerhin, Le Cap d'Agde ist wegen der guten Windverhältnisse und des perfekt ausgestatteten Jachthafens regelmäßig Austragungsort internationaler Segelwettbewerbe.

Am Felskap ganz im Süden überrascht die Naturschönheit der schwarzen Klippen, an die sich der ebenso dunkle **Sandstrand von La Conque** im Halbrund anschließt. Ausladender sind im Südwesten die **Plage Richelieu,** die mit Liegenverleih und Restaurants ausgestattet ist, und die **Plage Rochelongue,** im Osten die FKK-**Plage de la Roquille.**

Vor der Küste lohnt das von Vauban, Festungsbaumeister unter Ludwig XIV., um 1680 als Staatsgefängnis erbaute **Fort Brescou** auf einem Inselchen den Besuch (Mitte Juni–Mitte Sept. tgl. Führungen, Überfahrt von Cap d'Agde und Le Grau d'Agde. Doch wirklich vom Strand locken sollte das **Musée de l'Ephèbe,** in dem die Seefahrtsgeschichte von Agde anhand spektakulärer Funde von Unterwasserarchäologen dokumentiert wird. Prunkstück ist der 1964 vor dem Bischofspalast auf dem Grund des Hérault gefundene Ephèbe. Die 1,40 m hohe spätgriechische Bronzestatue stellt vermutlich einen thessalischen Prinzen dar (Mas de la Clape, 9–12, 14–18 Uhr).

Wer sich für Flora und Fauna der Meere interessiert, ist mit einem Besuch im **Aquarium** unweit der Plage de la Conque gut beraten. In 32 Meereswasserbecken tummelt sich alles, was Flossen, Schale oder Greifscheren hat. Muräne, Hai und Dorade erreichen in Gefangenschaft zum Teil erstaunliche Größe. Eine besondere Attraktion sind Exkursionen an die Felsküste, die das Aquarium auch für Kinder anbietet (www.aquarium-agde.com, Juni–Sept. tgl. 9.30–18.30, Okt.–Mai Mo–So 9–12, 14–18 Uhr, 4,50 €).

### Übernachten

Sporthotel ▶ **Le Capaô:** Plage Richelieu-Centre, Tel. 04 67 26 99 44, www.capao.com, April–Okt. Modernes Strandhotel mit lichten Zimmern. Sport- u. Wellnessangebot vom Jacuzzi über Sauna zum Pool. DZ ab 86 €.

### Essen & Trinken

Zen ▶ **Le Caladoc:** Ile-des-Loisirs, im Hôtel du Golfe, Tel. 04 67 26 87 18, www.hotel-du-golfe.com, April–Dez., nur Abendtisch. Ein Hauch Fernost im Design, eine innovative Küche: Fisch *à la plancha,* Seeschneckenfrikassee, Petersfisch mit Noilly-Prat-Sauce. Menü ab 26 €.

### Aktiv

Surfen, Katamaran, Kanu ▶ **Centre Nautique:** jeweils Kurse und Materialverleih. Plage Richelieu-Est, Tel. 04 67 01 46 46.

### Verkehr

**Bus:** In der Saison halbstündliche Busse nach Agde. Hérault Transport, Tel. 08 25 34 01 34.

## La Tamarissière ▶ K 13

Im Vergleich mit den benachbarten, mehr oder weniger gesichtslosen Küstensiedlungen Le Grau d'Agde, Vias-Plage, Portiragnes-Plage und Sérignan-Plage ist **La Tamarissière** eine Ausnahme, weil man von den Terrassen der Lokale auf die Mündung des Hérault schaut. Hinter den weithin unbebauten Stränden reihen sich die Campingplätze ungeschützt unter der glühenden Sonne.

### Essen & Trinken

Frischer Fisch ▶ **Le K'Lamar:** 33, quai Théodore Cornu, Tel. 04 67 94 05 06, www.restaurant-klamar.com, außer Mitte Juni–Mitte Sept. So abends, Mo geschl. Eine *guingette,* ein herzerfrischend schlichtes Ausflugslokal, am Ufer des Hérault mit sehr guter Fischkarte – u. a. Thunfischnüsschen mit Kümmel. Formule 17 €, Menü 28–55 €. Weitere dieser unkomplizierten Guingettes gibt es an den Kais des Canal du Midi et de l'Hérault – oft gehören Akkordeonklänge mit dazu.

## Agde ►L 13

Was ein stimmiges Sozialgefüge bedeutet, führt die 4 km den Hérault aufwärts gelegene 20 000-Einwohner-Stadt **Agde** vor. Einem Vulkan, der südöstlich der Stadt in urgeschichtlicher Zeit seine Lava vergoss, verdankt Agde die düstre Ufersilhouette. Denn schon die griechischen Siedler aus Massalia (Marseille) bauten mit dem schwarzen Basalt aus der Umgebung, dem Agde den Beinamen ›Schwarze Perle des Languedoc‹ verdankt. Die **Kathedrale Ste-Etienne** wurde um 1140 aus demselben vulkanischen Material erbaut und wirkt wie eine Burg Gottes mit schwarzen Zinnen vor azurblauem Himmel. Archaisch schlicht zeigt sich innen das Mauerwerk der romanischen Gewölbe (9–18 Uhr, Besteigung des Turms mit max. 7 Pers. im Rahmen einer Führung des Office de Tourisme). Selbiges gilt für den **Bischofspalast** an der Nordseite der Kirche.

Agde teilt sich in zwei Viertel: Das **Quartier La Glacière** ist die eigentliche Keimzelle von Agde zwischen Hérault-Ufer, Rue du 4-Septembre und Rue Jean-Roger. Am Nordrand von La Glacière sind die Reste der wuchtigen griechischen Festungsmauern erhalten, hinter denen das Viertel leicht erhöht auf einem Basaltsockel thront. Dann das **Quartier Le Bourg** zwischen Rue Jean-Roger, Rue Kléber und Rue de la République. Hier drängen sich Kathedrale, Bischofspalast und das Hôtel de Ville, ein Renaissance-Barockbau mit prachtvollen Arkaden und Vorhalle. Le Bourg wurde erst ab dem Mittelalter auf dem Terrain zweier griechischer Friedhöfe besiedelt. Dort, wo heute die im 15. Jh. erbaute Kirche St-Sever und die z. T. romanische Basilika St-André über die Häuser ragen, haben Grabungen **frühchristliche Grabfelder** zutage gefördert. Im **Musée Agathois** sind etliche antike Grabungsfunde zu besichtigen. Das in einem Renaissance-Palais untergebrachte Museum in der Rue de la Fraternité ist Agdes Schatzkammer und Bürgerstolz zugleich. Seit 1936 tragen die ehrwürdigen Mitglieder des Vereins Escolo dau Sarret alles zusammen, was die lange Stadtgeschichte dokumentiert. Die kostbare Sammlung etruskischer und griechischer Tongefäße, von Navigationsobjekten, Exvotos der Fischer, orientalischen Mitbringseln der Agder Seemänner, traditionellen Trachten und komplett möblierten Zimmern wird liebevoll in den Sälen präsentiert. Und über allem wachen die in Öl porträtierten spendenfreudigen Honoratioren (Tel. 04 67 94 82 51, Juni–Sept. tgl. 9.30–18.30, Okt.–Mai Mi–Mo 9–12, 14–18 Uhr, 4,50 €).

### Infos

**Office de Tourisme:** Espace Molière, 34300 Agde, Tel. 04 67 94 29 68, www.capdagde.com.

### Übernachten

**Außerhalb ► Athéna:** 18, rue de la Haye, Route de Cap d'Agde, Tel. 04 67 94 21 90, www.hotel-athena-agde.com. Provenzalisch gestylte Zimmer in einem Hotel vor der Stadt, einige mit Terrasse. DZ ab 50 €.

### Essen & Trinken

**Zeitgemäß ► Le Bistrot d'Hervé:** 47, rue Brescou, Tel. 04 67 62 30 69, Sa mittags, So mittags, Mi geschl. Bistro mit modernem Pfiff. Sonniger Innenhof, innovative Karte. Formule 17 €, Menü 30–50 €.

### Einkaufen

**Markt ►** im **Marché Couvert:** in der Hauptsaison tgl., in der Nebensaison Di–So; auf der **Promenade:** Do und im Sommer Di abends.

### Aktiv

**Minikreuzfahrt ► Les Bateaux du Soleil:** 6, rue Chassefières, Tel. 04 67 94 08 79, www.bateaux-du-soleil.com. Auf dem Canal du Midi oder dem Etang de Thau. Mit oder ohne Mahlzeit, für 2 Std. oder ganztägig. Ab 40 €/Tag inkl. Essen.

**Radweg ►** auf dem **Treidelpfad** den Canal du Midi entlang bis nach Béziers (ca. 16 km).

### Verkehr

**Zug:** tgl. Verbindungen nach Béziers (15 Min.), Montpellier, Sète, Paris (4,5 Std.). Gare SNCF, Av. Victor Hugo, Tel. 36 35, www.voyages-sncf.com.

## Béziers

**Sehenswert**

1 Cathédrale St-Nazaire
2 Jardin des Evêques
3 Hôtel Fabrégat/Musée des Beaux-Arts
4 Hôtel Fayet/Zweigstelle des Musée des Beaux-Arts
5 Hôtel de Ville
6 Place Pépézut
7 Les Halles
8 Ste-Madeleine
9 St-Aphrodise
10 Allées Riquet
11 Musée du Biterrois
12 Amphithéâtre
13 Les Arènes
14 Ecluses de Fonséranes

**Übernachten**

1 Hôtel du Champs de Mars
2 Domaine de la Chamberte
3 Hotels und Campingplätze in und um Valras-Plage

**Essen & Trinken**

1 L'Ambasade
2 Octopus
3 Le Delphinium
4 La Raffinerie

**Einkaufen**

1 Les Caves Paul Riquet
2 Via Café

**Abends & Nachts**

1 Le Chameau Ivre

**Bus:** in der Saison halbstdl. Busse nach Cap d'Agde, stdl. nach Le Grau d'Agde und La Tamarissière. Überlandbusse nach Béziers und Pézenas, im Sommer auch Verbindung nach Marseillan. Hérault Transport, Tel. 08 25 34 01 34.

## Béziers ► J 12/13

Stierkampf und Rugby lauten die Schlagworte, wenn in Frankeich die Rede auf **Béziers** kommt. Mit dem Stierkampf ist es in Zeiten des Tierschutzes so eine Sache, und die lokale Rugby-Mannschaft ASB, einst der Club mit den meisten Titeln landesweit, ist nach mehreren verpatzten Saisons auch nicht mehr das, was er einmal war. Anders gesagt, die 70 000-Einwohner-Stadt, die auf dem linken Steilufer des Orb liegt, hat ein Imageproblem. Montpellier gilt als Technologiemetropole, Nîmes punktet mit antiken Bauwerken, Perpignan steht für Movidà. Béziers bleibt das Synomym für die überaus trägen Wonnen des Midi, charmant, aber auch etwas gestrig. Die vielen Bootstouristen vom Canal du Midi, der die Stadt streift, aber wissen die unaufgeregte, gleichwohl vergnügte Atmosphäre unter den Platanen der Allées Riquet zu schätzen: Nirgendwo ist es ›mehr‹ Süden als auf dem schönsten Platanenkorso des Languedoc-Roussillon. Kein Wunder zudem, dass in Béziers das Centre Inter-Régional de Développement de L'Occitan, ein überregionales Kulturzentrum zur Förderung des Okzitanischen, seinen Sitz genommen hat.

### Rund um die Kathedrale

Jeder Weg führt zunächst zur **Cathédrale St-Nazaire 1**, die auf einem Karstsockel hoch über der Orb-Brücke aus dem 14. Jh. thront. Schon bei der Anfahrt aus den Corbières oder dem Minervois ist das massige Wahrzeichen der Stadt weithin sichtbar. Der strategisch günstige Ort hatte es den Kelten und später den Römern angetan, auch wegen des kühlenden Lüftchens hier oben, das den angesiedelten Kriegsveteranen der siebten Legion das Pensionärsdasein angenehm gestaltete. Für das 5. Jh. n. Chr. ist der erste Bischof verbürgt – St-Aphrodise. Doch erst im Mittelalter wird die Bischofskirche auf den Hügel und damit in den Schutz der Burg des Vicomte (Markgraf) verlegt.

Béziers entwickelte sich unter der Ägide des mächtigen Toulouser Grafengeschlechts und den kritischen Augen der Kirche zu einer weitgehend unabhängigen und liberalen Stadtrepublik mit eigenem Konsulat als dritter Macht. Als die Bewohner sich mehrheitlich den Katharern anschlossen, war's um die Eintracht geschehen. Papst Innozenz III. rief den Kreuzzug gegen die als Albigenser geschmähten Andersgläubigen aus und ließ unter der Führung des päpstlichen Gesandten Simon de Montfort im Juli 1209 die 15 000 Einwohner der ›Ketzerstadt‹ abschlachten. Es wurde der blutigste Tag in der Stadtgeschichte.

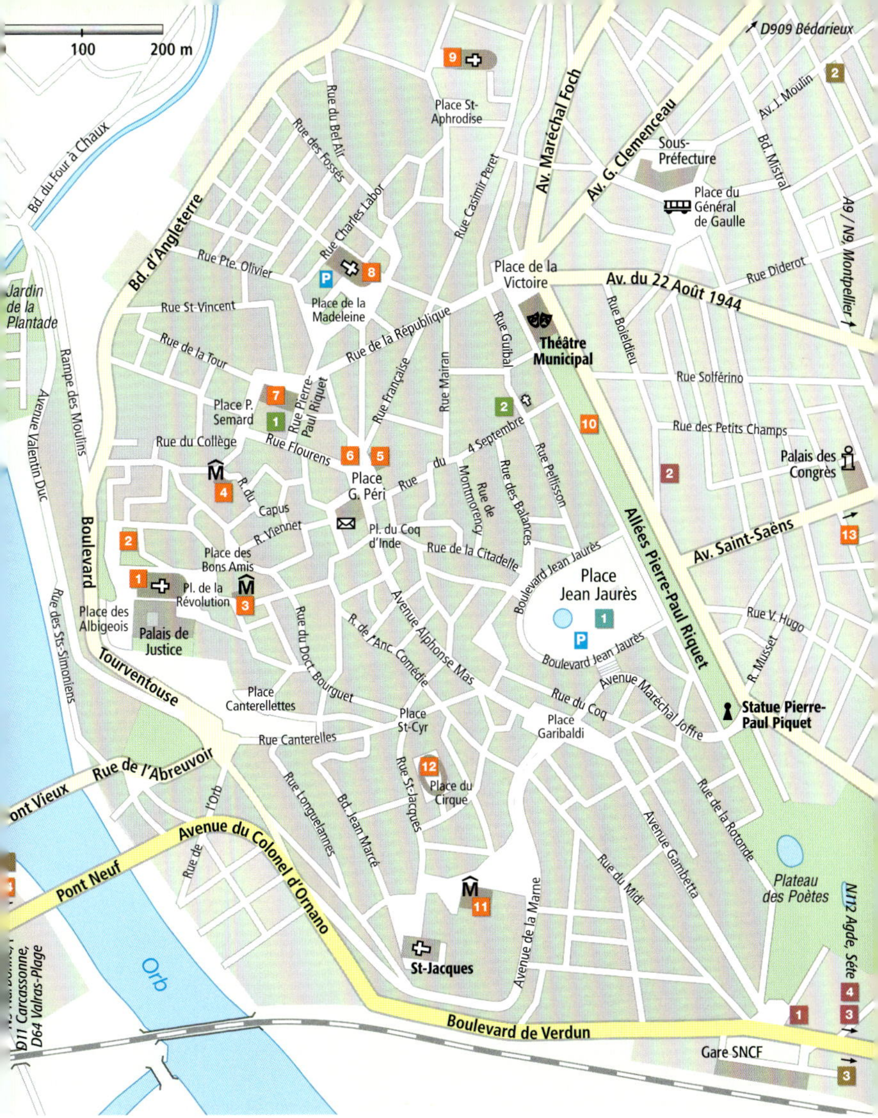


Die Losung des Tages ist überliefert: »Tötet sie alle, der Herr wird die Seinen herausfinden.« So steht es auf einer Tafel an einem Gemäuer nahe der Kathedrale St-Nazaire zu lesen, dem gotischen Nachfolgebau der romanischen Anlage, die von den bewaffneten Wallfahrern während ihrer Strafexpedition geschleift wurde. Übrig blieben nur die Krypta und Kapitelle im östlichen Langhaus. Alles andere wurde bis zum 15. Jh. im gotischen Stil wiederaufgebaut und lässt sich von den Terrassen auf der Place de la Révolution oder der Place des Bons Amis bequem betrachten. An die Kathedrale lehnt sich die Maison d'Arrêt, das Gefängnis. Glücklich, wer hier einsitzt: Die Aussicht hinter Gittern reicht über die Montagne Noire, bei klarer Sicht sogar bis zu den Pyrenäen. Lauschiger ist allerdings

**Das Wahrzeichen von Béziers: die steinerne Brücke über den Orb**

der **Jardin des Evêques** 2, der bischöfliche Garten des an die Kathedrale gebauten Klosters. Seine Beete wurden der Hangkante über dem Orb abgetrotzt.

Das **Hôtel Fabrégat** 3, ein Palais des 19. Jh. schräg gegenüber der Kathedrale, ist Sitz des **Musée des Beaux-Arts.** Gezeigt werden französische Malerei vom 15. Jh. bis

zur Gegenwart, darunter Werke von Delacroix, Géricault, Dufy und De Chirico. Hinzu kommen Meisterwerke aus Nordeuropa, etwa von Holbein oder Rubens (Tel. 04 67 36 71 01, in der Hochsaison Di–So 10–18, sonst 9–12, 14–18 Uhr, 2,60 €). Im barocken **Hôtel Fayet** 4 werden weitere Bestände des Museums ausgestellt: Gemälde und Skulpturen vornehmlich mediterraner Künstler der Zeit zwischen 1830 und 1930 (Öffnungszeiten mit Musée des Beaux Arts identisch, Ticket für beide Museen gültig).

## Vom Hôtel de Ville in die nördliche Altstadt

Trompetende Belle Epoque prägt das Viertel um die **Place G. Péri.** Zwischen den Bauten aus den Tagen, als der Weinbau Béziers Kassen klingeln ließ, fällt das **Hôtel de Ville** 5 aus dem 18. Jh. ins Auge. Im Eingangsbereich erinnern Plaketten an die Résistance-Kämpfer des Zweiten Weltkriegs, darunter auch an Jean Moulin, Sohn der Stadt und charismatische Widerstandsfigur, der 1943 von der Gestapo zu Tode gefoltert wurde. Auf der kleinen **Place Pépézut** 6**,** die an die Place G. Péri anschließt, steht seit 1348 die Statue eines anderen Helden: Montpézut, der die Stadt angeblich gegen englische Invasoren verteidigt haben soll..

**Les Halles** 7 bringen Leben auf die Place P. Semard. Fast täglich wird in der Halle, die dem Pariser Pavillon Baltard nachempfunden und 1891 eingeweiht wurde, Markt abgehalten. Etwas weiter nördlich beherrscht die romanische Kirche **Ste-Madeleine** 8 den gleichnamigen Platz. In ihren Mauern wähnten sich 1209 Tausende von *biterrois* vor Simon de Monforts Schlächtern in Sicherheit – eine Illusion, die sie mit dem Leben bezahlten. **St-Aphrodise** 9 liegt bereits etwas außerhalb der Altstadt. Der versteckte Bau birgt Reste einer frühromanischen Ursprungskirche, die bis 760 als Kathedrale diente.

## Allées Riquet 10

Das eigentliche Herz der Stadt bleiben die **Allées Riquet.** Ihren Namen verdankt Béziers' schönste Schlendermeile mit den vierreihig gepflanzten Platanenreihen Pierre-Paul Riquet (1604–1680), der mit dem Bau des Canal du Midi den Grundstein für den Wohlstand der Stadt legte. In der Mitte des stets gut besuchten Korsos steht ein Denkmal ihm zu Ehren. Nach Norden begrenzt das 1842 erbaute **Théâtre Municipal** die Alleen. Das Originaleinterieur ist komplett erhalten und aufwendigst restauriert. Im Süden lockt die 1865 im englischen Gartenbaustil konzipierte Parkanlage des **Plateau des Poètes** zu einer Verschnaufpause.

## Quartier St-Jacques

Über die Place Garibaldi und abschüssige Gassen steigt man in das vielleicht älteste Viertel der Stadt hinab. Ziel ist zunächst das **Musée du Biterrois** 11 in Nachbarschaft der romanischen **Kirche St-Jacques,** die dem Viertel den Namen gab. Mit der Umwandlung

**Früh übt sich, wer ein Torero werden will: Absolventen der Stierkampfschule von Béziers**

einer ehemaligen Kaserne in das nach modernen museumspädagogischen Gesichtspunkten gestaltete archäologische, völker- und heimatkundliche Musée du Biterrois rückte das Viertel wieder ins städtebauliche Interesse. Höhepunkte der Ausstellung sind eine katalanische Muttergottes des 11. Jh. sowie die Keramiksammlung (Tel. 04 67 36 81 61, Öffnungszeiten und Eintritt mit Musée des Beaux Arts identisch).

Bliebe noch ein Abstecher zu den antiken Arenen an der Place du Cirque. Das **Amphithéâtre** 12 aus dem 1. Jh. n. Chr. ist zugänglich und entführt in ein lauschiges Altstadtgeviert, das im Zuge einer Sanierungskampagne gerade zu neuem Leben erwacht.

## Les Arènes 13

Wer Béziers sagt, muss auch *corrida* sagen: Außerhalb des historischen Zentrums, an der westlichen Ausfallstraße Avenue St-Saëns/ Avenue Emile Claparède zur Autobahn A 9, liegt die 13000 Zuschauer fassende **Stier-**

**kampfarena** (19. Jh.). Wenn im August zur Feria alle Ränge besetzt sind, bebt die ganze Stadt. Alle lokalen Stierkampfclubs eröffnen dann Bodegas, provisorische Kneipen, unter deren Markisen die Nacht zum Tag wird – von wegen stille Provinz!

## Ecluses de Fonséranes 14

Bliebe noch ein Meistwerk von Kanalbaumeister Pierre-Paul Riquet zu besichtigen: die **Ecluses de Fonséranes** 3 km südwestlich in der Ebene unterhalb der Stadt. Neben die sieben (ursprünglich sogar zehn) unmittelbar aufeinanderfolgenden Schleusenkammern, die wie Treppenstufen einen Höhenunterschied von knapp 14 m überwinden, hat man ein hydraulisches, fahrbares Hebewerk gesetzt, das aber wegen technischer Mängel, ganz im Gegensatz zu Riquets 300 Jahre alter Konstruktion, niemals störungsfrei funktioniert hat. Die heute elektrifizierten Schleusenanlagen sind ein beliebtes Ziel von schadenfrohen Zaungästen, die sich hier ansehen, was man als Hausbootkapitän bei der Benutzung einer Schleuse alles verkehrt machen kann.

## Ausflug an den Strand

Die Biterrois machen den wohl größten Anteil der Besucher von **Valras-Plage** aus. La Plage de Béziers steht denn auch auf dem Schild an der Zufahrtstraße, die durch Weinberge und Platanenalleen führt. Der 5000-Einwohner-Ort, dessen Bevölkerung sich im Sommer vervierzigfacht, versprüht den harmlosen Charme eines französischen Familienbades, inklusive Marktplatz, Fischhalle, Uferpromenade und Sandstrand.

In Richtung Südwesten nach Grau de Vendres erstrecken sich bei FKK-Anhängern beliebte Naturstrände mit reichlich Dünen. Dann folgt die Mündung der Aude, und mit ihr die Grenze zum Nachbar-Departement, das denselben Namen trägt.

## Infos

**Office de Tourisme:** 29, av. St-Saëns, 34500 Béziers, Tel. 04 67 76 47 00, www.beziers-mediterranee.com, www.beziers-tourisme.com. Veranstaltet die **Nuit au Jardin:** nächtliche Stadtführungen mit Schauspielern und Musikern, Juli/Aug., Start an den Allées Paul Riquet um 21.30 Uhr, 10 €.

## Übernachten

Exquisit ▶ **Domaine de la Chamberte 1:** Rue de la Source, Villeneuve-les-Beziers (5 km südl. in Richtung Sérignan), Tel. 04 67 39 84 83, www.lachamberte.com. Komfortabel ausgestattete Gästezimmer in einem Weinkeller vom Anfang des 20. Jh. *Très sophistiqué.* Sehr empfehlenswerte Table d'hôte (35–40 €). Beides nur nach vorheriger Anmeldung! DZ ab 100 €.

Praktisch und gut ▶ **Hôtel du Champs de Mars 2:** 17, rue de Metz, Tel. 04 67 28 35 53. Nettes kleines Hotel ohne Chichi. Einfache Zimmer, familiäre Atmosphäre. In Fußnähe zur Altstadt. DZ ab 43 €.

**... in und um Valras-Plage 3:**

Hörnchen oder Becher ▶ **Mira Mar:** Bd. du Front de Mer, Tel. 04 67 32 00 31, Mitte Febr.–Mitte Okt. Freundliches Strandhotel mit hellen Zimmern und geräumigen Familiensuiten. Mit Eisbar. DZ ab 66 €.

Entspannt ▶ **Albizzia:** Bd. Chemin Creux, Tel. 04 67 37 48 48, Febr.–Dez. Modernes Haus 200 m vom Strand entfernt, Zimmer zum Pool mit Loggia. DZ ab 52 €.

Camping ▶ Riesige Auswahl an Plätzen zwischen der Aude-Mündung und Valras. **Le Grand Large:** La Plage, Tel. 04 67 39 71 30, www.unicamp.com/grandlarge, Mai–Sept. Kinderparadies mit 3 Pools auf weitläufigem Sandgelände mit beachtlichem Baumbestand. **Lou Village:** Valras-Plage Est, Tel. 04 67 37 33 79, Mai–Sept. Gras- und Sandgelände mit Bade- und Surfsee sowie Strandzugang durch die Dünen, Pool, großes Sportangebot. **La Yole:** Valras-Plage Est, Tel. 04 67 37 33 87, Mai–Sept., 400 m vom Strand entfernter, sehr kinderfreundlicher, parzellierter Platz mit sehr dichtem alten Baumbestand, 2 Pools und reichhaltigem Sportangebot.

## Essen & Trinken

Michelin-Stern ▶ **L'Ambassade 1:** 22, bd. de Verdun, Tel. 04 67 76 06 24, Di–Sa. *La* *grande table* von Béziers. Saal in hellem Holz, Fauteils in Safrangelb. Saisonbetonte Mittelmeerküche. Menü 30 € (mittags außer Sa, Fei)–105 €.

Newcomer ▶ **Octopus** 2: 12, rue Boieldieu, Tel. 04 67 49 90 00, Di–Sa. Béziers' zweiter Michelin-Stern. Modern von der Einrichtung bis zu den Rezepten. Formule 22 €, Menü 30–76 €.

Licht ▶ **Le Delphinium** 3: Av. des Elysées, Valras-Plage, Tel. 04 67 32 73 10, Di–So. Netter Service, innovative Küche. Unbedingt probieren sollte man den Salat von Makrelen und Rotbarben und als Dessert den gegrillten Pfirsich mit Vanille. Menü 29–50 €.

Am Kanal ▶ **La Raffinerie** 4: 14, av. Joseph Lazare, Tel. 04 67 76 07 12, Sa mittags, So geschl. Bukolisch tafeln mit Blick auf den Canal du Midi, in einer alten, jetzt sehr schicken Industriehalle. Herrliche Terrasse, honette Küche. Menü 22–28 €.

## Einkaufen

Wein ▶ **Les Caves Paul Riquet** 1: 7, rue Flourens, Tel. 04 67 28 28 73, www.cavepaulriquet.com, Di–Sa 9–12.30, 15–19.30, So 9–12.30 Uhr, im Sommer auch Mo. Gut sortierte Weinhandlung bei den Markthallen mit Bar im 1. Stock.

Kaffee ▶ **Via Café** 2: 5, rue du 4-Septembre, Tel. 04 67 49 15 62. Kaffee aus eigener Rösterei.

## Abends & Nachts

Die **Place Jean Jaurès** entwickelt sich zu Bèziers' Aperitif-Terrasse.

Im Zentrum des Geschehens ▶ **Le Chameau Ivre** 1: 15, pl. Jean Jaurès, Tel. 04 67 80 20 20, Mo–Sa 10–23 Uhr. Weinbar, Weinladen und Restaurant mit guten Fischgerichten in einem: *a place to be* mit Allround-Funktion. Lockere Atmosphäre. Formule 13 €, Menü 21 €.

## Termine

**Nuit au Jardin:** Juli/Aug., s. links unter Office de Tourisme.

**Féria de Béziers:** Grande Feria 11.–15. Aug., etwas kleinere Feria im Okt. 5 Tage lang Stierkampf in der Arena, mit Umzügen, Bodegas, Straßenfest. Auskunft Tel. 04 67 76 13 45, www.arenes-de-beziers.com.

**Les Primeurs d'Oc:** Ende Okt. Weinlesefest mit Folklore und Ausschank.

## Verkehr

**Zug:** tgl. Verbindungen nach Montpellier, Narbonne und Bédarieux. Auskunft Tel. 36 35, www.voyages-sncf.com. Gare SNCF, Bd. de Verdun (südl. Ausfallstraße nach Sète).

**Bus:** Verbindungen mit dem Bus Occitan in die Peripherie. Im Sommerhalbjahr tgl. Verbindungen nach Valras-Plage (Tel. 04 67 28 36 41), mit Hérault Transport nach Montpellier und Pézenas (Tel. 04 67 49 49 63). Gare routière, Pl. du Général de Gaulle.

# Durch die Weinberge von St-Chinian ▶ H 12

20 Winzerdörfer gehören zur AOC **St-Chinian** mit ca. 2800 ha bestockter Rebfläche. Das gleichnamige Städtchen liegt an den Ausläufern der waldreichen **Monts de l'Espinouse** (s. S. 266). Zwischen kleinen Plätzen mit herrlich gestrigen Cafés zwängt sich das Flüsschen Vernazobre durch. Das Rathaus ist in einer barocken Abtei untergebracht, deren Kirche aus dem 15. Jh. stammt und heute als Gemeindesaal dient. Vor der Marie spenden Magnolienbäume Schatten – in St-Chinian ist die Stille der Provinz greifbar, trotz des Erfolgs der Weine in den vergangenen Jahren. Es werden ausschließlich Rotwein und Rosé produziert, mit denen die Winzer auf der großen Landwirtschaftsmesse von Paris seit Jahren Goldmedaillen abräumen. In der **Maison des Vins** erfährt man alles über Terroir und Reben. Zudem stehen verschiedene Tropfen sowie Olivenöl und Honig zum Verkauf. Auf Anfrage werden **Führungen durch die Weinberge** organisiert (Av. de la Promenade, Tel. 04 67 38 11 69, www.saint-chinian.com, Mai–Sept. Mo–Sa 9–12, 14–18.30, Juli/Aug. auch So 10–13 Uhr)!

Unter den Dörfern der AOC lohnt **Murviel-lès-Béziers** wegen der malerischen Hügel-

**Einer von Pézenas' eleganten Stadtpalästen: das Hôtel des Montagut**

lage einen Abstecher. Über den engen Gassen thront das spätmittelalterliche Château (s. Übernachten, rechts).

Das etwas verbummelte und gerade deshalb charmante **Magalas** liegt ebenfalls auf einem Hügel, doch vom Schloss ist nichts geblieben. Zu sehen sind hingegen Reste der Befestigungsmauern wie ein Tor und ein Turm. Auch die romanische Kirche (12. Jh.) mit ihren Seitenkapellen aus dem 15. und 16. Jh. ist reizvoll.

Über dem benachbarten **Puissalicon** thront erneut ein Schloss. An den Feudalbau grenzt die Kirche aus dem 13. Jh. mit reich gestaltetem Interieur. Von einer anderen Kirche blieb nur der fünfstöckige romanische Turm – einsam ragt er über den Gräbern des Dorffriedhofs empor.

## Infos

**Office de Tourisme:** 1, Grand'Rue, 34360 St-Chinian, Tel. 04 67 38 02 67, www.ot-saint-chinian.com.

## Übernachten

Feudales Schloss ▶ **Château de Murviel:** 1, pl. Georges-Clémenceau, Murviel-lès-Béziers, Tel. 04 67 32 35 45, www.murviel.com. Das Frühstück wird im himmlisch schönen Innenhof serviert, zu den 5 Chambres d'hôte geht es durch das imposante Treppenhaus – das Schloss stammt aus dem 15. Jh., die Zimmer sind hell und geräumig. DZ/F ab 85 €.

## Übernachten, Essen

Luxuriöse Sommerresidenz ▶ **Château de Lignan:** Rte. de Murviel (D 19), Lignan-sur-Orb (in Richtung Murviel-lès-Béziers), Tel. 04 67 37 91 47, www.chateaulignan.fr. Luxuriöse Unterkunft in ehemaliger bischöflicher Sommerresidenz aus dem 18. Jh. in einem wunderschönen, 6 ha großen Park gelegen, geschmackvoll eingerichtete Zimmer, Fitnessraum und Pool. Gutes Restaurant (So abends–Di mittags geschl., Menü 25–62 €). DZ ab 98 €.

## Einkaufen

**... in St-Chinian:**

Wein ▶ **Maison des Vins:** s. S. 253. **Domaine de Canimals Le Haut:** Tel. 04 67 38 19 13. Weingut, das seit vielen Generationen in Familienbesitz ist. Lagerfähige Rotweine mit Aromen von Lakritz und Veilchen. **Château Gragnos:** 10, Grand'Rue, Tel. 04 67 38 03 70. Monsieur Laurent Babeau ist Winzer in der vierten Generation. Sein roter Anselme stammt von alten Reben und duftet intensiv nach roten Beeren.

**... in Murviel-lès-Béziers** (südwestl., D 16):

Wurst ▶ **Au Cochon Gourmet:** Rte. de Cazouls, Tel. 04 67 36 32 99, So, Mo morgens geschl. Würste und Pasteten vom Bauernhof.

Wein und Unterkunft ▶ **Château de St-Martin-des-Champs:** Rte. de Puimisson, Tel. 04 67 32 92 58, tgl. 9–12, 14–18.30 Uhr. Nach schwarzer Johannisbeere mundender Rosé, ein idealer Sommerwein. Auch Hotel (DZ ab 105 €, www.hotel-chateau-saintmartindeschamps.com).

# Pézenas und Umgebung

**▶ K 11/12**

Die vielen Antiquitätenhändler und Trödler an der Ausfallstraße nach Béziers sind ein untrügliches Zeichen dafür, dass das 8000 Einwohner zählende Städtchen ein Besuchermagnet ersten Ranges ist. Allein im properen Ortskern vertrauen Dutzende Kunsthandwerker darauf, dass dem so bleibt. ›Schuld‹ an der Beliebtheit von Pézenas ist nicht Molière, der zwar 1622 in Paris auf die Welt kam, aber Mitte des 17. Jh. in Pézenas als neuer Star der französischen Theaterszene (ein zweites Mal) geboren wurde. Auch die Petits Patés de Pézenas, die lokale Spezialität schlechthin, kleine süße Lammfleischhäppchen in Teig, die freilich – *horribile dictu!* – auf ein englisches Rezept zurückgehen, wären allein die Reise nicht wert. Die stattliche Anzahl von 50 Palais, größtenteils aus dem 16. und 17. Jh., hingegen schon – es ist der **architektonische Reichtum,** der Pézenas so besuchenswert macht. Ein paar glückliche Jahrzehnte lang war der Ort so etwas wie die Hauptstadt des Niederen Languedoc und wurde zum **südfranzösischen Versailles** ausgebaut, bevor Montpellier auf Beschluss Ludwigs XIV. hin diese Funktion offiziell erhielt. Pézenas blieb der Weinbau: Die vielen Weinschlösser rund um die Stadt bezeugen, dass es ihr auch später noch ganz gut ging. Ob seines kulturellen Reichtums erhielt Pézenas schon 1950 den Titel **Ville d'Art** – und spielt die Karte als Kunststadt geschickt aus.

## Auf den Spuren von Molière

Eine **Statue von Molière** empfängt die Besucher am Ringboulevard auf Höhe der **Place du 14 Juillet.** Im ihrem Schatten bleibt der Wagen auf dem Parkplatz stehen. Der Spaziergang durch die Stadt lässt sich bequem zu Fuß bewältigen. Von 1650 bis 1657 lebte Molière mit seiner Schauspieltruppe L'Illustre Théâtre in Pézenas. Der steinreiche Fürst und Theaterfreund Armand de Bourbon-Conti finanzierte den Komödienschreiber, bis der Bischof von Alet und Beichtvater des Mäzens intervenierte. Armand de Bourbon-Conti betrachtete die Komödie fortan als eine Gefahr für Sitte und Moral. Molière musste gehen – *adieu Pézenas* und *bonjour Paris.* Kleingeisterei und Bigotterie der Provinz aber ließen Molières Feder zeitlebens keine Ruhe mehr: Der Heuchler »Tartuffe« etwa ist unverhohlen vom klerikalen Umfeld des Fürsten Conti inspiriert.

Molières liebster Ort für Charakterstudien in Pézenas war der Barbierladen seines Freundes Gély, ein Haus in bester Lage, wenige Schritte hinter der Place du 14-Juillet. Hier residiert heute die Touristeninformation.

## Rund um die Place Gambetta

Herz der Stadt ist die zauberhafte **Place Gambetta** mit der prachtvollen **Maison Consulaire** in Respekt heischendem Barock. Der Bau beherbergt die **Maison des Métiers d'Art du Pays de Pézenas,** ein Info-Zentrum für traditionelles Kunsthandwerk – zu dem, in Erinnerung an Molière, auch der Bühnenbau zählt (Tel. 04 67 98 16 12). Im benachbarten **Musée Vulliod-St-Germain** wird anhand von Mobiliar, Fayencen und Tapisserien eine Idee vom einstigen Reichtum vermittelt (3, rue Albert-Paul Alliès, Tel. 04 67 24 14 32, Juli/Aug. Di–So 10–12, 15–19, Mi, Fr zusätzlich 21–23, Febr.–Mai, Okt.–Mitte Nov. Di–So 10–12, 14–17.30 Uhr, 2,50 €).

Burghügel und das jüdische Ghetto am Nordrand der Altstadt sind die ältesten baulichen Zeugnisse von Pézenas, beide jedoch nicht sehr interessant. Eine Besichtigung wert ist hingegen das **Hôtel d'Alfonce,** ein Stadtpalast, in dessen von eleganten Säulengalerien geprägtem Hof 1655 Molières »Médecin Volant« Premiere hatte. Wie das Hôtel d'Alfonce sind alle Palais ordentlich durchnummeriert (Faltblatt für 2 € im Office de Tourisme). So kann man weder das **Hôtel des Montagut** (auch de Lacoste genannt) in der Rue François Oustrin mitsamt splendidem Vestibül, Hof und Freitreppe noch das hochelegante **Hôtel Malibran** in der Rue Denfert-Rochereau mit schmiedeeisernem Balkon und nüchtern vornehmer Fassade verpassen. Im **Hôtel de Peyrat** (Sitz des Office de Tourisme) erlaubt die **Scénovision Moliére,** mit der 3D-Brille auf der Nase das Leben von Molière in allen Stationen nachzuerleben (Place des Etats-du-Languedoc, Juli/Aug. 9–19, Mi, Fr bis 20, Sept–Juni 9–12, 14–18 Uhr, 7 €, www.secenovisionmoliere.com). Bliebe ein Wermutstropfen: das Theater in der Rue Henri Reboul Nr. 7, ein Juwel von 1804, mehrmals Gastspielbühne der Comédie Française und denkmalgeschützt – es harrt seit Jahren auf die im lokalpolitischen Gerangel immer und immer wieder verschobene Sanierung.

## Infos

**Office de Tourisme:** Place des Etats-du-Languedoc, 34120 Pézenas, Tel. 04 67 98 36 40, www.paysdepezenas.net, www.pezenas-tourisme.fr, www.ville-pezenas.fr. Auch Führungen (im Sommer Di 20.30 Uhr **historischer Rundgang** mit kostümierten Schauspielern).

## Übernachten

**Weinselig ▶ Domaine du Cayrat:** Cazouls-d'Hérault (7 km nördl.), Tel. 04 67 25 15 44, www.lecayrat.com. 2 sehr gut ausgestattete Ferienappartements auf einem Weingut, Garten. Vermietung je nach Saison tage-, wochenend- und wochenweise. DZ/F ab 80 €. Ferienhäuser 650–1700 €/Woche.

## Übernachten, Essen

**Klein und fein ▶ La Dordine:** 9, rue des Litanies, Tel. 04 67 90 34 81, www.ladordine.com. Vier kleine Chambres d'hôte im ehemaligen jüdischen Ghetto, mit steiler Treppe, schönem Gewölbekeller und guter Table d'hôte (20 €). DZ/F 45 €.

**Herrenhaus ▶ Hostellerie de St-Alban:** 31, rte. d'Agde, Nézignan-l'Evêque (5 km südl.), Tel. 04 67 98 11 38. Herrenhaus des 19. Jh. in grüner und ruhiger Lage, mit Tennisplatz und Swimmingpool. Geräumige Zimmer, z. T. mit schmiedeeisernem Mobiliar. Restaurant (Do mittags und im Winter auch Mi geschl., Menü 22–43 €) mit Gartenterrasse. DZ ab 100 €.

## Essen & Trinken

**Regionale Köstlichkeiten ▶ Le Pré St-Jean:** 18, av. du Maréchal Leclerc, Tel. 04 67 98 15 31, Sept.–Juni So abends, Mo geschl. Auf der Karte darf die Petit Pâté de Pézenas nicht fehlen, weitere Köstlichkeiten sind Foie gras mit jungem Gemüse und Schnecken. Formule 18 €, Menü 24–75 €.

## Einkaufen

**Pâtés ▶ Maison Alary:** 9, rue St-Jean, Tel. 04 67 98 17 93, im Winter nur Di–So, sonst tgl. *Die* Adresse für die berühmten Petits Pâtés de Pézenas.

**Konfitüren ▶ Goûts et Couleurs:** 2, rue de la Foire,Tel. 04 67 98 24 99, im Winter nur Di–So, sonst tgl. Konfitüren, Chutneys, Gelees, Senf, Essig – und alles ist aus eigener Herstellung.

**Bonbons ▶ Confiserie Boudet:** Chemin de St-Christol, Tel. 04 67 98 16 32, www.lesberlingotsdepezenas.com. Produziert die lokalen Berlingots (bunte Lutschbonbons). Fabrikbesichtigung Mitte Juni–Ende Sept. Mo–Fr 9–11.30 Uhr.

**Markt ▶** Sa ganztägig.

### Tipp: Trödel- und Antiquitätenmetropole

In **Pézenas** gibt es nicht nur viele alte Gemäuer zu besichtigen, sondern auch Altertümer in einer der zahlreichen Brocantes und Magasins d'Antiquités zu entdecken. Das Städtchen hat sich zum **wichtigsten Marktplatz** des Hérault für **Sammler und Liebhaber** antiker Kostbarkeiten und Kuriosa entwickelt.

## Termine

**Les Nocturnes:** Läden und Galerien bleiben im Juli und Aug. Di, Fr bis 23 Uhr geöffnet.

## Verkehr

**Zug:** tgl. TGV-Verbindung nach Paris, Züge nach Agde. Auskunft Tel. 36 35, www.voyages-sncf.com.

**Bus:** tgl. Verbindungen nach Béziers, Montpellier, Clermont-L'Hérault, Agde, Abfahrt Gare Routière (neben Molière-Denkmal). Hérault Transport, Tel. 08 25 34 01 34.

## Ausflug zur Abbaye de Valmagne ▶ L 11

Die beiden Ausflugsziele im Nordosten und Nordwesten von Pézenas verbindet vor allem eins: Wein. Vorbildlich wiederhergestellt sind die Gärten der 15 km nordöstlich von Pézenas gelegenen **Abbaye de Valmagne.** Bienen-, Kräuter-, Gemüse- und Obstgarten verwachsen zu einem bukolischen Bild. Die 1138 gegründete Zisterzienserabtei selbst ist ein Meisterwerk der Languedoc-Romanik und -Gotik (3456 Villeveyrac, Tel. 04 67 78 06 09, www.valmagne.com, Mitte Juni–Sept. tgl. 10–18, sonst 14–18 Uhr, Mitte Dez.–Mitte Febr. Di geschl., 7,50 €. Tipp: Mit Ferme-Auberge, Tel. 04 67 78 13 64, Mitte Juni–Ende Sept. tgl. 12–19 Uhr, Menü ab 20 €).

Nach der Französischen Revolution diente das kathedralengroße Gotteshaus als Weinkeller, wie die riesigen Fässer im Chor belegen. Als Weingut wird das Anwesen bis heute betrieben, und warum nicht die Besichtigung mit einer Probe abschließen?

## Ausflug nach Faugères ► J 11

Ebenfalls zum Wein führt ein Ausflug von Pézenas nach **Faugères.** Auf der D 13 geht es zunächst durch ein sanft dahinschwappendes Rebenmeer nach Nordwesten. Über den Weinbergen dräuen die blaugrauen Ausläufer des Zentralmassivs. Doch zunächst bleibt der Blick an den grandiosen Weingütern links und rechts der Straße haften. Weingüter, die so ausladend wie Schlösser sind, belegen, wie reich dieser Landstrich einmal dank des Rebensaftes war.

Eine Platanenallee führt auf das Winzerstädtchen **Roujan** mit seinem properen Rathaus und der etwas im Abseits stehenden Kirche St-Laurent zu. Kurz vor dem Ort, ca. 10 km von Pézenas entfernt, lohnt die ehemalige **Kartause von Mougères** einen kurzen Besuch. Im ockerfarbenen Gemäuer verkaufen die Schwestern vom Bethlehem-Orden, die das Anwesen übernommen haben, Wein und Likör aus eigener Herstellung (www.chartreuse-de-mougeres.com).

Hinter Roujan überrascht die gewaltige Barockanlage der **Abtei Cassan.** Hinter der monumentalen, knapp 70 m breiten Schaufassade verschwindet die archaisch anmutende romanische Kirche fast komplett. Bis auf die mittelalterliche Kirche wurde das Ensemble 1754 von Montpelliers damaligem Stararchitekten Jean-Antoine Giral im Stil des Spätbarock neu errichtet (Château-Abbaye de Cassan, Route de Gabian, Tel. 04 67 24 52 45, www.chateau-cassan.com, April–Juni, Sept. tgl. 14–19, Juli/Aug. 11–19, Okt. Sa, So 14–19 Uhr, 7 €).

Bei **Faugères** denken Weinkenner an die gleichnamige AOC, der außer dem Dorf selbst noch sieben weitere Kommunen zwischen Laurens und Caberolles angehören. Die Reben für den sehr farbintensiven, reichen und nach roten Früchten und der Garrigue mundenden Rotweine sind größtenteils an Schiefersteilhängen gepflanzt. Auch wer nicht zu einer Kellereibesichtigung aufbrechen möchte, sollte in Faugères anhalten. Das schmucke Dorf mit seinen nicht einmal 500 Einwohnern hütet neben einigen romanischen Bauten auch eine ganze Reihe von Häusern des 15. bis 17. Jh. Der besondere Stolz gilt jedoch den drei historischen Windmühlen des Dorfes, die allesamt funktionstüchtig sind.

## Infos

**Syndicat des vins AOC Faugères:** 4, rue de la Poste, 34600 Faugères, Tel. 04 67 23 47 42, www.faugeres.com. Infos zu Kellereibesichtigung, AOC etc.

## Übernachten

Nobel ► **Château de Grézan:** Laurens (Zufahrt 4 km südl. von Faugères an der D 909), Tel. 04 67 90 28 03, www.grezan.com. 2 romantische Chambres d'hôte und 1 großzügige Suite in einem grandiosen Schloss aus dem 19. Jh. mit mittelalterlichen Stilzitaten. Ringsherum Reben, Park und Pool hinter einer Bambushecke. DZ/F ca. 100 €, Suite (4 Pers.) 190 €. Auch Ferienwohnungen im Angebot.

Bei der Winzerin ► **La Vigneronne:** 18, rte. de Pézenas, Faugères, Tel. 04 67 95 78 49, www.lavigneronne.com. Chambres d'hôte auf einem Weingut mit grandiosem Keller. Natursteinwände, Trödelmarkttrouvaillen, altes Gebälk. DZ/F 75, Table d'hôte inklusive aller Getränke 32 €.

## Einkaufen

Weinhändler ► **Château de Grézan:** s. Übernachten, Tel. 04 67 90 27 46, tgl. außer So morgens. Üppige Cuvées aus 40 Jahre alten Grenache- und Carignan-Reben, mit Aromen überreifer, roter Früchte. **Cave Coopérative de Faugères:** Mas Olivier, Rte. De Bédarieux, nördl. von Faugères an der D 909, Tel. 04 67 96 08 80, www.lescrusfaugeres.com, im Sommer 9–12, 13–19, im Winter 9–12, 14–18 Uhr. Einer der Genossensschaftskeller des Languedoc, die auf Qualität setzen. Rauchige Cuvée Mas Olivier mit Aromen von Lakritz und weißem Pfeffer.

# Im Oberen Hérault

**Bis auf 30 km rücken die Ausläufer der südlichen Cevennen an die Ebene und Küste des Hérault heran. Mit den ersten Hängen betritt man schlagartig eine andere Welt. Dichte, menschenleere Wälder und naturbelassene Gebirgsflüsse machen den Trubel an der Küste schnell vergessen. Damit das so bleibt, stehen weite Teile des Oberen Hérault unter dem Schutz des Parc Naturel Régional du Haut-Languedoc.**

## Clermont-l'Hérault ▶ K 10

**Clermont-l'Hérault** überzeugt auf den ersten Blick: In der ›Hauptstadt der Tafeltraube‹ rücken die Platanen so dicht an die Häuser des quirligen Zentrums, dass es unter dem Blätterdach selbst bei Sonnenschein noch schummrig bleibt. Tafeltrauben und Wein sind nicht die einzigen Einkunftsquellen des 7000-Einwohner-Städtchens. Hinzu kommt Olivenöl der seltenen Sorte Lucques, und auch die Rolle als Sprungbrett für Ausflügler ins Obere Hérault bekommt dem Städtchen ganz gut. In die Gassen regelrecht eingekeilt ist die trutzige ehemalige **Kathedrale St-Paul** von 1276, die nicht nur dank der herrlichen Rosette des Westwerks als schönster gotischer Sakralbau der Region gilt. Vom Château des 13. Jh. blieb eine **Burgruine,** die allmählich in sich zusammenzufallen scheint.

Etliche **Weinkeller** laden nach der Besichtigungstour zur Degustation ein, und die **Caféterrassen an der Allée Salengro** sind ebenfalls verführerisch. Über dem Ganzen liegt ein Stimmengewirr mit dem rollenden Akzent des Südens. Im Sommer sorgt der nahe **Lac du Salagou** für Gedränge im Ort, wenn nämlich die Surfer und Segler der umliegenden Campingplätze und Feriensiedlungen See und Stadt in Beschlag nehmen.

Wenn das Wetter einmal nicht so sonnig sein sollte oder es gar weihnachtet, bleibt noch die **Maison de l'Olivier.** Gezeigt wird das Arbeitsmaterial der Olivenbauern und ein Film über die Ernte, ein echtes Kontrastprogramm zu den Badefreuden am Lac du Salagou und bei Kindern ein Volltreffer (Avenue Wilson, Tel. 04 67 96 10 36, Mo–Sa 14–18 Uhr, 2 €. Boutique mit Olivenölen, Tapenades etc. gegenüber Mo–Sa 9–12, 14–18.30 Uhr).

### Infos

**Office de Tourisme:** 9, rue Doyen René Gosse, 34800 Clermont-l'Hérault, Tel. 04 67 96 23 86, www.ot-clermont-salagou.com.

### Übernachten

Mittelmeergarten ▶ **La Missare:** 9, rte. de Clermont, Brignac (3 km östl.), Tel. 04 67 96 07 67, www.la.missare.free.fr. 4 Chambres d'hôte auf einem Weingut, mit Flohmarkttrouvaillen geschmackvoll möbliert. Pool unter Schirmpinien. Feigenbäume. DZ/F 72 €.

### Essen & Trinken

Schmuckkästchen ▶ **Le Tournesol:** 2, allée Salengro, Tel. 04 67 96 99 22, So abends, im Winter auch Mo geschl. Terrasse mit Blick auf die belebteste Achse der Stadt, netter Service, deftige Küche des Midi. Menü 17 € (Mo–Fr mittags)–39 €.

### Einkaufen

Wein ▶ **Au Fil du Vin:** 2 bis, rue Roger Salengo, So nachmittags geschl. Alle Weine der Region von Clermont-l'Hérault.

aktiv unterwegs

## Mountainbiken am Lac du Salagou

### Tour-Infos
**Start:** Clermont-l'Hérault
**Dauer und Länge:** Tagestour, ca. 45 km
**Ausrüstung:** Mountainbike oder robustes Tourenrad
**Einkehrmöglichkeiten:** Celles, Octon, Mourèze
**Bademöglichkeiten:** Lac du Salagou (Celles)
**Wichtiger Hinweis:** Drei Dutzend kürzere und längere Pisten sind um den Lac du Salagou ausgeschildert, im Internet einzusehen unter www.cc-clermontais.fr und www.lodeve.com.

Die Pisten um den Stausee im Oberen Hérault sind eine sportliche Herausforderung, das Bad im Lac du Salagou ein angenehmer Pausengrund.

Von **Clermont-l'Hérault** (s. S. 259) radelt man zunächst über die verbummelte D 140 Richtung Norden. Kurz vor der Ruine von Lacoste ergibt sich vom Aussichtspunkt an der Straße ein herrlicher Blick auf das Hérault-Tal im Osten. Nach ca. 5 km zweigt man von der aspaltierten Straße ungefähr auf Höhe des Mas-Audran (Weiler) auf eine Staubpiste nach Westen ab: Die Route Forestière hangelt sich über dem bewaldeten Nordufer des Lac de Salagou bis zur Kreuzung mit der D 148E. Links abbiegen und weiter geht es nach **Octon.** Nach 7 km ist das Dorf erreicht – unterwegs lockt das von Surfern und Bikern wiederbelebte Ruinendorf **Celles,** wo man die Füße ins Wasser stecken kann.

Von Octon geht es stramm Richtung Süden 6,6 km nach Salasc. In dem winzigen Dorf hält man sich Richtung **Mourèze** (s. rechts, D 8), wo der Blick in den Talkessel des **Cirque de Mourèze** (s. rechts) abschweift. Knapp 2 km östlich von Mourèze stößt man auf die Kreuzung der D 8 und der D 8E. Unbedingt links halten (D 8), um nach weiteren 3,5 km das einsam am Straßenrand auftauchende Kirchlein **Notre-Dame-du-Peyrou** zu erblicken. Vom Gotteshaus geht es über die vielbefahrene D 908 die letzten 2 km zurück nach **Clermont-l'Hérault.**

Honig ▶ **La Miellerie du Salagou:** Avenue du Lac, Tel. 04 67 96 38 14. Mehere Honigsorten aus der Umgebung.
Markt ▶ Mi. Bunt und groß.

### Verkehr
**Bus:** Verbindungen nach Montpellier, Lodève, Bédarieux mit Hérault Transport, Tel. 08 25 34 01 34.

## Rund um den Lac du Salagou ▶ K 10

### Unterwegs nach Villeneuvette
Auf dem Weg nach Villeneuvette lädt **Notre-Dame-du-Peyrou** zu einem kurzen Halt ein. Das Kapellchen am Rand der D 908, das als »historisches Monument« ausgezeichnet wurde, stammt aus dem 12. Jh. (tgl. 14–17 Uhr). Wie Clermont-l'Hérault war das von Mauern und drei Toren gefasste **Villeneuvette** im 17. und 18. Jh. ein florierender Standort der Textilherstellung. Die Manufaktur fabrizierte Wollstoffe für die Armeen Ludwigs XIV. Zu ihren Hochzeiten beschäftigte die Manufacture Royale 800 Weber und Färber. In den königlichen Schneiderwerkstätten entstanden aus dem Tuch Soldatenröcke und Paradeuniformen. Das spätbarocke Ensemble, in dem noch bis 1954 gewoben wurde, ist erhalten (frei zugänglich, Führungen im Sommer tgl. außer Sa, So und Mo morgens, Tel. 04 67 96 06 00). »Ehre der Arbeit gebührt« (Honneur au Travail) steht noch heute über dem Portal der Manufaktur. Und daran hält

sich die Handvoll Kunsthandwerker, die den Bau zwischenzeitlich bezogen haben.

### Cirque de Mourèze

**Mourèze** steht am Abgrund, den der **Cirque de Mourèze** bildet. Vom Rand des etwas zu sehr herausgeputzten Dorfes windet sich ein Rundweg (ca. 6,5 km, 1,5 Std.) hinab in das 160 Mio. Jahre alte dolomitische Felsenmeer am Boden des Talkessels, das einzige Europas übrigens. Wasserkraft hat die bizarren, weißgrauen Karstformationen geschaffen, die entsprechend ihrer Form Sphinx, Sirene oder Nonne heißen und bis zu 100 m hoch aufragen – ein grandioses Naturerlebnis. Der Cirque de Mourèze bietet sich für traumhafte Wanderungen an, allerdings muss man beachten, dass es im ganzen Gebiet keine Wasserstelle gibt, und es hier im Sommer sehr heiß werden kann. Unbedingt Wanderschuhe anziehen! Einige Wege sind schlecht ausgeschildert, andere schwierig zu begehen. Am Eingang zum **Parc de Courtinals** gibt es kostenlose Wanderkarten sowie Tipps für Wanderungen, z. T. auch in deutscher Sprache (Infos s. auch www.courtinals.com).

### Am Lac du Salagou

Zwischen Salasc und Octon ändert die Landschaft ihre Farbe. Der hohe Eisenanteil im Boden hat Hügel und Schlackehaufen rotbraun gefärbt. Davor schimmert der türkisfarbene **Lac du Salagou,** dessen mit zitterndem Gras bewachsene Uferwiesen zeitweise an die südamerikanische Pampa erinnern. Es ist ein Paradies von Menschenhand. Zwei Jahre, von 1968 bis 1970, hat es gedauert, den Stausee zu füllen. Ein Vermessungsfehler ließ das Dörfchen **Celles** am Nordufer zur Geisterstadt werden. Als das Wasser stieg, wurden die Einwohner umgesiedelt. Geflutet wurden jedoch nur das Ortsschild und eine einzige Scheune! Celles wurde von Aussteigern und Wochenendausflüglern nach und nach wiederbesiedelt. Mittlerweile ist die Kirche restauriert, und etliche Häuser sind bewohnt. Auch ein Café gibt es, sowie eine Verleihstation für Surfbretter, Kanus und Segelbötchen. Surfer und Paddler haben den Stausee früh für sich entdeckt. Und am Wasser liegen oft Mountainbiker in der Sonne, die über das Nordufer gekommen sind. Die ungeteerte, für den öffentlichen Verkehr zeitweilig gesperrte und nur mit guten Reifen befahrbare **Route forestière** ist ein Tipp unter Mountainbikern, mit schönen Ausblicken auf den See. Über das Örtchen **Lacoste** kommt man so auf Schleichwegen ebenfalls zurück nach Clermont-l'Hérault.

### Infos

www.le-salagou.fr

### Übernachten

Einfach ▶ **Le Mas de Riri:** Celles (am Nordufer des Sees), Tel. 04 67 44 63 95, www.lemasderiri.com. Schlichte Zimmer am Lac du Salagou, junge Klientel. DZ/F 60 €.

Auch Camingplätze ▶ April–Sept., 13 €/Tag für 2 Pers.), Infos: www.le-salagou.fr.

### Aktiv

Surfen, Kanufahren, Segeln ▶ **Base de plein air:** in Celles, Tel. 04 67 96 05 71, www.le-salagou.fr. Verleihstation für Surfbretter, Kanus und Segelboote. Kurse. Tretbootverleih nur morgens. Diverse Aktivitäten im Angebot.

## Lodève ▶ K 9

### Geschichte

Wie Clermont-l'Hérault erlebte Lodève im 17. und 18. Jh. eine wirtschaftliche Blüte. Die vom französischen Staatsmann Jean-Baptiste Colbert im 17. Jh. gegründete Teppichmanufaktur in der Impasse des Liciers war in ganz Frankreich ein Begriff, heißt jedoch kurioserweise bis heute Manufacture de la Savonnerie, zu deutsch Seifensiedermanufaktur. Der Grund: Das Ensemble ist Teil der im Staatsauftrag arbeitenden Manufactures des Gobelins et de la Savonnerie. Als Teppichmanufaktur hatte der Bau Anfang des 20. Jh. zwischenzeitlich ausgedient. Seit den 60er-Jahren aber rattern die Webstühle erneut. Damals wurde die Produktion wiederaufgenom-

men, um für die Frauen der aus Nordafrika geflohenen *harkis* Arbeitsplätze zu schaffen. Gefertigt werden hier Teppiche für das *mobilier national,* die folglich etwa in den Pariser Ministerien liegen, wie man beim Werksbesuch erfährt (auf Anmeldung, Tel. 04 67 96 41 34 oder über das Office de Tourisme, Do, Fr 13.30/15.30 Uhr, 3,50 €).

### Stadtbesichtigung

Touristen finden eher selten nach Lodève. Dabei lohnt die verschlafene Kleinstadt mit den teils mittelalterlichen Brücken über Lergue und Soulondre, dem obligatorischen Platanenkorso und dem beeindruckenden »Monument aux morts« des Bildhauers Paul Dardé für die Gefallenen des Ersten Weltkriegs im Stadtpark gerade wegen der unverfälscht südlichen Atmosphäre den Besuch. Unübersehbar ragt die **Kathedrale St-Fulcran** aus den Gassen empor. Der gotische Bau wurde im 13. und 14. Jh. zur wahren Burg Gottes befestigt. Im Schatten des 54 m hohen Turms duckt sich der barocke **Bischofspalast,** der heute als Rathaus dient. Punkt 19 Uhr läutet es vom Turm 13 Mal – zum Gedenken an den hl. Fulcran (919–1006).

Das ehemalige **Palais von Kardinal de Fleury** lohnt allein wegen des feierlich frühbarocken Treppenhauses einen Besuch. Es dient als **Städtisches Museum,** in dem Werke von Braque, Soutine oder Dufy, prähistorische Funde und mit etwas Glück gerade eine der landesweit beachteten Sonderausstellungen zu bewundern sind (Hôtel de Cardinal de Fleury, Sq. Georges Auric, Tel. 04 67 88 86 10, Di–So 9.30–12, 14–18 Uhr, im Sommer durchgängig, 3,50 €, mit Sonderausstellung 7 €). In der zauberhaften **Markthalle** vom Anfang des 20. Jh. steht ein weiteres Werk des bereits erwähnten, aus Lodève stammenden Bildhauers Dardé (1888–1963). Der 40 t schwere Monumentalkamin aus weißem Stein entstand 1925 für die Pariser Exposition des Beaux-Arts (9–19 Uhr).

**Rotbraune Farbtöne dominieren die Landschaft am Lac du Salagou**

### Infos

**Office de Tourisme:** 7, pl. de la République, 34700 Lodève, Tel. 04 67 88 86 44, www.lodevoisetlarzac.com.

### Übernachten, Essen

In den Farben des Südens ▶ **Hôtel de la Paix:** 11, bd. Montalangue, Tel. 04 67 44 07 46, www.hotel-dela-paix.com. Die ehemalige Postkutschenstation wird seit 100 Jahren immer wieder an die nächste Generation weitergegeben. Frisch renovierte, provenzalisch gestylte Zimmer. Ordentliches Restaurant (So abends, Okt.–April auch Mo geschl.). DZ ab 56 €, Menü 19–38 €.

### Einkaufen

Bauernmarkt ▶ **Marché paysan:** Mitte Juni–Anfang Sept. Di nachmittags ab 16.30 Uhr.

Kunsthandwerk ▶ **Horizons intérieurs:** 45, Grand'Rue, www.horizons-interieurs.com, Showroom von 35 (Kunst)handwerkern aus Lodève und Umgebung.

### Verkehr

**Bus:** Verbindungen nach Montpellier, St-Pons-de-Thomières, Bédarieux mit Hérault Transport, Tel. 08 25 34 01 34. Busbahnhof beim Office de Tourisme.

## Bédarieux und das obere Vallée de l'Orb

### Bédarieux ▶ J 10

Schwarz vom Kohlenstaub war **Bédarieux** früher einmal. Mehr über die industrielle Vergangenheit der Kleinstadt am Orb erfährt man neben der Kirche St-Louis im Heimatmuseum **Maison des Arts** (19, av. Abbé-Tarroux, im Sommer Mo–Sa 10–12, 15–18 Uhr, sonst nur Di–Fr 15–18 Uhr, 3 €). Seit die Gruben geschlossen sind, sieht die Zukunft für Bédarieux rosa aus. Denn die alte Minenstadt hat die Fassaden rosa tünchen lassen und versucht, mit einem großen Angebot an Sport- und Unterhaltungsmöglichkeiten in der Tourismusbranche Fuß zu fassen. Dazu zählt auch ihre Rolle als Ausgangspunkt für eine Tour ins obere Tal des Orb. Eine wirkliche Schönheit ist das 6200-Einwohner-Städtchen allerdings nicht geworden. Auch die rosa Tünche, die Rathaus und Office de Tourisme verschönt, kann nicht über die farblose Vergangenheit hinwegtäuschen. Abgesehen von ein paar schmalbrüstigen Häusern an der von 100-jährigen Platanen gesäumten **Promenade de la Perspective** und eines **Eisenbahnviadukts** aus der Belle Epoque, das nördlich der Stadt in Schwindel erregender Höhe über den Fluss stakst (vom Ort aus grün-gelb markierter Fußweg am Orb-Ufer), gibt's nicht viel zu sehen.

## Infos

**Office de Tourisme:** 1, rue de la République, 34600 Bédarieux, Tel. 04 67 95 08 79, www.bedarieux.fr.

## Übernachten

Luxuskloster ▶ **Le Couvent d'Hérépian:** 2, rue du Couvent, Hérépian (6 km südöstl.), Tel. 04 67 23 36 30, www.garrigaeresorts.com. Luxushotel in einem Kloster aus dem 17. Jh. Puristische Zimmer, Weinbar, Wellnessbereich. DZ ab 125 €.

Im Park ▶ **Campotel des Trois Vallées:** Bd. Jean Moulin, Tel. 04 67 95 08 79. Einfache Ferienhäuschen auf einem Parkgrundstück. Ab 50 € für 4 Pers.

## Essen & Trinken

Heimelig ▶ **La Forge:** 22, av. Abbé Tarroux, Tel. 04 67 95 13 13, So abends, Mi außer Hauptsaison geschl. Gewölbe aus dem 17. Jh. Großer Kamin, herrliche Terrasse, regionale Küche. Menü 17–37 €.

## Tipp: Durchs Vallée de l'Orb zurück an die Küste

Vom **Avène-Stausee** im Norden bis **Roquebrun** (s. S. 267) im Süden führt die ca. 60 km lange Route immer am Ufer des Orb entlang. Anfangs verschwindet der Orb in den Wäldern der **Monts de l'Orb,** ab **Bédarieux** (s. S. 263) breitet er sich aus, schließlich fräst er sich durch die letzten Ausläufer der Cevennen in Richtung **Küstenebene.**

## Verkehr

**Zug:** Verbindung nach Béziers, Millau. Tel. 36 35, www.voyages-sncf.com. Bahnhof an der Rte. de St-Pons.

**Bus:** bis zu 6 Busse tgl. nach Montpellier mit Hérault Transport, Tel. 08 25 34 01 34, Abfahrt von der Rte. de Clermont.

## Oberes Vallée de l'Orb und Gorges de l'Orb ▶ J 9/10

Betörend nimmt sich die waldreiche Landschaft in den **Gorges de l'Orb** nördlich von Bédarieux aus. Der Fluss muss sich durch ein enges Felstal mühen, entsprechend kurvenreich und schmal ist die Straße nun.

Ein kleiner Bäderort noch, **Avène-les-Bains,** dessen Mineralwasser in Japan Furore macht, dazu ein Stausee, und es geht immer bergauf bis zum 667 m hohen **Col Notre-Dame:** Mit dem Pass ist die Grenze zur Nachbarregion Midi-Pyrénées erreicht.

# Abbaye de Sylvanès und Dourdou-Tal

## Sylvanès ▶ nordwestl. H 9

Es ist ein weiter Weg nach **Sylvanès,** das bereits im Departement Aveyron liegt. 70 km/h Höchstgeschwindigkeit mahnen die Schilder. In engen Kurven schrauben sich die Landstraßen in die Höhe. Runterschalten und schauen: Schafherden rollen wie ein dicker Flokati über die Hügel, Fell an Fell auf löwenmähnigem Grasgelb. Längs der Straße dann sind die Dörfer so verbummelt, dass man dem vorbeifahrenden Auto lange durch das Spalier der Platanen nachschaut. Fuchs und Hase? Müssen sich erst einmal finden, um sich Gute Nacht sagen zu können. Unberührt von den Jahrhunderten duckt sich in einem Bachtal die romanisch-gotische **Abtei von Sylvanès,** ein Juwel der auf Kargheit bedachten Zisterzienserarchitektur (www.sylvanes.com, Jan.–Mitte März, Mitte Nov.–Mitte

## Tipp: Singen lernen in der Abbaye de Sylvanès

Angesichts der Weite möchte man jauchzen und singen vor Glück – lernen kann man es im ehemaligen **Zisterzienserkloster von Sylvanès.** »Es ist alles eine Frage der Atmung«, räumt Chorleiter Michel Wolkowitzky die Bedenken aus. Michel weiß, wovon er spricht. Ein Stimmproblem hat den ehemaligen Studenten am Konservatorium von Toulouse 1975 nach Sylvanès geführt. Eine Kehlkopferkrankung drohte Michel die Karriere als Sänger zu verbauen. Sein ehemaliger Chorleiter, der Dominikaner André Gouze, holte ihn in die halb verfallene romanische Abtei. Und seine Stimme erholte sich dank umsichtiger Übungen. Michel blieb und gründete mit André Gouze einen Förderverein für die Zisterzienserabtei. Das Departement Aveyron und die nationale Denkmalschutzbehörde in Paris bewilligten Subventionen – kurzum, aus der sanierten Abtei wurde ein Kulturzentrum für geistliche Musik. Mit einem **Sommerfestival für sakrale Musik,** das Gäste weit über das Departement Aveyron nach Sylvanès lockt. Mit **Gesangskursen,** die sich an alle Niveaus richten, sowohl an den klassischen Tenor, der sein Repertoire erweitern möchte, als auch an den Badewannenbarden.

Anfänger üben zunächst Atmen im Scriptorium, dem Schreibsaal der Mönche. Über den Köpfen wächst aus massiven Steinsäulen ein Gewölbe. Dicke, wie für die Ewigkeit gemauerte Wände, halten die Welt außen vor. »Immer tief aus dem Bauch heraus atmen, wie ein Gähnen, das von ganz hinten kommt«, erklärt Michel Wolkowitzky, der den dreitägigen **Kurs La Voix et le Corps** zusammen mit dem Heilgymnasten François Cot leitet. Ein erster Schritt auf dem Weg, Atmung und Stimme zusammenzubringen, ist getan. Später kann man mit dem Schmettern gegen die romanischen Kapitelle beginnen, aus vollem Hals ins Kirchenschiff. »Singen ist Befreiung«, so lautet die Philosophie von Sylvanès.

**Abbaye de Sylvanès,** 12360 Sylvanès, Tel. 05 65 98 20 20, www.sylvanes.com. Im Angebot: Stage La Voix et le Corps (Stimm-, Körper-, Gesangsübungen nach der Feldenkrais-Methode in Begleitung eines Heilgymnasten) sowie Stage de Plain Chant (sakraler Einzelgesang und Chorgesänge aus den südfranzösischen Kathedralen des 12.–18. Jh., für Erwachsene und Kinder ab 8 Jahren). Weitere Gesangskurse in mittelalterlichem Sakralgesang, orthodoxem Gesang, armenischem Gesang, Singen auf Okzitanisch sowie Kurse in byzantinischer Wandmalerei, Ikonenmalerei, Buchmalerei. Übernachtungsangebot vom Einzelzimmer bis zum ungeheizten Schlafsaal.

Dez. Mo–Fr 9.30–12.30, 14–18, Mitte März–Juni, Mitte Sept.–Mitte Nov. tgl. 9.30–12.30, 14–18, Juli/Aug. bis 19 Uhr, 2,50 €). Dazu kommen noch ein paar Häuser und ein verfallenes Thermalbad im Abseits – selten ist die Provinz so still wie hier. Doch der Eindruck täuscht. Die 1136 gegründete Abtei ist zu einem quicklebendigen Kulturzentrum geworden, dessen Sommerfestival und Gesangskurse allsommerlich die Scharen anlocken.

### Übernachten, Essen

Herrschaftlich ▶ **Chambres d'hôte Château de Montalègre:** Versols-et-Lapeyre (9 km nördl. von Sylvanès), Tel. 05 65 97 58 06, www.chateaudemontalegre.com. Trutzburg im lauschigen Tal der Sorgues. Großzügige, mit Antiquitäten möblierte Zimmer. Innenhof, Panoramaterrasse, Salon mit roten Plüschsofas, Billard, Mountainbikeverleih und Schwimmbad. DZ ab 68 €, Table d'hôte 24 €.

Tiefes Land ▶ **Chambres d'hôte St-Etienne:** kurz hinter Gissac (6 km nordwestl. von Sylvanès; Schild rechts St-Etienne, an der D 105 Richtung Montaigut), Tel. 05 65 99 59 27 oder 06 84 11 38 96. Wuchtiges Landhaus auf einem Hügel. 4 geräumige, einladende Zimmer mit gekalkten Wänden, Antiquitäten und modernem Design. Außerdem Salon, Küche, Spielzimmer. DZ/F 58 €. Table

d'hôte 22 €. Wohnung in separatem Haus je nach Saison 260–490 €/Woche.

## Übernachten

**In den roten Bergen ▶ Château de Gissac:** Gissac (6 km nordwestl. von Syvanès), Tel. 05 65 98 14 60, www.chateau.gissac.com, April–15. Nov. Am heimeligsten sind die Eckzimmer, wo das Bett in einem Rundturm des Schlosses steht (Nr. 11), und die zum Garten (Nr. 7, 14) mit Blick auf die ›roten Berge‹ von Camarès. Dieselbe Aussicht genießt man von der Dépendance L'Orangerie, aber es fehlt der Charme des alten Gemäuers. Park, Schwimmbad. DZ ab 75 €.

## Termine

**Festival International de Musique Sacrée:** Juli/Aug. Festival sakraler Musik aus allen Kulturkreisen. Konzerte und Chöre in der Abtei Sylvanès. Infos: www.sylvanes.com.

## Vallée du Dourdou ▶ H 9/10

Von Sylvanès geht es über das Renaissance-Château in **Fayet** (▶ nördl. H 9; Juli/Aug., Tel. 05 65 49 59 15, www.chateaufayet.free.fr) und das Burgdorf Brusque durch das lauschige **Dourdou-Tal** gen Süden und damit zurück ins Languedoc-Roussillon. Der Col de Coustel (auch Col de St-Amans) markiert diesmal die Grenze. Das Kastanienbauerndorf **St-Gervais-sur-Mare** ist ist nach etwa 45 km erreicht. Es lag einst an der Route der Jakobspilger. Davon zeugt die romanische Dorfkirche, davon zeugt auch der christianisierte Menhir am nahen Col de la Pierre Plantée.

## Monts de l'Espinouse

**▶ F–H 10/11**

**Karte:** oben

1124 m misst der Sommet de L'Espinouse, der höchste Gipfel der Monts de l'Espinouse. Das Bild des Mittelgebirgszugs wechselt immer wieder von basaltgrauer Felskargheit zu mit Laubwäldern, Kiefern, Ginsterbüschen und ausgedehnten Viehweiden bedeckten Hängen. Die an den Hängen üppig wuchernden Dornenbüsche gaben dem Espinouse-Massiv den Namen – *espinouse* bedeutet Dorn.

Vorbei am knapp die Tausend-Meter-Marke überragenden **Mont Caroux** und dem **Pas de la Lauze,** von dessen Höhe sich bei klarer Sicht der Blick nach Norden auf die Hochebenen der Causses öffnet, erreicht man über die abenteuerlich verschlungene, dem Lauf des Agout folgende **Route des Monts de l'Espinouse** (D 180 von Lamalou-les-Bains nach La Salvetat-sur-Agout) den 1124 m hohen **Sommet de l'Espinouse** **1**. Rund um den kahlen Gipfel gibt es nichts als spektakuläre, majestätische Natur.

Nur einen Steinwurf vom Blumendorf **Fraisse-sur-Agout** **2** entfernt betreibt der Parc Régional du Haut-Languedoc mit der Maison du Parc im Weiler Prat-d'Alric ein **Freilichtmuseum.** Im Zentrum des Schaubauernhofs steht der *pailler*, eine 37 m lange, mit Ginster bedeckte Scheune. Draußen verlängert eine 100-jährige Stechpalmenhecke den Bau (Juli/Aug. Gratisführungen, am Vorabend anmelden, Tel. 04 67 97 53 81).

Zwischen zwei Stauseen liegt auf 700 m Höhe **La Salvetat-sur-Agout** **3**, das mit seinen engen Gassen, der Heilquelle, Brücke über die Vèbre und der St-Etienne-Kapelle offiziell zu den ›schönsten Dörfern Frankreichs‹ zählt und zudem für exzellente Wurstwaren bekannt ist. Von den Seen ist der für Wassersportler freigegebene **Lac de la Raviège** **4** ein lohnendes Etappenziel. Unverbaute Ufer und leicht zugängliche Sandbuchten lassen schnell vergesssen, dass der See seine Existenz einer gewaltigen Betonmauer am Westende verdankt, mit der der Agout aufgestaut wird.

## Infos

**Office de Tourisme:** Pl. des Archers, 34330 La Salvetat-sur-Agout, Tel. 04 67 97 64 44, www.lasalvetat-tourisme.fr, www.hautlanguedoc.fr.

**Office de Tourisme des Monts de l'Espinouse:** 34330 Fraisse-sur-Agout, Tel. 04 67 97 53 81, www.pageloisirs.com/ot-espinouse.

## Einkaufen

Wurst und Schinken ▶ **Charcuterie Cabrol:** Pl. de Compostelle, La Salvetat-sur-Agout, www.cabrol-la-salvetat.com, tgl. Köstliche, luftgetrocknete Würste und Schinken, Blutwurst, Pâtés etc.

## Aktiv

Surfen und Segeln ▶ **Loca-Surf Loisirs:** Plage des Bouldouires, Lac de la Ravière, Mai, Juni, Sa, So, Juli/Aug. tgl., Tel. 04 67 97 65 13. Kurse und Verleih für Surfen und Segeln. Am See ebenfalls Tretbootverleih, Minigolfplatz.

## Verkehr

**Bus:** ab La Salvetat-sur-Agout nach Béziers, Mo–Sa, Hérault Transport, Tel. 08 25 34 01 34.

# Unteres Vallée de l'Orb und Vallée des Jaur

▶ **F–H 10/11**

**Karte:** links

## Unteres Vallée de l'Orb

**Lamalou-les-Bains** **5** ist ein zauberhaft gestriger Bäderort mit rheumalindernden heißen Quellen, Kasino (tgl. 14–2 Uhr), Musikpavillon, Platanenalleen und pastellfarbenen Belle-Epoque-Villen. Kaum zu glauben, dass in dem Städtchen am Orb einst der Sultan von Marokko, André Gide und Alphonse Daudet kurten. Die theatralischen Fassaden jedenfalls verpflichten. Im Sommer veranstaltet der Ort ein Operettenfestival, das mit 20 Aufführungen in nur 30 Tagen auf der ganze 50 m$^2$ großen Bühne des mehr als 100 Jahre alten Theatersaals im Kasino von sich reden macht (Tel. 04 67 95 67 35, Ende Juli–Aug).

Bei Moulin Tarassac mündet der Jaur in den Orb, der wie im rechten Winkel nach Süden abknickt. Das Ziel der vielen Kanuten, die auf dem Orb mit der Strömung kämpfen, heißt **Roquebrun** **6**. Im Hintergrund bauen sich die gezackten, hinter Zypressenwipfeln verschwindenden Bergkämme der Monts de l'Espinouse auf, nach Süden rollen die struppigen Garrigue-Hügel und Weinberge davon. Mimosen und Orangenbäume sowie der Badestrand am Orb tragen noch zu Roquebruns beneidenswert schöner Lage bei und rechtfertigen den Beinamen ›Klein-Nizza‹, ›Nice de l'Hérault‹.

Das Dorf selbst erweist sich als hübsche Entdeckung. Im Schatten des mittelalterlichen Turms, der Roquebrun beherrscht, erstreckt sich der 5 ha große, in Terrassen angelegte **Jardin méditerranéen** mit 5000 Pflanzen, darunter viele Mimosen und Sukkulenten. Es gibt zudem allein 80 verschiedene Feigenarten zu bestaunen (Rue de la Tour, Tel. 04 67 89 55 29, Juli/Aug. 9–19, Mitte Febr.–Ende Juni, Sept.–Mitte Nov. So–Fr 9–12, 13.30–17.30 Uhr, Sa nur nachmittags, 5 €, www.jardin-mediterraneen.fr)!

## Infos

**Office de Tourisme:** 1, av. Capus, 34420 Lamalou-les-Bains, Tel. 04 67 95 70 91, www.ot-lamaloulesbains.fr.

## Übernachten

Gestriger Charme ▶ **Hôtel Belleville:** 1, av. Charcot, Lamalou-les-Bains, Tel. 04 67 95 57 00, www.hotelbelleville.com. Seit 1900 in Familienbesitz! Idyllisch gelegen in einem Park mit uralten Bäumen. Zimmer zum Garten verlangen. DZ ab 41 €.

## Übernachten, Essen

Gute alte Zeit ▶ **L'Arbousier:** 18, av. Alphonse Daudet, Lamalou-les-Bains, Tel. 04 67 95 63 11, www.arbousierhotel.com. Einfaches, gepflegtes Logis-de-France-Hotel, zentral bei den Thermen gelegen. Restaurant (Formule 14 €, Menü 24–55 €) mit Gartenterrasse. DZ ab 55 €.

## Aktiv

Thermalbad ▶ **Thermes:** Av. Georges Clemenceau, Tel. 04 67 23 31 40, www.chainethermale.fr/lamalou-les-bains, Mo–Sa 6–12 Uhr. Thermalbad mit Wellness-Anwendungen vom Sprudelbad bis zur Massage.

## Vallée des Jaur

**Mons-La Trivalle** 7 ist ein Doppelort beiderseits des Jaur, bestehend aus wenigen Häusern. Am Ende der D 14 E (kostenpflichtiger Parkplatz) beginnt ein z.T. geteerter Weg in die bei Kletterern beliebten **Gorges d'Héric** 8, die man in einer drei- bis vierstündigen Wanderung erkunden kann. Nach etwa 1,5 Stunden ist die wildromantische Schlucht erreicht, durch die auch in trockenen Sommern genügend Wasser rinnt, um mit kleinen Kaskaden die zahlreichen zum Baden geeigneten Granitbassins zu füllen. Am Ende der Schlucht liegt der Weiler Héric, von dem der **Fernwanderweg GR 7** über den Weiler Douch auf den 1089 m hohen Gipfel des Caroux führt (Aufstieg ca. 2 Std.; s. S. 270).

Nach **Olargues** 9 geht es über eine Brücke aus dem 13. Jh. Das Dorf zählt zu den ›schönsten Frankreichs‹ und ist entsprechend besucht. Einsame Badeplätze am Jaur gibt es rund um Olargues hingegen zuhauf. Kirschbäume prägen das Tal seit Jahrhunderten. Vom Felsdorf am rechten Ufer des an Flusskrebsen reichen Gebirgsflusses ist es zudem nur ein Katzensprung in die weiten Rebfelder der Coteaux-du-Languedoc.

**St-Pons-de-Thomières** 10 liegt inmitten ausgedehnter Kastanienwälder, leidet jedoch unter der durch die Ortsmitte geführten Nationalstraße N 112. Das Städtchen war bereits im Neolithikum besiedelt und diente später den Jakobspilgern als Zwischenstation nach Spanien. 936 gründete der Graf von Toulouse am rechten Ufer des Jaur eine Benediktinerabtei, die zur Keimzelle von St-Pons-de-Thomières wurde. 1317 widmete man das Gotteshaus zur Kathedrale um. Der vom 14. bis 18. Jh. mehrfach umgestaltete wehrhafte Bau blieb bis 1789 Bischofssitz. Unweit der Ruine der Kirche St-Martin-du-Jaur entspringt der Jaur unter dem Roc de la Masque. Aus prähistorischen und jüngeren Geschichtsepochen sind im Musée de Préhistoire Grabungsfunde und volkskundliche Exponate zu besichtigen (Rue du Barry, Allée des Saintponiens, Tel. 04 67 97 22 61, März–Mitte Juni Do–So 15–18, Mi 10–12, Mitte Juni–Mitte Sept. Di–So 10–12, 15–18 Uhr, 3,50 €, www.pays-sainponais.com).

St-Pons-de-Thomières ist zudem Sitz des **Parc Régional du Haut Languedoc,** der sich

**Angenehm verträumt: Olargues im Vallée des Jaur**

über die Departements Hérault und Tarn erstreckt (Maison du Parc, s. rechts). In den 93 Gemeinden des Naturparks leben nicht einmal 90 000 Menschen auf einer Fläche von insgesamt 260 000 ha – *bienvenue* in der menschenleeren Weite des Grand Sudouest, des französischen Südwestens.

## Infos

**Office de Tourisme:** Pl. du Foirail, 34220 St-Pons-de-Thomières, Tel. 04 67 97 06 65, www.saint-pons-tourisme.com.

**Maison du Parc:** Pl. du Foirail, 34220 St-Pons-de-Thomières, Tel. 04 67 97 38 22, www.parc-haut-languedoc.fr. Bücher, Wanderkarten, Informationen zu Sport- und Freizeitmöglichkeiten.

## Übernachten

Camping ▶ **Les Cerisiers du Jaur:** Tel. 04 67 97 34 85, www.cerisierdujaur.com, Febr.–Nov. Am Jaur-Ufer unter Kirschbäumen gelegener, kleiner, freundlicher Platz. Morgens mit Brötchenservice. 2 Pers. 15–23 €/Ü.

## Übernachten, Essen

Berghotel im Grünen ▶ **Hôtel Les Bergeries de Pondérach:** 1 km außerhalb von St-Pons-de-Thomières, über die Rte. de Narbonne (D 907), Tel. 04 67 97 02 57. Nebenbau eines Gutshofs (17. Jh.) inmitten grüner Berglandschaft. Altmodisch-gemütliche Zimmer und ein zünftiges Restaurant (außer So nur abends, Menü 30–33 €) warten. DZ ab 80 €.

## Einkaufen

Delikatessen ▶ **La Charcuterie du Somail:** gegenüber der Kathedrale in St-Pons, Tel. 04 67 97 13 30. Wein und Würste.

## Verkehr

**Zug:** Verbindungen nach Castres, Béziers, Tel. 36 35, www.voyages-sncf.com.

aktiv unterwegs

## Wanderung auf dem Mont Caroux

### Tour-Infos

**Start:** Parkplatz bei Le Verdier Haut
**Anfahrt mit dem Auto:** von St-Pons-de-Thomières aus südwestlicher oder von Bédarieux aus östlicher Richtung auf der D 908 bis nach Mons la Trivalle, über die Bahnlinie und direkt dahinter rechts, dann der Beschilderung zu den Gorges d'Héric folgen. Der **Parkplatz** ist gebührenpflichtig (3 €/Tag).
**Dauer und Länge:** 7 Std., 15 km
**Wanderkarte:** IGN, Top 25, 2543 OT Lamalou-les-Bains, 1:25 000
**Markierung:** gelb, evtl. Reste der früheren blauen Markierung (Dreieck)
**Einkehrmöglichkeiten:** in La Trivalle, Héric und Douch
**Baden:** im Flüsschen Héric

Die Wanderung folgt einer gelben Markierung (evtl. noch Reste der alten blauen Zeichen) und überwindet 800 Höhenmeter. Der Anstieg durch die Gorges d'Héric ist anstrengend. Der oft steile und schmale felsige Abstieg erfordert Trittsicherheit. Unterwegs lädt der verwunschene Weiler Héric zum Verweilen ein: alte Mauern schiefergedeckter Häuser, Türen und Fenster, durch die jetzt der Himmel schaut. Das Tal und die weite Hochebene, an deren Rändern die Blicke bis zum Meer reichen, bilden einen starken Kontrast.

Vom **Parkplatz bei Le Verdier Haut** muss man auf der Straße einige Meter zurückgehen und dann nach rechts abbiegen. Der asphaltierte, für Autos aber gesperrte Weg windet sich durch die Schlucht hinauf. Nach wenigen Hundert Metern sieht man rechts den **Pont des Soupirs,** eine schmale Betonbrücke. Oft dramatisch, manchmal friedlich, schlängelt sich der Héric zu Tal; an manchen Stellen verengt sich sein Bett fast beängstigend. Ins Rötliche spielender Gneis, Buchen und Eichten, an denen die Wanderung immer wieder vorbeiführt, verleihen dem Tal einen einzigartigen Charakter. Bei dem Dörfchen **Héric** (2,25 Std.) geht es in einer scharfen Kurve kurz vor dem Ort rechts aufwärts.

Ab hier bleibt die Tour ein Stück auf dem **GR 7 (rot-weißer Doppelbalken).** Eine Weile folgt man den Lichtmasten und biegt dann rechts aufwärts ab. Bei der nächsten Weggabelung geht es wieder nach rechts. Der sehr schöne Weg ist felsig und geröllig. Er steigt weiter aufwärts. Teilweise führt er durch Wald. Nach dem Verlassen des Waldes geht es über eine hauptsächlich mit Ginster und Erika bewachsene Hochfläche. Etwa eine Stunde hinter Héric ist der **Col de l'Airole** erreicht; dort senkt der Weg sich dann wieder etwas in Richtung auf das Örtchen **Douch** (3,5 Std.).

Kurz bevor der Ortsrand von Douch erreicht ist, biegt der Weg rechts aufwärts ab. Er durchquert ein kleines Wäldchen und verläuft dann wieder auf der Hochebene. Bei einem GR-Wegweiser verlässt man den GR und geht bis zur **Table d'Orientation.** Es bieten sich weite Blicke ins Land. Von hier geht es wieder ein Stück zurück bis zur Abzweigung zur Schutzhütte **Refuge de Font Salesse** (5 Std.). Die Wanderung führt links bis zur Hütte und ab hier auf felsigem Pfad hinunter.

Auf schmalen steinigen Pfaden geht es steil abwärts, in Serpentinen durch die Geröllwüste. Wieder erreicht man den Wald und folgt weiter dem Hauptweg hinunter. Bald darauf biegt der Weg links abwärts ab. Weiter dem Hauptweg folgen bis zu einer Art Felsplatte, die links liegen bleibt. 100 m danach biegt der Weg wieder links abwärts ab. Er läuft in Serpentinen weiter hinunter. Bei einem großen Felsbrocken gabelt er sich. Hier wieder links halten. Weiter geht der Weg nach unten, an den Badeplätzen vorbei, überquert den **Pont des Soupirs,** die Seufzerbrücke, und führt zurück zum **Parkplatz** (7 Std.).

*Hans-Georg Deggau*

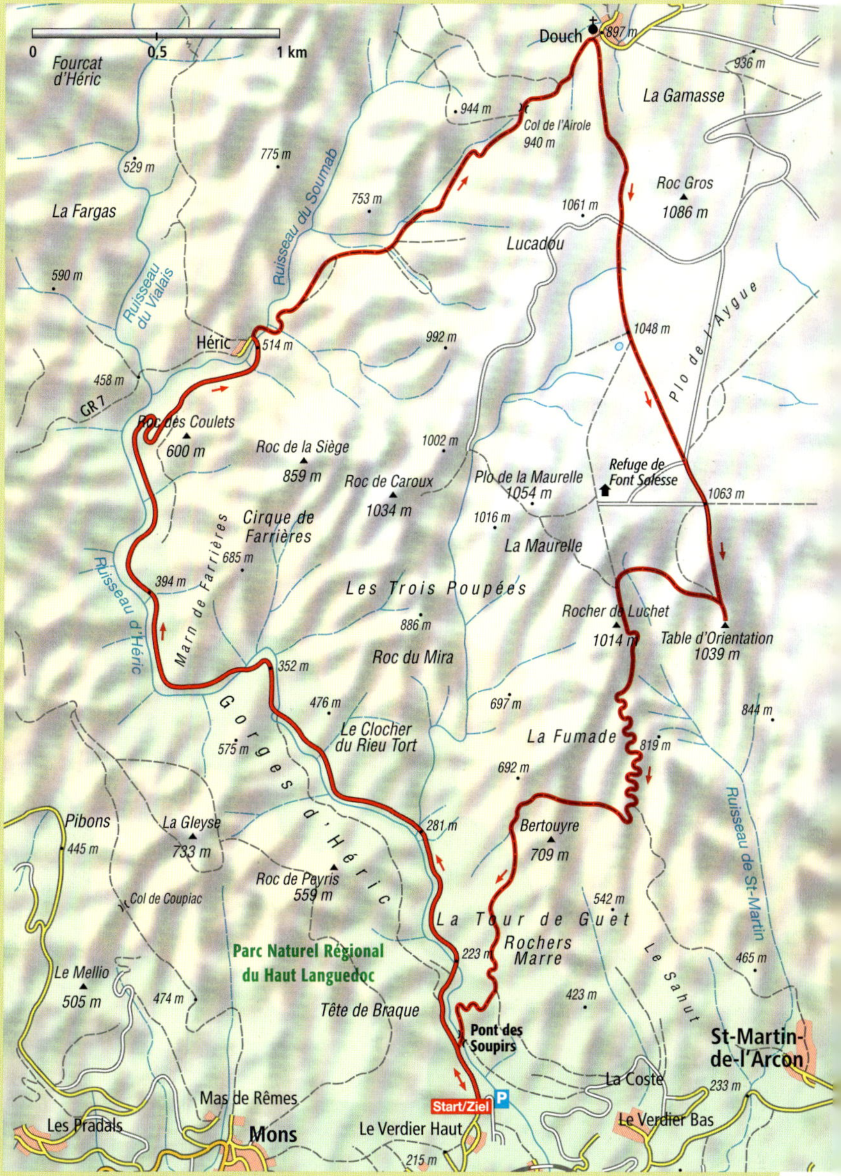
0
0,5
1 km
Fourcat d'Héric
Douch
897 m
936 m
La Gamasse
944 m
Col de l'Airole
940 m
529 m
775 m
La Fargas
Ruisseau du Soumab
753 m
Roc Gros
1086 m
1061 m
Lucadou
590 m
Ruisseau du Vialais
Plo de l'Aygue
1048 m
Héric
514 m
992 m
458 m
GR 7
Roc des Coulets
600 m
Roc de la Siège
859 m
1002 m
Roc de Caroux
1034 m
Plo de la Maurelle
1054 m
Refuge de Font Salesse
1063 m
1016 m
Cirque de Farrières
685 m
La Maurelle
Ruisseau d'Héric
Marn de Farrières
394 m
Les Trois Poupées
886 m
Rocher de Luchet
1014 m
Table d'Orientation
1039 m
352 m
Roc du Mira
476 m
697 m
844 m
Gorges d'Héric
575 m
Le Clocher du Rieu Tort
La Fumade
819 m
692 m
Ruisseau de St-Martin
Pibons
445 m
La Gleyse
733 m
281 m
Bertouyre
709 m
Roc de Peyris
559 m
Col de Coupiac
542 m
La Tour de Guet
Rochers Marre
Parc Naturel Régional du Haut Languedoc
223 m
465 m
Le Sahut
Le Mellio
505 m
474 m
423 m
Tête de Braque
Pont des Soupirs
St-Martin-de-l'Arcon
La Coste
233 m
Mas de Rêmes
Start/Ziel
P
Les Pradals
Mons
Le Verdier Haut
Le Verdier Bas
215 m

Bei den Freizeitkapitänen gilt der Canal du Midi als der beliebteste Wasserweg Frankreichs

Kapitel 4

# Im Westen des Languedoc

**Die Aude gab dem Departement, das in weiten Teilen dem Westen des Languedoc entspricht, den Namen. Ihre Ebene wird im Norden von den Wäldern der Montagne Noire, im Südwesten von den Ausläufern der Pyrenäen und im Osten vom Mittelmeer begrenzt. Parallel zur Aude verläuft der Canal du Midi, weithin erkennbar am doppelten Platanenband, das die Kanalufer säumt. Wer dem Verlauf des vor 350 Jahren geschaffenen Wasserwegs folgt, gelangt zwangsläufig zu Hauptattraktion Nummer zwei: Carcassonne. So weit die Klassiker. Zu den Reiseattraktionen hinzu kommt verstärkt der Wein. Seit ein paar Jahren erleben Corbières, Fitou und Minervois einen gewaltigen Aufwind, den die Aude einer neuen Generation experimentierfreudiger Winzer verdankt.**

**Im Westen des Languedoc besinnt man sich verstärkt auf das wichtigste kulturelle Erbe der Region – die Katharer. Die Aude war im 13. Jh. das Rückzugsgebiet der Andersgläubigen, bis ein von Rom ausgerufener Kreuzzug sie vernichtete. Bienvenue also im ›pays cathare‹, als das sich das Departement Aude geschickt vermarktet.**

**Hut und Sonnenbrille sollte man bei einer Tour zu den Winzern oder auf den Spuren der Katharer nicht vergessen. Die Aude ist ein Hitzekessel, über dem die Luft flirrt und von den umliegenden Bergzügen aufgestaut wird. Abkühlung findet man an der Küste, die über viele Sandkilometer im großen Stil erschlossen wurde. Wem die Appartementzeilen und Freizeitparks von Narbonne-Plage oder Leucate-Plage nicht gefallen, findet an den Lagunen des Hinterlandes oder den verbliebenen unbebauten Strandabschnitten ein einsames Sonnenplätzchen.**

Auf einen Blick

# Im Westen des Languedoc

## Sehenswert

11 **Canal du Midi:** Mit dem 240 km langen Kanal sollten im 17. Jh. die Häfen des Mittelmeers mit denen am Atlantik verbunden werden. Die Berufsschiffer haben den Canal du Midi längst verlassen. Um so beeindruckender ist die Flotte von Hausbooten, auf denen Freizeitkapitäne die trägen Wonnen des Midi genießen (s. S. 276).

12 **Carcassonne:** Frankreichs am besten erhaltene mittelalterliche Stadtsilhouette überlebte den Ansturm der Moderne dank Prosper Mérimée. Der Dichter bekleidete Anfang des 19. Jh. das Amt des nationalen Denkmalschützers – und bewahrte Zinnen und Tore vor dem Zerfall (s. S. 280).

13 **Château de Peyrepertuse:** Zitadelle des Schwindels wird die Katharerburg genannt. Der Name ist zutreffend: Von der Ruine stürzt der Blick ins Bodenlose (s. S. 334).

## Schöne Routen

**Auffahrt zum Pic de Nore:** Für geübte Radfahrer ist die Straße durch die Clamoux-Schlucht hoch zum mit 1210 m höchsten Gipfel der Montagne Noire Pflicht (D 112 und D 87). Zur Belohnung der Mühen schaut man vom Pic de Nore bis zum Gipfel des Canigou im Roussillon – woran sich auch Autofahrer erfreuen dürfen (s. S. 291).

**Von Bages nach Peyriac-de-Mer:** Wasser links, Wasser rechts, und in der flimmernden Hitze die schlanken Silhouetten der Flamingos – das schmale Sträßchen (D 105) zwischen den beiden Fischerdörfern führt auf 5 km über einen Deich durch die Salzsümpfe des Naturparks La Narbonnaise (s. S. 322).

**Von Tuchan nach Puilaurens:** An der Landstraße durch den aridesten und einsamsten Teil der Corbières reihen sich gleich vier Katharerburgen auf (s. S. 329).

## Meine Tipps

**Wohnen beim Winzer:** Die Chambre d'hôte beim Winzer lädt nicht nur zu seligem Schlummer ein. Man erfährt auch en passant alles Wichtige über die AOC Corbières (s. S. 308).

**Etang de Pissevaches:** Sümpfe und die Lagune bilden am rechten Ufer der Aude-Mündung ein ideales Revier für Zugvögel (s. S. 316).

**Parc Naturel Régional de la Narbonnaise:** Die vom La-Clape-Massiv, der Abtei Fontfroide und den Corbières begrenzten Lagunen sind die Heimat von Flamingos, Austernzüchtern und Aalfischern (s. S. 321).

## aktiv unterwegs

**Von Minerve in die Gorges du Briant:** Eine Halbtageswanderung vom zauberhaften Winzerdorf entführt in die dramatisch schöne Briant-Schlucht und auf ein kahles Plateau (s. S. 294).

**Der Weg des Briefträgers:** Der Sentier du Facteur, der Wanderweg des Briefträgers, führt rund ums hübsche Winzerdorf Talairan. Die Tour erinnert an die Runde, die der Briefträger von Talairan bis 1952 alle zwei Tage absolvieren musste (s. S. 310).

**Auf den Spuren der Katharer:** Die mächtige Ruine des Château de Quéribus ist Höhepunkt einer Wanderung auf den Spuren der ›Reinen‹, die sich im Mittelalter gegen Papst und König auflehnten (s. S. 330).

# Canal du Midi und Montagne Noire

**Unaufgeregt geht das Leben in den Uferdörfern des Canal du Midi seinen Gang. Platanen links und rechts der Fahrrinne tauchen den Kanal in dämmrigen Schatten. Nach Norden riegelt die Montagne Noire den Horizont ab. Das wegen seiner Wälder dunkel wirkende Mittelgebirge ist ein Paradies für Wanderer und eine Herausforderung für trainierte Radfahrer. Trubelig wird es hingegen in Carcassonne.**

## 11 Canal du Midi

Die Idee, mittels eines Kanals die Häfen des Mittelmeers mit denen des Atlantiks zu verbinden, soll Paul Riquet bei Ausflügen in die wasserreiche Montagne Noire gekommen sein. Der königliche Steuerbeamte aus Béziers verstand sich als verhinderter Ingenieur, interessierte sich zudem für hydraulische Techniken und Geologie. Seine Idee war so einleuchtend wie grandios. Der Canal entre deux mers, wie der Canal du Midi ursprünglich hieß, sollte mit fünf in der Montagne Noire aufgestauten Bergbächen und -flüssen gespeist werden.

Der Sonnenkönig war angetan von der Idee – und ließ Riquet gewähren, auf dessen eigenes finanzielles Risiko freilich. Abgesehen von ein paar Privilegien und Steuern hielt sich die Krone bedeckt: Ludwig XIV. brauchte sein Geld für die Kriegskasse und die Hofhaltung in Versailles. Riquet verschuldete sich, verkaufte am Ende Haus und Hof. Erst seine Erben sollten von den Einnahmen reich werden, die sich aus den bei den Schiffern erhobenen Gebühren ergaben.

Baubeginn für das **240 km lange Jahrhundertwerk** war 1666. Während der 15-jährigen Arbeiten ließ Riquet von einem 12 000 Köpfe zählenden Arbeiterheer zwei Talsperren errichten, den Hafen von Sète ausbauen, die Fahrrinne graben, 64 Schleusen, 126 Brücken, sieben Brückenkanäle, 55 Aquädukte, dazu Tunnel bauen – und nicht zu vergessen: 100 000 Platanen anpflanzen. Das Ganze kostete die pharaonische Summe von 15 Mio. Livres (Pfund). Als der Kanal 1681 zwischen dem Bassin de Thau und Toulouse eröffnet wurde, war Riquet längst pleite. Völlig verarmt starb er noch kurz vor der offiziellen Eröffnung. Erst Mitte des 19. Jh. konnte auch der Canal latéral à la Garonne fertiggestellt werden, der den Canal du Midi ab Toulouse mit der Garonne und dem Atlantik verbindet. Gegen den Siegeszug der wesentlich schnelleren Eisenbahn hatte die Kanalschifffahrt jedoch keine Chance mehr. Viel zu eng waren die Schleusen, zu flach die Fahrrinne, um konkurrenzfähige große Schiffe einsetzen zu können. Seine Renaissance erlebte der Canal du Midi erst im Zeitalter der Freizeitgesellschaft. Kein Wasserweg Frankreichs ist heute unter Hobbykapitänen beliebter als Riquets Lebenswerk.

### Von den Ecluses de Fonséranes nach Le Somail

**► G–J 13**

Bei Fonséranes streift der Canal du Midi den westlichen Stadtrand von Béziers. Die **Ecluses de Fonséranes,** das ehemals sechs- und heute siebenstufige Schleusenwerk, mit dem Kanalbauer Paul Riquet das an dieser Stelle beachtliche Gefälle überwand, werden bei der Beschreibung von Béziers vorgestellt (frei zugänglich, s. S. 252).

Alles andere als schnurgerade schlängelt sich der Kanal weiter westlich durchs Land. Platanen links, Platanen rechts bilden ein Spalier aus Stämmen, die so dick sind, dass sie an Säulen erinnern: Fast hat man das Gefühl, mit dem Boot durch ein Kirchenschiff zu gleiten. Es wird für einen Augenblick dunkel. Das Boot passiert hinter dem Kanaldorf Colombiers den 163 m langen, samt Treidelpfad durchs weiche Tuffgestein getriebenen **Kanaltunnel von Malpas.** In der Maison du Malpas wird der erste Schifffahrtskanal der Welt in einem Video vorgestellt (Rte. de l'Oppidum, am Weg zum Oppidum von Ensérune, Tel. 04 67 32 88 77, www.lemalpas.com, Mai–Sept. tgl. 10–17 Uhr, sonst Di–Sa).

Das **Oppidum d'Ensérune** liegt auf einem Hügel oberhalb des Kanal-Nordufers. Seit 1915 wird an diesem geschichtsträchtigen Ort gegraben. Gefunden wurden dabei die Reste einer Siedlung, die vom 6. Jh. v. Chr. bis ins 1. Jh. n. Chr. nacheinander von Kelten, Etruskern, Griechen und Römern eingenommen wurde. Gut zu erkennen sind die Grundmauern von Häusern und Mausoleen. Ein Museum stellt Grabungsfunde wie Wandfresken und attische Vasen aus (Zufahrt mit dem Auto ab Nissan-lez-Ensérune, Mai–Aug. tgl. 10–19, April, Sept. Di–So 10–12.30, 14–18, sonst Di–So 9.30–12.30, 14–17.30 Uhr, letzter Einlass 1 Std. vor Schließung, 7 €). Fast beeindruckender als die Ruinen ist die schöne Lage Ensérunes und der Blick auf den **Etang de Montady** im Norden. Der ehemalige See erscheint in der tischtuchflachen Ebene als fächerförmig unterteilter Kreis. Das Stück ›Land Art‹ aus Bauernhand geht auf die Entwässerung des Sees im 13. Jh. zurück: Ein Kanalsystem zerschneidet das Land in spitz zulaufende Tortenstücke und führt das Wasser in die Mitte ab.

Ein Stück weit führt die D 37 parallel zum Kanal ins Dörfchen **Poilhès-la-Romaine.** La Romaine nennt sich Poilhès, weil die Römer unübersehbar ihre Spuren hinterlassen haben. Ein Plan am Ortsschild zeigt, wo antike Funde, darunter die Reste eines Speichers, gemacht wurden. Das nette Dorf lebt ansonsten vom Hausboottourismus. Einige Verleiher unterhalten hier eine Basis. Bei klarer Wintersicht schaut man von **Capestang** bis zu den schneebedeckten Pyrenäengipfeln. Auch in diesem Kanalstädtchen gibt es einen Hausbootverleih, und während der Saison füllen die Bootsurlauber auf dem Markt (Mi, So) ihre Vorräte auf. Über dem geschäftigen Ort ragt der 44 m hohe Glockenturm der gotischen Kirche St-Etienne empor. Etwas weiter stößt man auf die spätmittelalterliche Burg des Erzbischofs von Narbonne.

Ein kleiner Schlenker über **Quarante** – hier ist die festungsartige, frühromanische Dorfkirche Ste-Marie (11. Jh.) mit den darin ausgestellten Steinsarkophagen zu besichtigen – und man gelangt über Argeliers wieder an den Canal du Midi. Ein Stück oberhalb, direkt an der Cesse liegt **Mirepeisset:** Man kann im Fluss an der Picknickstelle La Garenne baden!

Der nächste Halt lohnt in **Le Somail,** dem vielleicht malerischsten Dorf am Canal du Midi. An der Kanalbrücke thront die babyblau ausgemalte Kapelle der Flussschiffer. Cafés und Antiquariate haben sich am Ufer breitgemacht, dazu auch ein kurioses, etwas angestaubtes **Hutmuseum** mit 6500 Kopfbedeckungen aus 85 Ländern (Musée de la Chapellerie, Juni–Sept. 9–12, 14–19, sonst 14–18 Uhr, 3,50 €). Und: Einen schwimmenden Tante-Emma-Laden gibt es auch noch …

## Von Ventenac-en-Minervois nach Trèbes ► E–G 13

Bei **Ventenac-en-Minervois** kommen sich der Kanal und die Aude wieder näher und fließen bis Carcassonne fast parallel nebeneinander her. Beide Wasserwege markieren die Scheide zwischen den Weinbergen des Minervois auf dem Nord- und denen der Corbières auf dem Südufer. Auf dem Weg nach Paraza wird der Kanal mittels einer Brücke über einen Zufluss der Aude geleitet. Es handelt sich um den **Pont-Canal de Répudre,** mit dem die Kanalrinne in luftige Höhe gehievt wird. Riquet wohnte übrigens zur Überwachung der Baustelle 1676 im Schloss von Paraza. Bis Roubia tauchen gewaltige Platanen den Treidelpfad in wohliges Schummerlicht. Nach fast 350 Jahren wirkt das techni-

sche Wunderwerk wie mit der Landschaft verwachsen. Aprikosen- und Pfirsichbäume begleiten den Kanal weiter nach **Argens-Minervois,** über dem ein Schloss wacht.

Auf dem Weg nach Homps nehmen Aude und Kanal das Landsträßchen in die Zange. Der Kanal zeigt sich mit altertümlichen Schleusen und adretten Dörfern von seiner schönsten Seite. Hübsch mit Blumen herausgeputzt sind die alten Schleusenwärterhäuschen am Kanal. **Homps** ist ein unter Kanalschiffern beliebter Anlegeplatz. Im Port Minervois, dem Hafen des Dorfes, ist die Flotte entsprechend groß.

Von nun an wird es schwieriger, direkt an den Kanal zu gelangen. Orbiel, Aude und Canal du Midi durchfließen **Trèbes.** Wie schon bei Paraza hat Riquet den Kanal mit einer Brückenrinne über den Orbiel gehievt. Durchgerüttelt wird das Städtchen von der stark befahrenen D 610 nach Carcassonne. Von der Hektik ist am Kanal freilich nur wenig zu spüren. Am Moulin de Trèbes, einer zum Restaurant umgebauten Mühle am Kanal, kann man von der Terrasse hinüber zu einer kniffeligen Dreierschleuse schauen. Während die Kanalschiffer sich dort abmühen, sitzt man selbst kommod auf der schattigen Terrasse.

## Infos

**Point Infomation du Sud Minervois:** 168, allée de la Glacière, 11120 Le Somail, Tel. 04 68 41 55 70, www.sud-minervois.com.
**Auskunft über den Canal du Midi** erteilen zudem die Offices de Tourisme von Béziers (s. S. 252) und Carcassonne (s. S. 284).
**Internet:** www.canalmidi.com

## Übernachten

In den Reben ▶ **Domaine de la Redonde:** Montels (3,5 km südl. von Capestang über D 16), Tel. 04 67 93 31 82, huguesderodez@wanadoo.fr. Hübsches Schlösschen im Weinberg mit einer feudal möblierten Chambre d'hôte (DZ/F 60 € ab 2 Übernachtungen), einer komfortablen Suite (DZ/F 110 €) und einer schlichten Wohnung (650 €/Woche). Pool und Park.
An Bord ▶ **Péniche Alegria:** 2, rue des Anciennes-Ecoles (Ankerplatz: Bd. Paul-Riquet), Poilhès, Tel. 04 67 39 76 46, 06 37 84 73 50, http://hotelalegria.free.fr. Ein zum Wohnschiff umgebauter Schleppkahn mit dem nostalgischen Charme der 1930er-Jahre. 2 Nichtraucherkabinen mit Parkett, Bullaugen, eigener Dusche. DZ/F 85 €. Regelmäßige Kreuzfahrten auf dem Canal du Midi.
Stattlich ▶ **Le Plô:** 7, av. de la Cave, Nissan-lez-Ensérune (5 km südl. vom Oppidum), Tel. 04 67 37 38 21, www.bedbreakfast-nissan.com, April–Dez. Imposantes Herrenhaus mit nüchtern-eleganten Gästezimmern und 2 Appartements. Garten. DZ ab 65 €.

## Übernachten, Essen

Ultrachic ▶ **La Tuilerie du Balazac:** 7 bis, rte. des Corbières, Trèbes, Tel. 04 68 78 10 82, www.latuileriedubalazac.com. Cooles Design in einer ehemaligen Ziegelei. 4 puristische, großzügige Chambres d'hôte mit luxuriöser Ausstattung. Pool, Table d'hôte (abends, 25 € ohne Getränke). DZ/F ab 92 €.
Mitten im Dorf ▶ **Hôtel La Résidence:** 35, av. de la Cave, Nissan-lez-Ensérune (5 km südl. vom Oppidum), Tel. 04 67 37 00 63, www.hotel-residence.com. Charmante, gutbürgerliche Adresse mit gemütlichen Zimmern im Haupthaus und geräumigen Zimmern im Nebenbau. Restaurant mit schöner Terrasse zum Pool (Menü 21–49 €). DZ ab 65 €.
Am Kanal ▶ **Auberge de l'Arbousier:** 50, av. de Carcassonne, **Homps,** Tel. 04 68 91 11 24, www.auberge-canaldumidi.com. 11 unterschiedliche, modernisierte Zimmer, 5 davon mit Blick auf den Canal du Midi, 3 andere mit eigener Terrasse. Lauschig! Frühstücksterrasse zum Kanal. Gutes Restaurant (So abends, Mo, Di mittags geschl., Formule 15 €, Menü 22–39 €). DZ 60–80 €.

## Essen & Trinken

Bio ▶ **Le Comptoir Nature:** 1, chemin de Halage, Le Somail, Tel. 04 68 46 01 61, Juli/Aug. tgl., sonst Mi, Okt.–März geschl. Nette Bar am Treidelpfad mit kleinen Gerich-

**Berufsfischer auf dem Canal du Midi**

ten und Eis (Ziegenkäsesalat mit Entenbrust, Eis aus Lammmilch!), Biosäften. Formule 15 € (mittags), Menü 18–32 €. Verleih von Rädern und Elektrobötchen.

Am Kai ▶ **Les Tonneliers:** 23, quai des Tonneliers, Homps, Tel. 04 68 14 04, Febr.–Nov. Einfache, etwas bemühte Küche – Cassoulet mit Lachs – und ein herrlicher Blick von der Terrasse auf den Kanal. Menü 16–34 €.

An der Schleuse ▶ **Auberge du Moulin:** 2, rue du Moulin, Trèbes, Tel. 04 68 78 97 57, März, Okt., Nov. Mi, Mitte Nov.–Mitte März ganz geschl. Umgebaute Mühle am Kanal mit Blick auf die Schleuse und den Schleusenverkehr. Einfache, günstige Küche. Menü 12–14 € (Mo–Fr mittags), sonst 22–28 €.

## Einkaufen

Wein und mehr ▶ **La Porte Minervoise:** am Kanal, Mirepeisset, Tel. 04 68 46 29 65, April–Okt. tgl. außer Sa morgens 9.30–20 Uhr. Weine des Minervois und Produkte der Region. **Le Chai-Port-Minervois:** Le Canal, Homps, Tel. 04 68 91 18 98, www.lechai-port minervois.com, Mai–Sept. Mo–Fr 9–12.30, 14–19, Sa, So 14–19, April, Okt. Mo–Fr 9–12, 14–18, Nov.–März Mo–Fr 9–12, 14–17 Uhr. Alle Weine des Minervois, grandiose Auswahl, nette Atmosphäre.

Schwankend ▶ **La Péniche Epicière:** Allée de la Glacière (an der Brücke), Le Somail, April–Okt. April–Okt. 8–13, 16–19.30 Uhr, Sa, So durchgehend. Schwimmender Tante-Emma-Laden, morgens mit frischem Brot und Croissants.

Für Leseratten ▶ **La Librairie ancienne:** am Kanal, Le Somail, Tel. 04 68 46 21 64, April–Sept. tgl. 10–12, 14.30–18.30, Okt.–März tgl. 14–18.30 Uhr. Antiquariat mit 50 000 bibliophilen Überraschungen.

## Aktiv

Kreuzfahrten ▶ **Croisières du Midi:** 35, quai des Tonneliers, Homps, Tel. 04 68 91 33 00, www.croisieres-du-midi.com. 2-stündige Bootsausflüge auf dem Canal du Midi, April–Mitte Sept. Auch Radverleih.

Hausbootverleih ▶ **Minervois Cruises:** Chemin de Halage, Le Someil, Tel. 04 68 46 28 52, www.minervoiscruises.com. Hausbootverleih in britischer Familienregie (ab 1 Woche), kleine Flotte, familiärer Service.

# 12 Carcassonne ▶ D 12/13

**Cityplan:** S. 282

Mehr Mittelalter geht nicht: La Cité, die mittelalterliche Oberstadt von Carcassonne, wirkt mit Türmen, Zinnen und Mauern wie ein Fantasiegebilde. Kein Wunder, dass Walt Disney sich von diesem Anblick zu den Märchenschlössern seiner Zeichentrickfilme inspiriert haben soll. Mit sage und schreibe 52 Türmen und 3 km lückenlosem Mauerwerk gilt die Cité als **Europas besterhaltene Festungsstadt des Mittelalters**. Mancher Stein, der in der Cité säuberlich renoviert auf dem anderen liegt, ist freilich nicht ganz so alt, wie die märchenhafte Silhouette vorgibt. Noch im 19. Jh. wurde ernsthaft über den Abriss des kaum noch bewohnten, arg zerfallenen Ensembles diskutiert. Dann trat der vom Staat zur Rettung historischer Bauten beauftragte Eugène-Emanuel Viollet-le-Duc auf den Plan, ließ hier eine Pechnase ankleben, dort eine Turmhaube aufsetzen. Ein Hauch Künstlichkeit liegt deshalb über der Cité, die im Gesamtbild jedoch wie aus einem mittelalterlichen Stundenbuch entnommen wirkt.

Als perfekte Kulisse bewährt sich die Cité jedes Jahr in der ersten Augusthälfte beim **Mittelalterspektakel Les Médiévales.** Mit Hightech und einem Heer von Statisten lässt man das Mittelalter Revue passieren, nicht ganz geschichtsbuchtreu, aber ungeheuer wirksam.

## Geschichte

Die Geschichte der 50 000 Einwohner zählenden Verwaltungskapitale des Departements Aude ähnelt der wechselvollen Historie fast aller Orte in diesem Teil Frankreichs. Am Anfang stand die keltische Siedlung. Carcasso. Es folgten Römer, Westgoten, Franken, Araber und Karolinger, die sich nacheinander verjagten. 1130 ließen die Grafen von Béziers eine erste Burg errichten, hinter deren Mauern bald Katharer Zuflucht suchten. Nach den Katharerkriegen ging Carcassonne Mitte des 13. Jh. in den Besitz der französischen Krone über. 300 Jahre lang diente die Stadt als Bollwerk gegen iberische Eindringlinge. Mit dem Pyrenäenfrieden von 1659 entfiel diese Funktion. Die vorher nahe Grenze zu Spanien lag nun weit ab in den Pyrenäen. Die Cité entvölkerte sich, auch weil das Leben in der von Ludwig dem Heiligen im 13. Jh. gegründeten Unterstadt, La Ville Basse, nicht zuletzt dank des Canal du Midi bequemer war. Die wehrhafte Cité verfiel, bis Mitte des 19. Jh. der Wiederaufbau begann, dem eine touristische Erfolgskarriere sondergleichen folgte.

## La Ville Basse

In der zwischen Aude und Canal du Midi eingeklemmten Unterstadt leben heute 90 % der Einwohner. Dort beweist sich Carcassonne dank der gewaltigen Kasernen als bedeutende Garnisonsstadt, und von dort bietet die Cité auch den erfreulichsten Anblick, besonders wenn die Abendsonne die Zinnen zum Leuchten bringt. Doch auch mit ihren im Schachbrettmuster angelegten Straßen hat die Unterstadt einiges zu bieten. Bunt ist das Markttreiben an der **Place Carnot** 1: Am weiten Hauptplatz wird gleich dreimal pro Woche ein Blumen- und Kräutermarkt abgehalten. Aus dem marmornen Neptunbrunnen plätschert munter das Wasser, und es gibt reichlich Cafés am platanenbeschatteten Platz.

Unweit der Place Carnot erinnert die **Maison des Mémoires** 2 (53, rue de Verdun, Di–Sa 9–12, 14–18 Uhr, gratis) an Joël Bousqet. Der durch eine Verletzung im Ersten Weltkrieg von der Hüfte an abwärts gelähmte Dichter und Literat wohnte bis zu seinem Tod 1950 in dem Barockpalais. Bousquets Wohnung, in der die Dichter André Gide, Paul Valéry und der Maler Max Ernst ein- und ausgingen, ist mit einer Ausstellung und dem original erhaltenen Arbeits- und Schlafzimmer dem Leben des Dichters gewidmet. In die obere Etage zog das **Centre d'Etudes Cathares,** in dessen Bibliothek man sich über die Rolle der Katharer im Languedoc informieren kann (Tel. 04 68 47 24 66, Mo–Fr 9–12.30, 14–17.30 Uhr, gratis). Ebenfalls in der Rue de Verdun zeigt das **Musée des Beaux-Arts** 3 Malerei und Keramik vom 16. Jh. bis zur Gegenwart (Nr. 1, im Sommer tgl. 10–18, sonst Di–Sa 10–12, 14–18 Uhr, gratis).

Mit der Gründung der Ville Basse durch Ludwig IX. ging der Bau der Kirche **St-Michel** 4 einher, die erst 1803 zur Kathedrale erhoben wurde, um die Kathedrale der verfallenden Cité abzulösen. Viollet-le-Duc ließ St-Michel 1840 zwar renovieren, doch das Westwerk blieb unvollendet (außer Messen 9–18 Uhr). Der gotische Bau aus dem 13. Jh. berührt im Norden die Stadtmauer, in die etwas weiter östlich das barocke Stadttor **Portail des Jacobins** gefügt wurde.

Betriebsam geht es auf der verkehrsbefreiten **Rue Georges Clemenceau** zu. Sie führt zum Bahnhof und zum Canal du Midi, vorbei an der **Chapelle des Carmes** 5 aus dem 13. Jh. Bis 1981 wurde der Bau als Kino genutzt, dann übernahm der Bischof die Räumlichkeiten.

## La Cité

Die acht Bögen des **Pont Vieux,** der alten Aude-Brücke, stammen aus dem 14. Jh. Am Aufgang des 210 m langen Bauwerks steht die spätmittelalterliche Kapelle **Notre-Dame-de-la-Santé** 6 mit einer Statue der Heiligen Jungfrau. Über das Pflaster gelangt man vor die mit einem doppelten Mauerring geschützte Oberstadt. Bevor man in die Gassen vordringt, lohnt sich ein Spaziergang über die **Promenade des Lices,** die zwischen den beiden Festungsmauern verläuft. Von den grasbewachsenen Lices lässt sich die Geschichte von Carcassonne bis in die Antike ablesen, wenn auch aus der Zwergenperspektive, die einem die gewaltigen Bollwerke aufzwingen. Der Innenring stammt z. T. aus dem 2. Jh. n. Chr. Im 5. Jh. folgte eine zweite antike Bauphase, auf die erst im 11. Jh. eine erste mittelalterliche Erweiterung der römischen Substanz eingeleitet wurde. Schließlich nahm die französische Krone eine letzte Erweiterung im 13. und 14. Jh. vor.

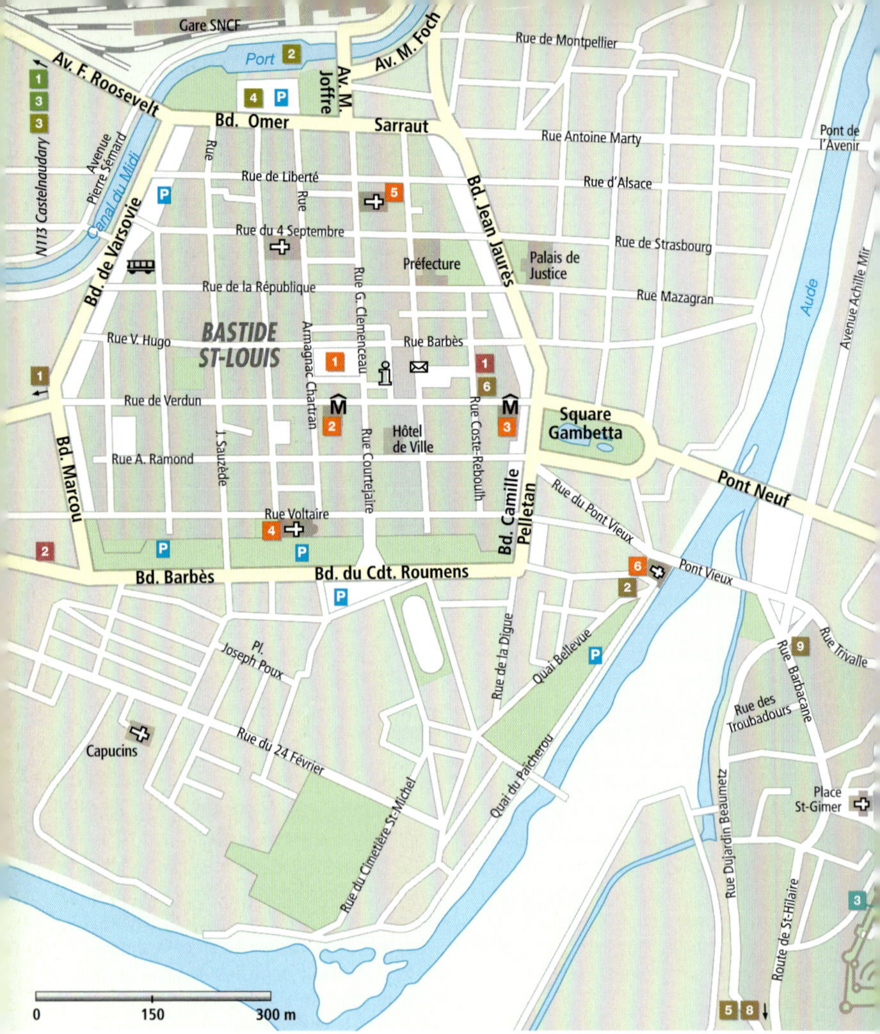


Die **Porte Narbonnaise** 7 im Osten der Cité ist die mächtigste Torburg – die Zugbrücke stammt freilich aus dem 19. Jh. Türme flankieren die Porte Narbonnaise, durch deren Nadelöhr es seit dem Ende des 13. Jh. auf die Rue Cros-Mayrevieille geht. Gegenüber der Torburg spult das **Musée Mémoires du Moyen Age** im Kurzdurchlauf mithilfe von Modellen und Videos die Geschichte von Carcassonne ab (Chemin des Anglais, www.mmma.chez.com, tgl. 10–19 Uhr, 5 €). Vorbei an Souvenirläden gelangt man schnurstracks über das Kopfsteinpflaster zum **Château Comtal** 8. In der gräflichen Burg der Trencavel zeigt das **Musée lapidaire** 9 Fundstücke aus den wichtigen Epochen Carcassonnes und seiner nahen Umgebung. Ende des 12. Jh. ließen die Vicomtes von Carcassonne den wehrhaften Bau als letzte Fluchtburg auf den Fundamenten einer gallo-römischen Villa errichten. Fundamente des antiken Baus wurden im Innenhof freigelegt (April–Sept. 10–18.30, Okt.–März 9.30–17 Uhr, letzter Einlass 45 Min. vor Schließung,

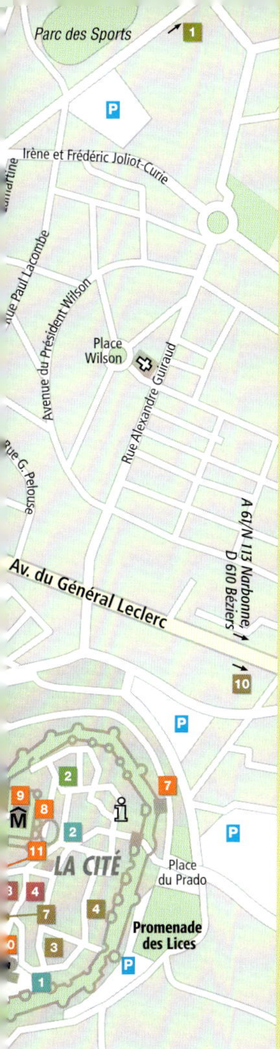


## Carcassonne

**Sehenswert**
1 Place Carnot
2 Maison des Mémoires
3 Musée des Beaux-Arts
4 St-Michel
5 Chapelle des Carmes
6 Notre-Dame-de-la-Santé
7 Porte Narbonnaise
8 Château Comtal
9 Musée lapidaire
10 Cathédrale St-Nazaire
11 Porte d'Aude

**Übernachten**
1 Hôtel Montségur
2 Les Trois Couronnes
3 Le Donjon
4 Auberge de la Jeunesse
5 Campéole La Cité
6 La Maison Coste
7 Hôtel de la Cité
8 Domaine d'Auriac
9 Bloc G
10 La Maison sur la Colline

**Essen & Trinken**
1 Robert Rodriguez/ Cantine de Robert
2 Le Clos Occitan
3 Comte Roger
4 Au Jardin de la Tour

**Einkaufen**
1 Cabanal
2 Cellier des Vignerons de la Cité
3 Château de Pennautier

**Abends & Nachts**
1 Le Bar à vins
2 Le Comptoir des Vins et des Terroirs
3 L'Art gourmand

**Aktiv**
1 Piscine du Paicherou
2 Lou Gabaret
3 Evasion 2Roues
4 Génération VTT

8,50 €). Die **Cathédrale St-Nazaire** 10 wurde um 1270 vollendet – 200 Jahre nach Baubeginn. Das Hauptschiff ist daher romanisch, Querschiff und Chor hingegen gotisch. 22 Statuen schmücken die Säulen des von blauem Licht durchfluteten Chors. Fenster für Fenster erzählt die Verglasung das Leben Christi (im Sommer Mo–Sa 9–11.45, So 9–10.45, 13.45–18, im Winter nur bis 16.30 Uhr, gratis). Von der nahen **Tour St-Martin** hat man einen fantastischen Blick auf die Rippen der Chorarchitektur. Dahinter glänzen die Schieferhauben des gräflichen Schlosses, und mit etwas Glück reicht die Fernsicht bis auf die Pyrenäen. Von der **Tour de l'Inquisition** im Süden der Cité – einem der zahlreichen Türme der inneren und äußeren Mauer – kann man sich beim Anblick von Halseisen und Kerkern den obligaten Schauer einer solchen Burgbesichtigung über den Rücken laufen lassen (alle Türme Öffnungszeiten wie Château Comtal). Die **Porte d'Aude** 11 liegt an der zur Aude gewandten Seite der Cité, entsprechend mächtig ist das Tor geraten.

Von der Höhe des Baus schaut man auf Château und Fluss.

## Infos

**Office de Tourisme:** Ville Basse, 28, rue de Verdun, Tel. 04 68 10 24 30, www.carcassone-tourisme.com. Cité, Porte Narbonnaise, Tel. 04 68 10 24 36.

## Übernachten

**... in der Ville Basse:**

Vieille France ▶ **Hôtel Montségur 1:** 27, allée d'léna, Tel. 04 68 25 31 41, www.hotelmontsegur.com. Belle-Epoque-Bau in Familienhand. Stilvolles Ambiente mit antiken Möbeln. DZ ab 87 €.

Ausblick ▶ **Les Trois Couronnes 2:** 2, rue des Trois Couronnes, Tel. 04 68 25 36 10, www.hotel-destroiscouronnes.com. Modernes Haus unweit des Pont Vieux. Zimmer mit Balkon und Blick auf die des Nachts beleuchtete Cité. Sauna, Fitnessraum. DZ ab 92 €.

**... in der Cité:**

Mittelalterlich ▶ **Le Donjon 3:** 2, rue du Comte Roger, Tel. 04 68 11 23 00, www.bestwestern-donjon.com. Ehemaliges Waisenheim des 15. Jh. im Herzen der mittelalterlichen Stadt. Kleine, schmucke Zimmer mit schönem Ausblick, manche mit winziger Terrasse. DZ ab 105 €.

Jugendherberge ▶ **Auberge de la Jeunesse 4:** Rue Vicomte Trencavel, Tel. 04 68 25 23 16, www.fual.org, Febr.–Mitte Dez. Gut geführte Jugendherberge mit 120 Schlafplätzen in 4- bis 6-Bett-Zimmern in historischer Kulisse der Cité. 22 €/Nacht inkl. Frühstück.

**... außerhalb:**

Camping ▶ **Campéole La Cité 5:** Rte. de St-Hilaire, Tel. 04 68 25 11 77, Mitte März–Mitte Okt. Terrassiertes Hügelgelände inmitten von Weinbergen. Busverbindung zur Stadt mit Linie 8. Pool, Tennis. 2 Pers., Auto, Zelt 26 €.

## Übernachten, Essen

**... in der Ville Basse:**

Stylisch ▶ **La Maison Coste 6:** 40, rue Coste-Reboulh, Tel. 04 68 77 12 15, www.maison-coste.com. 3 Gästezimmer und 1 Suite, puristisch gestaltet, mit Kamin. Terrasse, Jacuzzi, Table d'hôte (abends 32 €). Die Besitzer führen die Designboutique im Erdgeschoss. DZ/F ab 90 €.

**... in der Cité:**

Stardust memories ▶ **Hôtel de la Cité 7:** Pl. Auguste-Pierre Pont, Tel. 04 68 71 98 71, www.hoteldelacite.com, Ende Nov.–Ende Dez., Ende Jan.–März geschl. Die beste Adresse in der Cité, die auch schon so manchen Star beherbergt hat. Neogotisches Haus, luxuriöse Zimmer im Empirestil, Badezimmer aus Marmor. DZ ab 225 €. Restaurant mit Michelin-Stern, Do–Mo nur abends, Menü 75–160 €

**... außerhalb der Cité und der Ville Basse:**

Geschichtsträchtig ▶ **Domaine d'Auriac 8:** 4 km südwestl. an der Rte. de St-Hilaire, Tel. 04 68 25 72 22, www.domaine-d-auriac.com. Nobles Anwesen aus dem 19. Jh. in einer sehr alten Parkanlage. Das Gebäude ist auf den Kellern einer karolingischen Abtei erbaut. Pool, Tennis- und Golfplatz (9 Loch), elegantes Restaurant mit Michelin-Stern (Okt.–März So abends, Mo, April–Sept. Mo, Di, Mi mittags geschl., Menü 45–100 €) und zwangloses Bistro (Okt.–April Mo, Di–Do abends, April–Sept., sonst So geschl., Menü 21–40 €). DZ ab 150 €.

Cool ▶ **Bloc G 9:** 112, rue Barbacane, Tel. 04 68 47 58 20, www.bloc-g.com. Puristische Designzimmer zum Pont Vieux, südlich gestimmte Küche (Restaurant Okt.–April Mo, Di geschl. DZ/F ab 90 €, Menü ab 16 €.

Auf dem Hügel ▶ **La Maison sur la Colline 10:** Ste-Croix (1,5 km östl. der Cité), Tel. 04 68 47 57 94, www.lamaisonsurlacolline.com, Mitte Febr.–Mitte Dez. Landhaus mit 6 geschmackvoll eingerichteten Chambres d'hôte in stiller Hügellage, abseits vom Trubel. Eine *trouvaille,* von der Porte Narbonnaise leicht zu Fuß zu erreichen. Table d'hôte Mo–Fr 30 € inkl. Getränke. DZ/F ab 85 €.

**Ein kleiner Teil des 3 km langen lückenlosen Mauerwerks der Festungsstadt Carcassonne**

Zeitreise in die Vergangenheit beim Mittelalterfestival von Carcassonne

## Essen & Trinken

**... in der Ville Basse:**

Im Doppelpack ▶ **Robert Rodriguez 1:** 39, rue Coste-Reboulh, Tel. 04 68 47 37 80, http://restaurantrobertrodriguez.com, Do–Sa nur abends. Eine intime Adresse mit nur 10 Gedecken und einer modernisierten Küche des Languedoc. Empfehlenswert ist die in Pfirsichwein marinierte Foie gras! Menü 60–100 €. Günstiger ist die **Cantine de Robert:** 1, pl. de Lattre de Tassigny (gegenüber), Tel. wie oben, Mi abends, So geschl. Bistro mit pfiffiger Küche und netter Atmosphäre. Menü 24–45 €.

Regional ▶ **Le Clos Occitan 2:** 68, bd. Barbès, Tel. 04 68 47 93 64, Sa mittags, So abends, Mo geschl. Tagesfrische Küche des Languedoc in einer ehemaligen Autowerkstatt. Luftiger Patio und Mezzanine. Menü 16 (mittags unter der Woche)–42 €.

**... in der Cité:**

Zeitgemäß ▶ **Comte Roger 3:** 14, rue St-Louis, Tel. 04 68 11 93 40, www.comteroger.com, Di–Sa. Frische *cuisine du marché,* entweder auf der herrlichen Terrasse in einer heimeligen Gasse oder im modern gestylten Saal. Formule 19 €, Menü 36–46 €.

Gartenlust ▶ **Au Jardin de la Tour 4:** 11, rue Porte d'Aude, Tel. 04 68 25 71 24, nur abends, Nebensaison nur Di–So. Der Besitzer war zuvor Antiquitätenhändler – man sieht's. Die Terrasse ist ein Sommernachtstraum inklusive Tapas und Livemusik. Natürlich gibt es Cassoulet, aber auch Fischgerichte. Formule im Sommer 15 €, Menü 30 €.

## Einkaufen

**... in der Ville Basse:**

Hochprozentiges ▶ **Cabanal 1:** 72, allée d'Iéna, Tel. 04 68 25 02 58. Hausgemachte

Aperitifs, Liköre, Schnäpse, Pastis, seit 1868. Tipp: Or-Kina, ein Aperitif aus Bitterorangen.

**... in der Cité:**

Wein ▶ **Cellier des Vignerons de la Cité** 2: 13, rue du Grand-Puits, 10–19 Uhr. Weine des Languedoc.

**... in Pennautier** (3 km nördl. über N 113):

Seltene AOC ▶ **Château de Pennautier** 3: Tel. 04 68 72 65 29, Juli/Aug. Mo–Sa, sonst Mo–Sa mittags, Fr, Sa abends. Weingut der Appellation Cabardès mit Direktverkauf, Weinbar und Bistro.

## Abends & Nachts

**... in der Cité:**

Weinbar ▶ **Le Bar à vins** 1: 6, rue du Plô, Tel. 04 68 47 38 38, bis 2 Uhr. Mitte Febr.–Mitte Nov. Nette Weinbar mit Garten, Tapas.

Vinothek ▶ **Le Comptoir des Vins et des Terroirs** 2: 13, rue du Comte Roger, Tel. 04 68 26 44 74, 10.30–23 Uhr. Weinbar mit kleinen deftigen Speisen.

Eis ▶ **L'Art gourmand** 3: 13, rue St-Louis, 11–19 Uhr. Das beste Eis der Cité.

## Aktiv

Freibad ▶ **Piscine du Paicherou** 1: Freibad an der Aude, Tel. 04 68 72 02 36, Mitte Juni–Mitte Sept.

Kanaltouren ▶ **Lou Gabaret** 2: Port de Carcassonne, Tel. 04 68 71 61 26, www.carcassonne-croisiere.com, April–Mitte Sept. Ausfahrten auf dem Canal du Midi in Richtung Toulouse, 1,75 oder 2,5 Std.

Radverleih ▶ **Evasion 2Roues** 3: 85, alleé d'léna, Tel. 04 68 11 90 40, Di–Sa 9–12, 14–19 Uhr.

Mountainbike ▶ **Génération VTT** 4: am Parc André Chénier, Tel. 06 09 59 30 85, www.generation-vtt.com. Tgl. 9.30–18 Uhr. Verleih und geführte Touren.

## Termine

**Festival de Carcassonne:** alle zwei Jahre im Juli, Tel. 04 68 10 24 30, www.festivaldecarcassonne.com. Festival mit Tanz, Theater und Musik.

**Nationalfeiertag 14. Juli:** Um 22.30 Uhr wird mit einem riesigen Feuerwerk der Nationalfeiertag begangen, mit Ball auf der Place Carnot und Feuerwerk über der Cité.

**Les Médiévales:** Mitte Juli–Ende Aug. Mittelalter-Festreigen. Hist. Aufführungen im Stadttheater, Markt, Ritterturniere, Minnegesänge.

## Verkehr

**Zug:** Gare SNCF in der Ville Basse am Canal du Midi, tgl. Verbindungen nach Toulouse, Narbonne, Castelnaudary, Limoux, Quillan, Tel. 36 35, www.voyages-sncf.com.

**Bus:** Busbahnhof, 24, bd. de Varsovie (Ville Basse am Canal du Midi). Mit Keolis (2, bd. Paul-Sabatier, Tel. 04 68 25 13 74) Verbindungen in alle größeren Städte des Departements. Mit Vidal (Tel. 04 68 24 73 67) nach Castelnaudary.

**Städtischer Nahverkehr:** Busse außer So stdl. ab Ville Basse (Sq. Gambetta) zur Cité, Tel. 04 68 47 82 22.

## Tipp: Wohnen in der Abtei

Die Zisterzienser haben das einsame Gemäuer in **Villardonnel** (► D 12/13) an der Südflanke der Montagne Noire längst verlassen. Ein nettes Winzerpaar, Denise und Daniel Meilhac, bewirtschaftet heute das im 12. Jh. gegründete kleine Kloster, die **Abbaye de Capservy,** und vermietet vier komfortable Chambres d'hôte und zwei Ferienhäuser. Zur einsamen Lage kommen ein herrlicher Pool, 30 ha Land, Reben und die Table d'hôte mit Weinen aus eigener Produktion (Tel. 04 82 53 07 15, www.abbayedecapservy.com, März–Mitte Nov., DZ/F ab 67, Ferienhaus 380–730/Woche, Table d'hôte 25 €).

# Castelnaudary ► B 13

Was sich für jeden Franzosen auf Castelnaudary reimt? Cassoulet, natürlich. Die Stadt auf einer Anhöhe am Canal du Midi gilt als Heimat des Eintopfs aus weißen Bohnen, Gemüse, Würsten, Lamm, Schweineschwarte und Gänseschmalz. Hier soll das Rezept erfunden worden sein, hier steht ein Cassoulet auf allen Speisekarten. An jeder Ecke können es die zahlreichen Bootsurlauber kaufen, die im 7 ha großen Grand Bassin des Canal du Midi mit Blick auf die Stadtsilhouette ankern.

## Stadtrundgang

Das herzerfrischend untouristische Städtchen krönt der 56 m hohe Glockenturm der **Collégiale St-Michel,** ein gewaltiger gotischer Bau mit einer berühmten Barockorgel. Ganz in der Nähe steht der Bau, auf den der Stadtname zurückgeht: **Le Présidial** ist ein im Kern römisches Castellum, aus dem Castelnaudary erwuchs. Hinter der Renaissancefassade schmachteten bis 1926 Gefangene – bis dahin diente der Bau als Gefängnis. 32 Mühlen prägten einmal das Stadtbild. Übrig blieb allein der **Moulin de Cugarel** auf dem Pech-Hügel. Die Museumsmühle mit schwenkbarem Dach erlaubt einen weiten Blick nach Westen über das Lauragais.

## Ausflüge von Castelnaudary

Ins Lauragais führt ein kleiner Abstecher: Im **Lac de Ganguise** (► A 13) 12 km westlich kann man nicht nur baden, sondern auch surfen und segeln lernen.

Ein zweiter Ausflug gilt **St-Papoul** (► B 13). Das von einem klobigen Stadttor verriegelte Dorf 9 km östlich von Castelnaudary ist eine kleine Perle. Außerhalb von St-Papoul wurde von Karl dem Großen im Wiesengrund ein **Kloster** gegründet, dessen Kirche 1317 zur Kathedrale geweiht wurde. Das Ensemble verfiel nach der Französischen Revolution. Die gewaltige Ruine von Kirche und Kloster wird nach und nach restauriert (Nov.–März Sa, So 10–11.30, 14–16.30, April–Juni, Sept.–Okt. tgl. 10–11.30, 14–17.30, Juli/Aug. Mo–Sa 10–18.30 Uhr, 3,50 €).

## Infos

**Office de Tourisme:** Pl. de Verdun, 11400 Castelnaudary, Tel. 04 68 23 05 73, www.castelnaudary-tourisme.com.

## Übernachten

Kanalblick ► **Hôtel du Canal:** 2, av. Arnaut Vidal, Tel. 04 68 94 05 05, www.hotelducanal.com. Ehemalige Kalkfabrik aus dem 19. Jh., heute reizendes Hotel mit berankter Fassade am Canal du Midi. Ruhige, moderne Zimmer. Fahrradverleih. DZ ab 59 €.

## Übernachten, Essen

Nobel ► **Hostellerie du Château de la Pomarède:** La Pomarède (12 km nördl., D 624), Tel. 04 68 60 49 69, www.hostellerie-lapomerede.fr, Restaurant Mo, Di mittags, Mi mittags, Mai–Sept. auch So abends geschl. Eleganter Saal in einer restaurierten Burg – der passende Rahmen für die *grande cuisine* von Gérald Garcia. Aus der Küche: halb durchgegarter Thunfisch mit Foie-gras-Streifen, Carpaccio vom blauen Hummer mit Sellerie. Menü 24 € (unter der Woche mittags)–89 €. Auch Zimmer, DZ ab 110 €.

Klassiker ► **Hôtel du Centre et du Lauragais:** 31, cours de la République, Tel. 04 68 23 25 95. Massives Stadthaus in zentraler Lage. Komfortable, etwas plüschige Zimmer.

Restaurant mit regionaler Küche (So abends geschl., Menü mittags unter der Woche 19 €, sonst 26–53 €). Foie gras, Wurstspezialitäten, ›echtes‹ Cassoulet. DZ ab 53 €.

## Essen & Trinken

Institution ▶ **Hôtel du Centre et du Lauragais:** s. Übernachten, links.
Cassoulet! ▶ **Le Tirou:** 90, av. Monseigneur de Langle, Tel. 04 68 94 15 95, nur mittags, Mo geschl. Gute Regionalgerichte, freundliche Bedienung und dazu der Blick in den Garten mit Esel und Ziegen. Gute Weinkarte der Corbières und des Minervois. Menü 22 (unter der Woche)–41 €. **La Maison du Cassoulet:** 24, cours de la République, Tel. 04 68 23 27 23. Cassoulet und Foie gras der Brasserie stammen aus eigener Produktion. Menü ab 18 €.

## Einkaufen

Rund um die Ente ▶ **Rôtisserie Albert Escourrou:** 30, rue de Dunkerque, Tel. 04 68 23 16 88. Cassoulet, Foie gras, *confit de canard* – eine Institution seit 1964.
Bauernküche ▶ **La Ferme du Pays d'Oc:** 36–38, cours de la République, www.lafermedupaysdoc.com, Mo–Sa 9–12.30, 15–19, So 9–12.30, 14.30–19.30 (im Winter So nur morgens). Alle Spezialitäten der Region – Öle, Terrinen (Pasteten ohne Teighüllen), Obst, Cassoulet etc.
Markt ▶ Mo. Groß und bunt.

## Aktiv

Bootsrundfahrten ▶ **Le Saint-Roch:** Le Grand Bassin, Tel. 04 68 23 49 40, www.saintroch11.com. Tgl. Rundfahrten (1 oder 2 Std.).
Hausbootverleih ▶ **Le Boat:** Le Grand Bassin, Tel. 04 68 94 52 72, www.leboat.com.
Segeln, Surfen ▶ **Lac de Ganguise:** 15 km westl. Zweigstelle der Ecole Française de Voile, Belflou, Tel. 04 68 60 35 68. Kurse und Materialverleih.
Wandern, Reiten, Mountainbiking ▶ **ADATEL:** 19, cours de la République, Tel. 04 68 23 46 56, www.adatel.fr. Der Verein informiert über Touren und organisiert sie in verschiedenen Längen und Schwierigkeitsgraden.

## Termine

**Fête du Cassoulet:** Ende Aug., mit Cassoulet-Verköstigung und Musik. www.fete-du-cassoulet.com.

## Verkehr

**Zug:** Bahnhof an der Rue du Général Lapérrine, tgl. Verbindungen nach Toulouse und Carcassonne, Tel. 36 35, www.voyages-sncf.com.

# Montagne Noire ▶ B–E 11/12

**Karte:** S. 290
Der Gegensatz zur felsigen, knüppeltrockenen Aude-Ebene könnte größer kaum sein. Bis in den Hochsommer bleibt die Montagne Noire knackgrün, da ergiebige Güsse im Frühjahr und Herbst keine Seltenheit sind. Unvergessen sind die sintflutartigen Regenfälle, die 1999 die Montagne Noire in ein Katastrophengebiet verwandelten. Doch das viele Wasser hat sein Gutes, da es die Kastanien und Eichen in der Montagne Noire auf Rekordgröße wachsen lässt. Der waldreiche, dünn besiedelte Gebirgszug ist Teil des Parc Régional du Haut Languedoc. Stetig scheint der Wind zu pfeifen. Die Seen mitten im Park sind Ausflugsziele für Natursuchende.

## Tipp: Schmausen am Ende der Welt

Mehr Ende der Welt – die Ferme-Auberge heißt so, **Bout du Monde** – geht auch in der **Montagne Noire** nicht, mehr **Outdoor-Spaß** dank Pferden, See, Bach, Volleyballplatz auch nicht. Nicht zu vergessen: Man isst beim Bauern, also deftig und gut (Menü 22–41 €). Für Camper gibt es bukolische Winkel zum Zeltaufschlagen (2 Pers., Auto ab 18 €), ansonsten auch Jurten (35–99 €) und Holzchalets (39–100 €) zu mieten (**Ferme de Rhodes,** Verdun-en-Lauragais ▶ B 12, ab Saissac ausgeschildert, Tel. 04 68 94 95 96, www.leboutdumonde.fr, im Sommer tgl. abends, sonst Do–Sa abends, So mittags).

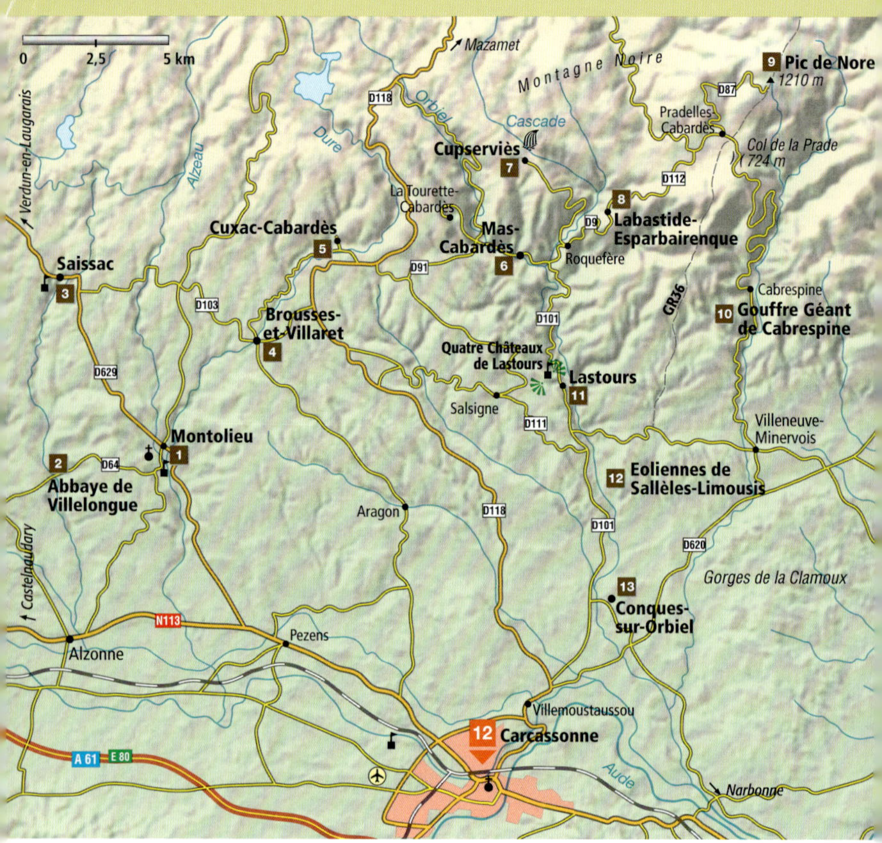


## Von Montolieu nach Brousses-et-Villaret

Das auf einem Felssporn über zwei Bachtälern thronende **Montolieu** **1** (von *mont des oliviers,* Olivenberg) zählt ganze 800 Einwohner. Einer davon heißt Patrick Süsskind, für ein paar Wochen im Jahr jedenfalls. Der Erfolgsautor ist im Dorf bestens aufgehoben: Montolieu ist der Ort der Antiquare und Buchhandlungen. Knapp zwei Dutzend laden zum Stöbern ein. Genaueres erfährt man bei der **Association Village du Livre** in der Rue de la Mairie, die das Musée Michel-Braibant betreibt. Gezeigt werden Techniken der Papierherstellung, Typografien, Gravuren etc. (Nov.–März Mo–Sa 14–17, So 15–17, April–Juni Mo–Fr 10–12, 14–18, Sa 14–18, So 15–18, Juli/Aug. Mo–Fr 10–12, 15–18, Sa 14–18, So 15–18 Uhr, Tel. 04 68 24 80 04, www.montolieu-livre.fr, 2 €).In der ehemaligen **Manufacture Royale** kann man zudem lernen, wie Papier geschöpft wird (Juni–Sept. Mo–Fr 8.30–18.30 Uhr, Tel. 04 68 24 84 27, www.atelierdulivre.net, Kursgebühr 21 €).

Über einen Schlenker zur hinter hohen Mauern versteckten gotischen **Zisterzienserabtei Villelongue** **2** (4 km nördl. an der D 64, Ostern–Allerheiligen Di–So 10–12, 14–18.30, Sa nur bis 16, Mi ebenfalls 21.30–24 Uhr, 5 €, www.abbaye-de-villelongue.com) gelangt man nach **Saissac** **3.** Dichte Eichenwälder umgeben das zauberhafte Häuserensemble. Vom Oberdorf schweift der Blick über die Burg (im Sommer tgl. 9–20, in der Zwischensaison tgl. 10–18, im Winter nur Sa, So 10–17 Uhr), die wehrhafte romanische Kirche und die Aude-Ebene. Je weiter man sich den Höhenlagen nähert, desto grüner werden die Weiden und desto ergiebiger plätschern die Gebirgsbäche, aus deren aufgestauten Wassermassen sich der Canal du Midi speist. Bei Lampy ließ Riquet den Alzeau zu einem See aufstauen, bei Laprade die Dure.

Bei der Papierherstellung ist man 11 km östlich von Saissac wieder angelangt: Eine letzte von einst zehn allein in **Brousses-et-Villaret** 4 aktiven Papiermühlen dreht sich in diesem Dorf noch. Der **Moulin à Papier** kann bei Führungen besichtigt werden (Juli/Aug. tgl. 11–18 jede Std., Sept. 11, 14.30, 15.30, 16.30, 17.30, sonst Mo–Fr 11, 15.30 Uhr, Sa, So Fei wie Sept., Tel. 04 68 26 67 43, www.moulinapapier.com, 6 €).

## Von Cuxac-Cabardès nach Pradelles-Cabardès

Im ehemaligen Tuchmacherort **Cuxac-Cabardès** 5 verbergen mächtige Wipfel den Kirchturm. In **La Tourette-Cabardès,** das sich in ein Seitental des Orbiel zwängt, versteckten sich einst die Katharer. Ein Schlenker führt über das Dorf auf dem Weg nach **Mas-Cabardès** 6**,** dessen uralte Kastanienbäume von majestätischer Größe sind. Der Orbiel durchfließt das Dorf, über dem eine Burgruine dräut.

Von **Roquefère** lohnt ein Abstecher ins winzige Bergdorf **Cupserviès** 7**:** Beim Dorf, dessen romanisches Kirchlein aus dem 10. Jh. stammt, stürzt sich ein Gebirgsbach 75 m in die Tiefe (Cascade)! **Labastide-Esparbairenque** 8 wurde 1322 als Bastide angelegt, hat jedoch wegen der steilen Hanglage so gar nichts mit den im Schachbrettmuster geplanten Bastiden des Südwestens gemein. **Pradelles-Cabardès,** wo man bis 1920 in unterirdischen Felssilos aus Schnee Eis herstellte, ist ein beliebter Ausgangspunkt für Wanderer, die über den rot-weiß ausgeschilderten GR 36 den **Pic de Nore** 9 bezwingen wollen. Durchs Dorf schlingert sich auch ein Sträßchen (D 87) zur mit 1210 m höchsten Erhebung der Montagne Noire hoch. Bei klarem Wetter schaut man vom heidekrautüberzogenen Gipfel über die Corbières bis zum Gipfel des Canigou im Roussillon. Etliche Radprofis haben den Pic de Nore bezwungen. Ihre Namen sind in einer Tafel eingraviert, darunter der der südfranzösischen Tour-de-France-Legende Laurent Jalabert.

## Die Gorges de la Clamoux

Die **Gorges de la Clamoux** bilden eine kurvenreiche Passage vom Kamm der Montagne Noire zurück in die Aude-Ebene. Auf halbem Weg durch die Schlucht liegt **Cabrespine.** Attraktion des Burgdorfs ist der **Gouffre Géant** 10**,** ein bis zu 250 m tiefes Höhlenlabyrinth mit Stalagmiten und Stalaktiten (tgl. Juli/Aug. 10–18.30, April–Juni, Sept. 10–12, 14–18, Okt. 10–12, 14–17.30, März, Nov. 14–17.30 Uhr, Tel. 04 68 26 14 22, www.grottes-de-france.com, 8,50 €). Eine Kurzbesichtigung dauert keine Stunde. Wer will, kann jedoch an einer Safari souterrain teilnehmen und mit geschultem Führer für einen halben Tag unter der Erde verschwinden, um etwa einen unterirdischen Flusslauf zu erkunden.

## Zurück in die Aude-Ebene

**Lastours** 11 trumpft mit gleich vier Burgruinen auf. Von der 1986 stillgelegten Textilfabrik Rabier, deren Mauern heute das Informationszentrum mit Burgmuseum (Tel. 04 68 77 56 02) und ein Sterne-Bistro beherbergen, steigt ein Pfad durch einen Olivenhain zu den **Châteaux** auf. Im Hintergrund tönt der über die Felsen klatschende Orbiel. Erst nachdem man die Kirchenruine umrundet hat, bauen sich die Burgen wie hohle Orgelpfeifen auf der Felsklamm auf – der »Riegel von Lastours« wird das Ensemble genannt (www.chateauxlastours.lwd.fr, Juli/Aug. tgl. 9–20, in der Zwischensaison 10–18, im Winter Sa, So 10–17 Uhr, 5 €, Umwanderung aller vier Burgen ca. 1,5 Std.). Den spektakulärsten Blick hat man vom **Belvédère de Montfermier,** einem Aussichtspunkt oberhalb von Lastours, den man nach kurzem, steilem Anstieg erreicht (Öffnungszeiten wie Burgen, 2 €,

Juli/Aug. jeden Do, So Son-et-Lumière-Lichtspiele um 22 Uhr, 7 €, Information Tel. 04 68 77 56 02). Schlanke Zypressen betonen die hoch geschossene Architektur der Burgen Surdespine, Tour de Régine, Quertinheux und Cabaret. Auch hinter diesen Mauern hatten sich die Katharer verbarrikadiert. 1227 fiel die Bastion, weil der Burgherr sich auf das Versprechen von Straffreiheit hin ergab.

Immer am Lauf des Orbiel lang führt die Tour vorbei an den **Eoliennes de Sallèles-Limousis** 12, einem der größten Windmühlenparks Frankreichs, ins verbummelte Dörfchen **Conques-sur-Orbiel** 13, wo die Aude-Ebene einen wieder hat.

## Infos

**Syndicat d'Initiative du Haut Cabardès:** Les Ilhes-Cabardès, 11380 Mas-Cabardès, Tel. 04 68 11 12 48. Infos zu 30 Rundwanderungen!

**Office de Tourisme du Cabardès au Canal du Midi:** Pl. Jean-Guéhenno, 11170 Montolieu, Tel. 04 68 24 80 80, www.tmnc.fr. Informationen über die Montagne Noire erteilt ebenfalls der **Parc Régional du Haut-Languedoc** in St-Pons-de-Thomières (www.parc-haut-languedoc.fr).

## Übernachten

Park mit Palme ▶ **Domaine St-Pierre-de-Trapel:** Villemoustaussou (5 km südwestl. von Conques-sur-Orbiel), Tel. 04 68 77 00 68, www.trapel.com, April–Nov. 4 Chambres d'hôte, 1 Suite, ein Ferienhaus für 4 Pers. auf einem eleganten Landgut. Stilvolle Einrichtung, Salons und Park zur freien Verfügung. Pool, Mountainbikes. Frühstück unter den Kastanien im Park, der bis an den Canal du Midi reicht. DZ/F ab 90 €, Ferienhaus 550–1050 €/Woche.

Klosterzimmer ▶ **Chambres d'hôte de l'Abbaye de Villelongue:** 5 km westl. von Montolieu, Tel. 04 68 76 92 58, www.abbaye-de-villelongue.com. Chambres d'hôte in der ehemaligen Abtei. Nüchtern eingerichtet, aber mit viel Charme und Auslauf in der Klosteranlage. DZ/F ab 68 €. Zum Übernachten im Kloster siehe auch Tipp auf S. 288.

## Übernachten, Essen

Mit Kursen ▶ **Domaine de la Bonde:** 30, rte. de Caudebronde, Cuxac-Cabardès, Tel. 04 68 26 57 16, www.labonde-cuxac.com. 5 Chambres d'hôte in einer ehemaligen königlichen Tuchmanufaktur des 17. Jh. ›Bukolische‹ Lage, moderne Bäder mit Design-Touch. Pool, Park. Die Table d'hôte (26 €) ist empfehlenswert. DZ/F ab 64 €. Tipp: Kochkurse!

## Essen & Trinken

Wegweisend ▶ **La Bergerie:** Allée Pech-Marie, Aragon (8 km südl. von Brousses-et-Villaret), Tel. 04 68 26 10 65, www.labergerie.com, Juni–Sept. Mo mittags, Di mittags, Mi mittags, Juli/Aug. Di, Mi geschl. Junges, sympathisches Restaurant im Neo-Regionalstil mit innovativer Karte und Michelin-Stern: Seebarsch mit Kohlherzen und Blutwurst, *onglet* (Zwerchfellstück) vom Lamm mit Tomatenkruste. Menü 26 € (mittags unter der Woche), sonst 38–90 €. Ebenfalls Hotel, DZ ab 180 €.

Hohe Kunst ▶ **Le Puits du Trésor:** 21, rte. des 4 Châteaux, Lastours, Tel. 04 68 77 50 24, www.lepuitsdutresor.com, So abends, Mo, Di geschl. Vorne ein elegantes Restaurant gastronomique mit Sterne-Cuisine, hinten das Bistro **L'Auberge** (nur mittags) für ein honettes Mittagessen. Jean-Marc Boyer ist ein sympathischer Chef de Cuisine, der sich seine Sporen in einigen großen Restaurants des Midi verdient hat. Brunnenkresseschaum mit Schnecken, Lammrücken mit Pistou (Pesto). Menü im Restaurant 40–75 €, im Bistro um 20 €.

## Aktiv

Wandern ▶ **GRAAL:** Castans, 8 km östl. von Pradelles-Cabardès, Tel. 04 68 26 57 15, www.multimania.com/graalcastans. Die Montagne Noire verfügt über ein gut erschlossenes Wanderwegenetz. Informationen erteilt die Vereinigung GRAAL. Die Bergdörfer sind mit einem 150 km langen Wegenetz verbunden (**Villages perchés en Montagne Noire,** Tel. 04 68 26 63 65, http://villagesperches.free.fr).

# Minervois, Corbières und Fitou

**Es hat sich viel getan in den drei AOC-Weinbaugebieten der Aude-Ebene. Zwar lebte die Region schon immer vom Wein, doch die Krisen, hervorgerufen etwa durch die Reblausplage im 19. Jh. oder die Überproduktion im 20. Jh., wirkten sich verheerend für die Winzer aus. Der Schlüssel zum Erfolg lag in der Ertragsbeschränkung und der Betonung des Terroir. Vorbei sind die Zeiten, in denen die Aude-Weine als rustikale, sperrige Tropfen abgetan wurden.**

## Minervois

Im Norden der Fluss Orb, im Süden die Aude, dazwischen das von Platanen gesäumte blaue Band des Canal – zwischen diesen drei Wasserläufen erstreckt sich ein gesegneter Landstrich. Das 5100 ha große Gebiet der **AOC Minervois** umfasst 45 Gemeinden. Duftende Garrigue und Olivenbäume verleihen dem Minervois ein toskanisches Flair. Die kalkbleichen Weinberge sind hauptsächlich von den drei Rebsorten Syrah, Mourvèdre, Grenache bedeckt, die trotz sengender Hitze prächtig gedeihen – dem reichlich vorhan-

**Der Herbst ist eine der schönsten Jahreszeiten im Minervois**

aktiv unterwegs

## Von Minerve in die Gorges du Briant

### Tour-Infos

**Start:** an der Candéla (Burgturm) in Minerve
**Länge/Dauer:** 2,5 Std., ca. 5 km
**Wichtige Hinweise:** gutes Schuhwerk erforderlich; keine Einkehrmöglichkeit; Wasser, Kopfschutz, Sonnencreme mitnehmen.
**Wanderkarte:** IGN, blaue Reihe, 1:25 000, Nr. 2445 E Lézignan-Corbières

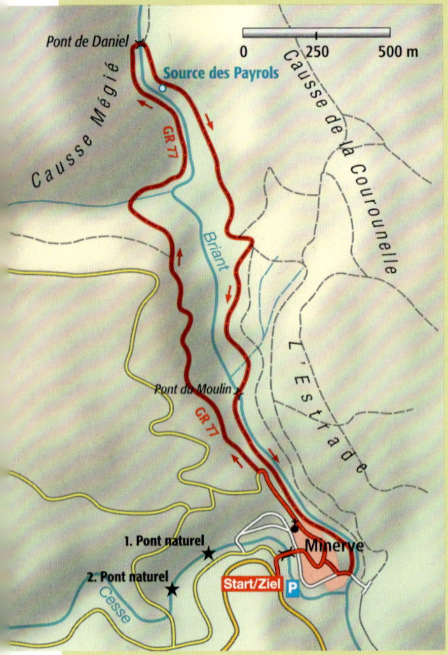


Von der **Candéla** sind es nur ein paar Schritte zum Aussichtspunkt über die dramatisch schöne Schlucht des Briant. Nach Norden folgt der Fernwanderweg GR 77 (rot-weißer Doppelbalken) der Schlucht auf dem rechten Ufer. Anfangs verläuft der Weg auf der Höhe, um nach ca. 1,5 km in die Gorges du Briant und damit ans felsige Ufer des Gebirgsflüsschens herunterzuführen.

Nach einem weiteren Kilometer in der Talsohle der nun engen Schlucht taucht der **Pont de Daniel** auf, eine einbögige, aus Hausteinen errichtete Brücke über den Briant. Nach Überqueren der Brücke lässt man den GR 77 links liegen und nimmt den teils etwas zugewucherten Weg am linken Ufer in Richtung Minerve. Achtung: Nicht einen der Abzweige das Ufer hoch nehmen, sondern auf dem eingeschlagenen Weg bleiben, der durch Felsblöcke und prähistorische Cairns (Steingräber) markiert ist, die typisch für die Causses um Minerve sind.

An einer Wegkreuzung hält man sich links und steigt durch die Garrigue zum **Pont du Moulin** ab. Man überschreitet die Brücke über den Briant, um dicht am Ufer des Flusses über Stock und Stein ins nahe Minerve zurückzugelangen. Auf Höhe des Dorfes folgt der Weg einer ausladenden Flussschleife, die sich um Minerve legt. Am **Pont de Briant**, wo sich der Briant in die Cesse ergießt, steigt man aus dem Flussbett auf und sitzt Minuten später ganz entspannt auf einer Caféterrasse im Dorf.

denen Wasser sei Dank. Seit den 1990er-Jahren geht der Trend zur Qualität. Die geschmeidigen und zugleich würzigen Rotweine passen gut zu den kulinarischen Klassikern der Mittelmeerküche wie gegrillte Aubergine, Lammkeule oder Tapas. Der neuerliche Erfolg der Winzer setzt die Genossenschaftskeller unter Druck: Immer mehr Mitglieder keltern ihren Wein selbst – allein seit dem Jahr 2000 stieg die Zahl der *caves particulières* von 170 auf 250.

### Minerve ▶ F 12

**Minerve** sei eine Insel, behaupten die Einheimischen. Mit etwas Abstand wird schnell klar, was damit gemeint ist. Das zauberhafte

Dorf, Mitglied bei den ›schönsten Dörfern Frankreichs‹, zwängt sich auf einen Felsen. Im Norden nimmt der Canyon des Briant, im Süden das Flüsschen Cesse Minerve in die Zange. Im Hintergrund beginnt die Unendlichkeit der **Causses,** einer Landschaft von fast gewalttätiger Schönheit. Nur eine ›spindelige‹ Brücke und ein Felsgrat verankern Minerve mit dem Ozean der Hochplateaus, die zum Parc Naturel du Haut-Languedoc davonrollen. Insel hin, Insel her, im Sommer liegt das Dorf für ein paar Monate auf dem Trockenen. Der Zusammenfluss von Cesse und Briant unterhalb von Minerve bleicht zum nackten Kieselfeld aus, das Land-Art-Künstler anlässlich der **Fête de la Pierre** als Ausstellungsfläche nutzen. Im Herbst schwellen die beiden Flüsse bedrohlich an. Apokalyptische Regengüsse lassen die Pegel bis zu 15 m über Null ansteigen. Im November 1999 standen sogar die Ponts naturels, zwei von der Cesse aus dem Stein gewaschene Arkaden, unter Wasser.

Das Rauschen soll so bedrohlich gewesen sein wie vor 800 Jahren, als die Truppen von Simon de Montfort vor Minerve lagen. 1209 hatte Simon de Montfort, der von Papst und König mit der Ausrottung der Katharer beauftragte Feldherr, Béziers eingenommen. Im Sommer darauf belagerte Montfort Minerve. Nach sieben Wochen Belagerung ergab sich mit dem Dorf am 22. Juli eine der letzten Fluchtburgen der Katharer. Der zur Unterstützung der Kreuzzügler mitgereiste Abt von Cîteaux gewährte den Katharern die Gnade, dem Ketzertum abzuschwören, um so ihr Leben zu retten. Fast niemand unter den schätzungsweise 140 bis 180 Gefangenen nahm das Angebot an. Der Zusammenfluss von Cesse und Briant war wie jeden Sommer trocken. Noch am selben Abend loderten auf den Kieseln die Scheiterhaufen. Wie das gesamte Languedoc verfiel Minerve nach Beendigung des Kreuzzugs in einen Jahrhunderte währenden Dornröschenschlaf. Als einziger Rest der Burg blieb **La Candéla,** ein achteckiger, schlanker Turm.

Im **Musée Hurepel** sind Aufstieg und Fall der Katharer in figürlichen Darstellungen festgehalten (Rue des Martyrs, April–Mitte Juni, Sept.–Okt. tgl. 10.30-12.30, 14–18, Mitte Juni–Aug. tgl. 10–13, 14–19 Uhr, 3 €). Etwas weiter in Richtung Kirche zeigt das **Musée de Paléontologie et d'Archéologie** frühzeitliche Steine, Dinosaurierknochen, Tonscherben, die bei Grabungen ums Dorf zutage traten. Vom ersten Stock geht der Blick auf einen der Ponts naturels, der natürlichen Felsbögen über die Cesse (Rue des Martyrs, Ostern–Allerheiligen tgl. 10–13, 14–18 Uhr, 2 €).

Die romanische Dorfkirche **Ste-Etienne** hütet einen Marmoraltar aus dem 5. Jh. Vor dem Gotteshaus erinnert die **Colombe de lumière** an das Massaker von 1209. Die Steinskulptur, durch die ein Loch in Form einer Taube die Sonne fallen lässt, ist das Werk von Jean-Luc Severac. Als junger Mann kam er als einer der ersten Künstler ins Dorf. Heute leben etliche Bildhauer, Töpfer und Maler aus Schweden, aus Deutschland, aus der Bretagne und sogar aus Paris in der ehemaligen Katharerhochburg. Vielleicht noch wichtiger für das Überleben des Dorfes sind die Winzer. Aus guter alter Dorftradition gehört keiner von ihnen einer Genossenschaftskellerei an, sondern keltert seinen Wein im eigenen Keller. Den umtriebigen Winzern verdankt Minerve, dass die zwischen mittelalterlicher Porta Bassa und Burgruine gestauchten Gassen nicht zum Freilichtmuseum verkommen. Schließlich leitet sich der Name des Weingebiets Minervois von Minerve ab.

## Tal der Cesse ▶ F/G 12

Ein paar Kilometer westlich von Minerve wird die Cesse unzugänglich und verschwindet in einem tiefen Felscanyon. Einen Eindruck von der wilden Schönheit des Flusses vermitteln die beiden natürlichen Brücken, **les ponts naturels,** beim Dorf. Die größere der beiden Brücken ist in Wirklichkeit ein 200 m langer und 40 m hoher Tunnel, durch dessen Kieselbett im Winter die Cesse fließt. Im Sommer kommt man in der Regel trockenen Fußes hindurch.

Friedlicher gibt sich der Fluss dann in östlicher Richtung. Das Tal der Cesse ist nun breit genug, um einer Uferstraße Platz zu machen. **La Caunette** liegt oberhalb dieses Verkehrswegs. Hauptsehenswürdigkeiten des kleinen Dorfes sind der malerisch über der Cesse gelegene Friedhof und die romanische Kirche.

## Infos

**Syndicat d'Initiative:** 9, rue des Martyrs, 34210 Minerve, Tel.04 68 91 81 43, www.leminervois.com.

## Übernachten, Essen

Landhaus ▶ **La Bastide des Aliberts:** über die D 10 Richtung Azillanet (5 km südl. von Minerve), Tel. 04 68 91 81 72, www.aliberts.com. Geschmackvoll restaurierte Bastide, ringsherum nichts als *la campagne.* 5 komfortable Ferienwohnungen in den Farben des Südens, jeweils mit eigener Terrasse. In den Fels gefasster Pool. Reizende Besitzer. DZ/F 120 €, Ferienwohnung für 2–4 Pers. ab 600 €/Woche, für 8–9 Pers. ab 1100 €/Woche. Table d'hôte 25 €.

Dörflich ▶ **Le Relais Chantovent:** Le Village, Minerve, Tel. 04 68 91 81 43, Mitte März–Mitte Dez. Helle Zimmer, klein, aber proper, in frischen Farben. Still, abgesehen vom ersten Hahnenschrei und der Müllabfuhr. DZ ab 44 €. Restaurant s. u.

## Essen & Trinken

Landküche ▶ **Le Relais Chantovent:** s. o., Übernachten, Mi, Nebensaison auch So abends, Di abends geschl. Weiß getünchter, hoher Saal mit schweren Balken und Terrasse zur Schlucht des Briant. Omelette mit Trüffel (im Herbst), Schinken aus der Montagne Noire, leicht gegrillter Pélardon-Käse, dazu Weine des Minervois. Menü 26–45 €.

Tiefer Blick ▶ **La Table des Troubadours:** 1, rue du Porche, Minerve, Tel. 04 68 91 27 61. Ende Jan.–Nov., Juli/Aug. nur abends, außerhalb der Hauptsaison nur mittags geöffnet. Deftig und günstig speisen mit Blick auf das ausgewaschene Cesse-Tal. Magret de Canard (Entenbrust)! Pizza, Bruschetta. Menü ab 15 €.

Büchercafé ▶ **Librairie-Café Paroli:** Rue des Martyrs, Minerve, Tel. 04 68 49 82 54, Ostern–Allerheiligen Di–So 10.30–19 Uhr, Nebensaison unregelmäßig geöffnet. Ringsherum Bücher, in der Mitte ein paar Tische, auf dem der Kuchen zum gerade gekauften Buch serviert wird.

Dorftheke ▶ **Café de la Placa:** le Village, Minerve, Mi außerhalb der Saison geschl., Tel. 04 68 91 22 94. Im krachledernen Café auf dem Dorfplatz von Minerve stehen die Jäger an der Theke, während die Touristen auf der Aussichtsterrasse staunen. Vom Garten schweift der Blick in die Landschaft. Die kleine Speisekarte bietet Deftiges, die Atmosphäre hat viel Lokalkolorit.

## Einkaufen

Kunst ▶ **Espace Saint-Rustic:** Le Village, Minerve, Tel. 04 68 91 37 53, http://artistes-en-minervois.com. Galerie und Atelier von Jean-Luc Severac. Bilder, Plastiken, Skulpturen.

Wein ▶ **Domaine Tailhades:** Mayranne (3 km nördl.), Tel. 04 68 91 26 77. AOC Minervois rouge: Im Eichenfass gereifte, fruchtige Cuvée Pierras und Cuvée Elise mit Himbeernote. Ende Juni–Anfang Sept. zusätzlicher Verkauf ab Verköstigungskeller im Dorf, 10.30–13, 14.30–19 Uhr.

## Aktiv

Wandern ▶ **GR 77:** Der Fernwanderweg, der durch das wilde Tal des Briant zu einigen Dolmen auf den Causses führt, bietet sich für längere Touren an (IGN-Karte Lézignan–Corbières, blaue Reihe, Nr. 2445 E, 1 : 25 000).

**Rundwanderung um Minerve:** Diese Tour führt ab Minerve oberhalb des linken Cesse-Ufers bis ins Dorf La Caunette, wo man die Dorfkirche aus dem 11. Jh. und den Friedhof zwischen Fluss und Kirche besichtigen sollte. Von dort führt der Weg auf die Causse de Coupiat. Im Frühjahr bedecken Wildnarzissen und Orchideen die kleine Hochebene, auf der es an den Weilern Mayranne, La Paden und La Couronolle vorbeigeht. Bitte nicht durch die Weinberge gehen, sondern die Pfade und Wirtschaftswege nutzen! Zurück geht es oberhalb des Briant-Canyons nach Minerve (ca. 15 km, 4 Std.).

## Termine

**Minerve au cœur de la Pierre (Fête de la Pierre):** 1. Aug.-Wochenende. Fest zu Ehren des Steins, aus dem Minerve entstand. Land Art im Flussbett, Vorträge in der Kirche, Weinverköstigung und Festessen vor dem Pont naturel.
**Les Grands Chemins – Rencontres en Minervois:** 10 Tage um Allerheiligen. Das Motto lautet Wein und Kunst. Ausstellungen, Weinproben.

## Östliches Minervois

▶ F/G 12/13

Für Reisende auf oder entlang dem Canal du Midi ist **Olonzac** das etwas verbummelte und träge daherkommende Tor zum Minervois, in dem es nur van Markttagen (Di) hoch hergeht. Der Kanal verläuft keine 2 km südlich des Dorfes. Olonzac bleibt zuallererst Winzerdorf, wie die Großkellerei Les Caves du Minervois am Boulevard du Minervois demonstriert.

Das gilt auch für **Pouzols-Minervois.** Reben umgeben das hübsch an einem Hang klebende Dorf. Anzuschauen lohnt sich die Pfarrkirche St-Saturnin. Schlanke Zypressen kontrastieren mit dem geduckten, romanischen Bau, dessen auffälligster Außenschmuck der Wechsel von gelbem Sandstein und dunklem Basalt ist.

**Bize-Minervois** liegt malerisch an der Cesse: An einigen Stellen kann man im Fluss baden. Neben dem Weinbau sind Oilven die zweite wichtige Erwerbsquelle des Dorfes. Vom Genossenschaftskeller der Olivenölproduzenten La Coopérative l'Oulibo führt ein markierter Wanderweg durch die Olivenhaine (Hameau de Cabezac, Führungen in der Ölmühle im Sommer tgl. 10.30, 14.30–17.30 Uhr, gratis; Verkauf von Öl und regionalen Erzeugnissen Mo–Sa 8–12, 14–18, Sa ab 9, So ab 10 Uhr, www.loulibo.com).

Über **Agel,** das ebenfalls an der Cesse liegt, wacht eine Burg aus dem 12. Jh. Die Kirche ist selbstverständlich romanisch.

Bei **Aigues-Vives,** den ›wilden Wassern‹ – gemeint sind die der Cesse –, gibt es die Reste eines keltischen Oppidums, Le Pech de St-Vincent, zu besichtigen. Die Grabungen beweisen die frühe Besiedlung des Minervois.

**Aigne** liegt etwas abseits vom Tal der Cesse. Das hübsche Dorf ist eine für das Languedoc typische Circulade, dessen tausendjährigen kreisrunden Gassen sich um den Kirchplatz winden.

Mit dem von Schluchten geschützten **St-Jean-de-Minervois** kommt eine andere Note ins Glas: Das Winzerdorf ist für seine natursüßen Muscat-Weine bekannt. Kleine Mauern umgeben die Parzellen. Den kühl zu trinkenden Aperitifwein schützt eine eigene AOC.

## Übernachten, Essen

Fürstlich ▶ **Château d'Agel:** 6, pl. du Château, Agel, Tel. 04 68 91 21 38, www.chateaudagel.fr. Die Weinberge, dessen Erträge unter dem Namen des Schlosses vermarktet werden, gehören bis auf 1 ha zu Füßen des Anwesens nicht mehr zum Château. Die Gästezimmer verbinden den Charme des Ancien Régime mit viel Komfort – und sind riesig. Barockgarten, Pool. DZ/F ab 145 €.
Hôtel de Charme ▶ **Châtau de Siran:** Av. du Château, Siran (ca. 8 km nordwestl. von Olonzac), Tel. 04 68 91 55 98, www.chateau-de-siran.com. Neuer Schwung in einer 400 Jahre alten Bastide mit geräumigen Zimmern im provenzalischen Stil. Garten. Restaurant (Ostern–Allerheiligen) mit frischer Regionalküche des Languedoc, fast schon Haute Cuisine. Menü ab 24 €. DZ ab 102 €.
Herausgeputzt ▶ **La Bastide Cabezac:** Hameau de Cabezac, Bize-Minervois (3 km südl. über D 5), Tel. 04 68 46 66 10, www.labastidecabezac.com. Elegantes Landhotel in einer Postkutschenstation aus dem 18. Jh. Mit Patio, altem Pflaster und südlich eingestimmten Zimmern. Pool. Sehr gutes Restaurant (Juli/Aug. Mo–Mi mittags, ganzjährig Sa mittags geschl., Menü 25–69 €): Chef de cuisine Hervé dos Santos bringt baskische Einflüsse mit in die Languedoc-Küche. *Carré d'agneau* (Lammkarree) mit Knoblauch. DZ ab 84 €.
Chambre d'hôte ▶ **Le Voyager:** 3, avenue d'Homps, Olonzac, Tel. 04 68 91 17 70. 5 Zimmer mit den Namen von Reiseschrift-

stellern. Komfortabel und gemütlich. DZ/F 70 €.

Höhenlage ▶ **Domaine de Ventajou:** Lieu-dit Bel Soleil, Félines Minervois, Tel. 04 68 75 30 62, www.domainedeventajou.com. Absolutes Hideaway auf einem Newcomer-Weingut hoch über dem Dorf, in einsamer Natur mit Blick über die Minervois-Ebene. DZ/F ab 50 €, Table d'hôte 22 €.

## Essen & Trinken

Am Brunnen ▶ **Lo Cagarol:** Pl. de la Fontaine, Aigne, in der Nebensaison Fr–Di, im Sommer Do–Di. Dorfrestaurant mit Terrasse unter Platanen. Köstlich: Foie gras aus der Pfanne mit Feigen, gegrillter Thunfisch, Backpfirsich mit Mandeleis. Menü 14 (unter der Woche mittags)–45 €.

## Einkaufen

Wein ▶ **Domaine Aime:** 18, rue Barbès, Olonzac, Tel. 04 68 91 14 10. Reiche, volle Cuvée Feuille d'automne mit Noten von Zistrosen, Lorbeer, Rosmarin; ideal zu Käse. **Cave de Pouzols-Minerve:** Pouzols-Minervois, Tel. 04 68 46 13 76; im Sommer Mi Winzervorträge. Genossenschaftskeller mit sehr gutem Niveau. **Domaine Sicard:** 11, rte. de St-Pons, Aigues-Vives, Tel. 04 68 91 23 94. Seidige rote Cuvées aus Carignan, Grenache, Mourvèdre und Syrah, mit leichten Lakritznoten. **Domaine Sainte-Léocadie:** La Combe, Aigne, Tel. 04 68 91 80 27. Weingut auf den Fundamenten einer römischen Villa. Cuvée Fernand Avéroux mit Noten von schwarzer Johannisbeere und Kirschen, elegant und sanft im Abgang.

Muscat ▶ **Domaine de Barroubio:** St-Jean-de-Minervois, Tel. 04 67 38 14 06, tgl. 10–12, 14–19 Uhr. Für viele die besten Muscats der Appelation. Cuvée Dieuvaille mit Noten von Mango und exotischen Früchten, Cuvée classique mit Noten von Ananas und Trockenfrüchten.

## Termine

**Fête du Vin:** Aigne, Weinfest am letzten Mai-Wochenende, Auskunft im Rathaus, Tel. 04 68 91 22 47.

**Fête de l'Olivier:** Bize-Minervois, Mitte Juli. Fest zu Ehren des Olivenbaums.

## Westliches Minervois ▶ E/F 13

Am Ende eines wildromantischen Tals, durch die der Argent Double aus der Montagne Noire in die Aude-Ebene rauscht, liegt **Caunes-Minervois.** Reben, so weit das Auge blickt, schwappen über die Hügel. Imposante Renaissancefassaden wie die der Stadtpalais Hôtel d'Alibert und Hôtel de Sicard zeugen vom einstigen Reichtum. Das Geld rührte jedoch nicht nur vom Wein her, sondern auch von den Marmorbrüchen im Norden. Prominentes Beispiel für den Marbe de Caunes sind die Säulen des Grand Trianon von Versailles und der Fassadenschmuck der Pariser Garnier-Oper. Der grüne und rote Marmor wird noch immer abgebaut. Hauptattraktion des eiförmigen Dorfes aber ist die **Abtei St-Pierre-et-St-Paul.** Vom ersten Bau aus dem 8. bis 9. Jh. blieb bis auf ein paar im Nordturm wiederverwandte Steine nichts übrig. Die im 11. Jh. neugebaute Kirche ist in weiten Teilen erhalten (Juli/Aug. 10–19, sonst 10–12, 14–18, im Winter nur bis 17 Uhr, 4,50 €). Nach der Besichtigung lädt der Abteikeller zu einer Verprobung einiger lokaler Minervois ein.

In der Nähe der Marmorbrüche stößt man auf die Wallfahrtskapelle **Notre-Dame-du-Cros** (2 km nordöstl.), die allein wegen der bukolischen Lage den Weg lohnt.

Die alte Brücke von **Rieux-Minervois** spreizt sich in drei Bögen über den Argent Double. Das Dorf hütet mit der Kirche Notre-Dame eine weiteres Beispiel für die Blüte der Romanik im Minervois. Neben der reichen Ausstattung ist es vor allem die zentrale Rotunde mit ihren 14 Kapitellen, die Notre-Dame einzigartig im Languedoc macht (Mo–Sa 10–12, 14–18.30 Uhr, Besichtigung über das Syndicat d'Initiative, Tel. 04 68 78 13 98, 2,50 €).

**Puichéric** klemmt sich zwischen Canal du Midi und Aude. Wo im Westen der See von Marseillette lag, bedeckt nach dessen Trockenlegung im 17. Jh. ein Rebenmeer die Weite. Das Dorf reiht sich an einer Platanenallee auf. Wieder ist die Kirche romanisch,

# Die Winzerrevolte von 1907

Thema

**Eine Gedenkstele im Minervois-Winzerdorf Argeliers erinnert an den Kneipenbesitzer Marcellin Albert, der ganz im Norden des Departements Aude 1907 mit flammenden Worten eine ganz Frankreich erschütternde Winzerrevolte anzettelte.**

Am 11. März 1907 gründeten die Winzer des Dorfes unter Alberts Führung das Aktionsbündnis zur Verteidigung des Weins. Es war der Anfang einer Winzerrevolte, die Frankreich bis in die Pariser Amtsstuben erschüttern sollte. Alberts aufrührerische Worte entfachten einen seit Jahren schwelenden Konflikt zum Flächenbrand. Hintergrund waren die zu Spottpreisen aus den nordafrikanischen Kolonien importierten Weine, deren Flut das Fass buchstäblich überlaufen ließ. Der Krise vorausgegangen war in der zweiten Hälfte des 19. Jh. eine Reblausplage, die Dreiviertel aller Reben vernichtet hatte.

Mit der Einfuhr reblausresistenter Reben aus Amerika konnte die Plage bis zur Jahrhundertwende eingedämmt werden. Doch die nun durch die vielen Neuanpflanzungen verursachte landesweite Überproduktion drückte auf die Preise. 1895 erbrachte ein Hektoliter Wein dem Midi-Winzer 20 Francs, 1904 noch gerade mal 7 Francs. Zudem waren die aus Algerien, Spanien und Italien importierten Weine unschlagbar billig, weil mit Zucker, Rosinen und Wasser gepantscht wurde.

In Argeliers rotteten sich die am Hungertuch nagenden Winzer unter der Führung von Marcellin Albert zusammen. In Windeseile schlossen sich 700 000 Winzer und Tagelöhner der Bewegung an. Am 9. Juni zogen über eine halbe Million von ihnen durch Montpellier. »Nieder mit den Betrügern, es lebe der Wein«, skandierte die Menge. Albert rief die Menschen des Languedoc während der Demonstration zum passiven Widerstand auf. Daraufin verweigerten 600 Gemeinden Paris die Steuern und in etwa 400 Gemeinden reichten die Vertreter der Verwaltung ihren Rücktritt ein. Man zog gen Narbonne – wo Bürgermeister Ferroul die Protestierenden unterstützte.

Das Languedoc war nicht mehr regierbar. Staatspräsident Georges Clemenceau entsandte prompt regierungstreue Truppen aus Paris und ließ am 19. und 20. Juni in Narbonne das Feuer eröffnen. Sechs Tote und eine Vielzahl mehr an Verletzten waren zu beklagen. Schließlich weigerten sich die Soldaten des 17. Regiments, unter denen viele Winzersöhne waren, weiter zu schießen: »Wir töten unsere Brüder nicht!«, hielt man dem Schießbefehl entgegen. Paris schickte neue Truppen, ließ die alten nach Tunesien strafversetzen und die Winzer niederknüppeln. Albert gab in einer persönlichen Audienz bei Clémenceau klein bei – und verließ seine Heimat.

Als Konsequenz aus dem Desaster wurde ein Gesetz erlassen, das den Zuckergehalt des Weins fortan festsetzte und die südfranzösischen Winzer vor der Konkurrenz durch gepanschte Importware schützte. Indirekt wurde damals der Weg für die späteren AOC-Statuten bereitet, die Qualität und Herkunft des Weins garantieren. Wichtiger für das Selbstbewusstsein der Winzer war die Gründung der Confédération générale des Vignerons du Midi, der einflussreichen Interessenvertretung der Winzer aus dem Midi.

**Weinreben am Canal du Midi**

und ein Château aus dem 11. Jh. gibt es obendrein. Beim Dörfchen Escales verläuft die Grenze von Minervois und Corbières. Wer den Überblick behalten möchte: Auf einem Hügel etwas außerhalb ragt die Ruine eines wuchtigen Turms empor. Ein Fußweg führt dort hinauf.

## Übernachten, Essen

Aus einer anderen Zeit ▶ **Hôtel-Restaurant d'Alibert:** Pl. de la Mairie, Caunes-Minervois, Tel. 04 68 78 00 54, www.hoteldalibert.com, Mitte März–Mitte Nov. Einfache, geräumige Zimmer in einem alten Stadtpalais. Charmante Patronne. Im Restaurant (So abends, Mo, Di mittags geschl., Menü 26 €) lässt man sich die traditionelle Landküche schmecken. DZ ab 70 €.

## Einkaufen

Gewürzbrot ▶ **Pain d'Epice Dominique Andrivet:** Allée des Raisins, Caunes-Minervois, Tel. 04 68 26 13 80. 13 verschiedene Gewürzbrote mit Trockenfrüchten, mit Aprikosen etc.

Wein ▶ **Château Villerambert-Julien:** Caunes-Minervois, Tel. 04 68 78 00 01. 75 ha großes Weingut mit 8 verschiedenen Bodenqualitäten. Winzer Michel Julien produziert pfeffrige Rotweine mit Noten von Kakao und Vanille.

## Termine

**Fête du Marbre:** 2. Maihälfte. Marmorfest in Caunes-Minervois mit Steinmetzdarbietungen, Besichtigung der Marmorbrüche, Ausstellungen.

# Narbonne ►H 14

## Geschichte

Stolz behauptet sich Narbonne als **Wiege des französischen Weins.** Recht so. Über die Rue Cabirol im Quartier de Bourg, deren Verlauf der römischen **Via Domitia** entspricht, rollten bereits in der Antike die Weinamphoren. Um Narbonne haben die Römer die ersten Reben Galliens gepflanzt. Narbo Martius hieß die damalige Hauptstadt der römischen Provincia Gallia Narbonensis, über deren Hafen der Wein verschifft wurde. Von der antiken Metropole blieb fast nichts erhalten: Erst schleiften die Westgoten die Stadt, dann vernichteten Araber und Berber im 8. Jh. die Reste. Narbonnes Erfolgsgeschichte als Hafenstadt ging im 14. Jh. zu Ende, als die Aude ihren Lauf änderte und der Hafen versandete. Erst seit 1789 verbindet der Canal de la Robine, der die Altstadt teilt, mit dem Canal du Midi und damit mit dem Meer. Heute ist Narbonne mit 50 000 Einwohnern zwar die größte Stadt im Departement Aude, aber eben nicht dessen Hauptstadt – die heißt Carcassonne, wohin 1803 obendrein der Bischofssitz verlegt wurde.

## Narbonne heute

Die Rettung Narbonnes lag im Wein. Heute treffen drei AOC vor den Toren der Stadt zusammen: die **Corbières** und die beiden deutlich kleineren Gebiete **La Clape** und **Quatourze.** Vor allem die Corbières erleben seit ein paar Jahren einen spektakulären Aufschwung. Das gilt ebenfalls für Narbonne:

# Narbonne

**Sehenswert**
1 Place du Forum
2 Canal de la Robine
3 Cathédrale St-Just-et-St-Pasteur
4 Erzbischöflicher Palast
5 Horreum
6 Palais des Sports, des Arts et du Travail
7 Musée Lapidaire
8 St-Paul-Serge
9 Maison des Trois Nourrices
10 Maison de Charles Trenet

**Übernachten**
1 La Résidence
2 Hôtel de France
3 Château de l'Hospitalet

**Essen & Trinken**
1 La Table St-Crescent
2 Le Petit Comptoir
3 Le 26
4 L'Estagnol
5 En Face
6 Le Petit Moka

**Einkaufen**
1 Les Halles
2 Accent d'Oc
3 La Boutique du Palais

**Aktiv**
1 Embarcadère de Narbonne

Vorbei die Zeiten, da alles raus aus der mittelalterlichen Gassenenge drängte und ans 15 km entfernte Mittelmeer zog. Die Narbonnais kehren in die Altstadt zurück. Vielen ist es zu turbulent am Strand geworden, und der in den 1960er- und 70er-Jahren entstandene Leerstand in der Altstadt geht deutlich zurück. Das Fanal für den Umkehrtrend gab der damalige Bürgermeister Michel Moynier. Monsieur le Maire ließ nach der Jahrtausendwende Plätze und Gassen sanieren und baute ein hypermodernes Theater. Der größte Coup aber gelang ihm mit der Rehabilitierung des ältesten Platzes der Stadt, der ehemaligen Place Bistan. Am Platz lag einmal das antike Forum. Davon blieb nichts übrig, doch der lange Zeit verwahrloste Ort, der sich nun wieder **Place du Forum** 1 (immerhin!) nennt, ist erneut a *place to be* in Narbonne, mit netten Cafés und sanierten Fassaden ringsherum.

## Cité-Viertel

Links und rechts vom **Canal de la Robine** 2, der dank der Uferanlagen als grüne Lunge der Stadt fungiert, wird flaniert und an Markttagen eingekauft. Der Kanal teilt die Altstadt in das nördliche Quartier du Bourg, die alte Keimzelle der Stadt, und die Cité im Süden, in der Narbonne im Mittelalter erneut zu stattlicher Größe heranwuchs. Beide Viertel übertrumpft unanfechtbar und weit über die Stadtgrenzen hinaus sichtbar die ehemalige **Cathédrale St-Just-et-St-Pasteur** 3 (9–12, 14–18 Uhr). Das monumentale Kirchenschiff erreicht 40 m Höhe und macht St-Just-et-St-Pasteur zu einer der größten gotischen Kathedralen Frankreichs. 1272 wurde mit den Arbeiten begonnen. Den Grundstein, einen geheiligten Gesteinsbrocken, steuerte aus Rom kein Geringerer als Papst Clemens IV. bei – der Kirchenfürst war nämlich zuvor Erzbischof von Narbonne gewesen. Im 14. Jh. wurde der von 14 Kapellen umkränzte Chor geweiht, doch vollendet wurde das Gotteshaus nie, schon gar nicht nach dem Weggang der Erzbischöfe und der ›Rückstufung‹ zur Basilika. Grund war in erster Linie ein Konflikt zwischen Kirche und Bürgern. Letztere ließen die Zerstörung der Stadtmauern nicht zu, ohne die der Bau nicht genügend Platz zu seiner Vollendung hatte. Die **Chapelle de l'Annonciade** verbindet die Kathedrale mit dem Kreuzgang. Über der Kapelle, die einst der Kapitelsaal war, wird der Trésor, der Kirchenschatz, aufbewahrt (15. Juli–Okt. 10–11.45, 14–17.45, ansonsten nur nachmittags bis 17 Uhr, 4 € inklusive Zugang zum Donjon).

An das gotische Steingebirge aus ehemaliger Kathedrale und Kloster lehnt sich der **Erzbischöfliche Palast** 4 (9.–17. Jh.). Der Palast setzt sich aus dem mittelalterlichen Palais Vieux, heute Sitz des Rathauses, und dem vom 16. bis 18. Jh. errichteten Palais Neuf zusammen, heute Sitz des an antiken Grabungsfunden reichen **Musée archéologique** mit Keramik und Skulpturen in den

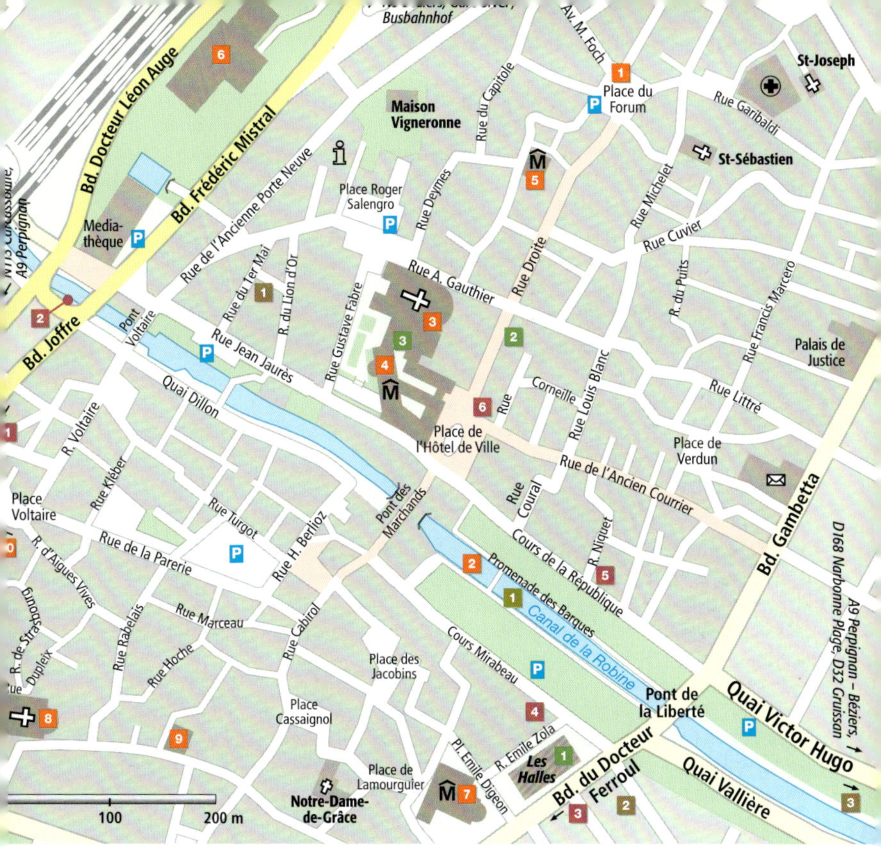


Appartements der Erzbischöfe. Neben frühchristlichen Sarkophagen bleibt das wertvollste Stück der Sammlung ein bei Narbonne gefundener Meilenstein der Via Domitia aus dem Jahr 117 v. Chr. Als Erbauer der Fernstraße wird Domitius benannt. Es handelt sich um die älteste lateinische Inschrift Galliens (15. Juli–Okt. tgl. 10–13, 14.30–18, April–14. Juli Mi–Mo 10–12, 14.30–17, Nov.–März Mi–Mo 14–17 Uhr, 4 €). Das ebenfalls im Palais Neuf untergebrachte **Musée d'Art et d'Histoire** zeigt neben einer Keramik- und Skulpturensammlung Malerei des 16. bis 20. Jh. (Öffnungszeiten wie Musée archéologique, Ticket auch hier gültig).

Ein Durchgang, die **Passage de l'Ancre,** führt zwischen beiden Gebäudekomplexen hindurch und dient zugleich als heimelige Kulisse für Hochzeitspaare, die das Standesamt im Rathaus verlassen. Wer den Überblick über den verschachtelten Komplex aus Kirche, Museen und Rathaus verloren hat: Durch das Rathausfoyer gelangt man auf den **Donjon Gilles Aycelin.** Der Blick über die Stadt ist grandios und reicht bis zur Küste und der Lagune des Etang de Sigean (Öffnungszeiten wie Musée archéologique, Ticket des Trésor gültig).

1997 wurde zu Füßen des Donjon auf der **Place de l'Hôtel de Ville** ein Stück der gut erhaltenen Via Domitia freigelegt. Der neu gestaltete Platz mit Rathaus und Kathedrale, Cafés und Belle-Epoque-Pracht des ehemaligen Kaufhauses Aux Dames de France ist das quirlige Herz des Cité-Viertels. Über die geschäftige Rue Droite gelangt man zur Place du Forum und von dort in einem kleinen Schlenker zum **Horreum** 5**.** Das ehemalige

Über den Dächern von Narbonne

römische Warenlager zur Vorratshaltung temperaturempfindlicher Güter liegt 5 m tief im Boden unter einem antiken Kellergewölbe (7, rue Rouget-de-Lisle; Öffnungszeiten wie Museen, 4 €).

Wir überspringen 2000 Jahre, und bleiben doch bei der Formensprache der Antike. Das **Palais des Sports, des Arts et du Travail** 6 am Boulevard Frédéric Mistral greift als monumentales Denkmal des Neoklassizismus der 1930er-Jahre auf antike Architekturvorlagen zurück.

## Bourg-Viertel

Mehr aus der gallorömischen Epoche Narbonnes ist im **Musée lapidaire** 7 im Quartier du Bourg zu sehen. Der Weg zum Museum hinter den restaurierten Belle-Epoque-Markthallen führt über den Pont des Marchands, eine bebaute Brücke über den

Canal de la Robine. Für das Museum fand man mit der Kirche Notre-Dame-de-la-Mourgié aus dem 13. Jh. einen kongenialen Ort. Im gotischen Sakralbau werden steinerne Friese, gemeißelte Inschriften und Stelen aus Antike und Mittelalter gezeigt (April–Sept. tgl. 9–12.15, 14–18, sonst Di–So 10–12, 14–17 Uhr, 3,70 €).

Die kunstgeschichtlich interessanteste Kirche von Narbonne aber bleibt die Basilika **St-Paul-Serge** 8. Der Bau wurde 1224 in direkter Nähe des spätantiken Grabmals des ersten Bischofs von Narbonne errichtet und verbindet einen romanischen Chor mit einer frühchristlichen Krypta. In der Nähe steht Narbonnes kostbarster Profanbau, die **Maison des Trois Nourrices** 9, ein Renaissancehaus mit aufwendiger Fassade.

Mit Stolz erfüllt jeden Narbonnais die **Maison de Charles Trenet** 10 etwas außerhalb der Altstadt – in der Avenue Charles Trenet, natürlich. Der als »fou chantant« – singender Irrer – in die Geschichte des Chansons eingegangene Sohn der Stadt schrieb u. a. das Lied »Douce France«, eine Huldigung an das Heimatland, die jeder Franzose mitsingen kann. Die Ausstellung zeigt etliche Trenet-Devotionalien (15. Juli–Okt. 10–13, 14.30–18, April–14. Juli Mi–Mo 10–12, 14.30–17, Nov.–März tgl. Mi–Mo 14–17 Uhr, stdl. Führungen, 4 €).

## Infos

**Office de Tourisme:** Pl. Salengro, 11100 Narbonne, Tel. 04 68 65 15 60, www.narbonne-tourisme.fr. In der Touristeninfo gibt es den **Pass Musées et Monuments** (vier Museen und Donjon Aycelin zum Pauschalpreis von 9 € für 3 Tage).

## Übernachten

Belle Epoque ▶ **La Résidence** 1: 6, rue du 1er-Mai, Tel. 04 68 32 19 41. Bürgervilla des 19. Jh., ruhig und zentral. Deckenstuck, Kamine, Stilmöbel. Einige Zimmer mit Blick auf die Kathedrale. Im Gästebuch des Traditionshauses: Jean Marais, Louis de Funès, Michel Serrault. Garage. DZ ab 76 €.

Zentral ▶ **Hôtel de France** 2: 6, rue Rossini, Tel. 04 68 32 09 75, www.hotelnarbonne.com. Properer Belle-Epoque-Bau mit aufgefrischten Zimmern. In Fußnähe zur Markthalle. DZ ab 52 €.

## Übernachten, Essen

Weingut und Schloss ▶ **Château de l'Hospitalet** 3: an der Rte. Narbonne-Plage (10 km östl. Richtung Meer), Tel. 04 68 45 28 50, www.gerard-bertrand.com. Weingut, das zugleich ein Schloss ist. Zimmer mit Blick auf die Reben, 5 km vom Meer entfernt. Mit Weinbaumuseum, 60 ha Reben und Restaurant L'Olivier (So abends, Nov.–März auch Mo geschl., Menü 27 €, à la carte 30–60 €). DZ ab 92 €.

## Essen & Trinken

**Junge Equipe ▶ La Table St-Crescent 1:** 68, av. Général Leclerc, Tel. 04 68 41 37 37, Sept.–Mai So abends, Mo, Juni–Aug. So, Mo mittags, ganzjährig Sa mittags geschl. Eines der günstigsten Sternerestaurants Frankreichs, zudem das mit der jüngsten Küchenbrigade. Austernravioli mit einer Infusion aus getrocknetem Fenchel und einem *granité* (Eisspeise) aus Meerwasser und Chardonnay. Gegrillter Kalbsbries und bretonischer Hummer in Butter, dazu Sommergemüse mit Zitronengras. Im Saal überrascht das konsequente Designinterieur, das geschickt in die mittelalterlichen Mauern der ehemaligen Kapelle eingepasst wurde. Menü 26 € (unter der Woche mittags), sonst 43–82 €.

**Bistro ▶ Le Petit Comptoir 2:** 4, bd. Maréchal Joffre, Mai–Aug. Di–Sa. Nettes Bistro im 1930er-Jahre-Look. Karte nach Marktangebot, tolle Weinkarte. Menü 19 (Mo–Fr)–45 €.

**Cool und köstlich ▶ Le 26 3:** 8, bd. Docteur Lacroix, Tel. 04 68 41 46 69, Sa mittags, So, Mo abends geschl. Klarer Saal mit Natursteinwänden, kleine, pfiffige Küche mit frischer Hausmacherkost. Menü 21 (Mo–Fr mittags)–39 €.

**Fisch ▶ L'Estagnol 4:** 5 bis, cours Mirabeau, Tel. 04 68 65 09 27, Mo abends, So geschl. Moderner Stahlpavillon an der Markthalle. Fisch, Meeresfrüchte. Menü 12 (mittags)–34 €. Falls alles besetzt sein sollte: das **En Face 5** gegenüber gehört zum Haus (27, cours de la République, Tel. 04 68 75 16 17, Di abends, Mi geschl., Formule 11 €, Menü 17–24 €).

**Café mit Überblick ▶ Le Petit Moka 6:** Pl. de l'Hôtel de Ville, Tel. 04 68 65 28 29. Innen winzig, trotz der Empore. Die Hauptattraktion bleibt die Terrasse mit Blick auf die Kathedrale und den Erzbischöflichen Palast.

## Einkaufen

**Markt ▶ Les Halles 1:** Markthalle tgl. 7–13 Uhr. Überwältigendes Angebot.

**Geschmack des Südens ▶ Accent d'Oc 2:** 56, rue Droite, Tel. 04 68 32 24 13, Di–Sa 10–12.30, 14.30–19 Uhr. »Epicerie fine made in Languedoc«: Olivenkonfitüre mit Zitrone, Traubenkonfitüre mit schwarzem Pfeffer und Trockenfeigen, Posca de Narbonne (süßsaurer Sirup nach römischem Rezept).

**Kunsthandwerk ▶ La Boutique du Palais 3:** Palais des Archevêques, in der Passage de l'Ancre, im Sommer 10–18, im Winter 9–12, 14–18 Uhr. Kunstbücher, Kunsthandwerk, Wein in der von einem gotischen Pfeiler getragenen Salle du Pilier.

## Aktiv

**Bootsverleih ▶ Embarcadère de Narbonne 1:** Promenade des Barques, Tel. 06 03 75 36 98, www.mairie.narbonne.fr, Mitte Juni–Mitte Sept. Elektro-Bötchenverleih auf dem Canal de la Robine.

## Verkehr

**Zug:** Gare SNCF, Av. Carnot. Tgl. Verbindungen nach Béziers, Carcassonne und Montpellier. Außerdem Verladebahnhof für Autoreisezüge, Tel. 36 35, www.voyagessncf.com.

**Bus:** Gare Routière am Bahnhof. Mit Trans-Aude nach Gruissan, Bages, Tel. 04 68 41 40 02, mit Transports Michau ins Minervois, Tel. 04 68 42 06 28.

# Corbières

Mit knapp 20000 ha Fläche (davon 15000 als AOC) und einer jährlichen Produktion von 700000 hl Wein sind die Corbières das bedeutendste Weingebiet des Languedoc. Es erstreckt sich von den Hügeln der Corbières ca. 50 km landeinwärts (bei Carcassonne) bis nach Narbonne an der Mittelmeerküste. Corbières ist freilich nicht Corbières. Dafür sorgen elf höchst unterschiedliche Terroirs, unter denen die von **Boutenac, Lagrasse** und **Durban** qualitativ an erster Stelle liegen. Dafür bürgen die klimatischen Unterschiede: Im

Westen unterliegen die Reben einem nahezu ozeanischen Klima, im Osten brüten sie unter der Mittelmeersonne. Bei den Rebsorten dominieren Grenache, Syrah, Mouvèdre, Carignan und Cinsault. Bei der Qualität konkurrieren die belanglosen Weine einiger Großkeller – noch immer stammen zwei Drittel aller Corbières aus drei Dutzend *caves coopératives* – mit den raffinierten, fruchtbetonten Tropfen qualitätsversessener Einzelkämpfer. Die Landschaften der Corbières sind von bisweilen gewaltiger Schönheit. Kalkbleiche Felsen erinnern an eine Mondlandschaft. Über der rauen Einsamkeit in der Garrigue weht der betörende Duft von Rosmarin und Thymian.

## Abbaye de Fontfroide ▶ G 14

Wo das Umland von Narbonne in die Rebhügel der Corbières übergeht, versteckt sich in einem kleinen, von bleichen Kalkfelsen und immergrüner Garrigue gerahmten Tal die romanische **Abbaye de Fontfroide** (nur mit Führung, Nov.–März stdl. 10–16, April–9. Juli, Sept.–Okt. alle 45 Min. 10–17, 10. Juli/Aug. halbstdl. 10–18, Do–So bis 22 Uhr, www.fontfroide.com, 9 €). 1093 siedelte sich eine Handvoll Mönche nahe einer Quelle am damals ansonsten unwirtlichen Ort an. 1146 begaben sich die Mönche unter die Fittiche des burgundischen Reformordens der Zisterzienser. Es ging schnell bergauf. Die Abbaye de Fontfroide wurde zu einem der einflussreichsten Zisterzienserklöster im Süden Frankreichs, nicht zuletzt, weil von ihren Mauern der Feldzug gegen die Katharer mitgestaltet wurde. Wie durch ein Wunder kam die Abtei unbeschadet über die Jahrhunderte, auch wenn im 17. Jh. Teile des Komplexes im staatstragenden Louis-XIV-Stil umgebaut wurden. 1908 kaufte eine kunstsinnige Familie aus dem Languedoc die Abtei, die bis heute Privatbesitz ist, und wohl aus genau diesem Grund zu einer der besterhaltenen im Midi zählt. Grandios sind die Abfolge von barockem Ehrenhof, romanischem Kapitelsaal und teils romanischem, teils gotischem Kreuzgang.

Zur Besichtigung gehört ein **Rosengarten,** dessen auf 2200 Stöcken blühende Pracht mit den kargen Felsen und der berückend wilden Garrigue-Landschaft ringsherum kontrastiert.

### Übernachten

Im Weinberg ▶ **Domaine de St-Jean:** Rte. de Quillanet, Bizanet (6 km nordwestl. von der Abbaye de Fontfroide, Abzweig an der Landstraße von Bizanet zur Abtei), Tel. 06 75 38 69 84 oder 06 03 25 31 24, www.domaine-de-saint-jean.com. 4 Nichtraucher-Chambres d'hôte in einem Landhaus. Ringsherum Reben. Neo-rustikal, in den Farben des Südens. Garten. Hausgemachte Konfitüren zum Frühstück. DZ/F ab 65 €.

### Essen & Trinken

Klosterdesign ▶ **La Table de Fontfroide:** Abbaye de Fontfroide, Tel. 04 68 41 02 26, März–Mitte Sept. nur mittags, sonst auch Do–So abends. Puristischer Saal in den Nebengebäuden der Abtei. Raffiniert komponierte Menüs, überzeugende Salate: Salade de l'Abbaye mit Cevennenschinken, Sauerampfer, Parmesan, Melone. Hauseigene AOC Corbières im Glas. Formule 18 €, Menü 22–38 €.

Im Weingebiet ▶ **Le Relais du Val d'Orbieu:** Ornaisons (3,5 km westl. von Bizanet) an der D 24, Tel. 04 68 27 10 27, nur Abendessen, Nov., Febr. So abends, Dez.–Jan. ganz geschl. Ehemalige Gipsmühle mit schöner Sommerpergola. Traditionelle Küche des Languedoc, sehr gute Weinkarte der Corbières. Auch **Hotel** mit Zimmern um einen Hof (DZ ab 90 €). Menü 30–56 €.

### Einkaufen

Wein ▶ Verkauf abteieigener **AOC Corbières-Weine** (www.vin-fontfroide.com).

## Nördliche Corbières

▶ F/G 13/14

**Lézignan-Corbières** ist eine Landpomeranze mit etwas gestrigem Charme. Moderner scheint auf den ersten Blick nur das neue Kino. Beim Mittwochsmarkt unter den Platanen der Avenue de la République, einem der farbenfrohsten und bestbestückten der Cor-

## Tipp: Wohnen beim Winzer

Ein kräftiger Schauer hat über Nacht die Wege aufgeweicht. *Rien ne va plus* in den 23 ha Reben, die Pierre-Gérard und Christine Lafitte bewirtschaften. Bis die Sonne die rostroten Böden wieder ausgetrocknet hat, wird Mittag vorüber sein. Mindestens so lange steckt auch der Traktor fest, was der Winzer aus Ferrals-les-Corbières gelassen nimmt. Bleibt ein ganzer Morgen, um seine Gäste auf die Crête de Ferrals zu führen. Durch eine Wolke von Rosmarin und Thymian geht es den Felskamm hoch. Das Ziel ist eine Waldkuppe: Im Osten gleißt das Mittelmeer, im Westen bricht sich der Blick an der Montagne d'Alaric, im Norden verschwimmen die blaugrünen Hügel des Naturparks Haut-Languedoc. »Von hier hat man einen Blick über alle zehn Terroirs der Appellation Corbières«, begeistert sich Pierre-Gérard. Die Tafel neben uns, auf der jedes Terroir erklärt wird, war seine Idee.

Auch die Idee, die Winzer als Botschafter für die Corbières zu gewinnen, stammt von Pierre-Gérard. Keiner kennt die von Reben geprägte Region zwischen Canal du Midi und Katharerburgen besser als der Winzer und seine Kollegen. Mit der Chambre d'hôte beim Winzer wurde ein Anfang gemacht. Zum Erfolg des **Tourisme de terroir** gehört ebenso der Wunsch, die wilde Schönheit der Corbières mit dem Besucher zu teilen. Natürlich vermietet auch Pierre-Gérard Zimmer (**Logis de Dame Salimonde,** 18, rue des Nobles, Ferrals-les-Corbières, Tel. 04 68 43 57 35, www.logisdamesalimonde.com, DZ/F 57 €).

Glücklich, wer in den Corbières zum Winzer wider Willen wird. Gilles Contrepois wollte nur ein Haus kaufen, um darin Chambres d'hôte einzurichten. Doch ist er zudem ein Winzer geworden, dessen tiefroter Fitou Kraft und Raffinesse vereint. Denn zur **Domaine Grand Guilhelm,** die am Ortsrand von Cascastel zum Verkauf stand, gehören 12 ha Reben. Der Informatiker vom Montmartre sah, kaufte und büffelte für das Fachabitur in Weinbau. Erst dann zog er mit Ehefrau Séverine und den Söhnen von der Seine an die Berre, die krachend am Dorf vorbeirauscht. Heute logiert man höchst komfortabel in den Chambres d'hôte der Domaine Grand Guilhelm (Chemin du Col de la Serre, Cascastel, Tel. 04 68 45 86 67, www.grandguilhem.com, DZ/F 92 €, Ferienwohnung 4–6 Pers. ab 520 €/Woche, 220-m²-Ferienhaus für 10–12 Pers. ab 1180/Woche) und freut sich über eine *salle de bain,* die angesichts ihrer Ausmaße und den Fauteuils eigentlich ein *salon de bain* ist. Lauscht dem Arme-Sünder-Bimmeln der Kirchenglocke und dem Vogelgezwitscher aus dem angenehmen Garten.

**Weitere Chambres d'hôte beim Winzer** über die Maison des Terroirs en Corbières, Le Château, 11200 Boutenac, Tel. 04 68 27 73 00, www.aoc-corbieres.com.

bières, aber erwacht das Winzerstädtchen zum Leben. Das etwas überarbeitungswürdige Musée de la Vigne et du Vin gegenüber dem Bahnhof (9–19 Uhr) zeigt, wie hart und mit welchen Werkzeugen der Winzer früher in den Corbières geschuftet hat. In der Maison Gibert residierte im 19. Jh. ein reicher Winzer. Jetzt dient das stolze Anwesen als Ausstellungssaal und Konzertbühne (24, bd. May-Dormoy, tgl. 10–12, 15–18 Uhr, sonst Di–Sa).

**Montbrun-des-Corbières** schmiegt sich an die Ausläufer der Montagne d'Alaric. Von dem Winzerdorf gelangt man zur Kapelle Notre-Dame-de-Colombier (1,5 km nördl.). Das romanische Kirchlein aus dem frühen 12. Jh. thront würdevoll über den Weinbergen.

Mit dem restaurierten Schloss von **Boutenac** hat die Maison des Terroirs, der Interessenverband der Winzer der Corbières, ein würdiges Domizil gefunden. Man kann sich im Keller durch die Lagen der AOC probieren, sich bei Winzern ankündigen lassen oder aber direkt im Schloss einen Wein seiner Wahl kaufen (Tel. 04 68 27 73 00, www.aoc-corbieres.com). Die jährlich im *concours interprofessionel* prämierten AOC-Corbière-

Weine werden zu denselben Preisen verkauft wie beim Winzer ab Keller! Die Maison des Terroirs en Corbières (Anschrift s. rechts) hält zudem Kartenmaterial und Broschüren zum Direkteinkauf bereit.

**Ferrals-les-Corbières** wäre nur ein nettes Winzerdorf wie viele andere in den Corbières, gäbe es nicht den Cellier de Graffan. Die Cave Coopérative ist ein gutes Beispiel dafür, wie auch einige Genossenschaftskeller in den Corbières auf Qualitätskurs gehen (Tel. 04 68 27 83 80, 9.30–12.30, 15.30–19.30 Uhr).

Ein geradezu spektakuläres Beispiel für diesen Trend liefert die Cave Coopérative Les Vignerons de Camplong in **Camplong-d'Aude.** Der kleine, feine Genossenschaftskeller setzt mit dem grandiosen ›C de Camplong‹, der mit Noten von Quitte, Wildrose und Kakaobohne betört, weitreichende Qualitätsmaßstäbe (25, av. de Camplong, Tel. 04 68 43 60 86, www.camplong.com, Mo–Sa 8–12, 14–18 Uhr).

**Fabrezan** liegt am linken Ufer des Orbieu und war schon in der Antike besiedelt. Das charmante Dorf duckt sich hinter den Resten seiner Befestigungsmauern aus dem 13. Jh. Der dicke Turm ist das einzige Zeugnis der Burg. Vom Dorf schlängelt sich ein Weg zur Kapelle Notre-Dame-de-Consolation aus dem 16. bis 17. Jh. (1,5 km nordwestl.) hinauf. Von seiner Anhöhe schaut man auf die Montagne d'Alaric und das Rebenmeer zu Füßen des Bergrückens.

## Infos

**Maison des Terroirs en Corbières:** Le Château, 11200 Boutenac, Tel. 04 68 27 73 00, www.aoc-corbieres.com.

## Übernachten

Siehe auch Tipp links.

Wein unter den Füßen ▶ **Les Vignerons de Camplong:** 25, av. de Camplong, Camplong, Tel. 04 68 43 60 86, www.camplong.com. Der Genossenschaftskeller vermietet eine elegante Ferienwohnung auf 2 Etagen für 6 Pers. in der Burgruine, über dem Barrique-Keller mit schöner großer, uneinsehbarer Terrasse. Ab 390 €/Woche.

## Übernachten, Essen

Familienfreundlich ▶ **Le Clos des Souquets:** Av. de Lagrasse, Fabrezan, Tel. 04 68 43 52 61, www.le-clos-des-souquets.com. Die freundlichen Zimmer reihen sich um einen Innenhof mit Pool. Ein guter Tipp für Familien ist das Studio mit eigener Terrasse. Gutes Restaurant: gegrillte Dorade, Thunfisch-Carpaccio (Mo–Sa, Menü 20–36 €). DZ ab 62 €.

Einfach gut ▶ **Auberge Côté Jardin:** Le Village, Conilhac-Corbières (4 km südwestl. von Lézignan-Corbières), Tel. 04 68 27 08 19, www.auberge-cotejardin.com, Mi mittags, So abends, Juli/Aug. zudem Mo mittags, Di mittags geschl. Bezaubernder Landgasthof mit einfacher und köstlicher Küche. Es gibt auch einige **moderne Zimmer** (DZ ab 60 €) zu mieten. Menü 20 € (mittags unter der Woche), sonst 28–48 €.

## Essen & Trinken

Alteingesessen ▶ **Le Tournedos:** Rond-point de Lattre-de-Tassigny, Lézignan-Corbières, Tel. 04 68 27 11 51, So abends geschl. Restaurant des **Hotels Le Tassigny** (DZ ab 44 €). Terrine vom Cassoulet mit Confit. Spezialitäten sind darüber hinaus Grillgerichte und – wie der Name schon andeutet – eben Tournedos. Auf Gäste wartet ein lichter, gelber Saal. Menü 15 (mittags unter der Woche)–44 €.

## Einkaufen

Markt ▶ **Marché de pays:** Lézignan-Corbières, Mi morgens. Gut beschickter Bauernmarkt.

Wein ▶ **Château du Vieux Parc:** Conilhac-Corbières (4 km südwestl. von Lézignan-Corbières), Tel. 04 68 27 47 44, www.chateauvieuxparc.com, auf Vereinbarung. Louis Panis liebt fruchtige, jung zu trinkende Weine. Tipp: Château du Vieux Parc La Sélection Elevé en fûte de chêne, mit Aromen von Brombeere, Pfeffer, fruchtig im Abgang. **Cellier de Graffan:** Ferrals-les-Corbières, Tel. 04 68 27 83 80, 9.30–12.30, 15.30–19.30 Uhr. Graffan Rouge AOC Corbières, Bukett von Kirschen sowie runde, ausgewogene Tannine.

aktiv unterwegs

## Der Weg des Briefträgers

### Tour-Infos

**Start:** Talairan (▶ F 15)
**Länge/Dauer:** 12 km, 3,5 Std. Varianten möglich: Kurzvariante 9,5 km, 2,5 Std., Langvarianate 17,5 km, 5,5 Std.
**Auschilderung:** braune Schilder mit gelber Schrift »Sentier du Facteur«
**Wanderkarten:** IGN, blaue Serie, 1:25 000, Nr. 2446 OT Lagrasse–Corbières. Oder Wanderführer (Topoguide) »L'Aude, Pays Cathare à pied« mit 44 Touren inklusive Karten durchs Departement Aude.
**Wichtige Hinweise:** Mittelschwerer Weg mit 150 zu bewältigenden Höhenmetern. Unterwegs keine Einkehrmöglichkeit. Wasser, Proviant, Kopfbedeckung, Sonnenschutz mitnehmen. Mittelschwere Wanderung mit langem Anstieg.

Von 1904, als das hübsche Winzerdorf Talairan nach 53 (!) Jahren Eingaben und Bitten endlich ein eigenes Postamt nebst Briefträger bekam, trug der Postbeamte die Briefe in die ums Dorf verstreuten Weiler und Weingüter aus. Die knapp 18 km lange Tour musste alle zwei Tage bei Wind und Wetter absolviert werden. Ab 1952 bekam der Facteur de Talairan einen Citroën 2CV (Ente) für die mühevolle Tour. An die glorreiche Zeit, als der mit blauem Kittel und Postkäppi uniformierte Beamte über Land zog, erinnert der **»Sentier du Facteur«,** der Wanderweg des Briefträgers.

Vom kleinen Dorfbrunnen mit der französischen Marianne geht es in die Rue du Prieuré, über die man bald den Dorfrand erreicht. Eine **Tafel** am Start des Sentier du Facteur erklärt den Alltag eines Landbriefträgers in der ersten Hälfte des 19. Jh. – die bellenden Hunde waren noch das geringste Übel. Stechende Sommersonne, sintflutartige Frühjahrs- und Herbstregen sowie eiskalter Winterwind machten die Tour beschwerlich. Elf weitere Tafeln werden am Wegesrand folgen, die mal das bäuerliche Leben vor 100 Jahren, mal die Fauna und Flora der Garrigue, mal den Einsatz von Arbeitspferden erklären.

Nach ca. 3 km über **einen schmalen Wirtschaftsweg,** der durch eine weite Ebene mit Wiesen, Koppeln und Weinbergen führt, taucht links ein Schild auf: Es geht vom brüchigen Asphalt auf einen schmalen Pfad durch die **Garrigue.** Nach kurzem Anstieg führt der Weg an Weinbergen vorbei. Die Ruine einer Schäferei taucht am Wegesrand auf. Anschließend schlägt sich der Weg wieder für etwa 500 m durch buschige Garrigue, um dann links auf einen Weinberg anzusteigen. Eine breite Piste führt nach **Treviac-Haut,** wo die Ruine einer mittelalterlichen Festung aus dem Kermeseichenwald ragt. Kurz danach erreicht der Weg **Treviac-Bas.** Das lange verlassene und jetzt langsam renovierte Weingut im Weiler war ursprünglich ein Kloster. Um das Jahr 1000 haben Mönche aus der Abtei Lagrasse (s. u.) hier eine Außenstelle gegründet, an die ein Kirchenportal in der Außenmauer erinnert. Das Kloster diente schon seit der Französischen Revolution als Scheune.

Wenige Meter hinter Treviac-Bas zweigt der Weg rechts ab. Bald sind die ersten Reben erreicht. Auf Höhe des Weinbergs nimmt man links einen Pfad, der zunächst ein Bachbett überquert und dann zu einem Höhen-

## Südliche Corbières

**▶ F/G 14/15**

**Lagrasse** zählt verdientermaßen zu den ›schönsten Dörfern Frankreichs‹ und ist der mit Sicherheit meistbesuchte Ort in den Corbières. Mit seinen Häuserzeilen und dem, was von der Abtei Ste-Marie-d'Orbieu im Lauf ihrer 1200-jährigen Geschichte übrig

kamm ansteigt. Erneut taucht ein Weinberg auf, an dem man auf der linken Seite entlanggeht. Am Ende fällt der Weg links ab und führt zur **Bergerie des Oliviers,** einer Schäferei. Direkt dahinter schlägt man den geradeaus ansteigenden Weg ein. Noch vor Erreichen der Anhöhe verlässt man ihn in einer Linkskurve, um über einen Weg rechts an einem Weinberg entlangzugehen. Unten zweigt er rechts ab. Nach der Querung eines Bachbetts geht es links bis zum Zuweg zu einer ehemaligen **Ziegelei** (Tuilerie).

Noch vor der Ziegelei hält man sich links. 1,5 km lang geht es immer geradeaus bis zu einer Kreuzung, an der man sich weiter geradeaus hält und nun über ein Sträßchen immer an der **Kante des Plateau des Amandes,** eines kleinen Plateaus, weitergeht. An einer Gabelung zweigt links ein breiter Weg ab, der nach gut 1 km in Talairan endet.

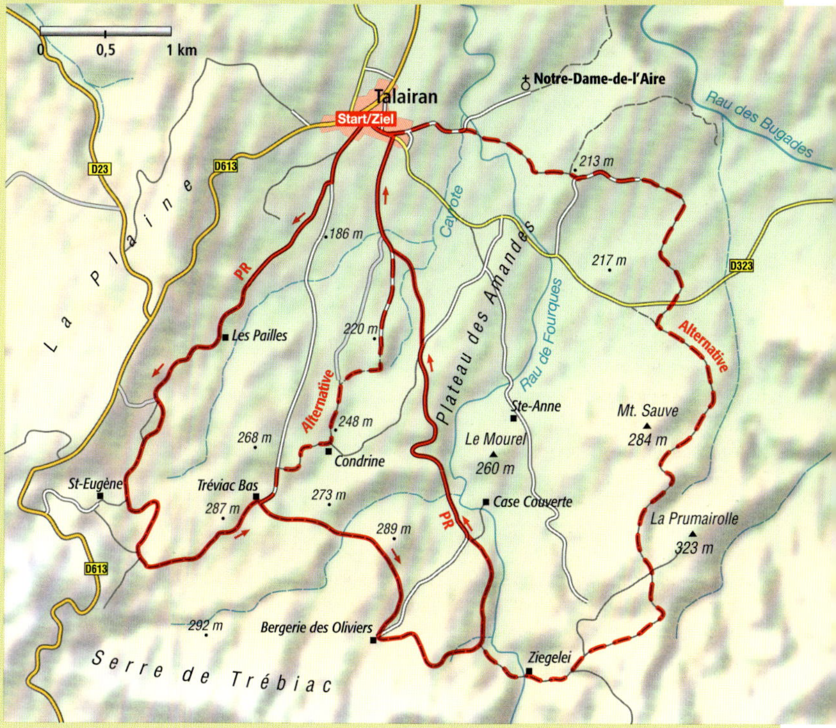


blieb bzw. angebaut wurde, breitet sich das Dorf malerisch am Ufer des Orbieu aus. 778 gegründet, entwickelte sich die Abtei zu einer der großen Grundbesitze der Gegend, wurde an der Wende zum 14. Jh. erweitert, während der Französischen Revolution geplündert und im 18. Jh. kurz vor dem vollständigen Verfall restauriert, erweitert und als

## Tipp: Bouquet und bezaubernde Blüten

Bevor **Winzer Jean-Pierre Mazard** die erste Flasche entkorkt, zeigt er Besuchern gern ein einsames Plateau: Ein Teppich **wilder Orchideen** bedeckt im Frühling den Boden. »64 verschiedene Orchideen wachsen bei uns« – Stolz klingt aus Jean-Pierres Stimme. Mazard vermietet übrigens auch zwei Ferienwohnungen! (**Domaine Serres-Mazard,** 11220 Talairan, 10 km südl. von Lagrasse, Tel. 04 68 44 02 22, www.serres-mazard.com, im Sommer 9–19 Uhr, sonst auf Vereinbarung.)

Kloster wiederbelebt. Das Stadttor Porte de l'Eau liegt auf der Flussseite genau gegenüber der ehemaligen Benediktinerabtei, die bis zur Auflösung 1791 fast 1000 Jahre lang die Geschicke von Lagrasse bestimmte. Doch zuerst ins Dorf, wo die Markthalle aus dem 14. Jh. unverändert ihren Zweck erfüllt. Ringsherum fallen die spätmittelalterlichen Fassaden der Maison Cros in der Rue St-Michel und das Presbyterium an der Kirche ins Auge. Über den Pont Vieux, der seit 800 Jahren den Orbieux überspannt, geht es zur **Abtei** am anderen Ufer des Orbieux. Wie in der Abtei Rokoko auf Romanik stößt, Verspieltes mit Wehrhaftem verquickt wird, erscheint ebenso unglaublich wie die Geschichte dieser Benediktinergründung. Ein gewisser Nimphridius habe am Anfang allen mönchischen Lebens in Lagrasse gestanden, dem Karl der Große 778 nach vollbrachter wundersamer Brotvermehrung für die 7000-köpfige Truppe des Kaisers eine Schutzcharta ausstellte. Hinter dem Rokoko-Feudalbau des neuen Bischofspalais verstecken sich mit der freskenverzierten Kapelle des Abtes, einem primitiven, präromanischen Turm, imposanten Mönchsschlafsälen, der Salle des Gardes und dem Donjon die ältesten Teile der weitläufigen Anlage. Der **Donjon** erlaubt einen herrlichen Blick über das von leuchtend roten Felsen gesäumte Tal. Teile des Klosters werden vom Orden Les Chanoines Réguliers de la Mère de Dieu restauriert und bewohnt und sind daher nur eingeschränkt zugänglich (Abtpalast und Dormitorium Juli–Sept. tgl. 10–19, in der Zwischensaison 10.30–11.45, 14–18, Febr.–März 14–16.30, Nov.–Mitte Dez. 14–16 Uhr, letzter Einlass 1 Std. vor Schließung, www.abbayedelagrasse.com, 4 €, Kreuzgang, Kirche, Donjon, Garten Juni–Sept. tgl. 15.15–17.25, Okt–Mai nur Sa, So, www.chanoines-lagrasse.eu, 4 €). Direkt zu Füßen der Abtei sieht man bei schönem Wetter Jung und Alt im Orbieux baden.

Über das verbummelte **Talairan** gelangt man in eine der einsamsten Landstriche der Corbières. Kaum ein Auto kommt einem auf der Landstraße entgegen. Noch einsamer wird es, kommt man nach **Fontjoncouse.** Die Überraschung ist um sogrößer, dass im Dorf ein mit zwei Michelinsternen prämiertes Restaurant Feinschmecker aus Nah und Fern verwöhnt: ein Wunder, wie es nur in der französischen Provinz geschieht!

Oberhalb von Fontjoncouse liegt die **Ermitage St-Victor** (3 km östl.). Vom Rückzugsort des hl. Victor, Beschützer der Corbières, blieb ein präromanisches Kapellchen. Von ihrer Anhöhe schaut man aufs Mittelmeer und die Pyrenäen.

In **Montséret** zeigt das im ehemaligen Waschhaus aus dem 19. Jh. eingerichtete Museum, was bei Grabungen unterhalb der Burg gefunden wurde: Siegel, Münzen, Tonscherben und ein paar Fossile.

### Infos

**Office Intercommunal du Canton de Lagrasse:** 16, rue Paul-Vergne,11220 Lagrasse, Tel. 04 68 43 11 56, www.lagrasse.com.

### Übernachten

**Mit Badeteich ▶ Château de Donos:** Thézan-des-Corbières (4 km westl. von Montséret), Tel. 04 68 43 32 11, www.chateaudonos.com, Mai–Sept., auf Anfrage auch darüber hinaus. Über 1000 Jahre altes Weingut, in dessen Haupthaus (17. Jh.) 6 geräumige Chambres d'hôte Platz finden. Antike Möbel, offene Balken, Natursteinwände schaffen viel Atmosphäre. Salon, Badeteich auch zum

Kanu fahren. DZ/F ab 105 €, auch 2 Ferienhäuser ab 720 bzw. 1000 €/Woche.
Nobel ▶ **Demeure de Roquelongue:** 53, av. de Narbonne, St-André-de-Roquelongue (3 km nordöstl. Montséret), Tel. 04 68 45 63 57, www.demeure-de-roquelongue.com, März–Okt. 5 Chambres d'hôte in einem herrschaftlichen Winzerdomizil mit dem Charme der Belle Epoque. Komfortable, elegante Zimmer. Alte Kachelböden, moderne Bäder. DZ/F ab 95 €.
Camping ▶ **Muinicipal Boucocers:** Rte. de Ribaute, Lagrasse, südl. Teil, Tel. 04 68 43 15 18, www.lagrasse.fr, März–Okt. Kommunaler Platz mit 40 Plätzen, einige unter Bäumen. Mit sehr schöner Aussicht auf Lagrasse. 2 Pers./12 €.

## Übernachten, Essen

Höchstnote ▶ **Auberge du Vieux Puits:** Fontjoncouse, Av. St-Victor, Tel. 04 68 44 07 37, www.aubergeduvieuxpuits.fr, Mitte Juni–Mitte Sept. Mo mittags, sonst So abends, Mo, Di sowie Jan.–Feb ganz geschl. Der »große« Tisch der Corbières. 3 Michelinsterne für Rotbarbenfilets mit Brandade-gefüllten Kartoffeln, Pfirsichen mit Himbeersirup auf Sandplätzchen mit Fleur de Sel aus Gruissan. Geölter und freundlicher Service, Saal im Landhausstil. Großartige Corbières-Weinkarte. Menü 62 € (Mo–Fr mittags)–132 €. Es werden auch **Zimmer** vermietet, entweder im Haus selbst oder in der Dependenz La Maison des Chefs (300 m entfernt, DZ ab 190 €).
Wo einst der Dorfschmied wohnte ▶ **La Fargo:** St-Pierre-des Champs (5 km südl. von Lagrasse), Tel. 04 68 43 12 78, www.lafargo.fr. Einladender Natursteinbau mit schattiger Kiwilaube an der Giebelfront – das Haus war früher die Dorfschmiede von St-Pierre-des-Champs. Zimmer mit Möbeln aus Fernost. Restaurant mit schöner Terrasse (Juli/Aug. Mo, Di mittags geschl., sonst auch Mi–Fr mittags, Menü ab 30 €). DZ ab 75 €.
Frisch renoviert ▶ **Hostellerie des Corbières:** 9, bd. de la Promenade, Lagrasse, Tel. 04 68 43 15 22, www.hostellerie-des-corbieres.com. Kleines Herrenhaus mit Garten und Restaurant (Mitte Okt.–Mitte März Mi, sonst Do geschl., Menü 24–38 €). Propere Zimmer mit Möbeln aus dem 19. Jh. DZ ab 72 €.

## Essen & Trinken

Ohne Chichi ▶ **Le Temps des Courges:** 3, rue des Mazels, Lagrasse, Tel. 04 68 43 10 18, März–Mitte Nov. tgl. außer Di, Mi mittags, sonst nur am Wochenende. Kleines Restaurant mit einer Küche ohne Chichi – und vegetarischen Gerichten sowie Rohmilchkäse vom Bauernhof. Formule 16 €, Menü 20–29 €.

## Einkaufen

Regionale Produkte ▶ **La Maison du Terroir:** Promenade de Lagrasse, Lagrasse, April–Okt. tgl. 10–12.30, 15–19, Nov.–März Fr–So 10–12.30, 15–18.30 Uhr. Gut sortierter Laden mit Weinen und Produkten der Region: Anchovis, Ziegenkäse, Honig, Traubensaft etc.
Honig ▶ **La Miellerie du Mont St-Victor:** Fontjoncouse, Tel. 04 68 44 06 28, März–Jan. Di–So 9.30–12.30, 15–18.30 Uhr. Honig aus den 300 Bienstöcken des Imkers Bernard Tricoire. Auch *pain d'épice* (Gewürzbrot).
Wein ▶ **Château Pech-Latt:** Lagrasse, Tel. 04 68 58 11 40, Mo–Fr 8–12, 13–17 Uhr. Laurent Max produziert auf dem 90-ha-Gut Bioweine von alten Reben. Die Corbières Vieilles Vignes sind fette Tropfen mit Vanille- und Gewürznoten, die lange gelagert werden können. **Château Les Palais:** St-Laurent-de-la-Cabrerisse (15 km östl. von Lagrasse, an der D 611), Tel. 04 68 44 01 63, 9–12, 14–18.30 Uhr. Sehr lagerungsfähige AOC-Corbières, charaktervolle Cuvées. Wie die Cuvée Radolin von alten Reben. **Château Lacour Manoy:** 6, rue du Noyer, Montséret, Tel. 04 68 43 39 59. Carignan-betonte, purpurrote Corbières, die im Barrique ausgebaut werden. **Château Aiguilloux:** Thézan-des-Corbières (4 km westl. von Montséret), Tel. 04 68 43 30 66, 1012, 14–18 Uhr. Kraftvolle violettrote Corbières bei der Cuvée des trois Seigneurs von alten Syrah- und Carignan-Reben. **Domaine Serres-Mazard:** s. Tipp links.

## Fitou ▶ F/G 15/16

Die AOC Fitou ist die älteste des Languedoc und wurde bereits 1948 an das kleine Weingebiet zwischen Mittelmeerküste und Corbières vergeben. Das Fitou besteht aus zwei geografisch nicht zusammenhängenden Teilen: zum einen das **Fitou maritime,** dessen Reben bis an die Küste reichen, zum anderen das 10 km entfernte **Fitou de l'Intérieur,** dessen Gebiet in die südlichen Corbières eingelagert ist.

Ganze neun Dörfer zählt die **AOC Fitou.** Die Jahresproduktion des rubinroten Weines, der seinen Erfolg in erster Linie der Carignan-Rebe verdankt, erreicht nicht einmal 100 000 hl.

### Unterwegs im Fitou

Das mediterran anmutende Dorf **Fitou** selbst, das geschützt hinter dem Etang de Leucate und nur wenige Kilometer vom Meer entfernt liegt, hat außer der 1000 Jahre alten Burg, in der ein kleines Weinmuseum, Rüstungen und Folterwerkzeug zu sehen sind, nicht viel zu bieten (April–Ende Sept. tgl. 10–12, 14–17 Uhr, www.chateaudefitou.com, 5 €).

**Villeneuve-les-Corbières** täuscht mit seinem Namenszusatz darüber hinweg, dass das Dorf zum Fitou de l'Intérieur, dem Inneren Fitou, gehört. Prominentester Bau im Winzerdorf ist die Wallfahrtskirche Notre-Dame-de-Récaouffa. Im Süden zeichnet sich am Horizont der Canigou ab: Das Rousillon ist bereits nah.

Auch im nur 2 km entfernten 200-Seelendorf **Cascastel-des-Corbières** wird ein bemerkenswerter Fitou gekeltert. Das Burgdorf an der Berre wird von einem Turm aus dem 12. Jh. beherrscht, der selbst die Burg in den Schatten stellt.

### Infos

**Bureau de Tourisme:** Rue de la Mairie, 11510 Fitou, Tel. 04 68 45 69 11, www.fitou.fr. Faltblatt mit Mountainbike-Routen!

### Übernachten

Siehe auch Tipp, S. 308.

Alte Dorfschule ▶ **Domaine Leyris:** Le Village, Villeneuve-les-Corbières, Tel. 04 68 45 95 47. Das Weingut (mit Verkauf, s. Einkaufen) vermietet 2 angenehme Chambres d'hôte über dem Probierraum. Terrasse mit Blick auf Platanen und Dorfschule von 1889. DZ/F 55 €.

### Essen & Trinken

Lokalkolorit ▶ **Lou Courtal des Vidals:** 13, rue des Courtals, Fitou, Tel. 04 68 45 62 58, April–Ende Sept. Di–Sa, Febr.–März, Okt.–Dez. nur Sa, So. Bodenständige Gaststätte auf einem Weingut, mit deftiger Küche und viel Stimmung. Menü 20–30 €.

Mit Fitou-Wein ▶ **Le Clos de Cascastel:** Quai de la Berre, Cascastel-des-Corbières, Tel. 04 68 45 06 22, außer Juli/Aug. Di geschl. Herrliche Terrasse mit Blick in die Weinberge, einfache Küche aus frischen Produkten: Brick-Teigtasche mit Tomate und Ziegenkäse, Dorade mit Tapenade, in Fitou-Wein eingekochte Birnen. Menü 16–40 €.

### Einkaufen

Weine ▶ **La Cave des Producteurs de Fitou:** Les Cabanes-de-Fitou (1,5 km östl. von Fitou an der N 9). Weine des Fitou, aber auch der Corbières maritimes. **Domaine Leyris:** Le Village, Villeneuve-les-Corbières, Tel. 04 68 45 95 47, 10–20 Uhr. Weine der AOC Corbières, aber noch interessanter sind die der AOC Fitou, etwa die samtig-volle Cuvée Prestige von Schieferböden mit einem Bukett schwarzer Früchte. Spitzenqualität! Tipp: 2 **Chambres d'hôte** warten hier auf Gäste (s. Übernachten).

### Aktiv

Wandern ▶ **Ausgeschilderte Rundwege (Boucles) um Fitou:** Boucle 1: A la découverte d'un Pays, einfach, 8,5 km, 2,5 Std., gelber Balken, oder Boucle 2: Garrigue und Weinberge, mittelschwer, 11 km, 3,5 Std., blauer Balken.

**Weinlese im Fitou, der ältesten AOC des Languedoc**

# Die Küste des Departements Aude

**Goldgelb und kilometerlang sind die Sandstrände zwischen der Mündung der Aude im Norden und der Grenze zum Roussillon im Süden. Bis auf die Montagne de la Clape bei Narbonne ist das Hinterland tischtuchflach. Über der Weite von Salinen, Sümpfen und Lagunen ragen die Appartementzeilen der im großen Stil angelegten Badeorte auf. Es geht auch anders: Zwischen die Retortenorte gestreut sind kleine, alte Fischerhäfen und Sommerfrischen.**

## Montagne de la Clape

► H/J 14

Die unter Naturschutz stehende Montagne de la Clape ist ein kaum über 200 Höhenmeter reichendes Karstmassiv. Unerbittlich saust an 200 Tagen pro Jahr der Cers, ein staubtrockener Landwind, über das kleine Bergmassiv. Zwischen den bleichen Felsen ragen Aleppokiefern empor. In flachen Lagen stehen Reben. Wo der Boden zum Vorschein kommt, leuchtet er ockerrot: Die tonhaltige Erde ergibt jung zu trinkende Weißweine der Rebsorten Malvoisie und Bouboulenc und Rotweine, die als AOC de la Clape firmieren.

### Tipp: Den Zugvögeln auf der Spur

Sümpfe und die Lagune des **Etang de Pissevaches** (► J 13) bilden am rechten Ufer der Aude-Mündung ein ideales Revier für Zugvögel. **Über 220 Vogelarten** sind in dem Küstensaum beheimatet. Birdwatcher kommen besonders in Frühjahr und Herbst auf ihre Kosten (Anfahrt ab Fleury über die D 718 Richtung La Pagèze/Les Cabanes de Fleury). Man kann auch von **St-Pierre-sur-Mer** (► J 14) über den Strand in Richtung Grau de Vendres wandern!

Etliche Rad- und Wanderwege laden zum Erkunden von Miniaturschluchten und Felstrümmern ein. Von der D 1118 von Fleury nach St-Pierre-sur-Mer zweigt ein Weg zum **Gouffre d'Œuil doux** ab. Das natürliche Wasserbecken ist ein zauberhafter Picknickplatz. Vorsicht beim Baden! Es hat bereits Unfälle gegeben.

Wo die Hügel der Montagne de la Clape in den sandigen Küstensaum übergehen, liegt der dynamische Strandort **St-Pierre-sur-Mer.** Der winzige alte Dorfkern lässt kaum noch erahnen, dass der Ort bereits im Mittelalter unter anderem von den Malteserrittern zu einem Wachpunkt am Meer ausgebaut wurde. Die Hauptattraktion ist heute der bis zu 200 m breite Sandstrand und das verführerisch blaue Meer.

### Übernachten

Still ► **Camping aux Hamacs:** Rte. des Cabanes de Fleury, an der D 718 von Fleury zur Aude-Mündung, Tel. 04 68 33 22 22, www.campingauxhamacs.com, April–Sept. Einer der wenigen ruhigen Plätze, abseits vom Küstentrubel. Nette Atmosphäre. 2 Pers./Auto ab 17 €.

### Übernachten, Essen

Reiterglück ► **Le Mas de la Bâtisse:** Les Cabanes-de-Fleury (nördl. St-Pierre an der Küste), Tel. 04 68 33 77 01, www.la-batisse.

com. Chambre d'hôte beim Rinderzüchter! Vom Haus Spaziergänge ans Ufer der Aude, die Sümpfe des Etang de Pissevache, den Naturstrand. Besichtigung der Ställe und Herden. Table d'hôte (30–55 € inkl. Wein). Möglichkeit zum **Reiten.** DZ/F ab 70 €.

### Einkaufen

**Wein ▶ Château de Capitoul:** Rte. de Gruissan–Narbonne, Tel. 04 68 49 23 30. 8.30–19 Uhr. Fruchtige Weißweine und Rote mit Aromen von Toastbrot, Leder, Kaffee – typische AOC-La-Clape-Tropfen.

### Aktiv

**Wandern und Mountainbiken ▶ Narbonne Environnement:** 6, rue des Colonnes, Narbonne, Tel. 04 68 65 11 31. Exkursionen zum Thema Fauna und Flora der Küste. Voranmeldung erbeten. Über Pisten informiert ansonsten der **Parc Naturel de la Narbonnaise,** s. Tipp, S. 321.

**Reiten ▶ Le Ranch de la Clape:** Rte. de Narbonne-Plage, Gruissan, Tel. 04 68 49 35 80, April–Sept. Ausritte ins La-Clape-Massiv.

**Strände ▶** lange Sandstrände in **St-Pierre-sur-Mer** und **Les Cabanes-de-Fleury.** Nördlich von St-Pierre gibt es auch einen FKK-Strand.

## Côte Narbonnaise

### Narbonne-Plage ▶ J 14

Côte Narbonnaise heißt der Narbonne vorgelagerte Küstenabschnitt zwischen Narbonne-Plage und Gruissan. Fast nahtlos geht St-Pierre-sur-Mer in **Narbonne-Plage** über. Von Narbonne gelangt man in nur 14 km auf der landschaftlich reizvollen D 168 in den Strandableger der Stadt. Entsprechend voll wird es an Sommerwochenenden auf den Parkplätzen entlang der Uferpromenade. Bis zu 25 000 Gästen bietet Narbonne-Plage zudem ein Bett an. Soll heißen: Im Hochsommer brummt's. Bunte Fassadentürme und Platanen mildern den etwas sterilen Eindruck, den der im Zweiten Weltkrieg zerstörte Badeort seit dem Wiederaufbau erweckt.

### Tipp: Küstenbuch

**Les Stations du Littoral Audois** – so heißt eine Broschüre des CDT Aude über die Küstenorte des Departements. Unter www.aude tourisme.com kann man sie sich im Internet herunterladen.

### Cité de la Vigne et du Vin

**▶ J 14**

Im Hinterland des winzigen und bereits zu Gruissan zählenden Strandortes Les Ayguades unterhält das nationale Agrarforschungsinstitut INRA ein Weingut. Die Domaine de Pech Rouge zeigt in der **Cité de la Vigne et du Vin** (Tel. 04 68 75 22 62, Juli–Aug. 10–20, April–Juni, Sept., Dez. Sa, So 14–17 Uhr, 6 €) den Werdegang des Weins von der Traube bis zum trinkreifen Tropfen. Die Ausstellung ist wissenschaftlich anspruchsvoll, dabei unterhaltsam dank der spielerischen Vermittlung, und wird im schicken Hightech-Look präsentiert. Im Außenbereich kommt überdies ein 5000 $m^2$ großer Rebgarten hinzu. Zum Abschluss des Besuchs kann man die Weine der AOC La Clape probieren.

### Gruissan-Plage und Gruissan

**▶ J 14**

**Gruissan-Plage** verdankt sein Image als Bilderbuchstrandort dem Kino. Auch in Deutschland bekannt machte den Ferienort 1986 die Anfangsszene des Kinofilms »Betty Blue – 37,2 Grad am Morgen«, in der ein blitzblauer Himmel über dem makellosen Sandstrand, den hübschen Stelzenhäusern – *les pilotis* – und der nicht weniger ansehnlichen Hauptdarstellerin Béatrice Dalle lacht. Das fotogene Ensemble der Stelzenhäuser entstand Ende des 19. Jh. auf einer Schwemmlandzunge. Von den etwa 1300 in verwittertem Weiß lackierten Holzhäuschen haben viele *vue sur mer.* Kein Wunder, dass der Badeort zu den beliebtesten der Aude-Küste zählt. Die feinkörnige Plage des Pilotis und die langen Strände vor den Lagunen des Etang du Pech Rouge und des Etang de Mateille, auf

**Gruissan-Plage ist einer der Surfer-Hotspots an der Aude-Küste**

denen Surfer trainieren, sind weitere Attraktionen.

Das Dorf **Gruissan** tut ein Übriges. Der 3000 Einwohner zählende Ort (mit Gruissan-Plage) ist Mitglied im handverlesenen Kreis ›der schönsten Dörfer Frankreichs‹. Gruissan wurde im 13. Jh. zum Schutz der Hafenzufahrt nach Narbonne gegründet. Wie in einem Schneckenhaus kringeln sich die Gassen um die restaurierte Ruine des Barbarossa-Turms. Gruissan wirkt mit dem Café de la Paix, in dem sich die lokale Rugby-Mannschaft trifft, den Fischern und Winzern durch und durch authentisch. Auf dem Markt verkaufen die Fischer fangfrische Seebarben, Goldbrassen, Schollen und Krebse. Vom Rundweg auf den Burghügel hat man einen herrlichen Blick über die verschachtelten Gassen, die spätromanische Pfarrkirche, die lachsroten Dächer und Salinen am Etang du Grazel.

Zwischen Gruissan-Plage und dem Dorf Gruissan wurde 1963 der Grundstein für den Jachthafen und die Appartementhäuser von **Port-Gruissan** gelegt: Viel bunter Beton,

aber immerhin nicht so hoch, dass der Charme der beiden anderen Ortsteile davon erdrückt wird.

Ein kleiner Ausflug führt von Gruissan über die D 32 durch Weinfelder und Salzseen hoch zum **Cimetière Marin,** dem Fischerfriedhof auf den Höhen der Montagne de la Clape (Mitte Juni–Mitte Sept. Mo–Fr 10–13, 15–19 Uhr, sonst unregelmäßig an Wochenenden). Der Weg vom Parkplatz hoch zum Friedhof dauert knapp 30 Min., die man im Schatten von Ginster, Eichen, Zypressen und Schirmpinien verbringt. Rund um die Friedhofskapelle **Notre-Dame-des-Auzils** erinnern Grabsteine und Kenotaphe (Scheingräber) an die auf See Verschollenen, darunter die des 1968 verunglückten Unterseeboots Minerve, dessen Wrack nie gefunden wurde. Der Friedhof der Fischer ist einer der zauberhaftesten Flecken der Côte Narbonnaise.

Über eine Brücke gelangt man von Gruissan auf die **Ile St-Martin,** die eigentlich keine Insel ist, sondern ein nacktes Kalkmassiv mit Mandelbäumen, Reben und betörenden Ausblicken auf den Salzsee **Etang de l'Ayrolle.** Zur ›Insel‹ gehören die **Salins de St-Martin,** deren Salzfelder man auf einem 2 km langen Parcours erkunden kann (Rte. de l'Ayrolle, Tel. 04 68 49 59 97, www.salins.com, März–Okt. 9.30–12.30, 14–19 Uhr, mit Ecomusée und Boutique, 7,60 €).

Die weite Lagune des Etang de l'Ayrolle öffnet sich bei Le Grau de la Vieille Nouvelle mit einer schmalen Öffnung zum Meer: Wer die Küste weiter südlich erkunden möchte, muss den weiten Weg um den Etang de Bages nehmen.

## Infos

**Office de Tourisme:** 1, bd. Pech Meynaud, 11430 Gruissan, Tel. 04 68 49 09 00, www.gruissan-mediterranee.com.
**Infos** auch unter www.ville-gruissan.fr.
**Infos für Narbonne-Plage** s. Office de Tourisme Narbonne, S. 305, und im Internet www.narbonne-plage.com.

## Übernachten

Wein und Wohnen ▶ **Château le Bouïs:** s. rechts unter Einkaufen.
Drehortblick ▶ **Acceuil de la Plage:** 13, rue du Bernard l'Hermite, Grissan-Plage, Tel. 04 68 49 00 75, April–Okt. Nah am Strand, freundliche Zimmer, von der Terrasse blickt man auf die Stelzenhäuser aus dem Film »37°2 le matin – Betty Blue«. DZ ab 60 €.
American way ▶ **Le Phoebus:** Bd. de la Sagne (im Casino-Komplex), Gruissan-Dorf, Tel. 04 68 49 03 05, www.phoebus-sa.com. Modernes Hotel im Motel-Stil, mit cleanen Themenzimmern. DZ ab 50 €.

## Übernachten, Essen

**Hafenblick ▶ Le Corail:** Quai Ponant, Port-Gruissan, Tel. 04 68 49 04 43, www.monalisahotels.com. Modernes Haus mit Terrasse auf den Hafen, Restaurant (Menü ab 24 €). Ordentliche Zimmer mit modernem Komfort. DZ ab 72 €.

**Seeblick ▶ La Caravelle:** 10, promenade du Front de Mer, Narbonne-Plage, Tel. 04 68 33 80 38, April–Sept. Nüchterne Zimmer in einem Logis-de-France-Haus, gut ausgestattet und vor allem direkt am Strand. Im Restaurant Fischgerichte (Menü 18–44 €). DZ ab 55 €.

## Essen & Trinken

**Fisch und Meeresfrüchte ▶ Le Lamparo:** Le Village, Gruissan-Dorf, Tel. 04 68 49 93 65, Mitte Juni–Mitte Sept. Mo mittags, Di mittags geschl., sonst Mo, Di ganz geschl. Restaurant am Kai des alten Dorfes, mit Wintergarten. Gepflegte Fisch- und Meeresfrüchteküche – Austern vom Grill mit Entenbrust. Menü 23–39 €.

**Authentisch ▶ L'Estagnol:** Av. de Narbonne, Gruissan-Dorf, Tel. 04 68 49 01 27, Winter außer Fr, Sa abends, Mo immer geschl. Ehemaliges Fischerhaus mit Gartenterrasse. Ausblick auf den Etang mit Flamingos. Auf dem Teller delikate Fischgerichte, z. B. Fischeintopf oder Muscheln in *sauce ravigotte,* einer scharfen Kräutersoße. Formule 13 €, Menü 24–30 €.

## Einkaufen

**Delikatessen ▶ Les Richesses de la Mer:** Bd. de la Méditerrannée, Narbonne-Plage, Tel. 04 68 49 90 98. Traiteur (Partyservice) mit köstlichen Fischangeboten: *anchoïade,* Muscheln katalanisch, Creme von Rotbarben mit Safran etc.

**Wein ▶ Château Bel-Evêque:** Ile St-Martin, Gruissan, Tel. 04 68 75 00 48, 10–13, 15–18 Uhr. Weingut des Schauspielers Pierre Richard (»Der große Blonde mit dem schwarzen Schuh«). Ordentliche AOC Corbières.

**Wein und Regionales ▶ La Cave de Gruissan:** Port-Gruissan, tgl. Einkaufen und Probieren an langen Holztischen: Weine und Agrarprodukte der Region.

**Wein und Wohnen ▶ Château le Bouïs:** Rte. Bleue, Gruissan, Tel. 04 68 75 25 25, www.chateaulebouis.fr, Juli–Sept. tgl. 10–13, 15–19, Okt.–Juni Mo–Sa 9–12, 14–18 Uhr. Exzellente Weine der AOC Corbières. Ebenfalls 3 luxuriöse **Chambres d'hôte** (Juni–Dez., DZ ab 155 €), eigentlich Suiten von nüchterner Eleganz.

**Fisch ▶ La Halle de la Pêche:** Le vieux Port, Gruissan. Frischen Fisch gibt es in den Fischhallen des alten Dorfhafens. Der Verkauf ändert sich je nach Gezeiten, Wetterlage und Saison. Faustregel: im Sommer tgl. ab 9 Uhr.

**Geräuchertes aus dem Meer ▶ La Fumerie Occitane:** Gruissan-Plage, Plage des Chalets, Bramofan, Tel. 04 68 43 30 17. Lachs, Forelle und Aal frisch aus der Räucherei.

**Markt ▶** Sa morgens in **Gruissan-Village.**

### Tipp: Austern direkt vom Züchter

Austern und Muscheln kann man bei **Didier Illac** direkt verspeisen (oder mitnehmen). Zu jeder Bestellung gehört ein Glas Wein dazu. Ein halbes Dutzend Austern kosten um 5 €. *Bon appetit* (Illac, Base conchylicole, am Ende der Plage des Chalets, Tel. 04 68 49 28 39, 9–19.30 Uhr).

## Abends & Nachts

**Surfer willkommen ▶ Chez Dom'-Café Doumé:** am Etang de Mateille, Gruissan, Tel. 04 68 75 01 22, Juni–Aug. tgl., Ostern–Allerheiligen an Wochenenden 10–2 Uhr. *Der* Treffpunkt der Surfer und Funboarder. Drinks, Salate, kleine Gerichte.

## Aktiv

**Tauchen, Segeln, Surfen ▶ Club Subaquatique Narbonnais:** Base nautique Navalia, Le Port, Narbonne-Plage, Tel. 04 68 49 03 64, Juni–Sept. Tauchkurse und -exkursionen für jedes Niveau. Segelkurse mit dem Katamaran, außerdem Surfkurse und Materialverleih.

## Tipp: Parc Naturel Régional de la Narbonnaise

**▶ H/J 14/15**

Der jüngste unter den Naturparks des Languedoc wurde im Dezember 2003 gegründet und umfasst auf 80 000 ha 28 Kommunen, das La-Clape-Massiv, die Etangs von Bages und Leucate sowie den Lido, dessen Sandstreifen die Salzseen vom Mittelmeer abtrennen. Noch in der Antike lag hier eine Meeresbucht, die durch die Anschwemmungen der Aude allmählich verlandete. Zugleich schaufelte das Meer kontinuierlich einen Dünenkamm vor der Bucht auf. So entstanden die **Lagunen** und **Sümpfe,** die heute wegen ihrer Biodiversität vom Naturpark geschützt werden. Bonelli-Adler, Schilfrohrbussarde und Zugvögel finden im Naturpark ihr Refugium.

An vielen Orten sind **Rundgänge** angelegt, so etwa in **Bages,** wo die Schilder mit alten Fotos den Fischer- und Winzeralltag vor 100 Jahren dokumentieren. Andere Stätten wurden buchstäblich fünf vor zwölf vor der Planierung und Betonierung gerettet, so etwa die **Salinen von Peyriac-de-Mer,** die mit Ferienhaussiedlungen zugebaut werden sollten. In La Franqui wurde die **Plage des Coussoules** wegen der dort brütenden Meeresschwalben für den Autoverkehr gesperrt – was Surfer und Segler bisweilen ärgert, die gerne mit ihrer Ausrüstung auf dem Sand vorfahren. Bei Fitou entstand als Vorzeigeprojekt zum Ausbau natürlicher Energien eine **Windkraftanlage.**

Ein halbes Jahrhundert nachdem Paris grünes Licht für die touristischen Großprojekte an der Languedoc-Küste gab, versucht der Parc Naturel Régional de la Narbonnaise, die Balance zwischen Massentourismus und Natur herzustellen.

**Information:** Domaine de Montplaisir (Zufahrt über die N 9 ca. 4 km südl. der Stadt), Narbonne, Tel. 04 68 42 23 70, www.parc-naturel-narbonnaise.fr.

**Surfen, Funboard, Strandsegeln, Kanu ▶ Gruissan-Windsurf:** Etang de Mateilles, Gruissan, Tel. 04 68 49 88 31, www.gruissan-mediterranee.com. Kurse und Materialverleih.

**Kitesurfen ▶ Gruissan Kite Passion:** 4, rue Pasteur, Gruissan, Tel. 06 74 91 94 39, www.gruissankitepassion.com. Jérôme Serny bietet Kurse für jedes Niveau an.

**Radverleih ▶ Cycle Aventure:** 2, rue de l'Astrolabe, Gruissan-Port, Tel. 04 48 49 17 26.

**Birdwatching ▶ Ligue de Protection des oiseaux:** Rte. de Tournebelle, Tel. 04 68 49 12 12. Abendliche Exkursionen in den Lagunen, oder bei Sonnenaufgang, Juli/Aug., gratis.

**Strände ▶ Narbonne-Plage:** lange Sandstrände. **Plage du Grazel:** kinderfreundlicher Strand mit flachem Wasser und in Fußnähe zu Gruissan-Village am Etang de Grazelle. **Plage des Chalets:** Fotogen mit Stelzenhäusern, Gruissan. **Plage de Mateille:** Der lange Strand in Richtung Les Ayguades (Sand) ist bei Surfern beliebt. **Plage de la Vieille Nouvelle:** Einsam und naturbelassen ist dieser Strand vor den Salinen der Ile St-Martin.

## Termine

**... in Gruissan:**

**Prozessionen zum Cimetière Marin (Notre-Dame-des-Auzils):** zu Ostern und Pfingsten.

**Défi du Gruissan Windsurf:** Christi Himmelfahrt. Surfwettbewerb.

**Fête de la Saint-Pierre:** 28.–29. Juni. Fischerfest mit Messe, Prozession, Ball.

**La Barberousse:** 1. So im Juli. 11-km-Langlauf, bei dem jeder mitmachen darf. Großes Rahmenprogramm.

**Fête des Vendanges:** Ende Okt. Fest zum Ende der Weinlese. Verkostung des jungen AOC de la Clape.

## Verkehr

**Bus:** mit TransAude tgl. Verbindungen nach Narbonne, Tel. 04 68 41 40 02.

## Etang de Bages ► H 14/15

Etwa 5 km südlich von Narbonne zweigt ein Sträßchen von der viel befahrenen N 9 ab: Die D 105 legt sich nach ein paar Kilometern gemächlich an das Ufer des **Etang de Bages.** Erst seit Mitte der 1960er-Jahre ist der 5500 ha weite Salzsee malariafrei und erst seitdem reisen die Touristen an. Schon immer da waren die Fischer. Der Reichtum des Sees an Fischen und Schalentieren ist legendär: 85 verschiedene Fisch- und 25 Krebsarten werden gezählt. Als besondere Delikatesse gilt Aal, für den die Fischer in aller Herrgottsfrühe die Reusen auslegen. 30 bis 50 kg Aal beträgt die durchschnittliche Tagesausbeute eines Fischers. Beim einsamen Tagewerk schauen nur Stelzenläufer, Uferschnepfe, Möwe und Flamingo zu. Am Etang de Bages liegen das Künstler- und Fischerdörfchen Bages und das Salzstädtchen Peyriac-de-Mer.

### Bages

Die Zeit scheint in **Bages** stillzustehen. Dösende Hunde auf dem Bürgersteig, Fischerboote zu Füßen des Dorfes, und ganz, ganz in der Ferne setzt der Küstensaum einen Riegel ins silbrig glitzernde Blau des Wassers – zauberhaft. Die Gassen ziehen einen Fels hoch: Die Aussicht vom Oberdorf über die glitzernde Weite ist beneidenswert schön. Landeinwärts rücken die Weinstöcke der Corbières maritimes, des östlichsten Teils der Weinappellation, bis fast ans Dorf.

### Peyriac-de-Mer

Über einen schmalen Damm geht es von Bages weiter nach Süden. Wasser links, Wasser rechts. Flamingos gründeln im seichten Wasser, das an den Felsen eine Salzkruste hinterlässt. In **Peyriac-de-Mer** kann man am Strand ins extrem salzreiche Wasser steigen, welches in den alten Salinen verdampft. Oder man macht sich zu einer Wanderung um den Etang du Doul auf. Von der Landspitze am Ostufer des Sees schaut man auf die menschenleeren Inseln Ile de Planasse und Ile de l'Aute.

Bei Südwind hört man hier manchmal Löwengebrüll. Es stammt von der nahe gelegenen **Réserve africaine de Sigean.** Das 300 ha große Freiwildgehege gibt etwa 3800 Tieren eine Heimat, die zu zwei Dritteln aus Afrika stammen: Löwen, Schimpansen, somalischen Eseln, weißen Nashörnern ... (Tel. 04 68 48 20 20, www.reserveafricainesigean.fr, Sommer tgl. 9–20, Kassenschluss um 19, im Winter 9–16 Uhr, 27 €).

### Sigean und Umgebung

**Sigean** ist die bescheidene Hauptstadt der Corbières maritimes. Das **Musée des Corbières** zeigt Ausgrabungsfunde wie Amphoren, Urnen, Schmuck von Phöniziern, Etruskern und Römern (Pl. de la Libération, Juli/Aug. Di–Fr, So 9–13, 15.30–19, Sept.–Juni Mo, Fr 14–18, Di–Do 9–12 Uhr). Über das Corbières-Städtchen gelangt man erneut an einsame Stellen am See. Dazu zählt der Fischerweiler Les Cabanes, über dem Möwen kreisen.

Ein anderer Abstecher führt landeinwärts nach **Portel-des-Corbières** (► G 15). Das Winzerdorf in den Corbières maritimes lockt mit einem Weinkeller der besonderen Art. Die Barriquefässer von **Terra Vinea** ruhen in einem Stollensystem, in dem früher Gips abgebaut wurde. Zum Keller gehört die Rekonstruktion eines gallo-römischen Weinguts, eine Ton-und-Bild-Schau, eine Weinbar und natürlich die Möglichkeit, einen Corbières mit nach Hause zu nehmen (Chemin des Plâtrières, Tel. 04 68 48 64 90, www.terravinea.com, tgl. 10.30–17.45, 8,50 €).

### Port-la-Nouvelle

Im Hafenstädtchen **Port-la-Nouvelle** wird hart gearbeitet und weniger an Urlauber gedacht. Am Ortseingang steht ein Zementwerk, dessen Erzeugnisse im betriebsamen Industriehafen umgeschlagen werden. Dort bauen sich zudem gigantische Öltanks und Silos auf: kein Ort zum Erholen, obwohl auch hier erste Anstrengungen zum Aufbau einer touristischen Infrastruktur wahrnehmbar sind.

Nach Süden schließen sich fast 15 km unverbaute Sandstrände an, die bei FKK-

Urlaubern beliebt sind. An der Straße nach La Palme (D 709) lockt mit der **Domaine de Jugnes** noch eine skurrile Sehenswürdigkeit: Im Keller des Weingutes kann man ein Walfischskelett besichtigen. Winzer Jean-Louis Fabre hat das 1989 am Strand von Port-la-Nouvelle verendete Säugetier zerlegt (40 t) und die Knochen zum Weingut gebracht (Av. de Catalogne, Tel. 04 68 48 00 39, Ostern–Sept. 15–19 Uhr, gratis).

## Infos

**Office de Tourisme:** Maison des Arts, 8, rue des Remparts, 11100 Bages, Tel. 04 68 42 81 76, www.bages.fr.
**Syndicat d'Initiative de Sigean et des Corbières maritimes:** Pl. de la Libération, 11130 Sigean, Tel. 04 68 48 14 81, www.tourisme-sigean.fr.

## Übernachten, Essen

Beim Fischer und seiner Frau ▶ **La Milhauque:** s. Tipp, S. 324.

Außergewöhnlich ▶ **Domaine de la Pierre Chaude:** Rte. de Durban, Les Campets (4 km westl. von Portel-des-Corbières), Tel. 04 68 48 89 79, www.lapierrechaude.com, März–Dez. Extravagantes Kelterhaus aus dem 18. Jh., inmitten der duftenden Garrigue, mit südlich eingestimmten Ferienwohnungen – schmiedeeiserne Bettgestelle, Terracotta-Böden. Andalusischer Patio. 2–8 Pers., 320–1350 €/Woche.

## Essen & Trinken

Echter Tipp ▶ **Le Portanel:** La Placette, Bages, Tel. 04 68 42 81 66, So abends, Mo geschl. Ein Tisch, wie man sich's wünscht, mit Blick auf das Wasser. Außer Fisch gibt es auch köstliche Fleischgerichte wie das Spanferkel in Banyuls-Wein. Seit Jahren ein sicherer Tipp. Formule 18 €, Menü 27–50 €.
Weinselig ▶ **La Bergerie:** Château de Lastours (2 km westl. von Portel-des-Corbières), Tel. 04 68 48 64 77, in der Nebensaison nur Mi–So. Ein Tisch auf einem Corbières-Wein-

**Der Etang de Bages ist einer der an Fischen und Schalentieren reichsten Seen Frankreichs**

## Tipp: Beim Fischer und seiner Frau

Gérard und Florence Barbouteau vermieten auf ihrem Anwesen **La Milhauque** mitten in der Garrigue vier charmante Gästezimmer (DZ/F ab 70 €). Und der Clou: An der Table d'hôte (20 €) wird **Aal** aus dem Etang de Bages serviert – Gérard ist Fischer und nimmt gelegentlich Gäste mit auf den See (Peyriac-de-Mer, s. S. 322, Tel. 04 68 41 69 76, http://la-milhauque.gites11.com).

gut. Im Gewölbesaal wird innovative Languedoc-Küche serviert, dazu kommt ein Wein aus eigenem Anbau auf den Tisch. Menü 25–42 €.

### Einkaufen

Klein und fein ▶ **Les Saveurs du Pêcheur:** 90, rue de la Rivière, Bages, Tel. 04 68 42 80 77. Fischkonserven (Glas) wie Bisque de Crevette, Suppe mit Krebsen.

### Aktiv

Wandern ▶ Von **Port-la-Nouvelle** gelangt man auf die **Ile Ste-Lucie.** Mehrere Wege erschließen die menschenleere, von Zugvögeln beschlagnahmte Insel im fischreichen Etang de Bages. Wer will, kann am **Canal de la Robine** bis nach Narbonne wandern!

## Etang de Leucate ou Salses ▶ G/H 16/17

Leucate hat mehrere Gesichter: Es gibt das provenzalisch anmutende alte Dorf Leucate, die zauberhaft gestrige Sommerfrische La Franqui, die Bettenburg Leucate-Plage und die Kais von Port-Leucate. Macht zusammen das vom Fremdenverkehrsamt vollmundig als die ›vier Seeperlen‹ verkaufte Ensemble am Ostufer des Etang de Leucate.

### Leucate-Village

Das 2 km vom Meer entfernte, dafür über dem Ufer des Etang de Leucate gelegene alte Burgdorf **Leucate-Village** mit seinen steilen Kalksteinklippen lebt von Austernbänken und dem Weinbau.

### La Franqui-Plage

Ein altes Pinienwäldchen behütet die meisten Häuser des kleinen Badeortes **La Franqui-Plage.** Seit der Belle Epoque waten die Badegäste durch das seichte Wasser des ältesten Badeortes an der Aude-Küste. 8 km lang ist der Strand, an dem bereits eine Funboard-Weltmeisterschaft ausgetragen wurde und bei steifer Brise die Strandsegler über den Sand sausen. La Franqui wirkt hübsch gestrig, aber gerade das macht den Charme des Örtchens aus. Es geht selbst zur Hochsaison an der parallel zum immensen Sandstrand verlaufenden **Avenue du Lido** mediterran-beschaulich zu. Ein kleines Kap, ein paar schöne Tauchgründe, eine kleine Promenade, einige wenige Hotel- und Eigenheimbauten und viel Sand, damit kommt der kleine Ort aus.

### Leucate-Plage

Über das von Bruchsteinmauern eingefasste Cap Leucate kann man immer mit Blick aufs Wasser zum Badeort **Leucate-Plage** wandern (3,5 km). Beim Näherkommen drängen sich die Appartementkomplexe der Ferienmaschine im Viererverbund heran. 100 000 Feriengäste finden im Retortenort Platz. Viele davon sind FKK-Urlauber, die die Strände auf der 7 km langen Sandzunge zwischen dem Etang de Leucate und dem Mittelmeer sehr schätzen.

### Port-Leucate

**Port-Leucate** entstand am Kanal, der den Salzsee zum Meer öffnet. 1100 Ankerplätze machen den Ort zum größten Jachthafen des Languedoc. Ebenso groß ist das Angebot an Wassersportaktivitäten, ganz zu schweigen vom Nachtleben – 60000 Urlauber ›fluten‹ den Hafen im Sommer.

### Port-Barcarès

Bereits im Roussillon liegt der Nachbarhafen **Port-Barcarès** – der Übergang zum Urlaubsort für 80 000 Übernachtungsgäste ist freilich fließend. Der 8 km lange Strand wird von Appartementanlagen, Einkaufszentren, Restaurants, Boutiquen und Diskotheken im Betonboomstil der 1970er-Jahre gesäumt. Für zwei, drei heiße Sommermonate ist die Hölle los, in der man sich bevorzugt hüllenlos bewegt – das FKK-Gelände ist eines der beliebtesten am Mittelmeer.

Als Wahrzeichen inmitten des Trubels liegt still das Wrack des griechischen Passagierschiffs Lydia am Strand. Das 90 m lange Schiff wurde extra hierher geschleppt – in Ermangelung anderer touristischer Sehenswürdigkeiten.

## Fort de Salses

Eine Sehenswürdigkeit ersten Ranges wartet mit dem **Fort de Salses** auf der landeinwärtigen Seite des Etang de Leucate. Die 1497 aus leuchtend roten Ziegelsteinen und weißgelbem Haustein errichtete Grenzfeste entstand auf Befehl des spanischen Herrscherpaares Ferdinand II. von Aragón und Isabella von Kastilien. Der einzige spanische Festungsbau auf französischem Boden wurde in Rekordzeit vollendet und beherbergte eine 1500 Mann und 300 Pferde starke Artilleriegarnison, die sich hinter bis zu 9 m dicken Mauern verschanzte. Bis zum Abschluss des Pyrenäenvertrages 1659 verlief an dieser Stelle die Grenze zu Frankreich und nicht ganz so lange der Küstensaum. Das Mittelmeer aber schwemmte so viel Sand an, dass die Burg bald fern der Küste auf dem Trockenen saß und leicht zu umgehen war. Bereits 1542 hatte der französische König Franz I. leichtes Spiel, indem er beim Marsch auf Perpignan den unbewachten Weg am Meer entlang über Leucate wählte. Als uneinnehmbar hat sich die Festung jedoch bewährt: Zwischen 1639 und 1642 sollen 35 000 französische Soldaten vergeblich versucht haben, die Forteresse de Salses einzunehmen (Juni–Sept. 9.30–19, Okt.–Mai 10–12.15, 14–17 Uhr, letzte Führung 1 Std. vor Schließung, 7 €).

Als das Roussillon französisch wurde, versuchte Frankreich, den Bau strategisch aufzuwerten. Der Festungsbauer des Sonnenkönigs, Vauban, wollte den Bau zunächst schleifen lassen, doch die schwierige Durchführung des Plans zwang ihn zum Umdenken. Die ›Pforte zum Roussillon‹ blieb und wurde mit einem zusätzlichen Wall aufgewertet. Die gewaltige Anlage mit zwei Festungsgräben, mächtigen Zwillingstürmen, Zugbrücke und Türmen wird heute von Touristen gestürmt. Von der Höhe ihrer Mauern schweift der Blick über die Salzlagune des Etang de Leucate ou Salses und auf die Pyrenäen.

## Infos

**Office de Tourisme:** Espace Culturel, 11370 Port-Leucate, Tel. 04 68 40 91 31, www.leucate.net. Mit Internet (3 €/Std.).
**Office de Tourisme:** Place de la République, Tel. 04 68 86 16 56, www.portbarcares.com.

## Übernachten

**Am Dorfplatz ▶ La Galérie:** 16, pl. de la République, Leucate-Village, Tel. 04 68 40 82 46, nicolasgaltier@wanadoo.fr, April–Sept. 3 Chambres d'hôte an einem schmucken Platz, in einem liebevoll renovierten Haus, nah zum Strand und doch fernab vom Trubel. Ein weiterer Pluspunkt: die netten Gastgeber. DZ/F ab 74 €.

**Im Jachthafen ▶ Hôtel des Deux Golfs:** Le Port, Port-Leucate, Tel. 04 68 40 99 42, www.hoteldes2golfs.com, Mitte März–Mitte Nov. Moderner Bau am Jachthafen. Funktionale, einfache Zimmer mit kleiner Loggia, die meisten zum Hafen. DZ ab 50 €.

**Gute Ausstattung ▶ Camping Rives des Corbières:** Av. du Languedoc, Port-Leucate, Tel. 04 68 40 90 31, www.rivesdescorbieres.com, Jan.–Okt. Etwa 150 m vom Meer entfernt gelegene Anlage mit Pool, Bar, Wäscherei, kleinem Supermarkt, Spielplatz. 2 Pers./22 €. Es gibt auch **Mini-Chalets** zu mieten.

**Viel Platz ▶ Camping Le Pré Catalan:** Rte. de St-Laurent, Port-Barcarès, Tel. 04 68 86 12 60, www.precatalan.com, April–Sept. Großzügige, grüne, moderne Anlage mit großem Baumbestand, Pool, Tennis. 2 Pers./22 €.

Windig ▶ **Camping Les Coussoules:** Chemin des Coussoules, La Franqui-Plage, Tel. 04 68 45 74 93, Mitte Mai–Mitte Sept. Am nördlichen Etang-Ufer gelegener, beliebter kommunaler Platz, der den Schatten von Tamarisken genießt. Achtung bei Wind! 2 Pers./ 18 €.

## Essen & Trinken

Frischluft ▶ **Le Jardin des Filoche:** 64, av. Jean-Jaurès, Leucate-Village, Tel. 04 68 40 01 12, April–Okt., außer So nur abends, Mo geschl. Gartenlokal mit klassischer Küche und *open kitchen:* Man vertreibt sich die Wartezeit, indem man den Köchen bei der Arbeit zuschaut. Menü 27–31 €.

Lokale Küche ▶ **Le Clos de Ninon:** 12, rue Francis-Vals, Leucate-Village, Tel. 04 68 40 18 16, Mi–So, im Sommer nur abends. Exzellente Austern und Muscheln, schmackhafte Fischsuppe. Formule 15 €, Menü 21–32 €.

Ohne Nepp ▶ **Au Gré du Vent:** 31, av. du Languedoc, La Franqui-Plage, Tel. 04 68 45 64 71, Ostern–Sept. tgl., Okt. Do–So. Angenehm klassischer Saal, feine Küche, netter Service. Menü 18–28 €

## Abends & Nachts

An Bord ▶ **Le Lydia:** Port-Barcarès, Juli–Sept. tgl., Okt.–Juni nur am Wochenende: Spielcasino, Diskothek, Bar und Restaurant auf einem für immer gestrandeten Passagierdampfer.

## Einkaufen

Austern ▶ **La Leucatoise-Centre Ostréicole:** Mas N° 11, Leucate-Village, Tel. 04 68 40 83 01. Direkt aus dem Wasser des Austernparks: Austern, aber auch Muscheln. Tipp: Juli/Aug. kann man sich die Meeresfrüchte vor Ort servieren lassen!

## Aktiv

Reiten ▶ **Le Ranch des Garrigues (Chez Jeannot):** La Franqui-Plage, Tel. 04 68 91 45 51 oder 06 07 45 98 11, April, Juli–Sept. tgl., Mai/Juni Sa, So. Ausritte an der Plage des Coussoules.

Surfen, Kitesurfen ▶ **Adrénaline:** 19, av. de la Méditerranée, Tel. 04 68 45 74 60, www.adrenaline-kitesurf.com. Kurse für Anfänger, Materialverleih. **Surf Center:** Av. de Septimanie, Port-Leucate, Tel. 04 68 40 91 04. Surfen auf dem Meer und in den Salzlagunen. Im Angebot sind diverse Kurse; Materialverleih.

Radverleih ▶ **Loca Détente:** Quai du Paurel, Port-Leucate, Tel. 04 68 40 89 73.

Wandern ▶ **Cap Leucate:** Von Leucate-Plage führt ein Küstenwanderweg über die Klippen zum Leuchtturm am Cap Leucate (2 Std.). Achtung, nicht zu nah an die teils brüchige Felskante gehen. Vom Leuchtturm hat man einen grandiosen Blick über das Meer und die Küste bis zu den Pyrenäenausläufern. Der Weg führt weiter nach La Franqui.

Wasserski ▶ **Téléski nautique:** Av. des Dosses, Port-Barcarès, Tel. 04 68 86 23 45, www.teleskibarcares.com, Ostern–Okt. 1 km langer Wasserskiparcours auf dem Etang de Leucate ou Salses hinter der Küste.

Surfen, Segeln, Katamaran, Kanu ▶ **Centre Méditerranéen du Nautisme:** Av. de la Coudalère, Port-Barcarès, Tel. 04 68 86 07 28. Sowohl Kurse als auch Verleih.

Strände ▶ **Les Coussoules:** Der Sandbuckel bei La Franqui ist der schönste Strand weit und breit. **Leucate-Plage:** Familienfreundlich (Station Kid), breit und bewacht ist der Sandstrand, mit einem FKK-Abschnitt nördlich der Hafeneinfahrt. **Le Barcarès:** Der bewachte Strand des südlichen Lido-Abschnitts von ist baumlos, mit Angeboten für Kinder (Station Kid).

## Termine

**Mondial du Vent:** La Franqui-Village, Ende April, www.mondial-du-vent.com. Funboard- und Kitesurf-Meisterschaften (Kitesurf Freestyle, Kitesurf long distance, Windsurf long distance).

## Verkehr

**Zug:** Bahnhof in Leucate (2 km nördl.) und Salses. Verbindungen nach Narbonne und Perpignan, Tel. 36 35, www.voyages-sncf.com.

# Pays cathare

**Abweisend wie das raue Felsland ragen die Ruinen der Katharerburgen aus der menschenleeren Weite. Im Süden wirken die Pyrenäen bereits zum Greifen nah. Erbarmungslos brennt die Sonne über zinnoberroten Hügelflanken, grauen Felsen und knochenbleichen Gemäuern. Wo selbst anspruchslose Weinstöcke nicht mehr gedeihen, peitschen Winde das Garrigue-Gestrüpp – ›bienvenue‹ im sonnenverdorrten Rückzugsgebiet der Katharer.**

## Katharer à la carte

Genau genommen täuscht das werbewirksame Schlagwort »les châteaux cathares« darüber hinweg, dass die Gemäuer nicht immer der Originalschauplatz der Massaker gewesen sind, sondern z. T. erst nach Auslöschung der Katharer von ihren Schlächtern erbaut wurden. Die Burgen hatten fortan die Funktion, die bis an die Grenze Aragons vorgeschobene neue Grenze des Königreichs Frankreich zu sichern. So liegen die meisten Burgen auf der Trennlinie von Roussillon und Languedoc, die bis zum Pyrenäenvertrag von 1659 Landesgrenze war. So oder so, die Katharer haben das raue Grenzland zwischen den Departements Aude und Pyrénées Orientales erst auf die touristische Landkarte gesetzt. Seit den 1980er-Jahren boomt der Katharer-Tourismus, in jüngster Zeit befeuert durch den Sentier Cathare (s. S. 337).

Die berühmtesten Katharerschauplätze – 19 an der Zahl – sind in der **Association des sites du Pays Cathare** zusammengeschlossen. Das zentrale Auskunftbüro vertreibt Literatur zum Thema, Souvenirs und den Ermäßigungspass »Les Sites cathares« (3 €, erhältlich an allen zu besichtigenden Katharerschauplätzen), mit dem man bei jedem Eintritt 1 € Ermäßigung erhält (14, rue du 4-Septembre, 11000 Carcassonne, Tel 04 68 11 37 97, www.payscathare.org).

## Von Tautavel nach Cucugnan

### Tautavel ► F 17

Seine Berühmtheit verdankt das 900-Seelen-Dorf **Tautavel** keiner Katharerburg, sondern den prähistorischen Funden wie Pfeilspitzen, Schädelfragmenten und Faustkeilen, die Anfang der 1970er-Jahre in der Caune de l'Arago gefunden wurden. Die Höhle liegt nördlich von Tautavel im Tal der Verdouble. Hier lebte vor mehr als 450 000 Jahren der sogenannte Homme de Tautavel – mithin handelt es sich bei diesem Homo erectus um einen der ältesten Europäer. Kahle Felsklippen rahmen das fruchtbare Tal, in dem Wein und Obst angebaut werden. Während sich die Landschaft kaum verändert hat, ist das Dorf seit dem Fund ein anderes. Vom schmucken Dorfplatz über die Winzergenossenschaft bis hin zur Caune de l'Arago selbst ist alles für die jährlich 100 000 aus aller Welt anreisenden Touristen eingerichtet. Im **Centre européen de la Préhistoire** sind Knochen und sonstige Funde aus insgesamt 20 verschiedenen Bodenschichten zu bewundern. Nachgestellte Jagd- und Lagerszenen vermitteln in Lebensgröße ein anschauliches Bild vom Alltag des 1,65 m großen Homo erectus (Av. Léon-Jean Grégory, Tel. 04 68 29 07 76, www.tautavel.com, Juli/Aug. 10–19, April–Juni, Sept.

**Das kreisrunde Dorf Tuchan entspricht in seinen Ausmaßen einer ehemaligen Festung**

10–12.30, 14–18, Okt.–März 10–12.30, 14–17 Uhr, 8 €).

Im benachbarten **Palais des Congrès** kommt eine Schau dazu, die die Geschichte der Menschheit über die wichtigsten prähistorischen Etappen von Georgien über Deutschland, Italien und Spanien in 3D virtuell nacherzählt (es gilt das selbe Eintrittsticket, Uhrzeiten sind um je 30 Min. länger als im Centre européen). Noch etwas: Gleich nebenan kann man den recht anständigen Côtes-du-Roussillon-Wein aus örtlicher Produktion probieren.

## Caune de l'Arago ▸ F 16

Wer sich mit interaktiven Schaukästen, audiovisuellen Installationen und der Nachbildung der **Caune de l'Arago,** in der der Schädel gefunden wurde, nicht zufriedengeben möchte, fährt über die D 9 ca. 5 km zur echten Grotte (im Sommer Touristenbähnchen von Tautavel, April–Aug., sonst Führungen

auf Anmeldung vor Ort, Tel. 04 68 29 47 40, oder im Office de Tourisme, www.tautavel.culture.gouv.fr, gratis). Garrigue-Gestrüpp wuchert zu Füßen der beinhellen Kalkfelsen, in denen mehrere Grotten dem Tautavel-Mensch Schutz boten. Obwohl keine Nashörner, Elefanten oder Bisons mehr vor dem Eingang grasen, vermittelt die Höhle einen Eindruck von der urzeitlichen Welt des Neandertalervorfahren, der sich zwar noch kein Feuer in seiner Höhle machen konnte, jedoch seinesgleichen nicht auf dem Speiseplan verschmähte. Der Tautavel-Mensch war vermutlich ein Kannibale, wie an die 60 Funde menschlicher Knochen vermuten lassen.

## Château d'Aguilar ► G 16

10 km nördlich ragt die Ruine des **Château d'Aguilar** auf ihrem 400 m hohen Felssockel aus der Ebene. Von hier ließ sich Tautavel kontrollieren, weshalb sowohl Simon de Monfort als auch die Katharer die Burg besetzten. Kapelle, Donjon und Logis der sechseckigen Anlage blieben erhalten. Der zehnminütige Aufstieg ist etwas mühsam, aber lohnt sich allein, weil man Aguilar im Gegensatz zu den weiteren Burgen dieser Tour meistens für sich allein hat und der Blick auf die Corbières die Mühen zusätzlich lohnt. Aiguilar ist einer der fünf ›Söhne‹, die die ›Mutter‹ Carcassonne als Vorposten beschützen sollten. Der äußerste Süden der Corbières gehörte zu den am heftigsten umkämpften Gebieten während der Katharerkriege. Entsprechend zahlreich sind Burgen und mehr noch deren Ruinen (Mitte Juni–Ende Sept. 9–19, April–Mitte Juni 10–18, Okt.–Mitte Nov. 11–17 Uhr, 3,50 €).

## Unterwegs nach Cucugnan ► F 16

Das kreisrunde Dorf **Tuchan** entspricht mit seinen Ausmaßen einer ehemaligen Festung. Geblieben ist ein Tor, sehenswert der Barockaltar in der Pfarrkirche St-Jean. Auch **Padern** war einst Grenzbastion. In der Burg haben sich die Katharer während der Albigen-

## Tipp: Abheben am Mont Tauch

Von Tuchan führt eine 10 km lange Rumpelpiste auf den 950 m hohen Berg. Auf dem Gipfel thront die **Tour des Géographes** (18. Jh.), von der aus Geografen vor gut 200 Jahren den Meridian zwischen Dünkirchen und Barcelona vermessen haben. Heute nutzen **Paraglider** den Berg zum Abheben.

aktiv unterwegs

## Auf den Spuren der Katharer

### Tour-Infos

**Start:** Cucugnan
**Länge/Dauer:** 10 km, 3 Std.
**Wanderkarten:** IGN, blaue Serie, 1:25 000, Nr. 2447 OT Tuchan–Massif des Corbières. Oder Wanderführer (Topoguide) »L'Aude, Pays Cathare à pied« mit 44 Touren inklusive Karten durchs Departement Aude.
**Wichtige Hinweise:** Mittelschwerer Weg mit 367 zu bewältigenden Höhenmetern (langer Anstieg). Unterwegs keine Einkehrmöglichkeit. Wasser, Proviant, Kopfbedeckung, Sonnenschutz mitnehmen.

Die mächtige Ruine des Château de Quéribus ist Höhepunkt dieser als »Boucle de Quéribus« bekannten Rundwanderung auf den Spuren der ›Reinen‹, die sich im Mittelalter gegen Papst und König auflehnten. Dass es auch Undramatischeres aus den kargen Weinbergen der Aude zu berichten gibt, zeigen die in Cucugnan im **Théâtre Achille Mire** aufgeführten Possen.

Es geht zunächst vom Theater ca. 500 m durchs Dorf immer geradeaus nach Westen über die Rue de la Chapelle, die am Fuß des Ortes auf die Landstraße **D 14** trifft. Die Straße wird überquert. Schräg gegenüber beginnt ein asphaltierter Wirtschaftsweg, den man einschlägt. An der kurz darauf folgenden Wegkreuzung, an der ein alter Bildstock steckt, biegt man **nicht** nach rechts in den Sentier Cathare mit der Ausschilderung »Château Quéribus« ein, sondern folgt geradeaus der gelb-orangen Markierung eines **PR** (von der Fédération Francaise de Randonnée ausgewiesener Chemin de Promenade et Randonnée). An der nächsten, nahen Gabelung hält man sich links und geht über einen asphaltierten Wirtschaftsweg durch die sanft gewellten Weinberge. Links und rechts des Weges rahmen schroffe Felskämme die talkesselartige Ebene. Der Weg quert ein Bachbett und führt an einem Reiterhof (links) vorbei. Nach einer scharfen Rechtskurve steigt der asphaltierte Wirtschaftsweg an und schlingert in Kurven durch einen Niederwald die Hügelkante hoch. An der Gabelung zweier ungeteerter Wege hält man sich rechts und steigt weiter den Hang hoch. Erneut stößt man nach ca. 1 km auf eine Gabelung, an der man sich rechts hält und in engen Schleifen den Hügelkamm erreicht. Unterwegs fällt der Blick durch die Lücken im mannshohen Ginster-, Kermeseichen- und Buchsgestrüpp auf das tief im Tal auf seinem Felshocker thronende Cucugnan. Über 300 Höhenmeter sind bereits geschafft. Auf der Höhe des Felskamms angekommen, überquert man ein Viehmetallbodengitter und biegt rechts in den gelb-blau markierten **Sentier Cathare** (Ausschilderung »Quéribus«) ein.

Der Fernwanderweg (s. S. 337), der das Katharerland auf gut 200 km durchquert, führt nach 1,5 km zum **Château de Quéribus** (s. S. 332), dem höchsten Punkt und Höhepunkt zugleich der Wanderung. Nach Besichtigung (10 Min. Aufstieg) und Pause (Tipp: von hohen Buchsbäumen windgeserkreuzzüge verschanzt, doch die Ruine ist die der wesentlich später auf den Resten des Château cathare gebauten Burg.

Das ockerfarbene Weindorf **Cucugnan** wurde von Alphonse Daudet in der Geschichte des Dorfpfarrers Martin literarisch verewigt. Von den Bekehrungsversuchen des frommen Mannes handelt auch das Puppenspiel im **Théâtre Achille-Mir**. Die Frauen des Winzerdorfes stehen an der Kasse – Arbeitsbeschaffung auf dem an Jobs armen Land (Tel. 04 68 45 03 69, Nov.–Dez. tgl. 10–18, Febr. 10–17.30, März 10–19, April–Juni, Sept. 10–20, Juli/Aug. 10–22.30 Uhr, schützte Picknickplätze mit Tischen und Bänken seitlich der Parkplatzzufahrt) überquert man den Parkplatz zu Füßen der Burgruine, um am oberen Ende des Parkplatzes wieder auf den **Sentier Cathare** zu gelangen. »Descente difficile«, schwieriger Abstieg, warnt ein Schild: Es geht 1 km über einen schmalen, steinigen Pfad fast nur bergab, bis der Sentier Cathare scharf nach links abbiegt, um weiter bergab auf Cucugnan zuzulaufen. Nach einer scharfen Linkskurve folgt man 1 km einem Bachtal, bis man auf einen asphaltierten Wirtschaftsweg stößt, in den man nach links abbiegt. Nach ein paar Hundert Metern folgt eine Kreuzung, die man bereits vom Anfang der Wanderung kennt: Links geht es nach Überquerung der D 14 zurück nach **Cucugnan.**

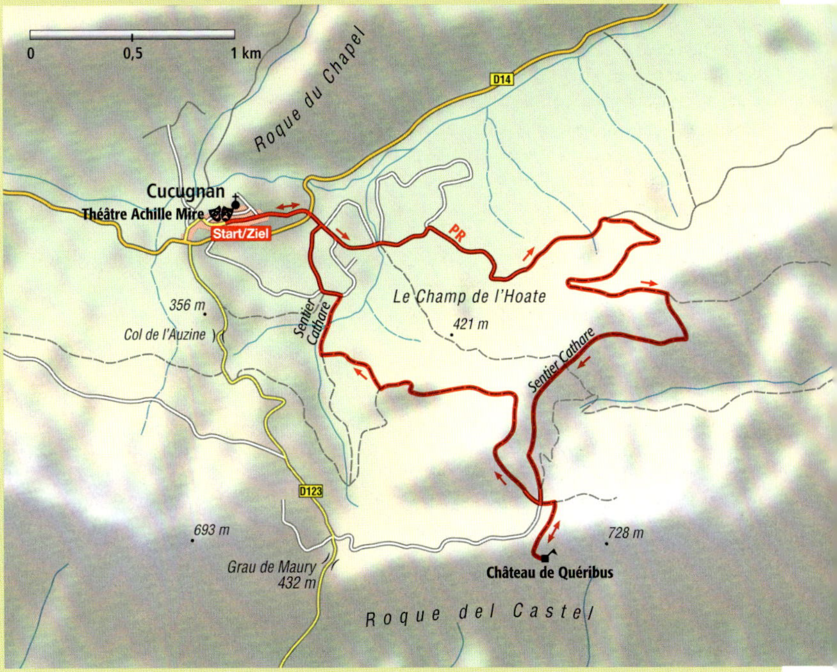


5,50 €, ebenfalls gültig für das Château de Quéribus).

Cucugnan hat sich trotz Daudets literarischer Ehrung im vorletzten Jahrhundert nicht sehr verändert. Wie eh und je sprießt der Wein um den Dorfhügel. Hauptattraktion sind die Ruinen eines Vorgängerdorfs, die restaurierte Windmühle **Le Moulin d'Omer** (im Sommer Fr–Mi 10–13, 15–20 Uhr, sonst beim Theater erkundigen; Verkauf von Honigbrot, *fougasses,* Fladenbrot) sowie die Statue einer schwangeren Heiligen Jungfrau in der Dorfkirche – und natürlich Daudets Posse von den verlotterten Dörflern und ihrer Bekehrung.

### Infos

**Office de Tourisme:** Mairie, 66720 Tautavel, Tel. 04 68 29 44 29, www.tautavel.com.

### Übernachten

**Elegant ▶ La Tourette:** 4, passage de la Vierge, Cucugnan, Tel. 04 68 45 07 39, www.latourette.eu, März–Okt. Luxus, Ruhe und puren Genuss – das garantiert dieses zauberhaft renovierte Dorfanwesen mit 3 raffiniert gestylten Chambres d'hôte. Gartenpatio mit Jacuzzi unter einem Olivenbaum. DZ/F ab 105 €.

**Außerhalb ▶ Camping Le Priourat:** Rte. d'Estagel, (D 59, etwas außerhalb von Tautavel), Tel. 04 68 29 41 45, April–Sept. Kleine, gepflegte Anlage mit Pool und schöner Aussicht. 2 Pers./18 €.

**Schlicht ▶ Camping La Peirière:** Rte. de Paziols, 500 m außerhalb von Tuchan, Tel. 04 68 45 46 50, www.lapeiriere.com, April–Sept. Kleiner Platz mit Bäumen. Pool, Bar. 2 Pers./ 15 €. Auch 2 Châlets.

### Übernachten, Essen

**Bodenständig ▶ Auberge du Vigneron:** 2, rue Achille-Mir, Cucugnan, Tel. 04 68 45 03 00, www.auberge-vigneron.com, Mitte März–Mitte Nov. Ehemaliges Winzerhaus mit 7 netten Zimmern und Restaurant (Perlhuhn im Teigmantel, Wildschweinpfeffer; in der Nebensaison Di mittags, Mo, Juli/Aug. Sa mittags, Mo geschl., Menü 22–38 €) im ehemaligen Weinkeller mit Terrasse. Vergnügte Atmosphäre. DZ ab 57 €.

**Günstig und gut ▶ Auberge de Cucugnan:** 2, pl. de la Fontaine, Cucugnan, Tel. 04 68 45 40 84, www.auberge-de-cucugnan.com, Febr.–Dez. Landgasthof mit erprobter Formel: einfache Zimmer, exzellente Küche (z. B. Coq au Vin, Wildschweinpfeffer; Do geschl., Menü 19–47 €). Zentraler geht's nicht: Die ehemalige Scheune liegt mitten in Cucugnan. DZ 50 €.

**Mitten im Dorf ▶ L'Abri Sous Roche:** 29, rue Gambetta, Tautavel, Tel. 04 68 29 49 31, www.labrisousroche.pagesperso-orange.fr, Mitte Febr.–Mitte Dez. 5 einfache Chambres d'hôte in einem Dorfhaus, dazu eine kleine Wohnung mit Terrasse. Unkomplizierte Atmosphäre. DZ ab 47 €, Table d'hôte 21 €.

### Essen & Trinken

**Schnecken ▶ Le Petit Gris:** Rte. d'Estagel, Tautavel, Tel. 04 68 29 42 42, außer Juli/Aug. Mo und Di–Do abends geschl. Schlichtes Restaurant etwas außerhalb mit Blick auf die Corbières. Großer Kamin. Lamm vom Grill, *cargolades* (Gericht mit Schnecken der Sorte Petit gris). Menü 18–30 €.

### Einkaufen

**Weinkeller ▶ Le Caveau des Vignerons:** Tautavel, Tel. 04 68 29 12 03. Die Gelegenheit, sich durch die lokalen Tropfen zu probieren.

### Aktiv

**Reiten ▶ Ferme équestre de Quéribus – Le cheval cathare:** Cucugnan, Tel. 04 68 45 05 37, http://cieletterre.free.fr, Mai–Allerheiligen. Michel Layral bietet Reittouren (von einem halben Tag bis zu einer Woche) zu den Katharerburgen, in Richtung Meer oder in die Pyrenäen an.

## Die Katharerburgen

### Château de Quéribus ▶ F 16

Die Straße wendet sich von Cucucgnan nach Süden und folgt dem Blick nach oben, wo sich ein eigenwilliger Bergzacken beim Näherkommen als Burgruine entpuppt, deren Donjon zu Fels geworden zu sein scheint: das **Château de Quéribus.** Vom 728 m hohen, abrupt über der Roussillon-Ebene aufragenden Burgfels ist erstmals 1020 die Rede. Während des Katharerkreuzzugs entwickelte sich das bis 1239 unter der Herrschaft Aragons stehende Château zur Hochburg der Abtrünnigen. Dann konnte Ludwig IX. den Bau kaufen, der jedoch um 1244 zur heftig verteidigten Katharerzuflucht wurde. Schließlich fiel auch Quéribus – und zwar als letzte Bastion der Katharer, und erst nach der Einnahme von Montségur. 1255 wurde Quéribus königliche Festung.

# Ni Dieu, ni Maître: die Geschichte der Katharer

Thema

**Von den Katharern, deren Name auf das griechische ›katharoi‹, ›die Reinen‹, zurückgeht, leitet sich vermutlich das deutsche Wort ›Ketzer‹ ab. Ketzer waren die Katharer in den Augen der katholischen Kirche, die die Glaubenshoheit für sich beanspruchte, wegen ihrer Kritik an den päpstlichen Ausschweifungen, an der Hartherzigkeit und an der mangelnden Bescheidenheit des Klerus.**

Vom Rheinland bis nach Katalonien breitete sich der Ruf der Katharer nach einer Rückkehr zu urchristlichen Idealen wie Armut, Verzicht oder Friedfertigkeit rasant aus. Die ›Vollkommenen‹, die ›wahren Christen‹ oder die ›guten Menschen‹ nannten sich die Katharer selbst. Zur selbst gewählten Askese gehörten auch der Verzicht auf Fleisch und sexuelle Abstinenz. In ihren Gemeinden wurde zudem auf Marienverehrung, Eucharistie und Priestertaufe verzichtet. Männer und Frauen galten im Glauben als gleichwertig. Die Weltsicht der Katharer war eine dualistische: Es gab das Gute, es gab das Böse. Das Gute war Gott, das Böse alles Materielle. Von der damaligen christlichen Kirche unterschieden sich die Katharer aber auch durch die Ablehnung des Alten Testaments der Bibel.

In Rom vernahm man die simple Botschaft. Der Papst war alarmiert, als im Jahr 1167 bereits vier Bischofssitze im Languedoc mit Katharern besetzt waren, darunter der von Albi – woher der in Frankreich ebenfalls übliche Name der Katharer, *les albigeois,* stammt. Auch der Name des Albigenserkreuzzugs (1209–1229) leitet sich hiervon ab: Papst Innozenz III. rief diesen Feldzug 1209 aus, nachdem ein päpstlicher Legat, Pierre de Castelnau, bei seinem Missionsversuch im Languedoc ermordet worden war. Unterstützt wurden die Katharer anfangs von den Feudalfürsten des Languedoc, allen voran die Grafen von Béziers und Carcassonne, während der Papst sich der Hilfe der französischen Krone versicherte. Der Feldzug gegen die Katharer war somit zugleich ein Eroberungsfeldzug des französischen Königs Philippe Auguste gegen die selbstbewussten Territorialfürsten des okzitanischen Südens.

Als Befehlshaber der päpstlich-königlichen Truppen wurde Simon de Montfort eingesetzt, ein Schlächter mit militärischem Rang. Zunächst nahm er 1209 Béziers ein: Dem Massaker an der Bevölkerung fielen Tausende zum Opfer. Noch im selben Jahr geriet Raymond Roger Trencavel, Graf von Carcassonne, in Gefangenschaft und starb im Kerker. 1225 ergab sich Toulouse. Die Ermordung zweier Inquisitoren führte zu einer weiteren Eskalation der gegen die Katharer gerichteten Gewalt.

In den Folgejahren entwickelte sich Montségur, die uneinnehmbar scheinende Festung, zum Hauptzentrum und letzten großen Refugium der verfolgten Katharer. Doch als am 16. März 1244 nach erfolgreicher Belagerung die Scheiterhaufen in Montségur für 220 ›Reine‹ loderten, waren die Katharer als Machtfaktor ausgeschaltet. 1255 fiel Quéribus. Ein eigenständiges Okzitanien gab es zu diesem Zeitpunkt nicht mehr. Nur noch vereinzelt konnten sich Katharergruppen halten. Als allerletzter Katharer gilt Guillaume Bélibaste, der nach vorhergehender Inquisition 1321 den Tod auf dem Scheiterhaufen von Villerouge-Termenès erlitt.

**Nach Carcassonne ist das Château de Peyrepertuse das größte mittelalterliche Bollwerk weit und breit**

Drei Mauerringe schützen Pechnasen, Zisternen, Kasematten und Wachgänge. Umso mehr überrascht im **Donjon** ein massiver Pfeiler, der wie eine Palme in ein fein gearbeitetes gotisches Gewölbe ausfächert. Im Turm des Donjons verbirgt sich eine kunstvoll gearbeitete Wendeltreppe: Von der Turmhöhe sieht man im Osten das Mittelmeer schimmern, zur anderen Seite bauen sich im Süden die Pyrenäen auf.

Vorsicht bei der Besichtigung! Selbst im Sommer kann der Wind auf der Burghöhe so kräftig pfeifen, dass man sehr leicht den Halt verlieren kann (April–Sept. 9.30–19, Juli/Aug. bis 20, Nov.–Jan. 10–17, Febr. bis 17.30, März bis 18, Okt. bis 18.30 Uhr, www.queribuscucugnan.fr, 5,50 € inkl. Parkgebühr und multilinguale Aufführung im Théâtre Mir in Cucugnan).

## 13 Château de Peyrepertuse

**► E 16**

Die Gassen von **Duilhac-sous-Peyrepertuse** verschachteln sich um die Pfarrkirche. Munter plätschert eine Quelle am Dorfrand, deren Wasser früher eine Olivenölmühle angetrieben hat. Im kleinen Kesseltal unterhalb des Dorfes sind die Weinreben der stechen-

den Sonne ausgesetzt, freilich auch vor zu viel Wind geschützt. Über dem schmucken Dorf dräut das **Château de Peyrepertuse,** die mächtigste aller Katharerburgen. Bei kräftigem Wind, so warnt ein Schild am Kassenhäuschen, gilt es in Schwindel erregender Höhe gut aufzupassen, bei Sturm darf erst gar nicht besichtigt werden. Steil hebt der Weg zu den 2,5 km umfassenden Mauern an. Mehr als 300 m zieht sich die Anlage aus Ober- und Unterburg über einen 800 m hohen hellgrauen Kalkkamm nach Westen. Ihre Fläche bedeckt gut 1 ha. Nach Carcassonne ist die zwischen Himmel und Erde thronende Burg somit das größte mittelalterliche Bollwerk weit und breit (Juli/Aug. 8.30–20.30, Juni, Sept. 9–19, April–Mai, Okt. 10–18.30, Febr.–März, Nov.–Dez. 10–17 Uhr, www.chateau-peyrepertuse.com, 7,50 €).

Erstmals 1021 erwähnt, hielt Frankreich auf der Burg bis zur Einverleibung des Roussillon Stellung. In den Katharerkriegen blieb Peyrepertuse von Zerstörungen weitgehend verschont. Zu Beginn des Kreuzzugs konnte sich Peyrepertuse – der Name stammt von lat. *petra pertusa,* ›durchlöcherter Stein‹ – gegen Simon de Montfort behaupten. Erst nach 1240 fiel die Burg an den französischen König, der um 1250 umfangreiche Bauarbeiten einleiten ließ. Das höher gelegene **Château San Jordi** mit dem mächtigen Donjon auf dem höchsten Punkt des Felsens stammt aus dieser Bauphase, wohingegen die untere, wie ein spitzer Keil zulaufende Burg schon vor dem Kreuzzug bestanden hat. Hier befindet sich der Eingang, auf den die Ruinen der Kirche Ste-Marie, ein Logis sowie Häuser und Zisternen folgen. Durch den weiten Hof der auf die Felskante gesetzten Enceinte Médiane (Wallanlage) gelangt man an einem polygonalen Turm vorbei zu den in den Fels gehauenen Zugangsstufen des Château San Jordi. Die letzte Garnison, ein gerade mal neun Mannen zählender Haufen, wurde während der Revolution aufgelöst. Erst danach verfiel die Anlage, die eher einem Festungsstädtchen gleicht.

## Gorges de Galamus ► E 16

Die **Gorges de Galamus** (Achtung: für Reisemobile nicht befahrbar!) sind nichts für Schwindelanfällige. In 100 m Höhe über der strudelnden Wasseroberfläche hängt die schmale D 10/D 7 in der Felswand. Auf einer Länge von 7 km hat der mal türkisblaue, mal austerngrüne Agly sich eine bis zu 400 m tiefe Furche in den weißen Fels genagt. Über der dem Stein abgerungenen Route schießen die nackten Klippen empor. Wo der Hang nicht zu steil ist, konnten Ginster und Kermeseichen sich mit ihren Wurzeln festkrallen.

Anhalten darf man auf der Straße nur an einer der wenigen Buchten. Der Blick fällt ins

Bodenlose, wo einige natürliche Wasserbecken zum Baden verlocken. Schließlich erreicht die Straße einen **Belvédère** mit großem Parkplatz, auf dem an einer Bude einheimische Weine und Honig verkauft werden.

Im Süden leuchten bis weit ins Frühjahr die schneebedeckten Gipfel der Pyrenäen, doch die eigentliche Attraktion klebt mit der **Ermitage de St-Antoine** auf halber Höhe zur Talsohle am Felsen. Ein kurzer Weg und ein paar Treppenstufen führen zu der mit einem Ausschank bewirtschafteten Einsiedelei aus dem 15. Jh., deren Mauern sich in eine schroffe Bergflanke schmiegen (Mitte Mai–Okt.).

## Château de Puilaurens ► D 17

Die Gorges de Galamus sind ein Nadelöhr auf der Grenze von Languedoc und Roussillon und münden bei St-Paul-de-Fenouillet in das Tal der Boulzane. Fast schnurgerade durchmisst die D 117 das Flusstal von Ost nach West. Die karstigen Höhen der Corbières und die waldreicheren Hügel des Fenouillèdes begleiten die Trasse in gebührendem Abstand zu beiden Seiten, bis es im Weiler Lapradelle in ein enges Bachtal zum **Château de Puilaurens** abgeht. Wieder ist ein bisschen Puste nötig, um die zerfallene Katharerhochburg zu erstürmen. Stolz krönen Zinnen das Mauerwerk auf seiner nackten Felsspitze. Den unteren Hügel bedeckt dagegen dichter Pinienwald, der angenehm Schatten spendet (Juli/Aug. 9–20, sonst 10–18, im Winter nur bis 17 Uhr, Mitte Nov.–Anfang Febr. geschl., www.lapradelle-puilaurens.com, 4 €).

Nach der kleinen Konditionsübung des Aufstiegs, die schweißtreibend die Effizienz der neun, in Etagen versetzten Schikanenmauern beweist, führt der Haupteingang schnurstracks in den großen Burghof. Wie ein gestrandeter Schiffsbug schiebt sich die Festung auf die Steilklippe. Wie schon in Peyrepertuse verschmelzen die porösen Zähne der Zinnen mit den Bergzacken im Umkreis. Über den **Wachgang** lässt sich die Burg umrunden. Den schönsten Blick über das Boulzane-Tal, Lapradelle und sein hochstelziges Eisenbahnviadukt gewinnt man vom Rundturm an der Ostspitze.

Puilaurens war für Jahrhunderte Frankreichs südlichste Bastion. Schon 985 erwähnt eine päpstliche Bulle eine Festung in Puilaurens. Im 12. Jh. diente die Anlage dem Haus Aragon als Grenzwache. Erst 1229 wird der Ort in den Strudel des Katharerkreuzzugs gezogen, als der Simon-de-Monfort-Intimfeind Guillaume de Peyrepertuse sich hier verschanzt. Aus nicht näher bekannten Gründen aber fiel die Burg um 1246 an die französische Krone. Bis ins 16. Jh. widerstand ihre Garnison mehrmals spanischen Attacken. Erst mit dem Pyrenäenvertrag von 1659 verfiel Puilaurens in strategische Bedeutungslosigkeit. Auf den ersten Mauerring um den Burghof folgt der dreieckige Mauerring um den quadratischen **Donjon.** Hinter dem zweigeschossigen Bau diente eine unterirdische Galerie vermutlich als Waffenarsenal. Ganz auf der Südwestspitze liegt die **Tour de la Dame Blanche,** in derem Rund sich ein gotisches Gewölbe verbirgt. Fast alle Bauelemente stammen nicht aus der Katharerzeit, sondern aus dem späten 13. bis 14. Jh., was der Atmosphäre indes keinen Abbruch tut.

## Château de Termes ► E 15

Zurück ins Herz des Pays cathare, in die Corbières: **Termes** versteckt sich inmitten windzersauster Wälder in einem gottverlassenen Seitental des Orbieu. Wieder beherrscht eine Burgruine das Dorf. Das auf den Fels gepfropfte Château de Termes hielt den päpstlichen Kreuzzüglern vier Monate stand. Zu sehen sind ein doppelter Mauerring und der Donjon (Juli/Aug. 9.30–19.30, ansonsten März–Mitte Okt. 10–18, Mitte Okt.–Dez. nur Sa, So, www.chateau-termes.com, 4 €).

Eine weitere Burgruine, die des **Château de Durfort,** ragt 6 km weiter nördlich an der D 212 aus der Garrigue.

## Château de Villerouge-Termenès ► F 15

**Villerouge-Termenès** entstand im 12. Jh. im Schatten seiner Burg. Die Rettung für die Burg kam vor ein paar Jahren. Die Kommune investierte in die Restaurierung des wacklig gewordenen Baus, der von vier runden Türmen flankiert wird – und richtete gleich ein Restaurant mit ein, in dem mittelalterliche Küche serviert wird. Der Katharerglaube hielt sich in Villerouge-Termenès besonders lang. Noch 1321 bestieg Guillaume Bélibaste als letzter Katharer von Bedeutung hier den Scheiterhaufen. Auf der Burg widmet sich die **Dauerausstellung** dem Werdegang des aufmüpfigen Großbauernsohns sowie den Bischöfen von Narbonne, die etliche Jahrhunderte die Burg besaßen. Auch die mittelalterliche Geschichte von Villerouge kommt nicht zu kurz. Schlüssel- und Alltagsszenen sind mit Puppen nachgestellt, doch informativer sind die Videos und Tonbandtexte. Mit 23 m bestimmt der **Donjon** die 24 x 30 m große, dreigeschossige Anlage, deren Zugang auf der Nordseite 2,50 m dicke Mauern schützen. Vom Wachgang längs der Zinnen fällt der Blick in den engen Innenhof und das hügelige Umland (Juli/Aug. 9.30–19.30, April–Juni, Sept.–Mitte Okt. 10–13, 14–18, sonst Sa, So 10–17 Uhr, Jan. geschl., letzter Einlass 1 Std. vor Schließung, 6 €).

Durch ein Bogenfenster des Donjon kann man die **Pfarrkirche St-Etienne** ausmachen, die außerhalb des Dorfes am anderen Ufer des Lou-Bachs liegt und einen polychromen Altar aus dem 16. Jh. besitzt (Mitte Juli–Mitte Aug. tgl. 16.30–17 Uhr, sonst für einen Besuch beim Château nachfragen).

## Übernachten, Essen

Hideaway ▶ **Hostellerie du Grand Duc:** Rte. de Boucheville, Gincla (9 km südl. des Château de Puilaurens), Tel. 04 68 20 55 02, www.host-du-grand-duc.com, April–Okt. Ein Herrenhaus am Ende der Welt, in einem lauschigen Bachtal. Still! Gutbürgerliche Zimmer. Park. Sehr gute Regionalküche mit katalanischem Einschlag: Schweinefilet Mignon mit Schokoladensauce, Birne in Zimt-Corbières-Sud (Mi mittags geschl., Menü 33–70 €). DZ ab 74 €.

Gekonnt ▶ **La Maison d'hôtes du Pont d'Orbieu:** Le village, Lanet (18 km westl. von Villerouge-Termenès), Tel. 04 68 70 09 34, http://lamaisondupontdorbieu.pagesperso-orange.fr. Fast ein Geheimtipp, so abgelegen ist das Gästehaus mit ganzen 6 Zimmern. Die Komfitüre zum Frühstück ist hausgemacht, die Table d'Hôte (inkl. Getränke 25 €) ein Gedicht. Kein Wunder, denn Hausherr Jean-Marie Livet hat zuvor ein Restaurant in Paris betrieben. DZ/F ab 60 €.

Burgblick ▶ **L'Auberge de Peyrepertuse:** 12, rue B. de Castille, Rouffiac-des-Corbières (4 km nördl. des Château de Peyrepertuse), Tel. 04 68 45 40 40, www.vacance-cathares.eu, Febr.–Mitte Dez. Familiäre Landherberge mit herzhafter Küche, z. B. Wildschweinragout und Blutwurst (Juli/Aug. tgl., sonst Mi geschl., Menü 18–29 €). Von den 6 Zimmern im Bau gegenüber haben 2 Blick auf die Burg. DZ ab 46 €.

## Essen & Trinken

Wie im Mittelalter ▶ **La Rôtisserie:** im Château, Villerouge-Termenès, Tel. 04 68 70 06 06, www.restaurant-medieval.com, So abends, Mo geschl. Speisen wie im Mittelalter, in passendem Ambiente und mit den Rezepten der Epoche. PS: Den Kaffee nach dem Essen muss man in der Dorfbar trinken – die Kaffeebohne kam erst in der Neuzeit nach Europa … Menü inkl. Wein 36–50 €.

## Termine

**Les Médiévales de Peyrepertuse:** Duilhac-sous-Peyrepertuse, 1. Aug.-Häfte, www.chateau-peyrepertuse.com. Das größte Mittelalterfest der Region. Mit Reitturnier, Vorführung alter Waffen, Markt mit bäuerlichen Erzeugnissen.

## Tipp: Le Sentier Cathare

Das Pays cathare lässt sich auf diesem gut 200 km langen **Wanderweg** hervorragend erkunden. Start des *sentier,* der sich in zwölf Etappen aufteilt, ist im Hafenstädtchen Port-la-Nouvelle (s. S. 322); er endet in der Festungsstadt Foix. Das Tagespensum variiert zwischen 12 und 28 km. Informationen und Topoguide über das CDT Aude in Carcassonne, Chemin du Moulin de la Seigne, Tel. 04 68 11 66 00, www.audetourisme.com.

Das Capcir ist ein bei Skifahrern und Wanderern beliebtes Pyrenäenplateau

Kapitel 5

# Das Roussillon

**Im Roussillon sind die Orts- und Straßenschilder zweisprachig – französisch und katalanisch. Verwaltungstechnisch befinden wir uns im französischen Departement Pyrénées-Orientales, historisch in Katalonien, dessen nördlicher Teil seit dem 17. Jh. zu Frankreich gehört. Die Autobahn A 9, die auf der Trasse der antiken Via Domitia auf die Pyrenäen zustiebt, trägt den Beinamen La Catalane, denn zu Katalonien gehörte das Roussillon bis 1659. Die historische Verbundenheit mit den Katalanen jenseits der spanisch-französischen Grenze ist unvergessen. In den Dörfern dies- und jenseits des Pyrenäenkamms wird die Sardane getanzt und zu Ostern die Sanch-Prozession im traditionellen Büßergewand abgehalten. Am 24. Juni richtet sich der Blick allenthalben zum 2784 m hohen Pic du Canigou, auf dem ein Feuer zur Erinnerung an die gemeinsame Geschichte entfacht wird.**

**Das Roussillon vereint ein Kaleidoskop dramatisch schöner Landschaften. Die Hochtäler der Ostpyrenäen sind im Winter tief verschneit und bis in den Mai ein Mekka für Wintersportler. Im Sommer grasen Kühe der Rasse La Rosée des Pyrenées auf den Almwiesen von Cerdagne und den Conflent, während keine 100 km Luftlinie entfernt die Sonnenschirme an den Stränden der Côte Vermeille aufgeklappt werden. Dank des Tramontane-Windes, der den Himmel blank putzt, misst man hier über 300 Sonnentage im Jahresmittel. Daher sind Kirschen, Aprikosen und Artischocken im Frühjahr sehr zeitig reif. Entsprechend farbenfroh zeigt sich das Roussillon. Das kraftvolle Blau des Meeres, das tiefe Grün der Wälder und das leuchtende Rot der Felsenküste haben Maler von Matisse bis Picasso begeistert.**

Auf einen Blick

# Das Roussillon

## Sehenswert

14 **Collioure:** Das schönste Hafenstädtchen der Côte Vermeille bietet Badefreuden vor gebirgiger Kulisse. Matisse war angesichts dieser Küste von fast gewalttätiger Schönheit begeistert – und ›erfand‹ hier den Fauvismus (s. S. 360).

**Perpignan:** Die Hauptstadt des Roussillon lebt nachts von einem Schuss *movidà* und tagsüber von der entschleunigenden Schwere des tiefen Süden (s. S. 371).

15 **Massif du Canigou:** Vom heiligen Berg der Katalanen (2784 m), die hier in der Johannisnacht ihren wichtigsten Feiertag begehen, schweift der Blick ungehindert über die spanisch-französische Grenze(s. S. 387).

**Ste-Marie-d'Arles:** Die älteste Benediktinerabtei Kataloniens wurde von Karl dem Großen gegründet und bezaubert durch einen eleganten gotischen Kreuzgang (s. S. 399).

## Schöne Routen

**Oberes Aude-Tal:** Die Fahrt von Axat ins Capcir entführt aus dem Midi in die Hochgebirgswelt der Pyrenäen. Unterwegs schlüpft man durch das Nadelöhr der Gorges de l'Aude (s. S. 348).

**Corniche de la Côte Vermeille:** In endlosen Kehren schlingert die Küstenstraße, die N 114, zwischen Port-Vendres und dem Cap Cerbère oberhalb des tintenblauen Meeres (s. S. 360).

**Route des Crêtes:** Die schmale Kammstraße von Banyuls nach Collioure ist nur etwas für Schwindelfreie – die Blicke auf die Küste belohnen für den Mut (s. S. 369).

**Vallespir:** Vom Kurort Amélie-les-Bains bis zur spanischen Grenze am Col d'Ares zeigt sich das Vallespir mit bunten Dörfern und dichten Wäldern als eines der atemberaubendsten Täler der Ostpyrenäen (s. S. 398).

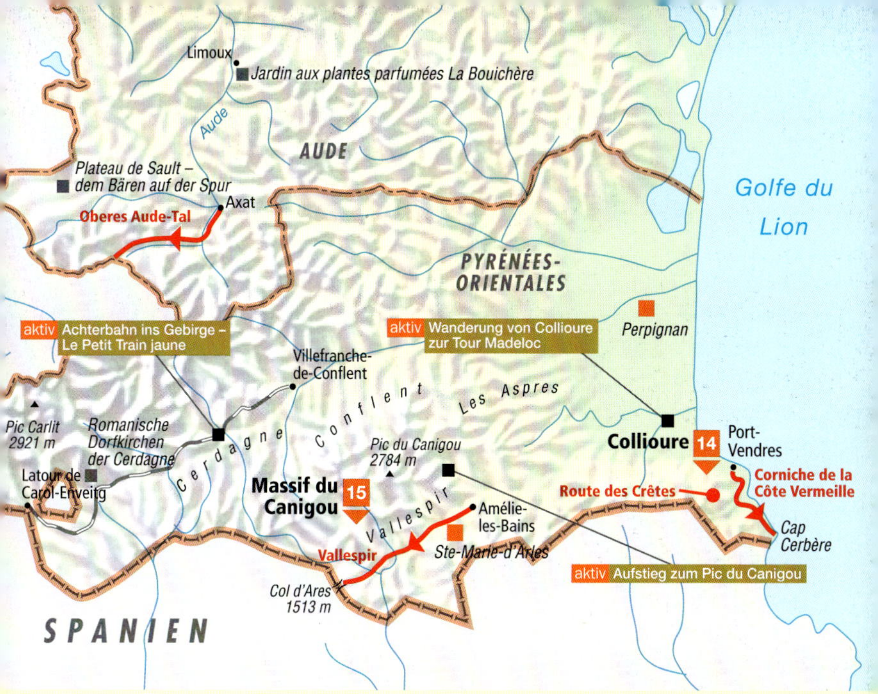


# Meine Tipps

**Jardin aux plantes parfumée La Bouichère in Limoux:** Mitten im herben Katharerland und nur einen Steinwurf von einem Einkaufszentrum entfernt ist ein üppiger Tropen- und Duftgarten entstanden (s. S. 342).

**Plateau de Sault – dem Bären auf der Spur:** Das Plateau de Sault ist nicht nur Heimat seltener Raubvögel, sondern auch ein Rückzugsgebiet des wieder eingeführten Pyrenäenbären. Wer Tatzenabdrücke oder andere Hinweise auf Meister Petz findet, kann dies melden (s. S. 345).

**Romanische Dorfkirchen der Cerdagne:** Weniger prächtig als die romanischen Abteien des Conflent, doch nicht minder fesselnd dank ihrer archaischen Ausstrahlung, sind die romanischen Dorfkirchen der Cerdagne (s. S. 404).

# aktiv unterwegs

**Wanderung von Collioure zur Tour Madeloc:** Vom idyllischen Collioure geht es durch Weinterrassen zur Ermitage Notre Dame de la Consolation weiter hinauf zum mittelalterlichen Wach- und Signalturm Madeloc, von dem die Soldaten einst vor Feinden warnten (s. S. 364).

**Aufstieg zum Pic du Canigou:** Vom Kurort Vernet-les-Bains führt die 20 km lange halsbecherische Piste du Col de Fillols auf den Canigou – am Bergchalet bleibt der Wagen stehen, auf den Gipfel geht es nur zu Fuß (s. S. 388).

**Achterbahn ins Gebirge – Le Petit Train jaune:** Die kanariengelbe Bimmelbahn startet von Villefranche-de-Conflent in die Hochgebirgswelt der Pyrenäen (s. S. 394).

# Oberes Aude-Tal und Capcir

**Um Limoux ist das Obere Aude-Tal breit. Platanen und Weinreben prägen die Ufer. Caféterrassen und Boulespieler runden die Bilder des Midi ab. Weiter südlich bestimmen Buchen und Nadelhölzer das Landschaftsbild. Die Aude wird hier zum Wildbach, der sich durch enge Schluchten fräst. Im Capcir kommen die ersten Skistationen hinzu – ›bienvenue‹ in den Pyrenäen.**

## Limoux und Umgebung

▶ C/D 14/15

**Limoux** (10 200 Einw.) war einmal eine Produktionsstätte für Textilien und Schuhe – *fini.* Es bleibt die Blanquette de Limoux: Die Winzer der Stadt keltern den trockenen, moussierenden Schaumwein seit dem 16. Jh. – und damit lange vor der Erfindung des Champagners! ›Schäumend‹ ist ebenfalls der Karneval, der von Januar bis Aschermittwoch wochenlang ausgiebig gefeiert wird. Limoux ist die letzte nennenswerte Stadt vor den Pyrenäen und nimmt zudem eine wichtige Rolle als Marktplatz ein.

### Stadtrundgang

Vermutlich hat die Stadtsilhouette mit insgesamt 19 Türmen einmal so wie die von Carcassonne ausgesehen. Heute steht jedoch nur noch ein Turm, was Limoux zum Ausgleich vor einer touristischen Invasion bewahrt. An der von Arkaden gesäumten **Place de la République** werden die Caféterrassen jeden Freitag zum Logenplatz mit Blick auf das quirlige Markttreiben. Die Pfarrkirche **St-Martin** schiebt ihr romanisches Portal bis an eine Platzecke. Ihren achteckigen Turm sieht man am besten vom Ufer der Aude, an das der gotische Chor heranreicht (Mo–Sa 9.30–12, 15–18 Uhr).

### Tipp: Jardin aux plantes parfumées La Bouichère

Eine besondere Attraktion für Limoux-Besucher ist dieser privat betriebene botanische Garten am Ortsausgang in Richtung Carcassonne. Mitten im herben Katharerland und nur einen Steinwurf von einem Einkaufszentrum entfernt ist ein üppiger Tropen- und Duftgarten entstanden, der auf 2 ha an die 2500 verschiedene Bäume, Sträucher und andere Pflanzen aus dem Mittelmeerraum und Übersee versammelt. Die beiden Besitzer Gabrielle und Pierre haben das betörend duftende Privatparadies vor 20 Jahren gegründet und in dieser Zeit unzählige vergessene Duft- und Gewürzpflanzen rund um die Welt ausfindig gemacht. Bänke laden zum Verweilen ein und für Kinder gibt es ein paar Tiere zum Streicheln. Im kleinen Ausschank des Gartens werden hausgemachtes Eis und erfrischender Minztee angeboten. Am eindruckvollsten ist der Besuch morgens, wenn die Pflanzen ihren vollen Duft entfalten. Einer der Höhepunkte im jährlichen Veranstaltungskalender ist die nächtliche Führung, die in der Regel am dritten Dienstag im August angeboten wird – vorher erkundigen (Domaine de Flassian, über die D 118, Rue Dewoitine, Mai–Okt. Mi–So 13–18, Juli/Aug. tgl. 10–18 Uhr, www.labouichere.com, 6,50 €)!

Gleich daneben spannen sich seit 1329 die Bögen des **Pont Neuf** über die Aude. Auf dem anderen Ufer hat der lokale Adel im 16. Jh. in der **Rue Blanquerie** ein paar prächtige Palais bauen lassen. Das Hôtel de Clercy in Nr. 59 hat einen sehr schönen Renaissancehof.

## Benediktinerabteien St-Hilaire und St-Polycarpe ► D 14/15

Ein Ausflug führt von Limoux über die D 104 nach Osten durch zauberhafte Bergwelten und vorbei an herrlichen Ausblicken zur Abtei von St-Hilaire. Zunächst jedoch kommt man kurz hinter Limoux an der romanischen Kirche **Notre-Dame-de-Marceille** (12. Jh.) vorbei. Die **Abbaye de St-Hilaire** gründeten Benediktinermönche im 9. Jh. 1531 sollen sie das Geheimnis zur Herstellung der Blanquette de Limoux entdeckt haben. Zu besichtigen sind der Kreuzgang aus dem 14. Jh. und ein reich verzierter Sarkophag aus dem 12. Jh. (im Sommer 10–18, Juli/Aug. bis 19, sonst 10–12, 14–17 Uhr, 4 €, http://pages perso-orange.fr/abbayedesainthilaire).

Auch die in südlicher Richtung über die D 51 zu erreichende **Abbaye de St-Polycarpe** geht auf die Benediktiner zurück. Erhalten blieb die archaisch schlichte, einschiffige Kirche. Die romanischen Fresken im Inneren zeigen die Apokalypse. Ausgestellt sind Reliquiare aus dem 14. Jh. mit Überresten der Heiligen Polycarpe, Benedikt und Èpine (Führungen Tel. 04 68 31 65 84). Ein 8 km langer **Wanderhöhenweg** umrundet die Abtei (gelbe Markierung, 2,5 Std.).

Der Ausflug zu den beiden Abteien bietet sich auch für eine schöne **Radtour** an (insgesamt 36 km) an. Start ist in Limoux, vorbei an der romanischen Kirche Notre-Dame-de-Marceille gelangt man über die D 104 nach St-Hilaire. Wieder in südlicher Richtung geht es über Belcastel (D 51/D 54) nach St-Polycarpe und über die D 129 zurück zum Ausgangsort.

## Infos

**Office de Tourisme:** Promenade du Tivoli, Tel. 04 68 31 11 82, www.limoux.fr.

## Übernachten

Günstig ► **Camping du Breil:** Av. Salvador Allende, südl. der Stadt, Tel. 04 68 31 13 63, Juni–Sept. Kleiner städtischer Platz am Aude-Ufer, unweit vom Schwimmbad. 8–12 €/ 2 Pers., Zelt.

## Übernachten, Essen

Pompös ► **Grand Hôtel Moderne et Pigeon:** 1, pl. Général Leclerc, Tel. 04 68 31 00 25, www.grandhotelmodernepigeon.fr. Das sanierte Stadtpalais besitzt einen Patio, ein zauberhaftes Treppenhaus mit Bleiverglasungen, Zimmer mit luxuriösen Marmorbädern und einen freundlichen Empfang. Elegantes Belle-Epoque-Restaurant (Sept.–Juni So abends geschl., Menü 39–118 €). DZ ab 89 €.

## Essen & Trinken

Vegetarisch ► **La Goûtine:** 10, rue de la Goûtine, Tel. 04 68 74 34 07, Mo–Sa. Nettes Altstadtrestaurant mit glutenfreier vegetarischer Bio-Küche. Für Kinder gibt es Bio-Limo. Netter Garten. Formule 12 €, Menü 14–28 €.

## Einkaufen

Wein ► **Syndicat des Vins AOC Limoux:** 20, av. du Pont-de-France, Tel. 04 68 31 12 83, www.limoux-aoc.com. Hier gibt es Adressen von Winzern, Informationen zum Anbaugebiet und Tipps für vier Erkundungsrouten durch die Weinberge. **Les Caves du Sieur d'Arques:** Av. du Mauzac, Tel. 04 68 74 63 46. ›Der‹ Keller von Limoux mit einigen großen Cuvées, wie etwa L'Océanique. Kellerbesichtigung und Diavorführung zur Blanquette-Herstellung.

Markt ► **Place de la République:** Fr; im Sommer auch Di 17–23 Uhr.

## Aktiv

Hochseilgarten ► **Accro'Parc:** beim Casino, Tel. 04 68 69 94 86. Auf 3 unterschiedlich schwierigen Parcours geht es durch die Baumwipfel.

Kanu, Kajak ► **Base de Canoë:** Rue des Violettes, Tel. 06 86 57 80 68. Verleih.

Radverleih ▶ **Etablissement Taillefer:** 18, esplanade Mitterrand, Tel. 04 68 31 02 01.

### Termine

**Carnaval de Limoux:** Mitte Jan.–Palmsonntag. Umzüge und Feste.
**Fête de la Blanquette:** 3. Juni-Wochenende. Weinfest.
**Toques et Clochers:** Wochenende um Palmsonntag, Info-Tel. 04 68 74 63 47. Großes gastronomisches Fest in den Dörfern um Limoux. Mit Weinversteigerung am So, der Erlös dient der Erhaltung von Kirchtürmen in der Region.

### Verkehr

**Zug:** tgl. Verbindungen nach Carcassonne (30 Min.), Tel. 36 35, www.voyages-sncf.com.
**Bus:** Linienbusse der Cars Teissier nach Carcassonne und Quillan, Tel. 04 68 47 35 07.

## Unterwegs nach Quillan

### Von Alet-les-Bains nach Rennes-le-Château ▶ D 15/16

Über das schmucke Bäderstädtchen **Alet-les-Bains,** das eine Gründung der Römer ist, gelangt man immer an der Aude entlang nach **Couiza.**

Von dem Uferdorf schlängelt sich eine 3,5 km lange, schmale Straße bergauf nach **Rennes-le-Château.** Malerisch klebt das Dörfchen samt der von Zinnen gekrönten Tour Magdala auf einer Felskuppe. Der Turm wurde vom einstigen Dorfpfarrer Abbé Saunière Ende des 19. Jh. erbaut. Der Abbé war ein bauwütiger Kirchenmann, der auch die Neorenaissance-Villa Béthania errichten ließ – und 1915 wegen mutmaßlicher Veruntreuung von Geldern seiner Funktion enthoben wurde. Die Affäre schlug landesweit Wellen. Zu besichtigen ist die Villa nebst Gartenanlage, Wintergarten und besagtem Turm (Domaine de l'Abbé Saunier, tgl. Mitte März–April 11–16, Mai–Mitte Sept. 10–18, Mitte Sept.–Mitte Nov. 11–17, Mitte Nov.–Mitte März Sa, So 11–16 Uhr, www.rennes-le-chateau.fr, 4,50 €).

### Espéraza ▶ C 16

Kaum zu glauben: **Espéraza,** das sich in eine Aude-Schleife schmiegt, war einmal eines der führenden Hutmacherzentren Europas. Von den um 1900 16 Hutfabriken blieb immerhin eine dem Ort erhalten. Schon in den 1960er-Jahren hatten die meisten geschlossen. Genaueres über die lokale Hutherstellung erfährt man im **Musée de la Chapellerie** (Av. de la Gare,Juli/Aug. tgl. 10–19, sonst 10.30–12.30, 13.30–17.30 Uhr, gratis). Mit demselben Ticket hat man Zugang zum benachbarten **Musée des Dinosaures.** Dinosaurierskelette und ein Diorama zeigen, wie es an der Aude in vorgeschichtlicher Zeit ausgesehen hat (Juli/Aug. tgl. 10–19, April–Juni, Sept./Okt. 10.30–12.30, 13.30–17.30 Uhr, im Winter nur nachmittags, www.dinosauria.org, 8 €).

### Quillan ▶ C 16

**Quillan** liegt an der Kreuzung zweier alter Handelsrouten und gilt als Tor ins Obere Aude-Tal. Die Kleinstadt mutet mit ihren Platanenalleen und bunten Balkonfassaden zum Fluss mediterran an und hat kaum etwas mit den noch vom Hochgebirge geprägten Orten auf der weiteren Strecke gemein. Erst in einiger Entfernung rahmen bis 1200 m hohe Berge die Ebene von Quillan. Einzig wirklich markantes Bauwerk ist die **Kirche Notre-Dame** aus dem Jahr 1677, deren Außenmauern aus glattgescheuerten Kieselsteinen an die Gotteshäuser des Roussillon erinnern. Buntes, geschäftiges Treiben zwischen dem Boulevard Charles de Gaulle und dem linken Aude-Ufer belebt den von Landwirtschaft und einigen mittelständischen Betrieben der Leder- und Holzverarbeitung lebenden Ort, dies natürlich besonders an Markttagen. Kanufahrer und Schlauchbootpaddler gehören von Frühjahr bis Herbst zur alltäglichen Szenerie der Kantonshauptstadt. Auf dem rechten Aude-Ufer scheint die wuchtige **Burgruine** gebieterisch die Gassen am gegenüberliegenden Ufer zu belauern. Hinüber zum 1575 von den Hugenotten zerstörten Gemäuer, das einmal den Bischöfen von Narbonne gehörte, führt eine Bogenbrücke aus dem 17. Jh.

## Tipp: Plateau de Sault – dem Bären auf der Spur

Das entlegene **Plateau de Sault** (▶ B/C 17) gehört wie der Larzac zu den Landstrichen des französischen Südwestens, die von Aussteigern der 1968er-Generation neu besiedelt wurden. Trotz der Zuwanderer aus der alternativen Szene bleibt die von der Rébenty-Schlucht durchschnittene Hochebene ein menschenleerer Landstrich. Tannenwälder mit bis zu 50 m hohen Baumriesen sind das Wahrzeichen des Landstrichs – Sault leitet sich vom lateinischen *saltis* (Tanne) ab, die schon in der Antike laut Plinius dem Jüngeren die Landschaft prägte. Die von **Belcaire** (▶ B 17), dem Hauptort des Plateaus, ausgeschilderte Route du Sapin de l'Aude führt zu den schönsten Wäldern. Einer der beliebtesten Aussichtspunkte ist der **Belvédère du Pas de l'Ours** auf knapp 1400 m, den man ab Belcaire über eine Forststraße erreicht. Der Name »Bärenschritt« ist gut gewählt. Denn das Plateau de Sault ist nicht nur Heimat seltener Raubvögel, sondern auch ein Rückzugsgebiet des wieder eingeführten Pyrenäenbären. Wer Tatzenabdrücke oder andere Hinweise auf Meister Petz findet, kann seine Beobachtung dem Büro der **Localisations des Ours** mitteilen, wo es auch Informationen zu den letzten Aufenthaltsorten der Bären in den Pyrenäen gibt (Pays de l'Ours, Maison des Associations, 31160 Arbas, Tel. 05 61 97 48 44, www.paysdelours.com). Das Pays de l'Ours, das »Land des Bären«, reicht jedoch weit über das Plateau de Sault hinaus, das nur den östlichsten Zipfel des bis ins Baskenland reichenden Verbreitungsgebiets der Bären darstellt. Eines der seltenen, sehr scheuen Tiere zu Gesicht zu bekommen, ist daher unwahrscheinlich. Auskünfte zum Plateau de Sault erteilt das **Office de Tourisme** in **Belcaire** (Rte. d'Ax-les-Thermes, Tel. 04 68 20 75 89).

**Höchst unwahrscheinlich, dass man dem Pyrenäenbär persönlich begegnet**

**In der Boutique de Pêche in Quillan ist alles zu bekommen, was man zum Angeln in der Aude braucht**

## Infos

**Office de Tourisme:** Sq. André-Tricoire, 11500 Quillan, Tel. 04 68 20 07 78, www.aude-pyrenees.fr.

## Übernachten

Stilvoll ▶ **Cassalys:** 49, Grand-rue Vaysse-Barthélemy, Quillan, Tel. 08 70 69 07 97, 06 83 17 27 92, www.casalys.com, April–Aug., danach Schulferien und Wochenenden. Weinberankter Bau des 18. Jh. mit grünen Fensterläden, schmiedeeisernen Treppenläufen, alten Kachelböden, Terrasse über den Dächern von Quillan und 3 schönen Chambres d'hôte. DZ/F ab 57 €, Suite/4 Pers. 84 €.

Authentisch ▶ **Les Pailhères:** Le Village, Espéraza, Tel. 04 68 74 19 23, www.rennes-le-chateau-pailheres.com. 5 Chambres d'hôte beim Winzer. Nett und komfortabel. DZ/F ab 47 €, Table d'hôte vorm Kamin 19 € inkl. Getränke.

Naturnah ▶ **Camping La Bernède:** Rennes-le-Château, Tel. 04 68 69 86 49, 04 68 74 09 32, April–Mitte Okt. 30 Plätze in ruhiger, grüner Lage. Ab 16 €/2 Pers.

## Übernachten, Essen

Stolzes Anwesen ▶ **Le Château des Ducs de Joyeuses:** Allée du Château, Couiza, Tel. 04 68 74 23 50, www.chateau-des-ducs.com, März–Sept. Die herzogliche Burg aus dem 16. Jh. hat einige Zimmer mit Natursteinwänden, Gebälk und Baldachinbetten und andere, eher banale. Beim Restaurant (So immer, März–Mai, Okt.–Nov. mittags, außer Juni–Sept. auch Mo abends geschl., Menü 25 (mittags)–58 €) im Gewölbesaal überzeugen Waldpilzsuppe mit Foie gras, Lamm mit Auberginenkaviar. DZ ab 95 €.

Unverwüstlich ▶ **Hôtel Cartier:** 31, bd. Charles de Gaulle, Quillan, Tel. 04 68 20 05 14, www.hotelcartier.com. Gutbürgerliches Haus aus der Zeit um 1900. Einfache Zimmer. Gutes Restaurant Les 3 Quilles (Mitte Dez.–März sowie außer Juli–Sept. Sa mittags geschl.): Kaninchen in Knoblauch, Cassoulet, *rouzole* (Omelette mit Schweinefleisch), eine deftige Suppe (Menü 20–27 €). DZ ab 56 €.

## Essen & Trinken

Vergnügt ▶ **Relais du Pays de Sault:** 3, pl. du Calcat, Espezel (22 km südwestl. von Espéraza über D 117/D 613), Tel. 04 68 20 72 89, Di–So mittags, Sa abends geöffnet. Aus einem ehemaligen Lebensmittellädchen wurde ein Restaurant mit sehr gutem Preis-Leistungs-Verhältnis. Heitere Atmosphäre *à la vieille France.* Menü 23–32 €.

## Einkaufen

Süßes ▶ **Confiserie Lumiel:** Zone Commerciale Plage-Sud, Quillan, Tel. 04 68 74 02 92. Anis-Nougat, Pralinen, Schokoladen – mehrfach prämiert.

## Aktiv

Mountainbike ▶ **Thomas Loisirs:** Couiza, Ausschilderung zur ZA Pastabrac folgen, Tel. 04 68 74 10 97.

Kanu, Kajak ▶ **Gorges de l'Aude:** Quillan. Die 12 km des Aude-Verlaufs von den Gorges de St-Georges zu den Gorges de Pierre-Lys sind hochbeliebt bei Kanuten. Das Office de Tourisme (s. links) vermittelt Anbieter und Verleiher.

# Das Quercorb ▶ A/B 14–16

**Quillan** (s. S. 344) ist ein idealer Ausgangspunkt für einen Ausflug ins Quercorb, den wald- und wiesenreichen Westen des Departements Aude. Die Burg von **Puivert** (▶ B 16) teilt sich in einen Trakt aus dem 12. und einen aus dem 14. Jh. auf. Im älteren, stark zerstörten Teil fanden die Katharer Zuflucht. Zum jüngeren gehört ein wuchtiger, 35 m hoher Donjon mit einigen zeitgenössisch möblierten Räumlichkeiten (tgl. 10–17 Uhr, Mitte Nov.–Mitte Dez. ganz, Mitte Dez.–April Sa geschl., www.chateau-de-puivert.com, 5 €). Im Museum von Puivert, dem Musée du Quercorb, sind Alltagsszenen aus dem Landstrich detailfreudig nachgestellt: Da brodelt der Kessel über dem Feuer, hämmert der Schmied, drechselt der Schreiner. Draußen kann man zudem einen Garten mit alten Obstsorten besichtigen (16, rue Barry-du-Lion, April–Mitte Juli, Sept. So–Fr 10–12.30, 14–18, Mitte Juli/Aug. tgl. 10–19, Okt.–Anfang Nov. 14–17 Uhr, www.quercorb.com/musee, 4 €). Der **Lac de Puivert** 500 m außerhalb ist ein Badesee, an dem auch Tretboote und Kanus verliehen werden. Vom Dorf geht es auf den 677 m hohen Col de Festès, von wo man weiter zum 772 m hohen **Piccolordy** aufsteigen kann (Fernwanderweg GR 7). Dieser ist von der Ruine einer Kapelle gekrönt.

Das nächste Ziel heißt **Chalabre** (▶ B 15), ein großes, typisch südwestfranzösisches Dorf mit Markthalle am Hauptplatz, Fachwerkfassaden und altem Festungsring, über den man den Ort umrunden kann. Anschließend lädt der **Lac de Montbel** (▶ B 15) zum Baden ein, bevor es über Léran und Lagarde nach **Mirepoix** (▶ A 14) geht. Mit Mirepoix betritt man eine Bastide wie aus dem Bilderbuch – Hauptplatz mit reich verzierten Fachwerkfassaden, ausladenden Arkaden und einem umtriebigen Montagsmarkt – und zugleich eine andere Welt, die der Nachbarregion Midi-Pyrénées.

## Infos

**Office de Tourisme intercommunal du Quercorb:** Cours d'Aguesseau, 11230 Chalabre, Tel. 04 68 69 65 96, www.quercorb.com.

## Übernachten

Für Leseratten und Wanderer ▶ **La Ferme La Peyrouse:** Puivert, Tel. 04 68 20 24 19. Die Besitzerin war Buchhändlerin in Paris, bevor sie das Gehöft übernahm und ein paar einfache Chambres d'hôte sowie einen Wanderer-Gîte einrichtete. Sehr naturverbundene Adresse, mit gut bestückter Bibliothek, in absoluter Ländlichkeit. DZ/F ab 47 €, im Schlafsaal 16 €, Abendessen 18 €.

## Essen & Trinken

Landküche mit Niveau ▶ **L'Auberge du Faby:** Le Village, Rovenac (10 km östl. von Puivert), Tel. 04 68 74 35 42, www.auberge

dufaby.com, April–Okt. Di–So. Der beste Tisch des Quercorb, mit Klassikern wie dem mit Steinpilzen gefüllten Truthahn und hausgemachtem Schafsmilcheis. Menü ab 25 € (keine Kreditkarten!).

### Einkaufen

Dorfbäckerei ▶ **Boulangerie Corlet:** 24, cours Colbert, Chalabre, Mi nachmittags, im Winter ganztägig, So nachmittags geschl. Bekannt für den *tougnol,* das Anisbrot des Quercorb.

### Aktiv

Wandern, Mountainbiking ▶ **PAS:** Le Village, Belcaire (ca. 20 km südwestl. von Puivert), Tel. 04 68 20 77 38, www.randonnee-cathare.com. Begleitete Touren, Radverleih.

Naturerkundungen ▶ **Le Chant-des-Bois:** La Ferme La Peyrouse, Puivert, s. Übernachten, S. 347, Tel. 04 68 20 24 19. Begleitete Naturerkundungen, je nach Thema mit Anekdoten zum Bär, Besichtigung einer Weidenflechtwerkstatt, Beobachtung von Insekten etc. Auf Reservierung.

### Termine

**Journée d'autrefois:** Puivert, Mitte Juli (um den 14.). Bauern- und Handwerkerfest, mit Demonstration alter Techniken, Musik, Essen.

## Vom Aude-Tal bis zum Capcir

### St-Pierre-Lys ▶ C 16

Zurück ins obere Aude-Tal, das sich südlich von Quillan dramatisch verengt: Allmählich verdrängen Nadelbäume Eichen und Platanen – die Hochtäler der Pyrenäen rücken näher. Auf Höhe des schmucken Dorfes **St-Martin-Lys,** dessen Pfarrer vor über 200 Jahren den Bau der Straße durch das Felstal nach Quillan vorantrieb, rücken graue Felsklippen bedrohlich nah an die Fahrbahn. Dank der aus dem Fels geschlagenen Straße am rechten Aude-Ufer ließen sich die Pyrenäenhochtäler des Capcir und der Cerdagne mit den Corbières verbinden. Als Reisender erfreut man sich an der majestätischen Pracht der Felssteilwände des **Défilé de Pierre-Lys,** an dessen Ende der Trou du Curé, ein Felsbogen, die Fahrbahn überspannt. Oberhalb von St-Martin-Lys scheinen die Wälder endlos. Mehr als 60 % der Region besteht aus Waldflächen, von denen die Staatsdomäne von Fanges eine der ausgedehntesten ist. Tannen und Buchen bedecken allein hier 1184 ha, in die sich außer Forstarbeitern und Bienenzüchtern kaum ein Mensch verirrt.

### Von Axat bis zu den Grottes de l'Aguzou ▶ C 17

**Axat** erhebt sich auf einem leicht erhöhten Kamm im nun erneut verbreiterten Tal, das sich als 2 km lange und 800 m breite halbkreisförmige Ebene um die Kleinstadt legt. Im Ort überspannt eine Bogenbrücke die Aude, die zur Burgruine und einigen überbauten Gassen führt. Die **Gorges de St-Georges** südlich von Axat markieren den engsten Abschnitt an der Oberen Aude. Die Gorges de St-Georges sind nicht die letzte spektakuläre Bresche, durch die sich die sacht ansteigende Straße zwängen muss, denn schon wenig später erzwingen der dichte Baumbewuchs und die **Gorges de l'Aude** erneut einen kurvenreichen Straßenverlauf. Wildwasserkanus gehören zum gewohnten Anblick längs des teilweise nur 20 bis 25 m breiten und dabei bis zu 350 m hohen Canyons. Das Blau des Himmels fällt nur durch einen schmalen Spalt hoch über den Köpfen ins Tal.

Von der Talstraße führt ein Weg zu den **Grottes de l'Aguzou,** in der 600 m unter Tage ausgedehnte Höhlensafaris veranstaltet werden. Es geht in kleiner Gruppe durch die bizarre Welt der Tropfsteinhöhlen, die so poetische Namen wie ›1000 und eine Nacht‹ tragen (anmelden unter Tel. 04 68 20 45 38, www.grotte-aguzou.com; halbe und ganze Tage inkl. Verpflegung, 50 €, max. 12 Pers.).

### Abstecher ins Québec ▶ C 17/18

Die Tage der Bade- bzw. Kurörtchen Usson-les-Bains, Escouloubre-les-Bains und Carcanières-les-Bains sind gezählt. Überall gurgelt

Wasser von den Hängen zur Aude hinab – nur aus den Hähnen der Zimmer in den Belle-Epoque-Hotelkästen, die verlassen zwischen bescheidenen Dorfkaten liegen, gurgelt es nicht mehr. Die von majestätischen Buchenwäldern gerahmten, morbid-charmanten Bäderstädtchen gelten als ausgewiesenes Anglerparadies. Angler stehen auch prompt mit nabelhoher Gummihose und Rute im Wasser. Ansonsten begegnet man, zumal in der Nebensaison, keiner Menschenseele. Nur Ziegen kreuzen unverhofft die Fahrbahn: Vergangen die Zeiten, da zivilisationsmüde Städter zum Kuren in die tiefen Wälder des Oberen Aude-Tals reisten, Landflucht hat ihr Übriges zur Entvölkerung des Tals beigetragen.

Von **Carcanières-les-Bains** schraubt sich ein abenteuerlich verknotetes Sträßchen (D 25/D 316) aus dem Aude-Tal hoch in den alten Ort Carcanières und weiter nach **Quérigut** in ein parallel zur Aude verlaufendes Bachtal. Die Gegend um Quérigut wird **Québec** genannt, wegen der an Kanada erinnernden Gebirgswelt und Wälder. Wander- und Forstwege laden dazu, das immense Waldgebiet des **Forêt des Hares** zur erkunden. Vom Dorf, das sich zu Füßen der Ruine des Château du Donézan malerisch ausmacht, purzelt die D 16 am Rand des tiefen Forêt des Hares wieder zurück ins Tal, das man bei **Puyvalador** erreicht.

## Infos

**Pays d'acceuil touristique du canton d'Axat:** Le Village, 11140 Axat, Tel. 04 68 20 58 38, www.pays-axat.org.

## Übernachten

Sportlerherberge ▶ **Auberge du Rébenty:** Le Village, Axat, Tel. 04 68 20 50 78. Schlichtes Landhotel mit einfachen Zimmern, die bei Kanuten und Wanderern beliebt sind. DZ/HP 52 €/Pers. Vermietet auch Ferienwohnungen.
Bergblick ▶ **Camping La Crémade:** Rte. de Perpignan (etwas außerhalb von Axat in Richtung Puilaurens), Tel. 04 68 20 50 64, www.lacremade.com, Mitte April–Sept. Tolle Lage mit Blick auf die Berge; Bäume, Bar und Grillplatz. Ab 12 €/2 Pers. Ebenfalls Vermietung von Chalets/Mobilheimen ab 250 €/Woche.

## Aktiv

Kanu, Kajak ▶ **Sud Rafting:** Le Pont d'Aliès, Axat, Tel. 04 68 20 53 73, www.vegapassion.com. Bootsverleih, Kurse, begleitete Abfahrten. **Association Pyrène:** Camping du Pont d'Aliès, Axat, Tel. 04 68 20 52 76, www.pyrenerafting.com. Wildwasserfahrten, Hydrospeed, Canyoning.

# Das Capcir

Die Straße durch das Aude-Tal verliert sich zusehends in den steiler ansteigenden Serpentinen und im dichten Blätterdach eines sattgrünen Buchenwaldes. Er bedeckt mehr als die Hälfte des Aude-Hochtals und zählt zu den größten Waldgebieten dieser Art in Frankreich. In einer Höhe von etwa 1200 m treten die Wälder allmählich wieder von der Straße zurück und machen südlich der Ortschaft **Puyvalador** Platz für einen Stausee und Almen mit vom Wind verdrehten Krüppelkiefern. Die ersten Zweitausender tauchen am Horizont auf. Fast übergangslos vollzieht sich der Vegetationswechsel vom Aude-Tal zum **Capcir,** einem bei Skifahrern und Wanderern beliebten Pyrenäenplateau.

## Formiguères ▶ C 18

Mit dem 400-Seelen-Dorf **Formiguères,** dem Verwaltungszentrum des Capcir, taucht man endgültig in die menschenleere Hochebene und damit das Roussillon ein. Von der Burg, in der 1324 König Sanche von Mallorca starb, sind Reste im Mauerwerk des heutigen Rathauses sowie an der einschiffigen romanischen **Pfarrkirche** zu erkennen. Im 17. Jh. angebaute Seitenkapellen lassen das Gotteshaus zwischen den schiefergedeckten Holzhäusern recht monumental erscheinen. Vor allem seine Westfassade aus dem 12. Jh. sowie ein etwa gleich alter Christus in der südlichen Seitenkapelle lohnen einen Blick. 2 km weiter westlich stößt man auf knapp 2000 m Höhe mit der **Skistation** von Formiguères auf die wichtigste Erwerbsquelle des Dorfes: Auf den Pisten durch die Wälder übte sich einst Prominenz – Fürst Rainier von Monaco.

## Les Angles ► C 18

**Roc d'Aude** heißt der 2377 m hohe Hausberg von **Les Angles,** dem nächsten, wesentlich größeren Skiort. Unterhalb des Gipfels entspringt der Fluss, der dem Departement weiter nördlich den Namen gab: die Aude. Noch ist sie ein unscheinbares Gebirgsrinnsal, so schmal und glasklar wie so viele Bäche, die durch das bewaldete Hochplateau des Capcir gluckern – der Fernwanderweg **GR 8** führt südlich von Les Angles zum Ufer. Ein anderer Ausflug lockt zum **Parc Animalier des Angles,** einem 37 ha großen Wildreservat für die Fauna der Pyrenäen. In den Wäldern leben Damwild, Bär, Muflon, Bison, Wolf, Gemse, Steinbock. Zwei Rundwege (im Winter mit dem Schlitten!) gewährleisten eine gefahrlose Annäherung, Aussichtspunkte erlauben Ausblicke auf die Wälder und Seen des Capcir (Pla del Mir, tgl. 9–17, Mitte Juli/Aug. bis 18 Uhr, www.faune-pyreneenne.com, 10 €).

Im Capcir wird viel Katalanisch gesprochen, seit Urlauber aus Spanien das französische Nachbartal entdeckten und der 220-Seelen-Ort binnen weniger Jahre 19 000 Ferienbetten anbieten konnte. Weil man hier auf Skiern die Berge nicht nur hinab, sondern im Sommer mit überall zum Verleih angebotenen Mountainbikes auch wieder hinauf kommt und der **Lac de Matemale,** ein Stausee im Süden, zum Surfen und Baden freigegeben wurde, ist im Capcir im Sommer fast so viel los wie im Winter. Den 240 ha großen See, der bei Anglern sehr beliebt ist, umrunden Wege für Wanderer und Reiter.

### Infos

**Office de Tourisme:** Pl. de l'Eglise, 66210 Formiguères,Tel. 04 68 04 47 35, www.formigueres.net.

**Maison de Tourisme:** 2, av. de l'Aude, BP 18, 66210 Les Angles, Tel. 04 68 04 32 76, www.lesangles.com.

### Übernachten

**Zünftig ► Le Chalet Pomme de Pin:** 18, car-rer Cora de la Guilla, Formiguères, Tel. 04 68 04 45 77, www.chalet-pomme-de-pin.com. Schmuckes Bergchalet mit typischem Kiefernholzgiebel und 3 urgemütlichen Chambres d'hôte. Garten mit Außenjaccuzzi, Sauna, Hamam. DZ/F ab 85 €.

**Zum Abkühlen ► Camping du Lac:** Rte. des Cariolettes, Matemale, Tel. 04 68 30 94 49, www.camping-lac-matemale.com. Am See von Matemale, mit Bäumen. Ab 15 €/ 2 Pers., Zelt.

### Übernachten, Essen

**Bodenständig ► Le Coq d'Or:** 2, pl. du Coq d'Or, Les Angles, Tel. 04 68 04 42 17, www.hotel-lecoqdor.com. Gutbürgerliches Haus mit leicht gestrigem Charme. Ange-

**Hoch hinaus – Snowboarder im Skigebiet von Les Angles**

nehme Zimmer ohne Chichi. Nette Terrasse zum Dorfplatz. Die Skipisten beginnen 350 m weiter. Im Restaurant (So abends in der Nebensaison geschl., Menü 14–32 €) Hausmannskost, etwa Hähnchen. DZ ab 55 €.

Etwas angestaubt ▶ **Auberge La Belle Aude:** 2, rue du Père-Vieux, Matemale, Tel. 04 68 04 40 11, www.hotel-capcir.com. Stattlicher alter Bau im Dorfkern mit angenehmen Zimmern. Sauna, Hallenbad. Restaurantsaal im Louis-XIII-Stil mit Kamin (So außerhalb der Saison geschl., Menü mittags 22 €, sonst 31 €; Grillgerichte). DZ ab 50 €.

Verjüngt ▶ **Hôtel Picheyre:** 2, pl. de l'Eglise, Formiguères, Tel. 04 68 04 40 07, www.picheyre.com. Alteingesessener Familienbetrieb, der jüngst renoviert wurde. Saubere, schlichte Zimmer, rustikales Restaurant (Menü 12–25 €). DZ ab 41 €.

## Aktiv

Esel- und Skiwanderungen ▶ **Vagabond' âne:** Le Village, Rieutort (3 km westl. von Puyvalador über D 32 G), Tel. 04 68 04 41 22. Verleih von zahmen Eseln für unbegleitete Wanderungen, im Winter Skiwanderungen mit Führung.

Klettern, Wandern, Mountainbiken, Canyoning, Reiten etc. ▶ **Compagnie des Guides:** Le Village, Les Angles, Tel. 04 68 04 39 22. Diplomierte Führer bieten Kurse für alle genannten und viele andere Outdooraktivitäten mehr.

Schwimmen, Aquagymnastik, Schlittschuhlaufen ▶ **Espace Bleu Neige:** Av. de Mont-Louis, Les Angles, Tel. 04 68 04 31 60. Sportzentrum für Indooraktivitäten.

Skilanglauf ▶ 100 km ausgewiesene Pisten bei **Matemale.**

# Küste und Ebene des Roussillon

**Die etwa 60 km lange Küste des Roussillon ist klar zweigeteilt. Auf die Côte Sablonneuse mit ihren breiten, langen Sandstränden und dem flachen Hinterland folgt im Süden die von den Pyrenäenausläufern gerahmte Felsküste, la Côte Vermeille. Bekanntestes Produkt sind natursüße Muskatweine. Im oberen Bereich rangieren prestigereiche Weingüter wie der Mas Amiel im Maury-Tal. Nicht ganz so exquisite Tropfen kommen aus Rivesaltes, der ›Hauptstadt‹ des Vin doux naturel.**

## Roussillon-Ebene und der Fenouillèdes

### Von Rivesaltes ins Herz des Fenouillèdes ▶ F/G 17

Ganz Frankreich denkt bei dem Winzerstädtchen **Rivesaltes** an die gleichnamigen roten und weißen AOC-Aperitifweine. Viel mehr als seine Kellereien hat der Ort, der als Hauptstadt des Vin doux naturel gilt, nicht zu bieten. Umso schöner ist die Fahrt entlang Agly und Maury nach Westen. Lebhaft ist der Winzerort **Estagel,** dessen Pfarrkirche ein Rokokoturm krönt. Vor allem um das Winzerdorf **Maury** nimmt sich das breite Tal mit Obstbäumen und Weinbergen ausgesprochen bukolisch aus. Das nette Dorf gilt als Tor zum **Fenouillèdes,** einem relativ unbekannten Landstrich zwischen Corbières und Roussillon. Bekanntestes Produkt der Region sind natursüße Muskatweine. Im oberen Bereich rangieren prestigeträchtige Weingüter wie der Mas Amiel im Maury-Tal.

**St-Paul-de-Fenouillet,** die kleine Hauptstadt des Fenouillèdes, war vom 13. bis ins 17. Jh. zugleich Grenzstadt zu den Corbières. Passend zum hier ebenfalls gekelterten Süßwein locken im Dorf die Bicottins de St-Paul: Die Mandelplätzchen passen ideal zum Vin doux naturel aus lokaler Produktion. Von der Terrasse des bescheidenen volkskundlichen Museums, das im ehemaligen, barocken Kapitelsaal einer ansonsten verschwundenen Benediktinerabtei untergebracht ist, hat man einen herrlichen Blick über das malerische Umland (Juli/Aug. Mo–Sa 10–12, 15–19, Sept.–Juni Di–Sa 10–12, 14–18 Uhr, 2 €).

### Südlicher Fenouillèdes ▶ E/F 17

Kurz vor **Ansignan** taucht an der Straße ein 150 m langer, doppelstöckiger **Aquädukt** auf. Mit dem Wasser, das über das antike Bauwerk fließt, werden die Gärten am Abhang versorgt. Wohin die Römer vor 2000 Jahren das Wasser leiteten, bleibt hingegen ein Rätsel. Ebenso rätselhaft bleibt, warum neben der Wasserrinne ein Tunnel zwischen den beiden Brückenbogen verläuft. Als eine Erklärung gilt die These, dass der Bau von Thermen geplant war. Von der kniffligen wissenschaftlichen Frage unbeeindruckt, geht in Ansignan, dessen Häuser sich kokett über dem Agly staffeln, das Leben einen beschaulichen Gang.

Über das verloren wirkende, von Mauern eingeschnürte Burgdorf **Montalba-le-Château** und endlose Kehren (D 9 B) erreicht man den 280 m hohen **Col de Sybille:** Der Blick auf den südwestlich gelegenen Canigou ist vom Pass grandios! – **Bélesta** ist Archäologen seit 1983 ein Begriff: In Höhlen nahe des Dorfes wurden die Spuren einer 6000

Jahre alten, neusteinzeitlichen Hirten- und Bauernkultur entdeckt. Im Archäologischen Museum auf der Burg sind die Funde samt szenischer Darstellung zu sehen (Mitte Juni–Mitte Sept. tgl. 14–19, sonst So, Mo, Mi–Fr 14–17.30 Uhr, 4,50 €). Ein kurzer Abstecher endet bei der auf 507 m hoch gelegenen **Ermitage von Forca Réal.** Von der Anhöhe überfliegt das Auge die Roussillon-Ebene, den Canigou und die Küste.

### Infos

**Office de Tourisme:** Le Chapitre, 66220 St-Paul-de-Fenouillet, 26, bd. de l'Agly, Tel. 04 68 59 07 57, www.st-paul66.com.

### Übernachten

Mit Dorfanschluss ▶ **Camping de l'Agly:** Av. du 16-Août-1944, St-Paul-de-Fenouillet, Tel. 04 68 59 09 09, www.camping-agly.com. Netter kleiner Platz im Dorf. 15 €/2 Pers. Auch Mobile Homes, 160–420 €/Woche.

### Übernachten, Essen

Weinselig ▶ **Auberge du Cellier:** 1, rue Ste-Eugénie, Montner (4 km südl. von Estagel über die D 38), Tel. 04 68 29 09 78, www.aubergeducellier.com. Stattliches Dorfhaus neben dem Genossenschaftskeller. Korrekte Zimmer und ein sehr gutes Restaurant (Jan.–April Mo, sonst Di, Mi geschl.) in einem ehemaligen Weinkeller. Innovative katalanische Küche, beispielsweise Kabeljau auf katalanisch (Menü mittags unter der Woche 19 €, sonst 37–69 €). DZ 62 €.

### Essen & Trinken

Frischer Wind ▶ **Le Grand Rocher:** Rue Eloi-Tresserres, Caramany (5 km nördl. von Bélesta über die D 11/D 21)Tel. 04 68 84 51 58, in der Nebensaison außer Fr, Sa nur abends, sonst So abends, Mo geschl. Innovative Küche des Autodidakten Pierre Alinc: so *rillettes* (Brotaufstrich) vom Wildkaninchen mit Zwiebelkonfitüre. Menü 26–32 €.

### Einkaufen

Mandelplätzchen ▶ **Biscuiterie Brosseau:** 7, chemin de Lesquerde, St-Paul-de-Fenouillet, Tel. 04 68 59 01 62. Die Biscuiterie stellt seit über einem Jahrhundert **Biscottins** (krosse Mandelbiscuits) her, die gut zum Vin doux naturel der Region passen. Weitere Spezialitäten tragen klingende Namen wie Rousquilles, Gimbelettes oder Tourtinettes.

Nektarsüß ▶ **Le Mas-Amiel:** 6 km nordöstl. von Maury, Tel. 04 68 29 01 02, www.masamiel.fr. Die Domaine gehörte vor 200 Jahren dem Bischof von Perpignan – der sie am Spieltisch an Raymond Etienne Amiel verlor. Seit Ende der 1990er-Jahre hat Neubesitzer Olivier Decelle aus der Besitzung ein Paradegut für süße Maury-Weine gemacht. Auf 160 ha Grenache-noir-Reben werden ganze 23 hl pro Hektar gekeltert – allerhöchste Qualität mit internationalem Erfolg.

## La Côte Sablonneuse

**▶ H 17/18**

**Karte:** S. 354

Die Zahl der im Jahresmittel zu erwartenden Sonnenstunden schlägt an der Côte Sablonneuse (Sandküste) alle Rekorde. Gemildert wird die Hitze vom Tramontane-Wind, weshalb die Surfer hier besonders gern ihr Segel setzen. Trotz Betonzeilen und Rummel zur Hochsaison bleibt die Atmosphäre *bon enfant,* gutmütig und familiär.

### Torreilles-Plage und Ste-Marie-Plage

Die schnurgerade Straße von **Le Barcarès** 1 nach Canet (D 81) quert parallel zur Küstenlinie eine Gras- und Schilfebene. In den Feuchtwiesen grasen Pferde. Ein Hauch von Camargue liegt über der Weite – Ranches bieten Ausritte in die Sümpfe an. Zwei Stichstraßen führen ans Meer, die erste nach **Torreilles-Plage** 2**,** die zweite nach **Ste-Marie-Plage** 3**.** Beide Strandableger haben neben Campingplätzen, Parks für Mobilheime und Ferienbungalows nicht viel zu bieten – sieht man vom großartigen Sandstrand und der blauen Flagge für die gute Wasserqualität einmal ab. In Torreilles-Plage locken zudem ein paar hippe bis schicke Strandrestaurants

# Côte Sablonneuse und Côte Vermeille

– *die paillottes* – , in Ste-Marie-Plage die jährlich am 15. August abgehaltene Zigeunerprozession. Interessanter sind die beiden alten Dörfer **Torreilles** 4 und **Ste-Marie** 5 4 bis 5 km landeinwärts. In Ste-Marie lohnt die Dorfkirche mit ihrem polygonalen, romanischen Chor einen Besuch. Torreilles besticht ob seiner verschlafenen, typisch katalanischen Atmosphäre. Das 2700-Seelen-Dorf am Ufer des Agly ist übrigens bekannt für katalanische Kacheln.

## Canet-Plage

**Canet-Plage** 6 hat sich früh zum Badevorort von Perpignan entwickelt. Die Straßenbahn rumpelt nicht mehr wie zu Beginn des 20. Jh. in die 12 km entfernte Hauptstadt des Roussillon. Dafür reist *tout Perpignan* mit dem Auto an – der Stau am Wochenende ist somit vorprogrammiert. Im Vergleich zu den Retortenorten, die in den 1960er- bis 1970er-Jahren an der Küste hochgezogen wurden, wirkt Canet-Plage zahm. Es gibt keine Hochhäuser, keine monströsen Appartementtürme. Abgesehen vom sehr schönen Sandstrand lockt seit ein paar Jahren ein Centre de Thalassothérapie mit Wellnessangeboten. Im Aquarium am Hafen tummelt sich mit Piranha und Doktorfisch die Fauna der sieben Weltmeere (Bd. de la Jetée, Juli/Aug. 10–20 Uhr, sonst 10–12, 14–18 Uhr, 6,50 €). Beim Blick ins Hinterland stößt man auf das alte Dorf **Canet-en-Roussillon** 7**,** dessen Burg in rotem Ziegelstein leuchtet – so wie es sich im Roussillon gehört. Südlich des Dorfes liegt der **Etang de Canet.** Fischerhütten verbergen sich im dichten Schilf des Sees. Wanderwege führen ans Ufer, von dem aus man Wasservögel bei Balz und Brut beobachten kann.

## St-Cyprien

Auch **St-Cyprien-Plage** 8 ist der Strandableger eines alten Ortes im Hinterland – die Rede ist von St-Cyprien. Wahrzeichen von St-Cyprien-Plage ist eine Plastik von Aristide Maillol am Boulevard Maillol. Maillols üppige Schöne dreht dem Meer den Rücken zu und schaut auf Appartementhauszeilen, Cafés, Boutiquen, Restaurants. Der Jachthafen ist mit 2200 Liegeplätzen der zweitgrößte an der französischen Mittelmeerküste. Das Sportangebot ist inklusive Golfplatz und Reitstall enorm, der Strand mit 6 km Länge ebenso. An der **Plage Sud** (oder Plage des Capellans) scheinen die Pyrenäen über der Uferzeile zum Greifen nah. St-Cyprien-Plage trägt zudem das Label Kid Station, ist also ein Badeort, der bei Familien mit speziellen Strandaktivitäten für Kinder punktet.

Für etwas Kultur sorgen die **Collections de Saint-Cyprien** in der Rue Zola. Gezeigt werden Werke aus dem Besitz von François Desnoyer, darunter von Picasso, Dufy, Mirò, Chagall sowie eine Ausstellung über Leben und Werk von Desnoyer selbst (Juli/Aug. tgl. 10–12, 15–19, im Winter Mi–So 10–12, 14–18 Uhr, www.collectionsdesaintcyprien.com, 6 €).

Ein Letztes: Der **Uferboulevard** ist autofrei und lädt zum Flanieren vorbei an Häuschen und Strand ein.

## Infos

**Office de Tourisme:** Espace Méditerranée, 66140 Canet-Plage, Tel. 04 68 86 72 00.
**Office de Tourisme:** Quai Arthur Rimbaud, 66751 St-Cyprien-Plage, Tel. 04 68 21 01 33, www.tourisme-saint-cyprien.com.

## Übernachten

Zauberhaft ▶ **La Vieille Demeure:** 4, rue de Llobet, Torreilles, Tel. 04 68 28 45 71, www.lavieille-demeure.com. 3 Chambres d'hôte in den Farbtönen Mandarine, Zitrone und Pampelmuse in einem feudalen Anwesen aus dem 17. Jh. *Cosy* dank Natursteinwänden, Antiquitäten, Balken, rotem Ziegel. Terrasse, Patio mit Orangenbäumen, Garten. DZ/F ab 86 €, im Sommer nur ab 2 Übernachtungen.
Luxus und Wellness ▶ **Les Flamants Roses:** 1, voie des Flamants Roses, Canet-Plage, Tel. 04 68 51 60 60, www.hotel-flamants-roses.com. Modernes und luxuriöses Strandhotel mit Zugang zum Thalassotherapie-Komplex. Großzügige Zimmer mit Seeblick. DZ ab 140 €.
Propper ▶ **Hôtel St-Georges:** 45, promenade Côte Vermeille, Canet-Plage, Tel. 04 68

80 33 77, www.hotel-stgeorges.com. Familiäres Hotel direkt an der Strandpromenade. Klare Zimmer, die zum Meer mit Klimaanlage, die zum Hof mit Balkon. Pool. DZ/F ab 56 €.

Mit Balkon ▶ **Hôtel du Port:** 21, bd. de la Jetée, Canet-Plage, Tel. 04 68 80 62 44, www.hotel-du-port.net. Neubau in ruhiger Lage zwischen Hafen und Strand, alle Zimmer mit Balkon. DZ ab 52 €.

Viel Programm ▶ **Camping Ma Prairie:** Rte. de St-Nazaire, Canet-en-Roussillon, Tel. 04 68 73 26 17, www.maprairie.com. Still, familiäre Atmosphäre, viel Schatten für die 250 Pätze. Pool, Boule, Tennis, Klettermauer, Volleyball, Tauchgänge etc. 3 km vom Meer entfernt. Ab 17 €/2 Pers., Auto.

Chic ▶ **L'Ile de la Lagune**: Bd. de l'Amandin, Les Capellans, St-Cyprien-Plage, Tel. 04 68 21 01 02, www.hotel-ile-lagune.com. Elegantes, ruhiges Hotel in maurisch-spanischem Stil auf einer Halbinsel. Geräumige Zimmer mit Balkon. Park, Pool, Bootsservice zum Ort. DZ ab 132 €.

Überschaubar ▶ **Camping Le Roussillon:** Chemin de la Mer, St-Cyprien-Plage, Tel. 02 51 33 05 05, www.camping-le-roussillon.com, April–Sept. Angenehmer, familiärer, recht ruhiger Platz mit altem Baumbestand und Pool. Ab 32 €/2 Pers.

Mit Nightlife ▶ **Camping Cala Gogo:** La Vigie, Pl. de la Lagune, Tel. 04 68 21 07 12, www.campmed.com, Mitte Mai–Sept. Sehr gut ausgestattete, gepflegte Großanlage (14 ha) mit Baumbestand, Wi-fi, 2 Pools mit Aqualand, Disco, Supermarkt. Ab 33 €/2 Pers.

## Übernachten, Essen

Für Golfer ▶ **Le Mas d'Huston:** Golf de St-Cyprien, St-Cyprien-Plage, Tel. 04 68 37 63 63, www.saintcyprien-golfresort.com. Die Hotelanlage inmitten eines Golfplatzes ist von der Maison Quinta (Perpignan) im peppigen Farben mit obligatorischen Blockstreifen neu gestaltet worden. Coole Zimmer mit Terrasse oder Balkon. Pool, Tennisplätze, Park. 2 Restaurants: Le Mas, elegant und nur abends geöffnet (Menü 38–48 €), L'Eagle, eine Brasserie, die nur mittags öffnet (Menü 20–35 €). DZ ab 125 €.

Abseits vom Rummel ▶ **Le Mas de la Plage et des Pins:** 34, av. du Roussillon, Canet-Plage, Tel. 04 68 80 32 63, www.lemasdelaplageetdespins.com. Traditionsreiches Haus im katalanischen Stil mit weitläufigem Park. Farbenfrohe Zimmer. Restaurant Le Mas Fleuri (April–Sept. nur abends, Menü 33 €) mit Kamin und katalanischen Fayencen. DZ ab 110 €.

## Essen & Trinken

Mit Stern ▶ **L'Amandin:** im Hotel L'Ile de la Lagune, St-Cyprien-Plage (s. Übernachten, links). Einer der besten Tische der Roussillon-Küste. Chef de Cuisine Jean-Paul Hartmann serviert Foie gras in Banyuls, Ente mit Aprikosen-Chutney, Mascarpone-Röllchen mit Walderdbeeren. Menü mittags 30 €, sonst 50–105 €.

Neustart ▶ **Le Don Quichotte:** 22, av. de Catalogne, Canet-Plage, Tel. 04 68 80 35 17, www.ledonquichotte.com, Mi–Mo. Seit Gilbert Gris in der Küche des alteingesessenen Hauses steht, brummt's wieder. Seeteufelspieße mit Pflaumen und Serrano-Schinken, Terrine vom Auberginen-Tomaten-Kaviar. Formule 18 €, Menü 26–47 €.

Strandglück ▶ **Les Paillottes:** Torreilles-Plage. Mehrere *paillottes* (Strandrestaurants mit Saisonbetrieb Mai–Sept.) teilen sich den Strand. **Zaza Club** (Tel. 04 68 59 21 45) ist die trendigste, **La Casa Pardal** (Tel. 04 68 28 49 10) eher katalanisch-bodenständig, **La Baraquette** (Tel. 04 68 28 25 27) überraschend schick, oder **Le Maya** (Tel. 04 68 34 71 62) am mittleren Strand. Für alle gilt: Man isst spät und genießt die laue Nacht am Wasser. Die Preise sind mind. so hoch wie im Restaurant, man zahlt den Meerblick mit. Dafür ist die Küche durchweg gut: *zarzuela* (span. Fischpfanne), frischer, gegrillter Fisch, Menü ab 25 €.

## Aktiv

Strände ▶ **Toreilles:** 4 km langer Sandstrand unter Naturschutz. **Canet-Plage:** Sandstrand! Die nördliche Plage du Sardinal ist Campingplätzen vorbehalten, der südliche, in 7 Abschnitte mit unterschiedlichen Sport-

**Marmorne Kapitelle im Kreuzgang des Klosters Ste-Eulalie in Elne**

und Unterhaltungsangeboten unterteilte, familienfreundliche Abschnitt dehnt sich scheinbar endlos nach Süden aus. **St-Cyprien-Plage:** breiter Sandstrand mit durchgehender Bebauung nördl. des Hafens. Stiller ist der Strand von Les Capellans.

Segeln, Surfen ► **Club nautique Canet-Perpignan:** Quai Barcelone, le Port, Canet-Plage, Tel. 04 68 73 33 95. Materialverleih, Kurse für jedes Niveau.

Wasserspaß ► **Aqualand:** Le Mas des Capellans, Rte. d'Argeles (D 81), südl. der Plage Les Capellans, St-Cyprien-Plage, im Sommerhalbjahr tgl. geöffnete Großfreizeitanlage mit Wellenbad, Riesenrutschen, Wasserfällen – toll für Kinder.

Golfen ► **Golf de St-Cyprien:** Le Mas d'Huston, St-Cyprien-Plage, Tel. 04 68 37 63 63. Anspruchsvoller 18-Loch-Platz und kommoder 9-Loch-Platz.

Ultraleichtflüge ► **Base ULM:** Torreilles-Plage, D 11 Richtung Ste-Marie, Tel. 04 68 28 13 73, www.ulm66.fr. Flüge zum Pic du Canigou (2 Std.) oder über die Côte Vermeille (1 Std.).

## Verkehr

**Bus:** von Canet-Plage Verbindungen nach Perpignan und St-Cyprien-Plage. Von St-Cyprien-Plage tgl. Verbindungen nach Perpignan und zu den Küstenorten des Roussillon.

# Elne ► H 18

**Karte:** S. 354

Die 6000-Einwohner-Stadt **Elne** 9 liegt abseits des Strandtrubels. Still war es in Elne freilich schon lange vor Erfindung des Badeurlaubs.

1602 wurde nach über 1000 Jahren der Bischofssitz von hier nach Perpignan verlegt. Elne blieb die romanische **Cathédrale Ste-Eulalie** nebst angrenzendem Kloster. Die 1062 geweihte dreischiffige Kathedrale besitzt ein schönes Westwerk im lombardischen Stil. Der **Kreuzgang des Klosters** stammt aus dem 12. bis 14. Jh. Die reich gearbeiteten Kapitelle aus weißem Marmor, der im nahen Céret gebrochen wurde, sind ungewöhnlich gut erhalten und wurden nie restauriert. Insbesondere die südliche Galerie ist ein Meisterwerk der Roussillon-Romanik, mit einer Darstellung der Erschaffung von Adam und Eva. Bei den übrigen Galerien kündigt sich bereits die Gotik an. Der Kreuzgang steht in direkter Nachfolge zu St-Michel-de-Cuxa (s. S. 385). Im ehemaligen Kapitelsaal ist ein kleines **Museum mit Grabungsfunden** aus der römischen und spanischen Epoche der Stadt eingerichtet (Öffnungszeiten wie Kreuzgang, Mai–Sept. tgl. 10–19, April, Mai tgl. 9.30–18, Okt.–März Di–So 10–12.30, 14–17.30 Uhr, 4,50 €).

### Infos

**Office de Tourisme:** Espace San Jordi, 66200 Elne, Tel. 04 68 22 05 07, www.ot-elne.fr.

### Übernachten

**Geschichtsträchtig ▶ Laurence Jonquères d'Oriola:** 9, rue des Cavaliers, Corneilla-de-Vercol (4 km nördl. von Elne), Tel. 04 68 22 12 67, mobil 06 13 37 49 74, www.bed-and-breakfastcorneilla.com. 4 großzügige Gästezimmer in 300 Jahre altem Anwesen. Antiquitäten, Reitsportdevotionalien – ein Familienmitglied war Olympiasieger. Garten mit Palmen. DZ/F ab 65 €.

### Übernachten, Essen

**Praktisch ▶ Chambres d'hôte Can Oliba:** 24, rue de la Paix, Tel. 04 68 22 11 09, www.can-oliba.com. Stattlicher Bau unweit der Kathedrale mit 6 Gästezimmern. Garten, Pool. Table d'hôte (abends, 22 €, Paella, gegrillter Fisch). DZ/F ab 65 €.

### Einkaufen

**Markt ▶ Place de la République:** Mo, Mi, Fr.

### Termine

**Festival de Musique en Catalogne romane:** an den ersten 3 Sept.-Wochenenden, Tel. 04 68 22 70 90, www.musiquecatalogneromane.fr. Klassische Konzerte in der Kathedrale und anderen romanischen Kirchen des Roussillon, darunter Monastir, Le Boulou, Céret. Die Besetzung ist hochkarätig und international.

## Argelès und Le Racou-Plage ▶ H 19

**Karte:** S. 354

### Argelès und Argelès-Plage

Im alten Ort **Argelès** 10 zeigt die **Casa de les Alberes** nordkatalanische Volkskunde und Handwerkskunst, wie etwa Werkzeuge zur Herstellung von Espadrilles. Im Winter (Okt.–Mai) werden Katalanischkurse angeboten (4, pl. des Castellans, Tel. 04 68 81 42 74, Juni–Sept Mo–Fr 10–18, Sa, So 13–14 Uhr geschl., sonst Mi–Mo 10–12, 14–17 Uhr, 4 €). Vom schmucken Kern um die gotische **Pfarrkirche Notre-Dame-del-Prats** führt eine Allee nach **Argelès-Plage** 11. Die Ausläufer der Pyrenäen, Weinberge und 12 ha Pinienwald bestimmen das charmante Umfeld des Strandablegers. An der **Plage des Pins** verheißen Pinien Schatten hinter dem breiten, graugelben Sandband. Schön auch, dass die Uferpromenade erneut nur Fußgängern vorbehalten ist und ein Fahrradweg von Argelès zum Strand verläuft. Entdeckt wurde Argelès-Plage bereits im 19. Jh. Bei der Bebauung hat man das rechte Maß nicht verloren. Ein Weiteres für die Attraktivität des Ortes tut das **Thalassotherapie-Zentrum,** mit dem Argelès sich dem Trend zu Wellness und Entspannung öffnet.

### Le Racou-Plage 12

**Le Racou-Plage** ist ein winziger Badeort am äußersten Südzipfel des breiten, 7 km langen Strandes von Argelès. Surfer schätzen den hier besonders günstigen stehenden Bergwind Tramontane: Die Pyrenäen bauen sich direkt hinter dem Ort auf. Der Strand wird nicht von Appartementhäusern, sondern von Ferienvillen und Gärten gesäumt. Man darf sich nicht wundern, wenn ab und zu ein Adler oder Falke hoch über den Köpfen segelt. Die Raubvögel stammen vom neogotischen **Château de Valmy** südlich von Argelès, in dessen Nebenbauten im Sommer Falknerkünste vorgeführt werden und dessen Hauptbau sehr aufwendig restauriert wurde (www.lesaiglesdevalmy.com, Sa–Mo 14–18.30, Juli/

Aug. tgl., Flugvorführungen, teils mit Hirtenhundschau, 8,50 €).

## Infos

**Office de Tourisme:** Pl. de l'Europe, 66700 Argelès, Tel. 04 68 81 15 85, www.argeles-sur-mer.com.

## Übernachten

**... in Argelès (Stadt):**

Designschloss ▶ **Château de Valmy:** Chemin de Valmy, Tel. 04 68 95 95 25, www.chateau-valmy.com, April–Okt. Von einem Dänen im Jahr 1900 entworfenes Belle-Epoque-Schloss inmitten von Weinbergen. 5 luxuriöse Chambres d'hôte mit Blick zum Meer und auf Reben. DZ ab 170 €.

Modern ▶ **Le Cottage:** 21, rue Arthur Rimbaud, Tel. 04 68 81 07 33, www.hotellecottage.com. Lichte, edel möblierte Zimmer mit Loggien zum Garten, angenehme Atmosphäre. Pool, Minigolf, Spa. DZ ab 85 €.

Ab vom Schuss ▶ **Le Mas Senyarich**: 2,5 km außerhalb (vom Zentrum Richtung Sorède halten, dann unter der Bahnunterführung hindurch und den Schildern Chambres d'hôte folgen), Tel. 04 68 95 93 63, www.mas-senyarich.fr. Bukolische Lage: Reben, Zypressen, Maulbeerbäume leiten zur alten Villa mit 5 charmanten Chambres d'hôte und einer Ferienwohnung. Garten, Pool. DZ/F ab 70 €, Wohnung/4 Pers. ab 770 €/Woche.

**... in Argelès-Plage:**

Strandglück ▶ **Hôtel de la Plage des Pins:** Allée des Pins, Tel. 04 68 81 09 05, www.plage-des-pins.com. Sehr schöne Strandlage, mit exotischem Garten. Die Zimmer zur See sind in Größe und Ausstattung die besten. DZ ab 90 €.

Camping ▶ Frankreichs ›Campinghauptstadt‹ bietet auf rund 60 meernahen Plätzen 50 000 Urlaubern Platz! **Camping Le Soleil:** Rte. du Littoral, Plage Nord, Tel. 04 68 81 14 48, www.campmed.com, Mitte Mai–Sept. Beliebte Komfortanlage mit naturbelassenen Parzellen an der Küste. 32–45 €/2 Pers. **Camping Les Galets:** Rte. de Taxo d'Avall, Plage Nord, Tel. 04 68 81 08, www.campmed.com, Ende März–Mitte Okt. Schönes Wiesengelände mit guter Ausstattung sowie diversen Freitzeitangeboten. 17–35 €/2 Pers.

## Übernachten, Essen

Sixties reloaded ▶ **Grand-Hôtel du Golfe:** Rte. de Collioure, La Corniche, Argelès-Plage, Tel. 04 68 81 14 73, www.hoteldugolfe-argeles.com. In ein Designhotel umgewandelter Betonkasten in dramatischer Lage an der Küstenstraße. Pfiffiges Design, netter Patron, trendiges Restaurant. Mit Spa und Garten. DZ je nach Saison 75–118 €.

Nostalgiefaktor ▶ **L'Oasis:** Av. Torre d'en Sorre, Le Racou-Plage, Tel. 04 68 81 13 37, April–Sept. Einfaches Strandhotel im Stil der »Ferien des M. Hulot«. Schlichte Zimmer (nach einem mit *vue sur mer* fragen!), familiäre Atmosphäre, nettes Restaurant unter Arkaden (Menü 18–26 €). DZ ab 44 €.

## Essen & Trinken

Stilvoll katalanisch ▶ **Auberge du Roua:** Chemin du Roua (1,5 km westl. von Argelès-Stadt in Richtung Sorède), Tel. 04 68 95 85 85, www.aubergeduroua.com, außer So nur abends geöffnet. Der katalanische Gutshof ist nicht ganz einfach zu finden, jedoch jede Suche wert: Anchovis auf Paprikakompott, Schweinegeschnetzeltes mit Pfirsichen – und die besten Weine des Roussillon. Formule 20 €, Menü 43–75 €. Auch puristisch-elegante Zimmer, DZ ab 75 €.

Zeitgemäße Regionalküche ▶ **L'Amadeus:** Av. des Platanes, Argelès-Plage, Tel. 04 68 81 12 38, www.lamadeus.com, Juli/Aug. Mo, Di mittags, Mitte Juni–Mitte Sept. Mi mittags geschl. Exzellente Roussillon-Küche. Moderner Saal mit Kamin, Teakholzterrasse und intimem Patio. Formule 16 €, Menü 31–47 €.

## Aktiv

**... in Argelès-Plage:**

Radfahren ▶ **Vélocation:** 187, av. du Tech, Tel. 04 68 81 61 61, www.velocation.fr. Radverleih.

Bootstouren ▶ **Roussillon Croisières:** Le Port, Tel. 04 68 81 63 84, www.roussillon-croisieres.com. Mini-Kreuzfahrten nach Port-

Bou oder in den spanischen Hafen Puerto de la Selva und andere Costa-Brava-Orte.

Kajak ▶ **Kayak de Mer Central Windsurf:** Tel. 06 81 29 58 14, www.centralwindsurf.com. Verleih und begleitete Touren längs der Küste.

Tauchen ▶ **Antarès Sub:** Quai Marco-Polo, Tel. 04 68 81 46 30, www.antares-sub.com. Tauchgänge für Anfänger und Fortgeschrittene.

Wandern ▶ 2 ausgeschilderte Wanderwege (2,5 oder 5,5 Std.) durch den 300 ha großen Forêt de Massane (2,5 km südl.). Mittlere Höhen (600–1150 m). Entweder ab Château de Valmy oder ab dem Weiler Lavall. Karte und Beschreibung beim Office de Tourisme.

Reiten ▶ **Le Ranch des Albères:** Rte. de Sorède, Tel. 04 68 95 42 10. Pony-Reiten und Pferde-Wandertouren in die Albères-Hügel. **Le Kentucky Ranch:** Rte. du Tamariguer, Tel. 04 68 81 32 68, 06 11 83 52 79, www.cheval-argeles.com. Pferdewanderungen für einen Tag oder mehrere Tage. Spazierritt mit dem Pony. Abendliche Wanderungen im Juli und Aug.

Strände ▶ Von Nord nach Süd teilen sich die **Plage Nord, Plage des Pins** (Schattenplätze) und die **Plage Sud** (Juni–Sept. bewacht) den etwa 7 km langen feinsandigen Strand. Südlich des Hafens folgen die **Felsbuchten** von **Le Racou.**

### Verkehr

**Zug:** Bahnhof in Argèles-Stadt, Av. de la Gare. Tgl. Verbindungen nach Collioure und Perpignan, Tel. 36 35, www.voyages-sncf.com.

**Bus:** Gare Routière, Tel. 04 68 35 29 02. Tgl. Verbindungen nach Céret und Perpignan. In der Hochsaison verbinden Pendelbusse die Orte der Roussillon-Küste.

## La Côte Vermeille ▶ H/J 19

**Karte:** S. 354

Dramatisch rücken die Pyrenäen ans Ufer. Der Tramontane putzt den knallblauen Himmel blank. Noch blauer ist das Meer. Am Ufer leuchten die Felsen rostrot. Daher der Name dieses Küstenabschnitts: La Côte Vermeille bedeutet die ›karminrote Küste‹. Oberhalb der zwischen die Pyrenäenausläufer geklemmten Buchten verläuft die Küstenstraße N 114, die an der Côte Vermeille den viel klangvolleren Titel **Corniche de la Côte Vermeille** trägt.

### 14 Collioure

Als Matisse sich im Sommer 1905 in einem Hotel am Bahnhof von **Collioure** einquartierte, war die Begeisterung grenzenlos: »Es gibt in Frankreich keinen blaueren Himmel als den von Collioure. Ich brauche nur die Fensterläden zu öffnen, und schon habe ich

alle Farben des Mittelmeers bei mir.« Leider hängt im **Musée Peské** an der Straße nach Port-Vendres keines der in Collioure entstandenen Bilder, mit denen Matisse zu seinem Stil fand. Dafür kann man dort Werke von Yves Brayer oder Claude Viallet sehen (Maison Pams, im Sommer tgl. 10–12, 14–18 Uhr, sonst Di geschl., 2 €). Auch die am Douay-Quai gelegene **Hostellerie des Templiers** hat keinen Matisse an der Wand, sondern eher Werke zweitklassiger Künstler. Matisse aber war an der Bar Stammgast, ebenso wie Picasso und Dalí. Zu den Werken, die Matisse in Collioure schuf, gehört die »Frau mit Hut«. Als ein Kritiker das Bild in Paris zu Gesicht bekam, rief er entsetzt: »Je me sens au milieu des fauves!« – »Ich fühle mich, als sei ich unter die wilden Tiere geraten!« Es war die offizielle Taufe des Fauvismus. Was Matisse, Braque, Van Dongen, Dufy und Kollegen auf die Leinwand brachten, zeigt der **Chemin du fauvisme,** ein ausgeschilderter Weg mit Ab-bildungen der Originalgemälde und Erklärungen (Führungen über den Espace Fauvisme, Quai de l'Amirauté, Tel. 04 68 98 07 16, 6 €).

Außerhalb der Saison geht in Collioure alles seinen gewohnten Gang. Die Fischer fahren aufs Meer, die alten Männer spielen Boule. Die Werbetafeln der Anchovis-Fabriken geben gleich am Ortseingang unmissverständlich zu verstehen, dass *anchois,* die

**Traditionelles katalanisches Fischerboot am kleinen Hafen von Collioure**

in Öl oder Salzlake eingelegten, salzigen Fischchen, den Stolz der Stadt ausmachen. In den Sommernächten werden die *anchois* mit Lampen in die Netze gelockt.

Collioure bietet die Wahl zwischen mehreren hintereinander aufgereihten graugelben Sandstränden, oberhalb derer die Sehenswürdigkeiten der Stadt gerecht verteilt liegen. Zwischen der Mole, die zum kapellengekrönten **Felseninselchen St-Vincent** reicht, und der barocken Kirche **Notre-Dame-des-Anges,** deren Glockenturm früher als Leuchtturm des alten Hafens diente, liegen die Plage St-Vincent und die Plage du Nord. In der Kirche zeugen der Reliquienschatz sowie ein goldprangender Altar vom Reichtum des katalanischen Barock (9–12, 14–18 Uhr). Es folgt bis zur Mündung des Ravin du Douy die Plage Boramar, der Hausstrand des **Quartier du Mouré,** wie die sich hügelwärts ziehende Altstadt heißt.

Jenseits der Mündung baut sich das 700 Jahre alte **Château Royal** auf. Die wuchtige Anlage entstand durch die Hand verschiedener Baumeister, angefangen bei den Templern über den König von Aragon bis zu Vauban, dem Festungsarchitekten des Sonnenkönigs (Okt.–Mai 9–17, Juni, Sept. 10–18, Juli/Aug. 10–19 Uhr, 4 €). Übrigens sollen die Templer 1285 das Verfahren zur Herstellung eines natursüßen Weins entdeckt haben, dessen Anbaugebiete längs der Côte Vermeille später nach dem Hauptanbauort Banyuls benannt wurden. Der **Uferweg** umrundet die Festung in Richtung Süden zu einer ausladenden Bucht mit der Plage Port d'Avall und der Plage Boutigé. Etwas außerhalb in Richtung Argelès bieten schließlich die l'Ouille-Bucht und in Richtung Port-Vendres die Balette-Bucht kleine Kiesstrände. Abends geht es dann in eine der vielen Bars und Restaurants am Lauf des Douay, längs der Plage Boramar oder in den Gassen des Mouré-Viertels – *douce France,* ach ja.

## Infos

**Office de Tourisme:** Pl. du 18-Juin, 66190 Collioure, Tel. 04 68 82 15 47, www.collioure.com.

## Übernachten

Tolle Lage ▶ **Le Relais des Trois Mas:** Rte. de Port-Vendres, Tel. 04 68 82 05 07, www.relaisdestroismas.com. An die Klippen gebautes Luxushotel. Elegante Zimmer mit Blick aufs Meer und auf Collioure. Direkter Strandzugang. DZ ab 150 €.

Mit Patiogarten ▶ **Casa Pairal:** Impasse des Palmiers, Tel. 04 68 82 05 81, www.hotel-casa-pairal.com, Ende März–Anfang Nov. Villa am Ende einer Sackgasse – still und zentral. Zimmer im katalanischen Stil, entweder im Haupthaus oder den Dependenzen rund um den Palmengarten. Pool. DZ ab 90 €.

Sommerfrische ▶ **Le Mas des Citronniers:** 22, av. de la République, Tel. 04 68 82 04 82, www.hotel-mas-des-citronniers.com, Ende März–Mitte Okt. Stattlicher Bau der 1930er-Jahre, 300 m vom Strand. Zimmer im Nebenhaus etwas ramponiert, dafür still dank Garten. Zugang zum Pool der Casa Pairal (s. o.). DZ ab 70 €.

Über den Klippen ▶ **L'Arapède:** Rte. de Port-Vendres, Tel. 04 68 98 09 59, www.arapede.com. Küstenhotel mit komfortablen Zimmern auf den Felsen, etwas außerhalb. Pool im Hang. DZ 65–110 €.

Allein der Blick ▶ **Les Caranques:** Rte. de Port-Vendres, Tel. 04 68 82 06 68, www.lescaranques.com. Einfaches Hotel, malerisch an einer kleinen Bucht gelegen, mit unvergleichlichem Blick über Collioure. DZ 56–140 €.

Am Küstenwanderweg ▶ **Camping La Girelle:** Plage de l'Ouille, Tel. 04 68 81 25 56, www.campinglagirelle.unblog.fr., April–Sept. Steiniger Platz zum Strand, mit guter Ausstattung – von Waschmaschinen über die Bar bis zum Supermarkt. 2 Pers., Auto, Zelt ab 22 €/Nacht.

## Essen & Trinken

Neuer Schwung ▶ **Le Neptune:** Rte. de Port-Vendres, Tel. 04 68 82 02 27, außer Juli/Aug. Di geschl. Die *grande table* von Collioure, mit grandiosem Ausblick auf die Burg. Makrelen aus Port-Vendres, gegrillter Hummer und Täubchen mit Foie gras. Menü 40–82 €.

**Gruß aus Fernost ▶ Le 5e Péché:** 18, rue de la Fraternité, Tel. 04 68 98 09 76, außer in der Hauptsaison Mo, Di mittags geschl. Winziges Altstadtlokal mit japanischem Koch und *crosskitchen*-Küche. Salat von frischen Anchovis mit Buchweizennudeln! Menü mittags 24 €, sonst 34–55 €.
**Tapas ▶ La Cuisine Comptoir:** 2, rue Colbert, Tel. 04 68 81 14 40, außer Juli/Aug. Di, Mi geschl. Winziges Lokal mit großer Tapaskarte und Terrasse über die Gasse. A la carte um 22 €.
**Typisch ▶ Can Pla:** 7, rue Voltaire, Tel. 04 68 82 10 00, Jan. geschl. Katalanisch-spanische Küche zu günstigen Preisen: *parrillada* (gemischter Grillteller, auch als Fischvariante möglich), Tapas, spanischer Jabugo-Schinken. Menü ab 18–40 €.

## Einkaufen

**Anchovis ▶ Anchois Roque:** 17, rte. d'Argelès, Tel. 04 68 82 04 99, www.anchois-roque.com, Mo–Fr 8.30–11.45, 14.30–16.45 Uhr. Anchovisfilets, *crème d'Anchois*, mit Anchovis gefüllte Oliven – seit 1870.
**Wein ▶ Cellier des Dominicains:** Place Orphila, www.domicain.com. Weinproben und -verkauf von AOC Collioure und AOC Banyuls.
**Markt ▶ Place du Maréchal-Leclerc:** Mi, So.

## Aktiv

**Strände ▶ Plage Boramar:** Sandstrand vor der Altstadt, in der Saison rappelvoll. **Plage St-Vincent:** kleiner Sandstrand hinter Notre-Dame-des-Anges – Sonne bis spät nachmittags. **Plage de Port d'Avall:** große Sandsichel – toller Blick aufs Château.
**Tauchen ▶ Club International de Plongée:** 15, rue de la Tour, Tel. 04 68 82 07 16, www.cip-collioure.com.
**Wandern ▶ Wanderführer** mit 17 Touren (45 Min.–4 Std.), erhältlich im **Office de Tourisme** (s. links).
**Rad und Roller ▶ Xtrem bike:** 5, rue de la Tour d'Auvergne, Tel. 06 23 01 93 01, www.chez.com/xtrembike. Mountainbikes und Roller.

## Termine

**Procession de la Sanch:** nächtliche Karfreitagsprozession.
**Fête de la St-Vincent:** 14.–18. Aug. Ball, Seeschlacht, Corrida, Feuerwerk.

## Verkehr

**Bahn:** Bahnhof Av. A. Maillol. Züge nach Perpignan, Montpellier, Paris. Tel. 36 35, www.voyages-sncf.com.
**Bus:** Gare Routière, Tel. 04 68 35 29 02. Busse die Küste hinab nach Cerbère und Collioure.

## Port-Vendres 13

**Port-Vendres** geht auf eine römische Gründung zurück, die ›der Hafen der Venus‹ hieß. Bis ins 17. Jh. gehörte der Hafen zu Collioure. Erst Ludwig XVI. ließ Port-Vendres im 18. Jh. im großen Stil zum Kriegshafen ausbauen. Damals entstand die **Place d'Obélisque** an der nördlichen Hafenzufahrt, ein 29 m hoher Obelisk in rosafarbenem Marmor aus Villefranche-de-Conflent, der dem König gewidmet war. Der Kopf von Ludwig XVI. fiel unter der Guillotine – der Obelisk steht noch immer. Als Antikriegsdenkmal gedacht ist die **Plastik für die Opfer des Ersten Weltkrieges** gleich nebenan. Sie stammt von Aristide Maillol, entstand 1923 und zählt zu den zentralen Werken des geschätzten Künstlers, der im benachbarten Banyuls-sur-Mer geboren wurde.

Die im **Fischerei- und Handelshafen** vor Anker liegenden Überseeschiffe und Kutter zeigen, dass im 6000 Einwohner zählenden Hafenstädtchen der Fischfang nach wie vor eine bedeutende Rolle spielt. Wenn die Fischer ihren Fang anlanden, wird es in der Fischauktionshalle lebendig. Schade nur, dass sich an der lang gestreckten Uferstraße der gesamte Durchgangsverkehr quälen muss. Ruhig und beschaulich wird es dafür in der **Altstadt** am nördlichen Quai, zu deren Gassen eine Monumentaltreppe hochführt.

## Infos

**Office de Tourisme:** Quai Pierre Forgas, 66660 Port-Vendres, Tel. 04 68 82 07 54, www.port-vendres.com.

aktiv unterwegs

## Wanderung von Collioure zur Tour Madeloc

### Tour-Infos

**Start:** Collioure, Chemin de la Consolation
**Länge/Dauer:** 16 km, 6 Std.
**Wanderkarte:** IGN, blaue Serie, 1:25 000, Nr. 2549 OT Banyuls
**Wichtige Hinweise:** Mittelschwere Wanderung, mit kräftigem Aufstieg am Anfang. Einkehrmöglichkeit in der Ermitage Notre Dame de Consolation. Ausreichend Wasser, Proviant, Kopfbedeckung, Windjacke mitnehmen.

Die **Tour Madeloc,** auf Katalanisch **Tour de Madaloc,** ist ein Signalturm aus dem 13. Jh., von dessen zinnengekrönter Spitze die Soldaten der in Perpignan residierenden Könige von Mallorca mit Feuer oder Rauch auf die Bedrohung durch mögliche Feinde hingewiesen haben. Der Bau ragt von seinem Standort in 652 m Höhe deutlich sichtbar über dem Hügelland hinter der Küste empor und ist ein Wahrzeichen der Côte Vermeille. Ähnliche Türme wie die benachbarte Tour de la Massane und Tour del Far gaben das Signal weiter. Den strategisch wichtigen Höhenkamm der Vorpyrenäen, auf dem der Turm thront, nutzten spätere Generationen zu weiteren miltärischen Bauten, an denen der Weg ebenfalls vorbeiführt.

Das erste Ziel ist jedoch die friedlich im tiefen Grün gelegene **Ermitage Notre Dame de la Consolation,** eine von Mönchen einst bewohnte Einsiedelei aus dem 15. Jh. (s. Übernachten, S. 369). Im Innern der Kirche

**Die 652 m hoch gelegene Tour Madeloc, einst Wach- und Signalturm der Könige von Mallorca**

faszinieren die vielen Ex-Votos von Fischern und Seemännern, die dem Tod auf hoher See entgangen sind oder um Rettung bei Schiffbruch bitten. Aus dem Zentrum von Collioure geht es bergan in südwestlicher Richtung zum Chemin de Consolation, der unter der N 114 hindurchführt, und anschließend durch Weinterrassen zur Ermitage Notre Dame de la Consolation aufsteigt. Kurz vor Erreichen der Einsiedelei zweigt links ein steiler Weg ab. Nach gut 1 km trifft der Weg auf das Landsträßchen D 86, das als **Route** oder **Circuit des Crêtes** in halsbrecherischen Kurven Collioure und Banyuls verbindet (s. S. 369) und auf das man nach rechts abbiegt. Knapp 500 m später ist der 344 m hohe **Col de Serra** und damit der Felskamm erreicht, über den es immer Richtung Süden zur Tour Madeloc weitergeht.

Am Wegrand taucht rechter Hand bald die **Batterie de Taillefer** auf, eine Verteidigungsanlage aus dem 19. Jh. Kurz darauf folgt der 465 m hohe Col de Taillefer, hinter dem sich der Weg gabelt. Man hält sich links und steigt in Kurven und immer auf dem Felskamm zur Tour Madeloc auf. Das Panorama vom Turm über die Vermeille-Küste und die Pyrenäenausläufer lädt zu einer Rast ein.

Langsam fällt der Weg über den Kamm zur **Batterie 500** ab, einem neuerlichen Verteidigungsbau, von dem es Richtung Norden erneut auf die D 86 geht. Wieder folgt man dem Höhensträßchen bis zur Ruine des **Casernement du Centre.** Links von der Straße zweigt kurz hinter der ehemaligen Kaserne ein breiter Weg ab, der in einem Bogen zum Col de Taillefer ansteigt. Wie schon den ganzen Weg über, staunt man stets aus Neue über die herrrlichen Ausblicke auf die Küste, deren Tintenblau in der Ferne leuchtet. Über den bereits vom Hinweg bekannten Weg geht es vom Kamm zurück über die Ermitage Notre Dame de Consolation nach Collioure.

## Übernachten

**In Strandnähe ▶ Domaine de Valcros:** Les Paulilles (N 114 Richtung Banyuls), Tel. 04 68 82 04 27, Handy 06 85 87 14 23, www.domainedevalcros.com. Chambres d'hôte auf einem Weingut. Klar und komfortabel, mit Antiquitäten möbliert. Große gemeinsame Terrasse. Pfad zum Strand. DZ/F 95 €, Appartement für 6 Pers. Juli/Aug. 1250 €/Woche, in der Nebensaison auf Anfrage.

**Mit Libanonzedern ▶ Les Jardins du Cèdre:** 29, rte. de Banyuls, Tel. 04 68 82 01 05, www.lesjardinsducedre.com. Klare, halbwegs geräumige Zimmer, von manchen toller Seeblick. Pool und Garten. DZ ab 70 €.

## Essen & Trinken

**Zwischen Reben und Wellen ▶ Les Paulilles:** s. Tipp unten.

**Für Fischliebhaber ▶ La Côte Vermeille:** Quai du Fanal, Tel. 04 68 82 05 71, außer Juli/Aug. Di, Mo geschl. Die Lage am Fischhafen macht's: Frischer kommt keine Flosse auf den Teller. Empfehlenswert: Rotbarben in Banyuls, Zitronenkuchen mit Aprikosensauce. Menü mittags unter der Woche 29 €, sonst 36–82 €.

**Fisch frisch ▶ Les Poisonneries de la Côte catalane:** Port de Pêche, Tel. 04 68 98 46 00, 8.30–12.30, 15.30–19, Juli/Aug. 16–20 Uhr. Fisch- und Meeresfrüchtehandlung im Trawlerhafen, mit Direktverzehr von Austern und Muscheln plus Wein. Ab 6 €.

### Tipp: Zwischen Reben und Wellen

Die Ferme-Auberge **Les Paulilles** inmitten von Reben hat einen eigenen Strandzugang. Es gibt nur ein Menü, begleitet von den Weinen der Domaine: zu Foie gras eine natursüße Viognier-Grenache-Cuvée, zum Hühnchen mit Oliven passt z. B. ein roter Collioure. Das Dîner wird untermalt vom Rauschen der Wellen (Baie des Paulilles, N 114, 3 km Richtung Banyuls, Tel. 04 68 98 07 58, Ende Mai–Sept. Mo–So abends und So mittags. Menü 39 €).

## Einkaufen

**Wein ▶ Les Clos des Paulilles:** s. links, Domaine de Valcros. AOC Collioure rouge, Banyuls Rimage, Banyuls Cap Béar direkt vom Weingut.

## Aktiv

**Strand ▶** kleine Badebuchten südlich des Cap Béar in Richtung Banyuls-sur- Mer (Zufahrt über die N 114).

**Tauchen ▶ Centre de Plongée Les Copains d'abord:** Tel. 04 68 82 46 57. Kurse für Anfänger und Fortgeschrittene.

## Verkehr

**Zug:** tgl. Verbindungen nach Perpignan. Tel. 36 35, www.voyages-sncf.com.

**Bus:** mehrmals tgl. Verbindungen von Collioure nach Cerbère.

# Banyuls-sur-Mer und die Route des Crêtes ▶ H 19

**Karte:** S. 354

## Unterwegs nach Banyuls-sur-Mer

Auf halben Weg nach Banyuls zweigt ein unscheinbares Sträßchen zum Winzerdorf **Cosprons** 14 ab. Hier endet die Straße, und von der Kapelle aus dem 12. Jh. schweift der Blick weit über die Côte Vermeille. Zurück an der Küste lockt die **Bucht von Paulilles** die Surfer an, und die nahe Ferme-Auberge (s. Tipp, links) lockt Weinkenner zur Probe, die man am besten zum Menü mit Blick aufs Meer und die Reben macht.

Nur durch ein bewaldetes Kap von der Idylle getrennt, wurde bis 1984 über 100 Jahre lang Dynamit produziert. Die **Dynamiterie Nobel** entstand angesichts der französischen Niederlage von 1870. Die Fabrik sollte möglichst weit von der deutschen Grenze und dem Zugriff der siegreichen preußischen Armee entfernt liegen – die Wahl fiel auf die Paulilles-Bucht. Als der Betrieb geschlossen werden sollte, standen Immobilieninvestoren mit hochtrabenden Plänen Schlange. In letzter Minute sicherte sich die Küstenschutzbehörde den zauberhaften Flecken. Heute ist das Gelände zum Museumsdorf **Site de Paulilles** 15 mit zehn seltenen Vogelarten, endemischer Flora, einer Fischerbootwerkstatt und unbebauten Buchten geworden (Maison du Site, Tel. 04 68 95 23 40, www.conservatoire-du-littoral.fr, Juli/Aug. 9–21, Mai/Juni, Sept. 9–20, April–Okt. 9–19, sonst bis 17 Uhr).

Das Badeörtchen **Banyuls-sur-Mer** 16 liegt an einer weit geschwungenen Bucht mit Kieselstrand, über der sich die Hügelkette der Albères aufbaut. Rund um die zentrale Place Paul-Reig breitet sich die **Altstadt** mit Terrassen und spanisch angehauchten Fassaden aus. Banyuls bewahrt sich seinen katalanischen Charme vor allem in der parallel zur Uferstraße verlaufenden Hauptgasse. In den Läden mit katakombenhaften Gewölben werden Köstlichkeiten der nordiberischen Küche angeboten. Treppen leiten in den oberen Teil der verschachtelten Altstadt, die in Belvedere-Lage über der Bucht liegt.

Oberhalb der Bucht sprießen auch die Reben, die Banyuls unter Weinkennern zum Begriff machen. In den Weinbergen rund um die Stadt und entlang der Côte Vermeille reift die Rebsorte Grenache, aus der man einen Süßwein keltert, der seine Süße durch den Zusatz von Weingeist während des Gärungsprozesses gewinnt und als Aperitif getrunken wird.

Banyuls hat sich in den letzten Jahren vom Fischerhafen und Weinort zu einem umtriebigen Jachthafen und Ferienort entwickelt. Nach Norden hin entstanden viele neue Appartementhäuser, die den sympathischen Gesamteindruck jedoch nicht wirklich stören – auch wenn immer mehr Hügel von rosa-beige getünchten Fassaden gesprenkelt sind.

Nach Süden trennt das Flussbett des Baillaury Strand und Stadt vom Hafen, der sich immer mehr zum Ankerplatz für Jachten mausert. An seinem Ende lohnt das 1887 gegründete **Hochsee-Aquarium** einen Besuch. In den 40 Becken tummelt sich die gesamte Fauna des Mittelmeers: Hummer, Moräne, Tintenfisch, Schildkröte etc. Zum Aquarium gehört das Laboratoire Arago, ein meeresbiologisches Institut der Pariser Sorbonne, das über die Wasserqualität der Küste bis nach Spanien wacht (Avenue du Fontaulé, Juli/Aug. 9–13, 14–20.30, sonst 9–12, 14–18.30 Uhr, www.biodiversarium.fr, 5 €).

Das **Monument aux Morts** hoch auf einem Felsen an der südlichen Hafenspitze gedenkt der Toten des Ersten Weltkrieges. Es ist ein Werk von Aristide Maillol (1861–1944), des bekanntesten Bildhauers des Roussillon, der in Banyuls-sur-Mer geboren wurde. Maillol setzte mit seinen lebensbejahenden Skulpturen dem Roussillon und noch mehr den katalanischen Frauen ein Denkmal. Die **Métairie Maillol,** seine Wohn- und Grabstätte 4 km südwestlich vom Ort, ist heute Museum. Zu sehen sind Maillols Grab im Garten und etwa 30 kleinere Werke (Vallée de la Roume, Okt.–April tgl. 10–12, 14–17, Mai–Sept. 10–12, 16–19 Uhr, 7 €).

## Infos

**Office de Tourisme:** Av. de la République, 66650 Banyuls, Tel. 04 68 88 31 58, www.banyuls-sur-mer.com.

## Übernachten

**Anständig ▶ Les Pêcheurs:** 5, av. du Fontaulé, Tel. 04 68 88 02 10, Dez.–März geschl. Zimmer mit Balkon oder Terrasse und Blick aufs Meer. Familiär und ohne Chichi. DZ ab 62 €.

**Nett ▶ Camping La Pinède:** Rte. des Crètes–Guy Malé, Tel. 04 68 88 32 13, Ende März–Anfang Nov. Schattige Anlage in den Weinbergen des Hinterlandes. Ab 12 €/2 Pers. und Platz.

## Übernachten, Essen

**Design oder nicht Design ▶ Les Elmes:** Plage des Elmes (1,2 km außerhalb von Banyuls), Tel. 04 68 88 03 12, www.hotel-des-elmes.com. Modernes Haus an einer kleinen Bucht. Seeblick! Im 3. Stock renovierte Design-Zimmer. DZ 50–125 €. Gutes Restaurant (Mo–Mi jeweils mittags geschl., Menü ab 30 €).

**Banyuls mit seinen zahlreichen Kellereien ist unter Weinkennern ein Begriff**

## Einkaufen

**Wein in Banyuls ▶ Domaine Vial-Magnères:** 14, rue Edouard Herriot, Le Clos St-André, Tel. 04 68 88 31 04. Kleiner, feiner Betrieb mit Steillagen zum Meer. Klassische Banyuls, kräftige Collioure. **La Cave de l'Abbé Rous:** 55, av. Charles-de-Gaulle, Tel. 04 68 88 72 72, www.abberous.com. Sehr gute Auswahl qualitativ hochrangiger Banyuls- und Collioure-Tropfen. **Le Cellier des Templiers:** Rte. du Mas-Reig, Tel. 04 68 98 36 92, www.banyuls.com. Winzergenossenschaft der AOC Banyuls, 2 Keller zur Besichtigung, davon einer aus dem 13. Jh. Verkauf April–Okt. 10.15–19.30, sonst 10.30–13, 14.30–18.30 Uhr. **Coopérative de l'Etoile:** 26, av. du Puig-del-Mas, Tel. 04 68 88 00 10, tgl. Älteste Winzergenossenschaft der AOC Banyuls. Spezialitäten sind reife Banyuls-Weine.

**Honig ▶ Les Ruchers de Banyuls:** Rte. des Pins (Mas Parer), Banyuls, Tel. 04 68 88 09 36. Honig und andere Produkte der Region in großer Auswahl.

**Edelessig ▶ La Vinaigrerie de Banyuls:** La Guinelle d'en-bas, Cosporons (5 km südl. in Richtung Cerbère), Tel. 04 68 98 01 76. Handwerkliche Essigherstellung. Ostern–Allerheiligen tgl. außer So morgens, Mo 9–12.30, 15.30–19.30 Uhr.

## Aktiv

**Strände ▶** 20 m breiter, grobkieseliger **Hauptstrand** vor dem Ort. Weiter südl. kleine **Plage du Troc** und noch weiter in Richtung Cerbère, am Cap de l'Abeille, die **Plage de Taillelauque,** zu der man jedoch hinwandern muss.

**Tauchen ▶ Réserve marine naturelle de Banyuls-Cerbère:** 5, rue Roger David, Tel. 04 68 88 56 87. Informationen zur Randonnée sous-Marine am Strand von Peyrefite. Unterwasserrundgang Juli/Aug. 12–18 Uhr. Ausrüstung wird gegen geringe Gebühr gestellt, auch für Kinder.

**Seekajak ▶ Les Aléoutes:** 13, impasse Jules-Ferry und Port de Plaisance, Tel. 04 68 88

34 25, www.kayakmer.net. Kajaktouren entlang der Felsbuchten.
**Wandern ▶ GR 10:** Aufstieg über den GR 10 (rot-weiße Markierung) von Banyuls zur Tour Madeloc (Wachturm von 1286, Blick über Weinberge und die Côte Vermeille). Dauer 2,5 Std. (ein Weg), 650 m Höhenunterschied.

## Termine

**Semaine Catalane:** Anfang Juli. Sardane-Tänze, katalanischer Gesang, Umzug.
**Festa Major:** 3. Aug.-Wochenende. Turbulentes Dorffest mit katalanischem Einschlag.
**Fête des Vendanges:** 3. Okt.-Wochenende. Fest zur Weinlese.

## Verkehr

**Zug:** tgl. Verbindungen via Collioure nach Perpignan. Tel. 36 35, www.voyages-sncf.com.
**Bus:** Linie Perpignan–Cerbère längs der Küste. Info: Gare routière, Tel. 04 68 35 29 02.

## La Route des Crêtes 17

Der schönste Ausflug von Banyuls führt vom Strand weg ins Hinterland. **La Route des Crêtes,** eine landschaftlich sehr reizvolle, 20 km lange Strecke, verbindet über etliche Serpentinen Banyuls mit Collioure (D 86). Achtung, die Straße ist teilweise sehr schmal, der Blick in die Tiefe schwindelerregend. Bei Gegenverkehr muss gekonnt zurückgesetzt werden – Wohnwagengespanne sind daher auf der Route des Crêtes nicht erlaubt.

Erstes Ziel ist die 652 m hoch gelegene **Tour Madeloc** (s. auch S. 364), ein Wach- und Signalturm der Könige von Mallorca – zu dem von Banyuls ebenfalls der Fernwanderweg **GR 10** aufsteigt.

Von der Tour Madeloc bietet sich wiederum eine Wanderung über den 981 m hohen Pic de Salfort zur Ruine der **Abbaye de Valbonne** an (ebenfalls GR 10). Durch die dicht bewaldeten Ausläufer der Albères gelangt man in Richtung Collioure zur **Ermitage Notre Dame de la Consolation.** Bei der Wallfahrtskapelle kann man in einsamer Stille ein einfaches Zimmer mieten – es ist ein magischer Ort. Auch von der Ermitage ist die Ruine der Abbaye de Valbonne zu erreichen – diesmal allerdings in nur 20 Min. Fußmarsch.

Oberhalb von Collioure dann kann man selbst bei relativ diesiger Sommerluft in Richtung Norden die Sandküste hinauf bis nach Canet-Plage überblicken.

## Übernachten

**Einsiedelei ▶ Ermitage Notre Dame de la Consolation:** Tel. 04 68 82 17 66, http://ermitage.consolation.free.fr. Mitte März–Anfang Nov. Einsiedelei des 15. Jh. in einem vom Wald verschluckten Tal. Einfache Zimmer, einige sind ehemalige Mönchszellen. DZ/F 45–65 €.

# Cerbère ▶ J 19

**Karte:** S. 354
Auf dem Weg nach **Cerbère** 18 erklärt die Panoramatafel am **Cap Réderis** die in der Ferne schimmernden Felsen der Costa Brava und der Côte Vermeille. Tauchsportler haben die **Réserve Marine naturelle de Banyuls-Cerbère** entdeckt. Das Seeschutzgebiet erstreckt sich rund ums Cap Peyrefite im Norden von Cerbère und bietet eine außerordentlich reiche Mittelmeerflora und -fauna – eine Rarität, da Vergleichbares an der Sandküste gänzlich fehlt. Ein ausgeschilderter Unterwasserparcours, die **Randonnée Sous-Marine Multimédia** an der Plage de Peyrefite zwischen Banyuls und Cerbère erlaubt jedem erste Einblicke in die reiche Fauna – Schnorchel, Maske mit Abhörgerät für die Kommentare werden gestellt (Tel. 04 68 88 56 87, www.cg66.fr, Juli/Aug. 10–18 Uhr; Kinder müssen schwimmen können; Rettungsposten am Strand). Am **Phare Solaire,** dem Leuchtturm auf der Spitze des Cap Cerbère, lädt ein Picknickplatz zur Rast ein. Im Norden das Cap Béar, im Süden das Cap Creus, bei so viel Aussicht schmecken die *anchois* und das Gläschen Banyuls gleich noch mal so gut.

Kurz darauf stemmt sich **Cerbère** oberhalb einer engen Bucht in die Küstenfelsen.

Der Ort ist etwas aufs Abstellgleis geraten, seit im Grenzort zu Spanien die Tage des internationalen Umlade- und Umsteigebahnhofs gezählt sind. Auf den von gewaltigen Ziegelsteinbögen getragenen Gleisen des 23 m über dem Meer thronenden Bahnhofs ist es still geworden. Wie ein Schiffsbug ankert das Art-déco-Hôtel Le Belvédère du Rayon Vert am Fels (Besichtigung übers Office de Tourisme). Das futuristische Bauwerk von 1928 wurde in ein Appartementhaus umgewandelt und harrt einer umfassenden Sanierung. Bis dahin weht ein Hauch von High Noon durch den Ort, der auch mit dem winzigen Hausstrand bei Touristen nicht sonderlich punkten kann.

## Infos

**Office de Tourisme:** Av. du Général-de-Gaulle (am Uferboulevard), BP 6, 66290 Cerbère, Tel. 04 68 88 42 36.

## Übernachten

Einfach ▶ **Hôtel La Vigie:** 3, rte. de l'Espagne, Tel. 04 68 88 41 84. Nettes Hotel am Ortsrand Richtung Spanien. Im Haupthaus einfache Zimmer, alle zum Meer, wohin auch die Frühstücksterrasse geht. Die Zimmer im Nebenbau wirken eher abgestanden. DZ ab 43 €.

Unkompliziert ▶ **Chambre d'hôte Le Clos d'Embarselo, Chez Elizabeth et René Lemoine-Folliet:** 2, rue de l'Eglise, Tel. 04 68 88 41 16, Mitte Febr.–Mitte Okt. Ab 2 Nächten, im Sommer nur wochenweise zu mieten. 5 Gästezimmer mit Balkon in einem Haus hinter der Kirche. Die Besitzer sind Winzer. Den Gästen steht eine kleine Küche zur Verfügung. **Kanus** zur Erkundung der Felsbuchten! DZ 42 €.

Schlicht ▶ **Camping Municipal:** Anse de Peyrefitte (3 km nördl.), Tel. 04 68 88 41 17, ganzjährig. Einsam gelegener Platz, rudimentärer Komfort, am Meer. 12 €/2 Pers., Zelt pro Tag.

## Aktiv

Strand ▶ kleiner, grau-weißer **Sandstrand** am Ort.

Tauchen ▶ **Centre de Plongée Cap Cerbère:** Rte. d'Espagne, Tel. 04 68 88 41 00, www.capcerbere.com. Materialverleih und Kurse, Tauchgänge.

Wandern ▶ Gleich 3 Wanderwege führen vom Strand ins Hinterland: **Chemin de Bonnevie** (6 km), **Sentier des Perdreaux** (7 km), **Chemin de la Frigoulette** (11 km). Ziel ist der Forêt dominiale de Cerbère, ein schattiges Waldgebiet.

## Verkehr

**Zug:** Gare internationale, ca. 10 Min. zu Fuß über dem Ort, ist ein gewaltiger Bau von 1880, der im Büro von Gustave Eiffel entworfen wurde. Tgl. Verbindungen nach Perpignan, in die Schweiz, nach Deutschland, Spanien. Tel. 36 35, www.voyages-sncf.com.
**Bus:** Linie Cerbère–Collioure–Perpignan.

# Abstecher nach Port-Bou

**Port-Bou** 19 heißt der erste Ort hinter der spanischen Grenze. Seit Mai 1994 erinnern die Passagen von Dani Kharavan an Walter Benjamin. Auf der Flucht vor den Nazis war der 48 Jahre alte Berliner Exilant und Schriftsteller an der Côte Vermeille angekommen. Freunde hatten die Flucht über den alten Schmugglerpfad über den Puis d'el Mas von Banyuls-sur-Mer nach Port-Bou organisiert. In Port-Bou teilten die Grenzbeamten dem verfolgten Juden mit, dass Spanien nur noch Personen mit einem gültigen französischen Ausreisevisum einreisen ließe. Die Auskunft war falsch. Das Hafenstädtchen wurde zur Endstation seines Lebens. Benjamin befürchtete, nach Frankreich zurückzumüssen und dort in die Hände der Nazis zu fallen. Er nahm sich noch in derselben Nacht, vom 26. auf den 27. September 1940, mit Tabletten das Leben.

Kharavans Passagen-Installation, das **Mémorial Walter Benjamin,** ist ein Schacht aus rostigem Stahl, der von den Klippen ins Meer abfällt. Es ist ein Ort von beeindruckender Symbolik. Auf dem **Friedhof** oberhalb des Denkmals wurde Walter Benjamin begraben. Die genaue Grabstelle ist unbekannt.

# Perpignan und die Aspres

**Perpignan steht für ›movidà‹. Im Sommer heizt sich die Hauptstadt des Roussillon zum heißesten Ort Frankreichs auf. Wenn die Hitze in den Gassen steht, ticken die Uhren nicht ›à la française‹, sondern vibrieren im Rhythmus der katalanischen Schwesterstadt Barcelona. Dafür sorgen auch die vielen spanischen (Tages-)Touristen, die sich im nächtlichen Treiben tummeln – die Grenze liegt hinter den sonnenverglühten Hängen der Aspres nur 30 km entfernt.**

## Perpignan ▶ G/H 17/18

**Cityplan:** S. 374
Die 116 000 Einwohner zählende Stadt hat drei Gesichter: das der umtriebigen, spanisch akzentuierten Altstadt, das der alten Hauptstadt des Königreichs Mallorca und das des Zigeuner- und Nordafrikanerviertels St-Jacques. Nicht immer verläuft das Nebeneinander harmonisch. Im Jahr 2005 kam es im Quartier St-Jacques zu schweren Straßenunruhen mit Toten. Der damalige Innenminister Sarkozy reiste aus Paris an, besichtigte unter Polizeischutz das Viertel, sprach markige Worte. Derweil ging das Fest in der Altstadt weiter.

### Das mallorquinische Erbe

Eine römische Villa stand am Anfang der Stadt. Aus der Villa Perpinianum, deren Name auf einen 72 v. Chr. gefallenen Obersten namens Perpenna zurückgeht, erwuchs im 10. Jh. die Residenz der Grafen des Roussillon. Diese blieben im 12. Jh. ohne Erben, und so fiel die Stadt 1172 an den König von Aragon und Grafen von Barcelona, Alphons II. Dessen Nachfolger auf dem Thron, König Jakob I. von Aragon, eroberte 1229 Ibiza, Mallorca, Valencia und Murcia von den Muslimen zurück. Sein Sohn Jakob II. machte Palma de Mallorca und Perpignan zu gleichberechtigten Residenzstädten des Königreichs Mallorca. Perpignan erlebte in der Folge eine wirtschaftliche Blüte, vor allem durch die Tuchherstellung. 1276 veranlasste Jakob II. den Bau einer repräsentativen Residenz.

Bereits 1285 konnte er im **Palais des Rois de Majorque** 1 Hof halten. Bis 1344 residierten hier die Könige von Mallorca. Es war das bis heute als golden verklärte Zeitalter der Stadt. Zentrum der sternförmigen Anlage ist der **Ehrenhof** mit den offenen doppelstöckigen Arkadengalerien und monumentalen Treppen. In der **Torre Major,** dem wuchtigen Donjon, lassen sich zwei übereinanderliegende Kapellen, ferner die Gemächer des Königs und der Königin besichtigen. Für die Arkaden und Fensterfassungen der ersten Etage transportierte man Steine von mallorquinischen Brüchen herüber. Weder Wandmalereien noch Holzschmuck blieben erhalten, so dass vor allem Monumentaltreppen und Galerien einen, wenngleich schwachen Eindruck von der Prachtentfaltung bei Hofe geben müssen. Fantasie ist weiterhin gefragt: Die meisten Säle sind nackt und unmöbliert und werden nur von den Besucherscharen belebt. Vor der Südseite liegt von eisigen Gebirgswinden unbehelligt der **Garten der Königin,** wo Orangen, Zitronen und Trauben sprießen (Zugang zur Burg über die Rue des Archers im Westen der Anlage, Juni–Sept. 10–18, sonst 9–17 Uhr, Kasse schließt eine halbe Std. früher, 4 €).

Von den acht eckigen Türmen vermag nur die **Tour de l'Hommage** dem massigen Donjon Paroli zu bieten. Anders als die an den Kieselsteinen im Mauerwerk erkennbaren ältesten Teile der Anlage wurde der Turm aus Haustein und blauem Marmor gebaut. Wie schon vom Torre Major schaut man von seiner Höhe weit über Stadt und Land. Der Ausbau der Residenz zur Festungsanlage erfolgte auf Veranlassung der aragonesischen Könige im 14. und 15. Jh. Im 16. Jh. ließ Karl V. einen Festungswall anlegen. Unter den Franzosen, die seit 1659 in Perpignan regierten, folgten weitere Befestigungen und das äußere, als Triumphbogen gestaltete Eingangstor, das Karyatiden, Frauenfiguren mit tragender Funktion, flankieren.

Elegante Geschäfte und Hotels säumen die mit Olivenbäumen bepflanzte **Place Gambetta.** Es riecht nach französischen Backwaren, Parfüm und Kaffee. In der Mitte plätschert ein Marmorbrunnen (1431). Apropos Marmor: Mit rosa Marmor gepflastert sind viele Bürgersteige im ›besseren‹ Teil der Altstadt. **St-Jean-le-Vieux** 2 auf der Ostseite des Platzes entstand im 11. Jh. und damit vor der Herrschaft der mallorquinischen Könige. Direkt neben Perpignans ältester Kirche aber begannen die Mallorquiner 1324 mit dem Bau einer gotischen Kathedrale. Für die Vollendung von **St-Jean** 3 reichte dann weder das Geld noch die kurze Herrschaft. An der zum Platz ausgerichteten Westfassade sticht die schmucklose Mischung von roten Ziegeln und Kieselsteinen hervor. Ursprünglich sollte das Meisterwerk katalanischer Gotik aus Marmor errichtet werden. Statt den Plan einer dreischiffigen Kathedrale auszuführen, blieb es schließlich bei einem Schiff. Der zusammengestutzte Bau wurde 1509 geweiht, doch die Baugeschichte des Gebäudes ist eine überaus lange: So kam erst im 18. Jh. der schmiedeeiserne Campanile des Glockenturms hinzu.

Um so überraschender ist der prächtige, 72 m lange Innenraum, der von Kapellen umkränzt wird. Der größte Schatz ist ein Kruzifix in einer der kleinen Seitenkapellen (Zugang neben dem Südportal). Am Karfreitag holen die Kapuzenmänner der Confrérie de la Sanch den **Dévôt Christ** von der Wand und führen ihn bei der Sanch-Prozession mit sich. Die ausdrucksstarke Schnitzarbeit eines rheinländischen Künstlers vom Anfang des 14. Jh. gelangte zu Beginn des 16. Jh. nach Perpignan (7.30–12, 15–19 Uhr).

Neben der Kapelle führt eine Tür in den nackten Innenhof des Klosters St-Jean, der 1302 als **Campo Santo** 4 mit vier Gräbergalerien angelegt wurde. Das Gleichmaß der an die drei erhaltenen Wände gesetzten Arkaden und das schlichte Rasenareal in der Mitte strahlen große Ruhe aus. Wappen stehen über den Marmorbögen für die Familien, unter deren Schirmherrschaft der jeweilige Gräberabschnitt stand (Ende Mai–Anfang Okt., sonst tgl. außer Mo 11–17.30 Uhr geschl., gratis). Frankreichs ältestes und zugleich größtes Friedhofskloster verfügt auf der Ostseite über eine prächtige spätgotische **Totenkapelle,** die wie das gesamte Areal auf der Nordseite der Kathedrale aufwendig restauriert wurde.

**Das Zigeuner- und Nordafrikanerviertel St-Jacques**

## Die katalanische Altstadt

Im 14. Jh. ließen die Aragonesen Perpignan zum Schutz vor den Franzosen befestigen und nach 1386 aus roten Ziegeln die markante Torfestung **Le Castillet** 5**,** zu Deutsch: die kleine Burg, errichten. Der Bau beheimatet unter dicken Balken die **Casa Païral,** ein Heimatmuseum mit einer Sammlung katalanischer Volks- und Sakralkunst. Von der Krone der Torburg, die unter Ludwig XIV. zum Kerker wurde, hat man eine wunderbare Aussicht über die lachsrote Stadt vor der Silhouette des Massif du Canigou (Mi–Mo Mai–Sept. 10–18.30, Okt.–April 11–17 Uhr, 4 €).

Die **Place de Verdun** hinter dem Castillet ist ein beliebter Treffpunkt der Einheimischen. Eher in Hand der Touristen ist die längliche **Place de la Loge** 6**,** das Herz der Altstadt. Fast zeitgleich mit dem Baubeginn des Castillet wurde hier 1388 das Consulat de Mer,

# Perpignan

**Sehenswert**
1 Palais des Rois de Majorque
2 St-Jean-le-Vieux
3 Cathédrale St-Jean
4 Campo Santo
5 Le Castillet/Casa Païral
6 Place de la Loge
7 Place de la République
8 Musée Hyacinthe Rigaud
9 Hôtel Pams
10 Square Bir-Hakeim
11 Place Arago
12 Place Cassanyes
13 St-Jacques

**Übernachten**
1 Park Hotel
2 New Christina
3 Hôtel de la Loge
4 Jugendherberge

**Essen & Trinken**
1 Les Antiquaires
2 Casa Sansa
3 Le Double Y (YY)
4 La Passerelle
5 La Garrine

**Einkaufen**
1 Les Toiles des Soleil/ Maison Quinta
2 Biomarkt
3 Flohmarkt
4 Les Vignerons Catalans
5 Joaillerie Laviose

**Abends & Nachts**
1 Rue Grande des Fabriques
2 Républic Café

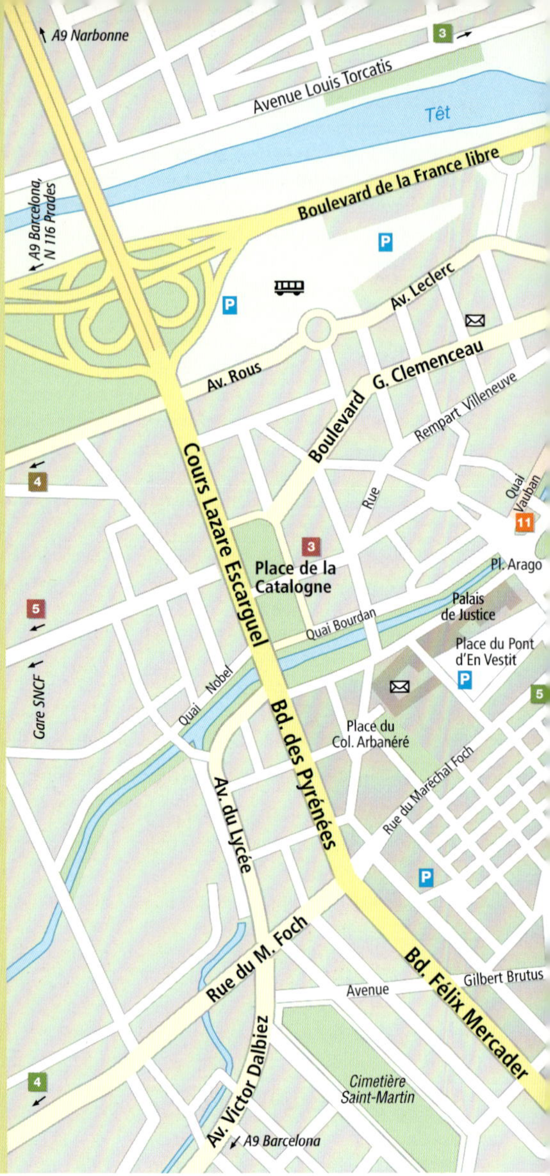


eine Handelskammer zur Überwachung des Seehandels, nebst Gericht und Börse gegründet, das seinen Sitz in der **Loge de Mer** auf der Platzecke nahm – der schönste Profanbau Perpignans ist heute ein Restaurant. Das 1397 begonnene Gebäude erhielt erst Mitte des 16. Jh. seinen filigranen gotischen Schmuck. Auch das 1315 erbaute **Hôtel de Ville** gleich nebenan (mit einem Hauptwerk Maillols, der Plastik **La Méditerranée** im Innenhof) und das benachbarte **Palais de la Députation Provinciale,** der ehemalige Sitz der Provinzabgeordneten, 1448 im katalanischen Stil errichtet, erfuhren je nach politi-

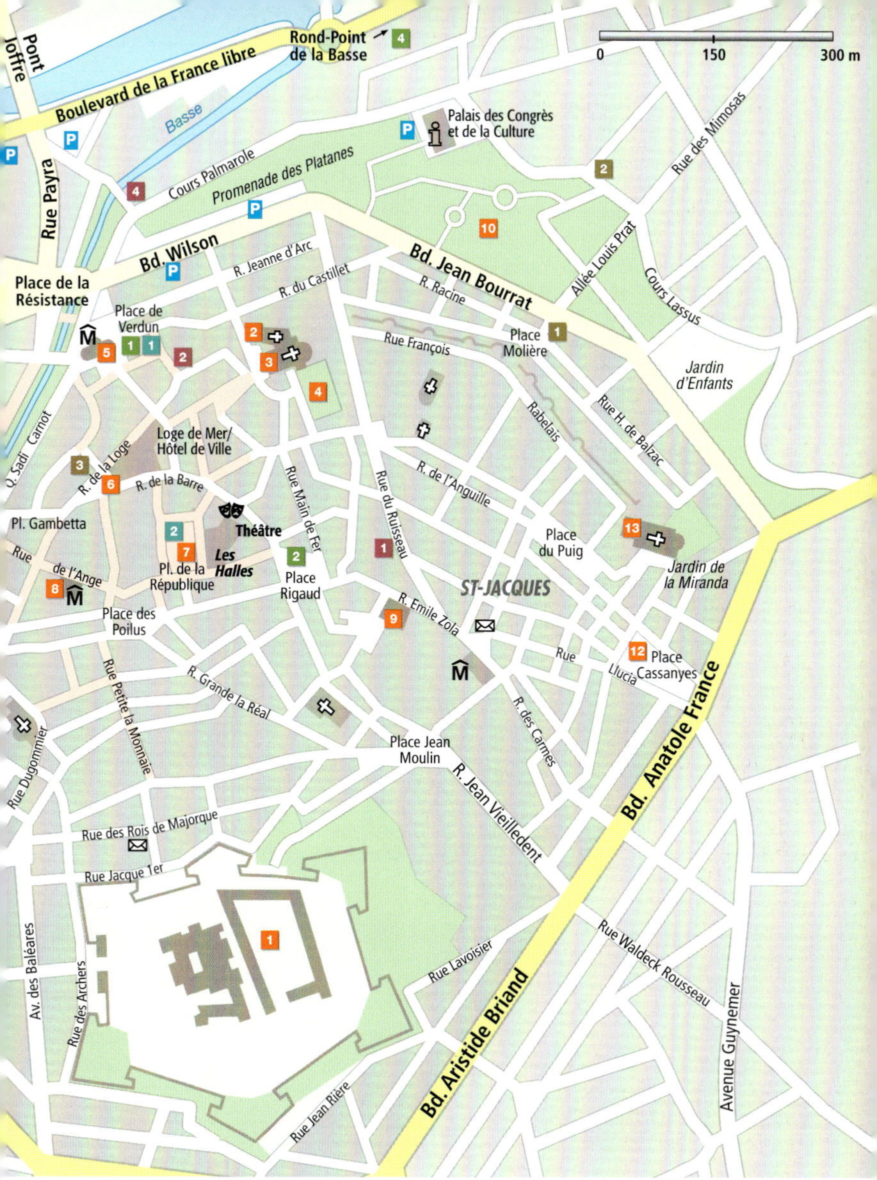


scher und finanzieller Situation bauliche Veränderungen, das Rathaus zuletzt im 17. Jh. Unter den Kolonnaden der **Rue de la Barre** schlendert man weiter zum Markt und dem Barocktheater auf der **Place de la République** 7. Das morgendliche Markttreiben quillt in alle benachbarten Gassen über.

Das **Musée Hyacinthe Rigaud** 8 im barocken Hôtel de Lazerme ist nach dem Hofmaler von Ludwig XIV. benannt. In den Räumlichkeiten wird Malerei vom 13. Jh. bis zur Moderne, u. a. von Rigaud, Alechinsky, Breughel, Calder, Ingres und Picasso gezeigt (16, rue de l'Ange, Di–So 10.30–18 Uhr, 4 €).

Über die winzige **Place des Poilus** mit einem täglichen Fischmarkt und dem nostalgischen Café Le Chat Noir geht es zur **Place Rigaud.** Die Gassen verengen sich, die Fassaden werden einfacher. In der Nähe der Place Rigaud fällt schräg gegenüber der neuen Mediathek das **Hôtel Pams** 9 ins Auge, eine prachtvoll ausgestattete Stuckvilla von der Wende zum 20. Jh., vom damals sehr in Mode stehenden dänischen Architekten Petersen errichtet. Der Bau betört durch die hemmungslose Verschwendungssucht des Fin de Siècle. Das Bürgerschloss protzt mit Stuck und Fassadenpomp, hinter denen die Stadt ihr 60 000 Stücke umfassendes Archiv verwahrt (nicht zugänglich). Besonders kostbare Raritäten sind beispielsweise die 1011 auf Papyrus verfasste päpstliche Bulle für das Kloster St-Martin-du-Canigou oder ein im 12. Jh. reich mit Miniaturmalereien bebildertes Evangeliar aus dem Kloster St-Michel-de-Cuxa. Gegenüber in der Rue Emile Zola konnte Petersen sich ein zweites Mal als Hausarchitekt von Perpignans Großbourgeoisie austoben: Das bombastische Gebäude bewohnte einst die Familie Bardou, weltweit bekannt als Fabrikanten der Zigarettenmarke Job.

Pause gefällig? Die grüne Lunge der Altstadt ist der lang gestreckte **Square Bir-Hakeim** 10 gleich südlich des **Palais des Congrès et de la Culture** und der Touristeninformation, unweit der Parkplätze am Têt-Ufer: ein Ort zum Dösen und Plaudern in der Mittagshitze unter dem dichten Blätterdach von Laubbäumen und Palmen. An der **Place Arago** 11 hingegen, einem verkehrsumtobten, lebhaften Platz mit Palmenhain auf der anderen Seite der Altstadt, dienen Cafés und Grünanlagen eher als Bühne fürs Sehen und Gesehenwerden.

## Quartier St-Jacques

Die großzügige **Rue Emile Zola** führt in das Armeleuteviertel **Quartier St-Jacques.** Ein bisschen Maghreb, ein bisschen Zigeunerlager bestimmen die Atmosphäre. Zwischen heruntergekommenen Gemäuern setzte die Stadt an der Place du Puig moderne

Wohnblöcke. Gelungen ist der Umbau einer barocken Kaserne Vaubans in Sozialwohnungen. Etwas unterhalb folgt die **Place Cassanyes** 12, wo jeden Samstag- und Sonntagvormittag der bunteste und bestsortierte Markt der Stadt gehalten wird. Über den Gassen liegt die Atmosphäre eines orientalischen Souks. Wäsche trocknet vor dem Fenster. Überall stehen Männer in Gruppen beisammen, debattierend. Es riecht nach exotischen Gewürzen.

Über dem Platz thront auf einem Hügel die Kirche **St-Jacques** 13. Eine Seitenkapelle an der Westseite ist Sitz der berühmten Sanch-

**Ein Openair-Tanz: die Sardana, der katalanische Volkstanz schlechthin**

Brüderschaft, die in St-Jacques gegründet wurde (Di–So 13–17.30 Uhr). Hinter dem Chor lockt die Gartenanlage des **Jardin de la Miranda.** Von seiner Anhöhe überschaut man die sogenannten St-Jacques-Gärten zum Têt hinunter, von denen leider immer mehr für Neubauten unter Asphalt und Beton verschwinden.

## Infos

**Office de Tourisme:** Palais des Congrès, Pl. Armand Lanoux, 66002 Perpignan, Tel. 04 68 66 30 30, www.perpignantourisme.com.
**Place Arago:** Mitte Juni–Mitte Sept. hat ein zusätzlicher Pavillon geöffnet, in dem man Informationen erhält.

## Übernachten

**Zum Park ▶ Park Hotel 1:** 18, bd. Jean-Bornat, Tel. 04 68 35 14 14, www.parkhotel-fr.com. Noble Zimmer in kräftigen Farben, perfekter Service, zentrale Lage. DZ 75–140 €.
**Entspannend ▶ New Christina 2:** 51, cours Lassus (am Sq. Bir-Hakeim), Tel. 04 68 35 24 61, www.hotel-newchristina.com. Bequemes Stadthotel mit Sonnenterrasse und Pool, Jacuzzi und Hammam auf dem Dach. Funktionale Zimmer – nicht mehr. DZ ab 79 €.

# Dalís Ort »geistiger Ejakulationen«

Thema

**Viel macht der Bahnhof von Perpignan mit der kleinen Place Salvador Dalí davor und den üblichen lieblosen Cafés ringsherum auf den ersten Blick nicht her. Salvador Dalí sah es freilich anders, als er an einem heißen Septembertag des Jahres 1928 den Bahnhof betrat: »Vor mir befand sich der Nabel der Welt ... Die Quelle der Erleuchtung ... Die Kathedrale der Eingebungen ...«**

Kurzum, dem über den banalen Dingen des Lebens delirierenden Surrealisten widerfuhren veritable »geistige Ejakulationen« im heißgeliebten Bahnhof von Perpignan – vor dessen Portal eine Plakette an selbiges Ereignis erinnert. Dalí kam regelmäßig in den Bahnhof. Über Perpignan reiste der im katalanischen Cadaqués beheimatete Künstler nach Paris, über Perpignan entfloh er in den 1930er-Jahren dem Spanischen Bürgerkrieg.

Der geistige Erguss sollte Folgen haben. Am 29. August 1965 kam Dalí im Viehwaggon aus Spanien angereist, um nach einem Zwischenstop in Céret, wo er in der Arena Gambas verspeist hatte, etwas kommoder in einer Pferdekarosse nach Perpignan durchzufahren. Ort und Viehwaggon finden sich auf dem im selben Jahr entstandenen Gemälde »La Gare de Perpignan« wieder, wobei der Waggon diesmal über einem Angélus-Motiv von François Millet schwebt und Gattin Gala als Zeugin dem Geschehen beiwohnt. Das Werk hängt heute im Kölner Museum Ludwig. Wer mehr über seine Entstehungsgeschichte wissen möchte: Die »geistigen Ejakulationen« hielt Dalí im auf dem französischen Buchmarkt erhältlichen »Journal d'un Génie« (»Tagebuchs eines Genies«) schriftlich fest.

**Trägt heute den Namen Dalís, der Platz vor dem Bahnhof von Perpignan**

**Versteckt ▶ Hôtel de la Loge 3:** 1, rue Fabriques d'En Nabot, Tel. 04 68 34 41 02, www.hoteldelaloge.fr. Bürgerpalais aus dem 16. Jh. mitten in der Fußgängerzone, beeindruckende Eingangshalle mit Springbrunnen. Einfache Zimmer, mit Renovierungsstau. DZ ab 52 €.

**Jugendherberge ▶ Auberge de Jeunesse 4:** Allée Marc-Pierre, Tel. 04 68 34 63 32, www.fuaj.org, Febr.–Mitte Nov. Überwiegend 4-Bett-Zimmer in ehrwürdigem Gemäuer im Parc de la Pépinière, zwischen Bahn- und Busbahnhof. 17 €/Nacht.

## Essen & Trinken

**Cosy ▶ Les Antiquaires 1:** Pl. Desprès, Tel. 04 68 34 06 58, So abends, Mo geschl. Traditionshaus in der Altstadt, mit vielen bei Antiquitätenhändlern erstandenen Fundstücken eingerichtet. Ente mit Orangen und hausgemachten Nudeln, *crème catalane.* Menü 25–47 €.

**Katalanisch ▶ Casa Sansa 2:** 3, rue Fabrique Couverte, Tel. 04 68 34 21 84. Gewölbekeller aus dem 14. Jh. mit Terrasse in der Gasse. Tapas, Gambas und katalanische Spezialitäten wie *pollastre am gambas* (Hähnchen und Gambas in Weinsauce). Als Gäste ein szeniges Völkchen. Menü 24–41 €.

**Cool ▶ Le Double Y (YY) 3:** 8, pl. Jean Payra, Tel. 04 68 34 51 16, So ganz, Mo, Di abends geschl. Seit Daniel Brin die Küche übernommen hat, bleibt kaum ein Philippe-Starck-Fauteuil frei. Kabeljau-Carpaccio, Thunfisch mit Speck und Entenleberschnitzel als Rossini. Tolle Auswahl an Roussillon-Weinen. Menü unter der Woche 20 €, sonst 28–55 €.

**Fisch ▶ La Passerelle 4:** 1, cours Palmarole, Tel. 04 68 51 30 65, So, Mo mittags geschl. Nettes, familiäres Restaurant. Auf der Karte Fischgerichte, über dem Kopf glänzt der Muranoleuchter. Menü unter der Woche 22 €, sonst um 40 €.

**Entspannt ▶ La Garrine 5:** 15, rue Valette, Tel. 04 68 67 07 44, Sa mittags, So–Di geschl. Nettes, unprätentiöses Lokal mit guter Weinkarte und moderner Regionalküche. Menü 16 (mittags)–30 €.

## Einkaufen

**Bunte Stoffe ▶ Les Toiles du Soleil/Maison Quinta 1:** 3, rue Grande des Fabriques, Tel. 04 68 34 41 62, www.maison-quinta.com, Di–Sa 9.45–12, 14.15–19 Uhr. Seit Generationen *der* Name für Markisenstoffe und Tischwäsche in katalanischen Streifen. Traditionell oder aus der Designkollektion.

**Märkte ▶ Wochenmarkt und orientalischer Basar 12:** Place Cassanyes und umliegende Straßen, jeden So 7–12 Uhr. **Großer Wochenmarkt 7:** Place de la République, Di–So. **Biomarkt 2:** Place Rigaud, Mi, Sa. **Flohmarkt 3:** am Palais des Expositions, Rte. de Bompas, nördl. Têt-Ufer, So vormittags.

**Wein ▶ Les Vignerons Catalans 4:** 1870, av. Julien-Panchot, Tel. 04 68 85 04 51. Zusammenschluss von Winzern der Côtes du Roussillon. Tipp: Château Cap de Fouste, rubinrot mit Honig- und Lorbeernoten.

**Granatschmuck ▶ Joaillerie Laviose 5:** s. Tipp unten.

## Abends & Nachts

**Achtung:** Im Hochsommer ist die Stadt wie ausgestorben. Fast alle Bars sind geschlossen: Tout Perpignan feiert am Strand! Ansonsten ist Perpignan eine ausgehfreudige Stadt mit vielen Music Bars in der Altstadt.

**Barmeile ▶ Rue Grande des Fabriques 1:** Die Gasse unweit vom Castillet vereint mehrere Bars, darunter **Habana Bodeguita** (Mo, Sommer auch So geschl., Salsa-Stil), **Le Zinc** (trendy).

**City-Lounge ▶ République Café 2:** 2, pl. de la République, 17–2 Uhr. *Der* Tipp in der Altstadt. Mit Billard und 2 Bars.

### Tipp: Joaillerie Laviose 5

Der traditionelle Schmuckladen in Perpignan (4, rue du Maréchal Foch, www.laviose.com, So, Mo morgens geschl.) verkauft typisch **katalanischen Granatschmuck,** dessen dunkelrote Steine am Canigou abgebaut werden. Fazit: Die filigranen Kostbarkeiten trägt jede Katalanin, die auf sich hält.

## Termine

**Sardanes:** katalanische Tänze, ganzjährig, meistens Sa abends um 21 Uhr rund ums Castillet; Juli/Aug. Mi.

**Osterprozession der Confrérie de la Sanch:** Karfreitag, 15–18 Uhr. Beeindruckender Zug der mit roten Kapuzenhüten und weiten Gewändern bekleideten Bruderschaft.

**Festa Major:** 1-wöchiger Festreigen (mittelalterlicher Markt, Feuerwerk) um den 23. Juni (St-Jean – Johannistag), währenddessen die gesegnete Flamme vom Berg Canigou in die Stadt gebracht wird.

**Les Estivales:** im Juli, www.estivales.com. Sommerliches Konzertfestival mit Stars wie Paolo Conte oder Cesaria Evora.

**Visa pour l'Image, Festival International du Photojournalisme:** Ende Aug.–Anfang Sept., Tel. 04 68 66 18 00, www.visapourlimage.com. Renommiertes Fotofestival. Alle Ausstellungen in Klöstern, Palais und öffentlichen Gebäuden sind kostenlos zugänglich.

**Jazzèbre:** Sept./Okt., Tel. 04 68 35 37 46, www.jazzebre.com. Jazzfestival.

## Verkehr

**Flughafen:** Perpignan-Rivesaltes, an der N 9, 6 km nördl., Tel. 04 68 52 60 70. Nur Flüge nach Paris.

**Zug:** Gare SNCF am Bd. du Conflent, tgl. (TGV-)Verbindungen nach Carcassonne, Montpellier, Paris; Züge nach Barcelona, Elne, Collioure. Tel. 36 35, www.voyages-sncf.com.

**Bus:** Gare Routière an der Av. du Général Leclerc, südl. Têt-Ufer, Tel. 04 68 80 80 80. Tgl. Verbindungen ins Conflent, die Cerdagne, in das Vallespir mit Car Inter 66, Tel. 04 68 35 29 02. Ab Pl. de la Catalogne im 30-Min.-Takt nach Canet-Plage.

# Die Aspres ▸ F/G 18

**Karte:** S. 382

Malerisch schieben sich im Südwesten von Perpignan die Aspres an die Stadt – ein Halbkreis sanfter Hügel, der nonchalant zur Küste abfällt. Die Flüsse Têt und Tech nehmen die nach wie vor bäuerlichen Aspres in die Zange. Im Hintergrund dräut der Mont Canigou, in den Vordergrund schieben sich die zahlreichen romanischen Kirchtürme des verbummelten Landstrichs.

## Im Osten der Aspres

Einen Eindruck von dem, was alles unter der Sonne der Aspres gedeiht, vermittelt in **Ponteilla** **1** der **Jardin Exotique:** Auf 3 ha sprießt hier die Fauna von fünf Kontinenten (Rte. de Nyls, Juni–Aug. 10–18, Sept.–Mai Mi, Sa, So 14–18.30 Uhr).

20 Mio. l mit Kräuter-, Blüten- und Wurzelextrakten aromatisierte Aperitife werden jährlich in **Thuir** **2** produziert. Wein und Zutaten liefert zu einem großen Teil die Umgebung. Byrrh, den bekanntesten Wermut aus Thuir, hatte ein katalanischer Apotheker im 19. Jh. ursprünglich als Medizin erdacht. Auf das Eine-Million-Liter-Fass, in dem der Aperitif jahrzehntelang zur Reife gebracht wurde, ist man in den **Caves Byrrh** besonders stolz. Bei der Besichtigung eines Teils der 7 ha umfassenden Produktionsstätten (inkl. 800 Eichenfässer) dreht sich alles darum, was man aus Kräutern destillieren kann: Cinzano, Américano, Dubonnet, Vabé und Ambassadeur zum Beispiel (2, bd. Violet, Juli/Aug. 10–11.45, 14–18.45, April–Juni, Sept./Okt. 9–11.45, 14–18.45 Uhr).

Ebenfalls mit der Region beschäftigt sich das **Musée de l'Aspre et Musée Nature et Chasse.** Zu sehen sind Exponate zum früheren Alltag der Aspres und ausgestopfte Tiere – die man früher gejagt hat bzw. noch immer in den Aspres jagt (Bd. Grégory, Tel. 04 68 84 67 87, Führungen tgl. Juli/Aug. 10–11.45, 14–18.45, April–Juni, Sept./Okt. 9–11.45, 14.30–17.45, Nov.–März Di–So 10.45, 15.30 Uhr, 2 €).

Über das umtriebige Winzerdorf **Fourques** gelangt man nach **Monastir-del-Camp** **3**. Karl der Große soll einer Legende nach im 12. Jh. das Kloster zum Dank für einen Sieg über die Araber gestiftet haben. Der Zusatz del Camp verweist auf das Schlachtfeld. Die 1087 fertiggestellte Kirche und der um 1300 aus weißem Céret-Marmor entstandene gotische Kreuzgang stehen seit 1862 unter Denkmalschutz. Zur Besichtigung gehört eine Weinprobe in den ehemaligen Pferdeställen des Klosters – selbstverständlich mit den Tropfen des heutigen Besitzers (Tel. 04 68 38 80 71, Führungen Fr–Mi Juli/Aug. 15, 16, 18, April–Okt. 15, 16, 17, sonst 15, 16 Uhr, Anmeldung empfohlen, 4 €).

## Im Westen der Aspres

Korkeichenwälder umgeben die Bergdörfer von **Llauro** und **Oms.** Von den Stämmen zur Korkherstellung abgeschält wird die Rinde kaum noch – der Sieg des Plastikkorkens und billigere Anbieter von der iberischen Halbinsel haben das alte Handwerk fast ausgelöscht. Südlich des **Col Fourtou** 4 überschaut man nach Norden das Tech-Tal. Am 646 m hohen Pass selbst lugt der Canigou durch die Baumwipfel. Vom Pass führt die D 618 (Richtung Amélie-les-Bains) zur **Chapelle de la Trinité** 5 (12. Jh.). Das einsam in den Bergen gelegene Pilgerkirchlein hütet ein romanisches Kruzifix. Über dem Gotteshaus dräut die Ruine des **Château Belpuig** – ein Ort, wie aus der Zeit gehoben …

Das Bergdorf **Boule-d'Amont** lädt mit seiner romanischen Kirche St-Saturnin (11. Jh.) zu einer Pause ein. Das Dach ist mit Schiefer eingedeckt. Im Dorf beginnt ein **Wanderweg** durch den dichten Wald der Aspres (5 km) zur **Prieuré de Serrabone** 6 (Tel. 04 68 84 09 30, 10–18 Uhr, 3 €, Foto siehe vordere Umschlagklappe). Mit dem Auto ist es wegen der Haarnadelkurven auf den letzten Kilometern fast doppelt so weit. 500 Jahre lang diente die Prioratskirche aus dem 11. Jh. Augustinermönchen als Zuflucht in absoluter Einsamkeit. Als Gründer gelten die mächtigen Grafen der Cerdagne, womit sich auch die zur Einweihung angereisten hohen Besucher erklären. Kirche und Kloster wurden 1151 in Anwesenheit des Bischofs von Elne und des Abtes von St-Michel-de-Cuxa geweiht. Nachdem die Augustiner im 14. Jh. weggegangen waren, verfielen die Klostergebäude, nicht jedoch die archaisch schlichte, aus Schiefer über dem Hang gebaute Kirche. Dank der prächtigen Ausstattung zählt Serrabone zu den Höhepunkten romanischer Baukunst im Roussillon. Für die kostbar gearbeiteten Arkaden und Säulenkapitelle, auf denen die grandiose Chortribüne ruht, wurde rosafarbener Marmor verwendet. Das in Stein gehauene Bestiarium umfasst Adler, Stier, geflügelte Löwen, Hirsch, flankiert von Engeln und Dämonen. Beschaulicher als die in Stein gehauene (Fantasie-)Welt macht sich der **botanische Garten** mit seltenen Feigensorten, Weinreben und Mittelmeerkräutern aus.

## Im Norden der Aspres

Das Tal des Têt begrenzt die Aspres nach Norden. Wo der Gebirgsbach Boules nach etlichen Windungen in den Fluss mündet, thront das mittelalterliche **Bouleternère** 7 auf einem Hügel. Mauern und Türme schützen das Dorf. Der Turm der Burg im Oberdorf wurde im 17. Jh. zum Glockenturm der Kirche umgewandelt. **Ille-sur-Têt** 8 wird vom kantigen Turm der Pfarrkirche beherrscht. Die größte Attraktion des schmucken Dorfes sind die goldroten Steinformationen etwas außerhalb über dem Ufer des Têt: Die wegen ihrer schlanken Formen **Orgues** genannten Naturwunder sind vom Wasser in 5 Mio. Jahren geschaffene Lehmablagerungen (Orgeln, Febr., März 10–12.30, 14–17.30, April, Mai, Sept., Okt. 10–18.30, Juli/Aug. 9.30–20, Okt. 10–12.30, 14–18, Nov.–Jan. 14–17 Uhr, www.ille-sur-tet.com, 4 €) .

Ebenfalls einsam gelegen ist die romanische **Eglise de Fontcouverte** 9 9 km südlich von St-Michel-de-Llotes an der D 2. Schlanke Zypressen umgeben das geduckte Gotteshaus. – Alle Wege durch die Aspres führen über kurz oder lang nach **Castelnou** 10. Das postkartenmäßig schöne 350-Seelen-Burgdorf entdeckten Kunsthandwerker schon vor Jahren. Man betritt das Dorf durch das Nadelöhr eines Stadttors. Viele der alten Dorfhäuser verfügen über einen an die Fassade gebauten Backofen. Die ehemalige Burg der Grafen der Cerdagne liegt am höchsten Punkt des Dorfes. Der Bau aus dem 10. Jh. brannte 1981 durch die Unvorsichtigkeit lagerfeuerfreudiger Pfadfinder nieder, wurde wieder aufgebaut und ist heute im Besitz einer Bank. Zur Burg gehört ein lauschiger Park (im Sommer 10–19, sonst 11–18, im Winter nur bis 17 Uhr, Jan. geschl., 5,50 €).

Hübsch schmiegt sich die romanische Dorfkirche etwas außerhalb ins Grün. Ohne Zweifel hübsch ist Castelnou aus der Ferne, bei näherem Hinsehen versprüht das Dorf jedoch schnell den Charme eines Freilichtmuseums.

## Infos

**Office de Tourisme:** Bd. Violet, 66300 Thuir, Tel. 04 68 53 45 86.

## Übernachten, Essen

**Ländlich ▶ Le Domaine de Quérubi:** 3 km westl. von Castelnou, Tel. 04 68 53 19 08, www.querubi.com. Herrschaftlicher Hof in bukolischer Lage. 200 ha Land, traumhafter Pyrenäenblick! Hinter den Natursteinwänden verbergen sich 6 komfortable Chambres d'hôte. Pool, geräumiger Salon, Table d'hôte (25 €). DZ/F ab 85 €.

**Im Burgdorf ▶ La Figuera:** 3, carrer de la Font d'Avall, Castelnou, Tel. 04 68 53 18 42, www.la-figuera.com. Labyrinthisches Anwesen, das sich über 3 alte Dorfhäuser erstreckt. Charmante Gästezimmer, nette Gastgeber. DZ/F ab 75 €.

**Prunkvoll ▶ Les Buis:** 37, rue Carnot, Ille-sur-Têt, Tel. 04 68 84 27 67, www.lesbuis.com, April–Sept. Zauberhaftes Bürgerpalais des 19. Jh. mitten im Ort, mit 4 charmanten, handverlesen möblierten Chambres d'hôte. Garten mit Feigen und Zitrusfrüchten, Pool. DZ/F ab 75 €.

## Essen & Trinken

**Lauschig ▶ Le Patio Catalan:** 4, pl. Général-de-Gaulle, Thuir, Tel. 04 68 53 57 28, Mi, Do geschl. Stylisches Restaurant mit typisch katalanischem Innenhof. Gute Regionalküche. Menü 14–35 €.

**Surreal ▶ La Casa Dalie:** 21, rue de la République, Tel. 04 68 53 03 92, Mi, Di, Sept.–Mai auch Mo abends, Juni–Aug. auch Sa mittags geschl. Reproduktionen von Dalì-Werken an der Wand, innovative katalanische Küche. Formule 16 €, Menü 22–46 €.

## Hinterland des Roussillon

**Geheim ▶ L'Epicerie:** Le Village, Les Hostalets (9 km westl. von Fourques), Tel. 04 68 66 71 38, nur auf Reservierung. Kaum als Restaurant zu erkennen und doch jeden Kilometer Anfahrt wert. Es gibt nur zwei, drei Tische und im Sommer eine Gartenterrasse dazu. Köstliche Landküche und Meeresfrüchte: Lamm aus dem Backofen, Austern. Eine Adresse, die man nur unter Freunden weitergibt und wo man unter Freunden sitzt. Menü ab 26 €.

## Einkaufen

**Wurst und Schinken ▶ Maison Paré:** 15, pl. de la Mairie, Fourques, Tel. 04 68 38 80 53, www.charcuterie-pare.com. Schinken vom *cochon noir* (schwarzes Schwein), erstklassige katalanische Würste.

**Von der Scholle ▶ Relais de Serrabone:** am Fuß der Straße, die zum Prieuré de Serrabone (s. S. 381) führt, Tel. 04 68 84 26 24, März–Okt. 10–19 Uhr. Gemeinschaftsladen der Bauern und Handwerker aus den Aspres. Verkauf von Honig, Kräutermischungen, Käse, Oliven, Obst, Saft.

## Termine

**Soirées sardane:** Pl. de la République, Thuir, Juli/Aug. 20.30 Uhr. Sardane-Tanzkurse.

**Diades Catalanes:** Thuir, 3. Juliwochenende. Katalanisches Volksfest mit kulinarischem Schwerpunkt auf Schnecken – 25 000 davon kommen zur *cargolade* (geröstete Schnecken mit Brot und Aioli) in den Topf …

# Conflent, Albères, Vallespir und Cerdagne

**Der 2784 m hohe Pic du Canigou ist das Wahrzeichen des wasserreichen Conflent. Eine alpine Welt tut sich in der Cerdagne mit Almen, Nadelwäldern, Chalets und Skiliften auf: Das Hochtal liegt auf mittleren Höhen von 1200 m. Mediterran geprägt ist hingegen der Bergrücken der Albères. Das Vallespir war früher eine Passage für Schmuggler und Flüchtlinge aus und nach Spanien.**

## Der Conflent ▶ C–E 18

**Karte:** S. 382
Conflent lässt sich etymologisch auf das lateinische *confluentis* (Zusammenfluss) zurückführen: Dutzende von Gebirgsbächen und -flüssen speisen den **Têt,** der das größte Tal der östlichen Pyrenäen von West nach Ost durchfließt. Der fruchtbare Untere Conflent ist als Obstanbaugebiet berühmt – im Frühjahr setzen die Blüten von Kirschen, Aprikosen, Pfirsichen zartbunte Tupfen an die Ufer des Têt. Berühmt ist die Rouge de Roussillon, die als beste Aprikosensorte Frankreichs gilt.

Seit der Antike wird das Tal als **Verkehrsschneise** von den Pyrenäen ans Mittelmeer genutzt. Im Mittelalter erlebte der Conflent dank der strategisch günstigen Lage eine Hochblüte. Davon zeugen die romanischen Abteien und Dorfkirchen.

### Prades

Obstplantagen breiten sich zu beiden Seiten der N 116 von Perpignan nach Prades aus, über denen zur Rechten das steil am Fels aufragende Dorf **Eus** 11 postkartenschön wacht, während zur Linken der 2784 m hohe **Pic du Canigou** majestätisch seinen bis weit ins Frühjahr schneebedeckten Gipfel zeigt.

**Prades** 12 ist die kleine Kapitale des Conflent. Die mit knapp 6000 Einwohnern immerhin zweitgrößte Stadt des Roussillon tituliert sich am Ortseingang als »Hauptstadt des Obstanbaus«, zu der selbstverständlich eine große Obstgenossenschaft gehört. Jeden Dienstag belebt der große Wochenmarkt die **Place de la République** und die umliegenden Gassen. Die Caféterrassen am Platz werden dann zu Logenplätzen mit Blick auf das bunte Gewühl. Aus rosafarbenem Mar-

mor, der in der Umgebung gebrochen wird, ist der Brunnen auf dem Platz. Doch selbst die Straßen wurden mit dem kostbaren Material bepflastert. Am Hauptplatz der charmant ländlichen Kleinstadt steht auch die im 17. Jh. erbaute **Pfarrkirche St-Pierre,** deren pyramidenförmiger, an der Spitze schmiedeeiserner Glockenturm die weite Place de la République mit ihren ausladenden Platanenkronen dominiert (8.30–12, 14.30–18 Uhr). Der äußerst reich gearbeitete Aufsatz des Hochaltars von St-Pierre ist ein Musterbeispiel katalanischen Barocks: Über 40 vergoldete Holzstatuen leuchten ins Kirchendunkel. Noch kostbarer ist der Kirchenschatz, **Le Trésor.** Die Sammlung sakraler Kunst umfasst auch Stücke aus dem Kloster von St-Michel-de-Cuxa und wird in der Schatzkammer in der Rue de l'Eglise aufbewahrt (Tel. 04 68 05 23 58, Mitte Juni–Ende Sept. Di–Sa 10–12, 14–17, gratis).

Im Hochsommer beleben die katalanische Sommeruniversität, ein Cineastentreffen und das hochkarätige Pablo-Casals-Musikfestival die Kleinstadt. Der spanische Cellist und Menschenrechtskämpfer Pablo Casals (1876–1973) kam auf der Flucht vor Franco 1937 nach Prades – und blieb. 1950 folgten befreundete Sänger und Kammermusiker seiner Einladung zu einem kleinen Festival. Heute ist das **Festival Pablo Casals** eine der bedeutendsten Veranstaltungen klassischer Musik in Frankreich. Die Konzerte finden in der Pfarrkirche St-Pierre und in der nahe gelegenen Abtei St-Michel-de-Cuxa statt. In der **Mediathek** wird die Erinnerung an den Gründer in der **Salle Casals** mit Fotos, Instrumenten und Originalaufzeichnungen gepflegt (33, rue de l'Hospice, Tel. 04 68 96 28 55, Juli/Aug. Di–Fr 10–12, 14–17, Sa 10–12, ansonsten auf Anfrage, gratis).

## Abbaye de St-Michel-de-Cuxa 13

Die **Abbaye de St-Michel-de-Cuxa** (ausgesprochen: ›kuscha‹) 3 km südlich von Prades

**Überbleibsel der Hochblüte des Mittelalters im Conflent – die romanische Abbaye de St-Michel-de-Cuxa**

**Zubereitung von ›cargolade‹, gerösteten Schnecken**

ist ein Paradebau der Roussillon-Romanik. Hoheitsvoll überragt der quadratische, zinnengekrönte Kirchturm den Conflent. Von den ursprünglich zwei Türmen stürzte einer im 19. Jh. ein. Durch die Krypta des 11. Jh., die eine wuchtige Mittelsäule trägt, erhält man Zugang zu Kirche und Kloster. Die 878 gegründete Abtei verdankt ihre Pracht der Gunst der Grafen der Cerdagne. Die gebildeten Äbte, allen voran der aus dem Geschlecht der Grafen der Cerdagne stammende Abbé Oliba, nahmen begierig neue Einflüsse auf. So war die 974 begonnene Kirche bei ihrem Bau bereits die dritte der Abtei. Erstmals im Roussillon setzten sich hier lombardische Stilmerkmale durch.

Das Ensemble aus dem 10. bis 12. Jh. hatte das Jahrtausend seit Gründung der Abtei trotz Demontagen während der Französischen Revolution nahezu unbeschadet überstanden, bis im Jahr 1907 ein Kunsthändler Teile des 1140 aus rosafarbenem Marmor errichteten Kreuzgangs in die Vereinigten Staaten verkaufte – wo der Kreuzgang heute zu den Attraktionen des New Yorker (Freilicht-) Museums The Cloisters zählt. Davon bemerkt der Besucher im Conflent freilich nichts: Das fehlende Stück wurde in der Abtei unter Verwendung verbliebener Originalteile minutiös rekonstruiert (tgl. außer So morgens 9.30–11.50, 14–17, Mai–Sept. bis 18 Uhr, 5 €).

## Infos

**Office de Tourisme:** 4, rue des Marchands, 66500 Prades, Tel. 04 68 05 41 02, www.prades.com.

## Übernachten

**Gelungen ▶ Maison 225:** 225, av. du Général-de-Gaulle, Prades, Tel. 04 68 05 52 79, www.225prades.com. Stattliches Haus, das vom irischen Besitzerpaar in zeitlos elegante Chambres d'hôte umgebaut wurde. Garten. DZ/F ab 56 €.

**Praktisch ▶ Camping de la Plaine St-Martin:** Prades, Tel. 04 68 96 29 83, www.leconflent.net/seml. Ganzjährig, einfach ausgestattete, kommunale Ortsanlage – und nur etwa 100 m vom Freibad entfernt. Es gibt auch Holzchalets. 13 €/2 Pers., Zelt.

## Übernachten, Essen

**Neobarock ▶ Château de Riell:** Molitg-les-Bains (7 km nördl. von Prades via D 14)Tel. 04 68 05 04 40, www.chateauderiell.com, April–Anfang Nov. Neobarockes katalanisches Schlösschen (19. Jh.) im Wald, mit Blick auf den Pic du Canigou, behagliche Salons mit Kamin und edle Zimmer, einige in Nebenbauten, Thermen auf dem Gelände, schickes Bodega-Restaurant (Di–So, außer am Wochenende und Juli/Aug.nur abends, Menü ab 49 €). DZ ab 148 €.

**Am Canigou ▶ Les Loges du Jardin d'Almeyric:** Clara (5 km südl. von Prades via D 35)Tel. 04 68 96 08 72. 3 klare, komfortable Chambres d'hôte in versteckter Lage am Fuß des Canigou. Restaurant (Di abends, Okt.–Mai auch geschl., Menü 34–50 €). DZ/F ab 65 €.

## Essen & Trinken

**Mit Glockenschlag ▶ El Patio:** 19, pl. de la République, Prades, Tel. 04 68 05 35 60, tgl. Sympathisches Restaurant gegenüber der Kirche. Terrasse nach hinten, bodenständige Küche. Formule 13, Menü 20–30 €.

## Einkaufen

**Wochenmarkt ▶ Prades:** Di (s. S. 384).

## Aktiv

**Exkursionen zum Pic du Canigou ▶** mit Allrad-Jeeps, Informationen beim **Syndicat mixte Canigou-Grand site,** Prades, Tel. 04 68 96 45 86 oder im **Office de Tourisme** (s. S. 386).

**Mountainbikeverleih ▶ Michel Flament:** 8, rue Arago, Tel. 04 68 96 07 62, 13 €/Tag, 10 €/halber Tag.

**Höhlentouren, Wandern, Canyoning ▶ Conflent Spéléo Club:** M. Pérez, Tel. 04 68 96 51 58, oder Marc Rollot in Los Masos (2 km östl. Richtung Perpignan, Tages- und Halbtagestouren), Tel. 04 68 96 55 00.

## Termine

**Journées romanes:** 1. Julihälfte, www.cuxa.org. Besichtigungen, Vorträge zu den romanischen Kirchen des Conflent.

**Rencontres Cinématographiques de Prades:** Anfang–Mitte Juli, Auskunft Tel. 04 68 05 20 47, www.cine.rencontres.com. Kinofilmfestival.

**Festival Pablo Casals:** letzte Juliwoche–Mitte Aug., Tel. 04 68 96 33 07, www.prades-festival-casals.com. Hochklassige Konzerte internationaler Orchester in St-Pierre-de-Prades, St-Michel-de-Cuxa und weiteren Kirchen der Umgebung.

## Verkehr

**Zug:** tgl. Verbindungen nach Perpignan und Villefranche. Tel. 36 35, www.voyages-sncf.com.

**Bus:** Busbahnhof Avenue Général-de-Gaulle. Tgl. Verbindungen nach Perpignan und Bourg-Madame, Auskunft über Gare Routière in Perpignan, Tel. 04 68 35 29 02.

## 15 Massif du Canigou

Der Canigou ist mit 2784 m nicht der höchste Berg der Pyrenäen, für die Katalanen dies- und jenseits des Pyrenäenkamms jedoch ein heiliger Berg. Der Gipfel, von dessen Höhe man bis zur Costa Brava schaut, ist zudem ein beliebtes Ausflugsziel. Entsprechend gut beschildert sind die Wanderwege hinauf, s. Aufstieg zum Pic du Canigou auf S. 388.

## Abbaye de St-Martin-du-Canigou 14

Sie thront im Westen hoch oben auf einem Felssporn und nicht auf dem Berg, der ihr den Namen gab: die **Abbaye de St-Martin-du-Canigou** (Juni–Sept. Führungen Mo–Sa stdl. 10–12, 14–17, So 10, 12.30, Okt–Mai Di–Sa 10, 11, 14–16, So 10, 12.30 Uhr, www.stmartinducanigou.org, 5 €). Der Wagen bleibt in **Casteil** stehen: Weiter dürfen nur autorisierte Fahrzeuge fahren. Vom Weiler führt ein steiler **Wanderweg** zur Abtei (45 Min.). Die 1009

aktiv unterwegs

## Aufstieg zum Pic du Canigou

### Tour-Infos

**Start und Endpunkt:** Chalet des Cortalets
**Dauer:** 6 Std.
**Jahreszeit:** Ende Mai–Mitte Okt.
**Wanderkarte:** IGN, blaue Serie, 1:25 000, Nr. ET 2349 Massif du Canigou
**Wichtige Hinweise:** Anstrengende Wanderung, nur für Schwindelfreie. Für Fels geeignete Schuhe erforderlich. Wasser, Kopfbedeckung, Windjacke nicht vergessen. Unbedingt den Wetterbericht beachten!

Von Prades führt die **Piste de Llech,** eine 25 km lange Schlaglochpiste (geöffnet Mai–Okt., Fahrtzeit 1 Std.), hoch zum **Chalet des Cortalets.** Vorbei am Weiler Villerach windet sich der gut befahrbare Forstweg durch die Schlucht des Llech bis zur vom Club Alpin auf 2150 m bewirtschafteten Wanderherberge (55 Schlafplätze, 14 €/Nacht, Tel. 04 68 96 36 19, www.cortalets.over-blog.com). Hier bleibt der Wagen stehen. Man sollte im Morgengrauen aufbrechen, um die spektakuläre Sicht über die majestätischen Pyrenäengipfel ringsherum zu genießen – am späten Nachmittag verhüllt oft Dunst die Aussicht.

Das Ziel ist der 2784 m hohe Gipfel des **Canigou,** der als Symbolberg der Katalanen beiderseits des Pyrenäenkamms verehrt wird. Gut zwei Stunden Fußweg braucht man vom **Chalet des Cortalets** bis zur Gipfelpyramide, auf der in der Johannisnacht (23. auf 24. Juni) mit der heiligen Flamme *del Canigo* ein weithin sichtbares Feuer entfacht wird. In der Glut werden Zettel mit Wünschen und Ehrungen berühmter Katalanen verbrannt. Es ist der wichtigste Feiertag aller Katalanen beiderseits der Grenze.

Die ersten paar Hundert Meter geht es zunächst zwischen majestätischen Baumriesen und durch fette Almen bergan, in denen sommers Kühe grasen. Schon auf dem Weg zum 2362 m hohen **Pic Jofffre,** der dem Canigou im Norden vorgelagert ist, ändert sich das Bild: kein Baum oder Strauch mehr nirgends, und immer krautiger werden die Wiesen, bis der nördliche Kamm des Canigou erreicht ist. Ringsherum und unter den Füßen gibt es nur noch Fels und Geröll. Die **Besteigung** des Canigou erfordert bis zum Gipfel einige Puste, vor allem auf dem letzten Abschnitt, wenn der Weg durch ein nacktes Felsmeer führt.

Für die Mühen entschädigt der Ausblick. Wer früh genug aufgebrochen ist, genießt die klare Luft und freie Sicht. Mit etwas Glück glitzert im Südosten das Meer! Einsam ist es auf dem Gipfel allerdings selten – der Canigou zieht viele Wanderer an. Entsprechend groß ist der Andrang unter dem schmiedeeisernen Gipfelkreuz und am Orientierungstisch.

Auf der Südseite des Gipfels beginnt ein anfangs recht steiler, von Felsen eng eingefasster Abstieg. Es geht durch die auf 2696 m knapp unter dem Canigou gelegene Felsenge der **Brèche Durier** hinunter zur **Porteille de**

geweihte Glaubensfeste entstand auf Initiative der Grafen der Cerdagne an der Stelle einer Einsiedelei. Abteigründer Guifred de Cerdagne verbrachte hier seine letzten Monate und ließ sich nebst Gattin vor der Kirche beisetzen. Ihre in den Fels gehauenen Gräber befinden sich unweit des Turms. Die doppelstöckige dreischiffige Kirche erinnert an eine urzeitliche Höhle. Erstmals im Roussillon probierten sich die Baumeister an einem Steingewölbe. Ein Erdbeben fügte der Abtei im 15. Jh. schwere Schäden zu. Die im späten 18. Jh. verlassene Anlage wurde Anfang des 20. Jh. unter erheblicher Veränderung der ursprünglichen Pläne restauriert. Der Kreuzgang bestand ursprünglich aus zwei Galerien,

**Valmanya** auf 2591 m. Hier teilt sich der Weg: Rechts gelangt man in ca. 3,5 Std. zum **Chalet de Mariailles,** einer weiteren vom Club Alpin bewirtschafteten Wanderherberge, in der man Übernachten kann (s. Vernet-les-Bains, Aktiv, S. 392). Links hingegen geht es in knapp 2 Std. über die Mondlandschaft beiderseits der **Crête du Barbet,** den Südkamm des Canigou, zurück zum **Chalet des Cortalets.**

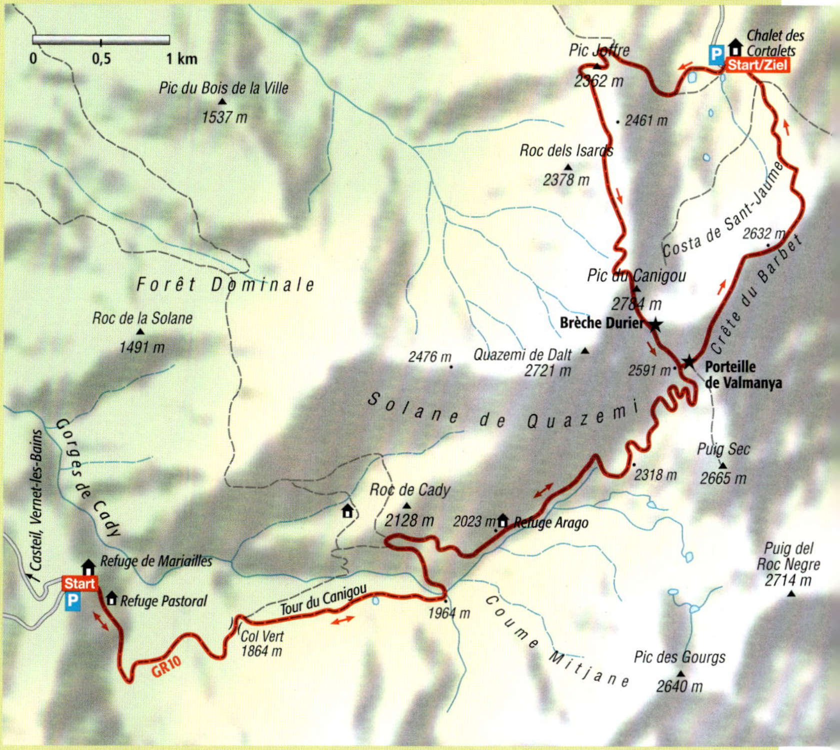


deren obere erst im 14. Jh. aufgesetzt und bei der Rekonstruktion weggelassen wurde, weil man ihre Gesteinsreste zur Wiederherstellung der unteren Galerie verwendete. St-Martin-du-Canigou bietet heute dem Orden der Communauté des Béatitudes Raum für ein kontemplatives Leben, deren Mitglieder die Führungen organisieren.

## Vernet-les-Bains und Corneilla-de-Conflent

Nur ein paar Kilometer Luftlinie unterhalb der Abtei verbirgt sich hinter viel Grün und in klimatisch angenehmer Mittelgebirgshöhe der Kurort **Vernet-les-Bains** **15**. Mit dem Zusatz ›les-Bains‹ pocht das Städtchen auf seinen Bäderstatus, der es ein wenig über die länd-

Wahrzeichen des Conflent: der 2784 m hohe Pic du Canigou, im Vordergrund die Orgues d'Ille-sur-Têt

liche Stille der Nachbarorte erhebt. Rheumakranke und unter Beschwerden der Atemwege Leidende aus ganz Europa suchen Vernet auf. Die Gassen des alten Ortskerns, die schmucken Belle-Epoque-Hotels sowie die neuen Thermalanlagen versprühen eine skurrile Mischung aus Fin de Siècle und moderner Wellness. Die romanische Pfarrkirche Ste-Marie auf einem Hügel hoch über der Altstadt wirkt wie eine Festung, die ein mit Schmiedeeisen beschlagenes Portal verschließt.

Deutlich stiller ist es im Nachbarort **Corneilla-de-Conflent** 16, das vor allem wegen der **romanischen Dorfkirche** Besucher anzieht: der reich ausgestattete Sakralbau hütet einen 700 Jahre alten Sakristeischrank, spätmittelalterliche polychrome Statuen und einen schönen Altar aus rosafarbenem Marmor (Juli/Aug. Mo–Sa 10–13, 15–19, Juni, Sept. Mo, Di, Do, Fr 15–18, April, Mai, Okt. Mo, Di, Do, Fr 14.30–17 Uhr, Nov.–März auf Anfrage im Büro gegenüber, Tel. 04 68 05 77 59, 2,50 €).

Unter die Erde geht es in der nahegelegenen **Grotte des Canalettes. Les Grandes Canalettes** an der Straße nach Villefranche-de-Conflent mit ihren 40 Mio. Jahre alten Sälen ist eine der sehenswertesten Tropfsteinhöhlen (April–Juni tgl. 10–18, Juli/Aug. 10–19.30, Sept./Okt. 10–17.30 Uhr, www.3grottes.com, 9 €).

Zwei weitere Grotten, **La Cova Bastera** in Villefranche-de-Conflent (s. S. 393) und **Les Anciennes Canalettes,** auch an der Straße von Vernet-les-Bains nach Villefranche-de-Conflent, sind weniger spektakulär, jedoch auch zu besichtigen (www.3grottes.com).

## Infos

**Office de Tourisme:** 6, pl. de l'Ancienne Mairie, 66820 Vernet-les-Bains, Tel. 04 68 05 55 35, www.ot-vernet-les-bains.fr.

## Übernachten

Naturnah ▶ **Camping L'Eau Vive:** Chemin St-Saturnin, Vernet-les-Bains, Tel. 04 68 05 54 14, Mitte Dez.–Okt. Kleine Anlage mit See, viel Grün. Ab 14 €/2 Pers.

## Übernachten, Essen

Blick auf den Canigou ▶ **Les 2 Lions:** 18, bd. Georges-Clémenceau, Vernet-les-Bains, Tel. 04 68 05 55 42, www.les2lions.fr. 5 Chambres d'hôte in großem, 200 Jahre altem Haus an der ehemaligen Stadtmauer. Terrasse, Garten. Keine Kreditkarten, DZ/F ab 64 €.

Preiswert ▶ **Hôtel Princess:** Rue des Lavandières, Vernet-les-Bains, Tel. 04 68 05 56 22. Ruhiges, Haus am Fuß des Ortes. Zimmer mit schönem Blick auf den Canigou, Terroir-Küche (Ende März–Ende Nov., Menü 14 (mittags)–33 €), Terrasse. DZ ab 48 €.

Für Wanderer ▶ **Les Mailloles:** Fillols (6 km nördl. von Vernet-les-Bains), Tel. 04 68 05 66 46, www.gite-les-mailloles.com, April–Okt. Neubau auf einer Lichtung mit 3 Chambres d'hôte (DZ/F 44 €) und 2 Wandererschlafsälen à 5 Betten (18 €/Nacht inkl. Frühstück). Zünftige Tables d'hôte (22 € inkl. Getränke). Auf Bestellung Picknickkörbe für die Canigou-Bezwingung.

## Essen & Trinken

Im Dorfgeschehen ▶ **Café de l'Union:** Pl. de l'Eglise, Fillols (6 km nördl. von Vernet-les-Bains), Tel. 04 68 05 63 06, So abends, Mo geschl. Dorfcafé mit Terrasse. Entenbrust mit Morcheln, Wachteln mit Trauben, Lamm mit Pfifferlingen. Menü 12–23 €.

## Aktiv

Canigou-Bezwingung ▶ Von **Vernet-les-Bains** führt die halsbecherische Piste du Col de Fillols (20 km) auf den Canigou – man versucht es besser nicht mit dem eigenen Wagen, sondern überlässt die mörderische Tour einem professionellen Anbieter (Adressen über Office de Tourisme, s. links). Ziel ist der **Refuge de Mariailles** auf 1700 m (55 Schlafplätze, 16 €/Nacht, Tel. 04 68 05 57 99). Von dort startet ein atemberaubend schöner Weg zum Gipfel (6,5 Std. hin und zurück). **Weitere Wanderung** auf den Canigou s. S. 388.

Exkursionen zum Pic du Canigou im Allrad-Jeep ▶ **M. Bonzan:** Vernet-les-Bains, Tel. 04 68 05 99 89. **Jean-Claude Cullell:** Corneilla-de-Conflent, Tel. 04 68 05 64 61. Je um 25 €/Pers.

## Villefranche-de-Conflent 17

Eingeschnürt hinter Stadtmauern scheint **Villefranche-de-Conflent** (230 Einw.) die Zeit abzuwehren. Die schmucke, weitgehend aus rosafarbenem Marmor errichtete Hauptstadt des Conflent ist wegen ihrer Rolle als Tor zu den Tälern des Têt, des Cady und der Rotja ein Touristenmagnet. Das Ortsbild ist fast geschlossen mittelalterlich. Im rechteckigen Stadtgrundriss fällt die **Pfarrkirche St-Jacques** (10–12, 14–18 Uhr) ins Auge: Über der rosafarbenen romanischen Fassade dräut ein gotischer Glockenturm. Im Mittelalter hielten Tuchhändler Markt vor der Kirche. An der Außenwand sind daher die Maßeinheiten für die Tuchhändler eingemeißelt. Heute laden Caféterrassen zum Verweilen auf dem Platz ein. Im Innern der zweischiffigen Kirche besticht der Marmorboden mit Grabplatten des 18. Jh.: Grinsende Totenschädel und krumme Knochen künden vom heiteren Umgang mit dem Letzten Stündchen. Bei der überaus reichen Ausstattung sei vor allem auf das romanische Taufbecken, die Madonna du Bon Secours vom 15. Jh. sowie Exvotos und barocke Weihwasserbecken hingewiesen.

Die von Vauban verstärkten **Festungsmauern** mit einigen ins Auge stechenden Bastionen und den noch auffälligeren Stadttoren **Porte de France** (14.–18. Jh.) im Westen und **Porte d'Espagne** (18. Jh.) im Osten können bestiegen werden (Empfang 2, rue St-Jean, Tel. 04 68 96 22 96, Juni–Sept. 10–19, Juli/Aug. bis 20, sonst 14–17 Uhr, 4 €). Von ihrer Höhe gewinnt man den besten Einblick über die sich an zwei lang gezogenen Straßen aufreihenden Häuser der Stadt.

Über die mittelalterliche Brücke Pont St-Pierre im Norden gelangt man zu den sogenannten **1000 Stufen.** Sie enden am Vauban'schen **Fort Libéria,** hoch über Villefranche (Tel. 04 68 05 74 29, Sept.–Juni 10–18, Juli/Aug. 9–19, sonst 10–18 Uhr, www.fort-liberia.com, 6 €, Kleinbus-Shuttle ab Place du Génie 3 €). Vor der Brücke warnt ein Schild vor dem **Petit train jaune** (s. S. 394), dessen parallel zum Têt verlaufenden Gleise man überqueren muss. Der Weg auf die von Vauban erbaute Festung ist steil. Als Belohnung kann man sich durch die ehemaligen Soldatenunterkünfte und Verliese führen lassen … und den Adlerblick auf Villefranche genießen.

### Infos

**Office de Tourisme:** Pl. de l'Eglise, 66500 Villefranche-de-Conflent, Tel. 04 68 96 22 96, www.villefranchedeconflent.fr.

### Übernachten, Essen

Ehemalige Kapelle ▶ **Auberge St-Paul:** 7, pl. de l'Eglise, Tel. 04 68 96 30 95, in der Nebensaison Di, sonst So abends, Mo geschl. Zentral gelegenes Lokal in einer ehemaligen Kapelle. Küchenchefin Patricia Gomez serviert Foie gras mit Himbeeressig, Austern-Tartar. Terrasse, sehr gute Weinauswahl aus dem Roussillon. Menü 10 (mittags)–75 €.

Vom Grill ▶ **Au Grill Restaurant La Senyera:** 81, rue St-Jean, Tel. 04 68 96 17 65, in der Nebensaison nur mittags außer Sa und Mi, in der Hauptsaison Di abends, Do abends geschl. Mittelalterlicher Saal. Tipp: Perlhuhn mit Feigen in Banyuls! Tapas. Menü 19–26 €.

### Einkaufen

Regionales ▶ **La Boutique du Champignon:** Bastion du Dauphin, Tel. 04 68 05 94 76 18, www.boutique-du-champignon.com. Waldpilze, Wurst und Schinken. Für Kinder gibt es geschnitzte Trolle, für Hobbyköche Rezeptbücher der katalanischen Küche.

### Abends & Nachts

Bei Brandgefahr ▶ **Bar Le Canigou:** 89, pl. du Génie, Tel. 04 68 96 12 19, tgl. Dorfbar, die mit Feuerwehrutensilien dekoriert ist. Terrasse mit Platane.

### Aktiv

Canyoning, Höhlenwandern, Klettern, Wandern ▶ **Explorations Pyrénéennes:** 64, rue St-Jacques, Tel. 06 22 45 82 02. Alle Bergsportarten mit diplomierten Führern.

### Verkehr

**Zug:** Bahnhof außerhalb Richtung Perpignan. Verbindungen nach Perpignan und Abfahrt des Petit train jaune (s. S. 394).

aktiv unterwegs

## Achterbahn ins Gebirge – Le Petit Train jaune

### Tour-Infos

**Länge/Dauer:** 63 km, 3 Std. Fahrtzeit
**Preise:** Gesamtstrecke Villefranche-de-Conflent – Latour-de-Carol 36 € hin und zurück
**Fahrplan:** 5 x tgl. bis Latour-de-Carol, 1 x tgl. nur bis Font-Romeu. So zusätzliche Fahrt bis Font-Romeu. Keine Reservierung möglich. Wann ein dieselbetriebener Schienenbus oder der Dampfzug eingesetzt wird, erfährt man im Office de Tourisme von Villefranche-de-Conflent (s. S. 393).
**Karten:** Strecke des Train jaune in Rot, s. auf Karte S. 403. Für die beiden Wandervorschläge IGN, blaue Serie, 1:25 000, Nr. 2249 ET Font-Romeu.
**Wichtige Hinweise:** An 13 der 21 Haltestellen/Bahnhöfen wird nur bei Bedarf/auf Anfrage gehalten. Keine Toiletten im Zug!

Die originellste Art, von Villefranche-de-Conflent aufs Hochplateau der Cerdagne zu reisen, ist der **Train jaune.** Auch als Vehikel für Wanderer ist der kanariengelbe Zug ideal, dessen volkstümlicher Name eben wegen der auffälligen Farbe »Le Canari« lautet: Wenn im Hochsommer 80 km weiter westlich die Hitze über der Küste flimmert, weht über der **Cerdagne** immer ein frisches Lüftchen. Man steigt an einem Bahnhof aus, wandert zum nächsten, um dort wieder einzusteigen. Der Train jaune startet vom Bahnhof 2 km außerhalb des Festungsstädtchens Villefranche-de-Conflent (s. S. 393) Richtung spanische Grenze. 1910 wurde der erste Abschnitt der Ligne de Cerdagne auf Betreiben des Abgeordneten Emmanuel Brousse zwischen dem auf 427 m gelegenen **Villefranche-de-Conflent** und dem 1231 m hoch gelegenen **Latour-de-Carol** eröffnet.

Während der dreistündigen Fahrt durch 19 Tunnel und über 20 Brücken überwindet die Schmalspurbahn fast 1600 Höhenmeter! Mit dem Bergpanorama vor Augen lehnt man sich gemütlich in den Bänken des Train jaune zurück – sommertags sogar im offenen Waggon des nostalgischen Bähnchens. Neben dem Schienenstrang zieht das Gebirgspanorama im Schmalspurtempo (max. Geschwindigkeit: 55 km/h!) an Frankreichs höchstgelegener Bahntrasse vorbei. Und noch ein Superlativ: Hobby-Eisenbahner erfreuen sich am Haltepunkt **Bolquère-Eyne,** Frankreichs höchstgelegenem Bahnhof, an dem die Bahn nur auf Anfrage hält, was übrigens für 13 der insgesamt 21 Stationen, somit mehr als gut die Hälfte aller Haltepunkte gilt. Es geht ganz einfach: Hand ausstrecken oder vorher bei der Bahn Bescheid sagen – und der Zug hält.

Als spektakulärster Streckenabschnitt gilt der zwischen **Olette** und **Font-Romeu.** Hier bieten sich auch einige spannende Wanderungen an. 3 km westlich von Olette führt vom Haltepunkt **Nyer** ein Almauftriebsweg durch das Tal des Pyrenäenflüsschens Mantet zu den Naturschutzgebieten von Mantet und Py (über Fernwanderweg GR 10 ca. 10 km Aufstieg bis ins 24-Seelendorf Mantet, sieben weitere Kilometer durch das Rotja-Tal bis ins noch kleinere Py, Infos über Wanderunterkünfte, Café, Wanderwege in der **Maison de la Nature** neben der Kirche von Mantet, Tel. 04 68 05 00 75).

Eine weitere Wanderung mit Anreise per Train jaune bietet sich zwischen den Bahnhöfen von **La Cabanasse** (600 m unterhalb von Mont-Louis) und Fontpédrouse an. Nach dem Ausstieg in La Cabanasse geht man rechts hinunter ins Dorf, wo links eine Straße mit der Markierung des Fernwanderwegs GR 10 (rotweißer Doppelbalken) abzweigt. Die kleine Brücke rechts nicht überschreiten, sondern den Weg gegenüber nehmen, der der Bahnstrecke folgt (PR, gelbe Markierung, 10 km/3 Std., leicht). Über einen Steg führt der Wanderweg zum **Mas La Cassanye,** einem einsamen Weiler, hinter dem man rechts zum Têt abbiegt. Über eine Steinbrücke wird der Fluss überquert. Am anderen Ufer hält man sich rechts. Kurz hinter dem Bahnhof von **Planès** führt der Weg unter einer Eisenbahnbrücke hindurch, hinter der man sich links hält und den 234 m langen und 80 m hohen **Pont Gisclard,** eine Eisenbahnhängebrücke mit garantiertem Schwindelgefühl erblickt. Gisclard hieß der Ingenieur, der die Brücke über den Têt entwarf und der bei den Bauarbeiten ums Leben kam – woran eine Stele zu Füßen des Bauwerks erinnert. Es geht immer geradeaus weiter. Der Weg steigt sanft zu einer Gabelung an, mit Blick über das Tal der Riberola.

Der Weg führt hinunter ins Tal zum **Thermalbad von St-Thomas** (www.bains-saint-thomas.fr). Das Bäderörtchen wird durchquert. Vom Parkplatz führen Betonstufen zu einem breiten Weg hoch, auf dem man ca. 800 m immer geradeaus weitergeht. Links kringelt sich nun ein Weg hinunter und überquert das Landsträßchen **D 28.** Auf der anderen Seite führt ein Weg zu einer Brücke über die Têt. Am anderen Ufer führt der Weg erneut zur D 28, die bald auf die stark befahrene N 166 stößt: Ein paar Meter folgt man der **N 166,** um in die zweite Straße links einzubiegen, die zum Bahnhof von **Fontpédrouse** und damit zum Train jaune führt.

**Abenteuerliche Ausblicke garantiert eine Fahrt mit dem »Canari« – wie hier vom Séjourné-Viadukt bei Fontpédrouse**

## Tipp: Im Tal der Schildkröten

Das verschwiegene **Vallée des Tortues** bietet auf 2 ha **35 Schildkrötenarten** eine artgerechte Heimat. Die Führung dauert etwa 1,5 Std. (La Vallée heureuse, 4 km südl. von St-André, via Sorède, ► H 19; Führungen Sommer tgl. 15–18, Winter 14.30–17 Uhr, www.lavalleedestortues.com, 4 €)

## Albères ► G/H 19

**Karte:** S. 382

Die Bergkette der **Albères** verläuft vom Städtchen Céret im Westen bis zur Côte Vermeille im Osten. Es ist ein von der Sonne verbrannter Landstrich, der selten mehr als 1000 Höhenmeter erreicht.

### St-André und St-Genis-des-Fontaines

**St-André** 18 (2700 Einw.) ist das Zentrum der romanischen Kunst in den Albères. Wie Benediktinermönche im frühen Mittelalter die Gegend urbar machten und mittels Abteien kultivierten, erfährt man neben der Pfarrkirche in der **Maison transfrontalière d'Art roman** (Tel. 04 68 89 04 85, www.saint-andre66.fr, Mitte Juni–Mitte Sept. Di–So 10–12, 14.30–19, sonst Di–Sa 10–12, 15–18 Uhr, 2 €). Im Zentrum der kleinen Ausstellung steht die **Abteikirche St-André,** die dem Ort seinen Namen gab. Von der Abtei blieb nur die Kirche aus dem 12. Jh. Portal, Taufbecken und Altarplatte stammen aus den Anfängen des Baus (tgl. außer So morgens und So ganz in der Nebensaison 9.30–12, 14.30–17.30 Uhr).

In **St-Genis-des-Fontaines** 19 hat man den im Jahr 1924 abgebauten, bis 1983 im Château de Mesnuls bei Paris verborgenen **Kreuzgang** der Abtei wiederaufgebaut. Drei Säulen sind freilich Kopien, deren Originale durch den Kunsthandel ins amerikanische Philadelphia verschwanden. Das 1020 aus weißem Marmor geschaffene **Türsturzrelief** der Klosterkirche mit einem Christus in einer Mandorla gilt als eine der ältesten romanischen Bildhauerarbeiten Frankreichs. Bei den Materialien fanden neben dem rosafarbenen Marmor des Conflent schwarzer Marmor der Corbières und weißer Marmor aus Céret Verwendung (Rue Georges Clemenceau, Okt.–März 9.30–12.30, 14–17, April–Juni, Sept. bis 18, Juli/Aug. 9.30–12, 15–19 Uhr, www.saintgenisdesfontaines.fr, 2 €).

### Céret 20

Am nördlichen Ortsausgang von **Céret** überspannt der **Pont du diable,** eine einbogige Steinbrücke aus dem 14. Jh., schwungvoll den Tech. Bald darauf taucht ein dichter Platanenwald am Ringboulevard der Altstadt auf, der Cafés und Flaneure in ein angenehmes Schummerlicht dimmt. Berühmt ist die 7600-Einwohner-Stadt für pralle, süße Kirschen, die mit Verweis auf ihre Herkunft auf den Märkten der Region verkauft werden. Sie werden dank des milden Frühlings und der 310 Sonnentage pro Jahr hier früher als anderswo in Frankreich reif. Das erste Körbchen der Saison erhält traditionell der Präsident der Republik. Am Ufer des Tech, der Céret umfließt, blühen wie seit Jahrhunderten Pfirsich- und Kirschbäume. Weingärten verheißen weitere irdische Freuden. Jeden Samstag scheint der Platanenboulvard aus ›allen Bordsteinen‹ zu platzen. Zum Markt mit einem großen Angebot biodynamischer und katalanischer Produkte reist man von der Küste und aus den Höhen des Vallespir an. Man versteht, warum mit dem katalanischen Bildhauer Manolo 1909 der Zug weiterer Künstler ins damals abgeschiedene Städtchen begann. Picasso, Braque und Max Jacob folgten Manolo im Sommer 1911. Kisling und Marchand trafen 1912 ein, Picasso kam erneut. Im Jahr darauf waren es u. a. Matisse und Gris. Der Kubismus lag in der flimmernden Sommerhitze von Céret quasi in der Luft. Von einer Schule zu sprechen, wäre zwar falsch, doch Céret zog auch nach dem Ersten Weltkrieg die Avantgarde in Bann. Soutine, Chagall und Tzara schauten noch zum Spaß vorbei, Cocteau, Dufy und Saint-Saëns trafen 1940 bereits auf der Flucht vor den in Paris einmarschierenden Deutschen im

»Mekka des Kubismus« ein. Im **Musée d'Art moderne** hängen einige der Werke, die damals in Céret entstanden sind, außerdem zeitgenössische Kunst von Tapiès, Viallat, Ben und Arman (8, bd. du Maréchal Joffre, 10–18, Juli/Aug. bis 19 Uhr, www.musee-ceret.com, 5,50 €). Vor der Touristeninformation an der Avenue Georges Clemenceau erhebt sich zudem ein Denkmal von Manolo, das an den Komponisten Déodat de Séverac erinnert, und auf der Place de la Liberté steht ein von Maillol geschaffenes Kriegerdenkmal.

Das befestigte Städtchen hat darüber hinaus einiges mehr zu bieten. Zwischen den wuchtigen Rundtürmen der Porte de France und dem Tour d'Espagne verwinkelt sich die **Altstadt** mit der romanisch-gotischen Pfarrkirche **St-Pierre** in ihrer Mitte. Wasser murmelt auf Schritt und Tritt aus einem Brunnen. Die **Fontaine dels Nou Reigts** auf der Place des Neuf-Jets soll im 15. Jh. unter den Königen von Mallorca errichtet worden sein und verfügt, wie der Name verspricht (*jet* – Strahl), über neun Wasserstrahle.

## Infos

**Office de Tourisme:** 1, av. Georges Clemenceau, 66400 Céret, Tel. 04 68 87 00 53, www.ot-ceret.fr.

## Übernachten

Hideaway ▶ **Le Mas des Trilles:** Le Pont-de-Reynès (2 km westl. von Céret an der D 115), Tel. 04 68 87 38 37, www.le-mas-trilles.com. Ruhiges Hotel in ehemaligem Landgut mit Natursteinwänden. Diskrete Hideaway-Atmosphäre. Sehr komfortable, lichte Zimmer. Pool und Privatstrand am Tech-Ufer. DZ ab 94 €.

Künstlerbleibe ▶ **Les Arcades:** 1, pl. Pablo Picasso, Céret, Tel. 04 68 87 12 30. Zentral gelegenes Hotel mit südländischem Flair. Heitere Zimmer mit Kopien von Bildern der ›Ecole de Céret‹. DZ ab 47 €.

Abgelegen ▶ **Camping Mas d'en Mas:** Allée du Château–d'Aubiry, Aubiry (3 km nordöstl. von Céret Richtung Perpignan), Tel. 04 68 83 46 01. Kleiner Platz mit Bäumen, Pool, Wasserrutsche. 16 €/2 Pers., Zelt, Auto.

## Übernachten, Essen

Ein sonniges Plätzchen ▶ **La Terrasse au Soleil:** Rte. de Fontfrède, Tel. 04 68 87 01 94. Luxuriöse Unterkunft in einem alten Bauernhaus mit großem Park, das einmal dem Chansonnier Charles Trenet gehört hat. Grandioser Blick auf den Pic du Canigou, Swimmingpool, Tennisplatz, gutes Restaurant (Di mittags, Mi, Do mittags, Fr mittags, So abends, Okt.–April auch Mo geschl. Menü 35–50 €). DZ ab 94 €.

Einfach ▶ **Del Bisbe:** 4, pl. Soutine, Tel. 04 68 87 00 85. Ein Bau aus dem 18. Jh., einfache, modernisierte Zimmer, heiteres Restaurant mit Laubenterrasse (Do–Mo, Formule 15 €, Menü 26–32 €). DZ 60 €.

## Essen & Trinken

Katalanisch ▶ **Hostalet de Vivès:** Rue de la Mairie, Vivès (8 km nordöstl. von Céret), Tel. 04 68 83 05 52, www.hostalet-vives.com, Mi, Nebensaison auch Di geschl. Zauberhafter Tisch in einem Winzdorf. Reizender Empfang, katalanische Küche in Höchstform: Stierschwanzpfeffer mit Gebirgskirschen. Menü 20–30 €. Auch Zimmer in einem Nebenbau (DZ ab 60 €).

Kein Katzentisch ▶ **Le Chat qui rit:** 1, rte. de Céret, Reynès (1,5 Kilometer südwestl. von Céret), Tel. 04 68 87 02 22, Sept.–Juni So abends, Jan.–März auch Mo abends, ganzjährig Di abends, Mi geschl. Zwei Belgier mit einer Vorliebe für Katzen haben das moderne Bistro gegründet. In der Mitte thront ein katalanisches Buffet. Menü 15 (mittags unter der Woche)–40 €.

## Aktiv

Wandern ▶ **Les Sentiers de Pyrène:** 11, rue Maillol, Tel. 04 68 87 06 93, www.sentiersdepyrene.com. Geführte Pyrenäentouren mit Jacqes Martin.

## Termine

**Fête de la Cerise:** letztes Mai-Wochenende. Kirschfest.

**Céret de Toros:** Juli; www.ceret-de-toros.com. Feria mit blutiger Corrida.

**Festival et concours de Sardanes:** 3. Juli-

**Der elegante Kreuzgang des Klosters Ste-Marie-d'Arles stammt aus dem 13. Jh.**

Wochenende, Auskunft Tel. 04 68 87 46 49. Katalan. Musik- und Tanzveranstaltungen.

### Verkehr

**Bus:** tgl. Verbindungen nach Perpignan, Argelès und Amélie-les-Bains.

## Vallespir ► F 19/20

**Karte:** S. 382

**Vallespir** heißt das obere **Tech**-Tal im Westen der Albères. Bis zur Tech-Quelle steigt das an dichten Eichen-, Buchen- und Kastanienwäldern reiche Tal auf 2500 m an.

### Amélie-les-Bains 21

**Amélie-les-Bains** ist ein Kurort mit 2000-jähriger Geschichte. Seit den Römern wird im schwefelhaltigen Wasser der Thermen gegen Rheuma und Asthma geplantscht. Der 3600-Einwohner-Ort hat neben Hotels, Cafés, Restaurants und exotischen Pflanzen wie Mimosen, Palmen, Kakteen und Agaven wenig zu bieten. Ein netter Spaziergang beginnt bei den Thermen und führt in die **Gorges du Mondony,** ein enges Gebirgstal mit rauschendem Bach. Über dem Ortskern lohnt zudem das alte Dorf **Palalda** (offiziell Amélie-les-Bains-Palada) mit einer romanischen Kirche des 10. Jh. einen Ausflug.

## Infos

**Office de Tourisme:** 22, av. du Vallespir, 66110 Amélie-les-Bains, Tel. 04 68 39 01 98, www.amelie-les-bains.com.

## Übernachten, Essen

In Ordnung ▶ **Palmarium Hôtel:** 44, av. du Vallespir, Tel. 04 68 39 19 38. Familiäres Logis-de-France-Haus mit gutem Komfort, auch Restaurant (Menü 18–30 €). DZ ab 51 €.

## Essen & Trinken

Salon de thé ▶ **La Rosquilla Fondante Séguéla:** 12, rue des Thermes, Mi geschl. In der Feinbäckerei der Familie Pérez-Aubert wurde 1810 die Rosquilla, ein Biskuit mit Zitronenaroma und Zuckerglasur erfunden. Im Salon de thé werden 50 verschiedene Tees angeboten.

## Einkaufen

Espadrilles ▶ **Maison Coll:** 6, av. du Vallespir, Sommer So, Mo, sonst auch Sa nachmittags geschl. Eine der letzten Espadrilles-Fabrikanten des Roussillon. Typisch: die geflochtene Sohle, die bunten Farben und Streifen. Fertigt auch Vigatanes an, deren Bänder über dem Knöchel und an der Wade gebunden werden.

## Termine

**Festival folklorique international:** Anfang–Mitte Aug. Auskunft: Office de Tourisme, s. links. Bemerkenswertes internationales Folklorefestival.

## Verkehr

**Bus:** Linie Perpignan–Amélie-les-Bains. Auskunft über Gare routière von Perpignan, Tel. 04 68 35 29 02.

## Arles-sur-Tech

**Arles-sur-Tech** 22 ist einer der Ausgangspunkte für eine Besteigung des Canigou (GR 10, rot-weiße Markierung, 6 Std.), hat aber ansonsten nur geringe touristische Ambitionen. Schmuckstück des etwas trägen 3000-Einwohner-Ortes ist die 778 von Karl dem Großen gegründete, älteste Benediktinerabtei Kataloniens, **Ste-Marie-d'Arles.** Im Mittelalter war das Kloster nach St-Michel-de-Cuxa das zweitgrößte im Roussillon. Bis heute gibt es Rätsel auf. So ist die Fassade entgegen der üblichen Anordnung nach Osten ausgerichtet, während der Chor nach Westen zeigt. Auch die Ste-Tome, ein 1700 Jahre alter Sarkophag aus weißem Marmor links vom Eingang, der sich wundersamerweise immer wieder neu mit Wasser füllt, gehört zu diesen Rätseln. Der elegante Kreuzgang stammt aus dem späten 13. Jh. und ist bereits gotisch. In der Mitte erhebt sich das schmiedeeiserne Kreuz Creu del Gra (Rue Barju, Juli/Aug. Mo–Sa 9–19, So 14–17, April–Juni, Sept./

Okt. Mo–Sa 9–12, 14–18, So 14–17 Uhr, sonst So geschl., 3,50 €).

2 km westlich von Arles-sur-Tech beginnen die **Gorges de la Fou** 23. Durch die knapp 2 km lange, bis zu 200 m tiefe und stellenweise nur knapp 1 m breite, von Metallnetzen gesicherte Felsklamm führt ein Metallsteig. Zu den 83 botanischen Raritäten am Wegesrand gehören Maulbeerbäume (bei Sturm gesperrt, Hunde nicht erlaubt. April–Sept. 10–18, Juli/Aug. bis 18.30, Okt./ Nov. 10–17 Uhr, 7 €).

## Infos

**Office de Tourisme:** Rue Barjau, 66150 Arles-sur-Tech, Tel. 04 68 39 11 99, www.tourisme-haut-vallespir.com.

## Übernachten

Unter Bäumen ▶ **Camping du Riuferrer:** Le Mas d'en Plume (600 m außerhalb in Richtung Prats-de-Mollo), Tel. 04 68 39 11 06, www.campingduriuferrer.fr, ganzjährig. Familiengeführter Patz an der Arles-Quelle. Viele Stammgäste. Waschmaschinen, Bar, Städtisches Freibad 50 m weiter. Ab 12 €/2 Pers., Zelt.

## Essen & Trinken

Institution ▶ **Chez Françoise:** Corsavy (9 km nordwestl. von Arles-sur-Tech, an der D 115/D 43), Tel. 04 68 39 12 04, Juli/Aug. immer, sonst nur mittags, Mi geschl. Terrasse mit Linde, weiter in den Saal geht es durch den ehemaligen Lebensmittelladen. Seit 50 Jahren wird hier das gleiche Menü geboten, bei gleichbleibend guter Qualität und mit Wein nach Belieben. Menü 31 €. Tipp: Danach ein Nickerchen im Wald von Corsavy halten …

## Einkaufen

Gebäck ▶ **Pâtisserie Jean Touron:** Pl. d'Availl. *Rosquilla* – Zitronenbisquit! Bei Touron soll die Spezialität am besten im gesamten Vallespir schmecken.

**2 km westlich von Arles-sur-Tech beginnen die Gorges de la Fou**

## Termine

**Fête de la St-Eloi:** Ende Juni. Volksfest mit Segnung von Maultieren zur Erinnerung an ihre treuen Dienste im Gebirge.

## Abstecher an die spanische Grenze

Oberhalb des Tech-Tals liegt **St-Laurent-de-Cerdans** 24 im Seitental der Quéra. 3000 Menschen zählte der Ort früher. Heute sind es noch 1250. Ausschlaggebend für die Abwanderung ist der Niedergang der lokalen Espadrilles-Fabrikation. Mehr als zehn Fabriken gab es bis in die 1950er-Jahre, in denen die Schuhe mit den Hanfsohlen entstanden. Zwei blieben, darunter die mittlerweile mit ihren bunt gestreiften Stoffen sehr hippen und erfolgreichen Toiles du Soleil (Boutique April–Okt. außer So morgens 10–12, 14.30–19, Nov.–März 10–12, 13.30–17.30 Uhr). Eine Werkstatt von 1923 demonstriert nebenan im Musée des Arts et Traditions populaires, wie man die Espadrilles früher zusammennähte. Ebenfalls im Museum erinnert eine Eisenschmiede aus dem 17. Jh. daran, dass der Ort einmal vom Erzabbau lebte. Auch an die Retirada, die Flucht spanischer Demokraten vor Franco über die grüne Grenze des Vallespir, wird erinnert. An die 70 000 Spanier waren 1939/40 unter katastrophalen Bedingungen im Vallespir interniert, die nach Schließung der Lager fast alle in den französischen Arbeitsdienst gezungen wurden (Zugang durchs Office de Tourisme, Juli/Aug. tgl. 10–12, 15–18, April–Juni, Sept./Okt. Mo–Fr 10–12, 15–17 Uhr, 2,50 €).

**Coustouges** 25 liegt nur einen Steinwurf von der spanischen Grenze entfernt. Die mit Schiefer gedeckte Wehrkirche Ste-Marie (12. Jh.) versteckt hinter dem ersten ein zweites Portal mit reich gearbeitetem Tympanon. Ein Weg (D 3B) zweigt zum 3 km weiter südlich gelegenen, 903 m hohen **Can Damoun** ab. Bei klarer Sicht gleißt in der Ferne die Costa Brava!

Nach kurvenreicher Fahrt über die D 64 ist **Serralongue** 26 erreicht, dessen Häuser hübsch bunt getüncht sind. Hinter der romanischen Kirche (11. Jh.) steigt eine Treppe zum Conjurador an: Die Kapelle diente den Priestern als Ort besonderer Zeremonien.

### Übernachten, Essen

**Am Ende der Welt ▶ Domaine de Falgos:** 7 km außerhalb von St-Laurent-de-Cerdans (über die D 3), Tel. 04 68 39 51 42, www.falgos.com, Mitte März–Mitte Nov. Komfortables Hotel in ehemaligem Gebirgsbauernhof, mit Golfplatz und Wellnessbereich. Die Zimmer sind gemütlich und geräumig. DZ ab 120 €. Restaurant mittags mit Brasserie-Karte, abends regionale Klassiker, Menü 30 €.

### Prats-de-Mollo 27

**Prats-de-Mollo** (1100 Einw.) ist der Hauptort des von dunkeln Nadelbaumwäldern geprägten Oberen Vallespir. Rundherum bilden die Berge einen Kesselriegel. Der alte Festungsort auf 750 m Höhe teilt sich in die mittelalterliche Oberstadt mit einer gewaltigen gotischen Kirche und die ganz auf Kurgäste aus den Thermen im nahen La Preste eingestellte Unterstadt. Von der Oberstadt führt ein überdachter Weg zum **Fort Lagarde,** das Vauban Ende des 17. Jh. verstärkt hat (April–Nov. 14–17.30, Juli/Aug. auch 10–13 Uhr, 3,50 €).

Prats-de-Mollo war früher ein Sackgassenort. Weiter nach Spanien ging es nur über die Schmugglerpfade am 1513 m hohen **Col d'Ares.** Erst seit den 1960er-Jahren ist das Tal des Tech durch einen offiziellen Grenzübergang am Pass mit Spanien verbunden. Vom Col d'Ares führt ein Wanderweg (3 km) zur **Ermitage Notre-Dame-du-Coral** aus dem 13. Jh. Die heutige Kapelle mit z. T. originalen Fresken stammt aus dem 16. bis 17. Jh. (falls geschlossen, um Schlüssel beim gleichnamigen Gîte bitten). Zwei Treppen führen hinter den Altar in den Camaril: Im »Zimmer der Heiligen Jungfrau« können Gläubige um die Unterstützung der Mutter Gottes bitten.

### Infos

**Office de Tourisme:** Pl. du Foiral, Tel. 04 68 39 70 83, 66230 Prats-de-Mollo, www.pratsdemollolapreste.com.

### Übernachten, Essen

**Stilecht ▶ Le Bellevue:** Pl. du Foiral, Tel. 04 68 39 72 48, www.hotel-le-bellevue.fr. Gutbürgerliches Haus im katalanischen Stil vor der beeindruckenden Kulisse des alten Forts, mit Restaurant (außer April–Okt. Di, Mi geschl., Menü mittags 18 €, sonst 22–50 €). Schlichte, z. T. renovierte Zimmer. DZ ab 60 €.

**Unterkunft für Wanderer ▶ Gîte l'Ermitage Notre-Dame-du-Coral:** Route du Col d'Arès (5 km außerhalb), Tel. 04 68 55 33 94, April–Okt. Einfache Zimmer und schlichter Schlafsaal neben Bergkapelle. Ringsherum Wanderwege, Mountainbike-Pisten, Kletter-Spots. Deftige Küche (Menü 15 €). DZ mit HP ab 35 €/Pers.

**Gebirgslage ▶ Ribes:** La Preste (8 km west. von Prats-de-Mollo), Tel. 04 68 39 71 04, www.hotel-ribes.com, April–Okt. Auf 1130 m Höhe verspricht diese komfortable Unterkunft einen ländlichen Aufenthalt, Zimmer mit fantastischem Blick, das Restaurant (Formule 12 €, Menü 18–30 €) bietet bodenständige regionale Küche plus Panoramablick aufs Gebirge. DZ ab 49 €.

## Die Cerdagne ▶ B/C 19/20

**Karte:** rechts

Die von majestätischen Pyrenäengipfeln gerahmte Hochebene gehört im Sommer der karamellfarbenen Kuhrasse La Rosée des Pyréneés und wird im Winter von Skifahrern gestürmt. Die Sonne ist allerdings immer zu Gast. Über 3000 Stunden leuchtet sie pro Jahr die halb zu Frankreich, halb zu Spanien gehörende Cerdagne aus.

### Mont-Louis und Umgebung

**Mont-Louis** 1 gilt als Pforte zur Cerdagne. Die Garnisonsstadt auf 1600 m Höhe gleicht jedoch eher einer Festung. Als solche ließ Ludwig XIV. den Ort von Vauban ausbauen. Mit der Zitadelle von Mont-Louis beherrschte Frankreich den Zugang zur Hochebene der Cerdagne im Südwesten und zum Hochtal des Capcir im Norden. Erst kurz zuvor war

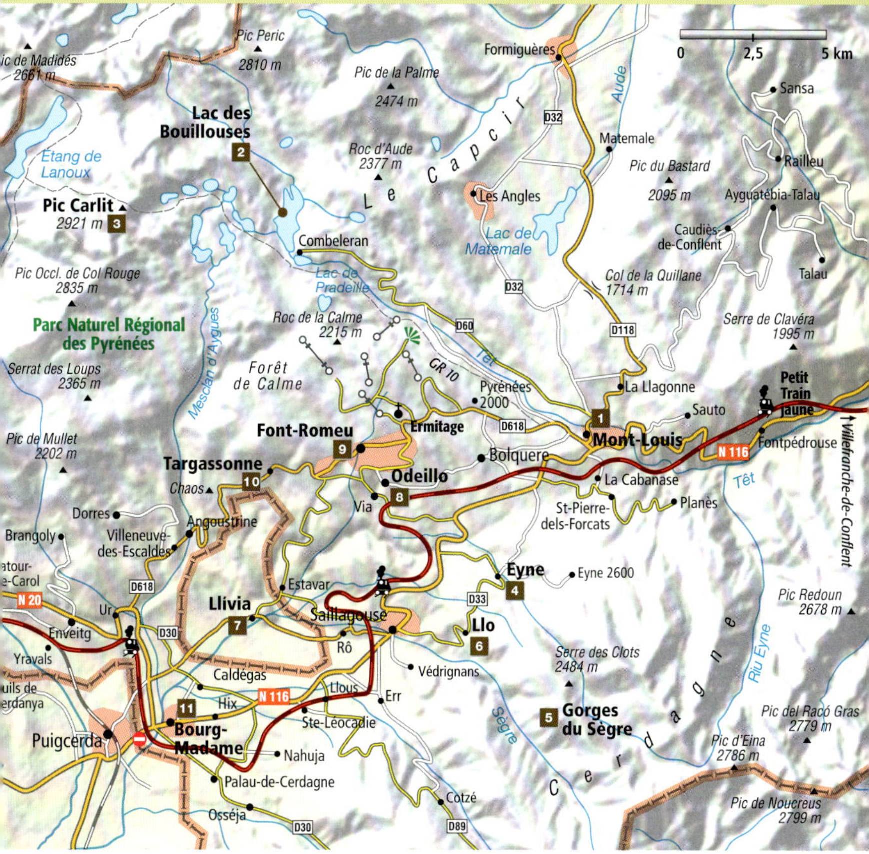


das Roussillon an Frankreich gefallen, Misstrauen schien angeraten.

Ins 350-Einwohner-Städtchen, dessen Festungsanlagen seit 1679 intakt blieben, lässt die **Porte de France** ein. Hinter dem Tor überrascht eine am Reißbrett entworfene Anlage, zu deren Nüchternheit die karge Pfarrkirche beiträgt. Vor ihrem Portal verherrlicht ein Denkmal für General Dugommier den Mann, der 1794 den Spaniern die Cerdagne abluchste. Hinter den aufgeräumt wirkenden Straßen der höchstgelegenen Festung Frankreichs erhebt sich die bis heute von der Armee genutzte **Zitadelle** (Besichtigungen im Sommer über das Office de Tourisme, s. S. 404). Unvergesslich ist der Ausblick von den Stadtmauern auf die gigantische Bergkulisse, die der nahe Pyrenäenkamm vor Almen und tiefem Nadelwald hergibt. Ein letzter Rekord noch: Frankreichs ältester **Sonnenofen** erzeugt seit 1953 auf dem südlichen Glacis Energie (Four solaire, tgl. 10–12.30, 14–18, Mitte Juni–Mitte Sept. bis 19, Nov.–März bis 17 Uhr, www.four-solaire.fr, 6 €).

Etwas nördlich von Mont-Louis verläuft die D 60 immer am Têt entlang durch einen herrlichen Gebirgswald zum 2020 m hoch gelegenen **Lac des Bouillouses 2**. Im Frühsommer erblühen an den Ufern des in jedem Winter für viele Monate zugefrorenen Stausees wilde Gebirgsazaleen. Von der Schankwirtschaft kann man bei guter Kondition zur

## Tipp: Romanische Dorfkirchen der Cerdagne

Weniger prächtig als die romanischen Abteien des Conflent, doch nicht minder fesselnd dank ihrer archaischen Ausstrahlung, sind die romanischen Dorfkirchen der Cerdagne. Die aus **Granit** im 11. und 12. Jh. nach einheitlichem Plan errichteten Gotteshäuser bestimmen im ganzen Hochtal die Dorfbilder. Außer in Ur und Planès fügt sich an den einschiffigen Bau immer ein Chor in vollkommenem Halbrund. Dass die Kapitelle oft an Vorbilder aus St-Martin-de-Cuxa erinnern, darf nicht verwundern: Schließlich waren die Grafen der Cerdagne zugleich Herren über die Abtei. Typisch sind die schmiedeeisernen Beschläge an der Portaltür, die auf hohes handwerkliches Können schließen lassen, doch zum wirklichen Fest fürs Auge wird die **jeweilige Innenausstattung.** Mittelalterliche Christuskreuze in **Hix, Yravals, Angoustrine,** Muttergottesbildnisse des 12. und 13. Jh. in **Err, Belloc** und **Font-Romeu,** polychrome gotische Altaraufsätze in **Yravals** und **Palau,** schließlich goldgleißendes Barockmobiliar in nahezu jeder Kapelle. Die nach außen schlichten Kirchlein erweisen sich erst nach dem Eintreten als Schatzkammern, deren Schlüssel oftmals beim Pfarrer oder Bürgermeister abzuholen sind.

Besteigung des 2921 m hohen **Pic Carlit** 3 aufbrechen oder, ganz kommod, über den Fernwanderweg GR 10 zwischen den zur Sommeralm aufgetriebenen Rindern das Westufer des Sees umwandern.

### Infos

**Office de Tourisme:** 3, rue du Lieutenant Pruneta, 66210 Mont-Louis, Tel. 04 68 04 21 97, www.mont-louis.net.

### Übernachten

Im Wald ▶ **Camping Pla de Barres:** Rte. des Bouillouses, 3 km außerhalb von Mont-Louis, Tel. 04 68 04 26 04, Mitte Juni–Sept. Sehr einfach ausgestattete, kommunale Anlage, stets mit ausreichend Platz und vielen Mücken. 11 €/2 Pes., Zelt, Auto.

### Übernachten, Essen

Seit Generationen ▶ **Hôtel Corrieu:** La Lagonne (3 km nördl. von Mont-Louis), Tel. 04 68 04 22 04, www.hotel-corrieu.com, Mitte Sept.–Mitte Dez., Mitte März–Mitte Juni geschl. Seit 1882 in Familienbesitz! Klare, ruhige Zimmer mit Pyrenäenblick. Tennisplatz. Herzhafte regionale Küche. Der Saal wurde kürzlich renoviert, die klassischen Gerichte blieben auf der Karte (Do mittags geschl., Formule 16 €, Menü 24–35 €). DZ mit HP ab 58 €/Pers.

### Essen & Trinken

Gewölbe ▶ **Le Dagobert:** 8, bd. Vauban, Mont-Louis, Tel. 04 68 04 14 32, in der Nebensaison Mo–Do abends geschl. Im Gewölbesaal unter den Festungsmauern wird deftige Küche serviert. Menü 17 €.

### Verkehr

**Zug:** Petit Train jaune (s. S. 394) ab Villefranche-de-Conflent.

**Bus:** ab Perpignan mit den Courriers catalans. Auskunft über Gare routière von Perpignan, Tel. 04 68 35 29 02.

## Eyne und Umgebung

**Eyne** 4 klemmt sich mit seinen beiden Kirchtürmen an den Fels. Das Dorf ist für den Reichtum an medizinisch genutzten Pflanzen bekannt. Im **Jardin ethnobotanique** (Tel. 04 68 04 78 66, Juli/Aug. 10–18 Uhr) kann man viele der endemischen Raritäten anschauen.

Von Saillagousse bietet sich ein Abstecher in die wildromantischen **Gorges du Ségre** 5 an; die Schlucht endet unterhalb des Pyrenäenhauptkamms.

**Llo** 6 ist ein zauberhafter Bergweiler mit romanischem Kirchlein. Von der Ruine eines mittelalterlichen Wachturms im Oberdorf scheinen die Pyrenäen zum Greifen nah.

Nach wie vor spanisch ist die Enklave von **Llívia** 7. Ihre Existenz verdankt die territoriale Insel einem Fehler im Pyrenäenvertrag von 1659. Dort ist die Rede von 33, von Spanien an Frankreich abzutretenden Dörfern. Llívia aber genoss Stadtrechte – und blieb somit spanisch.

## Übernachten, Essen

Unwiderstehlich ▶ **Auberge Atalaya:** Llo-Haut (Oberdorf), Tel. 04 68 04 70 04, www.atalaya66.com. Natursteinhaus mit kleinem Hof, Wein an der Fassade, Gemüsegärtchen. Ausgesprochen hübsche Zimmer; mit Garten und Swimmingpool. Zimmer teilweise mit Terrasse. Auch Vermietung von Apartments. Anspruchvolle Küche (außer Sa, So nur abends, Menü 25–36 €). DZ ab 98 €.

## Aktiv

Wellness ▶ **Les Bains de Llo:** Rte. des Gorges du Sègre, Llo, Tel. 04 68 04 74 55, www.lesbainsdello.com, tgl. 10–19.30 Uhr. Thermalbad mit 37 °C warmem, schwefelhaltigem Wasser. 10 €.

## Verkehr

Siehe Mont-Louis, S. 402.

## Von Odeillo zur spanischen Grenze

**Odeillo** 8 gilt als der Ort Frankreichs mit den meisten Sonnenstunden pro Jahr. Seit 1969 fängt der 40 m hohe, 2000 $m^2$ große Parabolspiegel des **Four solaire** die Strahlen ein. Am Sonnenofen, der wie eine futuristische Großskulptur in der Landschaft gleißt, erklärt eine Ausstellung die Technik. Mit der erzeugten Hitze von mehr als 3000 °C wird Grundlagenforschung betrieben, etwa für hitzebeständiges Material. Im Sommer wird der Welt größter Sonnenofen ganz unwissenschaftlich mit einer weithin sichtbaren Lasershow für die Besucher der Cerdagne in Szene gesetzt (Juli/Aug. 9.30–19, sonst 10–12.30, 14–18 Uhr, www.fooursolaire-fontromeu.fr, 3,50 €).

Vom Glanz der Belle Epoque ist in **Font-Romeu** 9 noch ein kleiner Hauch zu spüren. Da wäre etwa das Grand Hôtel, das die Eignergesellschaft des Petit train jaune 1920 errichten ließ. Das Hotel, mit dem der Skizirkus in Font-Romeu begann, ist längst in Ferienappartements unterteilt. Zu Füßen desselben liegt die moderne Betonkirche, vor der eine Christusstatue die Arme über den Ort und das weite Tal ausbreitet. Einige Chalets und Hotels aus grauem Granit erinnern mit verspieltem Holzdekor an die Frühzeit der Skistation. Statt zur Kur wie einst kommen die Besucher heute zum Wandern oder Skifahren, und dies häufig aus Spanien. Im Höhentrainingslager etwas außerhalb trainierte die französische Olympiamannschaft für die Spiele von Mexiko 1968.

Rund um Font-Romeu breiten sich Kiefernwälder und Almwiesen aus. Wanderwege locken durch den **Forêt de Calme** zu den atemberaubend schönen Hochgebirgsseen **Etang Pradeille** und **Lac des Bouillouses** (s. S. 403).

Als Spazierweg empfiehlt sich der **Sentier du Vieil Oratoire,** ein kommoder Weg zur **Ermitage Notre-Dame-de-Font-Romeu** im Nordosten (im Sommer 10–12, 15–18 Uhr). In der Kapelle mit vergoldetem Barockaltar, hinter dem der miniaturhafte Barocksalon eines Camaril (Marienheiligtum am Chor) anschließt, wird eine Madonnenstatue verwahrt. Vom etwa 200 m entfernten Kalvarienberg gewinnt man einen Panoramablick über das gesamte Hochtal.

Fährt man auf der D 618 die wenigen Kilometer bis Targassonne und noch etwas weiter, sprenkeln plötzlich rundgescheuerte Granitblöcke die Hochgebirgsmatten – das **Chaos de Targassonne** 10 (http://targabloc.apinc.org) genannte Felsenfeld, ein Paradies für Kletterer, entstand in der letzten Eiszeit.

Im Grenzort **Bourg-Madame** 11 sind die Läden mit Souvenirs aus Französisch-Katalonien für Grenzgänger aus Spanien eingerichtet. Bis 1815 hieß der Ort Guingettes d'Hix und war wegen der Grenzlage eine Schmugglerhochburg. Dann fiel Napoleons Empire in Schutt und Asche und der Weg aus dem Exil in Spanien führte Madame Royale, die Tochter von Ludwig XVI., hierher. So viel Ehre quittierten die Einwohner mit einer Umbenennung des Dorfes in Bourg-Madame ...

## Infos

**Office de Tourisme:** 38, av. Emmanuel Brousse, 66120 Font-Romeu, Tel. 04 68 30 68 30, www.font-romeu.fr.

## Übernachten

**... in Font-Romeu:**

Für Groß und Klein ▶ **Carlit Hôtel:** 3, rue du Docteur-Capelle, Tel. 04 68 30 80 30, www.carlit-hotel.fr. Modernes Haus mit schön angelegtem Park und Swimmingpool, Jacuzzi, Fitnessraum, und Solarium. Familienfreundliche Zimmer auf 2 Etagen. DZ ab 100 €.

Zentral ▶ **Le Grand Tetras:** Av. Emmanuel Brousse, Tel. 04 68 30 01 20, www.hotelgrandtetras.com. Jüngst renoviertes Hotel im Chalet-Stil. Balkone mit Südsonne. Auf dem Dach Sauna und Hallenbad. DZ ab 74 €.

Im Freien ▶ **Camping Huttopia:** Rte. de Mont-Louis, Tel. 04 68 30 09 32, www.huttopia.com, Juni–Sept. Beliebte Anlage unter Bäumen. 24 €/2 Pers., Zelt. Vermietet auch Hütten. Radverleih, reichhaltiges Sportangebot.

## Übernachten, Essen

Am Gebirgsbach ▶ **Auberge des Ecureuils:** Le Village, Valcebollère (27 km südl. von Font-Romeu über Bourg-Madame), Tel. 04 68 04 52 03, www.aubergeecureuils.com. Im 20-Seelen-Dorf auf 1500 m endet die Straße – danach gibt's nur noch die Pyrenäen. Dann die Überraschung: Der massive Bau aus dem 18. Jh. besitzt bequeme Zimmer mit marmornen Bädern. Am Gartenende gluckert der Bach. Gutes Restaurant (Foie gras aus der Pfanne oder Tournedos mit Morcheln, Mi–So, Menü 20–55 €). DZ ab 76 €.

Alteingesessen ▶ **Auberge Catalane:** 10, av. du Puymorens, Latour-de-Carol (22 km südwestl. von Font-Romeu über Bourg-Madame), Tel. 04 68 04 80 66, www.auberge-catalane.fr, in der Nebensaison So abends, Mo geschl. Art-déco-Hotel, seit 1929 in Familienbesitz. Renovierte Zimmer, z. T. mit Balkon und Blick übers Dorf. Honnettes Restaurant (So abends, Mo geschl., Formule 17 €, Menü 20–32 €). DZ ab 50 €.

## Aktiv

Rafting, Canyoning, Höhlentouren, Klettern, Wandertouren ▶ **Point Info Montagne:** Av. Emmanuel-Brousse, neben dem Office de Tourisme Font-Romeu. Alle Sportarten werden von diplomierten Führern begleitet.

Skilaufen ▶ **Font-Romeu-Pyrénées 2000:** Die Skistation verfügt über 36 Pisten und 26 Lifte auf Höhen zwischen 1600 und 2250 m Höhe. Auskunft über das Office de Tourisme

**Im Brennpunkt des 40 m hohen und 2000 m² großen Parabolspiegels des Four solaire in Odeillo werden Temperaturen von bis zu 3500 °C erreicht**

(s. links oben). Mit der Nachbarstation **Cerdagne-Puigmal** kommen 35 Pisten und 11 Lifte auf 1800–2600 m Höhe hinzu (www.puigmal.fr).

Wandern ▶ **GR 10:** etliche Wege für Halb- oder Tagestouren, besonders spektakulär ist der GR 10 zum Pic Carlit und zum Lac des Bouillouses (4 Std. zum Gipfel).

Eislaufbahn ▶ **Patinoire:** Bd. Pierre-de-Courbertin, Tel. 04 68 30 83 29. Die Eislaufbahn ist auch im Sommer geöffnet.

Paragliding ▶ **Ecole professionnelle Vol' aime:** Targassonne (4 km westl. von Font-Romeu), Tel. 04 68 30 10 10, www.volaime.com. Die Paragliding-Schule punktet mit 25 Jahren Erfahrung und bietet Kurse für jedes Niveau an.

## Verkehr

**Zug:** Petit Train jaune ab Villefranche-de-Conflent (s. S. 394) bis Via, 5 km südl. Weiter mit Busshuttle.

# Register





Der Haupteintrag ist **fett** hervorgehoben.

# Register





Der Haupteintrag ist **fett** hervorgehoben.

Der Haupteintrag ist **fett** hervorgehoben.

# Register





Der Haupteintrag ist **fett** hervorgehoben.

**Abbildungsnachweis**

AKG, Berlin: S. 31, 39
Bildagentur Huber, Garmisch-Partenkirchen: S. 18, 334/335 (Simeone),
Bilderberg/Avenue Images, Hamburg: S. 4 u., 156, 168/169 (Steinhilber)
Marianne Bongartz, Köln: S. 69, 196 li., 224
DuMont Bildarchiv, Ostfildern: S. 9, 323 (Riehle)
Getty Images, München: S. 7 M., 40/41 (Bullock), 400 (Elk); 230/231 (Faget), 360/361 (Felix); 7 u., 194, 227 (Norton)
laif, Köln: S. 182/183 (Colin); 2 o., 3 u., 4 o., 17, 56, 96 re., 102/103, 108/109, 113, 120/121, 130/131, 147, 148/149, 153, 171, 238/239 (hemis.fr); 5 o., 240/241 (Borredon); 8 o., 60/61, 89, 192/193, 219 (hemis.fr/Du Boisberranger); 72 (hemis.fr/Ebert); 5 M., 8 u., 241, 250/251, 278, 340 re., 350/351, 398/399 (hemis.fr/Felix); Titel (hemis.fr/Frilet); 384/385 (hemis.fr/Frumm); 304/305 (hemis.fr/Gardel); 1 M., 21, 74, 84/85, 165, 262, 269, 274 li., 318/319, 390/391, Umschlagrückseite u. (hemis.fr/Guiziou); 136/137, 315 (hemis.fr/Guy); 340 li., 364 (hemis.fr/Moirenc); 274 re., 328/329, 338, 345, 346, 357, 372 (hemis.fr/Rieger); 24/25, 48 (Hoa-Qui); 214 (Hoa-Qui/Top); 378 (Klein); 94 (Kruell); 82 (Le Figaro Magazine/Martin); 172 (REA/Decout); 3 M., 92/93 (REA/Ena); 50/51 (REA/Horcajuelo); 145 (Redux); 3 o., 111 (Reporters)
Look, München: S. 6 o., 7 o., 28/29, 44/45, 127, 300/301, 368, 376/377, 386 (age fotostock); 248/249 (Merz); 158 re., 174/175 (Richter)
Mauritius Images, Mittenwald: S. 6 u., 395, 406/407 (age); 179 (Delimont); 234/235 (imagebroker/BAO); 191 (imagebroker/Waldhäusl); 158 li., 189 (Oxford Scientific); 1 re., 203, 285, 293, Umschlagrückseite o. (Photononstop); 1 li., 10/11, 96 li., 122 (Scott); 272 (Vidler); 196 re., 254/255 (Workbookstock)

**Kartografie**

DuMont Reisekartografie, Fürstenfeldbruck
© DuMont Reiseverlag, Ostfildern

**Umschlagfoto**

Titelbild: Das Dorf Le Vigan im Gard

**Über den Autor:** Klaus Simon liebt und bereist Frankreich seit vielen Jahren. Er schreibt für Reise- und Feinschmeckermagazine sowie für überregionale Tageszeitungen. Für den DuMont Reiseverlag hat er bereits mehrere Reiseführer zu Frankreich verfasst, u. a. über die Provence/Côte d'Azur, die Normandie, das Burgund und die Bretagne.

**Lektorat:** Susanne Völler, Anne Winterling, **Bildredaktion:** Susanne Troll

**Hinweis:** Autor und Verlag haben alle Informationen mit größtmöglicher Sorgfalt geprüft. Gleichwohl sind Fehler nicht vollständig auszuschließen. Alle Angaben erfolgen ohne Gewähr. Bitte schreiben Sie uns! Über Ihre Rückmeldung zum Buch und über Verbesserungsvorschläge freuen sich Autor und Verlag:
**DuMont Reiseverlag,** Postfach 3151, 73751 Ostfildern, E-Mail: info@dumontreise.de

1. Auflage 2012
© DuMont Reiseverlag, Ostfildern
Alle Rechte vorbehalten
Grafisches Konzept: Groschwitz, Hamburg
Printed in Germany